U0919912

胶东文化通论

刘焕阳 陈爱强 著

齊魯書社

鲁东大学胶东文化研究项目

目　录

绪 论

胶东半岛[①]虎踞齐鲁大地东部，北临渤海，与辽东半岛互为犄角；庙岛群岛则俨然为海上锁钥，横亘渤海中央，拱卫着京津重地；半岛东南向则横绝黄海，遥望朝鲜及日本；西向则沿胶莱河[②]一线自然分据。胶东半岛位置特殊，三面向海，一面临河，中心地带膏壤肥泽，由此形成了相对独立的地理空间。著名学者苏秉琦先生在谈到胶东的特殊性时曾经说：“胶东是山东的一部分，但却是比较特殊的一部分，直到齐桓公时还被看成是其边疆。胶东又同相邻地区有各种联系，是环渤海的一个重要地方。”他还进一步强调说：“不要小看渤海，它好比东方的地中海。小而言之它是海岱、中原、燕山南北和辽东几个文化区的交汇地带，大而言之它是中国通向朝鲜半岛和日本的门户。”[③] 正如苏秉琦先生所言，环渤海地区作为国内海岱文化、燕赵文化、辽东文化、中原文化的交汇地带，意义独特，而居于交汇地带核心的则是横亘渤海间的庙岛群岛，借助庙岛群岛独特的“文化桥梁”功能，胶东半岛的文化特性及文化位置均在“交汇地带”的核心点上得到彰显与突出，而放大到整个东北亚文化圈文明融合的视域中去考察，胶东半岛更成为独一无二的国际多元文化的融会中心，其文化功能也因此得到了强化，具有无可替代的特殊性。

特殊的地理空间是独立的文化空间形成的基础性要素，恩格斯曾经说：“人的智力是比例于人学会改变自然界的状况而发展的。”[④] 在谈到各地文明的起源及其

---

① 作为地理概念的胶东指胶莱河以东的半岛地区，即为狭义的山东半岛，从现今行政区域上看主要包括烟台、威海、青岛三地；作为文化概念的胶东则范围较大，除涵盖古登州、古莱州等所辖的地域外，还涵盖胶莱平原各地市，与广义的山东半岛相近（寿光小清河口和日照岚山口与岚山头苏鲁交界处的绣针河口两点连线以东的部分），此处“胶东”主要指文化意义上的胶东。

② 现在胶莱河一线历史上属古胶河流域。古胶河最初的河水走向与现在的胶莱河有一定差异。北魏郦道元在《水经注·胶水》中具体记载了当时胶水流经的地理区域与河水走向：“胶水出黔陬县胶山，北过其县西，又北过夷安县东，又过当利县西，北入海。”由其“北入海”的记录可见当时古胶河并未全部贯通山东半岛，现在胶莱河南向通至胶州湾，为后世人工开挖所造。

③ 严文明主编，北京大学考古学系、烟台市博物馆编著：《胶东考古》，文物出版社2000年版，第6页。

④ ［德］恩格斯著，于光远等译：《自然辩证法》，人民出版社1984年版，第99页。

最初特质形成时，汤因比更具体提出了“挑战—应战”模式说①，认为人类的各种文明实为各个种族成功应对自然环境挑战的历史产物，他还特别强调了文化“特质”的形成其实也是人与自然环境双向互动建构的历史过程。从这个意义上说，胶东文化的最初产生及文化特质的形成也是胶东人成功应对特殊地理环境挑战的产物，必然具有自身的独立品性和承传谱系。诚如李步青所言：“本地区的原始文化应该有着自身的发展渊源。”② 根据现有的考古资料，胶东大地上20万年前就出现了早期人类的活动迹象③，说明至迟旧石器时代胶东就有人类生存，而且，胶东早期智人出现的历史也并不晚于海岱文化区的其他地域。伴随着人类改造自然的能力以及智力的不断提高，人口和种群的数量不断增加，进入新石器时代，胶东文化开始呈现出独立的发展态势，形成了独特而丰富的文化形态，具体地说则包括夷人文化、仙道文化、海洋文化、开埠文化、红色文化、民俗文化等诸形态，上述文化形态各自以多元而灵动的文化形象、深沉幽远却开放的文化意蕴共同构建了胶东波澜壮阔的文化史。

夷人文化是最早体现胶东地方特征的文化形态，为先秦时期胶东形成的独立的土著文化，为胶东文化的后续发展提供了环境、种族等方面的基础。作为胶东文化最原始的内在基因，夷人文化的特殊精神气质也镌刻在此后的具体文化形态深处，持续而深远地发挥着作用。按照时间的先后与特征上的差异，夷人文化的发展序列大体可分为白石村一期文化—邱家庄一期文化—北庄一期文化—北庄二期文化—龙山文化（杨家圈类型）—岳石文化—珍珠门文化。

根据现有的考古资料，夷人文化（包括整个胶东的新石器文化）发轫于白石村文化。④ 白石村文化因最早发现于烟台市芝罘区白石村而得名，距今约7000年。依据出土的陶器、石器与骨器等资料来看，白石村文化已经相当成熟而且呈现出独特的文化面貌。迄今为止，白石村文化遗址中出土的陶器碎片多达四万余片，数量之多足以表明白石村文化陶器制作已经相当熟练；就出土的石器工具来看，尽管加工

---

① 参阅［英］汤因比著，曹未风等译《历史研究》，上海人民出版社1997年版，第74～173页。

② 李步青、林仙庭：《胶东半岛发现的打制石器》，载《考古》1987年第3期。

③ 根据现在的考古资料，蓬莱市大柳行镇河东姜家古化石区发现了20万年前人类活动的迹象，出土了两件打制石器，具体内容可参阅第一章第一节《胶东旧石器时代文化》的相关内容。

④ 相关考古发掘情况与分析依据可参阅烟台市博物馆《山东烟台市白石村遗址调查简报》（原载《考古》1981年第2期）、烟台市文物管理委员会《山东烟台白石村新石器时代遗址发掘简报》（原载《考古》1992年第7期），更详细的发掘报告参阅烟台市博物馆《烟台白石村遗址发掘报告》（原载于严文明主编，北京大学考古学系、烟台市博物馆编著《胶东考古》，文物出版社2000年版，第28～95页）。

没有脱离打制、琢制的范围，但由于其选材较为特殊，多选取角闪岩、板岩等，并非白石村本地所产，而是由距离较远甚至数十公里之遥的其他地方取得，因此可判断白石村遗址的文化辐射空间以及相关交换活动已经有相当大的规模；而就出土的骨器来看，有两个特征值得注意，一是骨器的加工工艺相当精湛，出现了孔径只有0.5毫米的细针；二是数量非常可观，特别是大型骨锥更多达42件，说明对大型动物的狩猎在生活中占有重要位置。白石村文化的特殊性不仅仅在于其形态成熟、规模较大、历史久远等因素，而更突出的特殊性在于它是整个海岱文化区，也是我国北方早期典型的沿海贝丘文化形态。此文化类型生活内容的重要特征不仅由各遗址中堆积的贝丘体现出来，更突出的是与海洋经济联系在一起，如出土的一些大型海鱼鱼骨说明早期人类已经开始了近海捕捞，网坠的出现也说明渔网已经得到广泛运用，可以说胶东文化的构建一开始就体现出深厚的海洋文化气质，奠定了后续发展的海洋地缘基因。作为白石村文化的后续者，邱家庄文化一方面继承了其海洋文明的特质，将胶东独特的贝丘文明推向新的高峰，主要表现是石器加工水平有了质的提升，磨制工艺得以普遍使用，与之相伴随的则是农业生产力有了大幅提升，出现了胶东最早的农作物加工农具石制磨盘、磨棒，标志着农业生产已经实现了规模化和社会化。相比白石村文化陶器，邱家庄文化陶器的生产水平也有显著提升，一是陶器饰纹更加复杂多样，标志着人们抽象思维水平有了较大提升；二是陶器样式与种类更加丰富，纺轮和陶埙的出现则更突出地体现了陶器功能在精细化方面的重要进步。白石村文化和邱家庄文化是胶东夷人文化的早期形态，鲜明的贝丘文化特征为胶东文化的发展一开始就注入了特殊的地缘支撑。

北庄文化（含北庄一期和北庄二期）是继邱家庄文化之后另一“特殊”的文化类型。言其“特殊”，一者指北庄文化农业生产的重要性已经超过了海洋采集，就文化形态而言其已不再是典型的贝丘文化类型，尽管从北庄文化遗址位于长岛这种特殊的海岛环境来说，最合理的文化类型最终也为贝丘文化，但从出土文物来看，北庄文化的贝丘文化特征已经并非首位因素，这也说明由于环境变化或者人口激增等原因，胶东文化开始转向重视农业文明的发展道路，北庄文化出现了大量的聚落文化遗址也进一步说明了胶东文化自身的成熟度，而农业文明发展本身就需要大规模的集体协作，二者是相辅相成的。言其“特殊”，二者是指北庄文化（包括北庄一期文化和北庄二期文化）前后时间跨度2500多年，是胶东文化发展史上跨度最长、文化形态最丰富的夷人文化类型，在胶东文化发展史上具有承前启后的重要意义，出土了有文化标志意义的鸟首鬶、鸟形鬶、人面泥塑等遗物。因而，北庄文化成为胶东文化深层次、观念性的精神因素的形成期，也是胶东文化作为夷人文化意蕴积淀与文化特征日渐显示差别的一个重要的历史节点。

龙山文化是新石器时代的文化顶峰，也是石器文化向青铜文化转型时期的文化，因最早发现于济南市历城区龙山镇（今属章丘）而得名，杨家圈文化是龙山文化时代胶东自有的典型形态。与其他文化类型相似，杨家圈类型最突出的文化特征是大量蛋壳黑陶的出现，因黑陶的“轻、薄、黑、亮”而闻名于世，因而杨家圈文化也属于“黑陶”时代，加之此时快轮已大规模使用，胶东的制陶业达到了前所未有的高峰。除了以黑陶为代表在陶器生产层面上取得了标志性成就外，杨家圈文化遗址中还发现了整个海岱文化区为数不多的铜镞，铜镞的出现标志着龙山文化时代在文化性质上已经出现了重大的变迁，由此开启了青铜时代的大门，迈出了人类历史的重要一步。伴随着生产技术与文化性质的变革，龙山文化在社会形态上也发生了深刻的变化，杨家圈文化遗址中发现了带有祖先（男根）崇拜色彩的陶祖，该发现充分说明了原有的母系氏族社会开始让位于父系氏族社会，这种社会形态的变化具有重要的历史演化意义，而后人类逐渐形成了基于性别差异及父系文明体系之上的私有制度。恩格斯说：“母权制的被推翻，乃是女性的具有世界历史意义的失败。”① 恩格斯对于女性命运的关注包含了深刻的历史内容。

龙山文化之后，胶东进入了岳石文化时代，是海岱文化区青铜时代第一个文化序列，因最早发现于平度市大泽山镇东岳石村而得名，距今时间与历史上“夏”及“先周”时代大体相同。② 岳石文化是胶东土著文化与周边文化，尤其是与中原文化加速融合的产物，此时胶东的社会形态开始以“方国”的形态呈现，与“方国”形态相伴随的是城池的崛起、频繁的战争以及阶级的产生，岳石文化发现的壕沟与铜镞等也进一步印证了岳石文化特殊的历史内容。内外文化环境的这种巨大变迁促使胶东夷人文化自身也发生了深刻的变化，由此前的优雅、精致开始转向厚重、粗

① ［德］恩格斯：《家庭、私有制和国家的起源》，见《马克思恩格斯选集》第四卷，人民出版社1972年版，第52页。

② “岳石文化”，1960年发现于平度市大泽山镇东岳石村，最初被认为属于“龙山文化”，后因两者明显的文化差异，被严文明等先生重新判断为“岳石文化”（严文明《龙山文化和龙山时代》，载《文物》1981年第6期）。1993年经中国科学院山东考古所、青岛市文物局、平度市博物馆联合对其进行了第二次考古发掘。2006年列为国家级重点文物保护单位。根据考古发现（许盟刚：《名起胶东的岳石文化》，见林仙庭主编，烟台市博物馆编《考古烟台》，齐鲁书社2006年版，第94～105页），岳石文化共分为六个类型：照格庄、郝家庄、王推官庄、土城、尹家城和安邱堌堆。吴玉喜《岳石文化地方类型初探——从郝家庄岳石遗存的发现谈起》最早提出地方类型问题，并据当时考古情况分为三个类型：照格庄、郝家庄、尹家城二期。张翠莲依据早晚期划分为早期四个类型——清凉山、尹家城、郝家庄、照格庄类型，晚期三个类型——清凉山、尹家城、郝家庄（《论岳石文化的分期和地方类型》，载《中原文物》1998年第1期）。王富强以为七个类型：除尹家城、安邱堌堆、土城、郝家庄、王推官庄、照格庄外，另含万北（《关于岳石文化陶器“骤变”原因的探讨》，载《华夏考古》2001年第1期）。方辉在《岳石文化》（山东文艺出版社2004年版）一书中提出了照格庄、郝家庄、王推官庄、下庙墩、尹家城和安邱堌堆，与许盟刚说略有不同。

粝，陶器因而呈现出实用化、生活化、大型化的特征，这些文化特征也一直延续到岳石文化后继的文化序列；除了文化特征的变化之外，相比于龙山文化时代，岳石文化时代夷人文化的影响范围也同时缩小，特别是到后续的珍珠门文化时代，夷人文化范围不断沿海岱文化区的西部边沿向东部撤退，逐渐压缩到原有海岱文化区的最东部边缘——沿海地区，胶东半岛最后变成了夷人土著文化最主要的领地和息止之所，珍珠门文化成为了海岱夷人土著文化的最后一个序列，是商末周初时代胶东最典型的地方文化形态。珍珠门文化最突出的文化属性是胶东已经进入了“标准”的文明时代（岳石文化已经出现城市、阶级、国家，再加之珍珠门文化时代发现了被研究者视为胶东夷人所创制的原始文字①，具备了文明的四要素）。珍珠门文化另一个突出的文化属性是西部商周文化的影响越来越大，诸多陶器在陶类、陶形、纹饰等方面都体现出外来文化的特征，而且商周文化的这种影响力越到南黄庄遗址陶器（珍珠门文化晚期）体现得越明显，直至齐国统一胶东半岛止，周文化彻底取得了文化统治地位，刚进入文明时期的夷人文化也结束了自己的独立形态，但拥有特殊文化意蕴的夷人文化并未由此消亡，而是依持着齐国“因其俗”的文化政策而深潜到历史深处，成为组成齐文化的重要部分，持续而深刻地发挥着文化建构作用。

仙道文化是胶东独具地缘特征的文化，既深刻体现了胶东文化的特殊宗教内蕴，也体现了胶东文化思想层面的精神深度，对于丰富及传播中国文化具有举足轻重的意义。胶东仙道文化历史非常悠久，其最早源于春秋战国时代的“方仙道”。《史记·封禅书》记载：

> 自齐威、宣之时，驺子之徒论著终始五德之运，及秦帝而齐人奏之，故始皇采用之。而宋毋忌、正伯侨、充尚、羡门高最后皆燕人，为方仙道，形解销化，依于鬼神之事。驺衍以阴阳主运显于诸侯，而燕齐海上之方士传其术不能通，然则怪迂阿谀苟合之徒自此兴，不可胜数也。
>
> 自威、宣、燕昭使人入海求蓬莱、方丈、瀛洲。此三神山者，其傅在勃海中，去人不远；患且至，则船风引而去。盖尝有至者，诸仙人及不死之药皆在焉。其物禽兽尽白，而黄金银为宫阙。未至，望之如云；及到，三神山反居水下。临之，风辄引去，终莫能至云。

渤海、黄海的神秘莫测、浩渺悠远，促成了有关海外仙山的神话传说，因而《史记·封禅书》中的“八神”皆在齐地（其中胶东半岛则是五位神主的所在地），

① 莱阳前河前墓葬中发现了一件特殊陶盉，上面刻有表意功能的图像，经专家研究属于胶东早期原始文字，详见第一章有关珍珠门文化的论述。

并非偶然，有其深厚的文化渊源。这些传说便成为了方仙道的重要内容，同时齐威王、宣王时代稷下学宫中即有部分士子亦好黄老之道，从文化观念上也推动了方仙道的传播。方仙道的形成为中国文化注入了艺术想象力，也为中国文化开辟了有关生命“彼岸”的宗教图景，为特别重视理性与“此岸”世界的齐鲁文化注入了新的文化血液，在很大程度上丰富了中国文化的多样性，创造出了一种崭新的生命“彼岸”世界。

更重要的是，胶东方仙道也为早期道教特别是后来的全真教之形成提供了独一无二的文化语境和思想空间。东汉末年，张角依托《太平经》，创立“太平道”；金元时期，在家乡传播全真道却屡屡受挫的王重阳将目光转至胶东，半岛深厚的宗教文化传统和特殊的生命意识深深吸引着他，于是契合胶东文化理念的全真道迅速在胶东兴起，并成为中国北方声势最显赫的道派，成就了中国道教史上的一个辉煌时代。可以说胶东文化的宗教氛围、“彼岸”世界、多元文化语境既迅速传播了全真道，形成一大批坚定的信众，也在思想和文化深度上成就了全真教，特别是在道教史上产生了重要影响的“全真七子”皆出于胶东，更强化和突出了这种文化特点。以丘处机为代表的“全真七子”及后来的尹志平等胶东道教领袖，对中国道教的发展作出巨大贡献：一是从内在的精神层面提升了道教文化品质。由于“全真七子”等人都有较高的文化素养，他们推崇和宣传“三教圆融”“清修”“明心见性”等内丹心性理念，为道教文化注入了新质，改变了此前道教符箓派等重方术的文化发展方向，在道教的思想发展史上有重要意义。二是极力以“止杀”“敬天爱民”“清心寡欲”[①] 等思想说服了蒙古统治者成吉思汗等人，劝阻勿以武力征讨天下。最典型的是元太祖二十二年（1227），一生戎马倥偬、杀戮无数的成吉思汗下令：“朕自去冬五星聚时，已尝许不杀掠，遽忘下诏耶。今可布告中外，令彼行人亦知朕意。”[②] 虽然从根本意义上说，成吉思汗的改变是其抛弃了游牧部落烧杀抢掠、以武力征服为本的那种最原始方式，进而吸纳丘处机提出的“敬天爱民”等中原文化思想，转向文化统治方式的结果，但在客观上使人民免遭战火荼毒。三是全真教倡导“三教合一”，最大限度地保留了儒、释、道等中国传统文化，特别是由于元朝统治者对于丘处机等人的笃信，儒学等传统文化伴随着全真教的推广而流播，从而在最大程度上延续了中国文化的血脉。

海洋文化是胶东依因沿海因素发展起来的优势文化，也是海岱夷人文化区的特色文化。胶东海洋文化内容丰富，涉及海洋经济、海洋商贸、海洋军事、海洋神

① 〔明〕宋濂等：《元史》卷二〇二，中华书局1976年版，第4524～4525页。

② 〔明〕宋濂等：《元史》卷一，中华书局1976年版，第24页。

话、海洋习俗、海洋文学、海洋旅游、海上交通等诸多内容。从新石器时代起，胶东半岛即以渤海海峡为主要海上通道，文化影响近及燕山南北、辽东半岛，远及则达朝鲜半岛、日本等地。胶东半岛海上交流之所以以渤海为主要通道，是由于人类早期航海技术有限，需要天然的港口避险或给养，而渤海海峡中庙岛群岛的诸岛屿形成了得天独厚的珍珠岛链，是史前最优良的“海上桥梁”，因而胶东半岛海洋文化以渤海为主要通道，而非直接跨越黄海远航。布罗代尔曾经专门谈到狭窄海域的历史作用，他说：“一般地说来，海峡越狭窄，其历史意义与历史价值也就越丰富，似乎人最先选中的正是这些面积有限的内海。”① 他的这种见解是因航海史实际作出的分析，其结论也适合胶东及渤海的实情。

作为我国北方海洋文化乃至整个东亚海洋文化的最早发祥地，胶东海洋文化对东北亚文化史产生重要影响的是“东方海上丝绸之路”的初成与兴盛。“东方海上丝绸之路”是指东北亚诸国依托胶东半岛、庙岛群岛诸岛屿、辽东半岛、朝鲜半岛、日本列岛等近海沿线而形成的穿越于渤海、黄海之间文化往来和商品贸易海上通道。根据现有史料，最迟至龙山文化时代，胶东半岛已经具备了较强的航海能力②，这样就为“东方海上丝绸之路”的形成奠定了坚实的客观基础。至春秋时期，齐国自觉开辟了从胶东沿海起航，东通朝鲜、南通吴越的“海上丝绸之路”，开了由政府主动组织商贸交流、文化来往的先河，为历史上东北亚经济、文化共同体的形成铺就了无可替代的通道。正是由于这条黄金“海上丝绸之路”的形成，加之当时已经相当成熟的航运条件，秦始皇才允许徐福携童男童女数千人“入海求仙人”。根据现有史料③，徐福的船队到达过朝鲜半岛南部、日本列岛，给当地带去了当时中国发达的农业、手工业及先进的造船、航海等技术甚至包括生活习俗等，推动了东北亚早期文化的交流与融合，拓展了春秋时期齐国开辟的由胶东地区通往海外的“海上丝绸之路”，完成了中国航海史的第一次大规模的跨海远航，具有特殊的开创价值。

此后，这条海上通道也越来越成熟并明确下来：

登州东北海行，过大谢岛、龟歆岛、末岛、乌湖岛，三百里。北渡乌湖

---

① ［法］费尔南·布罗代尔著，唐家龙、曾培耿等译：《菲利普二世时代的地中海和地中海世界》，商务印书馆1996年版，第184页。

② 1984年在山东半岛东部的荣成湾郭家村，距今地表4米处，发现了一只保存完美的独木舟，据测算，距今约5000年；1983年，登州港外港庙岛群岛的大黑山岛的大诺村，距地表7米深处（一说12米），发现了龙山文化层，层上还叠压着一艘已经腐烂的木残船和一支残断木桨。可参阅蔡玉臻《登州古港早期的港航活动》，原载耿昇、刘凤鸣、张守禄主编《登州与海上丝绸之路——登州与海上丝绸之路国际学术研讨会论文集》，人民出版社2009年版。

③ ［日］壹岐一郎：《徐福集团东渡与古代日本》，天津人民出版社1996年版，第175～206页。

海，至马石山东之都里镇，二百里。东傍海壖，过青泥浦、桃花浦、杏花浦、石人汪、橐驼湾、乌骨江，八百里。乃南傍海壖，过乌牧岛、贝江口、椒岛，得新罗西北之长口镇。又过秦王石桥、麻田岛、古寺岛、得物岛，千里至鸭渌江、唐恩浦口。乃东南陆行，七百里至新罗王城。①

倭人在带方东南大海之中，依山岛为国邑。旧百余国，汉时有朝见者，今使译所通三十国。从（乐浪）郡至倭，循海岸水行，历韩国，乍南乍东，到其北岸狗邪韩国，七千余里，始度一海，千余里至对马国……南至投马国，水行二十日……南至邪马台国，女王之所都，水行十日，陆行一月。②

由上述记载可知，“登州东北海行”并“循海岸水行”，即可连接起中国与朝鲜半岛、日本等东亚诸国，这条完整的北方“海上通道”也自然承担了越来越多包括军事、政治、经济在内等的文化功能。就军事层面而言，由海上完成征伐或救助。海上丝绸之路形成的通道便于克服地理阻隔。汉初，汉武帝“遣楼船将军杨仆从齐浮渤海，兵五万人，左将军荀彘出辽东，讨右渠。……楼船将军将齐兵七千人先至王险”③，杨仆此次“从齐浮渤海”开了汉代海军跨海远航作战的先河，对于丰富东方海上丝绸之路的历史内蕴有一定的意义。而至明朝万历年间，由胶东半岛起航的这条海上丝绸之路则又肩负起了抗倭援朝、捍卫东亚和平的神圣使命。1592年，日本倾全国之力大举入侵朝鲜，仅历两个多月的时间，朝鲜国土几近全部陷落。应朝鲜李朝国王邀请，明朝政府派水、陆两路援军入朝，水路沿东方海上丝绸之路入朝，支援朝鲜军民抗日。至1598年为止，受到重创的日本侵略者被迫退出朝鲜。因1592年为万历壬辰年，此次战争因而被称为“壬辰战争”。“壬辰战争”前后历经七年，明朝政府和山东人民为此作出了巨大牺牲，这种巨大的牺牲也深深震动了朝鲜，以致后来朝鲜仁祖王说：“（神宗皇帝）动天下之兵，拯济生灵于水火之中，小邦之人至今铭镂心骨。宁获过于大国（清），不忍负明朝，此无它，其树恩厚而感人心深也。”④ 由此可见，“壬辰战争”的影响是非常深远的，不仅为此后近三百年东亚文化秩序的形成奠定了基石，甚至对当今的东亚文化秩序的建构仍发挥着重要的作用。就政治层面而言，东方海上丝绸之路还是中国与东亚诸国由“登州海行”，进入朝鲜，通达日本的官方通道，因而在隋、唐两朝，高丽、日本等国的“遣隋使”“遣唐使”也沿着这条“官道”密集抵达中国，东方海上丝绸之路也进入了最鼎盛的历史时期，特别“遣隋使”“遣唐使”的带队人物均为朝鲜、日

① 〔北宋〕欧阳修、宋祁：《新唐书》卷四三，中华书局1975年版，第1147页。

② 〔西晋〕陈寿：《三国志》卷三〇，中华书局1964年版，第854页。

③ 〔西汉〕司马迁：《史记》卷一一五，中华书局1959年版，第2987页。

④ 张存武、叶泉宏：《清入关前与朝鲜往来国书汇编》，台湾“国史馆”2000年版，第200页。

本国内有重要影响的人物，如朝鲜郑梦周等人影响巨大，东方海上丝绸之路的政治与文化影响也因此达到了前所未有的程度，为促进东北亚文化圈的融合起到了重要的推动作用，对世界范围内儒学文化圈的形成具有无可替代的特殊价值。

胶东海洋文化类型还特别值得提及的是其深厚的海防文化，因胶东同时扼守黄海、渤海，防护京津，自然也为中国海防文化史增添了浓墨重彩的画卷。胶东海防文化的形成需要一个漫长的积淀过程，由早期的重视海防军事基地建设，再到基地建设与军事体制建设并重，再到有特色海防军事思想的形成，其本身就是特别值得书写的历史功绩。真正意义上体现胶东海洋文化特色的海防建设是从北宋时期登州“刀鱼寨”（明时为“备倭城”，今蓬莱水城）的兴建开始的。“刀鱼寨”巧妙利用登州港沿海与依山的双重优势，可攻可守且极为隐蔽。“刀鱼寨”是我国最早建设的军港与海军基地，在我国军事史上有特殊意义。明朝洪武初年，胶东沿海设有莱州卫、登州卫和宁海备御千户所。洪武十年（1377），宁海备御千户所亦升为卫。从军事建置上来说，明时卫所制度从大到小由卫（城池）、所（堡垒）、寨（兵营）、司（据点）四级单位组成，四级以点连线，大小呼应，构成了严密的海防体系。至清朝，清政府为了加强近海防御，采取的主要措施就是在胶东沿海港口，如莱州港口周边筑建炮台，炮台成为清初立足海岸防御思想的重要产物，这种思想也一直延续至近代，著名的烟台西、东炮台即清政府为了海岸防御而建设的重要军事设施。为了抵抗日本等国的侵略，清政府还于1888年建成北洋水师，中国正式拥有了第一支近代意义上的海军舰队，并驻防威海卫海军基地，直到甲午战争中北洋舰队被日本摧毁，胶东半岛见证了晚清海防的建设历史及其屈辱。

而更能体现胶东海洋文化深度的是涌现了诸多杰出的海防文化思想，为丰富我国军事思想作出了特殊贡献。宋神宗元丰八年（1085），时任登州知州的苏轼在《登州召还议水军状》中根据登州海防松弛的现象，提出了“重点防御”主张：山东北部海疆的防御应以登州为重心，登州守军也应该集中在城内形成优势力量①，适当集中军力便于对抗北方不善海战的契丹人的入侵，体现了其因敌制宜的思想。至明万历二十年（1592），入侵的敌人变为流动性较强的倭寇及海盗，时任山东巡抚的郑汝璧提出了“综合防御”理论。他在上呈朝廷的《条议防海六事疏》中强调说：

山左之城，海环三面，故不论一时之警息，惟以周防为至计，其大要在练兵、修城、积粟、除器，使处处有武备，时时有戒心，急不周章，缓不玩偈，

① 〔北宋〕苏轼：《东坡全集》卷五二《奏议六首》，见影印文渊阁《四库全书》第1107册，上海古籍出版社1987年版，第727页。

以实事而责久功。①

郑汝璧重视海防诸要素的系统建构，着眼于从防御根本入手，是有见地的。延至清初，清政府为了加强沿海防御力量，实行沿海分汛防卫制度，在大口岸设防，在小口岸设哨。口岸分汛防卫与水师沿海巡哨相结合，成为清前期海防思想的重要特点。清顺治十五年（1658），直隶、山东、河南三省总督张元锡根据各地的不同情况，将沿海口岸分划成险汛、要汛、冲汛、会汛、闲汛、散汛、迂汛、僻汛八种类型，史称“八汛”②。“八汛”中，险、要、冲、会四汛至关重要，直接关乎国土安全与海防大局，尤为关键，或屯重兵，或设墩卒。其余诸汛则因位置险要，巡视侦察即可。张元锡的主张因势制宜，主次分明，布局得体，代表了清初海防思想重要的时代特征。然而伴随着清王朝国力的不断衰落，与此同时必然是日、法、英等国的大肆抢掠，至晚清，胶东的海防已经成为中国海防的核心问题。光绪七年（1881），薛福成虽署直隶宣化府，却在《酌议北洋海防水师章程》中提出其关于胶东海防的一些思考：

登州北面群岛错杂，自长山岛、庙岛以至北隍城岛，绵延约百余里，再自北隍城岛以北，至旅顺口外之旅顺山海毛岛，海面不过六十余里，舟行过此，往往触礁。则其中经行之通道，不过数处，北洋水师成军以后，似可分拨数船，在此测量沙线，创设水寨。其群岛之间，轮船如可绕越，或拨炮船，或布水雷，或设浮炮台以守之。③

薛福成的建议十分契合胶东、辽东的实际，后为李鸿章所采纳。然后在一个摇摇欲坠近乎崩溃的国度里，薛福成的这些设想也伴随着甲午海战变成了一种历史记忆，因为在近代弱肉强食的环境里，弱国终究无海防，胶东文化也开始陷入了前所未有的困境中。

近代以来，晚清政府被迫打开了大门，西方殖民者开始大量涌入，胶东文化自身也发生了一次深刻的变化，逐渐形成了融合传统与近代、中国与西方文明于一体的“近代”文化——开埠文化，胶东文化也开始了其自身的第一次深刻的文化转型。第二次鸦片战争之后，清政府被迫签订了中英《天津条约》，增开登州等多处通商口岸。1861 年年初，英国驻登州领事毛里逊赴登州办理开埠事宜，经实地考察，认为滩薄水浅的登州不适宜开辟为通商口岸，反而是水深港阔、商贾云集的烟

① 〔明〕郑汝璧：《由庚堂集》卷二四，明万历刻本。

② 〔清〕胡德琳、王尚珏：《山东海疆图记》卷七，见《北京图书馆古籍珍本丛刊》第 22 册，书目文献出版社 1988 年版，第 207～208 页。

③ 〔清〕薛福成：《酌议北洋海防水师章程》，见丁凤麟、王欣之《薛福成选集》，上海人民出版社 1987 年版，第 159 页。

台港更适合作为通商口岸。毛里逊提出由烟台取代登州为通商口岸。1861 年 8 月，清政府筹建东海关，烟台作为山东第一个对外通商的口岸，胶东由此拉开了开埠的历史。此后，青岛、威海等也陆续开埠，伴随着大规模近代化进程的开始，胶东也成为引领山东变革的近代文化前沿和中心。

胶东开埠文化的形成是胶东传统文化应对西方文化挑战的结果。开埠之后，从文化表层的“器物层面”到更深一层的“制度层面”，直至最核心的“价值层面”的西方文化大量涌入中国。首先带给国人印象最直观的刺激是那些涌入胶东的由西方人主持建造的基础设施，主要表现为海港的扩建、铁路的修筑，特别是德国人在青岛建设的青岛港、胶济铁路等为青岛成长为山东东部最具发展实力的城市奠定了坚实的物质基础。与港口、铁路建设同步，大量的西式建筑也开始出现，胶东最早也最具代表性的西式建筑是各国在烟台建设的领事馆。除了领事馆外，来自西方的商人或商业机构还在烟台、青岛等修建了一些风格各异的住宅或者商业建筑，也给胶东本地的建筑文化带来多样性。伴随着开埠的不断深入，越来越多的西方企业进入胶东，如先后出现了各种洋行，从事诸如航运业和保险业等各种商贸活动，其中影响较大的如英国人开设的和记洋行等。据不完全统计，19 世纪末西方仅在烟台开设的洋行有 26 家①，这些西方企业的出现从本质上说是为牟利而建，但在客观上为我国传统农业经济向近代工商业转型提供了示范，也从根本上促进了胶东文化的转型进程。“器物层面”的文化交流也进一步扩散西方“制度层面”文化的影响，近代化的城市管理及乡村管理制度也进入胶东，为烟台、青岛、威海等城市的近代化奠定了制度基础。还需要注意的是，胶东开埠的过程中西方传教士的特殊文化功能。作为文化殖民的重要组成部分，西方传教士大量进入胶东，试图通过基督教文化改变中国人信仰。为了提高传教效率，传教士们采取了适应中国国情的传教方法，这些方法包括创办教会学校、教会医院以及传播农业技术等，其中包括狄考文创办的国内最早的教会大学登州文会馆、郭显德创办的毓璜顶医院、倪维思引进改良的烟台“香蕉苹果”等。虽然传教士的这些文化活动主观是为了吸引中国人入教以更利于传播教义，但在客观上提高了胶东的教育和医疗水平，改良了农作物，从胶东文化事业发展的角度而言，应该也是非常重要的一种贡献。

面对西方文化的大量涌入和入侵，胶东进行着自身的调整以应对这些挑战，也必然从“传统”发展到“近代”，胶东文化实现并完成了自身深刻的变革。这种变革是全面而系统的，涉及文化的方方面面。首先是经济层面发生了重要变革。传统的自然经济开始转型为近代的工商业、金融业，以烟台、青岛、威海等为标志的近

① 彭泽益主编：《中国社会经济变迁》，中国财政经济出版社 1990 年版，第 469 页。

代城市也初步形成。胶东开始建立了一大批以钟表企业、葡萄酒酿造企业和精盐制造企业为代表的近代企业，如我国第一家钟表制造企业烟台宝时造钟厂、我国第一个现代工业色彩的葡萄酿酒公司张裕酿酒公司、山东第一家精盐制造企业通益精盐公司等纷纷崛起，胶东近代工业走在了全国的前列。此后，大量的本土商人开始在胶东涌现，如火柴大王丛良弼、东亚帽业大王刘锡三等，商人群的形成从根本上标志着胶东经济的重大的革命性变化，为胶东文化的近代变革提供了社会环境和物质基础；同时近代胶东商人特有的创新思变思想、吃苦耐劳精神、自由自觉意识成为胶东开埠文化的核心理念，丰富了胶东近代开埠的文化内涵。其次是出现了大量的政府和民间创办的各类新式学校。如著名的烟台养正义学堂即于1900年创建。新式学校的兴建促进了胶东近代教育意识的勃兴，一大批青年才俊纷纷出国留学，高水平的近代教育事业在胶东迅速发展，为胶东的近代化提供了特殊的智力支撑。第三是包含更深层理念的近代文化产业不断壮大，从生活方式与价值观上深刻地改变着胶东社会。胶东作为山东最早的开埠地区，近代的音乐、文明新戏（话剧）、绘画、舞蹈、电影、体育等均最早在胶东开始流行，如1904年篮球由西方率先传入烟台，烟台成为中国北方的篮球之乡；而文明新戏的文化宣传作用更大，如“演戏都督”革命党人刘艺舟等人宣传革命思想的剧作更是名噪一时。可以说，作为近代理念的最佳载体，胶东近代文化产业的发展理念上促进了胶东文化的根本转型，为近代胶东“人”的自觉与“民族”的自觉，以及追求“自由”“民主”新思想的自觉奠定了坚实的思想基础。由此也不难理解近代胶东成为辛亥革命北方中心的历史与文化的必然性。

进入现代，胶东的时代文化主要表现为红色文化。胶东的沿海地理位置及发达的经济因素使其必然成为各种政治力量的必争之地，频繁的战争促使胶东人民不断走向自觉革命，形成了融合胶东历史文化内容与现代革命精神的红色文化。这是一种极具特色的先进文化，也是现代胶东的“主流”文化。胶东红色文化的形成既是胶东人民对近代开埠以来追求自由民主、追求创新进步的思想的继承，更是在中国共产党领导下翻身做主人，自觉追求解放的最广泛、最深刻意义上的“文化”革命，其文化特质与精神意蕴必然融合了中国现代革命的共性和胶东革命的特性，其历史意蕴与文化特质既体现了中国现代革命爱国奉献、艰苦卓绝的共性，也体现了胶东革命“大觉”“大爱”“大勇”“大智”的文化特性。

具体地说来，胶东红色文化在以下三个方面体现了这种特殊的意蕴与特征：首先是其深刻而厚重的现代胶东革命历史。言其“深刻”是革命系统影响了胶东社会生活的各个方面与诸个阶层，言其“厚重”是指胶东革命全程参与并自始至终和中国革命步调相一致。具体到胶东现代红色文化的发展史来说，其萌芽阶段是以1919

年烟台学生响应五四运动的上街游行为历史开端。而且在1921年中国共产党成立不久之后，驻上海的中共中央局就委派早期共产党的领导人邓中夏、王荷波来烟台了解和指导工作，红色现代革命由此在胶东地区掀开了全新的历史帷幕。此后，郭寿生在1923年加入党组织，成为胶东最早的共产党员，并在1924年成立了中共烟台小组，这是一个标志性的历史事件，标志着现代红色文化这颗种子在胶东地区发芽并逐渐得到发展。此后直到1949年新中国成立的二十余年期间胶东红色文化迅速成长，红色革命也如火如荼地展开和壮大：在抗日战争初期，胶东地区便产生了山东第一个抗日民主政府，亦是山东省内最早的抗日根据地之一。1937年12月，胶东党组织发动了天福山起义，打响了胶东抗日战争的第一枪。胶东人民从此建立起自己的军队，开始有能力主宰历史的沉浮和自身的命运，胶东也逐渐成为山东抗日战争和解放战争的中流砥柱，是山东最重要的战略物资、财力支撑和兵员供应的基地：最多的支前民工——抗日战争和解放战争期间的支前民工就达到了280万人次；最多的胶东子弟兵——整个胶东还有50多万青年直接参加了党的部队，胶东先后走出了27、31、32（后撤销建制）、41共四个集团军，直到现在还占到中国人民解放军18个集团军的六分之一，成为我军的中坚力量；最多的经济支持——抗日期间胶东党组织组建了“黄金部队”，历尽千辛万苦把从被日寇占领的玲珑金矿等矿厂得到的43万两黄金送到延安党中央或山东党的派出机构，成为我党重要的经费来源之一。以上述历史史实做依据，再对比抗战时期胶东地区只有800万人口的现实，令人震惊，巨大的支前民工，几乎涉及胶东的每个家庭，这种波澜壮阔的历史场景真正展现了胶东人民翻身做主人的历史诉求，从根本上标志着最大多数人主体意识的觉醒，是人类发展史上一次伟大的文化变革，同时也更深刻体现了胶东红色文化内在的自觉性和彻底性，也体现出“大觉”“大爱”的品质。

其次，胶东红色文化意蕴与特征还体现在坚韧而高效的红色教育上。与同为老根据地的内陆红色文化区相比，胶东地处北部沿海，从1861年开埠以来，教育事业就相当发达，重视“人才”的理念本来就深入人心。为了进一步提高指战员的文化素质和思想觉悟，最终提升战斗能力和自觉意识，就要办一所大学或相当于初高中那么一个程度的中等学校”①。这种重视教育的认识几乎是一种文化的必然，1938年4月，中共胶东特委决定在胶东创办公学，其办学目的是造就一大批革命的先锋队干部，服务抗战，为夺取胜利奠定人才基础。胶东公学的创办初期，一般只是对学生进行短期培训，多是四个月到半年；1940年后，胶东公学的学期延长，在校学生逐年增多。1943年，因为根据地不断扩大，局势相对稳定，胶东公学有了很

① 黄澍霖、谭天主编：《战争年代的胶东公学》，山东教育出版社1993年版，第312页。

大发展，师生员工达到600多人，设有十几个班级，进行了较为正规的教学工作，学制延长到1～3年，胶东公学始终倡导教学与战争相结合，与生产劳动相结合，与群众工作相结合。培养效率与教学质量很高，据统计，从1938年8月至1948年1月，“这所学校培养了6000多名学生，这些学生走出学校后，或从军，或从政，或从事专业工作，他们遍布于中华大地，成为了新中国建设中各行各业的中坚力量”①。活跃在胶东地区的另一所红色学校是“中国人民抗日军政大学第一分校胶东支校”（以下简称“胶东抗大”）。胶东抗大是由1938年建立的胶东抗日军政学校和中国人民抗日军政大学第一分校第一大队合并而成，在战争环境中，胶东抗大坚持“坚定正确的政治方向；艰苦朴素的工作作风；灵活机动的战略战术”②。后多次更改校名，直到新中国成立后才撤销。胶东抗大在前后十二年的办学历程中，为人民军队和胶东地方党政机关培养了近万名干部。③ 由这所学校毕业的干部和学员，不仅是胶东敌后八年抗日战争的骨干，也是解放战争中屡立战功的27、31、32、41集团军的骨干，其中不少人成长为中国人民解放军的高级将领，许多人在根据地和新中国政权建设中发挥了骨干作用。为数众多的学员还为民族和人民的解放事业奉献出了自己的宝贵生命。除了上述两所学校外，山东省立第二乡村师范学校（驻莱阳）、山东省立第七乡村师范学校（驻文登）等学校也在中国共产党的领导下培养了众多的先进青年，陆续参加了中国革命。一大批接受过较高教育的革命者参加了胶东革命，也为胶东“红色文化”增加了智力上的支撑，因而后来胶东才有条件成为南下干部的主要输出基地，据相关民政部门的不完全统计，先后近7000名胶东干部南下，把胶东的坚韧、奉献革命精神带到了南方，带向新解放区。正是胶东红色文化中诸多智力性因素，以及胶东红色教育的先进性和创新性特征，赋予了胶东红色文化在品质上的特殊性，也体现出其“大智”“大勇”的文化品质。

除此之外，胶东红色文化意蕴与特征还体现在其活跃而深入的红色文学活动上。在胶东红色文化的形成和发展过程中，胶东文化界救国协会（简称“胶东文协”）有着举足轻重的地位，在某种程度上可以说制约和引导着胶东红色文化和红色文艺的发展方向，同时也催生了胶东红色文化中自觉性和彻底性的某些特质。1938年9月，胶东文协在中共胶东军区的领导和支持下成立，制定了一系列开展文化活动的方针措施，明确了根据地文艺运动的方向、目标。胶东文协根本的任务是

---

① 吕廷钢：《胶东公学：战火中的红色学校》，见《烟台晚报》2014年3月25日。

② 抗大一分校校史研究会烟台联络组、中共烟台市委党史资料征集研究委员会：《胶东抗大》，烟台师范学院1993年印，第3页，未公开发行。

③ 抗大一分校校史研究会烟台联络组、中共烟台市委党史资料征集研究委员会：《胶东抗大》，烟台师范学院1993年印，第68页，未公开发行。

实现“文艺下乡”，动员最广大的农民，实现“文艺抗战”的设想。其先后吸收了2.3万多名文协会员，2.6万多名教师抗日救国会会员，3700多名民间艺人抗日救国会（包括盲人抗日救国会）会员，并创办了1.25万多个农村俱乐部（内设剧团、秧歌宣传队、民校、识字班、壁报组等），若干工人俱乐部和专业文艺团体。[①] 文协通过积极的文化活动，有力地推动了胶东革命根据地文艺运动的新发展，使之出现了一个崭新的局面。不仅如此，胶东文协的成立还对胶东地区的科学工业发展起到一定作用：“在科学工业方面，文协也肩负起组织之责，协助政府在各海区成立专门的工业研究室，集中人才，埋头致力于研究工作。”[②] 胶东文协并不是一个具有单一职能的文艺协会，而是肩负着配合、监督胶东政治、经济和教育发展等多方面工作的综合性文化协会。曾经长期在胶东文协担任领导工作的马少波在谈到胶东文协的历史贡献时曾经说：“在硝烟弥漫的12年中，她与‘工、农、青、妇’等救国会一直并列为中国共产党胶东区党委领导下的正式的群众团体，区党委下属各地委、县委也都成立了文协组织，团结奋进，尽到了时代责任。”[③] 这个评价是符合胶东文协的历史实绩的。胶东文协不仅推动了胶东红色文化抗日战争与解放战争期间的广泛传播和持续发展，还在胶东革命史上掀起了“红色文学”的一次创作高潮，影响深远。在所有的文学活动中，胶东文协最大的贡献是推动了旧戏改革特别是京剧改革，为此后著名的“现代京剧”的形成奠定了范式基础。以胶东文协下设的胜利剧团为例，它在1944年由文艺实验剧团与平剧团合编而成，成立之后很快开始排演了马少波创作的历史京剧《闯王进京》，并且自1945年元旦开始，在党政军机关、党校、抗日军政大学、部队、农村巡回演出六十余场，极大程度地提升了指战员的思想觉悟，提高了战斗自觉性，收到了提升战斗力的预期效果。《闯王进京》不仅在胶东地区不断进行巡回演出，更在全国范围内流传开来，是中国现代戏剧史上新编现代戏剧的经典之作。此外，在胶东文协的领导和影响下，胶东红色小说、红色诗歌、红色散文也获得丰收。小说中峻青的《马石山上》、包干夫的《移坟》、申均之的《小马参军》等都是对胶东可歌可泣革命历史和伟大精神的再现，带有鲜明的诗史品质；诗歌作品中萧艾的《我们是来自田间的战士》、谢青的《胶东是我们的》、马少波的《爱的，请你撒开手》等，这些诗作具有强烈的时代感，

---

① 于清泉等主编：《光辉的业绩——胶东革命文化论文集》，青岛海洋大学出版社1995年版，第11页。

② 于清泉等主编：《光辉的业绩——胶东革命文化论文集》，青岛海洋大学出版社1995年版，第44页。

③ 马少波：《鼓角连营十二秋（上）——记胶东文化协会》，载《新文化史料》2000年第1期。

绝少矫揉造作，感情真挚，感染力强，起到特殊的宣传作用；散文创作在胶东现代红色文学中也颇具特色，侧重真实性和纪实性，代表性作家作品主要有散文家江风的《火线上》《水线战斗》等，包干夫的《高格庄的血战》，姜克的《燃起胶东抗战第一把烽火——雷神庙之战》，马少波的《十勇士》等，也都是对胶东大地上红色革命事迹的真实记录和热烈歌颂。此外，纪实性很强的报告文学和文艺通讯，起到了鼓舞士气、团结人民、揭露打击敌人的重要作用，很好地发挥了文艺轻骑兵的作用。活跃而深入的红色文学活动为胶东红色文化的持续成长注入了感性支撑，也为其创新性、先进性特质提供了更多的形象印证。

作为多层次的文化系统，胶东文化的意蕴与特征还体现在更具丰富内容的胶东民俗文化中。胶东民俗文化作为胶东文化的重要组成部分，既是胶东文化的民间形态，也是胶东文化在当代的历史积淀和延伸，胶东民俗文化因而也成为了解胶东文化奥秘的另一把钥匙。钟敬文先生在谈到民俗文化的构成时曾经说："民俗文化的范围，大体上包括存在于民间的物质文化、社会组织、意识形态和口头语言等各种社会习惯、风尚事物。"① 正如钟敬文先生所指出的，胶东民俗同样既包括物质文化，主要为日常生产、衣食住行、手工艺等层面的物化文化；也包括社会生活与规范层面的如日常的生老病死、婚丧嫁娶等习俗与节令仪式等内容；还包括精神信仰层面的民间宗教、民间文学、民间伦理等内容，甚至还包括语言民俗等内容。

就胶东民俗的物质文化层面而言，其包含的诸种内容无不体现了胶东文化的历史印痕与精神特征。胶东的生产习俗是胶东民俗最具经济基础意义的文化形态，特别值得重视。胶东由于其特殊的地理与传统影响，形成了鲜明的"重地""重海""重商""好利""多智"的文化意识，并与之相适应，形成了特殊的生产习俗。所谓"重地"是指胶东农业传统上亦以农耕为主，不过却形成了强调精耕细作的农业生产传统，如莱州、栖霞等地的"表作文化"更突出体现了这种习俗。"重海"既指胶东"以海为田"、耕海牧渔的历史传统，同时也指渔民特别重视利用海洋鱼类的生活规律、生活习性来提高生产效率的文化自觉。"重商"本就是胶东蓬莱、黄县（今龙口）、掖县（今莱州）等地深刻的文化传统，因而也易于形成胶东百业兴盛的商业贸易民俗，胶东的"庙会"文化商贸等形式更是层出不穷。"好利"是指胶东人特别重视经济效益，日常的农业生产强调经济作物的种植，如胶东水果业、桑蚕业、茶业、蔬菜业、鲜花业等都闻名海内外，其中固然有地理优势的原因，但文化意识上的重利自觉也同样是重要的。"多智"是指胶东生产习俗中所包含的文化教育、开放意识等因素，胶东人在生产过程中特别重视规模经营、特色经营、品

① 钟敬文：《钟敬文学术论著自选集》，首都师范大学出版社 1994 年版，第 465 页。

牌经营，形成了优势的产品与良好的口碑，如烟台苹果、莱阳梨、福山樱桃、平度葡萄、崂山茶、龙口粉丝等体现了这一点。司马迁在谈及齐地货殖传统时曾经说："齐带山海，膏壤千里，宜桑麻，人民多文采布帛鱼盐。临菑亦海岱之间一都会也。其俗宽缓阔达，而足智，好议论，地重，难动摇……其中具五民。"① 尽管司马迁所谈的生产特点并非专门针对胶东而论，但相关结论亦与胶东实情吻合，由此而论，胶东生产民俗"重地""重海""重商""好利""多智"既是对文化传统的传承，也是经过长期的历史积淀而形成的。胶东居住民俗作为胶东建筑文化的重要组成部分，也深刻体现了胶东民间传统的影响，形成了"自然""朴素""和谐"的文化特色。所谓"自然"是指天人合一、因地制宜的建筑理念；"朴素"是指合理实用、中庸平和不张扬的风格；"和谐"是指形神相生、阴阳相成的文化意蕴。胶东居住民俗的这些特色在建筑样式、格局布置、雕饰彩绘等方面都体现得相当鲜明。与居住民俗一样，胶东的饮食文化也体现了胶东的地理与文化特征。作为著名的"胶东菜系"的文化发源地，胶东饮食文化可以说是蔚为大观，既有首屈一指的福山菜，也有精致典雅的日常民家饮食，更有声名远播的特色小吃。胶东的饮食文化，就其口味而言，尤重原汁原味，其特点为鲜嫩、醇厚、纯正、浓郁、嗜葱蒜；胶东饮食长于海鲜制作，尤以烹制小海鲜见长，因而《黄帝内经·素问》中也曾经说："鱼盐之地，海滨傍水，其民食鱼而嗜咸，皆安其处，美其食。"② 由此也足见胶东源远流长的饮食文化传统。

相比于"生存性"的生产习俗而言，"规范性"的胶东的生活民俗其文化象征意义更强烈一些，受传统文化的影响也更多一些，文化稳定性也更强。胶东的生活民俗主要包括日常的生、寿、病、丧、婚、嫁、游等习俗，也包括特殊节令仪式、娱乐仪式等。这些生活习俗、仪式较深地受到儒家传统文化特别是历史上民间盛行的祖先崇拜文化的影响，鲜明地体现出重生乐寿、尚礼明伦、热情好义的文化特点。"重生乐寿"体现了对于生命的珍视，也体现了传统家庭制度的伦理诉求，这一点从胶东人特别重视庆生、祝寿、婚嫁等的生活习俗中体现出来；"尚礼明伦"体现了胶东人重礼仪、好面子的文化性格，包含着深厚的儒学文化积淀，诸多的生活习俗中程式性、礼节性仪式非常多，甚至是相当繁琐，都体现这一特点；"热情好义"则体现了胶东人豁达爽朗的好客传统。这些特点在胶东婚丧嫁娶往往都摆设酒宴、招待宾客等诉求中突出表现出来。

与胶东生活习俗相比，胶东精神层面的民俗文化更深入到胶东文化的精神核

① 〔西汉〕司马迁：《史记》卷一二九，中华书局1959年版，第3265页。

② 姚春鹏译注：《黄帝内经》，中华书局2010年版，第65页。

心，对胶东人文化性格的形成具有潜移默化的重要作用，这其中包括诸多的民间信仰、民间文学、民间俗语等丰富内容。胶东民间信仰主要包括了民间性宗教，如道教、佛教甚至一些民间巫术、民间禁忌等内容；胶东民间文学则主要包括了神话传说、民间故事，民间歌谣等内容；民间俗语主要包括民间的俗语、谚语等内容。从整体上看，胶东精神性民俗的第一个特点是其深刻的地方性特征，充分体现出了地域文化的滋养及环境的重要影响。作为全真教兴起之地，胶东的民间宗教中道教文化影响最大，而且几乎所有的胶东此类民间信仰也都不可避免地带有了道教的深刻印痕，如胶东的龙王信仰等大多融合了道教的文化因素。其次，胶东精神层面的民俗文化还体现鲜明的正统性特点，其中既有民间文化必然受占统治地位的主流文化制约的因素，也有齐鲁文化“忠君”“爱国”文化传统的影响。这在胶东盛行的民间传说特别是历史传说中体现得非常明显。第三，胶东精神层面的民俗文化有复合性的特点，复合性也是一种多元化。胶东精神性民俗文化中往往多元文化复合，儒、释、道并存；上层（官方）、中层（精英）、下层（民间）并行；神祇信仰往往多神共崇，灵物崇拜往往管用就行。这种深刻的复合性特点也从另一角度体现了胶东人文化性格中的重实用、不绝对、平缓舒和的一面。

黑格尔在其《历史哲学》中谈及历史发展与文明进程时，曾经以“自由”（精神的自我认识与完全发展）作为其研究历史的主导概念，以及分析诸种文明现象的基本的视角。他还具体解释说：

> 世界历史是“精神”在各种最高形态里的、神圣的、绝对的过程的表现——“精神”经过了这种发展阶段的行程，才取得它的真理和自觉。这些阶段的各种形态就是世界历史上各种的“民族精神”，就是它们的道德生活、它们的政府，它们的艺术、宗教和科学的特殊性……世界历史是专门从事于表现“精神”怎样逐渐地达到自觉和“真理”的欲望。①

黑格尔强调的对于“精神”在历史与文明发展的重视及其“精神”动态的成长辩证思维，对于研究胶东文化的自我精神特征的成长之路极具启发意义：一是需要确立胶东文化研究的“成长”的动态尺度，关于这一点前文在分析胶东文化的具体形态中已经有所体现，相关论题也始终围绕着胶东文化不同阶段的动态特征展开；二是要充分发掘胶东文化研究特有的“精神”的成长历程，分析贯穿在胶东文化整个发展历程中的“真理和自觉”。

从根本上说，胶东文化最终“取得它的真理和自觉”，既体现为前述各种具体形态的更替过程，又体现于胶东独立的、一以贯之的文化“精神”，并以其特殊性

① ［德］黑格尔著，王造时译：《历史哲学》，上海书店出版社1999年版，第56页。

彰显其文化深刻性。胶东文化的文化精神首先表现为包容性，这是胶东文化最深刻的内在基因。包容性体现了胶东文化兼容与涵盖的能力。作为海岱文化、燕赵文化、中原文化、辽东文化的汇集点的胶东，同时还是连接朝鲜半岛、日本列岛的枢纽，自然从其文化源头上就必然形成了文化的多元化；而从文化内容上来看，胶东文化的海洋文化、陆地文化（麦作文化、稻作文化）、游牧文化共存也体现了其多元化；从文化体系上，主流儒学与道教文化、佛教文化也并行无碍，加之近代胶东又是山东仅有的开埠地域，近代西方文化与传统文化在此碰撞融合，更在文化性质上增强了胶东文化的这种包容性。胶东文化的多元性特征体现出胶东文化本质上平和宽容的一面。

胶东文化的文化精神还体现在其开放性上。开放性是胶东文化的生命力之所在，也是胶东文化多元性的一个必然的精神产物与结果。胶东文化的开放性从历史层面而言，既表现在其对于异质西方文明的吸纳，又表现在对虽同属于中国文明却分属不同地域、不同特质文化的主动吸纳，如先秦时期夷人文化对于周文化的吸收。此外，胶东文化内部诸要素自身的开放性也从结构上决定了胶东文化的开放性。胶东文化中存在着强大的重自然的基础意识，夷人漫长而深刻的鸟图腾、稷下胶东学者的黄老之学、海洋文化特征等都包含着对自然性知识的吸收。从一般意义上说，由较狭义的“符号性”的文化概念，可以将文化划分为知识文化（认知自然等）、规则文化（制度、组织等）、精神文化（思想观念等）三个层次，各层次之间相互开放、相互支持，本质上是统一的，三个层次构成了完整意义的文化系统，文化的“生命”周期也由三个层次的相互关系来说明。但文化的发展又往往会造成三个层次各自独立、自足，因而造成诸层次的封闭性，最明显的是较高层次的“规则文化”“精神文化”的自足性与封闭性，一旦停止从最底层的知识文化中吸收最新意识，文化本身的成长也就停止了，也往往滞后于现实的发展。如中国历史上强调“灭人欲”的宋明理学也更容易隔断三者之间的交流。尽管在总体上胶东文化很难脱离中国传统文化的制约，但胶东文化中重自然意识的特质塑造了胶东文化结构的更大程度的开放性，使之在常态下有更快的生长性。

此外，胶东文化的文化精神还表现在其灵动特性上。这种灵动性在更深的层次上标志着胶东文化的特殊个性。胶东文化的灵动性首先是由胶东文化深刻的生命意识造就的。一方面，胶东文化自夷人文化时代起就形成了强悍的生命意识，并根植在胶东特殊近游牧环境与夷人种族特殊的人类学体质基础上；另一方面，胶东的海洋文化与仙道文化则以“彼岸”世界的形式拓展了生命意识的文化空间，由文化的层面构建了“生命自由”的多维存在系统。另外，胶东文化的灵动性还深刻地体现在胶东文化诗性的一面。所谓的胶东文化的诗性是由其文化深层“朴素”（自然意识）与“和谐”（文化要素之间及文化要素内部的和谐）交集的必然文化结果。胶东文化蕴含的生命意识与诗性特质作为胶东文化流动的血脉，塑造了胶东文学、胶东人的灵动品性，持续而深入。此外，胶东重商、多智的文化传统也为胶东文化保持其灵动性注入了持续不断的文化活力。

概而言之，胶东文化由先秦的夷人文化，发展至现代的红色文化及当下的民俗文化的历史进程，本质上是胶东文化追求文化“自觉”（最大多数上文化人格的独立与自觉）和文化“自由”（必然性）的精神历程。如果再按黑格尔的认知方式，将胶东文化的发展视为一种特殊具体的“精神”自身的成长经历，那么其各个发展阶段与具体形态都是走向“真理和自觉”的精神之路：夷人文化奠定了胶东文化基本文化基因，迈出胶东文化精神自觉的第一步；仙道文化增加了其精神的深度与文化内容；海洋文化进一步突出了其文化优势，强化了其自身特点；开埠文化完成了对胶东文化的自身否定的关键一环，并在否定中完成了其文化精神的第一次重要的转变与升华；红色文化与民俗文化则是胶东文化真正“自觉”与“自由”的具体体现，并在最大的数量上、最深刻的程度上实现了这一进程。可以说，胶东文化作为一个特殊而独立的区域文化系统，以其深邃的历史形象和卓越的精神品质，极具生命活力和持续成长的特性，在文化学、人类学研究中是无可替代的典范。

第一章 胶东夷人文化

第一节 胶东夷人文化的历史形态

夷人文化是胶东最早的自具东方特色的文化体系[①]，其最早的形成时期可追溯到胶东史前文明时期。关于这一点，考古学家严文明曾经明确指出："夷名始见于夏代。但作为一种文化，其始原应植根于更早的史前时期。"[②] 诚如严文明先生所言，或寓于沿海之滨，或横亘在平原沃土，远古时代的胶东人在延袤数百公里土地上创造了辉煌的早期人类文化，成为东方（山东）夷人文化的重要的组成部分，也是最初的中国文明三大重要来源[③]之一。

一、旧石器时代文化

根据现有的考古资料，胶东白垩纪（始于1.455亿年前，结束于6500万年前）

---

① 甲骨文中既已出现"王正（征）尸（夷）方"的记录，可以说明殷商时"夷"作为地理概念即已明确；《后汉书·东夷列传》："《王制》云：'东方曰夷。'夷者，柢也，言仁而好生，万物柢地而出。故天性柔顺，易以道御，至有君子、不死之国焉。夷有九种，曰畎夷、于夷、方夷、黄夷、白夷、赤夷、玄夷、风夷、阳夷。故孔子欲居九夷也。"《竹书纪年·夏纪》："后（芬）即位，三年，九夷来御。曰畎夷、于夷、方夷、黄夷、白夷、赤夷、玄夷、风夷、阳夷。""东夷文化"既是古山东，也是古胶东的土著文化，业已为诸多考古学学者、历史学学者所认同，可参阅逄振镐《东夷文化研究》等相关论著。"夷"人作为一个民族概念虽然出现较晚，但亦有漫长的民族发展史，本书所指的"夷人文化"的时限从夷人初建、形成体系，直至伴随着中原文化与东夷文化交流的不断深入，至周朝时期，原来东夷文化区渐渐融入中原华夏文化区为止。此后的"夷人"概念与文化范围也偏离了山东等原来的东夷文化区域，开始向北方和南方扩展。考古学界一般用"海岱文化"区来界定古山东的史前文化。

② 严文明：《东夷文化的探索》，见严文明《史前考古论集》，科学出版社1998年版，第319～333页；烟台市文物管理委员会、烟台市博物馆：《胶东考古研究文集》，齐鲁书社2004年版，第302～314页。

③ 从大的文明集团角度来说，现代历史学家一般认同远古中国存在着华夏集团、东夷集团和苗蛮集团三大文化区域，三大文化区共同构成完整意义上的中华民族。可参阅蒙文通《古史甄微》（上海商务印书馆1933年版）、傅斯年《夷夏东西说》（《庆祝蔡元培先生六十五岁论文集》下册，"国立中央研究院"1933年版）、张江凯、魏峻《新石器时代考古》（文物出版社2004年版）等相关论著。

时期森林植被茂盛高大，气候也较现在温热湿润，特别适合各种大型动物的繁衍生息，曾经的地球主宰者恐龙就成群结队地出现在这片土地上，莱阳等地出土了大量的恐龙化石，胶东成为中国著名的恐龙之乡。此后，胶东地质虽然也历经冰川期的沧桑巨变，森林退化为草原或荒漠，但出土化石证明有大量的猛犸象、披毛犀、古菱齿象等各类脊椎动物出没在这片土地上①，胶东大地依然是适合世界早期高等生命汇集和栖息之所。

大约20万年前，胶东大地上开始有人类的活动，胶东开始进入了人类的早期的“蒙昧”时代，近乎和山东其他地方（沂猿猿人遗址等②）一齐同时开启了史前以打制石器为特征的旧石器时期，成为山东夷人文化的重要源头。根据现有的考古资料，胶东最早出现古人类活动的地方出现在蓬莱市大柳行镇河东姜家古化石区内，该化石区为石灰岩地质结构，面积约3万平方米，现为建设用石开采区。20世纪70年代后朝，该地发现一处地下岩溶洞。现存溶洞出口距地表约3米，向内延伸的洞口宽约2米，高约1.5米，内部主洞长70多米，宽30多米，最高处约10米。1980年10月，由中国社会科学院古脊椎动物与古人类研究所、山东省博物馆、烟台地区文物管理委员会组成考古发掘队，对河东姜家古化石区进行了清理发掘，发现主洞与四个支洞相连，长短不一，洞内发现了烧灰遗迹和烧焦的动物化石，洞外也发现了用火的痕迹。但由于当时在此遗址内发现的主要是动物化石标本，加上在溶洞附近山岗上，尤其是其北侧山岗地表层1~2米厚的土层中夹杂大量的以肿骨鹿、鬣狗等为代表的古生物化石群，此类化石属于第四纪更新世中期典型的动物化石，因而当时考古学者将其列为动物化石区③。2009年，经吉林大学与烟台博物馆对河东姜家古化石区进行了重新勘察，发现了两件质地较为坚硬的以石英为材料的打制石器，由于石英本身具有极高的硬度和耐火性，往往是旧石器时代人类加工生产工具最重要的材料来源，相对于姜家古化石区自身的石灰岩地质特点，其耐用性优势十分突出。两件石器中一件形体较大④，整体形状近梯形，最长约5厘米，最宽约2厘米，边缘处较为锋利，主要用来切割动物机体或者刮削硬骨及木制工具

① 参阅石锡建《揭秘胶东古生物》，载《地球》2012年第1~2期；王锡平《胶东半岛石器时代考古工作的回顾与展望》，载《北方文物》1990年第4期。

② 沂源土门镇猿人遗址为山东旧石器早期文化的代表，是出土的山东境内目前最早的猿人头骨化石，距今二三十万年。可参阅张学海《考古学反映的山东古史演进》（山东文艺出版社2004年版）第9~18页的相关论述。

③ 1987年4月，此化石区被定为河东姜家古动物化石区，烟台市人民政府公布为烟台市文物保护单位。

④ 未见相关发掘报告，石器形体数量转引自范庆梅主编《烟台文化通览》，山东人民出版社2012年版，第18页。

等，为多刃砍砸器。另一件形体较小较薄，为尖状器，形状略近于三角形，最宽约 3 厘米，最长约 3 厘米，两侧边缘较锋利，和前面的砍砸器功能类似，但由于其形体较尖锐，可以用来刺割或者钻穿其他较软质地的食物等，可适应不同的用途。从两件石器的加工着力点与散裂痕迹来看，石器加工以打击碰撞法为主，也可能进行了第二次加工，加工技术较为进步，属于中国同代猿人典型的打片技术①。

从人类学的层面上观察，胶东人类学上的“古人”（早期智人）阶段用火痕迹与石器工具的出现标志着胶东“古人”开始了制造和使用劳动工具的历史进程，他们在征服改造自然的同时，也改造着人类自身的存在形态，在群体协同的劳动中不断地社会化，创造着最早的胶东文化，在胶东文明发展史上掀开了崭新的一页。随着时间的推移和文明自身的发展，胶东旧石器时代的文化遗址分布越来越广泛。地处胶东腹地的栖霞市郝家楼旧石器文化遗址、胶东沿海北端的长岛县旧石器文化遗址、胶东西南的海阳市旧石器文化遗址等相关文化遗址的发现，标志着胶东远古人类活动范围与改造自然的能力有了大幅度的提升，胶东的远古文明在类型和内容上得到了较大程度的丰富。

根据现有的考古资料，虽然早期旧石器时代文化遗址及石器形态上与国内其他地区的旧石器时代文化大体相同，在文化性质上还没有表现出明显的土著色彩和夷人文化特征，没有体现出个性鲜明的胶东特点。但根据人类历史发展规律，旧石器晚期人类体质形态的原始性质完全消失，各个种群因依各自地理条件开始在生产中规范（构建）着“自己”的组织（氏族社会）和活动方式（原始文明）。与这一历史进程相一致，胶东在早期旧石器时代已经体现出特殊地缘性因素的影响，如地理环境决定了石器加工选材及工艺取向等，也直接介入了人类改造自然进程，促生了原始的文化肇始时萌发的最初的互动性、构建性力量，为塑造最初的夷人文化品质提供了文化源头。在谈到胶东文化自身的特殊性及承传特征时，苏秉琦先生也指出说：“烟台地区的原始文化，有它自己的起源，有它自己的特征，起码是指土生土长的。特征是对它在本地区的发展起作用的，后来被沿续下来的，有自己的传统。”② 胶东旧石器时代的远古文化作为胶东本土文化传统源头而获得了特殊的价值和意义。

---

① 关于古代石器打制工艺，可参阅裴文中、张森水《中国猿人石器研究》（科学技术出版社 1985 年版）以及高星、侯亚梅主编《20 世纪旧石器时代考古学研究》（文物出版社 2002 年版）等书。

② 严文明：《苏秉琦先生在 1978 年 8 月 22 日至 23 日有关烟台考古工作的谈话》，见烟台市文物管理委员会、烟台市博物馆编《胶东考古研究文集》，齐鲁书社 2004 年版，第 428 页。

二、新石器时代文化

伴随着人类改造自然历史进程的前行和生产水平的提升，胶东跨越了旧石器文化时代，进入了全新的新石器文化时代[①]。在这一时代，世界各地的人类族群由早期简单的村落陆续演进为复杂的政治实体（国家），原始社会走向阶级社会，人类文明史上的主要文化体系开始得到独立发展，呈现出质的差异，诸种文明的“轴心”时代普遍形成。与人类文明历史进程相一致，新石器时代也是胶东文化在文化形态与文化品质上获得决定性成长的时期，形成并显现出了独特的东夷文化特征，地域文化特征也越来越明显。

新石器时期胶东文化首要的成就是形成了独立而连续的文化序列，言其“独立”是指特殊的胶东夷人特色，言其“连续”是指内在的系统性与持续性。具体地说，根据目前的考古资料，胶东史前文化序列大体分为白石村一期文化—邱家庄一期文化—北庄一期文化—北庄二期文化—龙山文化（杨家圈类型）—岳石文化—珍珠门文化。[②] 而根据各个文化期的时间限阈，新石器文化则大体上包含了前五个文化序列。为了叙述的方便，我们从位置、生产、生活、聚落、艺术（美学）等层面进行考古学、文化学的研究。

1. 东方贝丘文化的代表：白石村文化

白石村文化因最早发现于现今芝罘区金黄顶北麓白石村而得名，距今约7000年，是目前胶东地区可考的最早的完整的新石器文化类型，是东方贝丘文化的代表。该文化类型除了白石村一期文化遗址[③]外，还包括河口文化遗址（荣城）、蛤堆顶文化遗址（牟平）等。

---

① 从确认的文化遗址和中国文明史的一般意义上说，新石器文化时代大体距今4000至10000年，即公元前8000年至公元前2000年。可参阅张江凯、魏峻《新石器时代考古》（文物出版社2004年版）等著作。

② 目前，学术界对于胶东史前文化类型虽在连续性、同一性上有认同，但具体文化类型的命名与遗址归属尚未完全一致。参阅烟台市文物管理委员会、烟台市博物馆编《胶东考古研究文集》（齐鲁书社2004年版）中严文明、韩榕、李步青、王锡平等的相关观点；此处采用林仙庭主编，烟台市博物馆编《考古烟台》（齐鲁书社2006年版）中林仙庭等的观点，此观点提出的主要文化类型与命名大体符合至目前为止出土的文化遗址实际和文化阶段标示，也涵盖了大多数学者的基本主张。本书根据胶东文化考古的实际情况进行适当调整：“岳石文化”直接采用东岳石文化遗址作代表，没有采用“岳石文化（照格庄类型）”的说法。

③ 白石村文化遗址经过发掘，地层呈现出明显的六层堆积，文化层次相对较为复杂，其中文化性质相同的第四、五层更为原始，第二、三层次文化形态较为先进。前者被称为白石村文化一期。参阅烟台市博物馆《山东烟台市白石村遗址调查简报》，载《考古》1981年第2期；烟台市文物管理委员会《山东烟台白石村新石器时代遗址发掘简报》，载《考古》1992年第7期。

白石村一期文化遗址作为白石文化的命名起源地，其地理环境极具特殊性，背依高山，面向大海，现存遗址地势相对较高，符合人类早期文明起源选择高地的位置规律；同时，又因邻近海洋①，便于渔猎，获取丰富的海洋食物，有利于族群的生息繁衍。从这种生产和生活的特征来说，白石村一期文化一开始就和海洋文明结下了不解之缘。在谈到人类的早期繁衍发展的足迹时，恩格斯曾经认为："从采用鱼类（虾类、贝壳类及其他水栖动物都包括在内）作为食物和使用火开始。这两者是互相联系着的，因为鱼类食物，只有用火才能做成完全可吃的东西。而自从有了这种新的食物以后，人们便不受气候和地域的限制了；他们沿着河流和海岸，甚至在蒙昧状态中也可以散布在大部分地面上了。"② 他非常看重海洋食物在整个人类进化历程中的推动意义。可以说，人类借助海洋漫长的协助大大提高了征服自然和改造种群的能力，海洋因素自然也参与到人类地缘文化的建构中，白石村文化遗址因而也成为我国东方史前贝丘文化的代表。文化遗址中发现了各类的蚌壳、螺壳和海鱼骨骼的积淀，在文化形态迥异于中原史前文化以大陆农业文明形态为主的特征，也表明了胶东早期文明已经具有依海而生的海洋性文明意蕴及特征，从另一个角度印证了早期中华文明多源成长的复杂性和多样化。

从现有发掘出的考古资料来看，白石村一期文化遗址中生产遗迹相对较为丰富，基本形成了完整的远古生活形态。首先是大量磨制石器的出现，其中有石斧、石锛、石铲、石锤、石球、网坠、弹丸和砺石等各类生产工具。石斧取材于角闪岩，质地耐磨、耐腐蚀、硬度大，主体为琢制工艺，底端弧形两面斧刃为磨制工艺，刃面部分缺损，应为使用过程中的砍击所致。石斧为较大的生产工具，很大程度地提高了生产能力。恩格斯也曾经指出说："火和石斧通常已经使人能够制造独木舟。"③ 这对于临海而居便于渔猎的白石村文化而言，石斧的出现更有特殊的价值和意义。而网坠的出现则进一步说明渔猎生活方式在整个文化类型中的重要位置和普遍性。其他磨制工具如石锤、石铲既与日常生产特别是与农耕相关，又和砺石

① 现在的白石村文化遗址距海岸线约2公里，海拔60米左右，现今的海平面与古时海平面并不相同，海平面的高度随气候与地质变化而变化，距近12000年左右，因气候寒冷，海平面大大低于现今海平面近50米；距今6000年左右，海平面高于现今海平面约2米。可参阅中国社会科学院考古研究所编《胶东半岛贝丘遗址环境考古》（社会科学文献出版社1999年版）中《胶东半岛新石器时代的自然环境演变》等相关章节、王锡平《从胶东半岛新石器遗址的分布看海岸的变迁》等文（载《海洋科学》1985年第2期）。关于胶东历史上海平面的具体变化，本章第二节中将有详细论述。

② ［德］恩格斯：《家庭、私有制和国家的起源》，见《马克思恩格斯选集》第四卷，人民出版社1972年版，第18页。

③ ［德］恩格斯：《家庭、私有制和国家的起源》，见《马克思恩格斯选集》第四卷，人民出版社1972年版，第19页。

（用于骨器等工具的磨制）一起具备加工石器、骨器等其他生产工具的能力，从另外的角度说明新石器时代制石工艺已经有了较大的自觉，工具生产本身的规模也易于提升，大大提高了人类改造自然的能力，因为“人类的历史就是控制周围环境、使自己成为自然界的主人而不是奴隶的历史”①。作为新石器时代的标志性生产工具，磨制石器在白石村文化遗址中大量出现标志着胶东文化史掀开了新的一页，胶东人的文化主体意识也迈出重要的一步。

白石村文化遗址除了出土了石器之外，还出土了更多的骨器，如骨镞、骨锥、骨针、骨笄、骨匕、骨棒和骨管等。骨器中以骨镞为最多，骨镞有尖锥形、柳叶形、长菱形和三角形等多种类型，其中尤以前端较尖锐锋利、后端沿镞刃延伸的三角形镞设计最为先进，其形体已经接近铁器时代的标准的三角箭头形状。特别是诸多骨镞中后部经过磨制形成凹口，这样既便于捆绑稳定以防滑动，利于远距离攻击，又可依凹口截面再凸成尾部挺棱，增加杀伤力，在设计上已经相当巧妙。在谈到人类蒙昧时代的发展进程时，恩格斯曾经提出弓箭的发明标志着人类蒙昧的高级阶段的开始，他还特别强调“由于有了弓箭，猎物便成了日常的食物，而打猎也成了普通的劳动部门之一。弓、弦、箭已经是很复杂的工具，发明这些工具需要有长期积累的经验和较发达的智力，因而也要同时熟悉其他许多发明”②。也正因为上述缘由，骨镞实际上是古人非常珍视的生产工具，故而在出土的骨器中保留、积淀的数量为最多。在上述骨器中，大批骨针的出现也特别值得研究，骨针的出现标志着胶东人已经告别了藤蔓草绳捆绑兽皮等制作简单服装的时代而进入了精细的“缝纫”时代。在白石村文化遗址中出土的骨针加工工艺异常先进，尤其是一批小针的工艺更为精湛，最细的小针直径仅有1毫米，针眼则只有0.5毫米，较之旧石器时代的骨针工艺有了巨大的进步，已经接近现代人们所使用的金属针的粗细。此外还特别值得一提的是骨笄的出现，骨笄为古人束发工具，多为坚硬厚实的管状兽骨或兽牙磨制而成，部分笄帽则打磨成不同形状，较典型的笄帽为圆叶形、圆盖形，周边往往刻有纹饰。从笄帽已经成系列的形状与纹饰来看，白石村文化遗址中的骨笄加工已经摆脱了单纯的实用性，初步显现出鲜明而自觉的“装饰”性特征。正如李泽厚所言：“劳动工具和劳动过程中的合规律性的形式要求（节律、均匀、光滑等）和主体感受，是物质生产的产物；‘装饰’则是精神生产、意识形态的产物。”

---

① ［美］罗伯特·F. 墨菲著，王卓君译：《文化与社会人类学引论》，商务印书馆2009年版，第8页。

② ［德］恩格斯：《家庭、私有制和国家的起源》，见《马克思恩格斯选集》第四卷，人民出版社1972年版，第18页。关于中国远古时代弓箭的使用等具体情况和生动细节，可参考《中国文化报》（2013年7月18日）中《7000年前花季少女的死亡迷雾》中有关专家的意见。

他还强调说："作出上述种种'装饰品'，这种原始的物态化的活动便正是人类社会意识形态和上层建筑的开始。它的成熟形态便是原始社会的巫术礼仪，亦即远古图腾活动。"① 从这一层面来说，白石文化已经具备了较深刻的美学与意识的内涵。

恩格斯在谈到史前文明的分野时，曾经指出说人类由学会制陶术开始摆脱了蒙昧时代进入了野蛮时代的"低级阶段"。制陶术的出现使人类第一次利用化学手段实现了从一种简单物质转化升华为另一种物质的发明，既是生活用具生产技术的一次革命性变革，也是新石器时代文化的重要特征与代表成就。白石村文化遗址中出现了一批到目前为止胶东最早的陶器，主要制品有鼎、罐、盆、钵、支座等。从陶质上看，这些陶器以夹砂陶为最多，次为泥制，也有少数陶器含有云母及滑石碎块。相对于纯粹泥制陶器来说，夹砂陶是一种比较高级的陶器，质地坚硬又不宜破碎，同时也提高陶器制品的成品率，在制陶史上是个重要的创造。在谈到陶器最初起源时，马克思曾经提出"人们最初所使用的是涂上粘土的易燃的木制器皿，免被烧毁，后来发现单是粘土本身就能达到这种目的，'于是便出现了制陶术'"② 的见解。从木制器皿的外层粘土到夹砂陶，从陶器的这一发展历程及其经验逻辑来看，胶东除了白石村文化遗址之外，此前应该有更原始的新石器文化遗址，只不过目前考古资料尚没有证实。③ 从陶器制法来看，由于较大陶器的制作痕迹明显，故应为泥条盘筑法，以手制为主，部分陶器内壁还能看到泥条盘筑的痕迹亦可进一步证明；而小型的陶器一般采用捏塑法，即手工连续加工而成，因而部分器物表面较为粗糙，不够平顺。从陶色来看，白石村陶器多数陶片表面呈红褐或灰褐相杂的现象，属于新石器早期最常见的红褐陶与灰褐陶，之所以以此两种陶器为最多，主要是由于当时的制陶原料（含铁程度较高）、烧成气氛（氧化与还原的不同）和火焰不均匀决定的。从纹饰来看，白石村陶器纹饰主要有附加堆纹、乳丁纹及简单的刻划纹。附加堆纹一般是在陶坯表面粘贴泥条或是泥饼经按压组成的横、带形纹饰或泥条网络纹饰，泥条组合手法较为多样，如以泥条形成了如"W"型、波浪形、菱形、长直条等各种较简单样式，泥条上同时多压有不规则的绳纹或凹痕。附加堆纹

---

① 李泽厚：《美的历程》，见《李泽厚十年集》第一卷，安徽文艺出版社1994年版，第10页。

② ［德］马克思：《路易斯·亨·摩尔根〈古代社会〉一书摘要》，见《马克思恩格斯全集》第45卷，人民出版社1985年版，第330～331页；中国古代有"燧人氏范金合土为釜"（《路史》）、"神农耕而作陶"（《逸周书》）的传说，而女娲抟土造人的传说也应与母系氏族时期的制陶有关。

③ 由于海岸线较远古时期整体上升，淹没大批陆地生活区，而上升幅度最大的时期恰与早期新石器时代基本一致，这样给胶东新石器文化考古带来了较大困难。可参阅中国社会科学院考古研究所编《胶东半岛贝丘遗址环境考古》（社会科学文献出版社1999年版）中《胶东半岛新石器时代的自然环境演变》等相关章节、王锡平《从胶东半岛新石器遗址的分布看海岸的变迁》等文（载《海洋科学》1985年第2期）。

的出现一方面加固了器壁硬度，另一方面也使陶器增添了美感；乳丁纹则是陶壁上一些大小不规则的点状修饰物，有的较扁平，有的较突出，形成有圆形和刺状等纹饰，乳丁纹的修饰与美学意义就更大一些，从中也可以看出古人朴素的审美观念。从陶器的器类来说，白石村文化陶器的器类较少，器形主要有鼎、罐、盆、钵、支座等，其中以钵形鼎和筒形罐最富有文化特点，保存数量也相对较多。钵形鼎，夹砂灰褐陶居多，形体一般较大，直口多微敛，口沿外侧往往饰附加堆纹，方唇为最常见，斜弧腹，弧度较大，底部多为圜底，外侧装扁三角形足。筒形罐，夹砂红褐陶为常见，有直口和敛口两种，口沿外侧也饰有波形状泥条堆纹，深鼓腹，底部多为圜底，二者的腹部偏上位置均有对称的柱状把手。盆多为夹砂红褐陶，敞口微敛，尖圆唇，口下常饰有连续附加堆纹，壁较斜直，腹较深，小平底。钵，夹砂和泥质两类均有，其形多方唇敛口、部分陶器口下有乳丁为耳，深腹、圜底。支座，夹砂红陶居多，分为弯角形和猪嘴形两种，体略方，实心。从器形上看，白石村陶器中鼎、罐形体较大，在新石器早期文化中比较少见，较之内陆早期的后李文化时期的陶器在结构部件上也相对复杂，特别是鼎有侧三角形扁状足，筒形罐和部分盆器的上部设有四个或两个的圆柱形或钉头形把手或耳器，也自具地方特色，是白石文化的重要特征之一。①

从社会学的角度分析，白石村一期文化遗址按其时间阈限当属母系氏族公社，但由于能反映这种复杂社会关系的建筑遗迹较少，到目前为止，也仅发现了二个原始墓葬，均为泥土自然掩埋，并没有发现人工墓坑和随葬用品。其中一墓中（编号为80IIM2）有相联的两具骨架，骨架较大者为老年女性，形体较小者为一幼儿，老者双手紧抱幼者的头部，根据骨架形状与排列位置分析，应属于非正常死亡。但由于没有更深入的基因测试，加之也没有更多其他遗留物可以分析，无法断定两者关系和准确的死亡原因。另一个墓中（编号为81IM5）的骨架为一少年，也没有人工墓坑与葬随用品，无法断定是由于战乱、疾病或是饥饿所致。基于以上较少的墓葬遗迹，尚无法精确分析白石村一期文化的聚落系统和类型。

与山东内陆同期的北辛文化相比，白石村文化具备了独特的海洋地缘因素，奠定了此后胶东文化发展的特殊基因，首先是其土层积淀中发现了大量的蛤仔、牡蛎等浅海生物遗迹，这类多生存在沙质浅海的生物表明了白石村文化遗址是北方典型的海湾型贝丘文化，并不是内陆常见的典型的农耕文化类型。同时依据生物学专家

① 烟台市文物管理委员会：《山东烟台白石村新石器时代遗址发掘简报》，载《考古》1992年第7期。严凤亭、杨治国：《白石村遗址与胶东半岛新石器时代早期文化》，载《济南职业学院学报》2006年第2期。

的分析，在白石村文化遗址中出土的鱼骨为海洋鱼类遗留，主要为黑鲷（鱼鲥，系浅海底层鱼类）、真鲷（加吉鱼，系较深海层鱼类）、鲈鱼（花鲈，系近岸浅海鱼类）和红鳍东方鲀（又名廷巴、河豚）四种，特别需要注意的是：一者，上述鱼类当时形体较大，40厘米左右，既充分说明了新石器时代胶东海洋的较优越的生态系统，又说明新石器时代夷人的海洋渔猎的历史形态。二者，真鲷并不是浅海鱼类，其生活在水质较好、30～80米左右海深、藻类丛生的岩礁区或砂砾底质海区，直到现在黄海和渤海区域依然是著名渔场，其在白石村文化中首次发现并被大量食用的历史事实，说明了胶东夷人已经充分掌握了此鱼类的生存规律（春季近海岸产卵），同时也可能表明新石器时代已有适于较深海层捕捞的结网技术。三者是红鳍东方鲀，肝脏、卵巢和皮肤均有毒，由其广泛食用可知人类在新石器时代已经获得排除东方鲀内脏等有毒部分而只食用其肌肉的方法。① 此外，在出土的石器中，白石村文化遗址中的网坠也并不见于北辛文化，这也进一步说明渔猎生活方式在白石村文化中占据重要比重及其特殊性。

2. 胶东贝丘文化的高峰：邱家庄文化

邱家庄文化遗址②位于现今烟台市福山区门楼镇邱家庄，距福山区中心向南约7公里，东向临近外夹河，距离黄海海岸约20公里，和更早时期的白石村文化遗址相同，也是一处典型的贝丘文化遗址。现今邱家庄文化遗址虽然距海较远，但主要因古时至现今海平面变化较大的原因，估计当时也应是依海而居。其现存遗址位于小土岗上，地势相对较高，也符合人类早期文明起源选择高地的位置规律，文化形态距今6000年左右。③

从现有发掘出的考古资料来看，邱家庄文化遗址也出土了大量琢制石器，但石器的种类和白石村一期文化相比已经有了重要差异，虽然也有石斧、石铲、网坠、砺石等一批砍削、渔猎工具，也还有石镰、石制磨盘、石制磨棒等一些用于籽类植物或农作物后期收割、粉碎、加工的工具。磨盘多为长椭圆形，磨棒有一面或两面使用痕迹，而石制磨盘、磨棒的出现是目前胶东考古发掘出的最早的农作物加工农具。邱家庄文化遗址中出土的此类生产工具并不见于白石村文化一期文化遗址中，

---

① 参阅成庆泰《山东烟台出土新石器时代海产鱼类分析研究》的相关论述，载《山东大学学报（理学版）》1984年第1期。

② 邱家庄遗址为烟台市重点文物保护单位（1987年），在时间与文化属性上相当于此前提及的白石村文化遗址二期，参阅严文明《胶东原始文化初论》，见烟台市文物管理委员会、烟台市博物馆编《胶东考古研究文集》，齐鲁书社2004年版，第2～6页。

③ 可参阅韩榕《胶东史前文化初探》相关论述，见烟台市文物管理委员会、烟台市博物馆编《胶东考古研究文集》，齐鲁书社2004年版，第19页。

更接近白石村文化二期文化遗物，但其形体比较轻巧，做工也十分精细，晚期还出现了少量通体磨光石器，这也表明邱家庄文化时期的农业生产已经比白石村一期文化时期更为发达和成熟，人类农业生产力与改造征服自然的能力也有了明显提高，胶东文化的内在品质无疑也都得到了重要提升。

邱家庄文化遗址出土的陶器中，在陶质上也以夹砂陶为最多，或掺入云母和滑石粉，此类陶器数量较多，或掺入细砂，此部分陶器数量较少，而且越到早期夹云母陶的数量也越多。除夹砂陶外，则为泥质陶器。从陶色上看，主要为红、褐色陶，且同一陶器上颜色不单纯，经常加有红色或黑色斑块。除了红、褐色陶之外，还常见泥质红陶、泥质黑陶和夹砂黑陶等，较白石村一期陶器色彩丰富。① 从制法上看，邱家庄文化遗址早期陶器，也均为手制，采用泥条盘筑法或手工捏制，在陶器加工工艺上还没有出现革命性的技术变革。从纹饰上看，绝大多数陶器为素面，少量饰有纹饰，这一特点和白石村文化遗址陶器相类似。邱家庄文化遗址早期陶器纹饰以划纹、乳丁纹为最多。划纹多刻在器盖、支座表面和筒形罐上部等位置，主要有网纹、八字纹、太阳纹等，其中以网纹最为普通，太阳纹最为复杂，既在所刻画的圆圈周围辅以长短不齐的放射线，组成太阳及其光线样式，虽然划法不甚整齐精细，但呈现出邱家庄文化陶器纹饰已经具有了抽象表意功能和文化想象力。马克思曾经提出说："在野蛮时代低级阶段，人类的较高的属性便已开始发展起来了。……宗教中的对自然力的崇拜，关于人格化的神灵和关于一个主宰神的模糊观念，原始的诗歌，共同的住宅，玉蜀黍面包，都是这个时期的东西。……对于人类的进步贡献极大的想象力这一伟大的才能，这时已经创造出神话、故事和传说等等口头文学，已经成为人类的强大的刺激力。"② 马克思的这一见解对于理解与野蛮时代低级阶段文化性质相同的邱家庄文化来说，无疑也是有重要启发价值的。乳丁纹多饰在鼎的腹部或足根上，少数为附加堆纹，附加堆纹多用泥条，饰在鼎和鬶的口部及腹部外表，并伴有手工压痕。值得注意的是，伴随着时间的推进，越到后期附加堆纹越来越多，体现出纹饰加工水平与自觉意识的发展进步。到了邱家庄文化遗址晚期则发展为以附加堆纹为主，乳丁纹和划纹退而居次的程度。从器类上看，主要有鼎、罐、钵、鬶、杯、碗、豆、支座、器盖等，陶器的种类和数量远比白石

① 到了邱家庄文化遗址晚期还出现为数较少的彩陶。彩陶或以黑色单彩为底，或以黑黄双色为底，辅以少量复彩作为陶衣，复彩有红、黄、白等色。可参阅李步青、王锡平《胶东半岛新石器文化初论》，载《考古》1988 年第 1 期。

② ［德］马克思：《路易斯·亨·摩尔根〈古代社会〉一书摘要》，见《马克思恩格斯全集》第 45 卷，人民出版社 1985 年版，第 384 页。

村一期丰富。以鼎为例，即出现了釜形鼎、盆形鼎、罐形鼎、盂形鼎等多个样式，鼎的大量出现也表明其在邱家庄文化饮食器具中的重要位置，有特殊的文化标示意义。[①] 此外，支座的种类也相当丰富，有圆锥形、圆台形、方锥形、斜锥形、羊角形、猪嘴形等，且实心居多，这也异于白石村一期。特别是，邱家庄文化遗址还有两种陶器也有重要的文化标示意义：其一为纺轮。圆形的纺轮中部有一孔，主要用来纺线。依据边缘的变化，可分两种，一种为圆饼状，两面近于平行，边缘经磨制垂直，呈现为扁圆柱体形状；一种为飞碟形，中部略厚，边缘渐薄，呈现一定坡度。纺轮的出现标志着胶东原始纺织手工业在原来的基础上有了跨越式发展。正如有的西方学者所说，毫无疑问，纺轮的出现是纺纱技术有史以来最重要的技术发明，是新石器时代杰出的技术成就和文化成就，是纺织生产的“革命”，纱线生产的根本变革。其二为陶埙。陶埙为古代陶制吹奏乐器，为我国特有的闭口吹奏乐器。孔尚任在谈到埙时曾说：“埙之为物，以土为质，以水火相合而成器，故具水火土之三形。中虚上锐，火形也；平底，水形也；圆体，土形也。相合而成声，众音得埙，而有纯如之致。《诗》云：伯氏吹埙。”[②] 埙的出现最初应与狩猎生产有关，可以模仿类似鹿鸣等声音来吸引野兽，便于狩猎，后来发展为独立的吹奏乐器。邱家庄文化遗址陶埙为泥质红陶，一孔埙，音孔直径 2 厘米左右，腹较深，利于传音。邱家庄文化遗址中陶埙的出现对于研究胶东音乐的发展有重要的价值和意义[③]。从陶形上看，邱家庄文化遗址陶器形制复杂，一是鬶的出现，《说文解字》云：鬶为“三足缶也，有柄、喙”。段玉裁注：“有柄可持，有喙可写物，此其别于（鬲支）鬴者也。”尽管邱家庄文化的鬶还较为原始，相比后期出土的北庄时期的鬶而言还不是太成熟，其形态也尚为顶部敞口，无流，鼓腹，但有柄，圆锥三实足，已经表明鬶本身构件的复杂性，是胶东陶器史的重要现象。二是出现了大量的新型的把手与器耳，且其形状的复杂性较白石村时期又有了进一步的发展。把手中以蘑菇形、羊角形为多，器耳以鸟首形、桥形为多。邱家庄文化遗址中的盂形鼎、罐形鼎无论早期抑或晚期器身上部都饰有蘑菇形把手，而蘑菇形把手在此后胶东新石器文化遗址陶器中成为最普通的把手之一，依据古人“仰则观象于天，俯则观法于地，观鸟兽之文与地之宜，近取诸身，远取诸物”（《周易・系辞》）的思维模

---

① 可参阅霍东峰《环渤海地区新石器时代考古学文化研究》（吉林大学 2010 年博士学位论文）第 163～170 页的相关引用及论述。

② 〔清〕孔尚任：《圣门礼志・圣门乐志・文庙礼乐考》，山东友谊书社 1989 年版，第 239 页。

③ 《中国音乐文物大系》总编辑部：《中国音乐文物大系・山东卷》，大象出版社 2001 年版，第 16 页。

式，蘑菇形把手的集中出现应与地缘文化相关，也体现了特殊的审美取向。①

从文化性质来看，邱家庄文化遗址和白石村文化遗址相同之处在于，都属于贝丘文化遗址。邱家庄文化遗址中也发现了大量的蚬和鱼骨沉积的文化遗迹，更充分说明了贝丘文化类型的一贯性和连续性，同时也构成胶东新石器文化系统形成初期重要而特殊的环节与阶段："这一时期胶东半岛的史前文化是自成体，有其独特的渊源和发展脉络，构成了一个独立的考古学文化实体。"② 不过，与白石村文化类型的遗址数量相比，与邱家庄文化特征相同的文化遗址分布更为广泛，数量也更多，较重要的有牟平蛤堆后和姜格庄、威海的义和、长岛县的大钦东村等地。根据严文明先生的统计，胶东类似的文化遗址接近四十处，且其中"近百分之八十位于海边或在距海很近的河口岸边，并往往表现为贝丘遗址"③。正如严文明所言，与邱家庄文化遗址相同类型的文化遗址表现更为广泛，也表明了胶东文化本身的不停扩展，代表了胶东贝丘文化的鼎盛。

3. "东方的半坡"：北庄文化

北庄文化遗址位于庙岛群岛大黑山岛东侧临海高地上，距长岛县政府所在地西北10公里左右，距蓬莱市中心区以北偏西20公里左右，渤海湾内的海岛上。从1981年秋第一次发掘开始，经北京大学考古实习队等相关考古单位多次发掘，北庄文化遗址出土了大量珍贵的文化遗物，是目前胶东地区发掘规模最大、发掘次数最多（持续5次，目前正在酝酿新的发掘计划）、发掘面积最大（近4000平方米）的遗址，同时也是出土文化遗物最丰富、文化阶段跨度最大的文化遗址。④

和此前白石、邱家庄遗址相类似，北庄遗址的文化层次也相当复杂，其涵盖的文化时期跨度更大，距今约2500—5400年，文化内涵丰富，由相当于邱家庄文化遗址的北庄文化一期始，经过北庄文化二期、龙山文化、岳石文化阶

① 根据植物考古学的分析和研究："邱家庄一期文化的开始时期，遗址周围应是针、阔比例相等或以阔叶树为主的针、阔叶混交林植被，当时的气候应是温暖湿润"，应该说这种地理环境特别适合蘑菇等菌类植物的成长。可参阅齐乌云、袁靖、梁中合、贾笑冰《从胶东半岛贝丘遗址的孢粉分析看当时的人地关系》，（载《考古》2002年第7期）。胶东当代作家张炜也曾以《蘑菇七种》（山东文艺出版社2001年版）为题创作了中篇小说，也体现地缘文化的深刻影响。

② 中国社会科学院考古研究所胶东半岛贝丘遗址研究课题组：《山东省蓬莱、烟台、威海、荣成市贝丘遗址调查简报》，载《考古》1997年第5期。

③ 严文明：《胶东原始文化初论》，见山东省《齐鲁考古丛刊》编辑部编《山东史前文化论文集》，齐鲁书社1986年版。

④ 北庄文化遗址为全国重点文物保护单位（1996年），具体发掘情况可参阅北京大学考古实习队《山东长岛县史前遗址》（载《史前研究》1983年创刊号）；北京大学考古实习队、烟台地区文管会、长岛博物馆《山东长岛北庄遗址发掘简报》（载《考古》1987年第5期）；烟台市博物馆编《考古烟台》（齐鲁书社2006年版）中北庄文化遗址相关章节。

段，直至战国时期，前后延绵3000多年。其中尤以北庄文化一期、北庄文化二期的文化特征最为鲜明，是胶东史前文化序列中承前启后的重要环节，反映了胶东地区五千年前后文化与社会特殊面貌。[①] 与白石村文化遗址、邱家庄文化遗址相比，北庄文化遗址出土的陶器无论是在陶质、制法、陶色、纹饰方面，还是在器类、器形方面都有重要的变化和进展。从陶质上看，既有泥质和夹砂灰褐陶，也有一些黑皮陶。黑皮陶的出现既与泥胚含铁量有关，又与陶器烧制过程中火力的自觉控制有关，火力的自觉控制也是制陶史上的重要进步。从陶色上看，北庄文化遗址出土了大量彩陶。彩陶常用红衣，上饰黑彩；或者个别为红衣饰以白彩和黑、红二色彩。陶器底色与修饰色之间又形成具有审美功能的线条或图案。常见的彩纹图案是波浪纹、花瓣纹、连栅纹和八角星纹等，较为复杂。从器类看，北庄文化的主要器类有罐、鼎、鬶、钵、杯等，还有个别的豆。罐可分为小口罐、彩陶罐、筒形罐；鼎有盆形鼎和罐形鼎；鬶分为长足鬶和鸟首鬶、鸟形鬶。长足鬶主要见于一期，器身为球形壶状，侧有把手，小口无流，底部为三长圆锥形实足，和邱家庄文化遗址出土的陶鬶有相似之处。鸟形鬶、鸟首鬶见于二期，是北庄文化遗址中具有特殊地缘文化印痕的陶器，与东夷人的“凤”图腾相关。鸟形鬶则比长足鬶更为复杂，器身呈现为鸟形，鬶首即鸟首，又可作把手，高扬的鬶首向前伸探，顶部有喙有目。鬶器中部每侧各饰有一个耳器，附加堆纹，凸出器身，意为两个鸟翅；鬶尾为流口，可注水泻水，呈圆筒状上扬，象征鸟尾，鬶首（鸟首）与鬶尾（鸟尾）相对称对应；器身下为三矮足。整个鬶器如同虽静落却又欲飞的翔鸟，情态并茂，栩栩如生，是我国早期陶器中的艺术珍品。鸟首鬶器身为侧扁壶形，外有把手，外缘平行鬶体，口部有流，流呈鸟喙状，口部外侧饰有两个耳器，耳器各有一孔，仿佛鸟之两目。鬶器上部整体上呈现为鸟首状，具有了突出的抽象和象征色彩，体现出了胶东原居民特有的美学观念，甚至是宗教观念（后文将有详细论述），也标志着胶东夷人在抽象思维能力方面有了巨大的进步。李泽厚在谈到人类美学意识产生时曾经说：“是由动物形象的写实而逐渐变为抽象化、符号化的。由再现（模拟）到表现（抽象化），由写实到符号化，这正是一个由内容到形式的积淀过程，也正是美作为‘有意味的形式’的原始形成过程。”[②] 北庄文化遗址中还出现较多数量的黑陶敞口杯和觚形杯，杯类陶器的数

---

① 张江凯：《论北庄类型》，见北京大学考古系编《考古学研究》（三），科学出版社1997年版。这里的北庄文化主要是指北庄文化一期、北庄文化二期遗址。

② 李泽厚：《美的历程》，见《李泽厚十年集》第一卷，安徽文艺出版社1994年版，第23页。

量和种类都比邱家庄文化遗址的杯类丰富，由于杯类陶器整体形体较小，与其他小型陶器（豆等）一样属于日常生活用品，陶杯的大量出现标志着陶器生产的应用范围越来越广泛和普及。从陶形上看，北庄文化遗址陶器中鼎、鬶等炊器属于三足器（多为实足），这样更便于放置火上加热；一些罐、钵等盛器则多为平底器，这样更便于携带；豆、杯等一些小型陶器则为圈足器，更便于静置。从纹饰上看，陶器外部往往饰有附加堆纹、刻划纹，与白石村遗址、邱家庄遗址陶器饰纹相比，北庄陶器纹饰无论是精细程度还是规律性都有大幅提高。如堆纹已经做到了尽管多道但细而均匀，刻划纹中有相当明晰规律的波浪纹和带形网格纹等，两种饰纹象征意味、抽象意味都很强，并且具有丰富的文化意蕴，不过由于陶片本身的不完整，尚无法进行准确判断。北庄文化遗址陶器中出现了少量镂孔陶器，也是此前文化阶段所没有见到的，在胶东陶器工艺史上也具有特殊的价值。

北庄文化遗址中除了浓墨重彩的陶器值得研究外，还有人面泥塑也是值得一提的文化遗物。该人面陶塑为泥质红褐陶，形状近于倒三角形，因而整体上面容略显消瘦，眉毛细长而稀少，眼角下垂，鼻梁高耸，口唇张开，前后扁平，非人首浑圆状。与近乎同时代的牛河梁文化遗址出土的泥塑女神头像相比，表面上看起来比较原始、粗糙，但牛河梁文化遗址出土的泥塑女神头像过于写实，且接近人体大小，神情也接近少女自然表现，极可能为依人头骨涂泥成像或依原型创作[①]。相比之下，北庄人面泥陶和此前提及的鸟首鬶器一样，具备了抽象性和象征性：从其时代的文化属性判断，应该与母系氏族时代的宗教祭祀有关，其形体应象征老年妇女。该人面陶塑的形式意义与思维创新品质并不差于牛河梁泥塑女神头像，都堪称古代东方人形陶艺的奇葩。博厄斯在其《原始艺术》一书中曾说："不仅形式能激发感情，形式和人们的想象之间紧密的联系也能激发感情。换言之，由于形式反映了过去的经验，或形式有某种象征，在形式上表达了一定的内容时，人们的艺术享受又增加了新的成份。形式和内容的结合使人们的意识从平腐淡漠的日常生活中得以升华。"[②] 其对于抽象性形式的强调也是基于对艺术史的长期考察的心得体悟，北庄文化遗迹的人面泥塑也正是在"形式"的意义上具有了突出的艺术史价值。

北庄文化遗址中更引人瞩目的是大量聚落文化遗址的发掘，主要包括了房屋遗

① 孙守道、郭大顺：《牛河梁红山文化女神头像的发现与研究》，载《文物》1986年第8期。

② ［美］弗朗兹·博厄斯著，金辉译，刘乃元校：《原始艺术》，上海文艺出版社1989年版，第4页。

址和墓葬遗址。和陶器等文化遗物蕴含较少的社会关系不同，聚落文化遗址是分析特定区域内在社会关系及组织形态，探求人类种群文明属性的最基础的人类学资料，也是聚落考古学的基本对象。北庄文化遗址中引起考古学界轰动的是大量保存较完整的房屋遗址的出现①，这些遗址规模宏大，已经构成了完整村落的规模。北庄文化遗址发掘出的房址大小不一，小房屋面积约 20 平方米，大房屋面积超过 30 平方米。从建筑结构上看，这些房址由三部分构成：其一是房基。房基是由地面下挖而形成的，房底基面低于地平面 40 厘米以上，更深的房底基面可低凹于原生地面 80 厘米左右，且有的房屋居住面地层由黄灰色土铺垫而成，因此该层坚实而平整，显然是经过人工加工，整层厚约四厘米左右，黄灰色土层上面还撒上薄薄的料姜石粉末，既结实又可防潮。也有的地基经过多层加工，工艺更为复杂。基于地基下凹，北庄文化遗址发掘出的房址多为半地穴式，这和西安半坡遗址房屋是相同的。其二是已经出现墙体。北庄文化房屋遗址整体轮廓上呈现为圆角长方形或圆角方形，尚没有发现类似于西安半坡遗址中的圆形房址。围绕这些长方形或方形地基的外缘，发现数量不等的柱洞，少则十余个，多则二三十个，柱洞口径大小与深度也不完全一样，但根据柱洞多数深达 0.5 米以上，可以断定房屋采用的是“柱洞法”，而非“直柱法”。房屋的围墙建造有两种方法，一种是由这些木柱直接支撑，通过封抹建筑而成。另一种是围绕这些木柱外侧另外建筑土质泥墙，基于两种不同墙体建设方式，又形成了北庄文化房屋遗址墙体力学上或者采用承重结构和围护结构相结合的方式（依靠木柱建设围墙），或者采用承重结构和围护结构相分离的建设（另建围墙，后者更复杂一点）的方式。其三是自觉的房盖。依据房屋遗址中间孔洞的一个或两个的不同数量，可以判断这些房屋的房盖可能是攒尖顶（中间一个立柱）或四坡顶②（中间两个立柱），这样既可拓展空间，又可遮蔽风雨。这些房屋遗址基本上都由地基、墙体、房盖组成，已经是相当成熟的建筑方式，属于我国早期建设中以“木骨泥墙”“木椽泥顶”为标志的第二代建筑③，同时房址门口多设置在南方或东南方，体现了采光的要求，而部分房址门口还有延伸，设置了门棚，阻止风雪侵入，更体现了其科学性。整体上说，北庄文化房屋遗址建设结构设

---

① 北庄文化遗址经过多次发掘，共发掘出 100 多座房址，具体发掘情况可参阅侯建业《原始聚落“东半坡”——北庄遗址》（见烟台市博物馆编《考古烟台》，齐鲁书社 2006 年版）、北京大学考古实习队、烟台地区文管会、长岛博物馆《山东长岛北庄遗址发掘简报》（载《考古》1987 年第 5 期）。根据长岛博物馆郭贤坤馆长介绍，2015 年会对北庄文化遗址进行再次发掘。

② 相关概念与标准主要借鉴杨鸿勋《仰韶文化居住建筑发展问题的探讨》，见《建筑考古学论文集》，文物出版社 1987 年版，第 1～44 页。

③ 相关标准主要参阅侯幼彬《中国建筑美学》（黑龙江科学技术出版社 1997 年版）第 4 页的论述。

计合理，实用性与科学性较好，典型体现了中国史前建筑的原始风格，因此北庄文化遗址被著名考古学专家苏秉琦先生称之为“东方的半坡”①。可以说北庄文化房屋遗址的建设成就并不亚于仰韶文化系统的西安半坡房屋遗址，并同仰韶文化系统的西安半坡遗址房屋一起，标志着人类完成了从穴居生活到建筑生活的转换，开启了中国古代独特的木结构建筑体系的源头。②

北庄文化房屋遗址每个房基内部发掘出数量不等的“箕形灶”，有的小房遗址内有一个火灶，大房遗址内则有三个。火灶一般包括灶坑、灶面和灶圈三部分组成：灶坑应主要用于放置火种或临时存储灶灰；灶面应主要为用火作业区；灶圈是围在灶坑、灶面外侧的一个泥圈，主要防止燃火外溢③。由房址内三个火灶、且火灶面积较大等情况，可以断定当时人们应生活在以血缘关系维系的群居时代。除了这些火灶之外，北庄遗址还发现了数十座墓葬，其中有“房址葬”、多人集体合葬墓，在胶东地区其他地点极为少见④。所谓“房址葬”是以房屋直接作为墓穴，用于存放多人尸骨；合葬墓则是以地下穴形式将多个个体的尸骨堆放在一起，部分墓葬经过二次迁移，头骨和肢骨分别整齐排放。从多人合墓的情况看，也说明北庄文化遗址属于氏族时代，群居生活特征明显。不过，在北庄二期文化遗址中也发现了有随葬品的单人墓葬，或为仰卧伸直葬，或为仰卧屈肢葬，头部均朝向东方，可能已经具备宗教或图腾意义。随葬品有石器、骨器、陶器、蚌类等用品，少者六七件，多者达三十多件。其中有一墓葬（编号为M16）中出土了随葬品为三十一件，也表明了随葬品数量的分化⑤。一般来说，随葬品的大量出现与私有制观念在丧葬礼俗中的体现，这也表明北庄二期文化已经开始具有了部分私有制文化观念。从聚落考古学的角度分析，依据麦格纳的理论标准，北庄一、二期文化的属性应该类似其“聚落形态”六阶段理论中的“半定居村落”和“初级的核心形态”之间的阶段⑥，或者已经属于“初级的核心形态”，是原始文化的转型阶段，也喻示着胶东

---

① 王志民主编：《山东省历史文化遗址调查与保护研究报告》，齐鲁书社2008年版，第351页。另见长岛县政府网相关介绍。

② 中国数千年以来的建筑主流（整个前现代时期），始终沿着以木结构为主的方向发展，在世界古代建筑中独树一帜。可参阅贾洪波《中国古代建筑》，南开大学出版社2010年版，第3页。

③ 北京大学考古实习队、烟台地区文管会、长岛博物馆：《山东长岛北庄遗址发掘简报》，载《考古》1987年第5期。

④ 侯建业：《原始聚落“东半坡”——北庄遗址》，见烟台市博物馆编《考古烟台》，齐鲁书社2006年版。

⑤ 北京大学考古实习队、烟台地区文管会、长岛博物馆：《山东长岛北庄遗址发掘简报》，载《考古》1987年第5期。

⑥ 张光直有如下说法：麦格纳以为“初级的核心形态”是半自给“村落”，有经济中心及卫星村的分布；有分化的游、畜牧（张光直：《考古学专题六讲》，中国文物出版社1986年版，第85页）。

文化即将开始新的历史巨变和再一次飞跃。

4. 新文化的曙光：龙山文化杨家圈类型

龙山文化因最早发现于山东省章丘市龙山镇而得名①，杨家圈文化是其经典类型。从文化性质上看，龙山文化是山东文化序列中铜石并月的特殊时代，既是新石器文化解体而进入青铜时代的开始，也是中国由早期氏族社会走向国家形成的重要的文化环节，是人类文化发展史上重要而具有标志性的转折期②。龙山文化这些属性在杨家圈类型中也得到了深刻体现。

杨家圈文化类型因最早发现于栖霞市杨础镇杨家圈村而得名，该文化类型主要分布在烟台、威海、青岛等地，除栖霞的杨家圈外，还包括蓬莱紫荆山、长岛大口、莱阳于家店等文化遗址。杨家圈文化类型既是我国龙山文化的胶东代表，也是胶东新石器时代最后的一个文化序列。

杨家圈文化遗址距栖霞市中心区南偏西约 13 公里，文化遗址距今约 4000—4800 年③。其文化遗址的重要成就在于出土了大量生产工具，主要有石器、骨器、牙器等。其中石器与骨器最为典型，石器包括石斧、石锛、石铲、石刀、石臼、石镞、石矛、磨盘、纺轮等，这些石器在加工工艺上较之比前北庄遗址等出土的石器更加先进，开始大量出现通体磨制的石器，从杨家圈一期有少部分石镞等小型石器通体磨制，到二期大部分石器通体磨制的变化，更体现出工艺加工史上的不断进步。更特别值得注意的是，其中农业生产工具类石器的数量超过渔猎、采集类的数量，也标志着杨家圈文化遗址中石器工具的重要文化特点和发展成就，标志着杨家圈文化的农业生产的比重已经超过了渔猎、采集，体现了人类农业种植史上的重大进步。骨器则主要包括骨针、骨锥、骨凿、骨矛、骨镞、骨刀、骨簪、骨（鱼）钩

---

① 龙山文化指中国黄河中下游地区新石器时代晚期铜石并用的时代文化，因 1928 年首次发现于山东历城县龙山镇（今属章丘）而得名，距今约 3950—4350 年。随着龙山文化考古区域的逐渐扩大，山东的龙山文化被考古界称为“典型的龙山文化”，栖霞杨家圈文化遗址是山东龙山文化的典型类型。关于龙山文化的性质与分期，可参阅严文明《龙山文化和龙山时代》（《文物》1981 年第 6 期）、何德亮《山东龙山文化的类型与分期》（《考古》1996 年第 4 期）、［澳］刘莉著，陈星灿等译《中国新石器朝代：迈向早期国家之路》（文物出版社 2007 年版）等相关论述。

② 参阅［澳］刘莉著，陈星灿等译《中国新石器朝代——迈向早期国家之路》（文物出版社 2007 年版）第一章有关“龙山文化”“龙山化层”的论述。

③ 杨家圈文化遗址 1956 年被发现，1977 年被列为省级文物保护单位。1981 年经北京大学考古实习队和山东省文物考古研究所联合抢救发掘，共发掘出五个文化土层，依据各土层的内涵差异，分为杨家圈一期（四、五层）和杨家圈二期（二、三层）文化，其中杨家圈二期文化为早期龙山文化的代表。参阅北京大学考古实习队、山东省文物考古研究所《栖霞杨家圈遗址发掘报告》（见严文明主编，北京大学考古学系、烟台市博物馆编著《胶东考古》，文物出版社 2000 年版），何德亮、竞放《试论杨家圈遗存的文化性质》（见烟台市文物管理委员会、烟台市博物馆编《胶东考古研究文集》，齐鲁书社 2004 年版）。

等。这些骨器除了比此前文化遗址出土的骨器在种类上、日用范围上更加丰富多彩外，还有另外一个明显的时代特征：其中骨矛、骨镞等许多骨器的数量实际上已经超出渔猎范围而有了新的军事用途，如果再辅以此前提及的石矛等大型投掷器的用途，这种特点就更突出了。这也说明伴随着聚落发展和人口增加，族群的冲突与争夺开始不断增加，从另一个方面也说明了人类文明交流和融合的速度呈现出不断加快的态势。

杨家圈文化遗址出土的陶器主要有鼎式甗、陶鬶、盆形鼎、夹砂罐、陶缸、陶瓮、圈足盆、陶杯、陶碗、器盖、纺轮等，这些陶器无论是从种类与制式的丰富性上，还是结构的精巧性上，都较此前各文化时期的陶器远为复杂。如袋足鬶就彰显了这种超越：袋足鬶因其有羊乳状袋足而得名，三足系分别加工拼接而成，圆锥形足尖自成鼎力。鬶上部有高宽流，流覆盖口部前端，流缘内卷呈硕大壶嘴状。整体设计相当复杂而且精细，体现了杨家圈文化遗址陶器工艺与审美的重要进步。不过，作为龙山文化胶东类型的代表，杨家圈文化遗址陶器最突出的文化特征其实是黑陶和轮制技术的出现，这种特征越是到杨家圈文化遗址二期的陶器中体现得越明显。龙山文化本以“轻、薄、黑、亮”的蛋壳黑陶闻世，这种特有的文化基因深深烙刻在杨家圈二期文化遗物中，突出表现在三个方面：一者是杨家圈二期文化陶器虽有黑、红、灰、褐及橙黄等各色，但其中黑陶数量居多，随着时间的推移，黑陶有不断增加的趋势。根据对相关陶器陶质与陶色的统计，包括泥质黑陶和夹砂黑陶在内的总量已经超过三分之二，其中以鼎类黑陶、罐类黑陶、杯类黑陶等为代表。第二是杨家圈二期文化遗址中黑陶所用陶土、陶洗较细，胎质细腻，有一些胎厚不及1毫米的细泥蛋壳陶。同为杨家圈文化类型的长岛大口遗址还发现了一件残破的双层蛋壳高柄杯，该杯分内胆和外壳两层，最薄处仅有0.3毫米，该杯造型复杂、技术精良，是我国古代陶器中的艺术瑰宝。第三是陶器加工技术实现了根本变革。依据杨家圈二期黑陶陶壁和陶底发现的圆环状纹路及其光滑程度、陶壁厚度，可以判断此时陶器加工已经广泛使用快轮，“‘快轮’的出现对后世瓷业的发展也有深远影响，它是后世陶车或辘轳车的早期形式”①。快轮的转速可达一分钟数百转，由此生产出的陶器既样式精致，又外型规整、形体光滑，同时还大大提高了生产效率。除了广泛使用转轮之外，陶器烧制工艺与火候控制也达到了新的自觉，黑陶的烧制是陶器烧成将近结束时用熏烟法进行渗碳再加工，经打磨加蜡而成。正如部分专家所言，从制陶史的角度讲，杨家圈类型等在内的山东龙山文化制陶技术，“包括快轮技术、还原焰和氧化焰的灵活应用技术、高温技术、制陶原料的选取和加工

① 张福康：《中国古陶瓷的科学》，上海人民美术出版社2000年版，第27页。

技术、纹饰的装饰技术、渗碳技术和打磨技术等，都达到了制陶业的最高水准，并成为当时最突出的手工业部门，引领中国的制陶业达到了前所未有的高峰，也为后来瓷器的发明和烧造准备了充分的技术条件"[①]。除了上述陶器外，在杨家圈文化遗址中还发现了两件特殊的陶塑。一件是人头塑像：该塑像略呈球状，整体丰满平滑，圆颅尖髻，嘴眼深凹，鼻梁高挺且微下勾，面部微仰，脖颈细长，抽象之中又意蕴诉说状，比北庄人面泥陶更显活力。第二件为陶祖（男根）。杨家圈文化遗址中的陶祖在胶东文化史上尚属首次发现，其重要价值不仅仅是对胶东陶器史而言的，更重要的是其生动展现了胶东文化意识层面的深刻变革，展现了原始生殖崇拜思想的变迁。陶祖本身既是男权、父权社会思想的产物，又是父系氏族社会宗教意识的折射。正如部分学者所指出的："人类由女性生殖器崇拜发展到男性生殖器崇拜，其意义非同小可。正是男根崇拜和对'种'的推重，为以后父系氏族社会的最终确立提供了血缘根据。"[②] 杨家圈文化遗址中陶祖的发现无论对于研究胶东祖先崇拜文化，还是对于研究我国生殖崇拜思想都有特殊的历史价值，都具有重要考古学标识意义。由上而论，杨家圈文化遗址中的陶器无论就生产工艺而言，还是从文化层次来说，都达到了胶东新石器时代陶艺的顶峰。

与此前的北庄文化聚落遗址相比，杨家圈文化遗址的聚落形态更加复杂和高级，发掘出了大量极具文化标志意义的房屋遗址、墓葬遗址。根据发掘报告，杨家圈文化遗址共发现 4 座房屋遗址，相比此前的半地穴式建筑，这些房屋均为基槽式建筑，而且基槽本身经过夯筑，发现了若干坚实而平整的夯土层，有的地基经过多层加工夯实，工艺更为复杂。加之基槽开挖深度较大，有的基槽可深达 2.5 米，坚固的基槽在很大程度上提高了房屋的稳定性和坚固程度。[③] 从这一点上说，杨家圈文化遗址房屋建筑水平是非常有创造性的，因而"这种深基槽式房屋建筑在史前遗迹中是少见的"[④]。伴随着房基夯实技术的广泛采用，房屋内部的结构也更加复杂。遗址中发现了类似后世红砖的板状烧土块（红烧土），二面同时被火，且受火程度基本相同。烧土块形体平整光滑，外面呈砖红色，及里则为灰黑色，厚度达 10 厘米，故极有可能为房屋内部隔墙组件，具有重要的结构功能。此外，房屋内壁和房

---

① 姜国钧：《古朴秀雅的龙山黑陶》，见烟台市博物馆编《考古烟台》，齐鲁书社 2006 年版，第 93 页。

② 赵国华：《生殖崇拜文化论》，中国社会科学出版社 1990 年版，第 259 页。

③ 这种房基夯实与开掘方法直到 20 世纪七八十年代在北方农村民居中还会经常使用。关于原始土夯技术，可参阅侯幼彬《中国建筑美学》（黑龙江科学技术出版社 1997 年版）第 5 页的相关论述。

④ 北京大学考古实习队、山东省文物考古研究所：《栖霞杨家圈遗址发掘报告》，见严文明主编，北京大学考古学系、烟台市博物馆编著《胶东考古》，文物出版社 2000 年版，第 151 ~ 206 页。

顶开始自觉地大量使用烤泥封制技术，许多烧土中混合了粟壳、稻壳及禾本植物的秸秆等，可能是用于密封房顶或内墙表面的敷泥。由于建筑技术的不断提高，杨家圈文化遗址房屋面积也进一步增大，较大房屋的建筑面积已经达到70平方米左右。在房屋面积增大的同时，类似后世红砖的板状烧土块的广泛运用，使房间内建筑隔墙成为可能，合理的空间布局为胶东建筑史揭开了新的一页。另外，杨家圈文化遗址房屋内部并没有发现如同北庄文化房屋相同的灶坑，而是在房间外部发现了数量较多的灰坑，这也表明了杨家圈文化遗址在聚落生态系统中生活功能分区上更加精细，从另外一个角度展现了杨家圈文化的先进和复杂程度。

特别值得注意的是，杨家圈文化遗址中还有大量的农作物遗迹，为我国及胶东农作物种植史提供了大量考古学证据。此前提到的板状烧土掺杂了大量谷类作物的草叶和少量谷壳，墙皮中也掺杂小米一类的皮壳。经中国科学院遗传研究所相关专家分析：部分板状烧土中“有稻壳的印痕，稻粒已灰化，稻颖壳椭圆形，具二脉，颖壳宽为3~3.5毫米，长为5~6毫米。现代粳稻谷粒宽为3.2~3.5毫米，长为6毫米；籼稻谷粒宽为2.5毫米，长为6.5~7毫米。杨家圈稻谷的形态特征与现今的粳型稻种相似（椭圆形），而与籼型稻种（长扁形）有较明显的不同。又在土块中还有稻叶、茎秆的印痕，脉纹清楚。因而断定其为普通栽培稻种（*Oryza Sativa*），并可能属于粳型稻种”①。后经日本佐贺大学农学部和佐野喜久生鉴定，结论是杨家圈稻谷也为粳型稻。经过确认的杨家圈粳型稻谷具有重要的文化意义：一是解决了我国龙山文化时代北方水稻种植（粳型稻谷）的历史及地理分布规律，对于了解我国古代农业史的发展有重要意义。二是进一步印证了我国稻作起源和发展的不平衡性，杨家圈文化遗址是龙山时代我国最北的粳型稻谷种植地，在时间和地方上都极具特殊性。三是解决了我国水稻外传的文化渠道问题。长期以来，对于中国水稻传入日本的途径众说纷纭，此次杨家圈文化遗址发现的水稻提供了关键的文化节点。关于这一点，本章后面还将进一步详细论述。

杨家圈文化遗址还发现了极具文化标志意义的铜器，从而喻示着新的文化青铜时代的到来，这是胶东新文化的曙光，具有重要的历史进步意义。杨家圈文化二期遗址的地层中发现一段铜条，长1.8厘米，两端粗细不一，较粗的一端宽5毫米，厚3毫米；较细的一端宽3毫米，厚也近3毫米。剖面似为三棱形，不过因锈蚀过甚不能确定。经北京科技大学冶金史研究室孙淑云先生鉴定，认为是铜器残段，原

① 北京大学考古实习队、山东省文物考古研究所：《栖霞杨家圈遗址发掘报告》，见严文明主编，北京大学考古学系、烟台市博物馆编著《胶东考古》，文物出版社2000年版，第198页。亦可参阅栾丰实、靳桂云、王富强、宫本一夫、宇田津徹朗、田崎博之《山东栖霞县杨家圈遗址稻作遗存的调查和初步研究》，载《考古》2007年第12期。

先可能是锥。由于锈蚀严重，又不便切开，故未进行详细的成分分析，只能确定是铜。此外，也在其他地层中发现了一些破铜末，均不成形，最大的直径仅有5毫米左右，也是小件铜器锈坏的残渣。① 虽然没有杨家圈文化遗址铜器的详细分析，但根据相类似的文化遗址（胶县三里河遗址铜锥）铜器测试分析，铜器成分中均含有铁、铅、锡、硫等杂质，特别是具有一定量的硫，由于含硫并与铅形成硫化铅，说明所用原料是不纯净的，冶炼方法也是比较原始的。其成分是不纯的黄铜。北京钢铁学院冶金史组经过反复试验后认为“早期黄铜的出现是可能的，只要有铜锌矿存在的地方，原始冶炼（可能通过重熔）可以得到黄铜器物”②。基于烟台、潍坊、临沂等地铜锌或铜锌铅共生矿的资源十分丰富，这样更印证了杨家圈文化遗址中铜锥为黄铜的判断，也从另外的角度证明了地缘因素对文化发展的重要性。根据现有资料，在山东龙山文化中有五处发现了含有铜器或铜炼渣的遗迹，分别是栖霞杨家圈、长岛北长山岛店子、胶州三里河、诸城呈子、日照尧王城、临沂大范庄遗址。③从地理位置上讲，此五处文化遗址基本都位于广义的山东半岛，尽管黄铜还没有发展到青铜，但也说明了山东东部是我国青铜文化肇始的重要源头。

在谈到房屋遗迹时，上文曾经提及杨家圈房屋遗迹中普遍使用夯土技术，并出现了类似砖块的红烧土，两者技术之先进足以保障了城墙的建设，尽管杨家圈文化遗址本身并未发现城墙遗址，但在同为龙山文化时代的其他遗址（如日照部分龙山文化遗址）中陆续发现了城墙痕迹，这也表明杨家圈文化极有可能也有城墙的存在。从聚落考古学与社会学角度分析，依据麦格纳的理论标准，杨家圈文化应该比北庄二期文化在社会属性上更高级一些，类似其“聚落形态”六阶段理论中的“高级的核心形态”④。这一文化特征也更具体地从国内学者的研究判断中得到印证：“龙山时代已进入阶级社会，国家已经诞生。因为社会的深刻分化、社会分层秩序和城乡分离，都是阶级社会的特有现象与基本特征，绝不会见于氏族社会。……就是说，随着城市诞生而形成的城乡分离、城乡对立是和国家的诞生、文明的形成同步的，所以城市诞生标志了国家的诞生。”⑤ 在谈到最初的城市和乡村

---

① 北京大学考古实习队、山东省文物考古研究所：《栖霞杨家圈遗址发掘报告》，见严文明主编，北京大学考古学系、烟台市博物馆编著《胶东考古》，文物出版社2000年版，第198页。

② 何德亮：《试析早期铜器在文明进程中的地位》，载《南方文物》2007年第4期。

③ 何德亮：《试析早期铜器在文明进程中的地位》，载《南方文物》2007年第4期。

④ 张光直以“高级的核心形态，有永久的行政中心”作为属性标志（张光直：《考古学专题六讲》，文物出版社1986年版，第85页）。

⑤ 张学海：《五帝时代社会性质浅析——兼论部落向国家的过渡》，见《中国史前考古学研究——祝贺石兴邦先生考古半世纪暨八秩华诞文集》，三秦出版社2003年版，第498页。此处的“国家”，尚属于苏秉琦先生“古国方国帝国”分类中的“古国”说法，张学海先生提及的五帝“万国”说亦可供参考。

的分离时，马克思和恩格斯也指出其文化意义在于“物质劳动和精神劳动的最大的一次分工，就是城市和乡村的分离。城乡之间的对立是随着野蛮向文明的过渡、部落制度向国家的过渡、地方局限性向民族的过渡而开始的，它贯穿着全部文明的历史并一直延续到现在”[①]。从城市诞生、国家形成这一历史节点上来说，杨家圈文化的出现标志着胶东新石器时代和原始社会的终始，一个全新的原始的“国家”（万国）时代到来了。

从早期以白石村文化为代表的贝丘文化的发祥，到以邱家庄文化为主体的贝丘文化扩展与鼎盛，再到北庄文化跻身北方古文化系统成为其重要典型与代表，展至杨家圈类型，胶东新石器文化走到自己的顶峰，这也如同学术界所公认的一样：“龙山文化是东夷海岱文化的鼎盛时期，它比同时代的其他地域文化遥遥领先。”[②]杨家圈类型文化也是胶东新石器时代的文化鼎盛期，同时也走到了新石器时代的文化终点，开始了新文明的历史征途。胶东新石器文化就这样带着自己地缘文化的印记发展出了自成系统的文明序列。在谈到胶东夷人文化特征及位置时，严文明曾经总结说：“现在知道，胶东新石器文化的发展是自成体系的……从文化内涵分析，各阶段是一脉相承、不断发展的。表现在陶器上的突出特征是自始至终以素面为主，古朴典雅而不尚华丽。比较稳定的陶器组合鼎、钵（豆）、壶、罐，从北庄一期起有鬶……既然胶东青铜器文化是东夷文化，作为它的直接前身的胶东史前文化当然就是东夷祖先的文化。”[③] 严文明的这一观点也得到了海岱文化研究专家的赞同，可以说特殊的胶东夷人文化构成了整个山东新石器夷人文化（海岱文化区）的半壁江山，成为东方史前文明的最主要的文化源头之一。[④]

三、莱夷文化

如前文所述，胶东龙山文化时代既已形成了诸多“古国”，从而进入了原始的“国家”时代，标志着胶东新石器时代（原始社会）的结束。龙山文化之后，胶东开始进入了全新的青铜文化时代，阶级社会出现了，“古国”时代也进入了“方国”时代，胶东夷人建立了强大的莱国等方国。为了突出胶东文化发展的“方国”时代这一特点，龙山文化杨家圈类型之后直至齐统一莱国之间的胶东夷人文化就以

---

① ［德］马克思、恩格斯：《德意志意识形态》，见《马克思恩格斯全集》第3卷，人民出版社1960年版，第56～57页。

② 任重：《东夷文化的历史沿革》，载《山东大学学报（哲学社会科学版）》2001年第1期。

③ 严文明：《东夷文化的探索》，载《文物》1989年第9期。

④ 可参阅曹兵武《聚落·城址·部落古国——张学海谈海岱考古与中国文明起源》中的相关观点，载《中原文物》2004年第2期。亦可参阅张学海《张学海考古论集》前言部分，学苑出版社1999年版，第2页。

“莱夷文化”为名进行研究叙述。①

1. 青铜文化时代的早期代表与夏代的东方：岳石文化

龙山文化之后，胶东进入了岳石文化时代，属青铜时代早期的文化序列。岳石文化因最早发现于平度市大泽山镇东岳石村而得名，距今大约3000～4000年，与历史上“夏”及“先周”时期大体相同。岳石文化时期也是中华民族加速文化融合，形成民族文化统一体的一个早期阶段。

东岳石村位于胶东半岛西北部，北临渤海，地处平（平度）掖（莱州）古道中心区域，北距莱州市中心区近20公里，南距平度市中心区20多公里。南临淄阳河，居淄阳水库和大泽山水库中间地带，西、北为平原沃土，四面环绕着大泽山、红山、天柱山、明堂山、高望山、芝莱山等，依山傍水，地理极为优越，特别适合农耕和渔猎。岳石文化确认后，相关文化遗址陆续发现，分布范围和龙山文化大体相似，仍以山东为多，江苏、河北、河南、辽宁等地也发现了岳石文化的遗存，特别是通过近年来的考古发现岳石文化广泛存在，这也表明了夷人文化自身取得了新的发展与成就。

岳石文化作为青铜文化时代的早期代表，虽然还没有完全跨越铜、石、骨混用的历史时期，石器、骨器类工具依然大量使用，不过和此前的诸文化序列相比，岳石文化的石器骨器类工具也体现出特殊的时代特色。首先磨制技术已经成为石器、骨器加工最基本的工艺，表明了石器、骨器加工工艺的重要进步。根据相关的发掘报告，在东岳石文化遗址出土的20件石器中仅有2件为打制石器，其余均为磨制

① “莱夷文化”用于指龙山文化之后的胶东文化，前文已经提及殷商时代“夷”作为地理概念已经明确，此后《后汉书·东夷列传》中有：“《王制》云：‘东方曰夷。’夷者，柢也，言仁而好生，万物柢地而出。故天性柔顺，易以道御，至有君子、不死之国焉。夷有九种……故孔子欲居九夷也。”《竹书纪年·夏纪》中也有：“后（芬）即位，三年，九夷来御。曰畎夷……”其中所涉诸夷多与地理或社会生活的某些特征相关。《尚书·尧典》中则提到了“嵎夷”：“分命羲仲，宅嵎夷，曰旸谷。寅宾出日，平秩东作。”《尚书·禹贡》中提及“嵎夷”和“莱夷”：“海岱惟青州，嵎夷既略，潍、淄其道。……莱夷作牧，厥篚檿丝。”《管子·轻重戊》中也记载说：“齐者，夷莱之国也。”“嵎夷”的称呼应与地理位置相关，最初应在胶东滨海一带，后流迁至海外。可参阅刘凤鸣《嵎夷、旸谷地望考》（载《中国历史地理论丛》2011年第2期）的相关论述，胶东历史上无“嵎国”记录。而“莱夷”的称呼应则与地理和东夷部族相关，“莱夷”应在“嵎夷”以西，居胶东平原腹地。其建国初年不可考，西周初年已有“莱侯来伐，与之争营丘”的记载（《史记·齐世家》），后至公元前567年为齐所灭（《左传·襄公六年》）。据王献唐先生分析“莱”字原为“来”，意为小麦（《炎黄氏族文化考》，齐鲁书社1985年版）。在提及“麳”时，《集韵》解释为：齐谓麦，从来从麦。莱夷部落名称可能由其大规模种植小麦而得名（部分学者以莱夷为中国本土首育小麦之族，证据略显不足，待考）。直至今日，莱州依然为“胶东麦仓”，胶东小麦大面积种植历史影响很大，麦作文化的源远流长由此亦可见一斑。

石器[①]，磨制石器占到总石器数的90%。而在牟平照格庄遗址中发现的77件中只有1件为打制石器，其余均为磨制石器[②]，磨制石器占到总石器数的比例更近于99%。这种特征在出土骨器上也体现明显。其次是农业生产类工具在所有石器工具中已经占到最大比重。东岳石文化遗址出土最多的石器为石刀，共计7件，形体有半月形（弧形）和长方形，石刀上均有双面对钻的小孔。牟平照格庄遗址的石器绝大多数为生产工具，尤以石刀和石铲的数量最多，二者约占总数的一半。石刀总数22件，占石器总数的近30%。石刀形体也大体可分为半月形（弧形）或长方形，半月形（弧形）居多，形体完整者均有两个小孔。与龙山文化常见的长方形石刀相比，岳石文化时代的石刀更加趋向另一类固定的形体：半月对琢双孔石刀，半月形易于发力，而两个小孔便于以绳绑缚，便于收割劳作，从而极大地提高了农业生产效率。岳石文化出土石刀的这种特点也在胶东其他相类似的遗址如芝水中得到了印证[③]，特别是在芝水遗址一期文化中还发现了一枚罕见的带手柄石刀，形似后世刀具，手柄处可握持用以切割，可更大程度地发挥刀具的功用。此外，各岳石文化遗址中的石铲的总量仅次于石刀，也表明了其在农业生产中的重要位置。与龙山石铲相比，岳石石铲虽然形体变化不大，但更薄更锋利，利于翻土耕作，基于上述相关生产工具的特质，可以判断岳石时代胶东的农业生产有了较大规模的扩展[④]。故而从整体上看，岳石文化各文化遗址中出土的石刀、石铲等生产类工具远比加工类、狩猎类工具数量大的多，所占石器总数的比例均有了大幅提高，同时其文化特征也独具特色，成为构成岳石文化特质的基本要素之一。此外，根据对牟平照格庄遗址出土植物进行的专项考古研究也表明："黍的数量较少但出土概率较高，这种现象与中国北方其他史前时代遗址中的情况基本一致。大粒作物（小麦、水稻和大豆）在照格庄遗址中也占有一定的地位，表明了农作物组合的多样性。"[⑤] 这也从另一

① 中国科学院考古研究所山东发掘队：《山东平度东岳石村新石器时代遗址与战国墓》，载《考古》1962年第10期。

② 中国社会科学院考古研究所山东队、烟台市文物管理委员会（韩榕执笔）：《山东牟平照格庄遗址》，载《考古学报》1986年第4期。

③ 北京大学考古实习队、烟台市博物馆：《烟台芝水遗址发掘报告》，见严文明主编，北京大学考古学系、烟台市博物馆编著《胶东考古》，文物出版社2010年版。

④ 以泗水尹家城遗址为代表的鲁西南岳石文化区曾出现过方孔石器，部分专家认定为石镢（如蔡凤书《初论岳石文化》，载张学海主编《纪念城子崖遗址发掘六十周年国际学术讨论会文集》，齐鲁书社1993版），部分专家认定为石磬（如索全星《"方孔石器"是古代乐器》，原载《中原文物》2009年第5期等），前者与生产工具相关，后者与乐器相关，但后者的可能性较大，与礼器相关。如属于前者，一者过于单薄，二者穿木使用难度较大。胶东半岛岳石文化遗址中尚为未发现此类石器。

⑤ 山东大学东方考古研究中心、赵敏、王富强、张博：《山东烟台照格庄岳石文化遗址植物考古初步结果》，见《中国文物报》2008年3月28日。

角度进一步证实了胶东岳石文化农业拥有了生产力巨大提升的时代特征。

龙山文化的蛋壳黑陶曾以其“轻、薄、黑、亮”文化特点闻名于世，这一特点在胶东的龙山时代也概莫能外，而作为龙山文化继承者，岳石陶器并没有沿着龙山黑陶的发展路径继续优化细陶工艺，而是在陶质、陶色、陶类、陶形、纹饰等方面都体现出“崭新”的粗陶文化特征，体现出较鲜明的分化态势。相对于龙山陶器的“轻、薄、黑、亮”，岳石陶器最大的变化是重新趋向“厚、粗、重”，这也是该序列陶器最突出的文化特点。陶器文化特点的突出变化其实是与陶器选材及质地的变化直接联系在一起的。① 无论是从平度东岳石遗址出土的陶器来看，还是对牟平照格庄遗址出土陶器的分析，岳石文化各遗址陶器虽然也有部分泥质黑陶，这可以看作对龙山细陶文化的某种继承，但其陶器的主体多为夹砂陶，颜色也多为褐色或灰色，亦多轮制。夹砂陶由于掺杂云母贝壳末等材质，既坚硬又不易破碎，关于这一点前文已经有所叙述，相比龙山文化中的黑陶多以轻薄泥质为陶胎的传统，岳石时代的陶器多以夹砂陶为主，实际上则直接决定了其陶器自身“厚、粗、重”的特点，岳石粗陶这一特点的形成可以看作是对龙山黑陶文化的一次“反动”，也是对夹砂陶制陶工艺的一次重新高扬，某种程度上既是制陶工艺传统的“分化”，也是一次“细化”。伴随着陶器质地与生产工艺的这种变化，陶胎的厚度自然也就有所增加，根据考古资料显示，牟平照格庄文化遗址、平度东岳石村文化遗址出土的夹砂陶均占陶器总数的60%以上，特别是形体较大的陶甗、陶罐、陶盆等陶器更多为夹砂陶，陶胎厚度可达1厘米以上；岳石文化的泥质细陶虽然有承继龙山文化黑陶的一面，也出现了一些黑陶，但其陶胎多呈灰色，却并非类似龙山文化黑陶的里外透黑，更没有发现标志性的“蛋壳陶”，即使是小型的陶豆、陶碗、陶杯，其厚度依然平均在0.7厘米左右。② 可见，岳石陶器无论是夹砂粗陶还是泥质细陶，其胎壁厚度远远超过龙山陶器的厚度，这种文化特点的深刻变化也表明了陶器实用性诉求再一次主导了陶器生产工艺的走向。这种走向也从岳石文化陶器陶形、陶类上的变化得到进一步的印证。相关研究专家对同一文化遗址中龙山文化及岳石文化的前十位陶器按类别分别进行了比例上的统计：

---

① 陶器文化发生根本变化的深层原因，后文还将全面分析。

② 参阅蔡凤书《初论岳石文化》，载张学海主编《纪念城子崖遗址发掘六十周年国际学术讨论会文集》，齐鲁书社1993年版；烟台市文物管理委员会、烟台市博物馆编《胶东考古研究文集》，齐鲁书社2004年版。

表一

文化 \ 器形	盖	罐	鼎	盆	杯	盘	碗	豆	鬶	甗	尊形器	合计①
龙山文化陶器比例	31	12.2	7.2	7.1	6.9	6.8	4.6	2.6	2	1.9		82.3
岳石文化陶器比例	10	13.3	6.9	3.1	1.4	1.4	5.1	3.5	0	3.1	5.1	52.9

依据上述统计表可进一步分析，不难发现陶豆、陶碗、陶罐、陶甗的比例有所增加，而陶盖、陶鼎、陶盆、陶杯、陶鬶的比例有所下降，基于这种变化可以推断出：与“食物”有关的陶器比例在不断增加，与“酒”“水”相关的陶器比例有所下降。特别值得注意的是，在统计表中，岳石文化陶甗比龙山文化陶甗在比例上明显增加。陶甗的造型非常复杂，形状与功能类似于现在的蒸锅。其上半部为无底的陶罐，下半部多为陶鼎或陶鬲形状，中部内收束腰，可以放置箅子，用于蒸煮。岳石文化陶甗多为厚胎、肥足：厚胎坚固不易破碎；袋足肥大既可增大容积，也可加大受火面，提高燃烧效率。为了提高其耐用性，岳石文化陶甗的腰部和裆部都用泥条加固。上述诸多变化也深刻表明了岳石文化陶器制作开始重视“生活”方面，更加古朴化，但也表现了其在“饮食”功能方面的实用与普及，其背后则代表了农业收获与人口的不断增长和文化自身的转型。岳石文化陶器除了上述文化特征方面的变化之外，还出现了大量的彩绘陶。彩绘陶不同于此前北庄文化遗址中提及的彩陶：彩陶为陶器入窑前绘制图案后一次烧制而成，彩绘陶为陶器烧成之后再经绘制图案而成，属于再加工创制，用于特殊用途。从陶瓷史发展的一般规律来说，彩绘陶晚于彩陶出现，至岳石文化时代彩绘陶开始盛行。相比较而言，彩绘陶陶器类型和彩绘图案较为固定，一般在陶尊、陶豆和器盖等少数陶器表层，而彩绘图案也以火焰纹、云雷纹等为主，色彩多以朱红色、白色为常见，对于这些特殊的彩绘陶的用途，专家一般以为是“礼器和祭器”②，但同时器盖上的彩绘陶用于日常审美的可能性也较大，如果此结论成立，那么岳石文化彩绘陶的盛行应该与其日渐复杂的精神系统密切相关。

---

① 数据源于蔡凤书《初论岳石文化》，载张学海主编《纪念城子崖遗址发掘六十周年国际学术讨论会文集》，齐鲁书社 1993 年版。参阅烟台市文物管理委员会、烟台市博物馆编《胶东考古研究文集》，齐鲁书社 2004 年版。本统计表是对泗水尹家城龙山文化及岳石文化的陶器进行了器类方面的统计，说明了两种文化之间的传承关系。但胶东自身相关的文化遗址中或者由于缺少龙山文化和岳石文化同一地区的发报报告，或者由于缺少具体的器类数据，故无法进行具体比较。虽然尹家城文化遗址并非是胶东地区类型，但同属岳石文化序列，其分析结论总体上也适用于胶东岳石文化。

② 方辉：《岳石文化》，山东文艺出版社 2004 年版，第 11 页。

虽然岳石文化还具有大量使用石器的文化特点，但就其整体的文化属性而言，却无疑属于青铜时代的第一个文化序列。胶东龙山时代曾经发现过部分青铜遗物，如前文提及的栖霞杨家圈文化遗址与胶县三里河遗址中所发现的铜器，但此时前述的铜器遗物一者是发现的零散而不普遍，二者是其成分主要为黄铜，因而品质不固定。据上可知，龙山文化整体上尚为石器时代晚期。进入岳石文化时代，照格庄遗址中出现了一件相当完整的铜锥，经地质部岩矿测试技术研究所激光光谱分析，鉴定为青铜，主要成分为铜及锡混合而成①。该铜锥无论是在硬度方面，还是韧性方面，均比此前的黄铜有巨大的品质超越。同时，相比龙山文化仅在少数一两个遗址中发现少量黄铜遗物的偶发性特征不同，岳石文化遗址中除了牟平照格庄文化遗址外，还在益都（今青州）郝家庄②、沂源姑子坪③、泗水尹家城④等文化遗址中发现了青铜器，特别是尹家城中发现了多达14件的青铜器类，包括铜镞、铜刀、铜锥、铜环等，由此可见，岳石文化时代是一个较广泛使用青铜器物的时代，胶东先民们也已经熟练地掌握了青铜的熔炼、铸造技术，因而有专家提出："和同时期夏文化、早商文化和北方夏家店下层文化比较，在生产技术，尤其是铜器的冶铸使用上，岳石文化并不示弱。如岳石文化所见青铜锥、钝三角形刀、双翼镞，是与二里头文化、早商文化共见的……因此它们应是在同一个社会发展阶段上、并肩发展的几支不同族系、不同国别的文化。"⑤

岳石文化中还发现了大量特殊的文化遗迹，从中也可以看出胶东聚落文化形态与社会文明的独特意蕴。首先是"岳石围壕"的出现，对于整理、书写胶东古聚落文化（古城）的历史提供了重要的考古学支持。2008年，在牟平照格庄遗址范围内发现了一条岳石文化的完整壕沟。围壕上部口宽4米左右，深2米左右，保存完好部分南北长260米，东西长150米，类似封建时代的护城河。壕沟的出现和此前

① 铜锥形体完整，表面锈蚀较重，剖面呈三菱形，尖锋利，长6.2厘米，直径为0.5厘米，来源于牟平照格庄文化遗址，参阅中国社会科学院考古研究所山东队、烟台市文物管理委员会（韩榕执笔）:《山东牟平照格庄遗址》，载《考古学报》1986年第4期。经北京钢铁学院冶金史组组织的测试为铜、锡、铅、铁铸造成的青铜，参阅孙淑芸、韩汝玢《中国早期铜器的初步研究》，载《考古学报》1981年第3期。

② 吴玉喜:《岳石文化地方类型初探——从郝家庄岳石遗迹的发现谈起》，载烟台市文物管理委员会、烟台市博物馆编《胶东考古研究文集》，齐鲁书社2004年版。

③ 任相宏、曹艳芳、刘光霞、郑德平:《山东沂源县姑子坪遗址的发掘》，载《考古》2003年第1期。

④ 山东大学历史系考古专业教研室编:《泗水尹家城》，文物出版社1990年版，第203页。

⑤ 徐基:《夏时期岳石文化的铜器补遗——东夷式青铜重器之推考》，载《中原文物》2007年第5期。

龙山文化城墙的出现具有同样重要的意义，其突出的防御功能表明了人类聚落功能的分化。[①] 以壕沟为界，围壕内是生命价值和经济价值较高的生活区、手工制作区等功能区，围壕外则是价值相对较低或易于更换活动区域的农业生产、采集、狩猎和渔猎等功能区，体现了人类社会生活系统的复杂性和精致性，也体现了方国纷争的时代印痕。在谈到世袭王权和世袭贵族的产生时，恩格斯曾经提出："在新的设防城市的周围屹立着高峻的墙壁并非无故：它们的壕沟深陷为氏族制度的墓穴，而它们的城楼已经耸入文明时代了。内部也发生了同样的情形。掠夺战争加强了最高军事首长以及下级军事首长的权力；习惯地由同一家庭选出他们的后继者的办法，特别是从父权制确立以来，就逐渐转变为世袭制，人们最初是容忍，后来是要求，最后便僭取这种世袭制了；世袭王权和世袭贵族的基础奠定下来了。"[②] 恩格斯在文中强调"壕沟"的重要文化价值，无疑对于理解岳石文化壕沟的意义也是适用的，而近于同时代的"夏启代益"的历史记录更印证了恩格斯的这种准确判断[③]。此外，岳石文化遗址中还发掘出大量灰坑和部分房址。其中灰坑尤以牟平照格庄遗址的最为突出，一者数量较多，1979 年发掘时即达到了 43 个；二者结构较为特殊。较有代表性的是一处带台阶式通道的三联坑（遗迹编号为 H2），呈南北方向排列，各灰坑中间以两堵矮墙分隔为前、中、后三室；前室在南，后室在北，坑口外室东北壁与中室交接处有四级台阶，应是出人之通道。底面及隔墙上均抹一层厚达三四厘米的白灰土，较为平整而坚硬。坑底为含砂的黄土，室内无灶，亦未见用火痕迹。据专家推断，此种半地穴式建筑可能有顶覆盖，但又不似居室，推测可能作为窖穴或手工作坊之用。[④] 在 2008 年第二次发掘中，牟平照格庄遗址又发现了较完整的岳石窑址（群）。窑室以上虽然被破坏，但以下部分保存较完整，有火塘、窑口及若干个操作间，窑口由石板封护。根据目前各遗址考古报告和相关资料，这是胶东也是山东第一次发现的岳石文化窑址（群），填补了岳石文化考古学的部分空白，

---

① 1979 年，中国社会科学研究院考古所山东队、烟台市文物管理委员会曾经对牟平照格庄遗址进行了大规模发掘，并发表了《山东牟平照格庄遗址》（韩榕执笔）报告，载《考古学报》1986 年第 4 期。2008 年，为配合牟平区城市建设，烟台市博物馆和牟平区博物馆对照格庄遗址北部进行抢救性发掘，相关资料见《烟台晚报》2008 年 7 月 16 日。

② ［德］恩格斯：《家庭、私有制和国家的起源》，见《马克思恩格斯选集》第四卷，人民出版社 1972 年版，第 160 ~ 161 页。

③ 《史记·夏本纪》："及禹崩，虽授益，益之佐禹日浅，天下未洽，故诸侯皆去益而朝启，曰：'吾君帝禹之子也。'"

④ 资料源于中国社会科学研究院考古所山东队、烟台市文物管理委员会（韩榕执笔）《山东牟平照格庄遗址》报告，载《考古学报》1986 年第 4 期。

由此也提供了认定上述灰坑是窖穴或陶器生产手工作坊的考古学证据。同时基于上述灰坑之多可以判断陶器生产已经相当繁荣的情况，这样就强化了前文提及的岳石陶器生活化与普及化的判断。

2. 最后的土著夷人文化：珍珠门文化

文化的交流自有“人类”诞生时起就已经开始，最初人群的迁移与组合，以及包括石器、陶器等在内的诸种生产生活工具的交换无不体现了文化的交流与融合，而且伴随着人类文明形态的不断进化，文化交流的速度也在不断加快。这种趋势到新石器时代晚期私有制观念出现的文化序列（如北庄文化之后）里更加明显。在谈到私有观念在人类从野蛮到文明的转变过程中的作用时，恩格斯曾经说：“邻人的财富刺激了各民族的贪欲，在这些民族那里，获取财富已成为最重要的生活目的之一。他们是野蛮人：进行掠夺在他们看来是比进行创造的劳动更容易甚至更荣誉的事情。以前进行战争，只是为了对侵犯进行报复，或者是为了扩大已经感到不够的领土；现在进行战争，则纯粹是为了掠夺，战争成为经常的职业了。”① 恩格斯强调的是私有观念与社会变迁之间的关系，其实，如果从文化交流的角度，也可以说私有观念的刺激及频繁的战争也无疑加速了诸种文化的整合。正如前文曾经提到的，胶东岳石文化时代诸“方国”之间的战争也必然加速了文化的交流，推动了社会形态的变迁，其中尤以“夏”“商”等大国频繁地与夷人土著政权产生的激烈冲突影响为巨。虽然从某种意义上说，冲突与融合是双向的，但文化交流同时又往往是不均衡的。从整体上看，岳石文化时代的“夏”“商”文化是主动而强势的②，其文化影响伴随着土地的征服而不断扩散，“夏”“商”文化由是不断东进，而且这种趋势在西周时代愈加突出。夷人土著文化文化圈因此不断东移。岳石文化之后，夷人土著文化影响范围不停地缩小，更逐渐压缩到海岱文化区的东边缘——胶东半岛变成了夷人土著文化最主要的领地和息止之所，珍珠门文化也成了海岱夷人土著文化的最后一个序列，是胶东商末周初时代最典型的地方文化形态。

---

① ［德］恩格斯：《家庭、私有制和国家的起源》，见《马克思恩格斯选集》第四卷，人民出版社 1972 年版，第 160 页。

② 可参阅本节开首关于“莱夷文化”的相关分析。“莱”为胶东方国，其建国年代不可考，西周初年有“莱侯来伐，与之争营丘”的记载（见《史记·齐世家》），后至公元前 567 年为齐所灭（见《左传·襄公六年》），也是另一种意义上的文化整合。伴随着胶东古代“莱”等一系列方国的逐一被兼并，胶东文化曾经呈现出的夷人土著文化与外来“夏”“商”“周”文化并存的局面最终终结，融入到齐文化中，关于这一点本章相关篇目将有详细论述。

珍珠门文化因最早发现于长岛县北长山岛珍珠门而得名①，此类文化的代表性遗址主要分布在胶东半岛，特别是半岛的东部、北部、南部沿海地区，如烟台芝水文化遗址②、长岛县珍珠门文化遗址、乳山南黄庄文化遗址、龙口楼子庄遗址等，胶东半岛之外虽然也有珍珠门文化遗址发现③，但相对而言数量已经非常稀少，这和此前岳石文化广泛分布在山东、江苏、河北、河南、辽宁等地的文化形态已经大不相同了，由此可见，夷人的文化版图已经呈现出明显的萎缩，胶东的土著文化也慢慢地走到了自己的历史终点。

和岳石文化一样，珍珠门文化也属于青铜文化时代。多个文化遗址中均发现了数量较多的铜器。以南黄庄遗址为例，发现铜镞 11 件。④ 特别是在墓葬中还发现了一个被三件铜镞共同射击的骨架（编号为 M3）：一件射入头部北侧，一件射入胸部，一件射入左侧盆骨与肢骨之间。如此多的铜镞集中射击在一人身体，一方面充分说明了战争（抑或刑罚，前者可能性较大）的残酷，另一方面也说明了铜镞本身的使用已经相当广泛。不过，虽然业已进入青铜文化时代，但珍珠门生产、渔猎工具依然主要是石器，还没有脱离石铜混用的历史阶段。石器主要有石刀、石凿、石镞、石斧等。从石器制作工艺上看以磨制为主，兼有琢制，且石刀、石铲等主要工具多为通体磨光，生产工艺并不落后。石器中数量最多、最有代表性的是直背弧刃的双孔或多孔石刀，孔多对钻，选材多为砂岩和页岩，和岳石文化半月形双孔石刀相类似，两者有明显的文化承继关系。⑤

陶器是判断珍珠门文化特征的重要依据。相比此前的岳石陶器，珍珠门陶器的

---

① 1979 年，北京大学对长岛县 11 处原始文化遗址进行了调查，其中包括珍珠门遗址，考古结论依据诸多文化遗址沿袭岳石文化又带有部分新质的地方文化遗存，因珍珠门发掘最早，定名为珍珠门文化。并认为珍珠门文化是商人势力尚未到来时期的东夷土著文化，时间为商末周初。可参阅北京大学考古实习队：《山东长岛县史前遗址》，载《史前研究》1983 年创刊号，严文明执笔；后经北京大学等单位于 1982 年、1983 年两次发掘该遗址，可参阅王锡平《胶东半岛夏商周时期的夷人文化》（载《北方文物》1987 年第 2 期），发掘报告参阅刘延长《珍珠门文化初探》（载《华夏考古》2001 年第 4 期）。根据考古报告，本文所涉及的胶东珍珠门文化遗址先后为楼子庄遗址、芝水二期遗址、珍珠门遗址、南黄庄遗址。其他相关遗址时间另有说明。

② 这里主要指烟台芝水文化遗址的二期、三期遗存，发掘报告见北京大学考古实习队、烟台市博物馆《烟台芝水遗址发掘报告》，参阅严文明主编，北京大学考古学系、烟台市博物馆编著《胶东考古》，文物出版社 2000 年版，第 96 ~ 151 页。

③ 潍坊会泉庄、青州赵铺等地也偶有珍珠门文化发现，但数量较少，地理位置都靠近胶东半岛，且潍坊本身从文化属性上讲就属于胶东。

④ 北京大学考古实习队、烟台市文物管理委员会：《乳山南黄庄石椁墓》，见严文明主编，北京大学考古学系、烟台市博物馆编著《胶东考古》，文物出版社 2000 年版，第 244 ~ 268 页。

⑤ 参阅王富强《从珍珠门到南黄庄……》，见烟台市博物馆编《考古烟台》，齐鲁书社 2006 年版，第 106 ~ 120 页。

文化特征既有承继亦有变化，其中隐含着方国时代战争讨伐与征服、文化冲突及融合等特殊的历史特征。从承继的方面说，珍珠门陶器在陶类、陶质、陶色、陶形、纹饰等方面都和岳石文化有密切的联系，这也体现出前后相继的土著文化特色。从变化的方面说，商周文化对珍珠门文化影响已经不可避免，部分陶器在陶类、陶形、纹饰等方面都体现出外来文化的特征，而且外来文化的这种影响力越到南黄庄遗址陶器（珍珠门文化晚期）体现得越明显。就陶类而言，珍珠门陶器主要有陶鬲、陶甗、陶罐、陶瓮、陶盆、陶簋、陶碗等，大型陶器较岳石文化为多，只能用手制，进一步体现了胶东史前文明后期陶器“趋大”的倾向。其中最有代表性的是陶鬲。陶鬲本为商文化陶器，并非胶东自产。胶东陶鬲产生的历史本身就是文化融合的产物①，而且伴随着陶鬲在当地的发展演化，越来越多地带有了土著文化特色，从而异于此时中原的陶鬲。珍珠门遗址早期陶鬲为手制夹砂红褐陶，素面无饰，器形为圆唇，大侈口，卷沿，深腹，三袋足，而至南黄庄遗址陶鬲器形则略有变化，为方唇，侈口，折沿，束颈，三矮足②，和西部商周文化的纹绳陶鬲相比，珍珠门陶鬲的地方色彩更多一些，越到南黄庄后期陶鬲器形的周文化特征则更突出一些，这种变化与后期周文化影响力的不断增强相关。但从整体上而言，珍珠门陶鬲与周陶鬲差异仍然是明显的，地方性因素更强一些。就陶质而言，珍珠门陶器多是夹砂陶，主要以夹细砂为主，大部分同时也掺有云母，部分夹粗砂或石英，陶质较硬，陶土多不经淘洗，比较随意。陶色多为褐色，且往往一器多色，较为驳杂。其中以红褐色为主，褐陶次之，另有黑褐、灰褐陶等。从纹饰来看，陶器多为素面，部分饰以简单纹饰，有按窝纹、乳钉纹、附加堆纹等。器表整体显得较粗糙豪放③；从陶形来看，除上述陶鬲前后变化较大之外，珍珠门陶器形体特征为圆唇、卷沿、溜肩、多素面，部分饰乳丁纹、按窝纹等，与西周陶器形体多方唇、折沿、折肩、饰绳纹、三角纹多有不同，明显地体现了土著性特征。

而在珍珠门陶器中最值得关注的是莱阳前河前墓葬中发现了一件特殊陶盉。该

---

① 陶鬲本为商文化的主要陶器之一，非东夷土著文化器物，海岱文化区龙山文化、岳石文化时期虽有发现，但主要发现于鲁西北部和中南部，胶东地区各龙山文化、岳石文化遗址中尚未发现类似陶鬲之器物。根据相关专家研究，胶东地区的素面陶鬲包括商代、西周、春秋和战国四个时期，龙山文化和岳石文化时期均不见素面陶鬲，也不见岳石文化中存在的少量绳纹陶和绳纹鬲。参阅王锡平《试论山东地区的素面陶鬲》，载《中国考古学会第九次年会论文集》，文物出版社 1997 年版。

② 陶鬲形体描述与判断主要依据王富强《从珍珠门到南黄庄……》，见烟台市博物馆编《考古烟台》，齐鲁书社 2006 年版，第 106～120 页；北京大学考古实习队、烟台市博物馆《烟台芝水遗址发掘报告》；北京大学考古实习队、烟台市文物管理委员会《乳山南黄庄石椁墓》（王锡平执笔），载严文明主编，北京大学考古学系、烟台市博物馆编著《胶东考古》，文物出版社 2000 年版。

③ 刘延长：《珍珠门文化初探》，载《华夏考古》2001 年第 4 期。

陶盉属泥质灰陶，陶质未经淘洗，含有岩屑和砂粒。器壁厚重，器表粗糙。侈口，尖唇，束颈，鼓腹，四个分档柱足，实心矮平足。流为短圆筒形，另一对侧带圆柱体桥式把手；圆顶子母口盖，盖为缓圆顶，顶部有方乳突状钮，一侧附圆柱体环状耳。从陶质、陶色、陶形综合判断，该陶盉带有较明显的胶东夷人陶器文化属性，有“粗”“厚”“重”特征。陶盉之所以引起文化学者的注意主要是因在其颈部、腹部、流部都分别刻有表意功能的图像符号（多为象形符号）。按李步青先生统计与识别，该陶盉肩铭 14 字，流铭 2 字，腹铭 2 字，共计 18 字。其中肩铭 14 字分别识为“虫（己），国，父，乙，作，酉，午，未，宅，不识，不识，鳄，鹿，龟”①。此后，学者对于肩铭识别为何字，意见相左，无法具体判断。但依据陶盉的功能及肩铭刻划形状，大体可以推断为用于祷告、祭拜、联盟的礼器或祭器，其中部分符号已经具备一定的抽象性和固定的表意能力，具备了思想交际功能，因而也可以断定：这些图像符号为胶东夷人所创制的原始文字，是我国形成早期特有的表意文字系统的地方性源头之一。

从整体上看，特别是和岳石文化比较起来，珍珠门文化在文化性质上变化不大，尤其是在铜器使用上；引起社会结构变革的新质文化因素增加也不多，虽然出现了土著文字，但没有影响文明发展本身即已湮灭。从地方文化发展的角度来看，珍珠门文化已经呈现出发展的缓慢性，而与同期高速发展的中原青铜文化相比，这一特点更加突出。

第二节　胶东东夷文化的意蕴及特质

胶东夷人文化由旧石器时代肇始萌蘖，历经新石器时代诸文化阶段：从早期贝丘文化形态白石村文化开始，经历邱家庄、北庄文化（含一期和二期）、龙山文化（杨家圈类型）、岳石文化，上下数千年洗练而隆盛，长时间卓立闪耀在东方。一直

---

① 该陶盉出土于莱阳前河前墓葬，和其同遗址出土的西周礼器铜盉相比，其形体相似之处，故断定时间大体为西周中晚期遗物，与南黄庄墓地时代大体相同。相关资料最早见于李步青、李玉明《“㔾盉”铭义初释及其有关历史问题》，原载《东岳论丛》1984 年第 1 期；后李步青、吴云进对此进行进一步解读，参阅《山东莱阳发现一件罕见的仿铜陶盉》，载《文物》1987 年第 10 期。文金对文字解读提出异议和新的见解，参阅《山东莱阳仿铜陶盉刻纹释文辨正》，载《文物》1989 年第 10 期。常兴照、程磊对此问题也进行了分析，参阅《试论莱阳前河前墓地及有铭陶盉》，载《北方文物》1990 年第 1 期；杨治国对此也进行了综合研究，提出了该陶盉可能为“盟誓祭祀受降之礼器”的说法，参阅《莱阳前河前墓地及有铭陶盉试论》，载《文物世界》2011 年第 1 期。上述诸文中对陶盉时代与文化属性判断基本相同，而对铭文符号的解读意见不一，甚至大相径庭，但基本能肯定的是这些图像符号为胶东夷人所创，是当地原始文字的雏形。

到“方国”纷争时代，最后的胶东土著文化为齐文化所融合，胶东文化由此进入了历史的深处。历史上如同胶东文化一样具有了独立而系统的文化序列、连续而统一的文化形态等重要品质的地缘文化其实也并不多见。早在20世纪70年代，在强调推动山东半岛的考古工作时，考古学家苏秉琦先生就曾经指出：“作为我国腹地与我国东北部以及东北亚之间重要通道，在我国古代的特殊地理位置与特殊作用，不能说它是次要问题。”① 他后来更加具体地指出：“咱们烟台地区的文章要从哪儿做起。看来既不是大汶口—龙山（文化），也非齐非鲁（文化）。……应该是具体问题具体分析。”② 诚如苏秉琦先生所言，胶东文化是一种极其特殊的文化体系，这种文化特性不仅是指其与中原文化相比是特殊的，即使放置在同是夷人文化区（整个海岱文化区域），甚至包括后来的齐鲁文化圈中，其个性也是异常鲜明而突出的。

一、“海”岱文化的秘密

胶东文化特性的形成是由多种复杂因素共同建构而成的。概而言之，大体包括环境、种族、时代（社会）等几大相关要素③。其中环境和时代是客观因素，环境主要探讨地理环境与空间位置，大体上属于空间基础要素；种族主要涉及体质人类学和文化人类学的分析，属于核心性要素；时代（社会）主要探讨历史条件与外来影响，大体上属于历史性要素④；正是诸多要素的共同作用才形成文化的独立品格与持久的传播能力。而要仔细剖析和定位上述这些要素的特性，最好的方法是放置在整个夷人文化区系——海岱文化区中，审视其背后隐藏的秘密及差异。

从考古学的角度讲，山东及其邻省的部分地区被总称为“海岱文化区”⑤。正

① 苏秉琦：《略谈我国东南沿海地区的新石器时代考古——在长江下游新石器时代文化考古学术讨论会上的一次发言提纲》，载《文物》1978年第3期。

② 苏秉琦：《苏秉琦先生在1978年8月22日至23日有关烟台考古工作的谈话》，见严文明主编，北京大学考古学系、烟台市博物馆编《胶东考古研究文集》，齐鲁书社2004年版，第425页。

③ 茅盾先生曾经在20世纪20年代首肯了泰纳（后译为丹纳）的有关艺术的“三要素”说，即“时代、人种、环境”。丹纳在其《艺术哲学》等著作中也较多地运用了该理论。本书只在总要素上与丹纳“三要素”说相同，具体内涵与使用指向均不相同，特此说明。

④ 说明：由于胶东史前历史上时代（社会）性要素缺少考古、文献等相关资料的支撑，本书仅在此提及理论上的因素，后文不再详细分析。

⑤ “海岱”一词始见于《尚书·禹贡》：“海、岱惟青州。”又云：“海、岱及淮惟徐州。”海岱历史文化区的概念由高广仁和邵望平先生在相关文章中提出，参阅《中华文明发祥地之一——海岱历史文化区》（《史前研究》1984年第1期）。张学海也曾在《海岱考古》（第一辑）中解释说：“地处中国东方的山东地区，东、北濒临黄海、渤海，西负泰山。被誉为‘五岳独尊’的泰山，古称岱山。我们取‘海岱’一词，概括以山东为中心的中国东部地区。称存在于该地区的考古文化区为‘海岱文化区’，把旨在推进该文化区考古学研究的文集，命名为《海岱考古》。”参阅《海岱考古》（第一辑）前言，山东大学出版社1989年版。

如“海岱”两字所示，“海”为黄海、渤海（濒海地区），“岱”为泰山（泰山南北地区），因而“海岱文化”虽均为东夷人创造，但“海岱文化”本身其实就比较复杂，非常多元，胶东文化自己的特殊个性更清晰地说明了这一现象。关于这种现象，马克思、恩格斯曾经表示说：“在历史发展的最初阶段，每天都在重新发明，而且每个地方都是单独进行的。”① 为了方便叙述和比较海岱文化区内部的细微差别，本书必要时将以“胶东文化”（海）和“西岱文化”（岱）对称。

1. 得天独厚的环境提供了胶东文化成长的特殊土壤

文化，甚至包括人类自身的产生都是主体不断改造自然、不断改造种群的产物及结果。马林诺斯基在研究人类内在需求与文化之间的关系时，曾经作过较详细分析②，他认为：在每种需求的领域里都发展出了特定的习惯。于是，通过文化回应的安排，这些惯例化的习性就由组织化的满足程序满足，说到底则是每个关键序列内的冲动都要由文化影响来重塑或共同决定。冲动、行动、满足的内容见下表：

表二

所有文化共有的持久关键序列		
（A）冲动→	（B）行动→	（C）满足
呼吸冲动、气短	吸进氧气	排除组织中的一氧化碳
饥饿	进食	饱足
干渴	饮水	解渴
性欲	交媾	消释（detumescence）
疲倦	休息	恢复肌肉和精神能量
不安	活动	倦怠满足
贪睡	睡眠	睡醒、恢复能力
膀胱压力	排尿	消除内压
结肠压力	通便	腹部放松
恐惧	逃离危险	安心
疼痛	以有效行动躲避	恢复正常状态

① ［德］马克思、恩格斯：《德意志意识形态》，见《马克思恩格斯选集》第一卷，人民出版社1972年版，第61页。

② ［英］马林诺斯基著，黄剑波等译：《科学的文化理论》，中央民族大学出版社1999年版，第81页。马林诺斯基这种见解实际上和恩格斯所言的“马克思发现了人类历史的发展规律，即历来为纷茂芜杂的意识形态所掩盖着的一个简单事实：人们首先为必须吃、喝、住、穿，然后才能从事政治、艺术、宗教等等；所以，直接的物质的生活资料的生产，因而一个民族或一个时代的一定的经济发展阶段，便构成基础”是完全吻合的，且更加具体，因而本书主要依据马林诺斯基的判断进行分析。

如上表所述，前三项冲动（呼吸、饥饿、干渴）是人类个体生存必需的生理活动，而冲动的满足只有从自然环境中获得，并形成组织化的满足程序。人类适应或改造自然的最初行为方式于是就构成了生成文化内在特性的最根本基因，而人类适应或改造自然的最初行为方式实际上又严重依赖自然环境本身的基本属性，主要包括温度、物产、水源、土壤、地形、地质等诸多地理因素。关于文化与自然的关系问题，汤因比也曾经有过较深入的分析①，并提出了文化实际上是人类成功应对自然挑战的结果的学术结论。恩格斯也曾经说道："人的智力是按照如何学会改变自然界而发展的。"②

胶东半岛三面滨海，一面临河（向陆）③，形成迥异于其他半岛的复合式地理条件。"三面滨海"使其具备了海岱文化区独一无二的海洋性特点，"一面临河（向陆）"又形成相对安全而封闭的地理空间，较长时间内不受外来力量的侵扰。应该说，这种得天独厚的环境提供了胶东文化成长的特殊土壤，胶东文化成长道路、特点都受到这种特殊土壤的支撑和制约，胶东文化的优势及缺憾也都由此得到了解释。在很大程度上可以说，胶东文化的命运成功也源于此，颓败也源于此。为了更具体地说明这一问题，本书将结合文化及海洋、植被表进行详细阐述。

表三

海岱文化序列	胶东文化序列	海平面变化	气候与植被情况④	大体时间（距今）
后李文化	尚未发现相应文化序列	比现有海平面低 15 米左右	已经摆脱冰川期的影响，天气开始回暖，植被主要是落叶阔叶树为主的针阔叶混交林	7500—8500 年间

① 汤因比在其《历史研究》中以中国、希腊等种族为例分析了环境与文化的关系，提出了环境过于优越或者过于艰苦都会造成人类挑战失败、而无法形成文化（文明）的见解，只有成功应对适度的难度才会产生文化（文明）。参阅［英］汤因比著，曹未风等译《历史研究》，上海人民出版社 1997 年版，第 74～173 页的相关论述。

② ［德］恩格斯：《自然辩证法》，见《马克思恩格斯选集》第三卷，人民出版社 1972 年版，第 551 页。

③ 此处指古胶河，和现在的胶莱河有一定差异。北魏郦道元在《水经注·胶水条》中具体记载了当时胶水流经的地理区域："胶水出黔陬县胶山，北过其县西，又北过夷安县东，又过当利县西，北入海。"（黔陬县，故治在今山东胶州市的西南；夷安县，故城在今山东高密市；当利县，故治在今山东莱州市沙河镇王家村。）由其"北入海"可见当时胶河并未全部贯通山东半岛，南部尚未通至胶州湾。但因古时雨量较大，水流应比现在为急，有一定阻隔作用，仅南部陆地相通。

④ 此表中海洋资料来源于赵希涛《中国海岸演变研究》，福建科学技术出版社 1984 年版，第 20～35 页。植被资料来源于赵济等著《胶东半岛沿海全新世环境演变》，海洋出版社 1992 年版，第 87～101 页。

（续表）

海岱文化序列	胶东文化序列	海平面变化	气候与植被情况	大体时间（距今）
北辛文化	白石村文化（贝丘文化类型）	比现有海平面低 3 米左右	气候温和略湿，并有不断变暖的趋向。植被主要是阔叶林，林下和滨岸地带生长喜湿的草本	7000 年前
北辛文化	邱家庄文化（贝丘文化类型）	比现有海平面低 2 米左右	植被特点是以阔叶栎林为主，出现少量喜暖湿的南方树种，表明胶东半岛温暖潮湿。气温比现在高 3 ~ 4 度	6000—7000 年间
大汶口文化	北庄文化	比现有海平面高 4 米左右	以栎、松优势的针阔叶混交林为主，后期向以松为主的针阔叶混交林过渡，松和旱生盐生草本植物增多，反映气候趋温和略干	4500—6000 年间
海岱龙山文化	龙山文化（杨家圈类型）	比现有海平面高 1 米左右	以栎、松优势的针阔叶混交林为主，后期向以松为主的针阔叶混交林过渡，松和旱生盐生草本植物增多，反映气候趋温和略干	3000—4500 年间
岳石文化	岳石文化	在现有海平面 1 米左右上下浮动	主要是以松为主的针阔叶混交林、海岸草原植被。草本植物生长茂盛，以旱生的蒿、藜为主，阔叶树极少，反映气候更趋干燥，表现为温凉干燥的特点	夏和西周初
齐鲁文化	珍珠门文化	在现有海平面 1 米左右上下浮动	主要是以松为主的针阔叶混交林、海岸草原植被。草本植物生长茂盛，以旱生的蒿、藜为主，阔叶树极少，反映气候更趋干燥，表现为温凉干燥的特点	西周中晚期

从海洋环境的层面分析，首先值得注意的是古今海平面的巨大差异：更新世晚期 15000 年前左右，由于（玉木冰期）低温的影响，胶东沿海古代海平面远较现在为低，根据相关研究，大约近于现在海平面下 180 米，因此胶东的海岸线大幅外延。作为对照，现在渤海海峡的平均水深为 18 米，最深处也不过 86 米。① 可以想

① 留明编著：《奇妙的海洋世界》，远方出版社 2004 年版，第 10 页；并根据刘建华、王庆等《渤海海峡老铁山水道动力地貌及演变研究》等文章进行了适当修订，载《海洋通报》2008 年第 1 期。老铁山水道最深处 86 米左右，为渤海最深处。老铁山之“铁”古字为“銕”，疑为夷人较早使用铁器而得名。

见，渤海当时依然是南北通衢，仅是地势低矮的谷地而已。原始胶东人依高地临海而居，生息繁衍。伴随着全球气温的回升，海平面不断向大陆推进，原来人类赖以生存但海拔相对较矮的高地也日渐没于海下，渤海海峡开始形成，黄海也大举入侵内陆，这种因海平面升高造成的地理变化导致了两个结果：一是胶东原有临海而居的旧文化遗址沉没海中，因而当海岱文化区西部发现了“后李文化”时，胶东并没有发现相对应的文化序列。二是胶东部分海岛上存留了大量的人类早期文化遗址，如现在四面环海的长岛发现了相当系统而悠久的古文化序列，其中的主要原因是古人类由渤海谷地继续向邻近高地撤退的历史结果。其次值得注意的是胶东“海洋性”环境的特殊性。言其“海洋性”环境，是指胶东半岛是三面向海、一面临河（向陆）的“半岛”、而非“全海岛”这一特殊的地理属性。“三面向海”决定了胶东史前海洋物产的丰富性，同时加上当时温暖潮湿，森林茂盛，于是在很大程度上降低了古人类获取食物的难度，从而催生了原始的海洋捕捞、海洋造船（早期以木筏、独木舟为代表）、狩猎等生产领域，胶东早期文化序列中最初的白石村文化和邱家庄文化具备的“贝丘文化”特点也由此获得了解释。而与之相对应的“海岱文化”中的北辛文化序列虽然并非“贝丘文化”类型，反而发展起了原始农业和原始养殖业（如养猪等）。除了影响了文化序列的文化性质外，“半岛”的这一特殊地理特征还明显影响了早期文化遗址的分布，如下图①所示，胶东半岛早期的贝丘文化遗址几乎都集中分布在了海边或庙岛群岛周围。

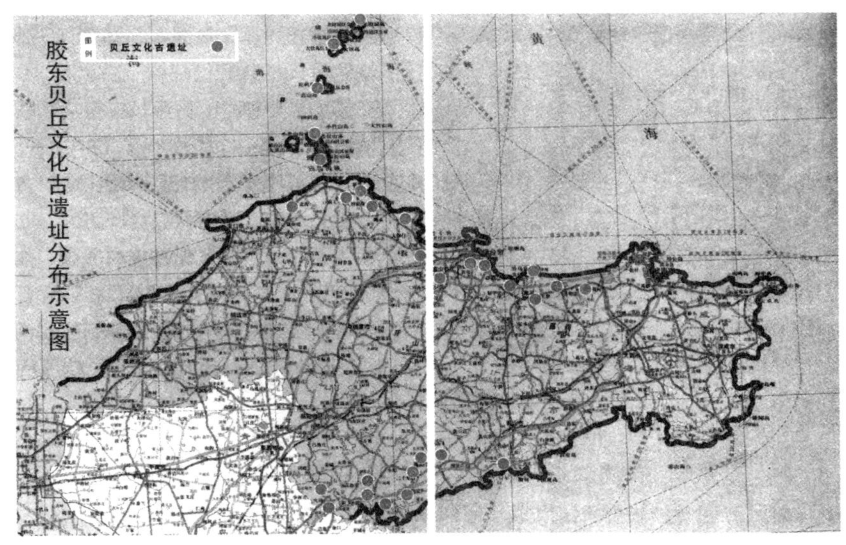

图一　胶东半岛贝丘遗址分布图

---

① 图片引自徐明江《大海摇篮育贝丘》，见烟台市博物馆编《考古烟台》，齐鲁书社2006年版，第32页。由于该书出版较早，最新出土的一些贝丘文化遗址尚未标识。图中显示的威海、青岛等沿海区域贝丘文化遗址较少，应与地形和海拔有关。

需要深入反思的是，“海洋性”环境一面为胶东早期文化提供了丰富的物产资源，降低了物质生产的艰辛，但同时也在某种程度上拖延了胶东文化进化的速度，因为在原始社会中衡量文化竞争力的主要标准是农业生产力，这是由于除了农业生产力之外，其他的如海洋生产力等一些可比较要素在那个时代是有明显的生产极限。同时，由于胶东早期文化遗址过多地集中在沿海区域，从而在同区域内呈现出明显的文化发展的先后性，各文化序列先后演进，缺少同级异质文化刺激，这与文化发展经过不同多样性的相互竞争方能形成质变反而不利，因而胶东半岛各文化序列多平和孤立发展，没有形成高度严密的一体化胶东文化，这在方国高度竞争的时代往往容易为外来力量各个击破。

以上分析了胶东半岛“三面向海”特征产生的文化后果，其实“一面临河（向陆）”地理特征可能对胶东文化产生了更重要的影响。所谓“一面临河（向陆）”是指跨过古胶河即与“西岱文化区”的陆地连成一片。从东部海边到古胶河直线距离大约200公里，在此偌大的空间里，胶东半岛具有了广阔的文化领地。从早期沿海的贝丘文化开始，胶东文化实际上不断向西部腹地拓展自己的文化范围：不断向西发展也即向内陆发展。因而“一面临河（向陆）”已经标志着胶东文化本质上还是以大陆性文化为主，只不过带有了鲜明的海洋文化特点，但后者并不是其文化的根本特征。从地理属性上看，胶东半岛和希腊半岛均为半岛地形。丹纳在其《艺术哲学》中曾经热情赞颂希腊半岛的优越，他说：“摊开地图来看：希腊是一个三角形的半岛，以欧洲部分的土耳其为底边，向南伸展，直入海中……伯罗奔尼撒像一张桑叶，靠一根细小的花梗和大陆相连。此外还有上百个岛屿，还有对面的亚洲海岸：许多小地方像一条穗子，一方面钉在未开化的大陆上，一方面环绕蔚蓝的海；散布在海中的一大堆岛像个苗圃。”① 其赞颂希腊地理优越的目的，主要是因为这个地方塑造了“一个那么早慧那么聪明的民族”②。他还特别强调了希腊民族性格与地理环境的必然关系，他说：“在这样的气候中长成的民族，一定比别的民族发展更快更和谐。没有酷热使人消沉或者懒惰，也没有严寒使人僵硬迟钝。他既不会像做梦一般的麻痹，也不必连续不断的劳动；既不沉溺于神秘的默想，也不堕入粗暴的蛮性。”③ 虽然丹纳忽略了希腊民族文化发展的历史具体性，他没有看到希腊民族性格实际上最初是由“海岛文化”（爱琴文明：克里特岛文明与迈锡尼文明结合）催生的，而非由“半岛”文化催生的。但其明确提出了地理环境与民

① ［法］丹纳著，傅雷译：《艺术哲学》，安徽文艺出版社1998年版，第276页。
② ［法］丹纳著，傅雷译：《艺术哲学》，安徽文艺出版社1998年版，第276页。
③ ［法］丹纳著，傅雷译：《艺术哲学》，安徽文艺出版社1998年版，第277页。

族性格之间的必然性关系，也进一步启示了地理环境与文化品质之间必然性的对应关系，他的这种见解还是有价值的。[①]“一面临河（向陆）”的地理特征也决定了胶东半岛文化交流速度与阶段性。由于“三面向海”的缘由，胶东文化与辽东半岛文化、朝鲜文化、日本文化的交流异常频繁，这种优势固然是其他内陆“海岱文化区”无法比拟的，但由于胶东文化与此时的辽东半岛文化等相比较，或者文化性质相同，或者优于其文化交流对象。从整个原始文化的交流史来看，胶东文化并没有从辽东、朝鲜等上述文化交流区获得文化变革的更大驱动力，文化“获利”并不明显，当然这并不是说文化交流本身不具有极其重要的价值和意义。“一面临河（向陆）”则直接面对“西岱文化”，并以之为中转站与“中原文化”区实现了间接对话。与同是夷人文化区的“西岱文化”相比，“中原文化”的异质性可能更强一些，其对胶东文化的刺激和驱动能力也更强一些。不过，由于中间“西岱文化”的桥梁式存在，两者的文化交流并非一次性完成，而是存在着由“西岱文化”中转接力的特征，这种间接性特征越是在文化交流不频繁的岳石文化之前越突出。如前文提及的中原绳纹鬲首先发现于“西岱文化”区即为岳石文化时代，而后胶东素面鬲则发现于珍珠门文化时代。由岳石文化时代到珍珠门文化时代，由绳纹演化为素面，胶东陶鬲的出现历史无论是从文化序列先后上，还是文化属性演进上都体现前述的由“一面向陆”造成的阶段性特征。

环境作为特殊因素深刻地影响了胶东文化特质的形成[②]，有时甚至也左右着胶东文化发展道路，而且作为一种持久性因素，环境会陆续不停地发挥着对文化重要的塑造能力，这一点也应该特别值得研究。直到现在，胶东特殊的环境还经常为诸多作家所称颂。峻青在提到胶东半岛之独特地理风貌时就曾云：“胶东半岛，向以风光优美而著称，碧蓝的大海，环绕在它的三面，雪白的浪花，日夜冲刷着岸边的沙滩和岩石。巍峨的高山，连绵的丘陵，耸立在半岛的东部和中部，而一马平川的大平原，则横亘在昌潍大地和胶济线两侧。春天，苹果花和梨花、桃花、杏花开得满山遍野，整个胶东半岛就像一座色彩绚丽的大花园似的，好看极了。这山青水秀之地，素有‘小江南’之称，而却又有着北方山川的雄伟粗犷之气。”[③] 他也谈及

---

① 中国古人很早就认识到不同地域环境对人们性格的影响，《淮南子》卷四云：“土地各以其类生，是故山气多男，泽气多女，障气多喑，风气多聋，林气多癃，木气多伛，岸下气多肿，石气多力，险阻气多瘿，暑气多夭，寒气多寿，谷气多痹，丘气多狂，衍气多仁，陵气多贪，轻土多利，重土多迟，清水音小，浊水音大，湍水人轻，迟水人重，中土多圣人。皆象其气，皆应其类。”强调的也是环境与性格的关系，其实也可以看作环境与文化的关系。

② 有关胶东古代文化特征的分析，详见本节第二部分。

③ 峻青：《我的文学生涯回顾》，见《峻青文集》第1卷，河北教育出版社1994年版，第7页。

胶东的这种复合式环境的特点，只不过更加感性而已。

2. 作为胶东夷人文化主体的夷人种群特征

文化的主体是人，胶东文化是胶东夷人创造的土著文明。尽管就大的种族学特征而言，包括胶东夷人、海岱夷人，甚至连同中原居民，在人种上都大体属于“古中原类型”①。但依据现在的考古及文献资料，夷人作为山东土著种群其实已经具有了特殊的体质与特殊的聚落形态特征。

一是胶东夷人的身高问题。《说文解字·大部》释“夷”时说：“夷，平也，从大从弓，东方之人也。”后郭璞注解《山海经》时曾援引此说，并称：“东夷从大，大人也。”从文献中的记载可见，夷人身形高大且背负弓箭，这一种族形象成为夷人的重要的体质特征。考古学相关资料也进一步印证了这种说法。夷人文化区的大汶口文化遗址（泰安）和西夏侯文化遗址（济宁）两地的人骨曾经做过测定（以男性为比较标准）。根据专家的研究结果，两地人骨的平均身高具体数据分别为172.26厘米和171.3厘米，与中原内陆各文化遗址人骨平均身高相比，超出3～4厘米左右。② 尽管目前胶东夷人文化区还未做过相似的人骨测定，但根据海边物产丰富等特征，有足够的理由推定：胶东夷人的身高应该不会低于大汶口文化遗址等“西岱文化区”夷人的身高。此外，今天沿海居民的身高普遍略高于同等经济水平条件下的内陆居民，也算是一个旁证吧。在原始社会中，单个单体的身高、甚至是种族群体身高，并不能决定文化兴衰成败的历史命运，但在冷兵器时代，具有高大身体的种族在体力上无疑具备了得天独厚的体质优势。而这种独特的身体优势在文化传承过程中又被转化成了一种特殊的生命意识：即夷人具有特殊的生命能力。《说文解字》释“羌”时说：“唯东夷从大，大人也。夷俗仁，仁者寿，有君子、不死之国。”③《史记》引《鱼龙河图》注解夷人蚩尤一族：“并兽身人语，铜头铁额，食沙石子，造立兵仗刀戟大弩，威振天下，诛杀无道，不慈仁。”④ 考古资料与文献典籍中的记载相互印证，夷人身体的这一体质上的特征也就具有了文化学的

① 朱泓主编：《体质人类学》，高等教育出版社2004年版，第348页。

② 相关数据分别来源颜訚：《大汶口新石器时代人骨的研究报告》（载《考古学报》1972年第1期）、颜訚：《西夏侯新石器时代人骨的研究报告》（载《考古学报》1973年第2期），颜訚：《华县新石器时代人骨的研究》（载《考古学报》1962年第2期）。其中大汶口文化遗址人骨（男性，下同）长度为172.26厘米，西夏侯文化遗址人骨长度为171.3厘米，华县文化遗址人骨长度为168.4厘米。相关考古资料中还列举了半坡文化遗址人骨长度为169.45厘米，宝鸡文化遗址人骨长度为168.82厘米。前两地为夷人文化区。另有《5000年前大汶口男人身高超过一米八》的相关报道，参阅《东方早报》2008年6月17日。

③ 〔清〕段玉裁：《说文解字注》，上海古籍出版社1981年版，第147页。

④ 〔西汉〕司马迁：《史记·五帝本纪》引《鱼龙河图》注解“蚩尤”条。此中需要注意的是其与胶东夷人文化区较早发现“铜”、与夷人“含石”习俗的潜在联系。

意义。

二是胶东夷人的游牧性特征。正如上文所言，胶东夷人虽然临海而居，却并没有发展出纯粹的海洋文化，而是进一步趋向内陆发展，最终发展成略带海洋文化特征的陆地文明。不过，由于胶东夷人区域地理环境的特殊性，前文表二所示，胶东历史上（从白石文化时期起）森林覆盖率就远高于现在，较长时间里温暖潮湿、森林茂密，地理及气候特点都适合狩猎。前面在提及蓬莱河东姜家文化遗址时曾经提及的肿骨鹿、鬣狗等就已经表明胶东古动物的繁多，白石村文化时代，狩猎是胶东人重要的经济活动，曾经从白石村文化一期遗址中出土骨器134件，而其中骨镞有45件之多，猪、鹿骨骼等多达778件。① 而根据相关专家对同是夷人文化区系“后李文化”遗址动物骨骼的研究，认为此时的猪“属于较原始或者半驯化的家猪类型，还具有相当明显的野生性状”②。从而说明了当时猪与鹿大多应为狩猎所得。尽管早期人类的原始狩猎活动曾经长期在其经济生活中占有一定地位，但胶东夷人的狩猎传统长期保留了下来。在研究胶东半岛夷人生活方式时，可能往往忽略了胶东半岛历史上特殊的一面，忽略了其具体性的环境因素。这些被忽略的要素主要有三个方面：一是森林环境变化不大，北庄文化之后，胶东气候虽已趋向温和略干，但对胶东夷人的游牧生活并没有影响，反而更适合狼、狐等栖身灌木类小型动物的生存。二是胶东夷人文化遗址的箭镞数量并未明显减少，可见狩猎等经济行为继续持续下来，并没有伴随着农业经济的出现而消亡。如前文提及珍珠门文化南黄庄遗址时，曾经分析过其铜镞之多的时代意义。③《说文解字·矢部》也说：“古者夷牟初作矢。”文献典籍这些记录也印证了胶东夷人大量使用箭镞的历史事实。三是马匹的出现。曾经在很长的一段时间里，由于海岱文化区没有出土相应马匹资料，以至于考古学界以为，山东史前无马匹饲养史。而在珍珠门文化类型楼子庄遗址（龙口）中发现了两处非常特别的窖穴，两处窖穴中出土了较完整的马骨架。经鉴定，马骨架中一匹颈椎有数块散落在腿和足部，另一匹则不见马头骨，应是宰杀所致。“这些马骨和人骨都丝毫不乱地放在坑中，显然不是人们的随意行为。众所周知，人们食后的马骨是零散破碎的，被肢解的各部分骨骼可能被扔得随处可见，而此马

---

① 烟台市博物馆：《烟台白石村遗址发掘报告》（执笔王锡平、吴洪涛），见严文明主编，北京大学考古学系、烟台市博物馆编著《胶东考古》，文物出版社2000年版，第87页。

② 靳桂云：《后李文化生业经济初步研究》，载山东大学东方考古研究中心编《东方考古》第9集，科学出版社2012年版，第587页。

③ 见前文有关珍珠门文化分析，南黄庄出土铜镞11件，资料来自北京大学考古实习队、烟台市文物管理委员会（王锡平执笔）：《乳山南黄庄石椁墓》，见严文明主编，北京大学考古学系、烟台市博物馆编著《胶东考古》，文物出版社2000年版，第244~268页。

骨被整齐地摆放在十分规整的窖穴中，应包含着较深刻的文化内涵。……这是继中原地区发现驯养马之后的第二个区域，为中国商代就有自己的驯养马提供了新的科学证据。”[①] 由于马匹的使用与驯化记录在我国考古学和文献学上出现得较晚[②]，以至长期以为我国本土居民没有游牧生活方式，但上述考古资料足可以证明，最迟至商代，驯养马匹已成为当时比较普遍的经济行为了。此外，在同时代或略晚于楼子庄遗址的前掌大文化遗址中发现了罕见而完整的车马坑，更印证商时胶东马匹已经是驯养而非野生，也证明了“海岱文化区”夷人驯马也绝非孤证。[③] 这样，森林、箭镞、马匹为胶东夷人的游牧生活提供了条件，从而在大陆农业文化特点中又体现出了半游牧的复杂特点。

需要注意的是，我们强调胶东夷人的游牧性特征，并非是说胶东夷人已经发展起了自己的游牧文化，并达到草原文化的程度，而只是说相对于“海岱文化”其他区域的夷人来说，胶东夷人特殊的条件保持自己历史上曾经的游牧性生活。当然更准确的说法应该是，如果不是全部胶东夷人，至少有部分夷人保持着这种生活状态，因而《尚书·禹贡》中才非常明确地说：“莱夷作牧”，《说文通训定声》也说：“夷，东方之人也。东方夷人好战好猎，故字从大持弓，会意。”历史上诸种文献的记载应该也是对胶东夷人游牧性之典型特征的总结及强调吧。夷人游牧性生活方式也必然会形成文化上的一些“游牧”特色。一是夷人“仁”性。文献典籍中经常言及夷人之“仁”。如前所引《说文解字》释“羌”时说：“唯东夷从大，大人也。夷俗仁，仁者寿，有君子、不死之国。”[④]《后汉书·东夷列传》中也提到：“夷者，柢也，言仁而好生，万物柢地而出。故天性柔顺，易以道御，至有君子、不死之国焉。”[⑤] 上述诸文中，“仁”字意为何解，后世学者多语焉不详，一些说法多属臆测。然而人类学的最新研究成果解答了这一问题。莱顿曾经指出：“直到20世纪60年代，人类学家仍普遍认为，采集狩猎者过着一种不安定的生活，他们广泛搜寻稀缺的资源却顶多摆脱饥饿。因而距今最近的采集狩猎人群中缺少政治等级

---

① 资料来源：王富强：《从珍珠门到南黄庄……》，原载烟台市博物馆编《考古烟台》，齐鲁书社2006年版。但其判断“继中原地区发现驯养马之后的第二个区域”恐不准确，因楼子庄遗址2002年发掘时发现殉马坑，而山东滕州市前掌大商周墓地于1981年即开始发掘，后发现完整车马坑。

② 相关论述可参阅王志俊、宋澎《中国北方家马起源问题的探讨》，载《考古与文物》2001年第2期。

③ 参阅中国社会科学院考古研究所山东工作队《山东滕州市前掌大商周墓地1998年发掘简报》（梁中合、贾笑冰等执笔），载《考古》2000年第7期；李鲁滕《略论前掌大商代遗址群的文化属性和族属》，载《华夏考古》1997年第4期。

④ 〔清〕段玉裁：《说文解字注》，上海古籍出版社1981年版，第147页。

⑤ 〔南朝宋〕范晔：《后汉书》卷八五，中华书局1965年版，第2807页。

便被视为他们缺乏物质财富与需要不断迁移的自然结果。不过，20 世纪 60 年代，人们获取了一些惊人的资料，从而推翻了这种观点，得出了新的结论（它有着卢梭式的自然主义风格）：平等主义是采集狩猎者的政治发明。”① 依从这一结论，可以说胶东夷人的“游牧”塑造其“仁”的特色，而《山海经·海外东经》提到君子国时也曾经说：“君子国在其北，衣冠带剑，食兽，使二大虎在旁，其人好让不争。”② 也是对夷人之“仁”的文化特征的另一种确认。二是胶东夷人“游牧”生活必然会造就其文化意识上“多元化主义”，这也与“游牧”生活多地变迁、礼制相对宽松相关。阿基莱·伯尼托·奥利瓦在提到“文化的游牧性”时曾经解释说：“文化的游牧性”即文化的多元主义，且只有保持这种“游牧性”，文化才有活力③。他的这种观点对于理解后来齐文化的活力也是具有一定价值的。

二、胶东夷人的原始习俗及信仰

司马云杰在谈到诸种文化的分类时，曾经依据马克思、恩格斯“只要人存在，自然史和人类史就彼此相互制约”的说法（《德意志意识形态》），提出了关于文化的两类四层次理论架构。第一类文化：（1）智能文化（科学、技术、知识等）；（2）物质文化（房屋、器皿、机械等）。第二类文化：（3）规范文化（社会组织、制度、政治和法律形式、伦理、道德、风俗、习惯、语言、教育等）；（4）精神文化（宗教、信仰、审美意识、文学、艺术）等。④ 在上述四层次文化现象中最具有本质性差异和价值观标识功能的无疑是“精神文化”层面，如果将第三层次的“伦理、道德、风俗”放置在第四层次也许更加精确，都体现了信仰与价值核心观。依据诸种文化现象的上述架构调整，胶东夷人文化的标志功能也主要体现在“精神文化”层面，主要包括胶东夷人的习俗、道德、宗教、审美等相关内容。

1. 胶东夷人的拔牙、含石习俗及其文化意蕴

根据相关考古资料，东夷海岱文化区曾经长期存在着拔牙的习俗，从较早的北辛文化时期起，部分文化遗址就发现了有居民出现过拔牙的行为（如属北辛文化的

---

① ［英］罗伯特·莱顿著，蒙养山人译：《他者的眼光：人类学理论入门》，华夏出版社 2005 年版，第 120 页。该书还列有诸多资料和具体论证，此处不再赘引。

② 袁珂校注：《山海经校注》，上海古籍出版社 1980 年版，第 254 页。

③ ［意］阿基莱·伯尼托·奥利瓦、朱其、李向阳：《文化的游牧性很重要——朱其对话阿基莱·伯尼托·奥利瓦》，载《东方艺术》2010 年第 11 期。

④ 司马云杰：《文化社会学》，山东人民出版社 1987 年版，第 16 页。其中四层说基本上包括了相关文化现象的价值观等次关系，但其中第一层次应该与第二层次对换，上述两部分内容在本章第一节有具体阐发；同时第三层次的部分内容如“伦理、道德、风俗”等可划入第四层次精神价值系统，更符合文化最核心的信仰的范畴。

东贾柏村文化遗址)①，而到大汶口文化时期，拔牙现象已经相当普遍②，而且所拔之牙的部位与数目比较严格一致，即上颚两颗侧门齿为主流。大汶口文化晚期，特别是龙山文化时代及之后，墓穴中发现拔牙的个案越来越少，拔牙习俗也渐渐消失。从全国范围看，拔牙习俗除不见于中原文化区外，“在苏南、沪、浙、鄂、豫、闽、粤、港、台等地的史前遗址居民中普遍流行，并随着纬度的下降，这些拔牙遗址的年代越往南越晚”③。根据拔牙习俗的这种传播现象，有学者因而也提出：“山东—苏北地区假定是中国仪式拔牙发生的中心”，那么苏北沿海至江南地区（另含朝鲜、日本）“可以视为拔牙风习流散的地区”④，而且这种习俗在区域上的变化实际上与夷人及其文化习俗的扩散有关。从全球范围来看，拔牙习俗并非中国夷人所特有，世界上其他国家亦有拔牙的习俗，如印尼等土著居民，但所拔之齿的数量和位置与东夷海岱文化区并不相同⑤，因而可以说夷人拔牙习俗有自己的特殊性。

东夷人拔牙习俗背后特殊的文化意义和文化功能是什么呢？许多学者也就此提出多样的见解。总结来说，观点主要有成年说（成丁礼）、婚姻说、爱美说、装饰说、华饰说、出生氏族说、族别说、身份说、避邪说、服丧说、恐妨夫家说等⑥，相关意见也不一而足。对于夷人拔牙习俗背后文化意义和文化功能的理解，其实不防与含石习俗一并考虑。与研究者多注意到拔牙习俗不同，含石习俗没有得到应有的注意⑦。其中重要原因是因为夷人的口中含球与生产工具的石球容易混淆起来，或被直接当作石球看待。关于这一点，逄振镐先生就曾经明确说：“（含球习俗）这一习俗，由于口含的球同生产工具的球容易相混，因而发现这一习俗是很晚的

---

① 中国社会科学院考古研究所山东工作队：《山东汶上县东贾柏村新石器时代遗址发掘简报》（胡秉华执笔），载《考古》1993 年第 6 期。

② 吴汝祚：《大汶口文化的墓葬》，载《考古学报》1990 年第 1 期。

③ 杨式挺：《略论我国古代的拔牙风俗》，载《广西民族研究》2005 年第 3 期。

④ 韩康信、中桥孝博：《中国和日本古代仪式拔牙的比较研究》，载《考古学报》1998 年第 3 期。

⑤ 严文明：《大汶口文化居民的拔牙风俗和族属问题》，载山东大学历史系考古教研室编《大汶口文化讨论文集》，齐鲁书社 1979 年版。

⑥ 对于拔牙文化功能的解释，专家们意见不一，尚无统一结论，具体可参考下列文章的相关论述：杨式挺在《略论我国古代的拔牙风俗》（见前）中进行较全面的观点分析，其观点主要引用了韩康信、中桥孝博《中国和日本古代仪式拔牙的比较研究》（见前）的观点；严文明在其《大汶口文化居民的拔牙风俗和族属问题》（见前）中也分析了相关观点，并提出了“爱美”的可能性比较大。

⑦ 拔牙习俗研究者较众，可见前文引注释，而含石习俗研究成果较少。主要成果见于原海兵《海岱地区史前居民“口颊含球”行为初步研究》，吉林大学 2007 年硕士学位论文；韩康信、潘其风《大墩子和王因新石器时代人类颌骨的异常变形》，载《考古》1980 年第 2 期；李锦山《史前东夷人口含陶球习俗》，载《文史杂志》1989 年第 2 期；逄振镐《史前东夷头骨人工变形拔齿、含球习俗》，载《民俗研究》1993 年第 1 期等少数文章中。

事”，不过其出现时间应该与“人工拔齿习俗同时”[①]。因此，东夷的含石习俗没有得到应有的注意或许与该习俗发现晚有关系，考古资料也进一步证明了逄振镐先生的判断。如滕县北辛文化遗址中发掘出石球就被认定为“弹丸”，而非含石。[②] 依据现有考古资料，东夷的含石习俗也出现在北辛文化时期，流行于大汶口文化时期[③]，逐渐消失于龙山文化时代。这样看来，拔牙和含石都是夷人非常特殊的习俗，要理解这两种习俗背后的文化意义，可以再联系古时候人类对于生命起源的认识。《史记·殷本纪》中载：“殷契，母曰简狄，有娀氏之女，为帝喾次妃。三人行浴，见玄鸟堕其卵，简狄取吞之，因孕生契。”《史记·秦本纪》亦载：“秦之先，帝颛顼之苗裔孙曰女脩。女脩织，玄鸟陨卵，女脩吞之，生子大业。”从《史记》所记有关殷、秦的最初历史可知，两个国家最早的源起可推及“只知其母，不知生父”的母系氏族时代，其始祖皆为其母吞卵而生。由于两个国家最早均发端于东方[④]，又都体现出东方夷人的“鸟图腾”影响。由此，可以这样解读东夷海岱区含石的功能：含石即为含卵，而拔牙则是含石习俗的一种结构性替代：拔牙镂空，以空代含；而含石与拔牙背后的文化意义是：均是对于女性始祖的生殖（祖先）能力的一种崇拜仪式，是史前的“礼教”文化和祖先“生殖崇拜”的具体体现。黑格尔在谈到象征型艺术时曾经说：“东方所强调和崇敬的往往是自然界的普遍的生命力，不是思想意识的精神性和威力而是生殖方面的创造力。”[⑤] 国内学者通过研究也认为：“生殖崇拜是一种文化，而且是原始社会人类的主要精神文化，甚至也是上古早期人类的主要精神文化。”[⑥] 而拔牙与含石习俗大体上流行于母系氏族时

---

① 逄振镐：《史前东夷头骨人工变形拔齿、含球习俗》，载《民俗研究》1993 年第 1 期。

② 如山东滕县北辛文化遗址中发现了石球被认定为弹球，但其直径为 1.1～1.6 厘米，而其他文化遗址发现的石球直径 5 厘米左右，如白石村石球。山东腾县北辛文化遗址发掘报参阅中国社会科学院考古研究所山东队、山东省滕县博物馆《山东滕县北辛遗址发掘报告》（执笔吴汝祚、万树瀛），载《考古学报》1984 年第 2 期。由于该文化遗址没有相关人骨的形状考查，因而无法具体断定上述石球是弹球还是含球。而韩康信、潘其风《大墩子和王因新石器时代人类颌骨的异常变形》（载《考古》1980 年第 2 期）中更明确讲：“在过去已经发表过的发掘报告中，把这一地区新石器时代墓葬或遗址中出土的小型石球和陶球归入生产工具一类。现在，由于明确了颌骨变形和小型球的关系，我们认为以往在这一地区同类文化遗址中发现的石球和陶球，应主要和口含球的风俗有关。显然，这些小球和狩猎用的弹丸没有必然的联系。”

③ 韩康信、潘其风：《大墩子和王因新石器时代人类颌骨的异常变形》，载《考古》1980 年第 2 期。

④ 秦发端于东夷说，目前学界研究较深入，大体一致，亦有新资料支持；殷商亦发端东夷说，为大多数学者所认同，但学界亦有争议。但殷商亦发端东方则相对确定，此处取侯仰军说，见侯仰军《考古发现与夏商起源研究——以鲁西南考古为中心》，山东大学 2006 年博士学位论文。

⑤ ［德］黑格尔著，朱光潜译：《美学》第三卷上册，商务印书馆 1979 年版，第 40 页。

⑥ 赵国华：《生殖崇拜文化论》，中国社会科学出版社 1990 年版，第 389 页。

代（北辛文化、大汶口文化），龙山文化时代之后逐渐消失，也从另一个侧面印证了上述习俗是关于女性始祖（简狄时代）的生殖崇拜。父系氏族之后，此种习俗也就慢慢消失了。《山海经·海外南经》中有载：“羿与凿齿，战于寿华之野，羿射杀之。在昆仑虚东。羿持弓矢，凿齿持盾，一曰戈。”许多专家对于同是东夷人的“羿”与“凿齿”相搏多为不解，其实背后隐藏着的正是父系男权的崛起与母系崇拜的消亡的交替历史，是史前文化领导权的争夺战。

作为东夷海岱文化区的一部分，胶东文化遗址中也多有发现拔牙及含石的习俗，如北庄文化遗址及胶县三里河文化遗址人骨也有拔牙等习俗，但与大汶口等文化遗址拔牙习俗还略有不同。一是拔牙的位置不是太固定，与“西岱文化”区相比，较为自由随意。如山东胶州三里河遗址中存在拔下牙的形态，这和其他遗址很不相同。一些专家甚至认为三里河遗址拔下牙习俗是“大汶口文化遗址中出现的唯一拔下牙的标本”[①]。二是胶东文化遗址中拔牙比例相对较少，不如“西岱文化”区遗址中拔牙比例高。根据相关专家的统计，经典“西岱文化”遗址（兖州王因文化遗址）中拔牙人数占全体人骨的比例为78.6%，而胶州三里河历史上最高的拔牙比例也只有26.7%。[②] 而如前文所言，作为一种特殊的生殖崇拜仪式和原始的“礼教”形态，拔牙习俗实际上具有了氏族身份认同及社会思想整合的特征，由此可以判断胶东当时的价值观念可能相对比较自由随意，还存在着多元化的信仰可能，精神文化一体化的特征相对并不突出，思想整合的深度也不是太足。

2. “鸟图腾”与胶东夷人的世界观

正如前文所述（可参见表三），胶东和整个海岱文化区一样，历史上曾经出现过类似于现在江南的生态环境，森林茂盛，河泽密布。在这种环境中，鸟类翔集，甚至连鳄鱼也经常出没[③]，直到今天，胶东长岛的车由岛（又名“万鸟岛”）依然是鸟类的天堂。因而在上述特殊的环境中，夷人最可能且自然地萌发出“鸟图腾”的文化体系。这一点在上文谈及殷商及秦始祖由来时，文献典籍中所载“吞卵而生”的叙事也透露了这种文化特征。爱德华·泰勒曾经这样解释由“自然”转化为信仰的过程，他说：“日常经验的事实变为神话的最初和主要的原因，是对万物有灵的信仰，而这种信仰达到了把自然拟人化的最高点。当人在其周围世界的最细微的详情中看到个人生活和意志的表现时，人类智慧的这种决非偶然或非假设的活动，跟原始的智力状态是不断地联系着的。……对于原始人的部落来说，太阳和星

---

① 韩康信、潘其风：《我国拔牙风俗的源流及其意义》，载《考古》1981年第1期。

② 胶东相关文化遗址仅有三里河人骨有具体数据统计，但也仅有拔牙习俗统计。参阅逄振镐《史前东夷头骨人工变形拔齿、含球习俗》，载《民俗研究》1993年第1期。

③ 周本雄：《山东兖州王因新石器时代遗址中的扬子鳄遗骸》，载《考古学报》1982年第2期。

星，树木和河流，云和风，都变成了具有人身的灵体，它们好像人或其他动物一样地生活，并且像动物一样借助四肢或像人一样借助人造的工具，来完成它在世界上预定的职能。"[①] 而海岱文化区"鸟图腾"信仰也就这样产生了，从而也构成东夷族独有的图腾标志。《尚书·禹贡》中就有记载："冀州……鸟夷皮服。……扬州……鸟夷卉服。"郑玄谓："鸟夷，东方之民搏食鸟兽者。"[②] 王萧谓："鸟夷，东北夷国名也。"杨筠如注说："东夷之称鸟夷，尤西戎之称犬戎。"[③] 童书业认为："鸟夷当指以鸟为图腾的部落。"[④] 和童书业观点相仿，国内大多数学者基本认同东夷族本身为特殊的"鸟图腾"部族[⑤]。而相关的考古资料也进一步证明了此观点，如长岛北庄的鸟首鬶、鸟形鬶（前文谈及北庄文化时已经详述此鬶形貌，参见下图），其形状与神态都体现出"鸟图腾"的文化特点。

图二　北庄鸟形鬶

拉德克利夫·布朗在提及图腾的文化意义时曾经解释说："氏族通过它与一个

① ［英］爱德华·泰勒著，连树声译：《原始文化——神话、哲学、宗教、语言、艺术和习俗发展之研究》，上海文艺出版社1992年版，第285页。

② 顾颉刚《鸟夷族的图腾崇拜及其氏族集团的兴亡》以郑玄此说为误解，见西安半坡博物馆编《史前研究》，三秦出版社2000年版。

③ 引文及注解参阅杨筠如著，黄怀信标校《尚书覈诂》，陕西人民出版社2005年版，第53页。

④ 童书业：《"鸟夷"说》，见童书业《中国古代地理考证论文集》，中华书局1962年版。

⑤ 张光直曾经在其《谈"图腾"》一文中说："我相信在中国考古学上要证明图腾的存在是很困难的。"（张光直：《考古人类学随笔》，生活·读书·新知三联书店1999年版，第118页）此说为后来学者所诘难，可参阅刘德增《鸟夷的考古发现》（载《文史哲》1997年第6期）、何新《诸神的起源：中国远古太阳神崇拜》（光明日报出版社1996年版）等。

或数个图腾间的特殊关系认识了自己的统一性和个性，这只不过是普遍发展过程中的一个具体例证。在这一发展过程中，氏族通过连结那些与某一个或数个神圣崇拜对象有共同关系的个体来发展和保持氏族的团结。由于每个氏族都有自己的图腾，氏族与氏族之间的分化和对比就会表现出来。"① 布朗分析图腾制度的性质及价值，对于探究夷人图腾制度的文化功能也有不小的启发意义，东夷人的"鸟图腾"世界实际上是东夷人的"文化模式"和"文化制度"，其中既隐含着夷人对世界与文化生成建构过程的理解，也隐含着对社会与文明秩序建构历史的理解。《左传》中记载：秋，郯子来朝，公与之宴。昭子问焉，曰："少皞氏鸟名官，何故也?"郯子曰："吾祖也，我知之。昔者黄帝氏以云纪，故为云师而云名；炎帝氏以火纪，故为火师而火名；共工氏以水纪，故为水师而水名；大皞氏以龙纪，故为龙师而龙名。我高祖少皞挚之立也，风鸟适至，故纪于鸟，为鸟师而鸟名。凤鸟氏，历正也；玄鸟氏，司分者也；伯赵氏，司至者也；青鸟氏，司启者也；丹鸟氏，司闭者也；祝鸠氏，司徒也；雎鸠氏，司马也；鳲鸠氏，司空也；爽鸠氏，司寇也；鹘鸠氏，司事也。五鸠，鸠民者也。五雉为五工正，利器用、正度量，夷民者也。九扈为九农正，扈民无淫者也。自颛顼以来，不能纪远，乃纪于近，为民师而命以民事，则不能故也。"仲尼闻之，见于郯子而学之。既而告人曰："吾闻之：'天子失官，官学在四夷。'犹信。"② 杜预注："传言五雉，必取五方，伊、洛，土之中区，明其取翚雉，与四方之雉为五也。"孔颖达疏中亦引贾逵语注解"五雉"时说："西方曰鷷雉，攻木之工也。东方曰鶅雉，搏埴之工也。南方曰翟雉，攻金之工也。北方曰鵗雉，攻皮之工也。伊洛而南曰翚雉，设五色之工也。"引贾逵语注解"九扈"时说："春扈分循，相五土之宜，趣民耕种者也。夏扈窃玄，趣民耘苗者也。秋扈窃蓝，趣民收敛者也。冬扈窃黄，趣民盖藏者也。棘扈窃丹，为果驱鸟者也。行扈唶唶，昼为民驱鸟者也。宵扈啧啧，夜为农驱兽者也。桑扈窃脂，为蚕驱雀者也。老扈鷃鷃，趣民收麦令不得晏起者也。"

为了更清楚地表示夷人少皞氏因"鸟图腾"而形成的社会及文化结构，结合上述资料及学者的研究现列表如下：③

---

① ［英］A. R. 拉德克利夫·布朗著，潘蛟等译：《原始社会的结构与功能》，中央民族大学出版社 1999 年版，第 142 页。

② 〔周〕左丘明传，〔晋〕杜预注，〔唐〕孔颖达正义，《十三经注疏》整理委员会整理：《春秋左传正义》，北京大学出版社 1999 年版，第 1566～1572 页。

③ 相关胞族及氏族划分参考了刘敦愿《古史传说与典型龙山文化》（载《山东大学学报》1963 年第 2 期）、顾颉刚《鸟夷族的图腾崇拜及其氏族集团的兴亡》（载西安半坡博物馆编《史前研究》，三秦出版社 2000 年版），文化功能为笔者所析。

表四

胞族	氏族	文化功能
风鸟氏	风鸟氏、玄鸟氏、伯赵氏、青鸟氏、丹鸟氏	时间秩序与季节分配：玄鸟氏司春分、秋分；伯赵氏司夏至、冬至；青鸟氏司立春、立夏；丹鸟氏司立秋、立冬
祝鸠氏	祝鸠氏、雎鸠氏、鸤鸠氏、爽鸠氏、鹘鸠氏	社会秩序与贵族等级：祝鸠氏司徒；雎鸠氏司马；鸤鸠氏司空；爽鸠氏司寇；鹘鸠氏司事
鷷雉氏	鷷雉氏、鶅雉氏、翟雉氏、鵗雉氏、翚雉氏	空间秩序与手工分工：西鷷雉攻木之工；东鶅雉搏埴之工；南翟雉攻金之工；北鵗雉攻皮之工；中翚雉五色之工
春扈氏	春扈氏、夏扈氏、秋扈氏、冬扈氏、棘扈氏、行扈氏、宵扈氏、桑扈氏、老扈氏	社会管理与农业分工：春扈趣民耕种；夏扈趣民耘苗；秋扈趣民收敛；冬扈趣民盖藏；棘扈为果驱鸟；行扈为民驱鸟；宵扈为农驱兽；桑扈为蚕驱雀；老扈趣民收麦

经过上表文化功能的分析，一方面可知东夷人“鸟图腾”文化之精致，另一方面也可以发现“鸟图腾”文化已经深深地介入并影响了整个海岱文化区的文化体系建构过程，从时空秩序、社会秩序到组织管理几乎都清楚地看到了“鸟图腾”文化的影响，可以说“鸟图腾”塑造了夷人的世界观，塑造了夷人的文化品质。作为海岱文化区“鸟图腾”的一部分，胶东夷人文化区也概莫能外。《左传·昭公二十年》记载晏子与齐景公对答时说：“昔爽鸠氏始居此地，季葥因之，有逢伯陵因之，蒲姑氏因之，而后太公因之。”① 则更具体证明了爽鸠氏及其地望的所在——胶东夷人文化区。另据《国语》所载，少皞为己姓②，而《路史》也说：“小昊青阳氏，纪姓。”③“己”“纪”上古通用。而根据考古资料，胶东曾经出现大量“曩器”。根据专家的考证，“曩器”即为“纪器”或“己器”④，足见胶东之地必有少皞部族，也必有“鸟图腾”文化。作家张炜也曾经说：“齐文化是一种飞翔的文化。”⑤ 他的这种感悟或许是与胶东历史上夷人的图腾文化的一种暗合吧。

---

① 〔周〕左丘明传，〔晋〕杜预注，〔唐〕孔颖达正义，《十三经注疏》整理委员会整理：《春秋左传正义》，北京大学出版社1999年版，第1566～1572页。

② 《国语·晋语四·重耳婚媾怀嬴》载：“唯青阳与夷鼓皆为己姓。”青阳即少皞（少昊）。

③ 《路史·十六卷·后纪七》中载。

④ 相关文物来源，参阅山东省烟台地区文物管理委员会：《烟台市上夼村出土曩国铜器》（载《考古》1983年第4期，执笔李步青），相关分析可参考李白凤《东夷杂考》（齐鲁书社1981年版）中《莱夷曩族考》部分、王献唐《山东古国考》（齐鲁书社1983年版）中《黄县曩器》部分。

⑤ 徐怀谦：《文学是生命中的闪电——访作家张炜》，见《人民日报》2004年5月13日。

第二章　胶东仙道文化

胶东地区的仙道文化历史悠久，在春秋时期丰富和发展起来的神仙文化曾对中原文化产生过重大影响。秦皇汉武受胶东神仙文化影响，多次东巡胶东地区，寻仙山，求仙药，掀起了大规模的寻仙高潮，催生了数以万计的神仙方士，并推动了早期道教的生成，使胶东在中国宗教文化领域中占有重要一席之地。胶东仙道文化中勇于探索大自然奥秘的精神，也推动了秦汉时期科技文化的进步。胶东地区深厚的仙道文化底蕴，使金元时期的全真道在胶东兴起，并成为中国北方声势显赫的最大道派，成就了中国道教史上的一个辉煌时代。以丘处机为代表的全真道领袖，还为保护和传承中华优秀传统文化作出了重大贡献。受全真道多元文化的影响，明清时期的胶东仙道文化呈现出多元化的趋向，不仅吸纳融合了南方妈祖信仰，在胶东地区留下了丰富的文化印记，也使八仙与八仙过海的传说等神仙文化广泛流行。同时，青岛崂山道教也延续和发展了全真教义，使胶东仙道文化得以生生不息地传承。

第一节　胶东半岛的方仙道文化

胶东地区的方仙道文化，是齐鲁文化的重要组成部分，曾对中原文化产生过重大影响。胶东地区的方仙道文化曾吸引秦始皇、汉武帝多次来到胶东半岛寻仙求药，以求胶东神灵的护佑。胶东地区的方仙道文化还是中国道教文化的重要源头，为道教的产生奠定了重要的思想基础。

一、先秦时期的胶东神仙文化及其特色

胶东地区的方仙道文化，最初影响较大的是三神山传说，后来则是胶东地区的神主文化，对先秦时期的君王和后来的秦皇汉武都产生过重大影响。

1. 盛行的三神山传说

关于三神山的记载，来自《史记·封禅书》：

自威、宣、燕昭使人入海求蓬莱、方丈、瀛洲。此三神山者，其传在勃海中，去人不远；患且至，则船风引而去。盖尝有至者，诸仙人及不死之药皆在焉。其物禽兽尽白，而黄金银为宫阙。未至，望之如云；及到，三神山反居水下。临之，风辄引去，终莫能至云。

《史记・封禅书》记载的神山，显然就是今天人们所说的海市。“海市”，也叫“海市蜃楼”，是在海面、沙漠、雪原等空阔地带，由于光线在沿直线方向密度不同的气层中，将原本看不见的异地景象折射到人们可以看到的位置上，而形成的一种虚幻的影像。海市出现时，本来一无所有的空阔海面上会呈现出亭台楼阁、奇树异草、车马人物等各种奇异景象。宋代著名文学家苏轼就有《海市诗》，描绘了在登州（今蓬莱市）沿海一带见到的海市，其中有这样的诗句：“东方云海空复空，群仙出没空明中。荡摇浮世生万象，岂有贝阙藏珠宫？心知所见皆幻影，敢以耳目烦神工。”① 这说明，苏轼当时对神秘莫测、变化无穷的海市已经有科学的认识了。与苏轼同时期的官员、著名科学家沈括在《梦溪笔谈》中也把海市解释为海上云气所致：“登州海中时有云气，如宫室、台观、城堞、人物、车马、冠盖历历可见，谓之‘海市’。”② 但先秦时期，包括后来的秦始皇、汉武帝时期，人们对海市还不能作出科学的解释，所以产生了三神山传说，故而有了先秦时期的君主们和后来的秦皇、汉武到大海中寻找三神山的举动。

胶东半岛北部沿海一带之所以盛行三神山传说，除了当时对海市这一自然现象还无法给予科学的解释外，胶东先民凭借着丰富的想象创造出的海上仙山、仙人及“不死之药”的神话，也是三神山传说得以广泛流传并产生重大影响的重要原因。

2. 胶东五位神主的文化渊源

除胶东地区的三神山传说之外，齐地盛行的神主文化，特别是胶东地区的五位神主，即阴主、阳主、月主、日主、四时主更是有着巨大的影响，也对秦皇汉武产生过极大的吸引力。齐地八神主的情况，主要来自《史记・封禅书》的记载。

秦始皇即皇帝位的第三年（前219），来到东部沿海视察各郡、县：

始皇遂东游海上，行礼祠名山大川及八神，求仙人羡门之属。八神将自古而有之，或曰太公以来作之。齐所以为齐，以天齐也。其祀绝莫知起时。八神：一曰天主，祠天齐。天齐渊水，居临菑南郊山下者。二曰地主，祠泰山梁父……三曰兵主，祠蚩尤。蚩尤在东平陆监乡，齐之西境也。四曰阴主，祠三山。五曰阳主，祠之罘。六曰月主，祠之莱山。皆在齐北，并勃海。七曰日

---

① 〔北宋〕苏轼著，王水照选注：《苏轼选集》，上海古籍出版社1984年版，第174页。

② 〔北宋〕沈括著，金良年校点：《梦溪笔谈》，齐鲁书社2007年版，第136页。

主，祠成山，成山斗入海，最居齐东北隅，以迎日出云。八曰四时主，祠琅邪。琅邪在齐东方，盖岁之所始。

《史记·封禅书》记载说，公元前219年，秦始皇东巡到原齐国地祠八神，祈求福佑。八神的名目“自古而有之”，也有的说是齐太公以来才有的。但这至少说明，至晚在西周初期的周武王、姜太公时期，八神就已经是人们崇拜和祭祀的神灵了。

胶东半岛五位神主的所在地，都与其深厚的文化渊源有关联。

“四曰阴主，祠三山”，“三山”，即今莱州市三山岛。之所以“阴主，祠三山”，是因为今莱州市三山岛附近的过西村一带曾是夏、商时期胶东半岛的政治、经济、文化重镇。过西村，据考是山东半岛东部地区有记载的最早的方国，夏朝寒浞时过国都城的所在地。《后汉书·志第二十二》记载，东莱郡所属掖县，“有过乡”，南北朝时期的刘昭注曰：“故过国。”《史记索隐》记载：“过，寒浞之子浇所封国也，猗姓国。晋《地道记》曰‘东莱掖城有过乡，北有过城，是古之过国者也’。”这都说明了“过国”在掖县，也就是在今胶东莱州境内。《竹书纪年》卷上记载：“（帝相）八年寒浞杀羿，使其子浇居过。”《史记正义》还提到：“《括地志》云：‘故过乡亭在莱州掖县西北二十里，本过国地。’”说汉代的东莱郡掖县“过乡”，就是夏朝时过国的所在地。寒浞把浇封在“过地”，说明当时“过地”的经济的富庶和文化的发达，因为作为夏王的寒浞是不可能把一个穷乡僻壤之地封给第一功臣和自己心爱的儿子的。春秋战国时期，“过地”所在地应属掖邑，也是当时非常富庶之地，《战国策·齐策六》“貂勃常恶田单”条就有“夜邑万户”的记载，“夜邑”即掖邑，后来的掖县，今莱州。以上记载都说明，从夏代至春秋战国这一段时间里，莱州三山岛附近的“过地”或“夜邑”都是文化先进、经济富庶的发达之地，“三山”，选作祭祀“阴主”之地，除了北边面向大海之外，其所在区域在历史上的重要地位也是入选的重要原因。

“五曰阳主，祠之罘”，“之罘”，即今烟台市芝罘区芝罘岛。之所以“阳主，祠之罘”，因为之罘在先秦时期就是著名的游览胜地及海上交通枢纽。《孟子·梁惠王下》记载：“昔者齐景公问于晏子曰：‘吾欲观于转附、朝舞，遵海而南，放于琅邪。’”根据焦循《孟子正义》，“转附”即之罘山，“之”“转”是一声之转，“附”“罘”古音相通。“朝舞”即成山，也就是今荣成市东北的召石山。“转附”“朝舞”连同“琅邪”，都是当时山东半岛沿海的名山，因此，齐景公很想沿着海岸线游览一番。当时，胶东还未归齐国，齐景公想游览胶东沿海的之罘、成山及琅琊，说明了这些地方早在春秋时期就是著名的游览胜地了，此三地能分别成为八神主地之一，都有着丰厚的地域文化。之罘在先秦时期，还是与朝鲜半岛南部海上往来的重要港口。《史记·司马相如列传》记载，汉代著名文学家司马相如在他的名篇《子虚赋》中曾云："齐，东有巨海……射乎之罘……秋田乎青丘，彷徨乎海外。""青丘"，指今朝鲜平壤一带。乾隆年间成书的《皇朝文献通考》记载："在平壤府东嘉山岭……相传有山名青丘者，不知其处，汉司马相如《子虚赋》秋猎于青丘是也。"意思是说，齐国秋天到朝鲜半岛的青丘去打猎，是可以自由漫步在海外的国家。这说明秦朝之前的齐国时期，从齐国的之罘出发，渡海到朝鲜半岛已经非常便捷了。站在之罘山上，可以向南俯视胶东半岛。在这样一个既有悠久的历史文化底蕴又是著名的游览胜地及海上交通的重要港口，设立阳主祭祀之地，也就非常好理解了。

"六曰月主，祠之莱山"，"莱山"，即今龙口市莱山。之所以"月主，祠之莱山"，是因为莱山乃秦汉时期中国八大名山之一，《史记・孝武本纪》记载："天下名山八，而三在蛮夷，五在中国，中国华山、首山、太室、泰山、东莱，此五山黄帝之所常游，与神会。"在莱山之北是西周时期莱国古城——归城所在地，是当时胶东半岛政治、经济、文化的中心。莱山既然是黄帝与神交会之所，又是莱国古都所在之地，月主祠之莱山也就顺理成章了。

"七曰日主，祠成山"，"成山"，指的是今胶东半岛最东端荣成市成山头一带。之所以"日主，祠成山"，《史记・封禅书》做了这样的说明："成山斗入海，最居齐东北隅，以迎日出云。"说成山头在古齐国的临海的东北端，是迎接海上日出的地方。但除了成山头在中国大陆临海的最东端，是当时中国大陆最早迎接海上日出，祠日主的最佳地点外，其所在的区域也是胶东半岛地区最早的有人类居住的地区之一。《史记集解》韦昭注曰："成山在东莱不夜，斗入海。不夜，古县名。"《史记索隐》注曰："解道彪《齐地记》云：不夜城盖古有日夜出，见于境，故莱子立城以不夜为名。"尽管《齐地记》的记载带有神秘色彩，但至少可以说明莱国时期这里就是胶东先民居住的城镇了。据《汉书・地理志》记载，西汉时期，山东半岛东部的东莱郡就设置了不夜县（今荣成市城区北）。司马迁在《史记・封禅书》里把成山记为春秋时或更早时期的"以迎日出"之地，应是和他在《史记・五帝本纪》里记载的尧时代的羲仲在东方"敬道日出"同出一处，如果这个推断成立，说明早在尧舜禹时期，成山就是人们祭祀日出之地了。特殊的地理位置，深厚的文化底蕴，应是选择成山为"日主"之地的两个主要原因。

"八曰四时主，祠琅邪"，"琅邪"指的是汉代琅邪郡及琅邪县。琅邪郡及琅邪县的治所在今青岛市黄岛区琅琊镇夏河城一带。之所以"四时主，祠琅邪"，除了前面提到的，琅邪在先秦时期就是重要的游览胜地、齐国君王梦寐以求的地方外，琅邪还曾是春秋时期越国的国都。《汉书・地理志》记载："越王勾践尝治此，起馆台，有四时祠。""琅邪郡，秦置"，琅邪是当时中央政府之下的琅邪郡郡治所在地，相当于我们今天所说的省会城市，也说明秦始皇对琅邪所处位置的高度重视。从齐景公对琅邪的向往，到越王勾践迁都琅邪，再到秦始皇重视对琅邪的治理和开发，我们就不难理解“四时主”为什么“祠琅邪”了。

以上说明，胶东地区五神主产生的区域，除了毗邻大海，有着虚无缥缈的海市蜃楼等许多古人类无法解释的神秘现象外，这五个区域也不是边陲荒漠之地，和山东内陆地区天、地、兵三主所在的区域同样有着深厚的文化底蕴，正是这样一种底蕴深厚的文化环境，加上丰富的想象，才能创造出与人们生产和生活密切相关的日、月、阴、阳和四时五位神主来。齐国祭祀的八神，有五神来自胶东，不仅再次说明了胶东地区文化是齐文化的重要源头之一，而且对齐文化的丰富和发展同样有着很大的影响。

3. 先秦时期胶东神仙文化的特色

胶东地区的三神山文化和五神主文化，体现的是历史悠久的东夷文化，展现的是海洋文化的特色。

从时间段上看，史料记载的三神山文化和五神主文化大都产生于春秋战国时期，与齐文化有着密切的关联。齐文化是东夷文化的重要组成部分，但三神山文化和五神主文化，特别是神主文化应早于齐文化，是更早的东夷文化。

东夷文化主要指夏、商王朝统治中心之外的多个东部部落创造的文化，《竹书纪年》和《后汉书·东夷列传》都提到夷有九种，说东夷族是由多个部落组成的。东夷部落主要活跃在以山东为中心的东部地区，八神主中的地主少昊、兵主蚩尤，都是传说中的东夷部落的首领。胶东地区的五位神主虽说祭祀的不是东夷部落的首领，但也都与东夷部落的文化有关，如有的东夷部落以太阳为图腾，祭祀“日主”的活动，正是这些部落文化的集中体现。商末及西周初期，东夷部落因战乱被迫逐步东迁，山东半岛东部沿海一带，成为东夷文化的最后保留地。胶东地区的五位神主文化，也成了最能体现这一时期东夷文化的重要形态。

虽说东夷族是由多个部落组成，各自的部落有各自的图腾，文化习俗也有差别，但由于东夷部族大都生活在山东半岛东部区域，特别是生活在胶东沿海一带的东夷部族，其文化有许多相互关联和相近之处，其对天地、大海及日月星辰的崇拜应是他们共同的文化形态。日主、月主、阴主、阳主、四时主均在胶东半岛。四时主虽在琅邪，不属于胶东古文化区，但琅邪与胶东古文化区毗邻，均面临大海，均属胶东半岛，琅邪神掌管四时，即古代的天象、历法，与胶东地区的日、月、阴、阳四主密切关联。这说明，虽然胶东半岛各地供奉的神主不一样，但这些神主是他们共同的神仙，只是各地有不同分工而已，由此可以想象到，当时东夷各个部落的文化有许多相同之处，他们之间的往来和文化交流是比较紧密的，考古也证实了这一点，如祭祀月主之地的莱山脚下的莱国都城归城，从出土的青铜器“铭文记载中可看出（莱国）与己国、芮国、单国、莒国、胡国、薄姑等国的关系”，他们之间或“有着密切关系”，或“有稳固的联姻关系”。① 莱国是东夷大国，而己国、芮国、单国、莒国、胡国、薄姑等也都是春秋时期的东夷古国，大都活跃在今山东境内，这说明莱夷族与周边的许多部族都有着密切的文化往来，许多文化信仰相同或相近就很正常了。

胶东半岛的三神山文化是由北部沿海中的海市派生出来的，胶东半岛的神主文化，同样体现着海洋文化特色。胶东地区三面环海，日月似从大海中跃出，茫茫的大海时而风平浪静，时而奔腾咆哮，周而复始地退潮涨潮，给胶东先民们带来了无限的神秘。特别是那神秘莫测、时常出现的海市蜃楼，恍兮惚兮，似有若无，明灭变幻，虚无缥缈，更是激发了胶东先民那无限的遐思和丰富的想象，随之产生了有着区域特色的超然浪漫、富有想象力的胶东三神山文化。天地和日月星辰是胶东民间崇拜的最高偶像，加之与之相伴的神秘的大海也有许多无解之谜，故而又产生了胶东地区的日主、月主、阴主、阳主、四时主等神主文化。除月主的祭祀之地在莱山外，其他的均与大海有关，其祭祀之地，或在海岛，或在海边，或在大海中。如阴主在三山岛，阳主在之罘岛，日主在胶东半岛最东端的成山头，四时主在当时的东海海边琅邪，三神山更是在大海之中了。我们前面提到，月主的文化渊源来自莱国的传统文化，莱国文化自身就是半岛文化、山海文化，有着浓郁的海洋文化特色。站在月主的祭祀之地莱山也可以俯视大海，所以说，先秦时期的胶东半岛的神仙文化无不与海洋文化有关，她展现的对大自然未知世界的探索精神，与同一时期体现农耕文明的中原文化相比更具开放性、外向性和兼容性。

毗邻大海的神秘，历史悠久、深厚的文化底蕴是胶东的三神山文化和日主、月主、阴主、阳主、四时主文化产生的社会环境和文化背景。这样的社会环境和文化背景还派生了仙山、仙人、仙药的传说，先秦时期的许多王公贵族，包括后来的秦始皇、汉武帝多次来东方“祠八神”，寻求仙人、仙药，一是出于对东夷文化特别是对日、月、阴、阳和四时五位神主的崇拜和敬畏，想借助神权的力量来达到维护皇权的目的；二是为了达到自己长生不老的私欲需要。正是这二者的统一，使胶东地区丰富和发展起来的神仙文化，对后来的秦始皇和汉武帝都产生了重大影响。

二、胶东方仙道对秦汉帝王的影响

战国时期，燕齐一带出现了从事神仙学说传播的方士，方士也称神仙家、阴阳

① 范庆梅主编：《烟台文化通览》，山东人民出版社2012年版，第56~57页。

家，宣传祭祀求仙、长生不老的学说，其学说也称方仙道。所谓“方”，指不死的神方，所谓“仙”，指长生不死的神仙。胶东地区的三神山传说，为方士们宣传自己的宗教主张提供了绝佳的素材，也极大地影响了后来秦汉时期的帝王，并演绎了秦皇汉武到胶东沿海一带寻仙求药的闹剧。

1. 胶东方仙道对秦始皇的影响

前面提到，早在战国时期，齐威王、齐宣王、燕昭王等诸侯国的国王就开始到东方海滨进行祭神活动了，说明在先秦时期胶东的神仙文化就有很大的影响了。正因为有了这样的影响，才使得秦始皇统一天下后也踏上了东方祠神寻仙之路。

《史记·封禅书》记载：

> 及至秦始皇并天下，至海上，则方士言之不可胜数。始皇自以为至海上而恐不及矣，使人乃赍童男女入海求之。船交海中，皆以风为解，曰未能至，望见之焉。其明年，始皇复游海上，至琅邪，过恒山，从上党归。后三年，游碣石，考入海方士，从上郡归。后五年……并海上，冀遇海中三神山之奇药。不得，还至沙丘崩。

秦始皇到胶东沿海一带巡游，并派人到海中寻找三神山和长生不老仙药的情况，《史记·秦始皇本纪》也有记载：

> 二十八年，始皇东行郡县……并勃海以东，过黄、腄，穷成山，登之罘，立石颂秦德焉而去。南登琅邪，大乐之，留三月。乃徙黔首三万户琅邪台下，复十二岁。作琅邪台，立石刻，颂秦德，明得意。……齐人徐福等上书，言海中有三神山，名曰蓬莱、方丈、瀛洲，仙人居之。请得斋戒，与童男童女求之。于是遣徐福发童男童女数千人，入海求仙人。

秦始皇之所以到黄县、腄县，登之罘岛和成山、琅邪山，前面提到，黄县的莱山，是祠“月主”之地，腄县附近的之罘岛，是祠“阳主”之地，成山是祠“日主”之地，琅邪山是祠“四时主”之地，秦始皇还在琅邪派徐福“入海求仙人”，不仅是在向有着深厚文化底蕴，而且是当时胶东地区人员聚集之地的世人宣扬他的文治武功，也是在向东方神灵表白自己的圣智仁义，以求东方之神的福佑，同时，也是为了求得仙药，以求自己长生不老、帝业永固不朽。以上记载，虽然没有提到“阴主”之地三山岛，但三山岛乃秦时夜邑之地，是秦始皇东巡必经之地，既然秦始皇“东游海上，行礼祠名山大川及八神”，阴主必定亦在秦始皇祠神之列。也就是说，胶东地区的日主、月主、阴主、阳主和琅邪的四时主，秦始皇东巡时都一一拜到了，这完全可以看出，秦始皇对胶东五位神主和东方文化的崇拜和敬畏。

徐福本人是真的相信海上有仙山、仙人，还是欺骗秦始皇，史书上没有记载，我们也不得而知，但徐福作为一个方士，又自幼生活在齐国时期胶东半岛沿海地区，至少非常熟悉半岛地区的神仙文化，而且利用自己掌握的神仙文化知识说服了秦始皇，让秦始皇信以为真，否则，秦始皇不会花费那么大的人力、物力，派徐福“入海求仙人”。《史记・秦始皇本纪》还记载，徐福第二次欺骗了秦始皇：

> 三十七年十月癸丑，始皇出游。……并海上，北至琅邪。方士徐福等入海求神药，数岁不得，费多，恐谴，乃诈曰：“蓬莱药可得，然常为大鲛鱼所苦，故不得至，原请善射与俱，见则以连弩射之。”始皇梦与海神战，如人状。问占梦，博士曰：“水神不可见，以大鱼蛟龙为候。今上祷祠备谨，而有此恶神，当除去，而善神可致。”乃令入海者赍捕巨鱼具，而自以连弩候大鱼出射之。自琅邪北至荣成山，弗见。至之罘，见巨鱼，射杀一鱼。遂并海西。至平原津而病。……七月丙寅，始皇崩于沙丘平台。

对徐福编造谎言欺骗秦始皇之事，《史记・淮南衡山列传》是这样记载的：

> （徐福）伪辞曰：“臣见海中大神，言曰：‘汝西皇之使邪？’臣答曰：‘然。’‘汝何求？’曰：‘愿请延年益寿药。’神曰：‘汝秦王之礼薄，得观而不得取。’即从臣东南至蓬莱山，见芝成宫阙，有使者铜色而龙形，光上照天。于是臣再拜问曰：‘宜何资以献？’海神曰：‘以令名男子若振女与百工之事，即得之矣。’”秦皇帝大说，遣振男女三千人，资之五谷种种百工而行。徐福得平原广泽，止王不来。

我们今天无法论证徐福编造的到底是哪一条理由，但可以说，不论哪一条理由，都展现了胶东神仙文化特有的魅力。秦始皇这么一个有头脑、有作为的帝王，临死也没有识破徐福的谎言，这除了渴望长生不老的欲望支配外，主要还是与当时人们无法解释的胶东半岛那充满神秘色彩的三神山传说有关。胶东三神山及神主文化所营造的浓厚的神仙文化氛围对当时的社会产生了巨大影响，这种影响，使吞并六国的一代帝王秦始皇为之痴迷终生，最后还死在了求仙而不得的返程路上，而且在他百年之后，又有一位很有作为的帝王也对胶东半岛神仙文化异常痴迷，比秦始皇有过之而无不及，他就是威震天下的一代英君汉武帝。

2. 胶东方仙道对汉武帝的影响

据《史记・孝武本纪》记载，早在汉元光二年（前133），也就是汉武帝24岁的时候，就曾“遣方士入海求蓬莱安期生之属”。汉武帝在完成统一大业之后，也效仿秦始皇亲自东巡胶东半岛，祭海求神。其动机和秦始皇一样，一是借助神权的力量来达到维护皇权的目的，二是以求得到长生不老之仙方，幻想自己能够长生不老。据史书记载，汉武帝至少九次来到胶东半岛，或在海上，或在陆上，寻访仙迹，寻求仙药。安期生是活跃于胶东半岛沿海一带的方士，传说他成仙升天，驾鹤仙游。

元封元年（前110）三月，汉武帝首登泰山之后，开始了东巡胶东地区寻仙的活动。《史记·孝武本纪》记载："上遂东巡海上，行礼祠八神。齐人之上疏言神怪奇方者以万数，然无验者。乃益发船，令言海中神山者数千人求蓬莱神人。"说汉武帝东巡海上，祭祀齐地八神，到达齐地后，大约有上万的人给汉武帝上书讲神仙鬼怪及仙方奇药的事情，但没一个能见到仙人、得到仙药的。于是，汉武帝就增派了船只，让那些说海中有蓬莱仙山的数千人下海去寻找。同时，汉武帝派公孙卿手持皇帝的符节先行到达东莱郡。公孙卿到了东莱郡后，向汉武帝报告说，他在夜里见到一个巨人，有好几丈高，走到近时又不见了，但地面上留着巨人的大脚印，与禽兽的脚印差不多。还有许多大臣也向汉武帝报告说，有个牵着狗的老人说要见皇上，但一转眼老人就消失了。汉武帝见到大脚印时，还不相信是仙人留下的，等到群臣告诉他老人的事情，汉武帝认为这里真的出现仙人了，就"宿留海上，与方士传车及间使求仙人以千数"。汉武帝在海边住下来，希望也能见到仙人，同时，让方士们有的乘坐驿车，有的秘密出行，到各处去寻找仙人，派出的人数以千计。

汉武帝首次东巡东莱郡就派齐地方士公孙卿先行打头阵，可见汉武帝对公孙卿的相信和依赖程度。汉武帝在以后几次的东巡东莱郡时，仍然是相信和依靠公孙卿，实际上也是公孙卿影响了汉武帝在东莱郡的寻仙活动。

《史记·孝武本纪》记载，元封元年（前110）夏季，汉武帝第二次东巡东莱郡，"复东至海上望，冀遇蓬莱焉。奉车子侯暴病，一日死。上乃遂去"。汉武帝再次东临海边眺望，希望能见到蓬莱仙山和仙人，结果奉车都尉霍子侯得了暴病，当天就死掉了，汉武帝无奈只好离开，第二次东巡东莱郡的寻仙活动又无功而返。

元封二年（前109）春，公孙卿说在东莱山见到了仙人，那仙人好像是说"想见天子"。汉武帝封公孙卿为中大夫，并随后第三次东巡，"遂至东莱，宿留之数日，毋所见，见大人迹。复遣方士求神怪采芝药以千数"。汉武帝又来到东莱郡寻找仙人，而且在东莱留宿了几天，什么也没看见，只看见了巨人脚印，又派出数以千计的方士去寻找神仙奇物，采集灵芝仙药。这一次东巡东莱郡，汉武帝还到祠阴主的三山岛附近"祷万里沙"，以求神灵福佑。《汉书·地理志》记载，"曲成，有参山万里沙祠"。汉代东莱郡设曲成县，"万里沙"在今莱州境内。

汉武帝到了东莱郡三次都未遇到神仙，心里非常着急。公孙卿劝他说，仙人本来可以看到，由于皇上总是来去匆匆，因此才看不到。陛下可以在京城建一座楼观，像缑氏城那样，上面摆上肉脯、枣，神人就可以请到。而且仙人也喜欢住在楼房。于是汉武帝下令在长安建造蜚廉观和桂观，在甘泉宫里则建造了益寿观和延寿观，派公孙卿持天子符节在上面设立供具，迎候神人。又作通天台，台下设置祭祀礼具，用来招致仙人。后来还接受了公孙卿的建议，造了建章宫，建章宫以北还开凿了一个很大的池沼，其中有渐台，高二十多丈，名为太液池，池中有蓬莱、方丈、瀛洲诸岛屿，以象征渤海中神山居住的地方。汉武帝把传说中的渤海三神山的景观也搬进了都城，完全可以想象出汉武帝想见神仙的急切心情，及胶东地区流传的三神山传说对汉武帝的巨大影响力。汉武帝派公孙卿代表自己“持节设具迎候神人”，也足见齐地方士在汉武帝心目中的影响和地位。

元封五年（前106）冬，汉武帝“北至琅邪，并海上”，这次汉武帝是路过胶东半岛还是来祠神求药，史书没有记载，本书也没有把汉武帝的这次胶东半岛之行作为汉武帝九临胶东祠神求药的一部分，如果算上这一次，那汉武帝就是十临胶东祠神求药了。

《史记・孝武本纪》记载，太初元年（前104）十一月冬至，汉武帝祭祀泰山后，第四次东巡胶东，“东至海上，考入海及方士求神者，莫验，然益遣，冀遇之”。汉武帝第四次东巡胶东地区，考察入海寻仙和方士求神的结果，虽发现没有一个人的话应验，但又派出了更多的人去寻找，仍希望能遇到神仙。

太初元年（前104）十二月二十八日，时隔仅一个多月，汉武帝第五次东巡胶东，“临渤海，将以望祠蓬莱之属，冀至殊庭焉”。汉武帝第五次东巡东莱郡，到大海岸边，遥望而拜祭蓬莱仙山，希望能到达仙人所居住的仙山、仙庭。以当时的交通条件，从长安到东莱，往返一次至少得一个多月时间，也就是说，汉武帝回到长安不久，即又开始了他的第五次东巡，由此也可以想象出汉武帝想见到仙山、仙人的急迫心情，可还是像前几次一样，汉武帝什么仙山、仙人也没见到。

太初三年（前102），汉武帝第六次东巡胶东地区，“东巡海上，考神仙之属，未有验者”。“而方士之候祠神人，入海求蓬莱，终无有验。而公孙卿之候神者，犹以大人迹为解，无其效。天子益怠厌方士之怪迂语矣，然终羁縻弗绝，冀遇其真。自此之后，方士言祠神者弥众，然其效可睹矣。”汉武帝再次亲自考察入海寻仙和方士求神的情况，却没有一点眉目。至于方士们所说的迎候神仙，到大海中寻求蓬莱仙山的事情，也始终没有得到应验。公孙卿说的迎候神仙，也没见神人来过，只好用巨人的脚印来搪塞。虽说汉武帝已经开始对方士们的夸夸其谈感到厌倦和疑虑，但仍然在笼络着他们，希望真有一天能遇到神仙。从这以后，方士们提议建庙祭神的越来越多，可效果如何，大家都看得很清楚。由此可见汉武帝当时的矛盾心理和希望遇到神仙的强烈期盼。

由于迟迟找不到仙人，汉武帝开始对方士们的话有点不相信了，然而长生不老的欲望却始终笼罩着他，汉武帝总是希望有一天能遇到神仙，所以始终没有和方士们断绝往来，还是鼓励他们继续寻找。

《汉书・武帝纪》记载，太始三年（前94）二月，汉武帝第七次东巡胶东地区："幸琅邪，礼日成山。登之罘，浮大海。山称万岁。"汉武帝这一次不仅在有神主的琅邪、成山、之罘这三地方进行了祭祀活动，还在成山举行了祠日大典，在当年秦始皇射杀大鱼的之罘岛一带海域举行了隆重的游海活动，宣示皇家的神圣和威严，惊天动地的"万岁"欢呼声响彻大海。从这里可以看出，汉武帝到胶东半岛一带祭祀各位神主，也是借此炫耀大汉帝国的威武，期冀得到神灵对他及大汉帝国的护佑。

胶东地区三神山的传说和仙人、仙药对他的诱惑实在太大了，第二年，汉武帝再次踏上了东巡东莱之路。太始四年（前93）四月，汉武帝第八次东巡胶东，"幸不其，祠神人于交门宫，若有乡坐拜者，作《交门之歌》"，"不其"指不其县，秦代不其县城在今即墨境内。《汉书·地理志》记载："不其，有太一、仙人祠九所，及明堂。武帝所起。"汉武帝到了不其的交门宫拜祭，再次祈求东方神灵保佑他的大汉江山，同时让他早一点见到仙人，赐他仙药，保佑他长生不老。为了表示虔诚和隆重，汉武帝还组织人们在交门宫大唱《交门之歌》，以引起东方神灵的关注。

《汉书·武帝纪》记载，征和四年（前89）春正月，汉武帝以68岁的高龄第九次东巡胶东沿海地区，这是汉武帝最后一次到东莱郡寻仙。汉武帝再次"行幸东莱，临大海"。汉武帝在经历了多次寻仙失败以后，仍然相信胶东半岛附近的大海里有仙山，仙山上有仙人，否则年老体弱的汉武帝不会以68岁的高龄再次东巡胶东。这一次汉武帝是下定了决心，一定要亲自到大海里去寻找，希望能以自己的诚心和毅力感动仙人。对于这次求仙，《资治通鉴》这样记述："上行幸东莱，临大海，欲浮海求神山。群臣谏，上弗听；而大风晦冥，海水沸涌。上留十余日，不得御楼船，乃还。"汉武帝来到东莱郡的海边，想亲自入海寻找仙山访求神仙，群臣劝阻，汉武帝不听，然而风大浪涌，无法控制楼船，汉武帝在海边待了十多天，也没风停浪静，只好返回长安。两年以后，也就是后元二年（前87）二月，汉武帝去世，这才终止了汉武帝东巡海上寻仙的活动。

汉武帝在其后半生至少九次到胶东地区祠神，求见仙人，虽屡次求仙不得，甚至像秦始皇一样疑惑过、后悔过，群臣也多次劝阻，但汉武帝仍心存侥幸，不顾年老体衰、旅途劳顿，一次又一次地来到东莱，希望能见到神仙，护佑其长生不老。足见胶东方士及其宣扬的方仙道对其巨大的诱惑力。

3. 胶东方仙道对汉代其他帝王的影响

中国历史上大规模寻找三神山的求仙活动，如果从齐威王开始算起，到汉武帝第九次东巡胶东后结束，前后持续了大约300年。在这近300年的时间里，由于秦始皇和汉武帝的亲自参与，使胶东半岛的寻仙活动达到了顶峰，产生了数以万计的方士，形成了一次又一次的寻仙高潮。整个胶东半岛因封建帝王们的到来，笼罩着更加浓厚的神仙文化氛围。中国的西部地区虽然是秦汉时期的建都之地和文化、政治中心，但王朝的最高统治者在宗教崇拜和信仰方面却表现出对东方文化的极度依恋。

胶东地区在秦、汉时期乃边陲之地，远离秦、汉时期的都城，当时的车辆、道路条件，往返一次至少得一两个月，况且皇帝出行必是大队人马，要耗费大量人力、财力，但胶东的方仙道文化对秦汉帝王有着极大的吸引力。秦始皇三到胶东，最后还死在了到胶东求仙药而不得的归途中。在秦始皇寻仙求药毫无结果之后的100多年里，胶东半岛始终笼罩着浓厚的仙道氛围，汉武帝从24岁开始就不断派人到胶东来寻找仙山、仙人、仙药，68岁高龄时还不顾颠簸劳苦来到海边，在海边待了十多天，并想亲自入海寻找仙山，访求神仙。征和四年（前89）三月，汉武帝对自己的寻仙行为进行了认真的反思，终于认识到自己的愚蠢和无知："朕即位以来，所为狂悖，使天下愁苦，不可追悔。自今事有伤害百姓，糜费天下者，悉罢之"，"于是悉罢诸方士候神人者"①。汉武帝对屡屡寻仙人、仙药而不得的方士"皆罢斥遣之"，并对群臣说："向时愚惑，为方士所欺。天下岂有仙人，尽妖妄耳！节食服药，差可少病而已。"② 汉武帝终于认识到自己被方士们欺骗了，天下根本就没有什么仙人和长生不老的仙药，节制饮食，吃一点防病的药，只能是少得病而已。

随着汉武帝对方士的"皆罢斥遣之"，胶东半岛数以千计的方士们有组织的大规模的寻仙求药活动终于落下了帷幕，但因秦皇汉武多次东临胶东，由他们推动和发展起来的胶东仙道文化仍在不断影响着后世。汉武帝晚年虽说对仙人、仙药有了清醒的认识，但并未改变其对因海市及日月星辰等自然景观而形成的对胶东神仙文化的尊崇，汉武帝的后代帝王们仍然对胶东神主敬畏有加，汉武帝的曾孙汉宣帝就仿效汉武帝东巡祀神的样子，祭祀齐地八神和胶东的各位神仙。

《汉书·郊祀志》记载，汉宣帝到长安甘泉宫，也就是汉武帝经常祭神仙招引蓬莱仙人的地方，"修武帝故事，盛车服，敬齐祠之礼，颇作诗歌"。汉宣帝学着汉武帝的样子，车子装饰得富丽堂皇，君臣都穿着华贵的服装，向齐地的神主叩拜行礼，还作《郊祀之歌》。为了进一步表达对胶东地区神仙的崇敬之情，汉宣帝还派遣使者到胶东各地，以朝廷的名义举行祠神的仪式，"又祠太室山于即墨……祠参山八神于曲城，蓬山石社、石鼓于临朐，之罘山于腄，成山于不夜，莱山于黄。成山祠日，莱山祠月，又祠四时于琅邪"。

---

① 〔北宋〕司马光编纂：《资治通鉴》第1册，线装书局2007年版，第167页。

② 〔北宋〕司马光编纂：《资治通鉴》第1册，线装书局2007年版，第167页。

“祠太室山于即墨”，“太室山”，应为“天室山”，《汉书·地理志》记载：“即墨，有天室山祠。”《大清一统志》卷一三八《莱州府》记载：“天室山，在即墨县西南三十里。《汉郊祀志》：神爵元年，祠天室山于即墨。《地理志》：即墨有天室山祠。”“即墨”，汉代即墨城在今平度市境内，是胶东国治所，汉武帝任太子前，4 岁时曾任胶东王。

“祠参山八神于曲城”，曲城县，今莱州城东北，与招远交界处。参山，即前面提到的三山，今莱州市三山岛，是“阴主”所在地。

祠“蓬山石社、石鼓于临朐”，汉代东莱郡有临朐县，在今莱州城西北海边。齐郡（郡治今淄博市临淄区）也有临朐县，即今潍坊市临朐县。“蓬山”，多指蓬莱仙山，如与海上蓬莱仙山相联系，这里的“临朐”应指东莱郡的临朐县，因东莱郡临朐县面临大海，也是海市多发之地。

祠“之罘山于腄，成山于不夜，莱山于黄。成山祠日，莱山祠月，又祠四时于琅邪”。西汉时东莱郡腄县县治在今烟台市福山区，辖今烟台市芝罘区的芝罘岛。芝罘岛是“阳主”所在地。西汉时东莱郡不夜县，在今荣成市城区北，不夜县据传是春秋时古夜国所在地，成山在其境内，成山是“日主”所在地。东莱郡黄县，今龙口城东，莱山在其境内，莱山是“月主”所在地。“琅邪”，今青岛市黄岛区琅琊台，是“四时主”所在地。

汉宣帝的使者以朝廷的名义在各地举行的祠神仪式，胶东地区的五位神主无一例外均给予祭祀，使胶东的方仙道文化在秦皇汉武之后再一次引起了最高统治者的尊崇，使其提高到国家的层面予以肯定和弘扬。胶东地区明清时期编撰的地方志，记载了胶东各地的神主庙最早的始建于汉宣帝时期，可能与汉宣帝在胶东各地大规模祭祀神主的活动有关。由此可以推断出，胶东各地浓厚的神仙文化氛围并未因汉武帝对方士们的罢斥遣散而受到影响，汉宣帝以后的汉成帝、汉哀帝，包括后来篡位的王莽都对胶东的方仙道文化尊崇有加。

《汉书·郊祀志》记载，汉成帝初即位时，曾废止了全国四百七十五处由朝廷派使者参与的祭祀活动，包括汉武帝亲自祭祀过的“万里沙（在今莱州境内）、八神、延年之属”；汉宣帝祭祀过的胶东地区“参山、蓬山、之罘、成山、莱山、四时”等都在被废止之列。也就是说，胶东地区祭祀三神山和五位神主的活动全部被停止了。同时，“候神方士使者副佐、本草待诏七十余人皆归家”，把那些迎候神仙的方士及助手都打发回了家。但因汉成帝“末年颇好鬼神，亦以无继嗣故，多上书言祭祀方术者，皆得待诏”。汉成帝因为一直没有儿子，晚年又特别相信鬼神，许多上书谈祭祀和方术的人，都得到待诏的官职。汉成帝“复亲郊礼如前，又复长安、雍及郡国祠著明者且半”，又恢复了各地神仙的祭祀活动。《汉书·郊祀志》

记载，“哀帝即位，寝疾，博征方术士，京师诸县皆有侍祠使者，尽复前世所常兴诸神祠宫，凡七百余所，一岁三万七千祠云”。汉哀帝即位，因身体有病，便广泛征求方士和治病的方术，并且全面恢复前代帝王所祭祀各个神仙及神祠的官员，全国共有700多所，一年有37000次祭祀。显然，在这样的背景之下，胶东各地的祠神仪式也得到了恢复。应该说由于汉成帝晚年尊崇方仙道，东莱方仙道文化的影响在汉哀帝之前已经恢复了，只是随着汉哀帝即位后对各地祠神官员和祠神仪式的正式恢复，东莱方仙道文化借助朝廷的推动力再一次展现了其独有的魅力。

《汉书・郊祀志》还记载，王莽篡位之后，为了使自己的行为披上合法的外衣，便借助神灵，“兴神仙事”，“祀天神，祭地祇；祀四望，祭山川……四望，盖谓日、月、星、海也”。这说明，胶东地区的日主、月主、阴主、阳主、四时主都在重点祭祀之列。王莽“崇鬼神淫祀，至其末年，自天地六宗以下至诸小鬼神，凡千七百所”。王莽热衷于祭祀鬼神的活动，在全国各地设有1700处祭祀场所，远远超过了汉哀帝时的700余所，这说明由胶东半岛兴起的方仙道文化在王莽时期方兴未艾，由此也可见，秦皇汉武以后，胶东仙道文化及其派生出的方士学说仍对汉家帝王们产生着重要影响。

三、胶东方仙道的其他重大影响

秦始皇和汉武帝都是具有雄才大略的帝王，他们对胶东方仙道文化的好奇、探究和迷恋，可以看出他们对东方神仙文化的敬畏及执着的信仰，在他们的呵护和推动下，萌生于胶东半岛的方仙道文化最终结出了自己的果实——催生了中国的道教；胶东大规模的海上寻仙活动；也带动了造船业和航海业的发展；胶东方仙道文化中勇于探索大自然奥秘的精神，也推动了秦汉时期科技文化的进步。

1. 胶东方仙道与道教的产生

胶东方仙道文化催生了中国的道教文化，以更高的文化形态对中国的传统文化产生了更为深远的影响。道教是中国的本土宗教，鲁迅先生曾说过：“中国的根柢全在道教。”（1918年8月20日，《致许寿裳》）这不仅是说道教的影响历时久远，其影响在中国社会的深层之中，在广大的民众之中，在中国传统的文化核心之中，也是说道教文化曾对中国传统文化发展产生过重大的影响。道教的起源，虽有多种版本的解说，但其来源于商周时代的神话传说和秦汉时期的方仙道是道教界的共识。而胶东地区无论是以天地和日月星辰为崇拜偶像的浓厚的民间宗教氛围，还是仙山、仙人的神仙传说，秦皇、汉武东临胶东祭海求仙的故事，以及数以千计的方士队伍，他们都对中国道教文化的产生都起着根本性的作用。

方士，也称神仙家或神仙方士，他们是道教产生的推手和道士的主要来源。任继愈说：道教是中国本土宗教，“方术、巫术是它的前身”①。牟钟鉴在《中国宗教通史》一书中也指出：“方仙道在理念、道术和成员上，已经为道教的正式产生做了重要的准备。”卿希泰先生主编的《中国道教》一书指出：“神仙家的神仙信仰和方术皆为道教所承袭，神仙方术衍化为道教的修练方术，神仙方士也逐渐衍化为道士。”② 当然，这种“衍化”经历了一个较长时期，但方仙道是道教的思想源头，方士衍化为道士，已是中国道教界的共识。南怀瑾先生在其所著《中国道教发展史略》一书中也指出：“道教起源于春秋战国时期的神仙方士”，“道家的神仙方士之术，到汉武帝之世而昌盛，开启后来东汉、魏、晋道家神仙方术思想的基础。再变而有北魏正式道教的形成。”③ 道教产生后，继承发展了神仙方术的长生不老的思想，使之成为最基本的教义。神仙传说与方术是道教的最直接来源，长生而后升仙成了道教的核心教义，道教的教理教义和各种修炼方术，也都是围绕着这个核心而展开的。

早在汉武帝时期，胶东地区的方仙道家们就有了自己传道的活动场所了。前面提到《汉书·武帝纪》记载：汉武帝太始四年“夏四月幸不其，视神人于交门宫，若有乡坐拜者，作《交门之歌》”。《汉书·地理志》记载：“不其，有太一、仙人祠九所，及明堂。武帝所起。”《后汉书·逸民列传》也记载了逄萌到崂山修道的事，“逄萌字子康，北海都昌（今潍坊昌邑）人也”，因王莽杀其子，“即解冠挂东都城门，归，将家属浮海，客于辽东”，“及光武即位，乃之琅邪劳山，养志修道，人皆化其德”。劳山即崂山，当时在不其县境内。《汉书》《后汉书》的记载足以说明，道教产生之前，方仙道在崂山就已经开始了有组织、有场所的活动了。胶东半岛的昆嵛山也是汉代方仙道的主要活动场所。被道教尊为神仙的麻姑，就在昆嵛山修炼过。东晋葛洪《神仙传·麻姑传》记载，汉恒帝时，“麻姑自说，接待以来，已见东海三为桑田，向到蓬莱水又浅”④。这里的“蓬莱”，指蓬莱仙山。麻姑“见东海”，“到蓬莱”，说明麻姑在出现海市的胶东半岛沿海一带活动过。宋代《太平寰宇记》卷二〇《登州牟平县》也记载：“大昆嵛山，在县东南四十里。按仙经云：‘姑余山因麻姑曾于此山修道上升，有余址尚在，因以为名。’后代以姑余、昆嵛声相类而俗名。”⑤ “登州牟平县”即今烟台市牟平区，境内有昆嵛山，这也说

① 任继愈：《道家与道教》，载《文史知识》1987年第5期。

② 卿希泰主编：《中国道教》第一卷，知识出版社1994年版，第14页。

③ 南怀瑾：《中国道教发展史略》，复旦大学出版社1996年版，第11~18页。

④〔东晋〕葛洪：《神仙传》卷三，见影印文渊阁《四库全书》第1059册，上海古籍出版社1987年版，第270页。

⑤〔北宋〕乐史：《太平寰宇记》，中华书局2007年版，第414页。

明，昆嵛山一带在汉桓帝时期就有了方仙道家的修道活动场所了。

胶东地区是中国道教文化产生的重要源头，还有一个重要事实，那就是出自琅邪并流传到各地的《太平经》。《后汉书·郎顗襄楷列传》记载：

> 琅邪宫崇受干吉神书……宫崇所献神书，专以奉天地顺五行为本，亦有兴国广嗣之术。其文易晓，参同经典。
>
> 初，顺帝时，琅邪宫崇诣阙，上其师干吉于曲阳泉水上所得神书百七十卷，皆缥白素朱介青首朱目，号《太平清领书》。其言以阴阳五行为家，而多巫觋杂语。有司奏崇所上妖妄不经，乃收臧之。后张角颇有其书焉。

唐代李贤注《后汉书》曰"干吉、宫崇并琅邪人"，说的是干吉、宫崇都是琅邪人。琅邪，即八神之一的四时主之地。神书，指《太平清领书》，即早期道家的主要经典《太平经》，以奉天法道，顺应阴阳五行，达于天下太平为宗旨，阐述治政修身之道，以及长寿成仙、治病养生、通神占验之术。其经以甲、乙、丙、丁、戊、己、庚、辛、壬、癸为部，每部十七卷，共一百七十卷。《太平经》的"奉天地顺五行"的阴阳五行思想也是道教的重要源头之一。干吉，即于吉，宫崇的老师，据李贤注《三国志·吴书一》记载，于吉因宣传《太平经》学说，"烧香读道书，制作符水以治病，吴会人多事之"，被吴主孙策以"幻惑众心"而"斩之"。长篇历史小说《三国演义》第二十九回《小霸王怒斩于吉，碧眼儿坐领江东》中描写的关于于吉被杀的主要情节和李贤注相同。但历史上吴主孙策所杀的不应是于吉，因为汉顺帝时传《太平清领书》的于吉，如果活到被孙策所杀时，至少应是一百多岁了，孙策所杀的应该是假借于吉之名的另一个《太平经》的传人，由此也可见琅邪于吉在当时有着非常大的名气。由于《太平经》有代表下层民众反对统治者恃强凌弱，主张自食其力，济穷救急的思想，故为农民起义领袖张角所利用，张角依据《太平经》创立了太平道组织，并发动了黄巾大起义，这在下面会具体谈到。

现在学术界一般认为，东汉时期早期道教的两大教派，北方太平道和南方五斗米道的创立，都是受到了《太平经》的影响，并以《太平经》作为创教的思想理论基础。"五斗米道"的创始人张陵（张道陵）拥有的《太平洞极之经》，是《太平经》的另一版本，五斗米道的重要经书《老子想尔注》的内容也多与《太平经》相合，这都说明了《太平经》是道教形成的一个重要思想渊源。《三国志·魏书·张鲁传》裴注："《典略》曰：'光和中，东方有张角，汉中有张修。骆曜教民缅匿法，角为太平道，修为五斗米道。……修法略与角同。'""裴"，指南北朝刘宋时期著名史学家裴松之，曾为《三国志》作注。"《典略》"，系三国时期魏国郎中鱼豢所著。此段意思是说汉中张修（张陵之后，和张陵之孙张鲁同时）的五斗米道与张角的太平道大略上相同。这也说明"五斗米道"和"太平道"属于同一思想体系。唐宋时期的“明教”更尊张角为教主，明显受《太平经》及太平道的影响。这都说明了出自东汉末年山东半岛琅邪的《太平经》，对全国道教文化的传播和道教的形成有着决定性的影响。太平道三十六方的术数观念，为后世道教所继承，后世道士持九节杖，着黄衣，戴黄冠，用符水、咒语等道术为人治病消灾等，也都承袭太平道的规制。有的专家甚至断言：“《太平经》的出现与传播，即标志着道教的形成。”① 这至少说明，《太平经》对全国道教文化的传播和道教的形成有着重大的影响。

《太平清领书》出自东汉末年琅邪，决不是偶然的。琅邪临海，是齐地八神之一的四时主所在地，是秦汉时期方士的重要活动区域。前面提到，秦始皇两次派徐福入海求仙人都是在琅邪，汉武帝也多次莅临琅邪祭拜神主，这说明，琅邪是秦汉时期方士领袖们活动的重要场所。琅邪还曾是胶东半岛南部沿海的政治、经济、文化中心，胶东地区以天地和日月星辰为崇拜偶像的浓厚的民间宗教氛围，秦汉时期有着巨大影响的神仙传说，秦始皇、汉武帝在胶东地区组织的大规模的祠神寻仙活动，以及数以千计的庞大方士队伍，包括《太平经》对太平道创立者张角和五斗米道的创始人张陵的影响，都可见胶东半岛对道教文化的产生和发展所带来的无论是直接的还是间接的作用，都是当时中国的其他地区所无法比拟的。胶东催生了中国道教文化，是中国道教文化产生的重要源头。

2. 胶东方仙道与汉末黄巾农民大起义

东汉末年声势浩大的黄巾起义领袖张角，是《太平清领书》即《太平经》的继承人，他利用《太平经》创立了太平道。太平道之名源于《太平经》：“太平道，其文约，其国富，天之命，身之宝。”“急教帝王，令行太平之道。”太平道以阴阳五行、符箓咒语为根本教法，与《太平经》所谓奉天地、顺阴阳五行而杂以巫术的思想基本吻合。《三国志·魏书·张鲁传》裴注：“太平道者，师持九节杖为符祝，教病人叩头思过，因以符水饮之，得病或日浅而愈者，则云此人信道，其或不愈，则为不信道。”其教人“叩头思过”亦源于《太平经》卷九七：“今欲解此过，常以除日于旷野四达道上四面谢。叩头各五行，先上视天，回下叩头于地。”认为人有过失，天必有所明察而施加惩罚，要得到天神宽宥，可在旷野四达道上叩头，气候之神便会将其所请上通于天，下通于地，而得免罪。《太平经》卷九二称：“以丹为字，以上第一。次下行将告人，必使沐浴端精，北面、西面、南面、东面告之，使其严以善酒，如清水已饮，随思其字……随病所居而思之，名为还精养形。”卷一〇八又称：“欲除疾病而大开道者，取诀于丹书吞字也。”太平道认为符是天神

① 李养正：《道教概说》，中华书局1989年版，第22页。

的文字，饮符水则天神的命令入人体中，神使心正自觉，便可除病去疾，与《太平经》所载如出一辙。这都可以看出，张角是利用《太平经》创立了太平道。

太平道据《太平经》创教，亦据《太平经》组织黄巾起义。《后汉书・皇甫嵩传》记载："张角自称'大贤良师'，奉事黄、老道"，倡言"苍天已死，黄天当立，岁在甲子，天下太平"，其所言"大贤""黄天"等词，以及选甲子为起义之年，皆可在《太平经》中找到根据。《太平经》卷九〇载："治国欲乐安之，不得大贤事之，何以得一旦而理平？"《太平经》以奉天地、顺五行为主旨，按金、木、水、火、土五行相生相克的运序，汉以火德王，汉运衰，代汉而兴者当为土德，土色黄，故张角自称"黄天"，以示将承汉祚而王天下。《太平经》卷三九又称："甲子岁也，冬至之日也，天地正始起于是也。……凡物生者，皆以甲为首，子为本，故以上甲子序出之也。"该经有"三五气和，日月常光明，乃为太平"之语，可见张角选择甲子年（184）三月五日作为黄巾起义的日期，显然是受《太平经》的影响。

由于《太平经》出自琅邪，《太平经》所宣扬的太平思想在胶东地区有着广泛的群众基础，因而张角依据《太平经》组织黄巾起义也在胶东地区获得了极大的响应。《后汉书・皇甫嵩传》记载，中平元年（184）春二月，"角因遣弟子八人使于四方，以善道教化天下，转相诳惑。十余年间，众徒数十万，连结郡国，自青、徐、幽、冀、荆、杨、兖、豫八州之人，莫不毕应"。《后汉书・孔融传》记载："黄巾寇数州，而北海最为贼冲。"说北海国的黄巾军势力最大。北海国辖胶莱河、潍河两岸地区，西至今潍坊昌乐以西，东至今胶东半岛腹地莱阳以东，包括平度、莱西、莱阳等地。当时，胶东的东莱郡和北海国均为青州之地，青州排在了农民起义队伍的八州之首，北海的黄巾势力最大，显然是受《太平经》影响最大，道徒也最盛。张角的黄巾起义当年就在东汉王朝的重兵围剿下失败了，四年之后，中平五年（188）"冬十月，青、徐黄巾复起，寇郡县"①。琅邪当时为徐州之地，可以推断出"青、徐黄巾复起"，胶东仍是主要地区。而且这次"黄巾复起"的规模很大，仅青州一带至少有百万之多，《三国志・魏书・武帝纪》记载：初平三年（192）夏四月"青州黄巾众百万入兖州，杀任城相郑遂"，"群辈相随"，"不可敌也"。说青州的老老少少都参加了黄巾军，其势不可挡，打败了兖州守军，杀死了兖州刺史刘岱。青州黄巾军后因粮草不济，被曹操所败，"受降卒三十余万，男女百余万口，收其精锐者，号为青州兵"。因曹操在东汉末年的官吏中属于开明的，有些主张和青州黄巾军相同，黄巾军曾修书曹操，以期联合曹操一同反抗东汉王

① 〔南朝宋〕范晔：《后汉书》，中华书局2000年版，第235页。

朝。《三国志·魏书·武帝纪》裴注：“《魏书》曰：（黄巾军）移书太祖曰：‘昔在济南，毁坏神坛，其道乃与中黄太乙同，似若知道，今更迷惑。汉行已尽，黄家当立。’”虽说黄巾军的建议被曹操拒绝，但说明曹操的部分政治主张是与《太平经》相近的，故青州黄巾军失败后能够投降曹操，这也是一个重要原因。曹操收编青州黄巾军后，势力大增，为其统一北方，进而取代汉末政权奠定了重要基础。

据《后汉书·郡国四》记载，汉顺帝时，青州六郡（国）共有户六十三万五千八百八十五，人口三百七十万九千八百零三。经过东汉末年连年的灾荒、瘟疫和战乱，特别是东汉王朝对黄巾起义队伍的大屠杀，青州的人口已远远少于这个数字。在黄巾起义遭到残酷镇压以后，“青、徐黄巾复起”，还能“青州黄巾众百万入兖州”，被曹操战败后，有“降卒三十余万，男女百余万口”，这说明青州六郡绝大部分百姓都加入了复起的黄巾起义队伍。《三国志·魏书·何夔列传》记载：“郡滨山海，黄巾未平……长广县人管承，徒众三千余家，为寇害”，“牟平贼从钱，众亦数千”，“东牟人王营，众三千余家，胁昌阳县（今文登一带）为乱”。长广（今莱阳一带）、牟平（今烟台福山区一带）、东牟（今烟台牟平区一带）都属于东莱郡，汉顺帝时，东莱郡有十三县，共有“户十万四千二百九十七，口四十八万四千三百九十三”，平均每县八千余户，东汉末年经过饥荒战乱已远远少于这个数字，一个县还有“三千余家”参加黄巾军反抗官府，这说明了整个胶东地区几乎都是黄巾起义队伍，也说明了《太平经》在胶东半岛一带有着深厚的民众基础。可以肯定地说，以胶东为主要地区的山东半岛一带是太平道的发源地和其活动的主要区域。

出自胶东半岛琅邪并流传到各地的《太平经》，和依据《太平经》创立的太平道，以及太平道在胶东半岛的盛行，都说明了胶东半岛对中国道教的产生起了很大的推动作用。胶东半岛催生了中国道教文化，是中国道教文化产生的重要源头。这说明，在秦皇、汉武东临胶东祭海求仙的推动之下而发展起来的胶东仙道文化，并未因汉武帝对方士“皆罢斥遣之”，寻求仙人仙药的行动作罢而终止，其影响只是改换了一下形式，融入道教文化，为东汉时期中国道教文化的兴起作好了思想上的准备，以更高的文化形态对中国社会产生着更为深远的影响。

3. 胶东方仙道与航海业和科技文化的发展

曾在全国产生过重大影响的胶东方仙道文化，其影响力随着人类对大自然的认识而逐渐削弱。今天谁也不会相信世上有日、月、阴、阳神主和海上有仙山、仙人、仙药的传说了，但是，胶东方仙道文化所包含的那种锲而不舍、执着探索的精神，超然、浪漫、富有想象力的神仙文化，一直都对中国的传统文化产生着重要影响，对于我们今天探索未知的世界仍然有现实的指导意义。秦汉时期大规模的入海寻仙活动，也推动了胶东半岛造船业、航海业的发展，促进了胶东半岛与朝鲜半岛、日本列岛的文化、经贸交流，其勇于探索的文化特质，也促进了胶东半岛的科技文化进步。

秦汉时期，数以千计的方士队伍下海寻找神山，秦朝徐福更是带领大批人员和船只涉海远渡，首先推动的就是胶东半岛的造船业和航海业的发展。徐福两次大规模的出海远航，每次仅童男童女就各数千人。古代出海，船的动力靠人工摇橹，水手和勤杂人员占到总人数的一半多，远航需要的水手和勤杂人员还会更多。除水手和勤杂人员外，徐福出海远航寻仙，管理和看护的数千童男童女的官员和随从人员也不是小数目，更何况徐福东渡还带着弓弩手等负责安全保卫的士兵，这个数量也不会太少。《史记》里记载徐福两次出海远航的时间间隔了 9 年，说明徐福一行在外航程的时间加上沿途停靠的时间可能要数年。在路上的时间越长，随船带的粮食等补给就越多，补给越多，需要的船只就越多，所需水手和勤杂人员也越多。加上还要装载马匹、车辆、“五谷”及“百工”所需的各种物资工具和必须带给“神仙”的各色各样贵重礼品，这都需要船只及其必需的水手、勤杂人员和看护的士卒。徐福船队出海远航，随船要带着几个月甚至几年的给养，应是一个非常庞大的船队，由此也可见，秦朝胶东半岛的造船业和航海业的发达。

《史记·朝鲜列传》记载，元封二年（前 109）秋，也就是汉武帝第三次到胶东半岛求仙之后，“遣楼船将军杨仆从齐浮渤海，兵五万人”，“楼船将军将齐兵七千人先至王险（今平壤）”。这么多的兵员能够从胶东半岛渡海至朝鲜半岛，没有强大的船队和粮饷等后勤方面的支持是难以完成的。这都说明当时的胶东半岛无论是停泊大规模船队的码头，还是制造、维修船只的作坊，包括航海技术，在当时都应该是堪称一流的。有造船史学专家就指出：“北方的山东半岛和渤海沿岸，早在战国时代即有舟船之盛，是齐国和燕国进行航海活动的基地。秦始皇攻匈奴以及汉代楼船将军杨仆征朝鲜，都曾以山东半岛沿岸为造船和补给基地。”① 秦皇汉武大规模的求仙活动，进一步带动了山东半岛特别是东部胶东半岛的造船业和航海业的发展。

汉武帝多次到山东半岛视察和寻仙，也带动了山东半岛手工业和商业的发展，《史记》就记载，汉武帝“数巡狩海上，乃悉从外国客，大都多人则过之，散财帛以赏赐，厚具以饶给之，以览示汉富厚焉”②。说汉武帝多次到沿海一带巡幸，还带着许多外国人，凡沿途人多的城镇都经过，并向他们炫耀当地的财富，赠送给他

① 席龙飞：《中国造船史》，湖北教育出版社 2000 年版，第 74 页。

② 〔西汉〕司马迁：《史记·大宛列传》，中华书局 2000 年版，第 2406 页。

们丝绸等高档的物品。汉武帝一生多次“巡狩海上”，但主要是到胶东半岛沿海寻仙求药。汉武帝赠送给他们的丝绸也必然出自山东当地，因为汉代的山东半岛就是全国高档丝绸制品的重要生产基地，汉武帝时通西域的丝绸之路上的丝绸也主要来自山东。汉武帝多次到胶东半岛寻仙，促进了山东丝绸的对外交流，必然也刺激了山东半岛的对外贸易。

秦皇汉武多次亲临胶东半岛寻仙，也激起了更多的人探索未知世界的欲望，推动了胶东地区文化、科技的发展，涌现出一批很有影响的文化、科技人才，而这些人的成就也多与仙道文化中的预测术、天象知识有关。

西汉时胶东国即墨人徐万且，就是汉武帝时著名天文学家。《汉书·律历志第一上》记载：“至武帝元封七年，汉兴百二岁矣，大中大夫公孙卿、壶遂、太史令司马迁等言‘历纪坏废，宜改正朔’。”汉昭帝元凤三年（前78），朝廷组织官员对制定的多部新、旧历法进行验证，“即墨徐万且、长安徐禹治《太初历》亦第一”。说汉武帝元封七年（前104），汉武帝接受了公孙卿、壶遂、司马迁等人的建议，改年号为太初元年（前104），并着手修改历法，新的历法名为《太初历》。经过几十年的运行验证，即墨人徐万且、长安人徐禹制定的《太初历》为最好，按今天的话说，最符合日月运行的规律，是最科学的。“公孙卿”就是前面提到的多次陪汉武帝到胶东地区寻仙的齐地方士。徐万且，一个远离京都的胶东即墨人，能够征召到皇帝身边制定新的历法，没有丰富的天文知识是不可能的。另一方面，也极有可能是公孙卿推荐的徐万且，公孙卿多次陪汉武帝到胶东一带祭祀日主、月主等神主，对当地研究日月星辰的杰出人员应该是非常熟悉的。胶东地区是汉代边陲之地，研究天文历法的人才能在全国领先，其主要原因应与先秦时期就开始的对日月星辰的不断探索有关，在不过的摸索实践中，掌握了天体运行的一些规律，从迷信逐步走向了科学。

费直，汉代《易》学六大流派之一《费氏易》的创始者。《汉书·儒林传》记载：“费直字长翁，东莱人也。治《易》为郎，至单父令。长于卦筮，亡章句，徒以《彖》《象》《系辞》十篇文言解说上下经。琅邪王璜平中能传之。璜又传古文《尚书》。”说费直是东莱人。汉代东莱郡治掖县（今莱州）。费直因研究《易》成为朝廷郎官，后来担任了单父县（今山东单县）县令。费直擅长“卦筮”，用易经占卜所得之卦来判断吉凶，但不注重逐字逐句地对《易》作注释。费直解说《易》上下经，唯凭《彖》《象》《系辞》和文言十篇，全系口头相传。《汉书·艺文志》还记载：“唯费氏经与古文同。”说费直所持《易》经本，是古文经传本，肯定了费直所持《易》经本的真实性。费直擅长“卦筮”，用易经来预测吉凶，显然是受到胶东方仙道文化的影响，胶东的许多方士都有猜测事物的活动，只是费直用

《易》经来判断，比那些毫无章法的方士显得更可信，更容易流传。

《后汉书・儒林列传上》也记载："东莱费直传《易》，授琅邪王横，为费氏学"，"陈元、郑众皆传《费氏易》，其后马融亦为其传。融授郑玄，玄作《易注》，荀爽又作《易传》，自是《费氏》兴"。说费直把他对《易》的领悟和认识传给了琅琊的王横，形成了"费氏学"。东汉时，陈元、郑众、马融、郑玄、荀爽等众多经学家也都学习和传承"费氏学"，使"费氏学"兴旺一时。东汉末年，两汉经学的集大成者郑玄还曾"客耕东莱，学徒相随已数百千人"，由此可见"费氏学"在胶东地区的影响。应该说胶东地区方仙道文化是"费氏学"形成的一个主要思想基础，"费氏学"形成后，也提升了胶东地区文化水准，使胶东方仙道文化转换为更高的文化形式得以流传，并影响和丰富了中华传统文化。

胶东方仙道文化中的探索精神一旦与科技发明联系在一起，就会有更多的未知世界被认识。东汉末年，东莱郡出现了一位数学家、天文学家——徐岳，也在探索未知世界中作出了贡献。

徐岳，字公河，东莱郡人，东汉时期著名的数学家、天文学家，撰有《数术记遗》。《晋书・律历志》详细记载了徐岳对汉代著名天文学家刘洪的历法《乾象法》的解读。《晋书・律历志》还记载："吴中书令阚泽受刘洪《乾象法》于东莱徐岳，又加解注。"说三国时期吴国中书令阚泽在吴国推行刘洪的《乾象法》，是从东莱郡徐岳那里学来的。史料还记载："《隋书・经籍志》具列岳及甄鸾所撰《九章算经》《七曜术算》等目，而独无此书之名，至《（新）唐（书）・艺文志》始着于录书中。"①《隋书・经籍志》列出了徐岳及甄鸾所撰的《九章算经》《七曜术算》等书目，但没有徐岳撰写的《数术记遗》这部书，后来《新唐书・艺文志》把这部书收录了。

徐岳在研究天文历法的同时，又撰写出《数术记遗》《算经要用》《九章算经》等具有历史意义的数学著作。《数术记遗》以与刘洪问答的形式，介绍了14种计算方法，在这部书中，徐岳不仅在世界上第一次为珠算定名，而且还设计出珠算盘的样式，为后世珠算的研制和使用提供了重要的历史参考。刘洪是泰山郡蒙阴（今山东蒙阴县）人，徐岳是东莱郡人，秦皇汉武祭祀的与天时有关的月主、日主、阳主、阴主均在东莱郡，泰山郡辖区的泰山又是秦汉帝王祭祀迎接神仙的场所，两地均有着浓郁的方仙道氛围，两人能走到一起，也与探索与天时有关的月主、日主有关，所以说徐岳也应是在胶东地区方仙道文化影响和孕育下成长起来的科学家。

---

① 〔东汉〕徐岳：《数术记遗・提要》，见影印文渊阁《四库全书》第797册，上海古籍出版社1987年版，161页。

《晋书·律历志》还记载："献帝建安元年，郑玄受其法，以为穷幽极微，又加注释焉。"说汉末献帝建安元年（196），郑玄受到刘洪的《乾象法》的影响，并深入探求其中的玄奥，还为《乾象法》作了注释。《后汉书·张曹郑列传》记载："郑玄，字康成，北海高密人也。……家贫，客耕东莱，学徒相随已数百千人。"郑玄是汉末著名的经学大师，曾受到朝中权贵何进、袁绍等人的看重和礼遇。东汉时期的北海国高密在胶莱河上游，同样受着秦汉时期方仙道文化的深刻影响。郑玄对天文知识之专注，应该说也与家乡的方仙道文化传统有着关联。

东汉时，东莱郡还出了一位清廉俭朴、不与民争利的好官刘宠。刘宠，字祖荣，东莱郡牟平县（县治在今烟台福山区城西）人，因"一钱太守"而闻名于世，其事迹载《后汉书·刘宠传》。刘宠历任大鸿胪、司空、司徒、太尉等职，位列三公，但其一生清廉俭朴，《后汉书》奉他为官员楷模，称"（刘）宠前后历宰二郡，累登卿相，而清约省素，家无货积"。刘宠自幼受家乡方仙道文化的影响，对日月星辰等天文现象有着浓厚的兴趣，位列高官后，仍孜孜不倦地进行研究，建宁二年（169），刘宠"以日食策免，归乡里"，因测算日食有误而被免官，回归乡里。徐岳因研究月球的运行规律而成为天文学家、数学家，位列三公的刘宠因预测日食有误而被免官。结局虽不同，但都可见胶东人对天文研究的执着，而这种执着，无不与东莱方仙道文化所产生的对日月星辰的探索活动有联系。虽然刘宠因测算日食失误而被免官，但官居高位的刘宠，敢于冒着丢官的风险，研究天文知识，预测日食，没有为科学献身的精神是做不出来的。刘宠不仅是一个被世人称颂的清官，也是一个执着于天文研究的专家，虽然测算日食失误，但对他这种不怕失败的追求科学的探求精神，应该和"一钱太守"的盛名一样去褒扬，去歌颂。

东汉桓帝时，另一位出自胶东地区的爱戴百姓的好官公沙穆也是一位通晓天文知识的学者。《后汉书·方术列传》记载："公沙穆字文乂，北海胶东人也。……尤锐思《河》《洛》推步之术。""迁弘农令。县界有螟虫食稼，百姓惶惧。穆乃设坛谢曰：'百姓有过，罪穆之由，请以身祷。'于是暴雨，不终日，既雾而螟虫自销，百姓称曰神明。永寿元年，霖雨大水，三辅以东莫不湮没。穆明晓占候，乃豫告令百姓徙居高地，故弘农人独得免害。迁辽东属国都尉，善得吏人欢心。年六十六，卒官。""锐思"，用心专一。"《河》"，指《河图》，传说中伏羲通过龙马身上的图案画出的"八卦"，而龙马身上的图案就叫做"河图"。"《洛》"，指《洛书》，古称龟书，传说有神龟出于洛水，其甲壳上有此图象。传说研究古代天文学的八卦、《易经》均源于《河图》《洛书》。"推步"，推算天象历法。古人谓日月转运于天，犹如人之行步，可推算而知。唐代李贤注："推步谓究日月五星之度，昏旦节气之差。""三辅"，指京畿地区。

以上记载说，公沙穆是东汉时期北海国胶东侯国（今平度市）人，专心研究推算天象历法。他调任弘农（故址在今天河南三门峡市灵宝市东北）县令时，境内正遭虫灾，吞食庄稼，百姓恐慌，公沙穆为百姓祈祷，结果天降暴雨，天晴后，虫灾自销。汉桓帝永寿元年（155），豫西一带连降暴雨，洪水为害，由于公沙穆通晓气象水文之学，预先组织百姓迁移到高地躲避，使弘农的百姓免受洪水吞没。弘农的百姓都将公沙穆奉若神明。后来，公沙穆升任东北边疆重地辽东属国的都尉，公沙穆在任治理得法，受到吏民拥戴，六十六岁时卒于任所。公沙穆调任弘农时，之所以能预测到天将降暴雨，是他多年来潜心研究天文知识的结果。有的史料称公沙穆擅长“谶纬之学”，即两汉时期流行的以阴阳五行学说和董仲舒“天人感应论”为依据的预测之学，而阴阳五行学说和董仲舒“天人感应论”也都与胶东方仙道文化有相通之处。胶东籍的官员擅长“谶纬之学”，潜心对天文知识的研究，也正是受了家乡传统文化方仙道的影响。

第二节　胶东地区的多元文化与全真道的兴盛

金元时期，胶东半岛道、释、儒和谐并存的多元文化是全真道兴起的主要原因。全真道虽由王重阳发轫于关中，但关中地区并没有适宜全真道生长的土壤，胶东半岛才是全真道真正的发祥地，全真道在胶东快速兴起，并由胶东走向全国；胶东地区诞生并滋养了全真道的领袖群体——全真七子，是全真七子带来了全真道在全国的兴盛；道、释、儒和谐并存的全真文化对金元时期保护和传承中华优秀文化也起到了重要作用。

一、胶东地区的多元文化与全真道的兴起

王重阳在自己的家乡陕西终南山一带创立了道、释、儒三教合一的全真道，但在当地传教时很少得到响应，王重阳用尽了各种办法，传教七八年，道徒也只有几人。无奈之下，王重阳来到人生地不熟的胶东半岛，却道门大开，道众上万人，还有了全真道的基层组织“三教五会”。其原因就是胶东地区开放包容的多元文化给道、释、儒三教合一的全真道提供了发展的空间。

1. 王重阳家乡传教受挫

王重阳，生于宋徽宗政和二年（1112）十二月二十二日，卒于金世宗大定十年（1170）正月十一日，享年58岁。金代密国公金源玮撰《终南山神仙重阳真人全真教祖碑》记载：

重阳子王真人也，其教名之曰全真。……先生名喆，字知明，应现于咸阳大魏村。……先生美须髯，大目，身长六尺余寸，气豪言辩，以此得众。家业丰厚，以粟贷贫人，惠之者半，其济物之心略可见矣。弱冠，修进士举业，籍京兆府学，又善武略……应武举。①

王重阳名王喆，陕西咸阳大魏村人，不仅人长得帅气，有很漂亮的胡须，大眼睛，身高六尺多，而且性格豪爽，能言善辩，在当地很有威信。王重阳家境富裕，心地慈善，经常救济周围的穷人，村里有一半的人得到了他的资助，在当地百姓中有很高的威望。王重阳还文武全才，是府学报送考进士的诸生，后因战乱，为保家卫国考中武举，为金朝武官。

《终南山神仙重阳真人全真教祖碑》还提到，伪齐治陕时，陕西一带屡闹饥荒，百姓为了生存，联合起来抢劫富户，王重阳家也未幸免，被抢劫“家财一空”，他的父亲告到了官府，官衙不仅查抄了参与抢劫的“三百余户”人家，追回了被抢的财物，“其所亡金币，颇复得焉”，而且“获贼之渠魁”，抓获了组织、带领抢劫的头目，在官衙准备严惩抢劫人员时，王重阳却出面说情，说这些参与抢劫的人都是因饥荒所迫，“此乃乡党饥荒，譬如乞诸其邻者，亦非真盗也，安忍陷于死地?”由于王重阳出面说情，官衙没再追究抢劫者的过错，把参与抢劫的人都放了。“里人以此敬仰先生愈甚。咸阳醴泉二邑，赖真人得安”，说家乡一带的人更加敬仰王重阳，因为有了王重阳，才使得他们的生活得以安定。

《终南山神仙重阳真人全真教祖碑》还记载，王重阳因在官场不得志，于金海陵王正隆四年（1159）夏，受到两位真人指点，在终南山一带开始修道。王重阳常高歌“昔日庞居士，如今王害风”。王重阳以中唐时期的庞居士自居，并把自己称为“王害风”。害风，便是疯子，从此人们都以“害风”称王重阳。第二年，王重阳便“弃妻子，携幼女送姻家”，休了自己的妻子，把幼小的女儿送到了娃娃亲的亲家，“别号重阳子，于南时村作穴室居之，名曰‘活死人墓’。后迁居刘蒋村北，寓水中坻”。王重阳在南时村时，挖了一个深坑住在里边，自称“活死人墓”。后来，王重阳又迁居到刘蒋村村北的湖中小洲上居住。王重阳在终南山传道期间，“乡人唯以害风谑，而未始询其意”，家乡的人除对王重阳以“害风”戏谑外，对其所传教义多不理解。

一个能言善辩、能文能武、在家乡有着崇高威望和很大影响的人，传道却受到了很大的阻力，几乎得不到响应。《终南山重阳祖师仙迹记》也提到，王重阳在南时村时，“掘地为隧，封高数尺，榜曰活死人墓，又于四隅各植海棠一株，曰：‘吾

① 陈垣编纂，陈智超、曾庆瑛校补：《道家金石略》，文物出版社 1988 年版，第 450 页。

将使四海教风为一家耳。’居三年”[①]。一个富家子弟，能够抛弃富裕的家庭生活，离家在地穴里修道3年，不谓心不诚；胸怀“使四海教风为一家”的宏大目标，不谓志不大。后来，王重阳离开“活死人墓”，迁到了终南山刘蒋村，“与和、李二真人为友，各结茅居之”。王重阳在刘蒋村结交了和德瑾、李灵阳两位道友，在湖中小洲修筑了简陋的小茅庵，一边修行，一边传道。但王重阳在陕西终南山一带修行、传道期间，他的新教在当地几乎没什么影响。

为什么乡人对王重阳所传教义多不理解，没什么反响呢？原来，王重阳所传的是道教新教，道、释、儒三教合一是他新教的立教宗旨及突出的特点。王重阳曾在他传教的诗词中多次阐明了新教三教合一的精神，如《答战公问先释厚道》：“释道从来是一家，两般形貌理无差。”《孙公问三教》：“儒门释户道相通，三教从来一祖风。”《示学道人》：“心中端正莫生邪，三教搜来做一家。”[②] 从这些传教的诗句中可以看出，王重阳反复强调的新教，其实质就是道、释、儒三教合一。王重阳认为“儒门释户道相通”，“释道从来是一家”，所以，他要“三教搜来做一家”。

可为什么陕西终南山一带难以接受三教合一的新教呢？著名哲学家、宗教学家牟钟鉴认为，这是“由于当地教派老化，思想保守，道徒不容易接受新生事物。终南山一带为道教楼观派重镇，隋唐时期繁荣昌盛。北宋至金，教规教制日益严密，而教义了无革新；且一派独大，缺少教内思想新旧激励和比较，不利于新教派的发展”[③]。陕西终南山一带的道教教派不愿接受新的思想，当地又缺乏开放、多元的文化传统，故而对三教合一的新教不易接受。尽管王重阳在当地有着很高的威望，又“气豪言辩”，讲话有煽动力，却是英雄无用武之地，乡人仍“未始询其意”，并不认同他的说教，其传教的结果与王重阳的能力和在当地的威望很不相称。在家乡传教受挫的情况下，王重阳只好离开家乡另寻出路。

《终南山神仙重阳真人全真教祖碑》还记载：金世宗大定七年（1167）四月，王重阳“忽自焚其庵，村民惊救，见真人狂舞于火边……凌晨东迈过关，携铁罐一枚，随路乞化，而言曰：‘我东方有缘尔。’七月，至山东宁海州”。王重阳烧毁了自己的茅草屋，一路乞化来到了胶东半岛东部的宁海州，金代宁海州由登州分置，其州治在今烟台牟平城区。《金史·地理志》记载：“宁海州，刺史。……户六万一千九百三十三，县二、镇二。”宁海州领牟平（含汤泉镇，境内有东牟山、之罘山、清阳水）、文登（含温水镇，境内有文登山、成山、昌阳山）二县。王重阳在

① 〔金〕王重阳著，白如祥辑校：《王重阳集》，齐鲁书社2005年版，第327页。

② 〔金〕王重阳著，白如祥辑校：《王重阳集》，齐鲁书社2005年版，第4～16页。

③ 牟钟鉴等：《全真七子与齐鲁文化》，齐鲁书社2005年版，第8页。

宁海州管辖的昆嵛山一带开始了他的传道生涯，谱写了他一生中最辉煌的篇章。

2. 王重阳在胶东建“三教五会”

王重阳为什么会选择到胶东半岛传播他的新教？金代著名道人秦志安撰写的《重阳王真人》一文提到，王重阳在终南山一带传教时，曾有真人对王重阳说：“速往东海，丘、刘、谭中有一骏马，可以擒之。”① 真人暗示王重阳，你到东方传教可以得到“四哲”，帮你完成传播新教的大业。宋、金时期，胶东半岛东部海面称东海，丘、刘、谭指的是全真七子中的丘处机、刘处玄、谭处端，“骏马”指马钰，也就是全真七子中的“四哲”。秦志安系宋德方弟子，宋德方系全真七子之一的刘处玄的弟子，后又师从全真七子之一的王处一和丘处机，是随丘处机西行觐见成吉思汗的十八弟子之一。全真后学这样解释王重阳东来胶东的原因，无非是为王重阳披上一层神秘的面纱，说王重阳到胶东传道是受了真人点化，是神的旨意。这一神化王重阳的做法，反而低估了王重阳的能力和智慧。王重阳是饱学之士，“弱冠修进士举业”，出家传道后，也必定了解胶东半岛深厚的道教文化传统和多元文化共存的文化氛围。在家乡传教困难重重的窘境下，知识渊博的王重阳便把目光投向了胶东半岛，胶东地区开放、包容的文化氛围，必定会容纳他的新教。这并非是受真人点化或神的旨意，而是王重阳自己的正确抉择，王重阳东来胶东传教的实践也证实了他的选择是多么的英明。

金大定七年（1167）七月，王重阳来到胶东半岛后，在宁海州城区马钰家传道并得到了马钰的支持。元代赵道一撰写的《马钰》里提到：马钰，宁海州城里人，原名马从义，字宜甫，出身豪门显族，系汉伏波将军马援之后，五代时，祖上因兵乱迁宁海。马钰的祖父、父亲均“以孝义称”，因“至孝”在当地口碑很好，马钰家为当地富户，“家饶于财，号‘马半州’”。马钰以“儒书刀笔之能，选充本州吏权，总六曹（六曹为州、县地方官吏之通称），德服众望”②。马钰在地方衙门任职，在当地有很高的威望。马钰“立庵于南园”，在自家南园为王重阳建一道庵，王重阳“名之曰‘全真’”，即“全真庵”，全真道由此得名。马钰的资助和支持，不仅使王重阳在人生地不熟的胶东地区有了第一个坚实的传教场所，而且由于得到声望和社会地位都首屈一指的马钰的资助和支持，不仅影响到其他富户群体对王重阳及其新教的崇拜，也无形中在广大百姓中对王重阳及其新教做了最有力的宣传。

据《终南山神仙重阳真人全真教祖碑》记载，金世宗大定八年（1168）八月，王重阳带领弟子们“迁居文登姜氏庵”，在宁海州文登县（今文登市）传播全真

① 〔金〕王重阳著，白如祥辑校：《王重阳集》，齐鲁书社2005年版，第333页。

② 〔金〕马钰著，赵卫东辑校：《马钰集》，齐鲁书社2005年版，第348页。

道，并在文登县建立了“三教七宝会”①。王重阳之所以首选文登县，是因为文登县也地处昆嵛山一带，昆嵛山的主峰泰礴顶就在今文登市境内，昆嵛山自古以来就仙风弥漫，是道家和佛教的胜地，这一点我们在下面会专门提到。文登县又属宁海州管辖，王重阳修道昆嵛山及宁海州名人马钰等加入全真道，必然会给昆嵛山区域带来很大影响，这也是王重阳之所以首选文登县，在文登县建立胶东第一个全真道基层组织的主要原因。

金世宗大定九年（1169）四月，宁海州富户周伯通邀请王重阳回到宁海州州府所在地牟平，并住进了周伯通为其准备的住所——金莲堂。在周伯通等人的支持下，当年八月，在宁海城金莲堂建立了“三教金莲会”。当代著名作家金庸在《射雕英雄传》及《神雕侠侣》中，把周伯通描写为王重阳的师弟、全真七子的师叔，外号老顽童。

不久，王重阳一行又到了登州福山县（今烟台市福山区），九月，在福山县建立了“三教三光会”。北宋时，无福山县建制，金代福山县地在北宋时大部分属登州牟平县，包括今烟台芝罘区芝罘岛。金代福山县虽属登州，但由于曾属牟平县，故两地联系紧密，王重阳在牟平传教的成果，必然影响到与牟平相邻的福山县，所以，建立的第三个三教会便选择了福山。

福山县建立了三教三光会之后，王重阳随即又来到了与福山相邻的蓬莱县（今蓬莱市），在著名景区蓬莱阁讲经布道，信众为之痴迷，王重阳乘机在蓬莱县建立了“三教玉华会”。蓬莱县乃登州府所在地，不仅是唐代以来胶东地区东部的政治、经济、文化中心，也是与东亚诸国往来的重要通道和海外贸易基地，其政治地位和影响力远远大于登州。

当年十月，王重阳又到了莱州府所在地掖县（今莱州市），在掖县宣传他的全真道，“莱人从之者众”②，同样获得了广泛的响应和支持。王重阳随即“在莱州立平等会，自是远近风动，与会者千余人”③，又在掖县建立了“三教平等会”。我们在前面介绍过，掖县自古以来就是胶东地区的重镇，其历史地位大于登州，王重阳在莱州所在地掖县建“三教平等会”，其影响力将传播到莱州府所辖的其他州、县。

至此，在一年左右的时间里，王重阳先后在胶东半岛的登、莱、宁海三州建立了五个全真道的下层民间组织，三教七宝会、三教金莲会、三教三光会、三教玉华会、三教平等会，即“三州五会”，也称“三教五会”。参加“三州五会”的道众

① 〔金〕王重阳著，白如祥辑校：《王重阳集》，齐鲁书社2005年版，第323页。
② 〔金〕王重阳著，白如祥辑校：《王重阳集》，齐鲁书社2005年版，第324页。
③ 〔金〕王重阳著，白如祥辑校：《王重阳集》，齐鲁书社2005年版，第344页。

应达上万人。王重阳来胶东之前，曾有真人指点，说东方不仅有“七朵金莲结子”，而且“将有万朵玉莲芳矣”①，暗示王重阳的胶东之行，不仅会得到全真七子，还会得到上万的全真道信徒。既然“七朵金莲结子”，被后来王重阳收取的徒弟“全真七子”所证实，那么，“万朵玉莲”，也说明了王重阳在胶东三州吸收了上万名全真道的信徒。莱州在胶东三州中，是离昆嵛山最远的一个州，全真道在当时的影响，是以昆嵛山为中心向四周辐射的，莱州平等会“与会者千余人”，尚有“千余人”加入全真道，说明了其他四会的信徒更多，所以说，“万朵玉莲”，胶东三州有上万人加入了全真道组织应该是具体所指的。

“三教五会”的建立，标志着全真道结束了以零散道人为主要教众的阶段，开始进入了有会首、有一定规模的道教组织、并日益显示出自己的教义特点和社会影响的发展时期。卿希泰先生主编的《中国道教史》一书这样评价：“一年之间，在山东半岛沿海一带，便建立起了五个全真教的会社，这对内丹派道教来说，是空前的创举。”② 更重要的是，王重阳在胶东这片土地上收取并培养了七位弟子，即全真七子，为全真道在全国的兴盛准备好了领袖人才。

3. 全真道在胶东兴起的原因

王重阳在胶东地区传教的收获与昔日在自己的家乡陕西传教的尴尬局面形成了鲜明的对照。为什么王重阳的新教能在胶东半岛打开局面，受到了那么多百姓的拥戴呢？这其中的主要原因是王重阳所传的新道教与胶东地区深厚的道教文化传统和多元文化共存的文化氛围非常吻合，王重阳的新教即全真道，在胶东地区有它生存和发展的肥沃土壤。

我们在前面已经提到，胶东半岛有着深厚的道教文化传统，先秦时期盛行的追求长生不老的方仙道和庞大的方士队伍是中国道教文化的重要源头。胶东半岛腹地的昆嵛山，峰峭叠翠，松涛云海，怪石嶙峋，云雾飘渺，更是仙风弥漫，自古以来就是道教圣地。《金玉虚观碑记》记载：“东牟之昆嵛，昔麻姑洞天也。诸山绵亘相属，秀异峭拔，为东方冠。……盖天地英灵自然之气，独钟于此，故世多神仙异人焉。”③ 麻姑是道教尊崇的女仙，活跃于东汉时期。说“余趾犹存”，主要指昆嵛山保留有唐宋时期的“麻姑梳妆阁碑”。胶东半岛在南北朝时期，由于当时的光州刺史郑道昭大有“爱仙乐道之风”④，政务之余，游览云峰山、大基山，设坛祭仙，寄情山林，谈经论道，吟诗作文，与道士谈玄、论道、解易成了郑道昭生活中的一

① 〔金〕王重阳著，白如祥辑校：《王重阳集》，齐鲁书社 2005 年版，第 332 页。
② 卿希泰主编：《中国道教史》（修订本）第三卷，四川人民出版社 1996 年版，第 36 页。
③ 张玉强主编：《中国道教名山昆嵛山》，宗教文化出版社 2005 年版，第 137 页。
④ 陈垣编纂，陈智超、曾庆瑛校补：《道家金石略》，文物出版社 1988 年版，第 37 页。

项重要内容。郑道昭出任光州刺史期间，为当地老百姓做了许多事情，表现出色，史书对他在任刺史期间的评价："政务宽厚，不任威刑，为吏民所爱。"① 当时的光州治所今莱州，管辖整个胶东半岛，"为吏民所爱"的地方最高行政长官"爱仙乐道"，进一步推动了道教文化在胶东半岛的普及和传播。

到了宋代，胶东地区的道教文化氛围仍然非常浓厚，元代《齐乘》记载："昆嵛山……宋政和六年（1116）封仙姑虚妙真人，重和元年（1118）赐号显异观。"② 宋代皇帝对昆嵛山道观及麻姑的敕封，不仅提升了昆嵛山道观的地位，也必然加大宋金时期昆嵛山道观对外界的影响。金代，王重阳来昆嵛山之前，昆嵛山的道教影响也盛名在外。据清同治重修的《宁海州志・外书》记载，金正隆年间（1156—1161），在昆嵛山修炼的女道士唐四仙姑"修炼精专，深造玄玄之妙"，人们"大加敬奉，遂以仙姑称之"。家在栖霞县的丘处机"闻姤之名，特来师问修行之要。姑曰：'汝毋吾问，异人从西不久而至，乃汝师也。'且道其状貌"。唐四仙姑说的这个异人就是王重阳。这段记载可以说明二点，第一，王重阳来昆嵛山传道之前，昆嵛山一带的道教是非常兴盛的，像唐四仙姑这样的女道士已经名声在外了。元代《寓真资化顺道真人唐四仙姑祠堂碑》也记载："仙姑亦牟平人，金正隆间，修真于昆嵛山中，结庵独居，后仙蜕于烟霞之清风岭，葬焉。"③ 金正隆间，系1156—1161年，而王重阳是1167年才来到昆嵛山脚下的宁海州牟平县的，全真道著名领袖丘处机拜王重阳为师之前，已从栖霞老家来到昆嵛山，拜昆嵛山著名的道姑唐四仙姑为师了。第二，是唐四仙姑让自己的弟子丘处机拜后来的王重阳为师的。《宁海州志・外书》的记载虽然带有几分迷信色彩，但这记载也是来自元代的《寓真资化顺道真人唐四仙姑祠堂碑》，至少说明丘处机先拜唐四仙姑为师是真实的。

王重阳的全真道，虽说融入了佛教、儒教的成分，但其根基是道教，所以王重阳首先要选择有浓郁道教氛围之地作为自己传教的根据地，从以上介绍就很明白王重阳为什么会风尘仆仆来到昆嵛山一带了。但仅此是不够的，只有深厚的道教根底，如果排斥佛教和儒教，王重阳就会重遭在家乡传教的窘境。胶东地区，包括昆嵛山一带，佛教和儒教同样兴盛，同样有着很深的文化渊源。

胶东地区佛教同样在很早就得以流传，至晚在南北朝时，胶东的许多地方就建起了佛寺。唐代，胶东佛教有了更大的发展，登州开元寺，不仅是登州最大的寺庙，而且自唐代开元年间落成以来，一直都是接待东亚诸国客人往来的重要场所，

① 〔北齐〕魏收：《魏书》，中华书局2000年版，第836页。

② 〔元〕于钦：《齐乘》，见影印文渊阁《四库全书》第491册，上海古籍出版社1987年版，第698页。

③ 刘学雷：《宗教历史考》，齐鲁书社2010年版，第55页。

唐代的日本使臣、新罗使臣、渤海国使臣等，包括明代的朝鲜使者都多次留宿登州开元寺，享誉中外。昆嵛山无染寺，在唐代同样有很高的声誉。据唐代《无染院碑记》记载，无染寺“近则齐鲁之台相知仰，远乃吴越之公侯顺崇”①。说昆嵛山无染寺在当时名气很大，香火极盛，不仅在齐鲁之地有很高的声望，连远在吴越之地的公侯也闻名而来。当时向无染禅院捐献香火的人很多，除了宁海州、登州的当地官员、富户外，两浙定乱安国功臣、镇海镇东两军节度使、检校太师兼中书令彭城郡王钱镠，浙西镇海军节度随使押衙、检校国子祭酒兼御史中丞陈言，浙江东道东西都指挥使、检校尚书右仆射、守明州刺史兼御史大夫黄晟，浙江东道东西都指挥副使、检校尚书守□州刺史兼御史大夫钟宥等一批江浙地区地方要员也捐了款。钱镠不仅是地方大员、权倾一方的地方诸侯，而且是身兼唐王朝中央政府要职的重要官员，钱镠后来成为五代时期的吴越王。当时向无染禅院捐资的甚至还有朝鲜半岛的新罗商人，如商人金清也“竞舍珍财，同修真像”。由此可见唐代昆嵛山无染寺在当时的地位和影响。无论是登州开元寺，还是昆嵛山无染寺，它们的影响不仅当时就扩展到了胶东地区之外，即使在后来的宋金时期仍然保持着很大的知名度，远在终南山的王重阳也必定知晓胶东地区浓厚佛教的氛围。

昆嵛山除唐代无染寺外，五代至宋代初期，昆嵛山一带还有许多知名寺院。如北宋时登州牟平县东牟乡巫山保的寿圣院（今乳山市黄山后麓寿圣院），其中的《敕赐寿圣黄山院之碑》有这样的记载：“邻由龙三洞，兴云可覆天，顺时甘雨泽，稼穑并常年，必是龙神护，方可得如然。侧近神女峰，号曰执炉山，多应蓬岛客，必是洞中仙，或即麻姑现，留名远代传。”② 寿圣黄山院是佛教寺院，宋神宗熙宁元年（1068）的《敕赐寿圣黄山院之碑》碑文，不仅宣传了佛教的教义，也赞颂了道教的神龙和昆嵛山一带广为流传的道教所尊崇的神仙麻姑。一座宋代皇帝敕赐的佛教寺院的石碑大力推崇道教尊崇的神龙和麻姑，再次说明了昆嵛山一带不仅浸润了深厚的佛教传统，而且佛教与道教可以和谐共存，这都为王重阳的全真道在昆嵛山一带的兴起奠定了基础。

明嘉靖年间刊印的《宁海州志·地理第一·寺观》记载了遍布昆嵛山一带的几十座寺院，并提到：“何宁海寺观若是多哉？考其建置，皆出前代。”说明了《宁海州志》记载的昆嵛山一带的寺院应是明代之前就有的，这么多的佛教寺院遍布在昆嵛山及其周围，无论是建在王重阳来胶东之前，还是之后，都说明了佛教文化在金元时期的昆嵛山一带有着广泛的影响，都为道、释、儒三教合一的全真道在胶东

① 张玉强主编：《中国道教名山昆嵛山》，宗教文化出版社2005年版，第132页。

② 张玉强主编：《中国道教名山昆嵛山》，宗教文化出版社2005年版，第136～137页。

地区的发展提供了空间。王重阳到胶东地区传播他的新教，除看到了胶东地区深厚的道教文化传统外，佛教的兴盛也是他来胶东的重要原因之一。

胶东地区深厚的儒学传统也是吸引王重阳来到胶东半岛的原因之一。胶东地区在汉代就涌现了一批儒学大师，如《后汉书·伏侯宋蔡冯赵牟韦列传》中提到的伏湛、《后汉书·张曹郑列传》中提到的郑玄，都是东汉时期著名的儒学大师，他们在胶东地区的影响，也推动了胶东地区儒学的传播，使胶东地区根植了深厚的儒学传统。《宋史·地理志一》记载，登州、莱州一带的民风是“其俗重礼义，勤耕纴”，“东人皆朴鲁纯直，甚者失之滞固，然专经之士为多”。说当地民俗注重礼义，百姓勤于耕织，大多数人都朴实厚道、直爽纯拙，有的甚至过于固执，但学习、钻研儒家经典的读书人很多，这也说明了当时的胶东地区同样有着深厚的儒学传统。

明嘉靖《宁海州志·官守第五》还提到：唐玄宗开元二十七年（739），“追封孔子弟子公良孺为东牟伯”，“宋，追封孔子弟子公良孺为牟平侯”。“东牟”指东牟郡。唐代天宝元年（742）改登州为东牟郡，以牟平为治所。唐宋时期，朝廷把孔子弟子封在牟平，无疑推动了儒家学说在胶东地区特别是在牟平一带的传播。清《山东通志·选举志》记载，宋朝靖康以前朝廷在牟平辟召的“理学名儒”有十多位，有这么多的“理学名儒”被朝廷辟召，可见儒学在牟平一带的影响和深厚的根基。《宁海州志·官守第五》还提到，宋朝靖康以前宁海州被朝廷辟召的“理学名儒”，还出了好几位国子祭酒。如检校国子祭酒兼御史中丞于延绍、国子祭酒兼御史大夫周延嗣、国子祭酒兼御史中丞于延袭等。国子祭酒是中央官学——国子监的最高行政长官，国子祭酒主要职责是传授儒家学说。宁海州能出好几位宋朝时期的国子祭酒，说明了这一时期胶东地区的儒家教育在全国已产生了很大的影响，同时，这些朝廷掌管儒学教育的最高长官——国子祭酒，又对家乡的儒家教育产生进一步的推动作用，使宋金时期胶东地区的儒家文化影响更大更深入。《山东通志·选举志》记载，宋代靖康以前通过朝廷“制科”考试的牟平人有22位，不仅是山东区域内通过人数最多的县，而且其他县与之相比，差距很大（山东区域内多数的县只有三五个人通过，不少的县只有一两个人而已），这都说明了北宋时期昆嵛山一带儒学教育普及程度及丰硕的教育成果。胶东地区儒家教育的这样一些情况，饱读经书，“弱冠修进士举业”的王重阳也都是应该知晓的。

通过以上分析，我们就很清楚地找到了答案。王重阳创立的新教之所以能在胶东兴起，就是因为他的道、释、儒三教合一的新教与胶东地区深厚悠久的道教文化传统和道、释、儒和谐并存，多元文化包容的区域氛围非常吻合。加之胶东地区物产丰富，教育发达，交通便利，也为王重阳创立的新教的快速传播提供了条件，所以王重阳能够在近一年的时间里，迅速地建起了三教五会，并拥有了那么多的道众。

二、胶东文化与全真七子

全真七子系王重阳在胶东地区收取的七位弟子，是王重阳去世后的全真道领袖人物。胶东地区不仅有适宜于全真道生存和发展的土壤，更重要的是这片土地诞生了以全真七子为代表的全真道领袖人物。道、释、儒和谐并存的胶东文化哺育了全真七子的成长，胶东文化与全真道的融合也为全真七子锤炼为全真道的领袖奠定了思想基础。胶东地区诞生和成长起来的全真道领袖，为全真道在全国的兴盛起到了决定性的作用。

1. 胶东文化滋养全真七子成长

从全真七子的家庭背景和所接受的教育情况看，全真七子都不同程度地受到了儒家传统文化的熏陶，同时也受到了胶东地区方仙道文化的影响，这样的教育背景和文化氛围，使得他们能够较快地信奉全真道，并拜王重阳为师。

王重阳去世之后，第一个接过王重阳掌教职位的是马钰，虽然马钰不是王重阳所收的第一个正式弟子（马钰是全真七子中第三个拜王重阳为师的），但王重阳生前最为赏识和倚重的当属马钰。我们在前面提到，王重阳来到胶东后，也是依靠马钰打开了全真道在胶东兴起的局面。家庭极为富有，号称“马半州”，又是地方官吏，有一定身份和地位的马钰之所以加入全真道，除了王重阳费尽心机的劝道外，也与马钰原有的思想基础有很大关系。

元代赵道一撰写的《马钰》记载：

> 师初名从义，字宜甫，一名钰……祖（父）觉，字莘叟，至孝，通五经。父师杨，字希贤，仪观秀伟，沉静有度量，以孝义称。……师在儿时，常诵乘云驾鹤之语。及长，为儒而不乐进取。父爱其才，俾掌库物，好周济而无私心，由是得轻财好施名。①

由以上记载可以看出，马钰出生于儒学之家，且孝义传家。马钰年幼时就对道教神仙文化有着浓厚的兴趣，少年时虽饱受儒家教育，而且很有才气，但无意科举功名。其父因其有能力而让他掌管家里的库房、财物。马钰毫无私心，并慈善好施，在乡亲中有着极好的口碑。我们在前面还提到，马钰以“儒书刀笔之能，选充本州吏权，总六曹（六曹为州、县地方官吏之通称），德服众望”②。马钰在地方衙

---

① 〔金〕马钰著，赵卫东辑校：《马钰集》，齐鲁书社 2005 年版，第 333 ~ 334 页。

② 〔金〕马钰著，赵卫东辑校：《马钰集》，齐鲁书社 2005 年版，第 348 页。

门任职，在当地有很高的威望。正是因为马钰出生于这样一个家庭，有了这样一个思想基础，所以当素不相识的王重阳来宁海传教时，“坐间谈论，尤与师合，师邀归私第而师之”①。王重阳所传的新教，与马钰的信念不谋而合，一下就说到马钰的心坎里了。马钰就将王重阳邀请到自己家中，听他谈经论道，并像待老师一样侍奉他。

马钰家财万贯，是在社会上很有身份和地位的人，虽然与王重阳一见如故，称兄道弟，视为好友，并对王重阳很崇拜，对王重阳的传道也给了很多支持和资助，但他起初并没有出家修道的意思。“祖师（指王重阳）必欲挽师（指马钰）西游，师以家事所系，未易猛弃。”② 王重阳希望马钰加入他的团队，和他一起来传播他的新教，但马钰以家事为由回绝了。可王重阳心里很清楚，要使他的新教在胶东地区得到更多的支持，有更大的影响，必须把马钰这样有地位有影响的人拉进来才能真正在胶东站稳脚跟，并开创出一番新的天地，所以，王重阳用尽了心机，下足了功夫，用分梨十化、百日坐环与托梦显异等手段，百般劝诱，终于说服了马钰。金世宗大定八年（1168）二月初八日，马钰正式拜王重阳为师，时年四十六岁。王重阳为他训名钰（马钰原名马从义），字玄宝，道号丹阳子，又赐小字山侗。从此，马钰“弃金帛如弊屣，视妻子如路人”③，抛弃富裕的家庭生活，别妻离子，跟随王重阳开始了修道传道的生涯。王重阳和马钰有了师徒关系，但王重阳仍视马钰为兄弟，由此可见王重阳对马钰的尊重和信任。

虽说王重阳为动员马钰加入全真道而下足了功夫，用尽了心机，但如果没有马钰自幼所受的儒学和道家教育，没有乐善好施的佛教根基，任凭王重阳用什么手段，家庭富有的马钰也不会抛弃富贵跟着王重阳在山洞里孤灯长伴，打坐诵经。马钰无论是幼年所受的“通五经”“以孝义称”的家庭熏陶，还是儿时“常诵乘云驾鹤之语”的爱仙乐道举动，及成人后“为儒而不乐进取”“好周济而无私心”的人生追求，都与全真道所宣传的三教合一的教义非常合拍。所以，马钰和王重阳第一次“席间谈道，多与师合”④，二人的第一次交谈，对新道教的认识观点就很一致，这才是马钰加入全真道的重要原因。

马钰去世之后，接替马钰担任全真道掌教职位的是宁海州牟平人谭处端。谭处端是全真七子中第二个拜王重阳为师的。

金代密国公金源琦撰《长真子谭真人仙迹碑铭》记载：

---

① 〔金〕马钰著，赵卫东辑校：《马钰集》，齐鲁书社2005年版，第335页。
② 〔金〕马钰著，赵卫东辑校：《马钰集》，齐鲁书社2005年版，第335页。
③ 〔金〕王重阳著，白如祥辑校：《王重阳集》，齐鲁书社2005年版，第215页。
④ 〔金〕马钰著，赵卫东辑校：《马钰集》，齐鲁书社2005年版，第319页。

长真子谭公真人也……山东宁海州人。其父即镠镣之工，于权衡出纳之间，无非平实。辍己生资，以济贫窘，积善累行，备馀庆而生先生。……（谭处端）至十有五龄而志于学，咏物警策，其《葡萄篇》已脍炙人口。及弱冠，乃尊以玉名之，涉猎诗书，工诸草隶。①

金代秦志安撰写《长真谭真人》也记载：“（谭处端）世居宁海。为人慷慨，识度不凡，孝义传家，甚为乡里所重。”②

谭处端拜王重阳为师的起因，《长真子谭真人仙迹碑铭》记载，谭处端“一朝因醉遇雪，卧于途中，即感风痹之疾”，金世宗大定七年（1167）冬，谭处端听闻马钰家里来了一位真人（指王重阳）后，便登门求医，“真人遂展足令抱之，少顷汗流被体，如置身饮甑中。拂晓，真人以盥洗余水使公涤面。从涤之月余，宿疾顿愈，于是公推心敬而事之。……公拜祷真人，求道之日用。真人以四字秘诀授之，遂立今之名字焉，又道号长真子”③。说谭处端因久治不愈，被精通医术的王重阳为其治好了病，所以才拜王重阳为师。这样的原因是可能的，但还有另一个更重要的原因，就是王重阳道、释、儒三教合一的新教理念与谭处端的成长环境和平生所学非常合拍，金代秦志安撰写《长真谭真人》中就提到，王重阳见到谭处端后，“大悦，以为仙缘所契，乃召之同衾而寝，谈话亲密，过于故交”④。王重阳和谭处端二人同床而眠，整夜交谈，亲密得就像老朋友一样。所以，谭处端和王重阳二人思想理念的高度一致，才是他们走到一起的主要原因。金世宗大定七年（1167）冬，谭处端拜王重阳为师，号长真子，时年45岁，被王重阳视为侄子。在当地很有威望的谭处端加入全真道，同样为全真道阵营的发展起到了很好的推动作用。

谭处端之后，接替谭处端担任全真道掌教职位的是莱州掖县人刘处玄，刘处玄是全真七子中最后一个拜王重阳为师的。

金代秦志安撰写的《长生真人刘宗师道行碑》记载：

东莱长生真人……乃祖乃父，世居武官，好阴德，乐推恩，恤寒馁，惠孤茕，舍良田八十余顷与龙兴巨刹，以为常住种福之根。当前太平兴国间，朝廷嘉厥孝义，旌表门闾，蠲免租征，光照连郡。……（刘处玄）谨事孀母，特以

① 〔金〕谭处端等著，白如祥辑校：《谭处端 刘处玄 王处一 郝大通 孙不二集》，齐鲁书社2005年版，第63~64页。

② 〔金〕谭处端等著，白如祥辑校：《谭处端 刘处玄 王处一 郝大通 孙不二集》，齐鲁书社2005年版，第66页。

③ 〔金〕谭处端等著，白如祥辑校：《谭处端 刘处玄 王处一 郝大通 孙不二集》，齐鲁书社2005年版，第64页。

④ 〔金〕谭处端等著，白如祥辑校：《谭处端 刘处玄 王处一 郝大通 孙不二集》，齐鲁书社2005年版，第66页。

孝闻，誓不婚宦，憎华丑荣，清净自守，希夷若昏。顾世间物，无足于憾其胸中之诚。屡辞故山，欲访异人，而慈亲盼盼然未之许也。①

刘处玄正是有了想找到“异人”来铲除世上丑恶现象的想法，所以当金世宗大定九年（1169）九月，得知王重阳到了莱州后，立即“竭蹶而趋，香火而迎”②，自奉香火拜王重阳为师，号长生子，时年21岁，被王重阳视为儿子。王重阳收刘处玄为徒时，“莱人从之者众，独纳刘处玄”③，也说明了刘处玄的家庭及其本人的操行在当地的影响。

刘处玄之后，接替刘处玄担任全真道掌教职位的是登州栖霞人丘处机，丘处机是全真七子中第一个拜王重阳为师的。

《道藏》中《金莲正宗记·长春丘真人》记载：

真人讳处机，字通密，号曰长春子。家世栖霞，最为名族。敏而强记，博而高才。……年未弱冠，酷慕玄风，非长生久视之说不道也，非骖鸾跨凤之语不咏也。大定丁亥春，闻（王）重阳在昆嵛山烟霞洞，竭蹶而往，抠衣请教。重阳见而爱之，与语终夕，玄机契合。④

丘处机自己也提到“幼稚抛家，孤贫乐道”⑤。丘处机出生时已是家道中落，未成年时就离开家开始了学道生涯。史料还记载：丘处机“祖父业农，世称善门”⑥。丘处机正是从少年时就有了出家学道的志向，又受到家庭积德行善的熏陶，所以在未遇见王重阳之前就到昆嵛山出家学道了。我们在前面已经提到，丘处机在昆嵛山先拜唐四仙姑为师，王重阳来到在昆嵛山在烟霞洞修炼传道时，经唐四仙姑推荐，又拜王重阳为师，成为王重阳在胶东地区的第一个弟子。也正是因为有了积德行善、孤贫乐道的信念，所以与王重阳一接触，“重阳见而爱之，与语终夕，玄机契合”，第一次见面，王重阳就喜欢上了丘处机，二人有谈不完的话，经常是一谈一个晚上，谈得非常投机。王重阳视丘处机为儿子。金世宗大定七年（1167）九月，丘处机在宁海州马钰家的全真庵正式拜王重阳为师，号长春子，时年20岁。丘处机是全真七子中年龄最小、寿命最长的，也是对全真道队伍壮大发展贡献最大的。

---

① 〔金〕谭处端等著，白如祥辑校：《谭处端 刘处玄 王处一 郝大通 孙不二集》，齐鲁书社2005年版，第232页。

② 〔金〕谭处端等著，白如祥辑校：《谭处端 刘处玄 王处一 郝大通 孙不二集》，齐鲁书社2005年版，第233页。

③ 〔金〕王重阳著，白如祥辑校：《王重阳集》，齐鲁书社2005年版，第324页。

④ 〔金〕丘处机著，赵卫东辑校：《丘处机集》，齐鲁书社2005年版，第419~420页。

⑤ 〔金〕丘处机著，赵卫东辑校：《丘处机集》，齐鲁书社2005年版，第70页。

⑥ 〔金〕丘处机著，赵卫东辑校：《丘处机集》，齐鲁书社2005年版，第457页。

全真七子中第四个拜王重阳为师的是宁海州东牟（今烟台牟平区）人王处一。

金代秦志安撰写的《玉阳王真人》记载：

先生讳处一，号曰玉阳子，王其姓也。家居宁海之东牟，幼丧其父，事母至孝，体貌魁梧。为儿童时，不杂嬉戏，好诵云霞方外之语。七岁遇东华教主，授以长生久视之诀。年一十有四岁也……语言放旷，不与世合，行止颠狂。适大定春二月中，因暇日游宴，至范明叔之遇仙亭，乃见终南山重阳祖师在焉。祖师观其骨骼非凡，乃曰："汝肯从吾否乎?"先生曰："仆所愿也，敢不唯命。"遂侍左右，与丘、刘、谭、马定为莫逆之交，修真秘诀靡不穷讨。①

王处一自小丧父，从幼儿时就懂得孝道，而且还学习道教之术，虽说"七岁遇东华教主"之说带有迷信色彩，但说明王处一对道教的痴迷程度已非常人所能理解。所以，一旦王重阳要招他为徒时，即心甘情愿地答应了。王处一与马钰同日拜王重阳为师，号玉阳子，时年 27 岁。王处一的母亲周氏也拜王重阳为师，王重阳"训名曰德清，号玄靖散人"。王处一自小由母亲一手带大，从幼儿时学习道教之术，也应是受其母亲影响、教育的结果。

"丘、刘、谭、马"，即前面提到的全真七子中的"四哲"——丘处机、刘处玄、谭处端、马钰。"范明叔之遇仙亭"，在范明叔花园内，范明叔花园后为玄都宫。明嘉靖《宁海州志·地理第一·寺观》记载："玄都宫，在州南二里，本范明叔花园，明叔与马钰友善，遇王（重阳）于此，遂施为钰庵，丘长春（丘处机）继居之，广为玄都观，长春应诏，改为宫。""范明叔"，系当时的宁海州学正范怿之侄。范怿与王重阳也多有交往，王重阳的《重阳教化集》中就有范怿所作之序。范怿、范明叔都与全真道有如此深的友情，也可见全真道在胶东地区受欢迎的程度。

全真七子中第五个拜王重阳为师的是宁海州首富郝大通。

元代官员、文学家徐琰所撰《广宁通玄太古真人郝宗师道行碑》记载：

师姓郝，名大通，字太古，道号广宁子，宁海人。家故饶财，为州首户。兄俊彦登进士第，官至朝列大夫、昌邑县令。师初讳升，少孤，事母孝。禀赋颖异，识度夷旷，萧然有出尘之资。读书喜《易》，研精尤甚，因洞晓阴阳、律历之数。不乐仕进，慕司马季主、严君平之为人，以卜筮自晦。……以有老母，未即入道。明年，母捐馆，师乃弃家入昆嵛山，礼真君（指王重阳）于烟霞洞，求为弟子。真君纳之，赐名璘，号恬然子。②

① 〔金〕谭处端等著，白如祥辑校：《谭处端 刘处玄 王处一 郝大通 孙不二集》，齐鲁书社 2005 年版，第 370 页。

② 〔金〕谭处端等著，白如祥辑校：《谭处端 刘处玄 王处一 郝大通 孙不二集》，齐鲁书社 2005 年版，第 434 页。

“司马季主”，西汉楚国人，在长安东市占卜，宋忠、贾谊曾向其问卜，并认为司马季主是个贤者。《史记·日者列传》有记载。严君平，西汉末期的成都人，曾卖卜为生，后隐居山林，著述、授徒，写出两部著作《老子道德真经指归》和《易经骨髓》，著名学者扬雄是其得意弟子。

金代秦志安撰写的《广宁郝真人》也记载郝大通说：“事母至孝，资质丰美，不慕荣仕。深穷卜筮之数，黄老庄列未尝释手，凡遇林泉幽寂之地，则徘徊而终日忘返。”[①] 秦志安的记载还提到，郝大通与王重阳相识后，“邀赴他所闲话，往来问答，如石投水”。[②]

以上记载说明，郝大通虽出身于宁海州最富裕的家庭，但由于郝大通受到家庭中儒家教育的熏陶，喜欢读书，不仅精通儒家经典《周易》，崇尚孝道，而且对道家经典的黄老之学更是痴迷有加，对黄老经典爱不释手，遇到适宜修身养性的山水幽静之地更是流连忘返。这应该说，也是受到昆嵛山一带深厚的道教文化传统的影响。所以，当得知王重阳来到宁海州后，即有心要跟王重阳学道之意，只是因有老母需要照顾，没有出家。第二年，老母去世后，郝大通便自投烟霞洞拜王重阳为师，时年29岁。正是因为有了儒学和道家的思想基础，所以与王重阳能“闲话，往来问答，如石投水”，即使闲谈，也是非常默契，非常合得来。同时，一个宁海州的首富子弟都能加入全真道，其示范效应也是可想而知的。

全真七子中第六个拜王重阳为师的是孙不二，孙不二是马钰的妻子，全真七子中唯一的女道士。

金代秦志安撰写的《清净散人》记载：

> 仙姑者，孙忠翊之幼女也，家世宁海。……性甚聪慧，在闺房中礼法严谨，素善翰墨，尤工吟咏。既笄，适马氏，生三子，皆教之以义方。……宜甫遂从师入道。仙姑尚且爱心未尽，犹豫不决。更待一年，始抛三子，竹冠布袍，诣本州金莲堂，礼重阳而求度。……赐之法名不二，道号曰清净散人。[③]

以上记载可以看出，孙不二是位典型的受儒家礼仪规范影响的贤妻良母，“礼法严谨”，而且从小就熟读诗书，且“素善翰墨”，擅长书法绘画。起初马钰出家后，孙不二仍“爱心未尽，犹豫不决”，放不下家庭和孩子，并没有出家的想法，

---

① 〔金〕谭处端等著，白如祥辑校：《谭处端 刘处玄 王处一 郝大通 孙不二集》，齐鲁书社2005年版，第437页。

② 〔金〕谭处端等著，白如祥辑校：《谭处端 刘处玄 王处一 郝大通 孙不二集》，齐鲁书社2005年版，第437页。

③ 〔金〕谭处端等著，白如祥辑校：《谭处端 刘处玄 王处一 郝大通 孙不二集》，齐鲁书社2005年版，第496页。

但孙不二总归受“夫唱妇随”的儒家思想的影响，在马钰出家的第二年，终于也下定决心拜王重阳为师，出家修行，时年51岁。

以上介绍告诉我们，胶东地区的道、释、儒和谐并存的多元文化滋养了全真七子的成长，他们自幼所受的家庭熏陶和出家前的人生阅历，是他们能够追随王重阳，加入道、释、儒三教合一的全真道阵营的一个重要原因。全真七子多于年少时即崇尚儒家孝道，性格特征多清静淡泊，他们均在不同程度上好谈仙论道。在胶东地区深厚的道教文化传统和儒家文化气氛中成长起来的全真七子，对王重阳宣扬的全真道产生高度认同，并逐步成长为全真道领袖人物。王重阳之所以在他的家乡寻找不到全真七子这样的领袖人物，并不是他下的功夫不够，而是他的家乡没有产生全真七子的土壤。胶东三州是全真道领袖人物茁壮成长的沃土，只要播下全真道的种子，就能长出全真道的参天大树。

2. 胶东文化锤炼全真七子成名

全真七子能成长为全真道的领袖人物，除了得益于王重阳的教诲之外，他们自身所具有的受家乡胶东文化所滋养的特质，也是他们成名的一个重要原因。

为了使全真七子能够成为全真道的领袖人物，金世宗大定八年（1168）三月，王重阳先是带领马钰、谭处端、丘处机、王处一来到昆嵛山烟霞洞修真，其后又吸引来了郝大通。王重阳的精心培养，昆嵛山的仙家氛围，为全真七子成为全真道的领袖人物奠定了坚定的信仰和理论基础。其后王重阳又对刘处玄、孙不二进行培养，但俗语说得好：“师父领进门，修行靠个人”，更何况王重阳于金世宗大定十年（1170）正月便溘然长逝，王重阳与全真七子相处多者两三年，少者只有几个月，全真七子后来的修行靠的完全是自觉行动和对自己十分苛刻的严格要求。全真七子后来成为全真道的领袖人物，除了王重阳灌输的全真道的宗教信念外，他们自身原有的宗教素养、品德及出家后的刻苦修炼，济贫拔苦的实践活动，才是他们得以修成正果，成为全真道领袖人物，并得到民众拥戴的最重要原因。

马钰出家后，为了磨练意志，去掉过去富家大户养尊处优的虚荣心、羞耻心，还到自己祖居的宁海州沿街乞讨。正是经历了各种各样的身心磨练，马钰在以后的传道活动中“志如铁石，行若冰霜”①，依靠钢铁般的意志，清廉的德操，吃苦耐劳、坚忍不拔的毅力，成为全真道的著名领袖人物。马钰临终之际曾对其弟子们说：“欲做神仙，须要积功累行，纵遇千魔百难，慎勿退惰。果尔，然后知吾言不妄矣。”② 马钰对弟子们的临终遗言，也是他出家后的人生总结。全真七子能够心

① 〔金〕马钰著，赵卫东辑校：《马钰集》，齐鲁书社2005年版，第326页。

② 〔金〕马钰著，赵卫东辑校：《马钰集》，齐鲁书社2005年版，第322页。

甘情愿地接受这样的磨练，既有全真道所灌输的得道成仙的人生远大目标所吸引，也与他们出家前所受的家庭教育、家乡文化氛围的熏陶所形成的超脱凡俗的信念有很大关系。

谭处端为了磨练和考验自己意志，在繁华的洛阳一带修行时，“虽托宿红衢紫陌、花林酒阵之间，心如土木，未尝动念。虽万两黄金，未尝为之折腰”。面对洛阳城里的灯红酒绿和金银财宝毫不动心，而只是把其当做“调神炼气”的一个场所而已。一次，谭处端在寺庙前讨要剩饭时，“禅师大怒，以拳殴之，击折二齿，先生和血咽入腹中。傍人欲为之争，先生笑而稽首，殊不动心，由是名满京洛”[①]。谭处端被一和尚挥拳打掉了两颗牙齿，旁观者都纷纷不平，但谭处端把两颗牙齿咽入肚中，向同情他的旁观者稽首道谢而去。其超乎常人的宽容姿态和不与人争的道德涵养，很快就在洛阳一带传开了。全真七子靠这种超乎常人的异迹来磨练自己，也扩大了全真道的影响。

刘处玄在洛阳一带修行时，和谭处端一样，“炼性于尘埃混合之中，养素于市尘杂沓之业。管弦不足以滑其和，花柳不足以挠其精……人馈则食，不馈则殊无愠容”[②]。刘处玄主动到污浊、纷杂的街市及充满着各种诱惑的灯红酒绿的场合去炼性，来考验自己的意志。乞化时，不给食物也没有任何的怨恨，通过心灵的净化来实现“全真而仙”的理想。

丘处机在陕西磻溪修炼的六年中，自己穴居一小洞中，日乞一食，行则一蓑，人称“蓑衣先生”，过着更艰苦更寂寞的生活。他在《无俗念》的词中，对当时的生活状态曾有较为详细的阐述，“烟火俱无，箪瓢不置，日用何曾积。饥餐渴饮，逐时村巷求觅。选甚冷热残余，填肠塞肚，不假珍馐力，好弱将来糊口过”，冬日，则“寂寞山家孤悄悄，终日无人谈说。败衲重披，寒埪独坐，夜永愁难彻。长更无寐，朔风穿户凄冽。求饭朝入西村，临泉夹道，玉叶凌花结。冻手频呵仍自恨，浊骨凡胎为劣”[③]。山里没有人间烟火，丘处机只好到山下逐村逐户沿街乞讨，用讨要来的残渣剩饭来填肠塞肚。若在严冬苦寒难耐之时，则长夜无眠，呼啸的寒风穿户透骨，为了讨饭，早早地就要外出，沿着结了冰的炅边山路小心行走，双手几乎冻僵，不得不停地呵气取暖。这样艰苦的生活，非常人所能忍受，丘处机却能安贫乐道，以坚强的意志与超人的毅力，与困苦、孤独生活进行着斗争，磨炼与塑造着

① 〔金〕谭处端等著，白如祥辑校：《谭处端 刘处玄 王处一 郝大通 孙不二集》，齐鲁书社2005年版，第66页。

② 〔金〕谭处端等著，白如祥辑校：《谭处端 刘处玄 王处一 郝大通 孙不二集》，齐鲁书社2005年版，第233页。

③ 〔金〕丘处机著，赵卫东辑校：《丘处机集》，齐鲁书社2005年版，第63页。

自己坚忍不拔的品格。

王处一在胶东文登铁槎山（今荣成市境内）云光洞修炼时，“居云光洞，志行确苦。尝俯大壑，一足跂立，观者目瞠毛竖，舌挢然而不能下，称为‘铁脚仙’。洞居九年，制炼形魂。其长春（指长春子丘处机）为诗颂曰：‘九夏迎阳立，三冬抱雪眠’”。[①] 王处一在大深沟旁单脚独立，连旁观者都惊得目瞪口呆，但他却静若处子。王处一夏天在太阳下立着，冬天则在雪中睡眠，为的就是“制炼形魂”，锤炼自己的意志，练就抵御严寒酷暑和超乎常人的毅力。王处一的苦修精神，还得到了丘处机的高度赞扬。王处一正是靠着这样刻苦的训练和坚忍不拔的毅力，成为了全真道的领袖人物，他还曾多次被金廷皇帝召见，主持普天大醮，问及养生及治国之事，“所对莫不允合上心”，朝廷“赐金帛巨万，辞不受”[②]，展现了不贪图金钱富贵的人生理念。

郝大通出身于宁海州首富之家，但出家后，为了锤炼自己吃苦甘贫的精神，铲除虚荣心和羞耻感，在家乡“日携瓦罐乞食”[③]，每天都沿街乞讨。金世宗大定十五年（1175），郝大通来到河北，“坐沃州桥下，不语不动。河水泛滥，亦不少移。人馈则食，不馈则已。虽祁寒酷暑，兀然无变，如此者六年。其族属亲戚来视之，师皆不答，有所赠，亦皆不受”[④]，期间“虽有人侮狎戏笑者，不怒也，志在忘形”[⑤]。郝大通在六年修炼期间，冬历严寒，夏经酷暑，忍饥挨饿，孤独难忍，都非常人所及。郝大通悟道成功出山演道时，“听者常数百人”[⑥]，足见其人格魅力和理论修养所带来的影响。

孙不二，作为七真中唯一的女性，要想成为全真道的领袖人物，在当时男尊女卑、封建礼教盛行的年代里，需要有更大的勇气，付出更大的努力。孙不二抛弃富裕生活和子女亲情，出家不久，即沿街乞讨，以历练心志。孙不二在宁海得知王重阳仙逝后，即西赴陕西，一路乞食度日，“穿云度月，卧雪眠霜，毁败容色，而不

---

① 〔金〕谭处端等著，白如祥辑校：《谭处端 刘处玄 王处一 郝大通 孙不二集》，齐鲁书社2005年版，第367页。

② 〔金〕谭处端等著，白如祥辑校：《谭处端 刘处玄 王处一 郝大通 孙不二集》，齐鲁书社2005年版，第376页。

③ 〔金〕谭处端等著，白如祥辑校：《谭处端 刘处玄 王处一 郝大通 孙不二集》，齐鲁书社2005年版，第439页。

④ 〔金〕谭处端等著，白如祥辑校：《谭处端 刘处玄 王处一 郝大通 孙不二集》，齐鲁书社2005年版，第439页。

⑤ 〔金〕谭处端等著，白如祥辑校：《谭处端 刘处玄 王处一 郝大通 孙不二集》，齐鲁书社2005年版，第438页。

⑥ 〔金〕谭处端等著，白如祥辑校：《谭处端 刘处玄 王处一 郝大通 孙不二集》，齐鲁书社2005年版，第440页。

以为苦"[①]。孙不二经过七年的苦修，终于修有所成，创立了全真道"清静派"。孙不二"游历洛阳，劝化接引，度人甚多"[②]。

全真道倡导的这种苦心修炼、磨练意志的理念，实际上也是儒家所倡导的"天将降大任于是人也，必先苦其心志，劳其筋骨，饿其体肤，空乏其身，行拂乱其所为，所以动心忍性，增益其所不能"[③] 的精神在全真七子身上的具体体现。这既说明胶东一带深厚的儒家思想对全真七子成长过程的重大影响，同时也说明全真道正是吸收了儒、释教中被广大民众所认同的伦理道德观念，才得以更广泛地吸引和团结社会下层的劳苦大众。全真七子还深入社会下层，与普通民众广泛接触，周济贫苦百姓而得人。这一点，我们会在下面具体谈到。七真济人之急、救人之危、矜孤恤寡、敬老怀幼、先人后己、与物无私的品格和俭朴、谦下、忍辱、谨慎、宽容的情操，集中反映了中华传统文化中的伦理观念。这样一种伦理观念，既是胶东传统文化的重要组成部分，也是道、释、儒三教共有的精华，因而也使全真精神具有极强的感召力。全真七子的苦志修行不仅是为了自己达到"全真而仙"这一最高目标的需要，亦是"度人"的需要，"道既成，远方学者咸依之"[④]，"劝人行善，自做修行，两般于道相宜"[⑤]。全真七子正是遵照性命双修的全真宗旨，发扬苦己利人的精神吸引来大批道众，也使他们成为一代全真领袖。

3. 全真七子与全真道在全国的兴盛

王重阳去世之后，传道弘教的重任就落到了全真七子的身上，当时全真道只是在胶东半岛打开了局面，离王重阳提出的"使四海教风为一家"的宏大目标还有更长的路要走。但全真七子不负全真道重托，使全真教义最终流布全国，带来了全真道的兴盛。

王重阳临终托命，将掌门人之位传给马钰。马钰在陕西传道选择了长安（今西安）。金世宗大定十一年（1171），48 岁的马钰来到长安传道，积极结交长安名流，与官吏、僧道、文人、富绅等密切往来，弘道传法，扩大影响。马钰儒雅大度、沉稳慈和，非常有亲和力，且兼学识渊博、能言善道，能深入浅出、简明生动地阐述教义，很快声名大振，成为长安城中的著名人物。

---

① 〔金〕谭处端等著，白如祥辑校：《谭处端 刘处玄 王处一 郝大通 孙不二集》，齐鲁书社 2005 年版，第 496 页。

② 〔金〕谭处端等著，白如祥辑校：《谭处端 刘处玄 王处一 郝大通 孙不二集》，齐鲁书社 2005 年版，第 497 页。

③ 《孟子注疏》，见〔清〕阮元校刻《十三经注疏》，中华书局 1980 年版，第 2762 页。

④ 〔金〕丘处机著，赵卫东辑校：《丘处机集》，齐鲁书社 2005 年版，第 412 页。

⑤ 〔金〕谭处端等著，白如祥辑校：《谭处端 刘处玄 王处一 郝大通 孙不二集》，齐鲁书社 2005 年版，第 29 页。

长安是西北的政治、经济和文化中心，人才荟萃、影响广泛，与终南山一带乡下相比，长安更容易接受新的思想。在马钰的努力下，全真道很快在陕西打开局面，且影响远及山西、甘肃，从者如云，弟子众多。从马钰的《洞玄金玉集》可以看出，随着长安局面的打开、影响的扩大，不仅陕西陇州（今宝鸡市陇县）、坊州（今黄陵）、延安府（今延安）和凤翔府（今凤翔）等地的人纷纷来拜师学道，甚至连山西、甘肃等地亦有不少人远道慕名而来。全真道在陕西及周边地区的快速发展，验证了马钰以长安为起点的战略思想是完全正确的，全真道在陕西的大好局面，与山东的据点遥相呼应，从而使王重阳开创的全真道得以巩固并走上稳步发展的轨道。

胶东地区不仅是全真道的发祥地，更是全真道走向全国，获取更大发展的根据地和坚实大后方。王重阳带领其他弟子返乡后，七真之一的王处一独自坚守在昆嵛山一带，巩固和发展着王重阳与七真最初的传教成果。马钰自陕西返回后，“及抵山东，凡在三州五会之众，倾赴云集，欢喜踊跃，不啻如见慈父”①，由此可见全真道在民众中的受欢迎程度。马钰回到家乡后，在王处一的配合下，又陆续建立许多新的庵堂及道观，使全真道有了更大的发展，“自是，三州之人比屋受教，渐及十方，闻风信向。大教重兴，自师而始”②，全真道在胶东三州掀起了一个新的发展高潮。

金大定二十三年（1183）十二月，马钰去世，全真道掌教之位传至谭处端。谭处端最大的贡献在于提出了在家也可以修行的理论，他在《云水集·七言绝句》的一首诗中提出：“为官清政同修道，忠孝仁慈胜出家。行尽这般功德路，定将归去步云霞。”③ 无论做官的，还是普通百姓，只要修道，只要行善，做到“忠孝仁慈”，不出家也可以修行成仙。谭处端的“忠孝仁慈胜出家”的思想，使全真道更适合民情，从而得到迅速发展。

金大定二十五年（1185）四月，谭处端去世，刘处玄接替谭处端成为全真道掌教。刘处玄争取了金朝皇帝给予全真道更多的支持，使全真道有了更大的发展。金承安二年（1197），章宗召见刘处玄，“问以玄旨，所对皆合上意，臣庶见者无不敬焉。就礼部给观额五。……明年三月，得旨还山，大兴灵虚（指莱州灵虚观）之缘”④。金廷皇帝的召见，既表示金廷对全真道的认可，也说明了全真领袖们已开

---

① 〔金〕马钰著，赵卫东辑校：《马钰集》，齐鲁书社2005年版，第315页。

② 〔金〕马钰著，赵卫东辑校：《马钰集》，齐鲁书社2005年版，第248页。

③ 〔金〕谭处端等著，白如祥辑校：《谭处端 刘处玄 王处一 郝大通 孙不二集》，齐鲁书社2005年版，第17页。

④ 〔金〕谭处端等著，白如祥辑校：《谭处端 刘处玄 王处一 郝大通 孙不二集》，齐鲁书社2005年版，第241页。

始注意借助朝廷的影响来发展全真道了。金朝皇帝的支持，把全真道的发展推向了一个新的高潮。

金章宗泰和三年（1203）二月，刘处玄去世，丘处机接任全真道掌教。丘处机使全真道有了更大的发展，“及戊辰岁（1208），道价鸿起，名满四方，天子嘉之，敕赐为太虚观，仍加赐玄都宝藏六千余卷，以为常住”①。丘处机的名气传到京城，金章宗为了笼络全真道众，在丘处机的家乡栖霞县赐建太虚观，供丘处机常住，并加赐道经玄都藏书6000余卷。金廷皇帝对丘处机的恩赐嘉奖，进一步提升了丘处机的宗教地位及在全国的影响。

全真七子的每个人都有较高的文化素养，他们从王重阳手中接过传教的火种，将在胶东地区燎起的全真道之火燃遍全国，使全真道由单一的个人传教活动转化为相对稳固并有较大规模的社会团体，并得到官方认可的正统道教。全真七子身上负载着胶东文化的因子，他们为胶东文化的主要内涵和精神价值提供了最佳注脚，也正是胶东文化的孕育滋养与宽厚包容，才使全真七子和全真道有了超强的生命力，使他们成长为全真道的一代领袖。

三、金元时期全真道的影响和贡献

金元时期的全真道，丘处机觐见成吉思汗，与成吉思汗雪山论道，劝善止杀，并借助成吉思汗的力量将全真道推上了极盛之路。丘处机及其弟子利用蒙古统治集团的支持，广开教门，立观度人，解救了许多战乱中流离失所的苦难百姓，并保护了一大批知识人才，也为传承和保护中华传统文化作出了重要贡献。

1. 丘处机远赴雪山劝善止杀

丘处机执掌全真道教门之后，丘处机的威望无论在金廷中还是在普通百姓中都有了极大的提升，金宣宗贞祐二年（1214），丘处机应金朝驸马都尉仆散公之请，成功帮助金廷平息了山东战乱，更使丘处机的威望在全国大增。丘处机平息山东战乱的情况，《长春真人本行碑》《金莲正宗仙源像传》以及《金史 · 仆散安贞传》都有比较详细的记载。

丘处机成功地帮助金廷平息了山东战乱之后，金朝和南宋统治者都看到了丘处机在民众中的崇高威望和利用价值，分别派使者到胶东来，邀请丘处机出山，入朝协助他们巩固自己的政权。连远在今蒙古西部和我国新疆北部一带的乃蛮国征战的成吉思汗也派使者邀请丘处机到他那里去。

---

① 〔金〕丘处机著，赵卫东辑校：《丘处机集》，齐鲁书社2005年版，第421页。

山东地区不断的战乱给百姓带来极大的苦难，平息战乱，“欲罢干戈致太平”①，还百姓一个安定的生活环境成了丘处机的一大重要人生目标。丘处机如若赴金、宋之召，没有旅途上那么多的苦难和艰辛，可以得到金廷、宋廷很好的礼遇，也可以为全真教争取到一定的社会地位和财富。然而，丘处机看得更加长远，有着更加远大的目标，这就是要看谁能入主中原，谁有能力结束战乱。丘处机以其丰富的社会阅历和敏锐的政治嗅觉，在分析了天下大势之后，预见到成吉思汗的蒙古铁骑必然要吞并中原，而要实现平息战乱这一个宏伟目标，依靠当时的金朝、南宋政权已经无法完成了，在这样的形势之下，丘处机只能选择应成吉思汗之约，远赴雪山这一条路了，这也是丘处机当时所能作出的唯一正确选择。

丘处机在解释自己不赴金朝和南宋政权之邀，而远赴雪山觐见成吉思汗的理由说：“我之行止，天也”②，“我循天理而行，天使行则无敢违也。”③ 丘处机所指的“天也”，是天意，是天下大势。在金朝和南宋的统治已日薄西山，再也没有力量稳定局势的背景下，丘处机只好寄希望于锐气正旺的蒙古帝国来稳定战乱的局势。丘处机从成吉思汗的诏书中也看到了希望，成吉思汗在诏书中批判了中原王朝的奢华之风，说自己“反朴还淳，去奢从简，每一衣一食，与牛竖马圉，共弊同飨。视民如赤子，养士若兄弟”，恳切希望丘处机“不以沙漠悠远为念，或以忧民当世之务，或以恤朕保身之术”④。成吉思汗去奢从简、爱民重士的治国理念及诚恳邀请丘处机出山的态度，使丘处机把减轻中原人民苦难的希望寄托在成吉思汗身上。

1219 年农历腊月十八日，丘处机以 73 岁的高龄，带领尹志平、李志常等 18 位弟子从莱州昊天观启程西行，历经千辛万苦，“经数十国，为地万有余里。盖蹀血战场，避寇叛域，绝粮沙漠，自昆嵛历四载而始达雪山”⑤，1222 年初夏，丘处机到达大雪山（今阿富汗兴都库什山），见到了成吉思汗。丘处机雪山论道，劝诫成吉思汗停止杀戮、敬天爱民、推行孝道，得到成吉思汗的器重。丘处机西行及雪山论道的情况，主要来自《元史》、李志常的《长春真人西游记》及其他史料。

丘处机在成吉思汗行营演道的情况，《元史·释老列传·丘处机》有所记载：

> 明年，宿留山北，先驰表谢，拳拳以止杀为劝。……既见，太祖大悦，赐食、设庐帐甚饬。
>
> 太祖时方西征，日事攻战，处机每言欲一天下者，必在乎不嗜杀人。及问

---

① 〔金〕丘处机著，赵卫东辑校：《丘处机集》，齐鲁书社 2005 年版，第 194 页。
② 〔金〕丘处机著，赵卫东辑校：《丘处机集》，齐鲁书社 2005 年版，第 437 页。
③ 〔金〕丘处机著，赵卫东辑校：《丘处机集》，齐鲁书社 2005 年版，第 427 页。
④ 〔金〕丘处机著，赵卫东辑校：《丘处机集》，齐鲁书社 2005 年版，第 457 ~ 458 页。
⑤ 〔明〕宋濂等：《元史》，中华书局 2000 年版，第 3026 页。

为治之方，则对以敬天爱民为本。问长生久视之道，则告以清心寡欲为要。太祖深契其言，曰："天锡仙翁，以寤朕志。"命左右书之，且以训诸子焉。于是锡之虎符，副以玺书，不斥其名，惟曰"神仙"。一日雷震，太祖以问，处机对曰："雷，天威也。人罪莫大于不孝，不孝则不顺乎天，故天威震动以警之。似闻境内不孝者多，陛下宜明天威，以导有众。"太祖从之。

岁癸未，太祖大猎于东山，马踣，处机请曰："天道好生，陛下春秋高，数畋猎，非宜。"太祖为罢猎者久之。①

丘处机借与成吉思汗会面之机，极力劝说成吉思汗停止杀戮，敬天爱民，推行孝道，宣传融合了儒、释、道三教精华的全真教教义。丘处机与成吉思汗雪山论道，对全真道自身的发展和成吉思汗的建国大业都有很大帮助，"长春之遇太祖，言修身治国，抚民止杀，由身而国，知所本矣"，"太祖皇帝用长春之言，开万亿年太平之基，此其所以为道也"②。所以，成吉思汗高兴地说："'神仙前后之语，悉合朕心。'命左右书之策，曰：'朕将亲览，终当行之。'"③ 丘处机还对"太子诸王大臣曰：'汉人尊重神仙，犹汝等敬天，我今愈信真天人也。'……'朕已深省，神仙劝我良是。……但神仙劝我语，以后都依也"④。丘处机雪山论道是一次用道、释、儒中原传统文化开导成吉思汗及蒙古高层统治者的活动，由此可见丘处机雪山论道对成吉思汗的作用和影响。

1223年农历三月，丘处机觉得自己西行目的已达到，加之年事已高，不适应高原气候，丘处机辞别成吉思汗东归。成吉思汗赐给丘处机大批金银财宝，并赐给金虎符："诏天下出家善人皆隶（属）焉，仍赐之以金虎符，便宜行事。"⑤ 丘处机没有接受成吉思汗的财宝，却要了成吉思汗的金虎符和免除全真教徒赋税的"圣旨"："丘神仙底应系出家门人等随处院舍，都教免了差发、税赋者。"⑥ 丘处机利用成吉思汗的信任和给予的特权，在返回途中和回到燕京后，解救了成千上万被蒙古军队掠夺为奴的贫苦的百姓。

《元史·释老列传·丘处机》记载：

时国兵践蹂中原，河南、北尤甚，民罹俘戮，无所逃命。处机还燕，使其徒持牒招求于战伐之余，由是为人奴者得复为良，与滨死而得更生者，毋虑二

---

① 〔明〕宋濂等：《元史》，中华书局1976年版，第4524~4525页。

② 〔金〕丘处机著，赵卫东辑校：《丘处机集》，齐鲁书社2005年版，第561~562页。

③ 〔金〕丘处机著，赵卫东辑校：《丘处机集》，齐鲁书社2005年版，第444页。

④ 〔金〕丘处机著，赵卫东辑校：《丘处机集》，齐鲁书社2005年版，第526~527页。

⑤ 〔金〕丘处机著，赵卫东辑校：《丘处机集》，齐鲁书社2005年版，第422页。

⑥ 〔金〕丘处机著，赵卫东辑校：《丘处机集》，齐鲁书社2005年版，第236页。

三万人。中州人至今称道之。①

当时的中原地区，战乱频繁，许多百姓都成了蒙古军队的奴隶，丘处机派自己的弟子拿着成吉思汗赐予的金虎符和牒文解救了许多已经成为奴隶和将要被杀的人，至少有两三万人脱离了苦海。“中州”指河南省一带。丘处机的伟大善举，河南一带的人念念不忘。丘处机利用自己的威望，还不断地劝告蒙古将帅，停止对百姓的杀戮，“凡将帅来谒，必方便劝以不杀，人有急必周之。士有俘于人者，必援而出之。士马所至，以师与之名，脱欲兵之祸者甚众”②，丘处机“救人于涂炭之中，夺命于锋镝之下……天下之受庇者多矣”③。以上史料记载，也证实了丘处机觐见成吉思汗的目的，就是为了平息战乱，拯救百姓。丘处机雪山论道，止杀劝善，以及持牒救难的伟大壮举，使数万人受惠而脱离苦海，也使丘处机成为历史伟人，千古流芳。清乾隆皇帝评价丘处机说：“万古长生，不用餐霞求秘诀；一言止杀，始知济世有奇功。”④ 当代著名哲学家、宗教学家牟钟鉴也高度评价丘处机：“丘祖有大功德于平民百姓，他西行雪山见成吉思汗，一言止杀，拯救无数生灵，其大仁大义、大慈大勇，不仅是道教史上第一人，也使他成为中华民族全民爱戴的历史伟人。”⑤

丘处机一行西行觐见成吉思汗，足迹遍及今蒙古、吉尔吉斯斯坦、哈萨克斯坦、乌兹别克斯坦、阿富汗等国，沿途传播了全真教义和中原文化，也是胶东文化一次大的对外交流。丘处机一行用友好至善的行动和全真教义沿途感化了许多道众和百姓。他的弟子李志常编撰《长春真人西游记》，真实地记述了这段不平凡的旅程。该书也成为后人研究13世纪中亚历史与文化交流的第一手资料，此书对于研究元史、全真教史、中西交通史及西域地理、民俗等皆有重要的史料价值，并相继有俄文、法文、英文译本问世。

2. 全真道立观度人，解救百姓

由于成吉思汗给予全真道徒可以免除赋税、劳役的特殊优惠，使全真道赢得了更多民众的拥戴，吸引了更多的人加入全真道。丘处机也乘机广泛成立道观，既扩大了全真道的队伍，也可借此免除百姓的疾苦。丘处机在东归途中，就对其随行弟

① 〔明〕宋濂等：《元史》，中华书局1976年版，第4525页。

② 〔金〕丘处机著，赵卫东辑校：《丘处机集》，齐鲁书社2005年版，第414页。

③ 〔金〕丘处机著，赵卫东辑校：《丘处机集》，齐鲁书社2005年版，第436页。

④ 〔清〕于敏中、英廉等：《钦定日下旧闻考》，见影印文渊阁《四库全书》第498册，上海古籍出版社1987年版，第464页。

⑤ 牟钟鉴：《纪念丘祖雪山论道，发扬和平慈勇精神》，见丁鼎主编《昆嵛山与全真道：全真道与齐鲁文化国际学术研讨会论文集》，宗教文化出版社2006年版，第9页。

子说："今大兵之后，人民涂炭，居无室、行无食者皆是也。立观度人，时不可失。此修行之先务，人人当铭诸心。"[①] 丘处机把建立道观作为收容难民，解救战乱中流离失所、缺衣少食的百姓的一项重要举措。一个宗教领袖，在遍地尸骨那样一个特殊时期，能把解救战乱中难民作为"修行之先务"，作为"立观度人"的一个主要目标，应该是予以充分肯定的。

丘处机返抵燕京后，住在大天长观（后改名长春宫），这期间燕京行省还接到了成吉思汗的圣旨："神仙至汉地，凡朕所有之地，其欲居者居之。"[②] 允许丘处机在其统治区的任何地方建立道观和住所。在这之前，以燕京为中心的周边地区信奉道教的人很少，"北方从来奉道者鲜"[③]，由于成吉思汗的支持，丘处机及全真道在燕京一带的影响也大增，"道侣云集，玄教日兴，乃建八会：曰平等，曰长春，曰灵宝，曰长生，曰明真，曰平安，曰消灾，曰万莲。会各有百人"[④]。丘处机不失时机地在燕京先后建立了八个全真道教会，每个教会各有道徒百人。

当时不仅是普通百姓，许多无家可归的落魄文人也加入了全真道，把全真道观作为自己的避难场所，钱穆先生就谈道："蒙古初入中国，其野蛮最甚。长春真人丘处机以宗教得成吉思汗之信仰，其徒得免赋役，全真教遂大行，文人不能自存活者多归之。"[⑤]"全真教之确立，亦当以丘长春为之主。惟长春实当称为全真之北宗耳。"[⑥] 丘长春即长春真人丘处机。文人们的加入，也进一步提升了全真道的文化层次和影响力，使全真道进入了历史上最鼎盛的时期。丘处机自己也说过："声教所及，要荒无间，自古全真之盛，未有及此。"[⑦] 说全真道已经传播到了边远的地方，自古以来，没有哪一个教派能像全真道这样兴盛。

1227年农历七月九日，丘处机在燕京长春宫去世，享年80岁。接任丘处机任全真道掌教的是尹志平，接任尹志平的是李志常。这二人不仅都是随丘处机西赴雪山论道的十八弟子中的骨干成员，而且都来自胶东地区，受过胶东地区传统文化的滋养。尹志平，生于莱州，从童年起就饱受儒家学说的熏陶和道家思想的影响，金章宗明昌二年（1191），尹志平在栖霞县（今栖霞市）正式拜丘处机为师，"尽得丘之'玄妙'，此后，又问《易》于郝大通，受箓法于王处一"[⑧]。尹志平虚心好

① 〔金〕丘处机著，赵卫东辑校：《丘处机集》，齐鲁书社2005年版，第565页。
② 〔金〕丘处机著，赵卫东辑校：《丘处机集》，齐鲁书社2005年版，第445页。
③ 〔金〕丘处机著，赵卫东辑校：《丘处机集》，齐鲁书社2005年版，第228页。
④ 〔金〕丘处机著，赵卫东辑校：《丘处机集》，齐鲁书社2005年版，第445页。
⑤ 钱穆：《国史大纲》，商务印书馆1996年版，第659页。
⑥ 钱穆：《中国学术思想史论丛》，生活·读书·新知三联书店2009年版，第226页。
⑦ 〔金〕丘处机著，赵卫东辑校：《丘处机集》，齐鲁书社2005年版，第150页。
⑧ 卿希泰主编：《中国道教》第一卷，知识出版社1994年版，第335页。

学，学有所成，尽得全真七子之真传。李志常虽在开州观城（今河南范县）长大，但19岁时就来到胶东学道，先在东莱牢山（今青岛市崂山，金代属莱州）隐居，后又来到东莱天柱山（在今平度市境内）仙人宫出家。25岁时，“闻丘处机自登州转居莱州，乃束装往拜席下，赐号真常子”①，正式拜丘处机为师。所以说，李志常也是胶东土地滋养，胶东文化熏陶、培养出来的全真道领袖。

尹志平、李志常等全真弟子遵照丘处机生前“立观度人，时不可失”的告诫，在各地纷纷建立宫观，为全真道的大发展打开了新的局面。卿希泰主编的《中国道教》对这期间丘处机及其弟子在全国建立道观的情况有着详细的记载，他总结说：

> 在丘处机的“立观度人”的号召下，大约经过三十余年的经营，全真道的宫观、弟子遍布于河北、河南、山东、山西、陕西、甘肃等广大地区。《清虚宫重显子返真碑铭》称：“东尽海，南薄汉淮，西北历广漠，虽十庐之聚，必有香火一席之奉。”《修武清真观记》称：自“丘往赴龙廷之召……自是而后，黄冠之人，十分天下之二，声焰隆盛，鼓动海岳”。②

全真道在中国北方河北、河南、山东、山西、陕西、甘肃等广大地区，建立了这么多的道观，为陷于战乱的广大百姓提供了避难之所，也扩大了全真道队伍，“声焰隆盛，鼓动海岳”，使全真道成为当时最有影响的宗教团体，谱写了中国道教史最辉煌的篇章。

3. 全真领袖传承和发展了中华民族文化

丘处机及其弟子尹志平、李志常都对全真道的发展作出了重要贡献，他们都受到过胶东文化的熏陶，尹、李二人更有全真七子的直接培养。胶东是多元文化相互交融、共同发展的和谐家园，是滋养全真领袖们成长的沃土。牟钟鉴教授指出：“元代全真之盛，实赖胶东成长的教门骨干力量”，胶东文化“塑造的全真道骨干队伍，既有地区性的特质，又具有普世性的品格，是高素质、高能量的群体，蕴藏着巨大的深厚的持续性的文化泉涌的动力，它使全真道由小到大，朝气蓬勃，走向全国，绵延后世。……为中华民族文化的繁荣和发展作出了巨大的贡献。全真道文化精英以其辉煌的业绩而彪炳于史册，人们将永远记住他们”③。

丘处机及其弟子，为协助成吉思汗统一中国，促使蒙古人接受和传承优秀的中华传统文化，汉化蒙古旧俗也作出了不懈的努力，取得了很大成绩。

丘处机到达成吉思汗行营后，与成吉思汗朝夕相处近一年，更加坚定了自己对

---

① 卿希泰主编：《中国道教》第一卷，知识出版社1994年版，第338页。

② 卿希泰主编：《中国道教》第一卷，知识出版社1994版版，第173页。

③ 牟钟鉴等：《全真七子与齐鲁文化》，齐鲁书社2005年版，第32～39页。

政治形势的推断，要“使四海教风为一家”的宏大目标得以实现，只能依靠成吉思汗。所以，协助成吉思汗统一中国，尽快结束战乱就成了丘处机和他的弟子们的主要任务之一了。丘处机在与成吉思汗会面期间，曾向成吉思汗进言：

四海之外，普天之下，所有国土，不啻亿兆，奇珍异宝，比比出之，皆不如中原天垂经教，治国之术为之大备，屡有奇人成道升天耳。山东、河北，天下美地，多出良禾、美蔬、鱼、盐、丝、茧，以给四方之用，自古得之者为大国。所以历代有国家者，唯争此地耳。今已为民有，兵火相继，流散未集，宜差知彼中子细事务能干官，规措勾当与免三年税赋，使军国足丝帛之用，黔黎获苏息之安，一举而两得之，兹宜安民祈福之一端耳。①

丘处机出发见成吉思汗之前，燕京等地区已经是成吉思汗管辖的地盘了，山东也在成吉思汗的掌控之中，丘处机进不进言，都对山东、河北等中原的政治大势无实质性影响。丘处机对成吉思汗的进言更多的是希望尽快结束山东、河北等中原地区的战乱，给老百姓一个安宁的生活环境，是在劝说成吉思汗如何治理好这些地区。丘处机对成吉思汗的上述进言，实际和上面提到的劝说成吉思汗要“欲一天下者，必在乎不嗜杀人”，要“以敬天爱民为本”，“以清心寡欲为要”是完全一致的，都是告诫成吉思汗不能太贪婪，不能到处去侵略，抢夺“奇珍异宝”，而是要注重治理。要治理好国家，就必须尽快地结束战争，让百姓休养生息；要“敬天爱民”，要用中原文化，也就是汉文化，包括用全真道所弘扬的道、释、儒三教的精华来治理国家。丘处机念念不忘向成吉思汗进言，仍然是济世救民的全真道教义，是希望成吉思汗能够接受汉文化，并用汉文化来治理天下。由于丘处机之学“多参儒书，兼善之意尤切”②，所以丘处机雪山论道，更多的是向成吉思汗灌输儒家的仁爱学说，对成吉思汗接受中原文化起到了很好的效果。这样一种潜移默化的汉化蒙古上层集团的做法，对于促使他们在中原地区以“汉法”行事也产生了一定的效果。

对于丘处机等全真七子和他们的弟子为保护和传承中华优秀传统文化所作出的贡献，钱穆给予了很高的评价：

中国北方黄河流域，当五胡北魏时代膺受第一次大灾祸。其时则赖士族大家庭势力支撑弥缝，使社会经济于破毁中复苏，传统文化亦藉以保留。……至金元时代，北方又受第二次大灾祸。其时则士族门第已不存在，社会无可屏蔽，全真教诸祖师乃借宗教为掩护，其所以弭杀机，召祥和，为社会经济保存

① 〔金〕丘处机著，赵卫东辑校：《丘处机集》，齐鲁书社 2005 年版，第 141 页。

② 钱穆：《中国学术思想史论丛》（六），生活·读书·新知三联书店 2009 年版，第 226 页。

一线生机，为传统文化保存一脉生命。……此乃全真教在当时之大贡献。①

由于丘长春们七真人的掩护，救了北方中国的万千生命，亦绵延了传统文化之一脉生机。②

丘处机去世之后，蒙古太宗五年（1233），太宗知李志常博通儒学，遂命创建国子学，选汉族教师以教蒙古贵官子弟学习儒学。李志常推荐冯志亨（亦是丘处机弟子）来协助创建国子学。国子学设于长春宫内，既有蒙古贵官子弟，也有汉人子弟，授课内容有《孝经》《论语》《孟子》《中庸》《大学》等书，也学习蒙古语言和骑射。蒙古贵族入主中原，亟须学习“汉法”以治汉地，而全真道领袖们适逢其会，成为蒙古族学习“汉法”之师，这无疑也为全真道推广儒家文化和全真道教义提供了绝好的时机。李志常掌教期间，不少士大夫因金亡之后流离失所，李志常则“委曲招延，饭于斋堂，日数十人”，解决了他们的生存问题，也发挥了他们的作用，传承和推广了儒家文化。尹志平、李志常还常常劝说蒙古朝廷要有爱民之心，要用有德有才之士来管理天下。如蒙古宪宗就数次召见李志常，“咨以治国保民之术”，志常答称：“自古圣君有爱民之心，则才德之士必应诚而至。因历举勋贤并用，可成国泰民安之效。”“宪宗称是。”③ 这都必然影响蒙古高层，促使他们用中原的文化来统治中原，也为保护和传承中国优秀的传统文化起到了作用。

蒙古政权初期，朝廷内部有一场“汉法”与“旧俗”之争。蒙古太宗窝阔台时，蒙古大臣别迭等人就主张在侵占的中原一带用蒙古的“旧俗”进行管理：“汉人无补于国，可悉空其人以为牧地。”而曾随成吉思汗西征的耶律楚材却反对这种倒退的措施，主张用中原地区较先进的生产和管理方式，及用“汉法”来治理中原地区。耶律楚材是元初著名的政治家，丘处机与成吉思汗论道时，耶律楚材正随侍成吉思汗身旁充当顾问。丘处机论道的内容，也正是由耶律楚材加以记录、整理并于日后编成《玄风庆会录》一书。耶律楚材曾与丘处机“联句和诗，焚香煮茗，春游邃圃，夜话寒斋”，说明二人关系当时非常融洽，丘处机对他产生影响也是顺理成章之事。耶律楚材非常推崇丘处机行善戒杀的说法，在丘处机论道的第二年，他就以独角怪兽出现为由，力劝成吉思汗停止征伐。耶律楚材对成吉思汗说：“此瑞兽也……愿承天心，以全民命。”“帝即日班师”，这说明成吉思汗已受到了丘处机行善戒杀的影响，所以能够听进耶律楚材的劝告，班师回朝。此后几年，他在成吉思汗的继任者窝阔台汗的支持下进行改革，参照汉法，定策立仪制，建议军民分

---

① 钱穆：《中国学术思想史论丛》（六），生活·读书·新知三联书店2009年版，第228页。

② 钱穆：《国史新论》，生活·读书·新知三联书店2009年版，第146页。

③ 卿希泰主编：《中国道教》第一卷，知识出版社1994年版，第339页。

治，建立赋税制度，废屠城旧制，奠定了元朝封建国家的立国规模。耶律楚材之所以能够这样做，除了他较早地接受汉文化的熏陶等主观条件之外，丘处机对他的影响也是重要原因之一。

全真道曾对金元时期的传统文化带来重要影响，由于全真道兴盛于胶东地区，其对胶东地区的影响尤为深远。胶东地区不少非物质文化遗产深深地印有全真道文化的痕迹或本身就是全真道文化的组成部分，如海阳大秧歌、莱州蓝关戏、胶东大鼓、蓬莱八仙过海传说、胶东全真道教音乐、八卦鼓舞、渔灯节、丘处机传说等等，这些非物质文化遗产不仅蕴藏着深厚的全真道文化基因，也使胶东地区的仙道文化得以生生不息地传承。

第三节　胶东仙道文化的传承与吸纳

明清时期，胶东仙道文化呈现出多元化趋向。岁月沉淀中，青岛崂山延续和发展着全真教义，并在明末清初得以发扬光大。八仙与八仙过海的传说在形成过程中与兴起于胶东的全真道关系密切，逐渐成为一种民间信仰，深入到社会生活的各个方面。来自南方的妈祖信仰逐渐与当地海洋文化信仰习俗融合，在胶东地区留下了丰富的文化印记，形成别具一格的文化形态，并对胶东当地民间文化的发展产生重要影响。

一、胶东仙道文化与崂山道教

“泰山虽云高，不如东海劳”，素有“海上名山第一”之称的崂山位于黄海之滨，胶东半岛西南部，拔海而立，山海相连，雄山险峡。秦汉时期，崂山所属的胶东半岛是秦皇汉武寻仙活动的重要区域，也是蓬莱仙话和方仙道传播最广、方士最集中的地区之一，笼罩了浓厚的神仙文化氛围，成为中国方仙道文化的重要发源地，为崂山道教的产生和发展提供了丰厚的文化土壤。金元时期，全真道掌教丘处机、刘处玄等人在崂山的活动，使崂山接受了全真道并逐渐成为胶东的全真道活动中心之一，并在明清时期传承了胶东仙道文化。

1. 胶东方仙道文化与崂山初期的道教

崂山有“劳”“牢”“劳盛”“辅唐”之称，历史上隶属于琅琊郡。《山海经·海内东经》中记载：“琅玡台在渤海间，琅玡之东。其北有山，一曰在海间。”[①] 郭郛注释：“琅玡台在今沂州府，其东北有山，盖劳山也。劳山在海间，一曰牢

① 郭郛注：《山海经注证·海内东经》，中国社会科学出版社2004年版，第737页。

山。”① 前面提到，姜太公封齐时，作八神，将四时主神立于琅琊山上。秦汉时期，琅琊郡是寻仙活动的重要区域，秦皇汉武都曾来此访求长生不老之药。清代学者顾炎武《黄志〈崂山志〉序》考证秦始皇巡山劳民伤财为崂山名字的来历：“秦皇登之，是必一郡供张，数县储偫，四民废业，千里驿骚而后上也。于是齐人苦之，而名曰劳山也，其以是。”②

随着神仙说的出现，社会上逐渐形成了一个专以泛海求仙、寻找不死之药的独特方士阶层，他们所代表的即神仙方士文化。由于齐地丰富的文化底蕴和胶东临海独特的地理位置，使得胶东地区成为方仙道发展的重要地域。大量的方士、巫师和神仙家在这里开展活动。琅琊郡有许多神仙方士，其中最著名的是安期生，司马贞《史记索隐》引《列仙传》云：“安期生，琅琊阜乡人，卖药东海边，时人皆言千岁公。”《史记正义》引《列仙传》载：安期生是琅邪阜乡亭人，在海边卖药。秦始皇东巡海上时，与安期生聊了三天三夜，赐金数千万，秦始皇离去后，安期生委弃金银财宝不顾，给秦始皇留了一封信，曰：“后千岁求我于蓬莱山下。”③ 活跃在汉武帝身边的方士李少君、栾大、申公都声称在海上见过安期生。这些记载说明，秦汉时期，崂山颇具神秘色彩，有着丰富的神仙传说。

据现存史料来看，汉代的张廉夫和逄萌都曾在崂山修行。张廉夫在崂山修茅庵一所，供奉三官大帝神位。东汉初年，逄萌曾隐居崂山，“养志修道”④。唐宋时期，崂山外丹术一度盛行。据《新唐书》记载，唐开元末（741），宋州姜抚请求药崂山，弃家为道。⑤ 唐天宝二年（743），皇帝敕孙昙至崂山采药。孙昙为当时一个有名的方士，来到崂山棋盘石修建采药山房一所，在此居住采药炼金丹，至今崂山仍有三处摩崖石刻记载其活动。据《崂山志》记载：“王旻者，得道人也。常游五岳，貌如三十许人。玄宗时，诏至阙。天宝四年，同南岳道士李华周请，高密崂山为上炼长生之药。玄宗许之，改崂山为辅唐山。”⑥ “辅唐”就是辅佐唐朝之意，虽然当时佛教在唐朝受到尊宠，可是崂山的道教也受到当权者的青睐。唐末，道士李哲玄将内丹术传播到崂山。唐昭宗天祐元年（904），李哲玄来崂山修炼，在今崂山太清宫的位置建立三皇庵，供奉三皇神像。李哲玄带领道众修建庭院，并且帮助群众解难，使得当地人更容易接受道教文化和支持道教发展，曾被后周太祖封为“道化普济真人”。李哲玄修

---

① 郭郛注：《山海经注证·海内东经》，中国社会科学出版社 2004 年版，第 738 页。
② 周至元：《崂山志》，齐鲁书社 1993 年版，第 296 页。
③ 〔西汉〕司马迁：《史记·孝武本纪》，中华书局 2000 年版，第 320 页。
④ 〔南朝宋〕范晔：《后汉书》，中华书局 2000 年版，第 1864 页。
⑤ 〔北宋〕欧阳修等：《新唐书》，中华书局 2000 年版，第 4442 页。
⑥ 周至元：《崂山志》，齐鲁书社 1993 年版，第 162 页。

炼内丹注重养生长生，使得当时崂山道众人人注意修身养性。

宋朝时期，对崂山道教的发展起推进作用的应属华盖真人刘若拙。崂山刻石中留有丘处机“华盖真人上碧霄，道山从此蔚清标”的诗句，比较明确地讲是刘若拙开创了崂山道教的新局面。刘若拙于后唐同光二年（924）自蜀地来到崂山，宋建隆元年（960），受宋太祖召见，深得赏识，被封为“华盖真人”，宋太祖想留他在京任职，刘若拙不受，他回到崂山，宋太祖为他修建太平兴国院（太平宫前身），重修太清宫，新建上清宫，可以说得到皇帝支持的刘若拙，为崂山道教兴盛期的到来奠定了坚实的基础。但是此后的一二百年中始终没有杰出的后继者，崂山道教在这期间的发展是非常缓慢的。

2. 全真道的兴起与崂山道教的兴盛

金元时期，胶东地区是全真道活动较为频繁的地区，随着全真道的广泛传播，刘处玄、丘处机等相继传教崂山，崂山各道教庙殿的道士很快接受了全真派“重丛林清修，不娶妻室，不食腥荤，注重内功修养”的教义，全部皈依全真门下，迎来了全盛期。《聚仙宫碑铭序》中载：“自王重阳之东也，而全真氏之教盛行。”① 金元时期建立的宫观也很多，包括重修太清宫，建立太平宫、上清宫、神清宫、鹤山遇真宫、寓仙宫、迎真宫、通真观、大崂观、华楼宫、聚仙宫、凝真观、明霞洞等，崂山现在大多数重要的宫观都是这个时期建立的。

全真七子之一的王处一终生在山东传教，足迹遍布胶东半岛，其著作《云光集》中有《崂山采药》和《赠崂山郑先生》两首诗。其《崂山采药》诗曰：“放荡真如性，逍遥养内丹。寸灵无彼我，百草变芝兰。”② 其《赠崂山郑先生》诗曰：“志坚心稳住崂山，华盖曾兹炼大丹。无限峰峦深掩映，自然尘事不相干。”③ 据此可以推断，王处一来过崂山。金大定二十五年（1185），全真道第三任掌教谭处端仙逝于洛阳，刘处玄接任全真掌教之位，时年三十九岁。金章宗明昌六年（1195），刘处玄、丘处机结伴与弟子门人登临崂山。在崂山华楼景区有题记为《看崂山道》的碑刻一处，文曰：“云岩子上石。刘师傅、丘师傅游上清宫来看崂山道诗句。”此后，丘处机因事离开，刘处玄则独留太清宫讲道两年，逐步创立全真教随山派，太清宫由此成为全真随山派祖庭。

金章宗泰和三年（1203），刘处玄仙逝，丘处机继任全真掌教。泰和五年

---

① 青岛市崂山区志编纂委员会：《崂山区志》，方志出版社2008年版，第682页。

② 〔金〕谭处端等著，白如祥辑校：《谭处端 刘处玄 王处一 郝大通 孙不二集》，齐鲁书社2005年版，第327页。

③ 〔金〕谭处端等著，白如祥辑校：《谭处端 刘处玄 王处一 郝大通 孙不二集》，齐鲁书社2005年版，第302页。

（1205），丘处机在莱州昌阳作醮。醮罢，应道众之邀，再游崂山，此行将“牢山”之名改为鳌山，并作序文及诗20首。诗前序文曰：“东莱即墨之崂山，三围大海，背负平川，巨石巍峨，群峰峭拔，真洞天福地，一方之胜景也。然僻于海曲，举世鲜闻，其名亦不佳。予自昌阳醮罢，抵于王城永真观，南望烟霭之间，隐隐而见。道众相邀，迁延数日而方届。遂闲吟二十首，易为鳌山，因清畅道风云耳。”金泰和八年（1208），丘处机弟子王志心与刘志宽把这20首诗镌于崂山太平宫以北两三里的白龙洞。金卫绍王大安元年（1209），丘处机又一次游览崂山，题诗二十首。其中十首，于元至元九年（1272）被镌刻于上清宫玉皇殿西墙外的浑元石上。另外十首，则于元太宗二年（1230）被刻在太清宫三皇殿后的山石上。此外，崂山上还留存丘处机《青玉案》词刻石，位于上清宫东侧，刻石上有词前序文曰：“长春真人于大安己巳年胶西醮罢，道众邀请来游此山，上至南天门，命黄冠士奏空洞步虚毕，乃作词一首，名曰青玉案。”可知丘处机是到胶西斋醮，应道众邀请来到崂山的。词曰：“乘舟共约烟霞侣，策杖寻高步，直上孤峰尖险处。长吟法事，浩歌幽韵，响遏行云住。凭高目断周回顾，万壑千岩下无数。匝地洪波吞岛屿，三山不见。九霄凝望，似入钧天去。”从以上记载中，均可见当年崂山全真道教之昌盛。崂山之中能够称作丘处机遗迹的，主要是他为崂山而作，且分别见于各处摩崖的四十余首诗。包括白龙洞二十首，上清宫十首，太清宫十首，外加一首《青玉案》。华楼宫后有“双双燕”词，黄石宫附近有“青天歌”，它们虽不涉及崂山，却分别见于《磻溪集》。元太祖二十二年（金正大四年，公元1227年），丘处机病故于北京白云观，享年79岁，遗体安葬于北京长春宫东侧。崂山道士为了纪念他在崂山创建龙门派的功德，把他留下的衣、帽，在他经常讲经传道的上清宫边，为他建了“衣冠冢”。

丘处机西行晋见成吉思汗之后，全真道大兴于天下，全真七子的门人弟子纷纷来崂山建宫立院，崂山全真道教从此进入了鼎盛发展的阶段。至今，崂山太清宫三皇殿两侧墙上，东西相对，嵌有两方元太祖圣谕刻石，是成吉思汗赐给丘处机的虎符榜，要丘处机“掌管天下道门事务”。元代以降，崂山取代昆嵛山成为胶东地区全真道活动中心，有“天下第二丛林”的称号。

全真教第三代道士、王重阳之徒孙李志明道养深厚，为崂山的道观建设和道徒的培养作出了突出贡献。李志明号隐真子，“志趣不凡，神形卓异，以清净虚无为体，以明道阐教为宗。乐木石同居，养乔松之寿，功行内修，英华外著，道俗景仰，师而礼之者众”①。元大德元年（1297），李志明受云岩子刘志坚之邀，来到崂山，见上清宫倾颓衰败，隐没于乱草之中，喟然叹曰：“东海名山，祖师遗迹，清

① 周至元：《崂山志》，齐鲁书社1993年版，第212页。

虚境界，岂容泯灭？非天不卑人，人自弃耳。”于是与弟子们一起“斩除荆榛，采木陶土，鸠工命梓，重修殿宇。塑玄元圣祖像，左右真仙列侍，庙庑斋堂焕然鼎新，以居清众。澄心涤虑，焚香诵经”①。元泰定二年（1325），李志明又提议创建聚仙宫，其后，居于明霞洞二十五年，问道者络绎不绝。李志明居崂山数十年，度弟子五百余人，年八十余仍步履轻捷，被敕封为“通玄弘教洞微大师”。

3. 明清时期崂山道教的发展与传承

全真道的兴盛，也引起了元朝统治者的警觉，元廷开始借佛道之争压制全真道，胶东道教的发展也受到了严重影响。直到明朝嘉靖、万历年间，崂山全真教才迎来了中兴。全真龙门派在崂山创立了三大支派：鹤山派、金山派和金辉派，创始人分别是徐复阳、孙玄清和齐本守。

徐复阳（1476—1556），字光明，号太和，又号通灵子，山东掖县（今莱州市）人。年幼时双目失明，擅长医卜，各方游食。流落到即墨鹤山时，被遇真庵龙门派道士李真人收养。李真人，名来先，号疑真子，灵仙为其字，是龙门派传人，莱州昌邑人，居鹤山遇真庵修行。于是徐复阳拜李真人为师，师事多年。传说李灵仙把9枚铜钱撒于山涧内的杂草丛中，让徐复阳去摸，以锻炼他的静心修性之功。山涧怪石嶙峋，杂草丛生，一年只能摸到3枚，3年后全部摸到。于是，李灵仙授秘诀，终于使徐复阳双目复明。徐复阳曾在鹤山遇真庵的仙鹤洞中面壁九年，后来潜修明霞洞及太清宫，功成后回归鹤山遇真庵修行，为全真鹤山派始祖。嘉靖三十五年（1556），徐复阳逝世，敕封“中元永寿太和真君”。孙玄清（1497—1569），字金山，号紫阳、海岳山人，山东寿光人，道教界称其为“玄静祖师”。清人梁教无《玄门必读》载，孙玄清自幼于崂山明霞洞出家为僧，拜李显陀为师，后弃释为道。游铁槎山云光洞，遇通源子，得授升降天门运筹之法。十九岁时，即墨县太和真人携住黄石宫，隐居苦练二十余年，道法大进。后又遇张斗篷真人，共谈修真口诀，豁然贯通，成为全真龙门派第四代传人。嘉靖三十七年（1558），孙玄清应诏至京师，挂单于白云观坐钵堂一年，注《灵宝秘诀玉皇心印经》《太上清净经》《皇经始末元奥》等，又造释门宗卷八部六册，其学养令朝野折服。时值京师大旱，孙玄清求雨有验，于是赐号“护国天师左赞教主紫阳真人”。孙玄清后来别立法派为全真金山派，因其在崂山明霞洞出家，遂以明霞洞为祖庭。孙玄清道学修养极高，与明廷关系非同一般，其创立的金山派是全真龙门派在明代成就最大的一个支派。齐本守（？—1602），字养真，号金辉，又号逍遥子，浙江杭州钱塘人。万历年间，随其师白不夜（全真龙门派道士）自寿光来崂山，在先天庵潜居修道，静修

---

① 周至元：《崂山志》，齐鲁书社1993年版，第212页。

三十余年。师徒二人垦荒种地，自食糠秕，而供他人米粮。齐本守坚守清规，乐善好施，重修先天庵，用21年时间亲手增修殿宇三间及配殿两间，为他人所不能及，深得时人敬重。齐本守是全真道龙门支派金辉派始祖，晚年曾居太清宫。先天庵倾废后，其门人弟子皆入太清宫居住，故太清宫一度曾作为金辉派、鹤山派、随山派共居之道观。万历三十年（1602），齐本守被封为“上元普济宏道真君”。即墨杨懋科在《齐道人传》中对其潜心修行、度化世人的一生评价甚高：“性根元始，气括鸿蒙。栖真海上，洞洞空空。急水迴帆，啖糠绝粒。百折其坚，瞿然骨立。孤峰扫月，空谷吹云。纵横自在，遁魔消氛。恍逗心花，笔精墨妙。朗吟飞渡，出窈入窕。光翻银海，法转金轮。天门寥阔，身外有身。化鹤归来，爰止其庐。嘘吸仙风，叫醒迷愚。”① 鹤山、金山、金辉三派，是全真丘祖龙门派在明代的主要支派，均见于《诸真宗派总簿》。该簿是收藏于北京白云观的手抄本，上面共记录了民国时期86个道派。三派中以金山派最有影响，三位创始人中也以孙玄清的名气最大。

崂山宗教发展过程中，佛道两家一直和睦相处，崂山有不少庙宫是僧道两院同居共处。明万历初年，太清宫一度倾颓，著名的佛僧憨山大师，在皇太后的大力扶持下，于万历十四年（1586）持皇帝所赐《大藏经》及布金，在崂山筹建海印寺。此举遭到崂山道教徒的全力反对，以耿义兰为首的道徒们与之对簿公堂，官司从即墨县一直打到朝廷上，由此引发了一场崂山佛道之争。

万历十七年（1589），全真道士耿义兰多次带领太清宫道士到官府告状。因为太后宠信憨山，地方官吏不敢处理，所以多次上告均无结果，反而受到笞刑。万历十九年（1591），耿义兰进京告“御状”，在白云观住持的帮助下，得以将控疏呈送明神宗。对于佛道两教，明神宗本来并没有偏好，因为与笃信佛教的太后矛盾加深，有帝后之争，所以迁怒于憨山。为了打击太后一派，明神宗便积极支持道士。万历二十三年（1595），明神宗以私创寺院论罪将憨山逮捕充军去广东雷州。万历二十八年（1600），明神宗降旨毁寺复宫，拨巨资将太清宫复建，敕颁《道藏》四百八十函。为嘉奖耿义兰护教有功，敕封他为“扶教真人”，钦赐御伞御棍、金冠紫袍，永镇山宫庙场。崂山佛道的庙址之争，以道士的胜利而告终，崂山道士声威大振，大大促进了整个崂山全真教的发展。

明清时期，崂山全真教道派林立，道观遍布，对外号称“九宫八观七十二庵”，为胶东地区留下了丰富的仙道文化遗产。从明末至清中叶，崂山宫观之盛、道士之多，在崂山道教史上是少有的。见诸文献记载的主要高道有边永清、蒋清山、韩谦让和丁本无。

---

① 黄肇颚：《崂山续志》，山东省地图出版社2008年版，第205页。

边永清，号玄隐道人，明保定府满城人。明熹宗天启年间任乾清宫管事西协兼视忠勇营提督太监。明亡后，边永清同太监杨绍慎携宫女养艳姬、蔺婉玉等四人来崂山出家，居于崂山王哥庄修真庵任住持。养艳姬、蔺婉玉等四宫女随边永清来崂山后，得崂山道士蒋清山之助，居于百福庵出家修行。养艳姬、蔺婉玉精通音律，在百福庵专心研究道乐，使崂山道教音乐名扬一时，吸引了全国各地的道士来此挂单学习道乐，为崂山的道教音乐作出了巨大贡献。

蒋清山，又名迪南，字云石，号烟霞散人，江南人，十八岁出家于崂山百福庵。蒋清山喜读书，曾在百福庵藏有大量的经书典籍，时人称之为“蒋迪南书院”，并精通书法，品行高洁，当地士人皆雅重之。养艳姬、蔺婉玉等四宫女随边永清逃来崂山后，得蒋清山之助，得以在百福庵居住修行，精研道乐。蒋清山则移居通真宫住持庙务。

韩谦让，字太初，清同治年间（1862—1874）入住崂山太清宫，其为人性情淑和，崇尚俭朴，薄己而厚人，并且深悟琴理，以琴悟道，是清代著名的古琴演奏大家，山东派古琴的代表人物。他同嘉庆年间的古琴演奏名家、太清宫道长薛一了并称古琴界二杰。韩谦让曾任太清宫监院，友人为其堂题名曰“道洽琴心”，四方闻名来访者络绎不绝。其徒弟每犯过错，韩谦让从不责罚，而是将其唤到身边，从容奏琴，直到徒弟被琴声打动，自己跪下承认错误为止。光绪三十三年（1907），时任山东巡抚的翰林杨士骧慕名来访，聆听了韩谦让的古琴技艺后，大为赞叹，留诗一首曰：“我揖太清宫，道士善弹琴。访得韩道长，琴床眠龙吟。为我一再弹，领略太古心。右手弹古调，左手合正音。泛音击清磬，实音捣寒砧。声声入淡远，余音绕杜林。指点断文古，传留到如今。不求悦俗耳，但求养自心。”①

丁本无，字太乙，明浙江举人，属于崂山金辉派，是崂山道士中少见的有著作存世的文人道士。因不满魏忠贤擅权结党，残害忠良，遂于天启年间弃家修道来到崂山，入白云庵为道。丁本无居崂山三十余载，后潜居庵北葫芦洞中诵经著述，著有《金辉录》《戒杀文》《群仙要语》等著作，羽化后葬于姑余山下。

崂山是中国道教名山，是自然景观和人文景观的有机结合体，蕴含在山海奇观之中的人间仙境和神话传说、古朴文雅的道教人文景观和玄妙奇特的道教文化艺术是崂山道教资源的特色之处。经过2000多年的历史积淀，崂山已经形成深厚的道教文化底蕴，崂山的山山水水都饱含着道教文化的神韵。自金元时期全真教繁荣时开始，崂山道教在全真七子的影响下发展、兴盛起来，成为胶东地区全真教主要教区，全真文化占据主流。明清时期，随着政治的变化发展，全真教在国内其他祖庭的发展基本衰

① 青岛市诗词学会：《万古崂山千首诗》，新华出版社2002年版，第135页。

落，胶东地区只有崂山继续延续和发展全真教义，并在明末清初得以发扬光大，使胶东仙道文化得以很好地传承，并对胶东当地民间文化的发展产生重要影响。

二、胶东仙道文化与八仙的传说

八仙是我国流传广泛、最为老百姓喜闻乐见的神仙群体。他们由唐宋时期的单个神仙被组合成一个人人喜爱的神仙班子，经历了几百年的整合过程，直到明朝中叶，才形成现在这个稳定的钟吕八仙群体。全真道在八仙定型的过程中发挥了重要作用。同时，全真道对元杂剧中的神仙道化剧影响极为深刻，而神仙道化剧对八仙的形成也起到了一定作用。八仙过海闹龙宫是八仙集体行动中最有名的传说，其形成亦与全真道关系密切。作为仙境象征的山东蓬莱不仅是全真道的发祥地之一，与几位全真宗师渊源颇深，而且本地流传有八仙过海的民间传说。明清以后，八仙逐渐成为一种民间信仰，深入到社会生活的各个方面，对中国民俗生活、民间风习产生了巨大的影响。

1. 全真道与八仙的传说

《弇州续稿·题八仙像后》记载：“八仙者，钟离、李、吕、张、蓝、韩、曹、何也。不知其会所由始，亦不知其画所由始。余所见仙迹及图史亦详矣，凡元以前无一笔。”①《弇州续稿》是明代文学家、史学家王世贞的文集，以他的博览所见，有关钟吕八仙的仙迹、绘画和史籍在元代以前是没有的，只有元代及元以后的作品。可见，钟吕八仙能够形成一个著名的神仙群体，元代是一个非常关键的时间段，起到了重要的作用。同样是明人，著名学者胡应麟认为钟吕八仙的会合、兴起直接肇因于元代全真道的兴盛。清代学者赵翼也赞同胡应麟的看法。虽然在八仙定型的漫长过程中，戏曲、文学、绘画、民俗都起了一定作用，但是全真道的作用应该说是最为重要和关键的。

（1）全真道立观度人，对八仙形成的影响

全真道兴起于山东半岛的昆嵛山一带，全真七子也全部出自胶东地区，全真七子之一的丘处机西赴雪山，晋见成吉思汗取得成功后，全真道走上了极盛之路。全真弟子谨遵丘处机“立观度人，时不可失”的教诲，在各地纷纷建立宫观，设坛作醮，壮大全真道队伍，为全真道的大发展打开了新的局面。经过三十多年的经营，全真道的宫观、弟子遍布河北、河南、山东、山西、陕西、甘肃等元朝统治的广大北方地区。

---

① 〔明〕王世贞：《弇州续稿》，见影印文渊阁《四库全书》第1284册，上海古籍出版社1987年版，第469页。

元代的全真道宫观建设屡屡不断，壁画创作担负着传播教义的重要功能，自然也备受重视。元代寺观壁画非常发达，现存艺术价值最高的当数永乐宫元代壁画。永乐宫壁画是全真道诸多宫观宗教宣传画的一个缩影，其绘制规模宏大、精美壮丽。纯阳殿东、北、西三壁以52幅画组成一部《纯阳帝君神游显化之图》，以连环组画的形式来表现传说中吕洞宾的一生事迹，包括“黄粱梦觉”等影响元杂剧的经典题材，大大扩大了吕洞宾在全真道中的地位和影响。值得一提的是，纯阳殿北门门额有《八仙过海图》，此处所绘道教八仙为李铁拐、汉钟离、张果老、徐神翁、蓝采和、吕洞宾、韩湘子和曹国舅，这为八仙神仙群体的形成提供了考古依据。与元杂剧相对照，可以认定这一组八仙在元代已是通行的组合了。纯阳殿东壁《度何仙姑》描绘吕洞宾点化何仙姑成仙的故事，吸收宋代笔记中何仙姑幼遇异人的传说，以吕洞宾当此异人，何仙姑遂成为吕洞宾弟子。《神化度曹国舅》记载吕洞宾点化曹国舅成仙的传说，《八仙过海图》中有曹国舅，可见最迟此时他已加入了八仙行列。据壁画可推知，曹国舅加入八仙，几乎完全因为他是八仙的核心人物吕洞宾的弟子。全真道比较讲究师承和度脱关系，由永乐宫壁画可知，八仙群体在元代已初步形成，并逐渐向以钟、吕为核心，有严密师承的八仙传说系统发展。

全真道广开教门，立观度人，把早期民间八仙的零散传说（以吕洞宾传说为主）吸收到自己的教派传统中来，为了迎合人民群众的愿望进而推出道教神仙群体偶像——八仙，对八仙的形成起到了重要作用。这虽然是全真道加强吸引信徒的一种方便手法，但是全真道对自身教义的宣传也成全了八仙。作为全真道推崇的神仙群体，全真道盛则八仙盛，正因为全真道在全国的流布，以钟、吕为核心的八仙才开始有了在全国范围内的影响力。

（2）全真道对元杂剧的深刻影响

从八仙定型的过程中可以看出，八仙是以散仙的面貌出现，并且时间各不相同。他们能够联合成一个神仙群体，在老百姓的心里占有重要的地位，元杂剧中的神仙道化剧对八仙故事的传播也起到了一定的作用，而神仙道化剧绝大多数是以全真道教神仙故事为题材的，受全真道影响很深。在元杂剧中，神仙道化剧占有相当重要的地位。据侯光复统计，《录鬼簿》《录鬼簿续编》《太和正音谱》等书著录，元代十九位作家及无名氏作者，共创作此类杂剧34种，占元剧总目的十六分之一。① 神仙道化剧首见于明代朱权所撰《太和正音谱》之“杂剧十二科”，“神仙道化”列于首位，并且十二科中的神仙道化、隐居乐道、神头鬼面三科都与道教神仙

① 侯光复：《谈元代神仙道化剧与全真教联系的问题》，见吴光正主编《八仙文化与八仙文学的现代阐释》，黑龙江人民出版社2006年版，第520页。

内容有关。神仙道化剧成为元杂剧中占很大比重的部分，有着深层的社会原因和宗教原因。

神仙道化剧实际上指那些充满道家出世思想，宣扬修真悟性，炼形求仙的戏曲作品，大致分为度脱剧和谪仙投胎剧两种，其中度脱剧中就有很多八仙戏。神仙道化剧中出现的神仙人物，无论是主角还是配角，几乎都和全真道存在或多或少的联系。有全真道的核心成员，祖师或真人，如东华帝君、钟离权、吕洞宾、王重阳、马丹阳、丘处机等；有全真道崇奉的道教人物或神仙人物，如西王母、太白金星、庄周、陈抟、列子等。马致远的《王祖师三度马丹阳》《马丹阳三度任风子》，郑廷玉的《风月七真堂》，杨景贤的《王祖师三化刘行首》，贾仲明的《丘长春三度碧桃花》五种剧目则直接以王重阳与全真七子作为度脱剧主角。而其他的度脱剧大部分都是八仙度脱剧，如马致远的《吕洞宾三醉岳阳楼》《开坛阐教黄粱梦》，赵文敬的《张果老度脱哑观音》，纪君祥的《韩湘子三度韩退之》，赵明道的《韩湘子三赴牡丹亭》，岳伯川的《吕洞宾度铁拐李岳》，谷子敬的《吕洞宾三度城南柳》《邯郸道卢生枕中记》，贾仲明的《铁拐李度金童玉女》《吕洞宾桃柳升仙梦》，无名氏的《汉钟离度脱蓝采和》等。接近半数剧作的故事，是按照全真道的一个传说改编而来，或者是由几个传说故事拼凑而成，并通过剧中人物表现了全真道的宇宙观、人生观和清规戒律。这些神仙道化剧大都敷演神仙度脱有夙缘的凡人成仙的故事，在神仙人物出场、神仙选取的度脱对象、被度脱人入道方式、度脱手段，戏剧的结尾等情节上有许多雷同之处。这与全真道创始人王重阳、全真七子早期传道的方式非常相似。全真领袖们的修炼故事，都成了神仙道化剧的生动素材。

2. 蓬莱与八仙过海的故事

八仙过海是八仙集体行动中最有名的传说，其形成也与全真道密切相关。后世文人用不同的文学体裁和艺术样式演绎它，杂剧《争玉板八仙过海》和小说《东游记》对八仙过海传说的形成起到突出作用。素有“人间仙境”之美誉的山东蓬莱不仅是全真道的发祥地之一，本地流传有八仙过海的民间传说，而且，与全真道宗师关系密切。因此，蓬莱不仅是民间比较公认的八仙过海处，而且作为“八仙过海”传说的发源地也有着较为充分的理由。

（1）蓬莱是仙境的象征

胶东半岛的蓬莱北部分布着许多岛屿，有着较大的岛群，现在称作庙岛群岛。每当雨季就会笼罩在茫茫雨雾之中，仿佛荡漾在海上的仙山，亦真亦幻。这里还是海市蜃楼多发的地区，春夏、夏秋之间，当连日降雨，雨后天开，天气比较凉爽时，海域上空就会出现大团变幻莫测的云彩，形成海市，最后在海风中慢慢飘然逝去，给这一地区笼罩上一层神秘色彩。宋代沈括在《梦溪笔谈》卷二十一中详细描写了海市的情景："登州海中时有云气，如宫室、台观、城堞、人物、车马、冠盖历历可见，谓之'海市'。"① 元丰八年（1085），大文学家苏东坡就任登州，主事五日，留居半月有余，曾写有《登州海市》一诗。因苏轼盛名，登州海市名气越来越大，后世吟咏登州海市的诗也越来越多，明代兵部尚书袁可立，清代山东学台、诗人施闰章都有登州海市的诗文留世。

在科学解释尚未建立的古代，海市蜃楼这一自然现象很容易激活登莱先民无限的想象力和好奇心，幻想海上有仙山，仙山上有神仙，神仙长生不老，随之产生了浪漫、富有想象力的各种神仙传说。胶东滨海地区成为中国神仙信仰的起源地之一，秦皇汉武一度到这里来寻找蓬莱仙山，推动了长生不老神仙信仰的流布。他们求仙的故事也慢慢演变成了各种仙道传说，使胶东滨海地区的神仙文化氛围更加浓厚。"蓬莱"渐渐演化为文学描写、表现游仙景象和境界的经典意象之一，汉唐时期，游仙成为诗歌的常见题材，游仙诗所表现的神仙内容，大部分是属于有关蓬莱仙境的传说。"蓬莱"一词是美好的象征，它既代表一座海上仙山——仙人的居住集散之所在，又成为众多神山仙洲的总称，同时还是世俗人们心驰神往的仙境。金代王重阳第二次醴泉遇仙，受异人"秘语五篇"。第二篇云："一朝九转神丹就，同伴蓬莱去一遭。"第五篇云："九转成，入南京，得知友，赴蓬瀛。"② 他意识到必须去登莱沿海，才能开创新的局面。他在烧掉刘蒋村茅庵时对乡亲们唱道："奉劝诸公，莫生悒怏，我咱别有深深况，唯留煨土不重游，蓬莱云路通来往。"③ 可见，在全真典籍中，"蓬莱云路"既指仙境，也实指胶东滨海地区。《通典》记载，元光二年（前133），"（汉）武帝于此望海中蓬莱山，因筑城以为名"④。汉武帝没看到传说中的蓬莱仙岛，就在望仙岛的地方筑了一座城，命名为"蓬莱"。这是有文字可考的最早记录。唐贞观八年（634）在这一带设立了蓬莱镇，归黄县管辖，唐初的大诗人骆宾王到过此镇，并且留下了一首咏蓬莱镇的五言诗，地上的蓬莱从此有了知名度。唐神龙三年（707）升蓬莱镇为蓬莱县，蓬莱县城作为登州府府治的所在地，并一直延续至宋、金、元、明、清各代。

北宋嘉祐六年（1061），登州郡守朱处约在蓬莱丹崖山上建起一座巍巍峨峨的蓬莱阁，为州人提供游览的场所。朱处约在《蓬莱阁记》中提到了古来求仙诸事，但是他自己"不知神仙之蓬莱"，只信"人世之蓬莱""治世之蓬莱"，无论怎么说，到底舍不得"蓬莱"的仙气，阁子仍以"蓬莱"为名。苏东坡就任登州时，

---

① 〔北宋〕沈括著，金良年校点：《梦溪笔谈》，齐鲁书社2007年版，第136页。

② 《道藏》第3册，上海书店出版社1988年版，第384页。

③ 《道藏》第25册，上海书店出版社1988年版，第732页。

④ 〔唐〕杜佑撰，王文锦等点校：《通典》，中华书局1988年版，第4793页。

登览蓬莱阁，放歌赞美山海，留下的诗篇和文章实在为蓬莱和蓬莱阁增光不少。从此，翰墨流传，和者渐众，积得诗文千百，楹联、题刻无数，蓬莱阁的美名扬播天下，成为一处名胜，历代多有重修之举。这样，一座自古便以仙人出没相传的蓬莱城，因蓬莱阁的建立，苏文忠公的一番吟咏而名扬四海，成为人们心目中的“人间仙境”。古来名宦政要，凡足迹涉及胶东，必至蓬莱登临蓬莱阁。金末元初，八仙传说随全真道盛行而流行，自然会有许多八仙的故事附会而来，甚至后来民间传说八仙过海的地点正是在蓬莱阁。明代初年，出使明朝的朝鲜使团路经与蓬莱隔海相望的庙岛群岛时，有多人赋诗抒怀，记叙八仙的遗迹，表达对八仙的敬意。如建文三年（1401）春，朝鲜使臣、著名诗人李詹路经庙岛群岛北端的隍城岛时，写有《泊半洋山（用登州韵）》诗，其中就有“孤岛留仙迹，长风送客船”的诗句，作者还自注：“岛上有李、钟、吕、韩、曹、蓝、河（何）等八仙遗迹。”[①] 李詹在《次曹通事半洋山怀古》一诗中，也有“洞宾遗迹四山周”的诗句[②]，说八仙之一的吕洞宾在隍城岛留下了很多遗迹。这些遗迹的出现不是偶然的，应该与蓬莱的八仙过海传说相关。

（2）蓬莱是全真道发祥地之一

八仙过海传说与全真道密切相关，而全真道早期传教地区重点在胶东三州，即登州、莱州、宁海州。蓬莱不仅是全真道的发祥地之一，与全真道几位宗师颇有渊源，而且本地流传有八仙过海的民间传说，因此，民间较为公认的八仙过海地点是在胶东蓬莱。

八仙的核心人物，全真道五祖之一吕洞宾与蓬莱关系密切。南宋洪迈《夷坚志》乙卷七《岳阳吕翁》中提及吕洞宾作的《金丹秘诀》一书，其中有“千日功成，骖鹤驾先游蓬岛”的句子。《全唐诗》中辑录了吕洞宾的诗词近300首，多处提到“蓬莱”。吕洞宾在这里自称是“蓬莱倦客”。清代末年以八仙故事为题材的长篇小说《三戏白牡丹》主要演绎吕洞宾的故事。其中，吕洞宾指点白牡丹一家到白云洞修行后，自己回到蓬莱；黄龙的徒弟黄发道人与悟尘禅师、杨思文等联合四海龙王向吕洞宾寻仇的地点也是在蓬莱。另外，《白云观志》卷三载，白云观迎宾梁至祥在民国间抄出《诸真宗派总簿》《宗派源流目录》中，把吕洞宾列为“蓬莱派”。如此种种，都将吕洞宾与“蓬莱”放在一块儿。既然吕洞宾是八仙的核心，全真道五祖之一，又与蓬莱关系那么有渊源，所以八仙到蓬莱也是顺理成章的了。

---

① 刘晓东、马述明、祁山：《明代朝鲜使臣笔下的庙岛群岛》，人民出版社2014年版，第153页。

② 刘晓东、马述明、祁山：《明代朝鲜使臣笔下的庙岛群岛》，人民出版社2014年版，第156页。

全真创始人王重阳往返于登州传教期间，要离开的时候，常常留诗为别。王重阳有《赠登州奉道》一诗：“一轮明月吐光辉，桂树香传十九枝。正到中更当子午，放开灵耀射瑶池。”① 其词《永遇乐》二首是赠与登州安闲散人的。王重阳在登州创会期间，曾与丘处机、谭处端、马钰三弟子游览蓬莱阁，写有《蓬莱阁》一词：“溟漠，令忘了登飞阁。登飞阁，人自省，身居银廓。能俱养灵丹药，槎稳驾销诸恶。销诸恶，头一点，肯教牢落。”② 他在蓬莱阁上还显示了神异。《终南山神仙重阳真人全真教祖碑》记载了这个故事：王重阳和三位弟子在蓬莱阁观海的时候，海面上忽然起了一阵飓风，大家见王重阳被风吹入海中，非常惊讶，过了不久，只见王重阳从海中跃出，仅仅遗失簪冠而已。不多时，王重阳的簪冠就随着水波缓缓出来了。王重阳随风吹入海中却能毫发无伤地跃出，簪冠也能够自动浮出水面，确实神奇。这固然是道教徒对祖师的神化渲染，却也为附会八仙过海埋下了伏笔。

王重阳大弟子马钰写有《继登州仓使韵》《继登州祝同监韵》《赴登州请道过王迟店蒙秦亭于解元见惠佳什勉继高韵》《借坡公韵赠蓬莱道众》等诗，说明他在登州活动是很频繁的，而且，马钰的诗歌中还提到了登州的海市蜃楼，他在《腊日海上见海市用东坡韵》《宁海军判官乌延乌出次韵》《次韵》《复用前韵》中对海市蜃楼都有所描绘，尤其是在《复用前韵》中还有“四皓嬉游纵狂舞，八仙宴饮倒提钟”之句，把八仙与蓬莱的海市蜃楼联系起来。他在《借坡公海市诗韵赠福山诸道友》中云：“钦崇教主唐才吕，遵奉讲师汉将钟。……谁继重阳师父踵，丘刘谭马阐家风。”③ 借助海市蜃楼弘扬全真教义时还提到了全真道的宗教传承谱系，把吕洞宾奉为“教主”，把汉钟离奉为“讲师”。可以说，全真宗师马钰的这些诗歌为钟吕八仙的形成和八仙过海传说在蓬莱的发源提供了暗示和线索。

（3）蓬莱流传八仙过海的传说

从蓬莱入海向西北约五十里，就是宋元两朝流放犯人的沙门岛。流放到沙门岛的犯人很少有活着回去的。北宋时岛上罪犯数有定额，超过了就弄死一批投到海里去。朝廷年年往这里流放罪犯，这里就年年往海里抛人，而守官们为了给将要送来的犯人腾地方，就百般折磨岛上的罪囚，好让他们尽快死去。这样，岛上罪犯们的暴动和逃亡就不断发生。逃走则要游过五十里的大海，谈何容易。但也有逃亡成功的，现在蓬莱一带还流传着这样一个传说：说是有八名囚犯居然抱着木头、坐着木

① 〔金〕王重阳著，白如祥辑校：《王重阳集》，齐鲁书社2005年版，第42页。

② 〔金〕王重阳著，白如祥辑校：《王重阳集》，齐鲁书社2005年版，第249页。

③ 〔金〕马钰著，赵卫东辑校：《马钰集》，齐鲁书社2005年版，第74页。

盆渡过了大海，逃到丹崖山下的狮子洞里躲了起来，此洞后人称为“仙人洞”。这八个囚犯皆蓬头垢面、衣着褴褛，其中有男有女，有老有少，有平民百姓，有皇亲国戚。次日清晨他们被一个起早赶海的渔人发现了，当听说是从对面云雾茫茫的沙门岛飘渡而来时，渔人以为他们都是神仙，于是赶快跑到县衙告知官府。可是当他带着人们再回到山洞时，那八个“神仙”早就不知去向，人们更信他们是真仙了，这件事极可能就是八仙渡海故事的起因。

《宋史·马默传》载：“（马默）除知登州。沙门岛囚众，官给粮者才三百人，每益数，则投诸海。砦主李庆以二年杀七百人，默责之曰：‘人命至重，恩既贷其生，又从而杀之，不若即时死乡里也。汝胡不以乏粮告，而颛杀之如此？’欲按其罪，庆惧，自缢死。默为奏请，更定《配岛法》凡二十条，溢数而年深无过者移登州，自是多全活者。”① 看来这个传说还是有一定史实依据的，如果这个传说是从宋朝开始流传的，那么全真七子、包括三州五会的教众一定非常熟悉这个故事，把这个故事和佛教罗汉渡江联系起来，杜撰个道教系统里的神仙钟吕八人渡海来进行宗教宣传也就再自然不过了。蓬莱的八仙过海传说后来流传了好几个版本，其中有一说吕洞宾早年是一名武官，因为触犯军律而被发配到沙门岛受苦役。一天夜里，他率领七名囚犯渡海逃到了蓬莱山岩下的洞里躲起来，被渔人发现，视为神仙的。这种说法显然是后起附会的，是为解释“八仙过海”并且参照已有的八仙传说而集体创作的。

3. 八仙传说的文化地位及重要影响

（1）八仙成为影响广泛的民间信仰

八仙信仰是在许多民间传说的基础上升华、附会而成的，为多数人民所信奉，很大程度上是因为它根植于民族土壤，来自于民众，贴近生活，具有浓郁的世俗化和民间色彩，寄托了人民群众信念与理想，有着重要的文化地位。

首先，八仙与八仙过海的传说中凝聚了五千年来中华民族强烈的生命意识与用中医药治病、防病、延长人的寿命乃至长生不老的美好愿望。这种强烈的生命意识、生命科学与长生不老的美好愿望在春秋战国时期的道家学说以及黄老学派文献中被加以集中与升华，在战国与秦汉时期仙道文化与道教中加以发扬光大，经过唐宋时期的积淀，在金元这一民族大融合的特殊时代，在神话仙道文化浓郁的胶东半岛的蓬莱一带，终于滚动成了一个八仙群体、八仙过海的生动美丽的传说，这一具有明显的地域特色的传说在明清时期进一步定型、扩展、流播，成了整个中华民族的庆寿吉祥的信仰，并被外化于日常风俗之中了。

---

① 〔元〕脱脱等：《宋史》，中华书局2000年版，第8738页。

其次，八仙的身上寄托了千百年来广大民众向善求真、对正义真理的热切盼望。八仙经常在人间出没，惩恶劝善，除暴安良，济世助人，担当着教化的角色。如汉钟离常常下凡度人成仙，铁拐李往往行乞救人，吕洞宾醉酒行侠，成为传说中正义的执行者。他们在人世间的所作所为，有的时候曲折离奇，有的时候荒诞诙谐，却体现了老百姓的意志和心态，符合惩恶扬善的社会心理以及中国传统文化中锄强扶弱、驱除苦难、济世救人的价值观。在全部八仙传说中，这一类故事所占的比重特别大。老百姓喜欢公道，而八仙同情人民、抑恶扬善、造福百姓，具有中国传统的侠义精神，这种精神鼓舞着人们正确地面对现实和人生，因此，当老百姓在现实生活中遭受压迫而无法实现自己的愿望时，就把民间传说中无处不在的八仙视为正义、公道的化身。

再次，八仙信仰中表现了老百姓追求自由、向往平等的思想。八位仙人来自不同的社会阶层，有着不同的社会背景和广泛的社会代表性，体现了一种“和合”精神。这种思想理念是经过长期积淀而形成的，它寄寓着人民的思想、意志和愿望。以世俗的标准来看，他们的地位有着天壤之别，可是他们之间竟然是亲密的道友、师徒关系，八仙群体的组合本身就成为平等观念的体现。明代中叶，何仙姑以一介女子的身份加入了八仙群体，对当时封建社会男尊女卑的观念不啻为一大冲击，同时寄托了人们对男女平等的向往。八仙身上那种鄙视权贵，视名利为粪土，不拘礼教的道家作风，更是中华民族追求自由、平等精神的生动写照。

第四，八仙信仰表达出一种不惧艰险、勇往直前的奋斗精神。八仙集体行动中最著名的应该就是“八仙过海”的传说了，八位仙人各有所能，身怀绝技，成为智慧的化身，给人们以极大的启迪和鼓舞力量。向海洋进发的虽然是神仙，但神仙也是通过修炼才成仙的人，八仙又具有极强的人情味，因此，八仙过海可以说是古人主动、积极地去跨越大海、征服大海的故事。这是一个不畏艰险、执着奋争的故事，寄寓着人民奋勇进取、自强不息、征服大自然的思想、意志和愿望，因此有着恒久的生命力。

（2）八仙传说对民间日常生活的影响

八仙传说产生后，发散性地渗透到了中国文化的各个层面和中国文艺的各个领域，不仅成为戏曲、小说、民间美术、民间舞蹈、民间说唱艺术等俗文学、俗文艺的重要题材来源，而且通过俗文学、俗文艺在民间百姓中流传，自身也在流传演绎过程中不断丰满。八仙传说基本定型后，对中国民间的日常生活产生了巨大的影响。

八仙深入普通百姓的民俗生活之中，几乎无处不在，是民间求寿、求福甚至求子、求医的对象。在各种礼仪场合上，八仙作为象征吉祥纳瑞的神享受崇拜：在祝寿的民间礼仪中，窗上要贴八仙剪纸窗花，堂上要挂八仙图，歌要唱《八仙祝寿歌》，戏要演《八仙祝寿》戏，八仙是绝对的主角。在山东莱州，女儿常常剪窗花为父母亲祝寿，称为“庆寿窗花”，剪纸的题材多为八仙；已出嫁的女儿回娘家为老人祝寿时，一定要做八个彩绘面塑饽饽，每个饽饽上站着一位八仙人物，栩栩如生，充满了浓厚的喜庆气氛。在生育、婚姻礼仪中，八仙既是喜神又是保护神。在丧葬礼仪中，八仙的画像被刻在墓碑上和墓室里，超度亡灵，保护死者和死者的后代。在庙会活动中，八仙成为迎赛喜庆的仙人，社火队伍中有八仙，秧歌队伍中有八仙，戏台上演的仍有八仙戏。由于受八仙闹海传说的影响，东南沿海渔民中形成了七男一女同船出海的禁忌，浙江舟山岛上渔民就严格执行七男一女不共船的规矩。据说，船乘了七男一女，就会在大海里出事。

随着八仙传说的影响越来越大，八仙手中所持的法宝成为传统的祥瑞图像，人们一看见这些器物的组合，便能对应不同的法器说出八位仙人的名字，这就是俗称的“暗八仙”。八仙手中的法宝分别是张果老能占卜人生的渔鼓、吕洞宾可镇邪驱魔的宝剑、韩湘子使万物滋生的笛子、何仙姑能修身养性的莲花、李铁拐可救济众生的葫芦、钟离权能起死回生的蒲扇、曹国舅可净化人心的拍板、蓝采和能广通神明的花篮。宋金时期的“暗八仙”还处于萌芽状态，没有最后固定下来。在元杂剧中，“暗八仙”初步固定下来，韩湘子提花篮，徐神翁背葫芦，吕洞宾打鱼鼓简子，曹国舅提笊篱。明清时期，八仙所持的法宝根据人们的习惯不断变化，最后逐渐固定下来，或和八仙形象一起，或从八仙中独立出来，成为民间熟悉的图案系统，出现在民间工艺美术的领域中。在民间手工艺领域，八仙被作成泥人、瓷人、金人、木人、陶模，成为普通百姓家庭的装饰摆设品。广泛流行的民间剪纸更是多种多样，有“八仙过海”“小八仙”“暗八仙”“站八仙”“坐八仙”“骑八仙”“醉八仙”“云中八仙”“水中八仙”等名目。在民间建筑中，八仙和暗八仙的砖雕、木雕、石雕、彩绘的图像，被安置在显眼的部位作为装饰，如烟台的福建会馆，是在山东经商的福建商人花了二十几年才建成的大型集庙堂与会馆于一体的场所，这里的所有建筑材料都是在福建泉州加工好，然后海运到烟台组装的，福建会馆装饰山门的斗拱上就有各骑神兽的木雕八仙人物。八仙和暗八仙不仅是瓷器、陶器的常见图案，也是刺绣、印染、纺织等方面常见的图案，或绣在缎布上，或印在日用的门帘、枕顶、帐子等花布上，或绣在云肩、童帽等民间衣物上，属于人人皆可会意的吉祥图案。

在今天的饮食风俗中，不仅烟与酒有以八仙为品名的，如山东蓬莱的“醉八仙”酒，青岛的“八仙过海”烟，而且连菜名和筵席也取名“八仙宴”“八宝鸭”“八宝饭”“八大碗”等，饮酒划拳则取名“八仙拳”。就是传统菜中也能找到以八仙命名的菜品，山东曲阜孔府菜中就有“八仙过海闹罗汉”的菜名。老百姓喜欢八仙，在日常生活中，常常结合八仙给事物命名，家用的方桌取名八仙桌，堂屋所用的八把椅子取名八仙椅。古拳家根据八仙的传说和个性特点，创编了以“八仙”命名的各种拳械。如“八仙拳”“醉八仙”“八仙剑”“八仙棍”等。八仙不仅成为道教的祖师爷，而且有几位逐渐演化成了行业祖师爷。吕洞宾变成理发、杂技和变戏法的祖师爷，铁拐李变成狗皮膏药的祖师爷，张果老成为道情的祖师爷。八仙也渗透到日常的俗语民谚中，如“狗咬吕洞宾，不识好人心”“张果老骑驴看唱本——走着瞧”“八仙过海，各显神通（其能）”“八仙过海不用船——自有法度（渡）”“八仙过海——能行风的行风，能下雨的下雨”等。可见，八仙传说已渗透到日常生活的各个方面，影响民间风习如此至深。

八仙与八仙过海传说，伴随着全真道在登莱地区的兴起和在全国的兴盛而广泛流传，并借助于元杂剧、明清小说、民间美术、舞蹈、说唱等艺术形式而家喻户晓。故事形成过程的久长和传播的宽泛，是八仙传说的一个特点。同时，老百姓在对八仙传说的接受和传播中，也不断地添加进了自己的识见、猜测，甚至以自己的臆度去有意识地补充和改造原来的故事，因而使得故事的内容变得更加丰富和离奇，并不断衍生出新的传说。老百姓既是八仙的创造者，也是保持其鲜活和生命力的永不枯竭的源泉。来自于登莱地区的全真领袖，包括马钰、丘处机、宋德方等都为八仙的定型和传播作出了重要贡献。蓬莱独特的地理位置和历史悠久的仙道文化成为八仙过海传说的发源地，蓬莱因而也成为传说中八仙过海的地点。八仙与八仙过海传说，源自民众，贴近生活，寄托了中国民众的信念与理想，是中国社会、中国人群长久的追求与普同性向往的写照，对百姓的文化生活产生了持久而深刻的影响。

三、胶东仙道文化与胶东妈祖的兴盛

妈祖信仰起源于福建莆田，是一种典型的海洋信仰文化。自宋朝以来，历经千年，妈祖由莆仙和福建沿海的地方性民间乡土神升格为全国性的航海保护神，影响遍及我国沿江沿海及东南亚各国，成为世界上独树一帜、闪耀着中华传统文化光辉的妈祖文化。妈祖信仰的形成与传播，是中国航海文明的一种生动而又别致的反映。这位“有感必通，无远不届”的中国航海保护女神，既是中国航海者的客观化身，亦是中华民族赖以维系血脉和寄托情思的精神财富。山东是妈祖信仰北线传播的重要省份，胶东半岛沿海重要的港口和商业发达的地区历史上都建有妈祖庙或供奉妈祖天后，渔船或航运出海前，也有着要先拜天后娘娘，祈求平安然后出海的习俗。岁月沉淀中，妈祖信仰逐渐与当地海洋文化信仰习俗融合，在胶东地区留下了丰富的文化印记，形成别具一格的文化形态。

1. 妈祖信仰在胶东的发展轨迹

妈祖信仰起源于宋代福建莆田，妈祖在官方及其文献记载中被称为“天妃”“天后”，在闽南民间被称为“妈祖”或“娘妈”，在山东沿海一带被称为“海神娘娘”或“归山娘娘”。妈祖原名林默，是当地一位为救助海难而献身的未婚女子，生前好行善济世，凭着她一身绝好的水性和一副菩萨心肠，常在湄州海面救护遇难的渔民和商人。死后人们对她感戴而怀念，继而立祠祭祀，尊奉为神，从此开始了对妈祖的崇拜信仰。由于在海运事业中的重要作用，这位地方性的民间女神很快地受到宋代朝廷的重视。北宋宣和五年（1123），朝廷赐予顺济庙，南宋绍兴年间（1131—1162）、淳熙年间（1174—1189），又先后赐予“灵惠夫人”“惠灵妃”封号，从而开始确立妈祖全国性海神的地位。

妈祖传入山东的时间有几种不同的说法，两种为主流。一种说法以县志记载为依据，认为妈祖信仰于宋代传入山东。据《长岛县志》记载，（庙岛）显应宫，又名天后宫，俗称娘娘庙，坐落于庙岛北部。北宋宣和四年（1122）由福建商贾和船民等筹资兴建，明崇祯元年（1628）左都督杨国栋奉旨鼎建扩修，清朝和民国时期又多次修葺，形成规模较为宏大的古建筑群①，这是“我国北方建造最早、影响最大的妈祖庙”②。登州蓬莱阁天后宫的创建年代也被认为在宋代，清代英文撰写的《重修天后宫记》嵌于胶东蓬莱阁天后宫左廊壁，说是“宋徽宗朝敕立天后圣母庙，乃于阁之西营建焉”，另外道光《蓬莱县志》亦有记载，原碑在英之原文后面另刻有附记，没有署名，而附记则指实为“建于宋宣和四年”③。另一种说法结合妈祖信仰传播的历史背景考查，认为妈祖信仰于元代传入山东。研究妈祖文化的著名学者李献璋先生明确认为妈祖信仰是在元代传入山东的。蒋维锬辑纂的《妈祖文献史料汇编·碑记卷》校记中亦认为：“（蓬莱阁天后宫宋代建妈祖庙）说法缺乏史料依据，考诸历史背景，妈祖信仰传入渤海湾应在元代实行海上漕运之后。而宋徽宗时在蓬莱阁西边所建的灵祥宫是祀海神广德王之庙，至元代始为天妃所取代，而龙王庙又往西移建。”④

庙岛天妃庙始建于北宋宣和四年（1122）这一说法虽然还有异议，但庙岛天妃

① 山东省长岛县志编纂委员会编：《长岛县志》，山东人民出版社 1990 年版，第 350 页。

② 山东省长岛县志编纂委员会编：《长岛县志》，山东人民出版社 1990 年版，第 3 页。

③ 蒋维锬、郑丽航辑纂：《妈祖文献史料汇编·碑记卷》，中国档案出版社 2007 年版，第 315 页。

④ 蒋维锬、郑丽航辑纂：《妈祖文献史料汇编·碑记卷》，中国档案出版社 2007 年版，第 315 页。

庙在元代甚至之前已经非常兴盛了，则是有据可查的。道光《重修蓬莱县志·艺文志》载录有刘遵鲁的《漠岛记》，其中记载："庙曰灵祥，神曰显应神妃。耆民相传为东海广德王第七龙女。元得江南几二十载，粮运所过无风涛之险，岂非神明有以助之也。"① 清代顾炎武在《日知录》卷二十五《湘君》中提到："元刘遵鲁《漠岛记》曰：庙中神妃相传为东海广德王第七女。"清《山东通志》卷十五之一《选举志·元代·制科》也记载："刘遵鲁，蓬莱人。"这说明刘遵鲁是元朝人，但道光《重修蓬莱县志·艺文志》把刘遵鲁归为明朝人，如果这一归类正确的话，可能刘遵鲁生活在元末明初。按照刘遵鲁在《漠岛记》中的记载，说明至晚在元朝时期，庙岛显应宫（妈祖庙）就有很大的影响力了。明初洪武年间，朝鲜使臣李崇仁路经庙岛时，作有《天妃庙次韵》诗，其中有"孤屿开祠宇，丰碑纪岁年"② 的诗句，以形容庙岛天妃庙的久远历史，也说明庙岛天妃庙至少在元代就有了。

元王朝定都大都（今北京），官民粮食仰赖江南供给，但因运河淤塞，南粮北调主要依靠海上漕运。至元十九年（1282），元廷采用太傅、丞相的建议，命罗璧、朱清、张瑄等造沙船由海道北上，元代海漕逐渐取代河漕由此开始。海上航道前后有三次变更：第一次航道从至元十九年（1282）沿用到至元二十八年（1291），这一航线全程1万多里，主要是沿海岸航行，浅滩很多，航行不便，航期长达几个月。至元二十九年（1292），朱清开辟了海运新航路，部分取远洋航行，方便易行，航期一月有余。因此"迤南蕃海船，皆从此道贡献，仿效其路矣"③。至元三十年（1293），千户殷明略又开辟新航道。这条航线主要采取远洋航行，利用东南季风10日即可航完全程。明朝著名地理学家郑若曾所考："元时海运故道，南自福建梅花所起，北自太仓刘家河起，迄于直沽。"④ 可见元朝的海运支线，一直要南至福建等地。这三条海运航道沿海岸线北上，到成山头后一般只能走一条路线，即经过山东半岛，到登州、沙门岛（今山东长山列岛），进入莱州洋（今莱州湾），沿海岸直至直沽（今天津）。除了运输大量粮食之外，其他商品货物更是不计其数，海运规模非常浩大。可见，胶东半岛已成为南北粮食、货物相通的重要中转站和集散地，胶东各个港口在元朝时期的繁荣景象可以想见。

海漕舟师多来自东南沿海，以闽人居多，其海上护航神唯妈祖最受尊敬，海上

---

① 蒋维锬、郑丽航辑纂：《妈祖文献史料汇编·碑记卷》，中国档案出版社2007年版，第316页。

② 〔韩〕李崇仁：《陶隐集》卷二，《韩国文集丛刊》第六集，韩国民族文化促进会1990年版，第556页。

③ 〔清〕顾炎武：《天下郡国利病书·山东下》，第22册。

④ 〔明〕郑若曾：《郑开阳杂著》卷九《海运图说》。

凶险，渤溟难测，朝廷势必以符合官民共同精神需求的神祇安抚民心。《昭毅大将军平江路总管府达噜噶齐兼管内勘农事黄头公墓碑》记载："运舟冒险以出，常赖祷祠以安人心，盖所谓天妃、海神、水仙等祠凡十余处……"① 人心得到安抚，海漕才会顺利，以此确保国家经济利益。元世祖至元十五年（1278）以女神妈祖"护海运有奇应"颁诏"惟而有神，保护海道，舟师漕运，恃神为命"②，封"天妃"，并令与漕运有关沿海城镇均建祀，每年春秋还派员自北而南前往各宫庙祭祀。元代皇帝对妈祖的几次褒封全部与漕运护航避险有关。元世祖至元十八年（1281），妈祖封号升为"护国明著天妃"；至元二十六年（1289），加封"显佑"（护国显佑明著天妃）；成宗大德三年（1299），加封"辅圣庇民"（护国辅圣庇民显佑明著天妃）；仁宗延祐元年（1314），加封"广济"（护国辅圣庇民显佑广济明著天妃）；文宗天历二年（1329），加封"灵感助顺福惠徽烈"（护国辅圣庇民显佑广济灵感助顺福惠徽烈明著天妃）；至顺元年（1330），赐"灵慈"庙额。妈祖封号的字数不断增加，成为民间、官方和道教特别尊崇的显神。对妈祖祭祀的礼仪，也完全同于道教礼制，按等级相当于道教诸神中的文昌帝君。元朝为祈求女神对王朝生命线——海运的庇佑，首次把妈祖封号提高到当时至高无上的"天妃"，褒封规格有质的飞跃，从而将妈祖在宋代与诸多海神等同的地位，突出到统御全部海神的最高地位。妈祖信仰开始随着日益繁荣的海运线由南而北，传播到了北方地区，元代也就成为妈祖信仰在山东传入、传播的一个重要拓展时期。这一时期，胶东境内建有5座妈祖庙：成山祠，约创建于延祐年间（1314—1320）或者稍后。《昭毅大将军平江路总管府达噜噶齐兼管内勘农事黄头公墓碑》载："舟行以成山为望，常苦雾起不见而冒行以败，公请立置成山祠以祷，朝廷从之。"③ 成山在胶东半岛的最突出位置，属荣成县（今荣成市）。漕船从崇明放洋后，直标向成山角北上，然后绕过成山角转西驶进渤海湾，所以成山角是海漕航线上最险之处，故立祠较早④；日照的狄水庙，后改称为"天妃庵"，始建不详，据考应该建于元代；胶州天妃庙；宁海州（今山东牟平县）天妃宫；莱州天妃庙，在（莱）州治正东隅，为元代所建，康熙六十一年（1722）成永健重修，以后续修皆由海商。

---

① 蒋维锬、郑丽航辑纂：《妈祖文献史料汇编·碑记卷》，中国档案出版社2007年版，第18页。

② 〔明〕宋濂等：《元史·本纪第十》，中华书局2000年版，第137页。

③ 蒋维锬、郑丽航辑纂：《妈祖文献史料汇编·碑记卷》，中国档案出版社2007年版，第18页。

④ 蒋维锬、郑丽航辑纂：《妈祖文献史料汇编·碑记卷》，中国档案出版社2007年版，第18页。

明初胶东妈祖信仰的情况与元代大致相同。明初定都南京，朝廷循前朝旧制，将南方富庶地区物资和米粮通过河、海运输往北方。与元相比，明朝的漕运规模小，时断时续而且数额有限。后来由于需派驻重兵防守北疆，支持战争的需要，因此南粮北运仍需仰赖海运，故有洪武五年（1372）和永乐七年（1409）的两次加封，使妈祖信仰在民间和官方地位不断提升，在山东更是广为传播。明代统治阶级是出于保护漕运的现实需要才加封妈祖的，尽管明代海运的数量、规模不能与元代相比，但是海运仍有所发展，因此在胶东仍相继新建、重建了一些妈祖庙。始建于宋元时期的山东沿海如长岛庙岛显应宫、蓬莱阁天后宫、牟平天妃宫，明代均加以重修，其中号称“北庭”的庙岛显应宫，在这个时期成为我国北方重要的妈祖庙。明代，胶东境内还新建有3座妈祖庙：可能在明代修建的威海卫天妃宫、明成化三年（1467）修建的青岛天妃宫、明天启元年（1621）修建的砣矶岛娘娘庙。

元明时期，因地理位置优势，庙岛显应宫的香火与声名日益隆盛，成为当时我国北方沿海地区的妈祖信仰与妈祖文化的传播中心，其影响不仅遍布黄、渤海沿岸的海口与内河，而且远播于朝鲜和日本等地。据《登州府志》载，凡往来南北朝鲜、日本的船只，均泊于此，上水增薪数百只。韩国现存元、明、清时期朝鲜使臣来华的所见所闻所感的记录，是中朝（韩）关系史上的重要文献。朝鲜使臣往来经过庙岛时都在天妃庙进行祭祀活动，刘晓东、马述明、祁山所撰《明代朝鲜使臣笔下的庙岛群岛》一书，就搜集了多位朝鲜使臣30多首咏庙岛天妃庙的诗歌和他们撰写的多篇祭祀妈祖的祭文。在庙岛留下咏天妃庙的诗文的，不乏朝鲜半岛历史上的著名人物，如明初的就有高丽末门下侍中、理学大师郑梦周，高丽末著名文学家、诗人李崇仁，朝鲜李朝初著名理学家、诗人权近，朝鲜李朝初文学家、著名诗人李詹，朝鲜李朝初领议政（政府首相）、诗人李稷等。① 明末的朝鲜使臣多留有祭祀妈祖的祭文，如天启三年（1623），赵濈作《庙岛娘娘庙文》，天启四年（1624）洪翼汉作《祭海神文》，崇祯元年（1628）申悦道作《祭天妃神文》等，②由此可见天妃（妈祖）庙在当时的影响和香火的兴盛。朝鲜使臣在庙岛天妃庙的祭祀情况，史料也有记载，如天启三年（1623），朝鲜冬至使赵濈一行于九月二十六日在庙岛妈祖娘娘庙前停泊时，赵濈“即令船人沐浴，炊饭做饼且兼果实祭之。军官、译官等随从争相下船观光于庙中，不止禁也”③。朝鲜使臣如此虔诚地祭祀妈

① 刘晓东、马述明、祁山：《明代朝鲜使臣笔下的庙岛群岛》，人民出版社2014年版，第79~95页。

② 刘晓东、马述明、祁山：《明代朝鲜使臣笔下的庙岛群岛》，人民出版社2014年版，第106、107、117~118页。

③ ［韩］林基中主编：《燕行录全集》第12册，韩国东国大学校出版部2001年版，第278页。

祖，朝鲜使团的军官、译官等随从争相下船到娘娘庙瞻仰观光，不仅说明了朝鲜使臣“对中国古代妈祖文化的认同……这也说明娘娘庙对朝鲜使团所有人员都产生了很大的影响力”①。

明朝洪武年间（1368—1398），高丽使团中画工还绘制了沿海岛屿图，详细描绘了庙岛山川形势和海神娘娘庙盛况。明崇祯元年（1628），朝廷诏立官庙，由山东左都督杨国栋奉旨对娘娘庙进行了大规模的扩建，建成祭典官庙，崇祯皇帝御赐庙额“显应宫”，并赐“皇帝万岁万岁万万岁”金牌一尊，庙岛显应宫的声名与规模达到了鼎盛，其海神娘娘庙会成为颇具代表性的庙会。对扩建后的娘娘庙的盛况，崇祯元年（1628）的朝鲜使臣申悦道有如此记载：“杨总兵国栋重修庙宇……佛宇之焕耀过于皇城。”② 有学者对此这样解读：“说重修后的庙岛天妃庙，气势辉煌，其光彩闪耀的程度胜过了皇（隍）城岛的庙宇。皇（隍）城岛的庙宇，作者（指申悦道）曾写到隍城岛的海潮寺‘俯压一岛，金碧焕耀’，而天妃庙‘焕耀过于皇城’，可见天妃庙在作者心目中不仅气势非凡，而且富丽堂皇。”③

清康熙年间在庙岛设立了海关，以管理渔商事务，官、漕、商、渔各类船只均以此地为航海中继和货物集散地，推动了庙岛庙会活动的开展。每年农历七月初七日，正值渔家休闲季节，南方粤、闽、浙等南帮船和天津、营口、安东（丹东）及登、莱、胶、海等地的北帮船，常聚首庙岛报关上税，同时参加显应宫举办的盂兰盆会。各地船帮为招徕生意，争相请天下南、北腔名班在庙岛搭台唱戏，同时举办迎神赛会、扎彩会等娱乐活动，海上帆樯林立，热闹非常，极于一时。当时庙岛流行“宝刹多间，娘娘最灵，七月十五有戏听”的谚语，足见庙岛显应宫的影响和信仰之盛。

2. 海洋文化与胶东妈祖信仰的兴盛

清代是继宋元以后妈祖信仰的另一个鼎盛时期，妈祖不但得到清廷的15次褒封，而且封赐亦由天妃而天后而天上圣母，其神格被推到了巅峰。妈祖信仰在北方环渤海地区已经相当盛行，妈祖庙发展迅猛，妈祖信仰圈日益扩大。妈祖海神信仰文化在山东也不断发展，胶东地区掀起兴修妈祖庙的高潮。清代，胶东新建的妈祖庙多集中分布在东部近海州县：蓬莱3座，荣成4座，日照4座，青岛1座，文登2座，胶州2座，即墨2座，黄县（今龙口）3座，掖县（今莱州）1座，福山2

① 刘晓东、马述明、祁山：《明代朝鲜使臣笔下的庙岛群岛》，人民出版社2014年版，第106页。

② ［韩］林基中主编：《燕行录续集》第106册，韩国尚书院2008年版，第144页。

③ 刘晓东、马述明、祁山：《明代朝鲜使臣笔下的庙岛群岛》，人民出版社2014年版，第116页。

座，海阳1座，威海卫1座，共计26座。胶东清代新建妈祖庙最多，这反映了妈祖信仰在这一时期传播的兴盛。

妈祖庙是妈祖信仰存在的标志和载体，胶东境内各海运港口附近修建妈祖庙，是胶东妈祖庙最为明显的一个空间分布特征，也是妈祖信仰在胶东地区发展到一定规模的产物。从胶东妈祖庙分布的情况可以看出，妈祖信仰在胶东地区的传播路线与当时的海上航线基本吻合。妈祖信仰从其发源地由其信徒自南而北，沿海上航运线北上途经胶东时，在胶东沿海的港湾、海口或者岛屿上首先建立了妈祖庙，在此基础上继续向山东地区的纵深发展。日照是山东段航线的第一站，位置险要。光绪《日照县志》记载，日照海口“为汛海必经之道。……船多泊此候风，实南北海道之咽喉也”①。民国《胶澳志》记载：“天后之祀，不见于正史，然渔航业奉祀维谨，故沿海口岸恒有是庙。”② 这说明是海运给这些地方带来了妈祖信仰，并在妈祖信仰集中的地方修建了规模不等的妈祖庙。胶东半岛不仅是当时海上漕运的必经之地，大批过往船只汇集在这里避风、泊船和补给，而且也是海运人员心灵的憩息地，官员、商人、兵士、船工纷纷登陆上香祈求平安，这就使得妈祖信徒在航海的过程中，通过这种接触、联系把妈祖信仰传播到胶东各地，胶东各个口岸的天妃宫因此繁盛起来。

妈祖信仰随海运传播，船员、渔民、海商是其传播的基本媒介，尤其闽人舟师和闽籍商人是妈祖信仰向北传播不可忽视的因素。历史上福建人长期海上活动积累的经验与技术，使他们一直被认为是最好的水手，在航行特别是航海领域占据不可动摇的领先地位。无论河、海、漕运还是水上贸易，驾驶舟船的多为闽人。同时他们又是海上最为活跃突出的商贾，足迹遍及全国各处，成功地积累了大量财富。他们认为要靠海神的保佑，才能平安到达目的地；要靠神灵的保佑，才能安家乐业，发展宏图。历代的海商均是妈祖信仰的积极传播者，天妃在海商的心目中是他们商务事业上的保护神。

清康熙统一台湾之后，海禁重开，我国的私营海运贸易业得到空前的发展。新建妈祖庙大量涌现与这个时期贸易和航运兴旺发达的港口息息相关，港口繁荣的贸易吸引众多的海商，海商带来了妈祖信仰。于是，各通都大邑福建商帮的会馆天后宫如雨后春笋般建立，形成清代妈祖信仰的一大特色。当时不论是从事“居市贸易”还是“航海生涯”的闽商，都把他们在客地商埠兴建的会馆天后宫当作“联商情而敦梓谊”的“法至良、意至美”的举措，妈祖庙本身就是会馆或会馆内设

---

① 光绪《日照县志》卷一《疆域》。

② 民国《胶澳志》卷三《民社志·游览》。

有妈祖神像以供拜祭的情况不少。天后信仰是他们共同的精神支柱，而会馆则是他们自我约束的管理机构。会馆天后宫在很大程度上成为鼓舞他们协力奋斗、开拓经营而取得成功的精神力量，这就必然大大促进海上交通贸易的发展。会馆是商业经济繁荣发展的产物，它是商人聚集经商或乡人联谊的主要场所。妈祖庙与会馆的结合，说明了妈祖庙与当地的商业经济是密切联系的。会馆天后宫的数量和规模在一定意义上成为一个港口商埠开发和繁荣程度的标志，许多港口商埠的复兴史和开发史也往往与会馆天后宫的修建联结在一起。像青岛天后宫，就有“先有天后宫，后有青岛城”的说法。即墨金口天后宫所在的金口港，在烟台开埠以前曾经是南北贸易的枢纽，有“金胶州，银潍县，铁打的金家口”和“日进斗金”之称，天后宫也是由南北巨商大贾和善男信女捐资修建。山东的烟台亦有“先有大庙，后有烟台”的说法，“其始不过一渔寮而已。时馆商号仅二三十家，继而帆船渐多。逮道光之末，商号已千余家矣。维时帆船有广帮、潮帮、建帮、宁波帮、关里帮、锦帮之目……商号虽多，亦多在天后宫左右”①，这里的天后宫指烟台市北大街的天后宫，当地人称之为“大庙”。因其不是单一祭祀妈祖的庙宇，而是“龙王庙”“海神庙”和“天后宫”三庙合一的“多神庙”，故称为“大庙”。到了道光年间，以大庙为中心，形成了商业中心，商户有一千余家。大庙还是烟台街的文化中心，每逢春节、元宵节、中元节及海神圣诞、仙逝之日，这里都要举行庙会，热闹非凡，是老烟台人历史记忆中民俗活动最具市井风格的妈祖庙。第二次鸦片战争后，根据《天津条约》，烟台被辟为通商口岸后，成为北方最为重要的商贸码头之一。南北各地的船帮纷纷来烟台经商，集结于此，尤以福建船帮最为兴盛。大抵每年农历五月、六月初，福建船帮趁东南风扬帆到来，八月底经天津赴牛庄，再返烟台，阴历十月中下旬趁西北风返回福建。因而在六月至十月前后，上陆的船员很多，福建船帮便筹划在烟台建立船帮公所。后福建商人来经商者愈来愈多，便成立“福建旅烟同乡会”，以扩大他们的贸易影响，进而联合福建船帮筹划在烟台建立福建会馆。由于这座会馆内供奉天后圣母神位，是从湄洲祖庙分灵来的，故称“天后行宫”。每年天后升天与诞辰之日演戏酬神，举行“毓岚会”，还要点燃灯火放在海面祭祀天后。因此，“天后行宫”坐落的街道也被命名为“毓岚街”。那时船员、渔民抵烟后，来此觐奉祭祀娱乐，也可称为烟台最早的“海员俱乐部”。可见，烟台市区的这两座天后宫都与所在城市的开埠、港口经济的发展密切相关。

妈祖信仰能在胶东地区盛行与早期该地区海洋文化中的海神信仰基础是分不开的。中国沿海的渔民随着地域的不同各自有地域性的海神，如胶东荣成海神众多，

① 《福山县志稿》卷五《商埠志》，民国二十年（1931）铅印本。

包括远古的北海之神、赤山明神（石岛一带的海上守护神）、黄华大王等。成山头一带，渔家信奉“始皇老爷”。清代《废铎呓》载：“凡闽、广巨船至，止则登山焚香祈佑，称之曰‘始皇老爷’。”① 民间传说因秦始皇曾不远千里来胶东寻仙，求长生不老之药，两度巡幸成山头，后人在始皇行宫遗址兴建始皇庙，作为海神祭拜，由此可见胶东仙道文化的影响与嬗变。追根溯源，胶东半岛渔民古老而正宗的海神信仰是东海海神广德王。山东沿海先民从事海洋开发的时间很早，由于早期技术力量的滞后，认识海洋和征服海洋的能力有限，所以他们就会对海洋产生一种崇拜心理，进而对海洋伟大力量的崇拜演变为对海洋有所祈求。这种崇拜与祈求的愿望是以海神信仰的形式表现出来的，是原始先民面对浩淼无垠、变幻无常的海洋时找到的精神护佑。为此，胶东先民建造了众多的海神庙宇，并且使用最隆重的仪式来祭祀海神。唐朝为四海设神庙，南海神庙设在广州，东海神庙设在胶东的莱州，这两座海神庙供奉香火均达千年以上。虽然国家祭祀东海神的神祠屡经变迁，但是多数时期国家祭祀东海神的主祭场所是在胶东半岛的莱州，由朝廷指定官员来主持祭祀仪式。除莱州主祠外，古代胶东沿海各州县，普遍设有海神庙，有籍可考者多起自唐代，如登州海神庙。宋代曾在板桥镇建造海神庙，宁海州、文登、琅邪台、日照、胶州等地相继建起规模不等的海神庙。山东沿海各处岛屿上，人们也建起了海神庙，其中莱州芙蓉岛、登州文登苏门岛上的海神庙都很有名气。明清时期，海上交通更为发达，胶东沿海是海运的必经之地，登州（今蓬莱）、莱州港口是海运的重要基地，因此，这一时期的海神龙王信仰更为普遍。很多地方还举行庙会庆祝：掖县四月、十月有海神庙会，七月朔日登州府海神庙“有香会”。所以，在妈祖信仰未传入或册封时，海神龙王的信仰在胶东半岛影响最深。妈祖由于朝廷的认可而纳入祭奠和历代王朝的加封神号，使得妈祖信仰在全国包括胶东沿海地区迅速传播，所以，东海龙王在该地区独尊的局面渐渐地被打破了，在胶东海域“称霸”的时代结束，神格跌落，本土化的龙王与传播而入的妈祖成为了胶东半岛渔民共同的信仰对象。妈祖作为一个女性神，更容易得到人们的喜爱，因其形象贴近人们生活，且以善良、于危难中救人的品格符合人们的道德规范，并且也具有抗击飓风恶浪的超自然力量，人们便产生了强烈的心理认同，逐渐地削弱了最初的海龙王信仰，以有着深厚信仰基础的海神信仰为基础，接纳了妈祖进入他们的信仰意识之中。妈祖甚至以超过龙王信仰的影响力成为当地的海神保护者，大有取代龙王信仰之势。龙王在海洋社会中原来拥有的地盘丢失，胶东很多地区的妈祖庙就由原来的龙王庙改建，龙王神像或是被妈祖替代，或是偏安一隅另行供奉。妈祖作为外来的

① 〔清〕林培玠：《废铎呓》卷三。

神祇，与当地信仰文化相结合，形成一种当地人可以认同的多元性文化，胶东的一些妈祖庙内不但供奉妈祖、龙王，还供奉一些杂神，如所谓的“财神地祇”。民国《胶澳志》记载：“天后之祀……今年商会复集资修理，庙貌一新，今渔航移泊小港庙中，则杂供财神地祇，一般迷信之市民朔望入庙拈香祈福。”① 表明该妈祖庙内供奉的神祇很杂，有庇佑航行的妈祖、龙王，还有保佑平安、招财进宝的财神、土地神等。并且胶东妈祖庙的住持由官府指派，其宗教身份并不固定，或为道家住持，或为佛家住持。妈祖庙供奉神灵的多样，住持宗教身份的多重性，表明妈祖信仰传入胶东后有所演化和发展，具有兼容性、多元性特色，既有儒、释、道的融合，也有民间信俗的掺杂，还混有官商阶级对妈祖信仰的改造。

3. 胶东妈祖信仰的文化态势

妈祖信仰是海洋文化的重要组成部分，是伴随着航海运输事业的发展而逐步产生和发展的。胶东地区濒临渤海和黄海，往来的渔民、船民和客商，在当时科学水平低下、航海技术有限的条件下，面对风涛险恶、随时存在的海难威胁，无能为力，充满恐惧和不安，海洋在给人们带来无穷财富的同时，也时常吞噬他们的生命，因此产生了祈求有超自然力的海神来保佑平安抵岸的强烈心理需要。在人力无法控制的情况下，祈求海神保佑出海顺利、多捕鱼、捕好鱼、平安返回，这是渔民们海神信仰的出发点和归宿。妈祖作为南方的航海保护神，为古代航海者提供了征服惊涛骇浪的精神力量，并承载了古人祈求平安的精神寄托，与其他海神产生的心理基础相同，顺理成章地被海洋同质化的胶东地区所接受。

胶东沿海地区妈祖信仰中精神文化遗产很多，如各地世代相传的民谚俗语，“先有天后宫，后有青岛城”（青岛天后宫），“分灵显应宫，乞火孝廉船”（庙岛显应宫），“先有大庙，后有烟台”（烟台天后宫）等；还有关于妈祖的民间传说浩如烟海，如海神娘娘送灯传说、“娘娘灵光”“娘娘灵迹”等，在民间广泛流传并且得到了官方的承认。

许愿船是胶东地区信仰妈祖的一种文化形式。胶东沿海许多妈祖庙供奉有愿船（也就是船模），表现了长久以来历朝历代渔民、船民们对海神娘娘虔诚的崇拜。胶东一带妈祖庙愿船较多的有长岛县庙岛天后宫、威海天后宫、石岛天后宫、板桥镇天后宫等。妈祖庙供奉船模，有的是造船前，先造船模送到妈祖庙，通过占卜征询妈祖的意愿。如果妈祖同意，就将船模留在神前，然后动工造船。他们认为这样造出来的船，在大海中航行，妈祖就会时刻关心此船的安全。有的是航海者在海上遇到风暴，向海神娘娘祭祀祷告时，往往许愿说：敬请海神娘娘保佑平安，出海或脱

① 民国《胶澳志》卷三《民社志·游览》。

险回来后一定给海神娘娘献上一条船。如能平安回来，就认为是海神娘娘保佑了自己，于是就仿照自己使用的船制作成精致的模型，称为“许愿船”，又称“替身船”，敬送娘娘庙中，所以许多妈祖庙内便留下了大量的古代船模。妈祖庙供奉船模最多的当推庙岛天后宫，庙岛天后宫内藏有自元朝至现代的“许愿船”300多只，其中包括沙船、福船和中日甲午战争中民族英雄邓世昌赠送的“威远号”军舰模型，这些船模成为研究我国古代造船历史的重要资料。现在庙岛天后宫已辟为长岛县航海博物馆，陈列了几十只船模，其中有燕飞、关东船、风网船、大瓜篓、东海船、沙船、机帆船等。胶东威海天后宫曾经有几百只船模，是一层层安放在供桌上，这些船模大多是福建、广东、浙江船型，其中不少是漳州船型。大多是鸡形船，尖底，最多的有18只，可惜已不复存在。胶东荣成石岛天后宫为清朝年间山西洪洞县经营船业的王一德所建，过去曾有200多只船模，大的五尺左右，小的一尺左右。该庙的天妃神像在抗日战争中被毁，船模也已不存。山东板桥镇天后宫大殿挂着各式各样、大小不等的纸制“愿船”，飘带上记有许愿者的姓名。

妈祖信仰主要是一种海洋文化，也是一种与道教紧密结合发展而来的文化。纵观妈祖信仰的形成、发展过程，道教的渗透和影响极为鲜明。这种渗透和影响既丰富了妈祖信仰的内涵，也扩大了妈祖信仰的外延。道教与海洋文化也有着密切的联系，龙王、妈祖等众多的海神信仰是道教结合中国本土原有神明形象和职能而创造出来，为充满凶险和挑战的涉海生活提供精神护佑。涉海人群生活中的种种禁忌反映出人们对海洋的敬畏和求助，其观念与做法皆与道教祈求禳解之术有关，人们借此祈求海洋给人以丰富馈赠和安康。妈祖由一个外来神融入到胶东地区，与龙王职能互相结合，受道教的多因素影响，充分体现胶东妈祖的北方特色。每逢妈祖节日，所有妈祖庙都要隆重祭祀妈祖，妈祖祭祀活动实际上是道教斋醮与民俗活动相结合的产物。唐宋以来，道教不断吸收民间俗神进入道教神系，妈祖与城隍、土地、关圣帝君、文昌帝君等民间俗神一起，相继成为道教斋坛崇祀的神灵。妈祖祭祀是胶东沿海渔民祭海习俗的一种具体表现形式，通过祭祀海神娘娘可以缓解人们的紧张、恐惧心理，求得心灵上的慰藉，从而增强漂泊于海上的勇气和信念。近代青岛及烟台的天后宫，供奉海神妈祖最为有名，“每年七月初一到初七，是妇女祭拜海神的日子，上庙烧香者络绎不绝”①。荣成的石岛妈祖庙，每年农历七月十五，天后宫都举行盛大的盂兰盆会，祈求天后娘娘保佑海晏河清，风调雨顺，超度海难中亡魂。从天后宫庙会的时间“七月十五”来看，妈祖信仰在此地已经发生了变

① 《民国山东通志》编辑委员会编：《民国山东通志》第四册，山东文献杂志社2002年版，第2167页。

化，妈祖诞辰的信息丢失了。谷雨是深海的鱼虾洄游至荣成的近海水域的时间，由此形成了荣成的渔民节，是渔民祭拜海神的节日，南方妈祖真正的诞辰在这里自然退出了。祭海，是沿海地区因崇拜和信仰妈祖及海上诸神而举行的民间祭祀行为，具有鲜明的地域文化色彩和海洋文化特色。不论是胶东渔民还是胶东出海的商人在其出海前都要举行祭海活动，以祈求海上航行的发财与平安，甚至在海船中也设置神龛供奉神灵，祈求海神保佑。即便是在现在，包括渔村等在内的胶东沿海地区还经常举行神灵祭祀活动，如荣成渔民的谷雨节、即墨周戈庄每年 3 月 18 日举行的上网节（祭海节）、蓬莱沿海每年正月十三、十四举行的渔灯节等，人们纷纷到海边设供祭船，给龙王庙、妈祖庙送渔灯、上供，放鞭炮，焚香烧纸，敲锣打鼓，祈求出海平安和渔业丰收，这已经成为当代社会渔民的一种独具特色的节庆民俗活动。

妈祖信仰是中国道教神仙信仰的一支，它的基本功能中有一些与中国传统神仙功能是统一的，但也具有其独特性。在人力无法完全掌握海洋变幻的时代，对大海的恐惧是世界各个民族普遍存在的心理感受。妈祖信仰一方面表现了人们对海洋的敬畏，另一方面也表达了人们对掌控海洋的愿望，妈祖信仰作为千百万民众曾经长期传承的民俗行为已经成为中华传统文化的重要组成部分。随着社会的发展，妈祖信仰的崇拜逐渐弱化，因此，对孕育和滋养妈祖信仰的民间文化应予以整体性保护，使其活态传承。

第三章　胶东海洋文化

胶东是指胶莱河以东山东半岛的一部分。这里三面环海，海岸线蜿蜒曲折。千百年来，生活在这里的人民既依靠大海生存，又与大海抗争，生产、生活等各个方面无时无刻不与海洋息息相关。在长期的生产实践过程中，胶东人民创造了独具胶东地域特色的海洋文化。

海洋文化是指人类与海洋有关的创造。滨海地域的劳动人民和知识分子世世代代在沿海地区生活，他们对内交流、对外交往，依傍海洋从事政治、经济、文化活动，创造了丰富的物质财富和精神财富，并在斗争实践中逐步孕育、构筑、形成具有海洋特性的思想道德、民族精神、教育科技和文化艺术。简言之，人类社会历史实践过程中受海洋的影响所创造的物质财富和精神财富的总和，就是海洋文化，如海船、航海、有关海洋的神话和风俗、海洋科学等，都是海洋文化的重要内容。

胶东海洋文化是胶东人民认识、把握、开发、利用海洋，调整人与海洋的关系，在开发利用海洋的社会实践过程中形成的精神成果和物质成果的总和。胶东海洋文化的历史十分久远，内容极为丰富，如胶东的海神信仰、胶东的海洋民俗、海上仙山传说、东方海上丝绸之路的开辟与发展、胶东海防文化等，都是胶东文化的重要内容。胶东海洋文化不仅对胶东地区的社会历史发展产生了重要影响，而且在某些方面对整个中国社会历史的发展都有着重要的作用。

第一节　胶东海洋信仰与海洋民俗

胶东海洋信仰在不同的时代具有不同的特色，在信仰的具体神灵方面，在不同的地域、海域会有一定的差异，但海神、龙王与妈祖始终是沿海居民神灵信仰的主体。由早期的海神信仰到龙王崇拜、妈祖信仰，反映出胶东海洋信仰的变化轨迹。

胶东海洋民俗是指胶东先民在长期与自然、海洋的搏斗中形成的诸多涉海规约习俗，其中包括海洋生产习俗、渔家生活习俗、祭海习俗、海洋禁忌、海洋民间节庆等多个方面。这些海洋民俗是胶东文化不同于其他内陆文化的重要特征。

一、胶东的海神信仰与龙王崇拜

中国传统民间信仰普遍存在着多神信仰的特点，胶东沿海居民也不例外。然而，在沿海一带，由于居民生产、生活对海洋的极大依赖，在人们的信仰体系中，海洋神灵的地位自然要大大高于其他神灵。

1. 原始海神信仰

大海对海边的人们来说，既有着无数的神秘、诱惑和实惠，又充满了危险、神怪和传奇，这使得人们对大海充满了复杂的情感。海洋神灵就是古代人们在与大海抗争，同时又享受大海馈赠的过程中创造出来的。

在远古时代，人们最初信仰的海洋神灵即海神。“所谓海神，是先民在对海域的接触认识和开发利用过程中所产生的对自然力的崇拜。”①

中国海神信仰的最早发生地在东海沿海，即今胶东半岛、苏北沿海一带。人们不仅虚构出海神的形象和有关海神的各种传说，而且在各地建立了众多的海神庙，用最隆重的仪式来祭祀海神，希望海神赐福人类，保佑人民平安。

大海浩瀚万里，气候变幻莫测，经常风大浪险，特别是那些出海作业的人们的生产环境远比内陆险恶，而在远古时代，由于生产力的低下，人们在大多时候很难与自然灾害相抗衡。大海的浩瀚，使人们感到自身的渺小；环境的险恶与人们抵抗自然灾害能力的低下，使得人们感到无限的恐惧，心灵十分脆弱，因此人们普遍对海洋充满了敬畏。这种复杂的情感，使得人们的海洋信仰进一步繁育、发展。人们认为海洋的力量如此强大，必有一种超神奇的力量，而这个力量最初的化身就是海神。这是海洋神灵观念产生的最早起因。

在远古时代，由于科学文化低下，人们对大自然的认知能力十分有限。在“万物有灵”观念的影响下，人们把周围的一切事物和现象以及生活环境都看成是有灵性的。而浩瀚的海洋本身具有巨大的神秘性和不可知性，当人们无法对各种变化莫测的自然现象做出科学的合理的解释时，只能把原因归为一种人类本身无法达到的超自然的神奇力量。在这种意识支配下，大海被认为是一个充满了灵性的世界，其中生活着“水神”“海神”。

此外，古代人们把对丰收的希望，对风调雨顺、出海平安的祈盼全部寄托在神

① 张政利、吴高军：《荣成渔民的谷雨节仪式及其演变》，见曲金良主编《中国海洋文化研究》第1卷，文化艺术出版社1999年版，第153页。

灵的保佑，从而得到情感上的宣泄和心灵上的安慰。这是海洋神灵信仰在沿海一带繁育成长、长盛不衰的重要原因。

总之，对生活在海边的人们来说，海神是大海的主宰，人们的安危祸福全由海神安排，因此人们信仰的主体神就是海神。在沿海地区，海神在人们信仰体系中的主体地位由此而定。

早在五六千年前，神灵信仰已经萌发，原生态的表现形式为原始宗教的图腾崇拜。

在创世神话中，凡是有海的地方，都会出现海神的形象。对海神的崇拜源于原始先民“万物有灵”的观念。在5000—7000年前，海边贝类资源十分丰富，胶东半岛沿海的居民即主要以捡拾海边的贝类为食。在以自然采集为主要谋生手段的上古时代，贝类不仅在古人饮食生活中有着十分重要的地位，而且在精神方面赋予其诸多神秘的文化内涵。当时的人们相信海里的贝类具有无比神奇的力量，是与神相通的灵物，而从“大蛤”所吐的气中可以见到“神”，于是最早的海洋信仰——对贝类的崇拜就这样产生了。

早期海洋信仰在《山海经》《国语》等文献中都有所反映，如《国语》中曾说：“雀入于海为蛤，雉入于淮为蜃。鼋鼍鱼鳖，莫不能化。”① 对海市蜃楼的现象，人们曾经认为，这是“大蜃”“大蛤”吐出的气造成的。

在古时，胶东半岛周边海区，其北称北海，其东称东海。传说这两处海区，各有一位海神，分别是“禺强”和“禺虢”。由于山东沿海所处的地理位置，东海的禺虢和北海的禺强成为人们供奉、信仰的东海之神和北海之神，并将其作为海洋的主宰。在沿海居民看来，海神辖区之广大，权威之隆重，远非内陆水神可比。

史籍记载，尧舜时代已有了对四海的崇拜和对四海的祭祀活动。四海之神的名号最早见于《山海经》。据《山海经》记载，东海之神为禺虢，北海之神为禺京，西海之神为弇兹，南海之神为不廷胡余：“东海之渚中有神，人面鸟身，珥两黄蛇，践两黄蛇，名曰禺虢。黄帝生禺虢，禺虢生禺京。禺京处北海，禺虢处东海，是惟海神。”② “北海之渚中，有神，人面鸟身，珥两青蛇，践两赤蛇，名曰禺强。”③ “北方禺强，人面鸟身，珥两青蛇。践两青蛇。”④ “西海渚中，有神，人面鸟身，珥两青蛇，践两赤蛇，名曰弇兹。”⑤ 南海海神：“南海渚中，有神，人面，珥两青

① 〔春秋〕左丘明著，李德山注评：《国语・晋语九》，凤凰出版社2009年版，第193页。

② 张耘点校：《山海经・大荒东经》，岳麓书社2006年版，第155～156页。

③ 张耘点校：《山海经・大荒北经》，岳麓书社2006年版，第176页。

④ 张耘点校：《山海经・海外北经》，岳麓书社2006年版，第128页。

⑤ 张耘点校：《山海经・大荒南经》，岳麓书社2006年版，第161页。

蛇，践两赤蛇，曰不廷胡余。”① 至此，原始海神的名称和形状均已基本形成。可见，禺虢是黄帝所生，与北海海神禺强有着父子血缘关系，因此在血缘出身上明显高于其他三位海神。东海海神的神形特征是人面鸟身，珥两黄蛇，践两黄蛇。此外，禺虢所珥践的蛇为黄色，比其他海神的青蛇、赤蛇高贵。因为在色彩崇拜中，黄色代表土，居正中，统率四方。因此，在原始海神信仰中，东海海神为四海海神的首领，居于领先地位。

在不同的时期和不同的流传体系中，海神的名称各不相同。一海之中，往往出现若干海神之名。如《庄子·秋水》记载了北海之帝“若”。“若”是海神的总名，统称“海若”。在我国古代海神传说中，“海若”之称最为常见。《太公金匮》中则说：“南海之神曰祝融，东海之神曰勾芒，北海之神曰玄暝，西海之神曰蓐收。”②还有一种说法，北海之中，有一位法力强大的海神，号称北海之帝，名字叫“忽”。他控制着整个渤海海区，是华夏北方海域的主宰神。海神名称的众多，从一个侧面反映出人们对海洋世界的关注，也说明在民间自由信仰时期，社会上充满了多神信仰。

人们在崇拜海神法力的同时，对海神的外在形象也在不断刻画、想象中，使得海神的形象逐渐向人像化、人格化发展。对海神形象的虚构、刻画深刻反映了人们海神信仰的盛行，也反映了人们对海洋的依赖和崇敬。

在历史典籍中，四海神的形象都是人兽同体，除南海之神外，其他三位海神都是人面鸟身，南海之神为人面而非鸟身。这种形象带有明显的图腾崇拜的色彩。

古代山东东夷部落，特别是傍海而居的氏族，原始信仰是鸟图腾。如《山海经·北山经》记曰：“发鸠之山，其上多柘水。有鸟焉，其状如乌，文首、白喙、赤足，名曰精卫，其鸣自詨。是炎帝之少女名曰女娃，女娃游于东海，溺而不返，故为精卫。常衔西山之木石，以堙于东海。”③ 这就是著名的“精卫填海”神话。这个传说反映了海边居民所遭受的灾难，也反映了人们对鸟的图腾崇拜。《礼记·礼运》曰：“麟、凤、龟、龙，谓之四灵。”这四种灵物是上古时代几个主要部族的图腾，其中“凤”便是从“鸟”的图腾演变而来的，主要为东方部族所信仰。后来，胶东东夷族先人所创造、敬仰的海神的形象逐渐演变为鸟的身形，并逐渐被其他部族所接受。另一方面，神灵信仰的多元化现象在我国十分普遍，人们唯恐一路神灵之力达不到保佑自己的目的，总是期冀得到多位神灵的保佑，于是将多路神灵的形体、法力等

① 张耘点校：《山海经·大荒西经》，岳麓书社2006年版，第169页。

② 〔唐〕虞世南：《北堂书钞》卷一四四，中国书店出版社1989年影印本。

③ 张耘点校：《山海经·北山经》，岳麓书社2006年版，第55页。

拼接在一起，创造出一种超现实、具有多种本领和法力的神灵，并希望得到他们的保佑。可见，东海海神的形状特征，是古代东夷部族、炎帝文化相互交融的产物，是炎帝族、东夷族的原始图腾的综合和创造，也是多神信仰融合的结果。

随着历史的推移，海神的形象、称谓和身份也逐渐发生了变化。到秦汉时期，海神的形象逐渐向“人神化”的方向转变，于是海神开始以貌似人类的形象出现。如《史记·秦始皇本纪》记载，秦始皇巡游至琅琊，“梦与海神战，如人状。占梦，曰：水神不可见”。胶东海滨居民乐于讲述秦始皇东巡的故事，对海神与秦始皇的传说更是格外热衷。这一方面反映了人们本身对海神的信仰，另一方面也反映出人们渴望通过帝王秦始皇拉近与海神之间距离的心理。此外，秦汉时期胶东半岛一带居民在崇拜海神的同时，其信仰对象还出现了逐渐向大鱼、蛟龙等海洋动物转化的趋势。这说明人们对大海认识的增多和加深。也反映出海洋信仰中盲从、迷信色彩的减退。

汉代以后，海神信仰日趋人神话、世俗化，海神不仅有了新的称呼，而且还为每一位海神配了夫人。如《龙鱼河图》中说：“东海君姓冯名修青，夫人姓朱名隐娥。”汉孝文十二年，诏“议增修群祀宜享祀者，以祈丰年”①。这是我国开始海神祭祀的较早的记载，自此以后，民间的海神祭祀活动不仅被纳入到国家政治、文化活动之中，而且开始由官方主办，以祈佑海疆平安。到唐代时，统治阶级开始册封四海海神为王，此后人们对海神的崇拜逐渐被龙王崇拜所代替。

总之，自远古至秦汉时期，胶东沿海居民在千百年与大海抗争、搏斗的过程中，逐渐形成了一个以海神为核心的系统的海洋神灵信仰体系。

2. 龙王崇拜

秦汉以前，胶东半岛沿海居民信仰的主要神灵是海神。从汉代以后一直到唐朝时期，随着佛教的传入，我国原始的海神、鱼龙崇拜、龙蛇崇拜与道教中的龙王杂说、佛教中的诸大龙王神话历经六百年的融合，逐渐形成了龙王信仰，胶东半岛沿海居民的海神信仰于是逐渐演变为对东海海神广德王的崇拜。

中国是崇龙的国家，原始先民所崇敬的龙是一种图腾，但在远古时代，它的功能仅仅与江河云雨有关，并不涉及海洋。

在《山海经》的记载中，东海的原始海神不是龙，而是人面鸟身的禺虢。后来，中原崇龙族日渐发展和强大，东部崇鸟部落逐渐衰落和消亡，人们信仰体系中海神的形象也发生了很大变化，原来鸟的形象消失，而蛇逐渐变为龙。

大约在秦汉时期，管理四海的蛟龙形海神被冠上了人的名字，并为他们配上了

① 〔唐〕杜佑：《通典》卷四六，中华书局1984年版，第263页。

夫人："东海君姓冯名修青，夫人姓朱名隐娥；南海君姓视名赤，夫人姓翳名逸寥；西海君姓勾大名丘百，夫人姓灵名素兰；北海君姓禹名帐里，夫人姓结名连翘。"到了后来，人们把海神称为"君"，比如汉代的谶纬之书《龙鱼河图》里说："东海君姓冯名青，夫人姓朱名隐娥；南海君姓视名赤，夫人姓翳名逸寥；西海君姓勾大名丘百，夫人姓灵名素兰；北海君姓禹名帐里，夫人姓结名连翘。"此后，以蛟龙为神容的四海海神开始了向人格神的转化。

在佛教传入中国之前，"龙王"一词在道教典籍中已经出现，出现了"诸天龙王""五方龙王"等说法，只是未形成系统。西汉末年，诞生于印度的佛教传入中国，而佛教经典中有大量的关于龙的称谓和事迹。随着佛教的发展，龙王的信仰和事迹在我国广为传播，并在社会上产生了极大的影响。道教、佛教所创造的龙王的功能、职司恰好符合中国民众的信仰需求，如佛经中有关龙的祈雨等功能为我国民众所接受，佛经中的一种在大海出没的被称为"那伽"的神兽也被中国人所认可。汉代以后，龙神信仰已经在民间广为流传。此后，佛教中统领水域的诸大龙王进一步与中国古老的龙蛇海神相融合，逐渐演化为新的海神。

在汉代以前，人们关于东海、南海、北海范围的表述，只是大体的方位，其海域的划分也极为模糊；这与现在的地理概念有很大的不同。当时的北海大体位于今天的冀辽一带海域，也包括今朝鲜半岛北部海域，南海大体指的是今天的浙闽海域，而山东半岛沿海属于当时东海的范畴。一方面，在"四海"中，东海是水域最为广大的海域。另一方面，在原始海神体系中，东海海神无论是渊源关系还是地位，都要高于其他海神。如《山海经》中曾记载，东海海神禺虢是北海海神禺京之父。父早于子，子出于父，东海海神禺虢的地位因此十分特殊。由于以上原因，东海龙王的形象历经数百年的演变，成为山东沿海共同祭祀的最高海神，亦是胶东沿海居民最重要的信仰之一，在海神信仰体系中占有重要地位。如明朝人刘遵鲁曾记曰："登州，青之渔盐地也，县治蓬莱，民滨海者奉海神尤切。"①

自古以来，胶东沿海居民对东海龙王的信仰充满了既"敬"又"畏"的复杂的矛盾心理。第一，渔民以捕捞海中鱼虾为生，人们普遍认为，鱼虾是海龙王的子民。海龙王将鱼虾赐予渔民，对渔民来说是天大的恩赐，而在渔民的眼中，海龙王如同衣食父母。第二，旧时生产力低下，人们与大自然抗争的能力很低，渔民出海捕鱼，经常会遇到狂风恶浪，风险很大。人们认为，东海龙王的脾气很不好，如果不虔诚祭祀，常常会兴风作浪致使船翻人亡。狂风恶浪就是他发脾气的表现。为了生命和财产安全，渔民只得祈求东海龙王来保护他们。第三，东海龙王是四海龙王

---

① 〔明〕陆釴等纂修：嘉靖《山东通志》卷六《漠岛记》，明嘉靖十二年（1533）刻本。

之首，法力无边，神通广大，而胶东沿海一带都属其管辖，因此胶东半岛居民信仰和崇拜东海龙王。

在“敬仰”与“畏惧”的情感和情绪中，人们对东海龙王的崇拜日益强烈。至唐朝时期，龙的地位不断提高，从宫廷到民间，人们普遍祭祀龙神，龙从图腾崇拜变为河海之君。“四海龙王”崇拜真正形成是在唐朝。樊恭炬在《祀龙祈雨考》中说：“帝命祭龙制仪始于唐”，“唐时龙与雨师才并重”。据杜佑《通典》记载，唐玄宗天宝十年（751），“唐明皇赐封号于四海龙王”，“以东海为广德王，南海为广利王，西海为广润王，北海为广泽王”①。这时，四位龙王的神容仍然带有古老龙蛇的特征，但其体貌已经酷似人间帝王。从此以后，东海龙王成为唐宋以后的新海神，而对原始海神和其他海神的崇拜逐渐淡化。可见，海龙王的信仰崇拜是综合了龙崇拜中的王权思想、原始海神信仰以及佛道两教中有关龙王的杂说而逐渐形成的，而海龙王信仰的崛起、旺盛，与历代帝王的推崇有密切关系。

到了北宋时期，朝廷正式认可并册封在民间流行已久的龙神。据《山东通志》卷二十一记载，宋仁宗康定二年（1041），北宋政府下令正式封东海龙王为渊圣广德王，还把祭祀东海龙王的祠庙设在莱州。

统治阶级的册封大大提高了龙神的地位，其统领四海海域的正统地位日益提高，影响也越来越大，而龙王信仰随之大大升温。宋赵彦卫在《云麓漫钞》中说：“古祭水神曰河伯，自释氏书入，中土有龙王之说，而河伯无闻矣。”苏轼《登州海市并序》：“予闻登州海市旧矣。父老云：‘常见于春夏，今岁晚不复出。’予到官五日而去，以不见为恨，祷于海神广德王之庙，明日见焉，乃作此诗。”由于统治阶级对海龙王的推崇，并且以隆重的礼仪来祭奠海龙王，故而在宋代时，人们对海龙王的信仰已经完全取代了古老的诸海神崇拜。

东海之神的称呼、封号，历代不一。这反映了统治阶级对海神的信仰程度和重视程度。唐玄宗时，诏封东海之神为“广德公”。宋仁宗时，“公”升为“王”，因此诏封东海之神为“渊圣广德王”。此后，海神的封号越来越多。皇祐时加号“威济”，大观年间加号“助顺”，宣和时加号“显灵”。元朝至元时，加号“灵会”。明朝初年，朱元璋尽去其王爵封号，只称“东海之神”。尽管东海之神封号甚多，但山东沿海的老百姓习惯上称其为“广德王”，海神庙遂叫“广德王庙”。到了元代以后，由于海神妈祖信仰的迅速上升，龙王的地位才开始有所下降。

3. 胶东沿海的海神祭祀与海神庙

千百年以来，胶东沿海居民对海神的信仰、崇拜日渐旺盛。一方面是由于人们

① 〔唐〕杜佑：《通典》卷四六，中华书局1984年版，第263页。

发自内心对海神的虔诚与痴迷，另一方面，历代统治阶级的推崇和重视也起了重要的推动作用。

由于海神在胶东沿海神灵信仰中具有至高无上的地位，因此为了求得海神的保佑，为了表达对海神的敬畏和祈祷、祝颂，胶东沿海居民在现实生活中不仅建造海神庙，塑立神像，供奉香火，而且还经常开展一系列的祭祀活动，以表达自己的真诚，海神祭祀于是成为滨海居民的普遍信仰和经常性的活动。

汉宣帝元年（前73），诏“以四时祠江海雒水，祈为天下丰年”。这是我国开始海神祭祀的较早的记载，自此以后，民间的海神祭祀活动不仅被纳入到国家政治文化活动之中，而且开始由官方主办，以祈佑海疆平安。

据《旧唐书·礼乐志》记载，唐朝时已经确立了岁祭四海龙王的制度，并为四海设神庙，朝廷定期派出官员，前往海神所在的祭地，进行隆重的祭祀仪式。唐代之前，祭祀东海的仪式在浙江会稽，后来，东海神庙设在莱州。据《唐会要》所载，莱州最早的祭海活动是在天宝十年（751）：“天宝十载……祭东海广德王于莱州界，祭南海广利王于广州界……”当时，官方祭祀龙王的规模和规格都很高。

宋朝时，统治者为海神加封王号，并赐予爵位和官名，海神庙随之在各地普遍建立起来。由于这一时期板桥镇（今胶州）的海运地位迅速提高，在这里建立的海神庙规模较大，香火亦很盛。此外，宁海州、文登县、胶州等地也相继建起规模不等的海神庙。据记载，宁海州海神庙称“海神行殿”，“在州北十许里，旧建，元至大四年知州姜汝嘉祈雨有应，复修”①。文登县海神庙始建年代不详，在“县南六十里”②。

南宋时期，由于少数民族的侵扰和南下，南宋政府将官方祭祀东海龙王之举从莱州迁往定海。南宋乾道五年（1169），宋孝宗下诏令祭东海龙王于昌国（今浙江定海）之海神，可见南宋政府对海神祭祀之重视。进入金代以后，在莱州的东海龙王祠庙虽然不再由官方祭祀了，但是香火依然很盛。

总之，自宋代以后，胶东海疆的海神庙不断增多，胶东沿海各州县沿海渔村以及许多岛屿上都建有大小不一的海神庙，一般均供奉东海之神。与其他神灵庙宇相比，海神庙一般规模巨大，气势恢宏。在祭祀的规格、等级方面，亦是位居榜首，而且祭祀频繁，礼仪独特，别具一格。在某些时候，对海神的祭典规格甚至大于公侯之典。此后，对东海之神的祭祀旺盛，朝拜不断，逐渐成为惯例。

---

① 〔明〕李光先修，焦希程纂：嘉靖《宁海州志》卷上，明嘉靖二十六年（1547）刻本。

② 〔清〕陈梦雷：《古今图书集成·职方典》卷二七八《登州府部》，台湾鼎文书局1977年影印本。

元代以后，莱州东海龙王祠庙重新成为官立海神祠庙，由政府派官员主持祭祀。明朝时，朱元璋于“明洪武二年，定诸神位号。遣官祭东海，称东海之神”①。统治者对海神的祭祀礼仪有加，不仅赐匾赏银，而且广修庙宇。此外，明朝政府对海神的祭祀一度改为春秋仲月上旬择日祭。清朝对海神的祭祀则固定为春秋二祭制，并由海庙所在地的官员主祭，或者差遣朝中大臣奉王命而祭祀。

在胶东沿海一带，规模最大、时间最久远、影响最深远的海神庙是位于莱州的东海神庙。东海神庙的历史，最早可以追溯到汉代。据《掖县志》载：“临朐城，城北二十五里，汉县，属东莱郡。颜师古云，齐郡已有临朐，而东莱又有此城，盖各以所近为名也。汉志注云，临朐有海水祠，即今之海庙。”

北宋以前，莱州东海神庙虽为朝廷祭海之所，但庙的规模与祭祀东海神的宏大仪式，极不相称。据宋太祖开宝六年（973）翰林学士贾黄中作《新修东海广德王庙碑文》记载：“东莱之地，海祠在焉。岁月滋深，规模非壮，岂称集灵之所，徒招逼下之讥。”莱州东海神庙的形成规模，始于北宋的开宝年间。宋太祖落难之时，曾至东海神庙，求签于庙中道士，获其指授，遂发大愿。及其即位，遣使至莱州祭祀东海，大修东海庙。另据宋人朱彧《萍洲可谈》卷二记载：“东海神庙在莱州府东门外十五里，下瞰海咫尺，东望芙蓉岛，水约四十里。”

莱州海神庙新修完工后，贾黄中撰写了一篇碑文，高度赞美了海神的法力和功德，并真诚表达了沿海居民企盼得到海神保佑、渴望幸福生活的美好愿望。碑文云：“满而不溢，大无不包，其惟东海广德王乎！若乃验五行之用，习坎推先；纪四溟之序，东方称首。太昊是都于析木，大帝实馆于扶桑。限蛮夷以分疆，兴云雨而成岁。其广也，尽天之覆，助玄化以无私；其深也，载地如舟，使含生而共济。统元气以资始，擅洪名而不居。涤荡日月之精，推斥阴阳之候。物惟错以称富，润作成而兴利。……信夫太极兼之以生，万物资之以成，九州因之以平，百谷赖之以倾。至若不以污浊分别，见其仁也；不以寒暑增损，全乎义也。卑以为体，合乎礼也！深而无际，包乎智也！潮必以时，著乎信也。如是，则象止可以目睹，神莫得而智知。”②

莱州东海神庙修成后，规模宏大，规格很高。贾黄中赞曰：“惟大圣以有作眷，皇明而烛幽，经久之图，自我为始。于是大匠颁式，百工献能，暗叶占星，岂烦兼并？不资民力，盖示于丰财；无夺农时，诚彰于悦使。长廊千柱以环布，虚殿中央

① 〔清〕陈谦修，孔尚任、刘以贵修纂：《莱州府志·大事记》，清康熙五十一年（1712）刻本。

② 〔清〕严有禧纂修、张桐续纂修：乾隆《莱州府志》卷一四《新修东海广德王庙碑文》，清乾隆五年（1740）刻本。

而崛起，窗牖回合其寒暑，金碧含吐其精荧，衮冕尊南面之仪，羽卫图永远之制。”可见，自宋代以后，东海海神的正祠就位于山东莱州。其后千余年间，历代祭祀东海的仪式均在此进行。在妈祖信仰传入或被册封前，东海龙王在胶东半岛的影响最深。

明人任万里在《海庙祀典考》中曾详细介绍了自宋朝以来历代政府对东海龙王的封禅，并记载了海神庙祭祀典礼的盛况：“尔俗传宋太祖微时，至海上，每获奇应。及即位，乾德六年，有司请祭东海，使莱州以办品物。开宝五年，诏以县令兼祀事，仍籍其庙宇祭器之数于受代日交之。六年，大修海庙，规制焕然一新。仁宗康定二年，又封海神为润圣广德王。徽宗遣使祭东海于莱郡。孝宗时，太常少卿林栗请照国初仪，立春以祀之。宋未尝不以海庙为重。元入主华夏，至元辛卯，加封广德灵会王。至顺壬申及至正四年，大加增修，而奉使致祭者，或赍金幡，或赍银盒，每为不绝。我太祖高皇帝御极之初，谓岳镇海渎，俱受命于上帝，幽微莫测，固非封号之所能加，乃去王爵止，称东海之神，盖革元之滥以从其实，诚迈历代而莫之京矣。更遣使降香，岁以春秋致祭。庙始修于洪武乙卯，再修于宣德乙巳，并甲寅，至成化乙巳，大加修拓如今制，皆有司事也。睹其庙貌，可以仰见圣代祀事之重且慎如此云。”① 另据《山东通志》卷二一记载：“会典东海在莱州府祭。宋仁宗康定二年，增封为渊圣广德王。元前至元二十八年，加封广德灵会王。明洪武七年，诏去封号，改称东海之神。皇清雍正四年，诏封东海显仁龙王之神。”②

由于历代的战火及自然灾害，东海神庙屡圮屡修。从有记载的第一次大修，即北宋开宝年间，其后的一千多年时间里，东海神庙每当遭受自然损毁和人为损毁的时候，朝廷都会进行大规模的修葺。据不完全统计，仅元、明、清三代，对东海神庙的大修就达十余次，明代毛纪的《海庙集》里载有宋、元、明历次复修的碑记。总之，莱州海神庙历经宋、元、明三代，几经修缮扩拓，规模极为壮观；每年分春、秋两次祭祀，礼仪甚为隆重。

在胶东沿海各地，除了莱州海神庙外，莱州芙蓉岛、登州文登苏门岛上的海神庙规模较大，影响也很大，很有名气。据宋人朱彧《萍洲可谈》卷二记载：“（芙蓉）岛之西水色白，东则色碧，与天接。岛上有神庙，一茅屋，渔者至彼则还。屋中有米数斛，凡渔人阻风，则宿岛上，取米以为粮，得归，便载米偿之，不敢欺一粒。稍北与北蕃界相望，渔人云，天晴时夜见北人举火，度之亦不甚远。一在蓬莱

① 〔清〕岳濬、法敏修，杜诏等纂：雍正《山东通志》卷三五《艺文志》，清乾隆元年（1736）刻本。

② 〔清〕岳濬、法敏修，杜诏等纂：雍正《山东通志》卷二一《秩祀志》，清乾隆元年（1736）刻本。

阁西，后枕溟海。”当时，这座海神庙虽然简陋，但是已经当作附近渔民的避难救急之所，带有公益场所的性质。光绪《文登县志》中对苏门岛上海神庙的记载则如下：“苏门岛一名苏山岛，在城东南海中……四面环海，为卤气所蒸，无树木，不生五谷，惟多荒草。春夏弥望青葱，秋冬则黄茅白苇遍覆。峤嵎有海神庙三楹，道士一人供香火。不敢演剧尤禁妇女入。尝有乘舟往试者，将至，则怒涛汹涌，急返棹乃止。”①

此外，位于蓬莱北丹崖山上的龙王庙最早建于唐代。宋仁宗嘉祐六年（1061）修建蓬莱阁时，又将原龙王庙西移。龙王庙中奉祀东海龙王广德王，苏东坡在登州任上时曾留下“祷于海神广德王之庙”的记载。到了明代，芝罘民众在烟台山北侧扩建了一座砖石结构的龙王庙，称烟台山龙王庙。该庙坐南朝北，面对芝罘海域。相传每年芝罘海湾都要“过龙兵”，来接受东海龙王的检阅，所以当年在修建龙王庙时，有意将龙王神像设计成可以移动的坐像，届时可以从南屋移动至北屋，以行阅“龙兵”治理。海阳县麻姑岛也曾经有过龙王庙，到了这一天，人们要在龙王庙前唱戏，虔诚地祭祀东海龙王。此外，胶东半岛各地大多在农历六月十三日举行龙王庙庙会，相传这一天是东海龙王的生日。如荣成沿海渔民在这一天家家要到龙王庙烧香焚纸，摆供祭祀东海龙王。祭祀仪式结束后，要用一块饽饽皮贴在龙王的脸上和身上。

目前，在胶东一带遗留下来的海神庙、龙王庙遗址有蓬莱龙王宫、烟台山龙王庙、威海靖子龙王庙、即墨天井山龙王庙、长岛南隍城龙王庙、牟平白泊村龙王庙和位于牟平玉林店镇桃园村的龙王庙、龙王阁等。其中，天井山龙王庙位于即墨市龙山街道办事处天井山山顶。有正房三间，中为龙王庙，西为观音殿，东为财神殿，前有东、西配房，其建筑古朴典雅。院中央为“天井”，又称龙池，是远古年代火山爆发导致地壳变动而形成的自然景观。龙池内有明清时期龙牌四面，院内有带文字的石柱四根。威海靖子龙王庙位于环翠区孙家疃镇靖子村，始建于明朝末年，历经数次修复。两进院落，砖石结构，青瓦、硬山、出檐无斗拱，原庙有海神、龙王、娘娘泥塑。到目前为止保留下了明朝的石柱、清朝后期的壁画与墙基，民国初期的墙壁和木质结构以及20世纪末的殿内雕塑、香案等四个时代不同风格的文物遗存。现部分壁画被刮掉。靖子龙王庙现为市级文物保护单位，对研究、挖掘威海的沿海民俗文化内涵具有重要价值。

4. 妈祖信仰与龙王崇拜的消长

在妈祖信仰诞生之前，东南沿海一带居民对东海龙王的崇拜一直十分盛行，这

① 〔清〕李祖年修，于霖逢纂：光绪《文登县志》卷一《山川》，民国十一年（1922）铅印本。

跟北方胶东地区的情形是基本一致的。然而龙王崇拜在流传过程中，龙王形象每况愈下，又经常作恶，劣迹斑斑，使人们对龙王充满了“敬”“畏”的复杂心情，这大大影响了人们对龙王的崇拜。人们迫切需要的是一位善良、慈祥，只送来保护、救助与福祉，而不带来灾难的神灵。妈祖及妈祖信仰就是在这样的背景下应运而生，并迅速盛行。

自古以来，南方的福建、浙江一带渔业、航运均十分发达，远涉重洋从事商业活动者亦很多，特别是福建地区，出海远航者甚众。由于航海条件的恶劣以及人们抵抗自然能力的低下，出海远航经常会遇到很大的风险，而且一旦发生险情，往往造成严重的后果，致使那些出海远航者的家中亲人整日惴惴不安，时刻牵挂远航者的安危，这为东南沿海一带人们的海洋神灵信仰创造了极大的心理空间。

妈祖是以中国大陆东南沿海为中心、包括东亚（琉球、日本、韩国及东南亚）海洋地区的海神信仰。妈祖信仰始于北宋时期，最初诞生于福建沿海地区，而后通过海路传播至全国范围。山东沿海至晚在元代时已经普遍信仰妈祖。妈祖文化在胶东地区盛行与传播因在《胶东仙道文化》一章里有专门的论述，这里不再赘述。这里涉及的，只是妈祖信仰与龙王崇拜的关系。

妈祖信仰诞生之初，由于当时的龙王崇拜依然有很大影响，所以人们曾将妈祖说成是龙王之女。如据《闽书》卷六记载，人们曾呼之曰“龙女”。宋人丁伯桂《顺济圣妃庙记》中说：“神莆阳湄洲林氏女，殁，庙祀之，号通贤神女。或曰：龙女也。”① 元代的《灵慈宫原庙记》中直接将妈祖视为“龙”：“懿哉！天妃之为德也。托质莆田，爰示有初。或龙或人，窈不可测。”② 这种现象在一定程度上反映了人们信仰对象的演变和过渡。

在妈祖信仰流传的过程中，人们不仅大力宣扬妈祖的主要神职是在渔民危难之时，在海上救济解困，而且特别强调“其效立应”的当场效果。如宋代黄岩孙称：（妈祖）“能知人祸福”，而“航海者有祷必应”③。清代学者赵翼在《陔余丛考》中说：“倘遇风浪危急，呼妈祖则神披发而来，其效立应；若呼天妃，则神必冠帔而至，恐稽时刻。”④ 此类传说四处传播，对妈祖信仰的迅速传播和盛行影响很大。

妈祖原本为民间所信仰，后来随着信仰者急剧增多，影响越来越大，引起统治者的重视和认可。北宋以后，历代帝王不仅多次册封妈祖，赐以封号，而且将对妈

① 〔南宋〕潜说友：《咸淳临安志》卷七三《顺济圣妃庙记》，台湾成文出版社 1983 年版。

② 〔元〕舍利性古：《灵慈宫原庙记》，见蒋维锬编校《妈祖文献资料》，福建人民出版社 1990 年版，第 27 页。

③ 〔南宋〕黄岩孙：《仙溪志》卷三《祠庙》，福建人民出版社 1989 年版。

④ 〔清〕赵翼：《陔余丛考》卷三五《天妃》，中华书局 1963 年版，第 761 页。

祖的祭拜活动载入国家祀典，使妈祖成为官方认可的护海女神。因此上自统治阶级，下至沿海的普通百姓，无不顶礼膜拜。而封建统治者的册封大大提高了天妃的海神地位，使得民间对妈祖的崇拜、信仰更加虔诚、繁盛。妈祖成为在民间影响最大的海上保护神，同时也成为渔民、岛民最崇拜的海神偶像。同时，由于封建王朝的认可和支持，妈祖信仰进一步在沿海地区流行、传播，最终成为全国沿海地区普遍信奉的护海女神。

在宋代之前，东海海神广德王是胶东沿海居民普遍信仰的神灵，影响最为广泛和深远。宋代以后，妈祖信仰逐渐在胶东沿海一带传播，打破了东海龙王在人们信仰中的垄断、独特地位，使人们的海神信仰出现了多元化的特点。同时，在漫长的历史长河中，妈祖信仰与龙王崇拜既互相排斥和斗争，又在某些方面互相融合、吸收，出现了此消彼长的趋势。最终，妈祖成为诸多海神中庙宇最多、香火最旺的一位海神。

在妈祖信仰最初传到胶东之时，人们曾将妈祖传说为龙王之女，这种现象一方面反映了妈祖的影响力在逐渐增强，另一方面也说明此时龙王在人们海洋神灵信仰中的影响仍然要大于妈祖。当其时，传统的海神庙与新兴的天妃庙比邻建立，分别祭祀，香火都极为旺盛。

到了明清时期，妈祖被统治者册封为“天后”“天上圣母”，成为全国普遍信奉的海神，影响大大提高，几乎超过了龙王，而龙王的地位开始逐渐下降。最终，在山东南北主要航线上，龙王作为海神的地位丧失殆尽。在有些地方，龙王庙被拆毁，或改建为其他庙宇的现象就反映了这一变化趋势。如山东黄县的龙口原来信仰龙王，龙口天后宫始建于道光十九年（1839），同治八年（1869）重修，后来改信仰海神天后。据《龙口重修天后庙记》记载：“先是龙口有龙神庙，不知创自何时，敝陋甚，至是改建于后。”①

再者，在海神角色人格神化的普及过程中，妈祖的声望日盛，神格不断上升，其神灵的地位几乎凌驾于四海龙王之上；而龙王的神格跌落，在个别地区甚至跌落为妈祖或者其他神灵的配祀神。这从龙王庙的规模和规格也可以看出，与妈祖庙、天后宫相比，大部分龙王庙要寒酸简陋得多。不仅如此，随着妈祖信仰在胶东半岛地区影响力越来越大，人们将其他神灵的职能也转移到海神娘娘的身上，只是妈祖的神职范围不断扩大，出现了多样化的趋势，如在广大信众的心目中，海神娘娘除了庇护渔民、岛民的海上安全外，还被赋予了除病灾、赐子嗣等功能。

---

① 〔清〕尹继美修，王棠纂：同治《黄县志》卷一三《龙口重修天后宫记》，清同治十年（1871）刻本。

当然，尽管自清代起妈祖的崇拜已经逐渐超过传统的海神信仰，但是在海洋渔村中人们对龙王的敬畏依然存在，对海龙王的崇拜仍然延续。如荣成的镆铘岛旧时有龙王庙，渔民每年都必须在谷雨节这一天于庙前杀猪祭神，渔船出海前先祭祀龙王庙。海阳麻姑岛上的村庄，旧时多近海捕鱼的渔民，岛南端有龙王庙，今遗址尚存。龙口屺姆岛周围流行海神妈祖信仰，而镆铘岛则一直保持龙王信仰。

二、胶东的海洋民俗

胶东海洋民俗包括海洋生产习俗、渔家生活习俗、祭海习俗、海洋禁忌、海洋民间节庆等多个方面，其中祭海习俗是我国沿海一带居民，特别是渔民、常年从事海运的人和通过海路进行贸易的商人祭祀海洋神灵活动的统称。祭海习俗以及人们在生产生活中的海洋禁忌都与海洋信仰是紧密结合在一起的，是沿海居民海洋信仰在现实生活中的具体体现。

1. 祭海习俗

早在夏商周时代，帝王就有率官员祭海之举。到了秦代，官方祭祀四海成为定制。据《史记·秦始皇本纪》记载，在徐福东渡船队出海之前就曾举行隆重的祭海仪式："清得斋戒，与童男女求之。"《宋史·礼志》中也记载，当时政府有春夏秋冬四季祭祀四海海神的定制，如："立春日祭东海于莱州，立夏日祭南海于广州，立秋日西海就河中府河渎庙望祭，立冬日北海就孟州济渎庙望祭。"

祭海是沿海居民精神生活中不可或缺的重要内容。历经千百年传承和演变，祭海逐渐成为沿海一带最重要的习俗之一。然而，随着海洋神灵信仰的变化，祭海活动无论在内容、仪式，还是具体的程序方面，都在不断变化之中。各地的祭海活动虽然有某些相似之处，但又有着明显的差异，逐渐形成鲜明的地域特色。

胶东半岛的祭海可以分为渔民祭祀、海商祭祀和官方祭祀三种形式。古往今来，这三种祭祀形式长期并存，各自发挥着不同的功能。

多神信仰一直是中国古代信仰的重要特点，胶东沿海亦然。在祭海活动中，胶东沿海所祭拜的神灵多且杂，而且不同的民众群体所信仰、祭拜的神灵也有明显的不同倾向。如在近代之前，官方祭祀一直以莱州海神庙为主祭场所，所祭祀的海神为东海龙王广德王；海商祭祀的海神为妈祖（天后娘娘），而胶东沿海渔民所祭祀的海神以东海龙王广德王和妈祖天后为主，此外还有众多的当地神灵。如即墨周戈庄渔民所祭祀的海神有五位，主神为东海龙王，其余四位神灵分别是天老爷、观音老母、四财主和孙仙姑。祭海活动的目的是祈求海神保佑出海安全，渔业丰收，其功利性色彩十分浓厚。

胶东沿海渔民，多以谷雨节为传统的祭海吉日，有"谷雨一到，百鱼靠岸"的民谚。此时气温逐渐回升，海水变暖，大量鱼种来到浅海附近繁衍。谷雨时节一到，胶东半岛渔民下海捕鱼的好日子也就开始了。渔民们为了求得东海龙王的保佑，因此多选择谷雨时节举行隆重的祭海仪式。

荣成的祭海仪式一般选在谷雨节这天在石岛天后宫举行。即墨田横镇周戈庄一带的渔民称每年谷雨节期间的祭海活动为“上网日”。传统的上网日，主要根据各船家修整船只、网具的进展情况而定，在每年谷雨节前后，以查黄历的方式来确定适宜各家祭海的黄道吉日。因各家确定的成日不同，因此各家祭海的日期也不尽相同。现在，由田横镇政府统一选定每年3月18日为祭海的正日子，并命名为“上网节”。上网节共有三天，从3月18日开始，到3月20日结束。每年一进入3月中旬，各家渔户便进入了祭海活动的紧张准备时期。

在祭祀程序、仪式方面，古代官方祭祀东海龙王的规格自然很高，严格按照朝廷颁布的祭祀仪轨进行，气氛庄重肃穆；海商对妈祖的祭祀活动，祭祀程序亦十分复杂，祭品丰厚，而且以献愿船和唱大戏为特色；普通渔民的祭海仪式虽规模相对较小，但同样比较隆重，程序较多。在具体细节方面各地不尽相同，但基本上大同小异。

过去，胶东半岛渔民的祭海活动多由渔行组织，主要祭品为去毛烙皮的大肥猪、白面大饽饽等，其中，一头杀好的整猪被认为是祭海时必不可少的祭品，这体现着渔民们对海神的诚意以及祭祀的规格。当然，除了生猪外，其他祭品则各地不尽相同。如即墨周戈庄祭海时的供品主要有黑毛公猪、大红公鸡、鲈鱼、酒、大面馍等。荣成祭海时的祭品包括褪毛带皮的肥猪一只、饽饽十个、高粱烧酒一缸、香烛鞭炮一宗等。有的渔村祭海时，在供桌上摆上一条大面鱼，寓意“富贵有余”。

胶东沿海的祭海仪式、程序，在不同地方也繁简不一。一般情况下，人们要提前购置相关祭海用品、修整龙王庙或者天后宫、搭戏台等。祭海时刻一到，渔民们抬着供品，一路敲锣打鼓，燃放鞭炮，来到海神庙前摆供祭祀，或者将供品抬到大海边，然后面朝大海祭拜，场面均十分隆重。即墨周戈庄祭海仪式比较繁杂，程序多达11项。每年3月18日清晨，数十条渔船在周戈庄村前栲栳湾里一字排开，名为“列船”。海滩上摆着一张张案桌，上面摆放着黑毛公猪、大红公鸡、鲈鱼、酒、大面馍等各种供品。吉辰一到，鞭炮齐鸣，渔民在船老大的率领下焚烧香纸，把写好的五份太平文疏（东海龙王、天老爷、观音老母、四财主和孙仙姑五位神灵各一份）点燃，边烧边祈祷。然后，渔民在船老大的率领下聚集到龙王庙前烧香磕头。祭海仪式结束后，渔民们以船为单位，来到各自的船上聚餐。

荣成一带的祭海一般为三天，祭海活动由祭船、祭海、祭海神等部分组成。第一天请神，即到海神庙接海神回家过谷雨节。仪式在早晨八九点钟举行，取“发财、长久”之意。第二天举行祭海、祭船活动，由渔民们在各自渔船上进行。祭祀时，以渔船为单位，先在渔船上把供品摆好，焚香放鞭炮，然后在船老大带领下，边烧黄裱纸边面朝大海磕头跪拜妈祖、海龙王等神灵。第三天渔民聚餐。高潮是晚上的放海灯活动。放海灯之前，先在海边设大香案摆放祭品，焚香烧纸，并且请来僧道诵经，向海里抛撒小饽饽。夜深时分，人们在锣鼓声中聚集到海边，将自制的各式各样的灯笼点燃，缓缓放入海中。

旧时福山渔民在每年春汛出海之前，先把渔网捆好堆放在海边，用谷草扎好火把，预备好面瓢，瓢里盛上荞麦，再预备好三四把捞鱼兜子。仪式开始时，先放鞭炮，一人点燃火把后擎着火把绕渔网堆奔跑，另外一人则手持荞麦面瓢追赶持火把者，边追边撒荞麦面。等追上后，便把盛着荞麦面的瓢扣在持火把人的头上。人们齐声欢呼：“扣着了!”“满了!”随后，船老大便高声领唱“上网号子”，众渔民应着号子把渔网扛上船。等渔网全部被扛上船以后，再次燃放鞭炮。船上渔民操起捞鱼兜子，一边唱起“捞鱼号子”，一边做着从海里捞鱼的动作，以表达人们渴望渔业丰收的美好愿望。蓬莱一带的渔民祭海，先到蓬莱阁龙王宫进献供品祭拜，然后抬着盛满祭品的柳斗来到各自渔船上祭拜海神。

胶东各地祭海时，大多都要安排唱戏，以增加活跃、热闹的气氛。周戈庄唱戏一般要连唱三天，请戏班子的钱由各船家分摊。石岛周边各渔村也组织唱戏，白天、晚上连着唱，有时一连唱四五天。

胶东沿海渔民、船户乃至靠航海生活的人，大都有制作船模亦即“愿船”的习俗。这种习俗主要流行于江苏、山东以及天津沿海，而在福建乃至南方其他省份的沿海地区却不多见。这种习俗主要出于民众的直观思维，人们之所以这样做就是为了让妈祖认识自家的船只，以确保自己的船只和家人平安。因此，每年祭海期间，信奉天后娘娘的渔民都要将自己所用的船只仿造成逼真模型，敬献于天后宫，许下心愿，求娘娘保佑。在今天长岛县庙岛天后宫中，保存着为数不少的从元代到现代的“愿船”，被称为世界上难得的航海博物馆。

总之，在隆重热闹的祭海仪式完全结束之后，渔民们才心满意足、心里踏实地驾乘渔船，扬帆出海，开始了新一轮的忙碌。

2. 海洋禁忌

过去，生产力极为低下，人们的海洋生产活动面临极大的风险，渔民出海捕鱼最大的心愿就是平安返航、渔业丰收。胶东沿海居民一方面每年定期举行大规模的祭海仪式，表达对海神的崇敬、虔诚，以求得海神的保佑和恩典。另一方面，在日常生活中，沿海居民慑于海神、龙王等神灵的威严，一言一行、无时无刻不小心谨慎，唯恐无意间冒犯神灵。同时，人们出于趋吉避灾的美好愿望，通过日常行为虔诚地表达自己祈求平安吉祥的心声。

千百年来，胶东沿海居民在生产与生活中形成了许多与海洋有关的禁忌，它传承于胶东民众之间，在维护生产、生活秩序的稳定方面曾经产生了深远的影响。有些古老的海洋禁忌历经千年积累、演变，至今仍存。海洋禁忌与海洋信仰是紧密结合在一起的。可以说，海洋禁忌是沿海居民海洋信仰在现实生活中的具体体现。

胶东半岛的海洋禁忌主要表现在日常生活中的一言一行，因此大体可划分为两类，即语言禁忌和行为禁忌。

自古以来，胶东沿海居民出海捕鱼、从事海运或者出海贸易，依靠的主要工具是大大小小的各种帆船。然而，“帆船”与“翻船”谐音，而对渔民来说，翻船无疑是最令人害怕、恐惧，也是最不吉祥的事情，因此人们在海上最忌讳说“翻”字。为了避开这个最忌讳的字眼，人们在生产活动中凡是需要提到船帆以及与船帆有关的设施时，一律用其他的字来代替。如，人们从来不称他们的船为“帆船”，而是用“篷”“风”代替，称之为“篷船”“风船”。如，船在海上行驶，需要把船帆拉上桅杆时，人们称为“长篷”“撑篷”。船到岸停泊需要把船帆落下来时，人们要说“落篷”，而绝不能说“落帆”。再如，将帆拉上桅杆时唱的号子叫《撑篷号子》等。再如，系船帆的绳子被称为“篷索”，控制船帆的绳子被称为“篷脚”，船帆和桅杆被称为“篷樯”等，不一而足，道理都是一样的，为的就是避讳那些不吉利的字眼。

人们不仅在日常生产中忌讳这些字眼，即便是在日常生活中也十分注意。如，鱼是人们餐桌上不可缺少的美食，然而在酒席上吃鱼时，千万不能说“翻”。当吃完鱼骨上面的一层鱼肉时，主人要用筷子把鱼的骨刺掀起来放到一边，以方便客人继续吃鱼骨下面的鱼肉。在需要把鱼身翻过来的时候，则要用“划”或者“顺”等字眼，说“把鱼划过来”，或者说“把鱼顺过去”。此外，除了“翻”这个字眼为人们特别忌讳以外，“倒”“扣”“完了”“没有”“碎”“老”字眼也为人们所忌讳。如在往船上装完货物，或者把船上的货物全部卸完后，要说“满了”“好了”等吉祥话，不能说“完了”。“老”这个字在渔民中也很有讲究。一般情况下，“老”用在姓氏前面表示对别人的尊称。然而，由于自古以来渔民尊称海中的鲸鱼为“老人家”，所以这个字就不能随便用在对别人的称呼上了。与海洋禁忌相辅相成的是，人们在生产生活中，特别是在一些重要的场合，也经常有意说一些吉利话语，以增加祥和的气氛，表达人们的美好心愿。如人们称漂为“浮”，是因为“浮”与“福”谐音。渔汛时节，渔船出海前讲究在船上吃饺子，这是因为饺子状如元宝，寓意出海发财。

渔民在海上时的禁忌很多，几乎表现在衣、食、住、行等各个方面。如不准把船上的器物翻扣、不准把筷子横搁在碗上等。人们认为，饭碗好比船体，倒扣饭碗等器物有“翻船”“倒扣”的忌讳；筷子好比桅杆，筷子横搁在碗盘上面，有“搁浅”的忌讳。因此渔民在船上吃饱以后，把碗筷往甲板上一撂即可，这样不犯任何忌讳。沿海居民严禁把饭勺翻扣在锅碗瓢盆里，以至所有器皿都不准翻扣，同样是这个道理。此外，人们在船上大小便时，有“晨不朝东，晚不朝西，晌不朝南，绝不朝北”等讲究。

在船上，不可随便乱坐。人们忌讳有人到船头的虎牙即牵引和固定锚缆的竖木的两侧甲板上坐，认为这样坐预示着“触霉头”“遭霉运”。另外，一般情况下，女性不准上船，相传女性上船会导致船翻。另外，禁止妇女跨船头、跨网具、跨橹等行为，认为这样意味着不吉利。

胶东渔民在海上捕鱼时，也有很多禁忌。捕鱼中的禁忌属于行为禁忌，有些禁忌根源于胶东沿海居民千百年来的海洋水族崇拜。

自古以来，胶东半岛的渔民和航海者视鲸鱼、鲨鱼、海龟、海豚等为神物。在海龙王信仰盛行以后，海洋中的大型生物被纳入海龙王崇拜体系之中，被认为是海龙王的鱼兵鳖将。在胶东半岛涉海传说中，鲸鱼是东海龙王出海巡游的保驾大臣，被称为炮手，为龙王鸣炮前行，因此渔民们在大海中只要一见到鲸鱼群，就认为是“过龙兵”，所有渔船必须赶忙避让。同时，人们还要一边焚香烧纸，一边向海里倾倒大米、馒头等食物，为龙兵添加粮草。为了恭送龙兵，还要敲锣打鼓。为此，出海捕鱼的渔船和运输货物的大帆船上都带有鼓锣等响器的习惯，以备“过龙兵”时之需。等到龙兵过后，渔船和货船才可以恢复海上作业或者继续航行。

其实，每年渔汛到来之时，鲸鱼、鲨鱼等大型鱼类都会追逐鱼群猎食。起初，渔民认为鲸鱼有意将鱼群追逐入网，是对人们的帮助和施舍，因此对鲸鱼充满了感激，称其为“赶鱼郎”。后来，人们总结出经验，每逢这个季节只要尾随鲸鱼后面就能够捕到大量的鱼，因此渔民见到鲸鱼游行于海中，视为吉祥，往往焚香烧纸，遥望祝拜。长岛渔民至今流传着这样的歌谣：“赶鱼郎，黑又广，帮助我们找鱼场。”“赶鱼郎，四面窜，当央撒网鱼满船。”山东桑岛的渔民称鲸鱼为“老爷子”“老人家”。无论是在岸上还是在海上，见到就烧香纸。同样，龙口屺姆岛渔民如果出海遇到龙兵，就称其为“老人家”，然后还要多说些好话。因为捕鱼丰收可以发财，因此人们又将鲸鱼视为“财神赵公元帅”，俗称“老赵”。

海龟、海鳖崇拜在山东也普遍流行。人们认为大鳖是仙物，不能捕。如果捕捞上来，必须放回海中。长岛渔民海上作业不准捕捞它，一旦网上，立即虔诚放回大海。

此外，在个别地方，某些在陆地上的动物也往往被当作海洋信仰的对象，如屺姆岛、即墨周戈庄渔民对“狐仙太爷”的崇拜。狐狸虽然为陆上动物，但这里的人们相信，“狐仙太爷”灵验无比，可以保佑他们出海平安。这反映出当地的信仰兼有内陆文化与海洋文化互相融合和互相影响的特点。

第二节　东方海上丝绸之路

中国与东亚诸国海上往来和贸易通道称为“东方海上丝绸之路”。胶东地区作为东方海上丝绸之路的首航地，曾为沟通中、韩、日的贸易往来，增进中韩、中日间的友好关系作出了重要的贡献。

一、春秋时期开辟了东方海上丝绸之路

早在春秋时期，齐国就开辟了从胶东沿海起航，南通吴越、东通朝鲜的海上丝绸之路，开创了政府倡导和组织的对外贸易的先河。齐国开辟的与朝、日贸易的东方海上丝绸之路比汉武帝时期的陆路丝绸之路至少早500年。

1. 史前时期胶东半岛与海外的文化交流

大量的考古证实，早在史前文化时期胶东半岛与朝鲜半岛、日本列岛的文化交流就开始了。最先的交流是通过黄海、渤海之间的庙岛群岛与辽东半岛开始的。庙岛群岛的南端距胶东半岛的蓬莱仅3.5海里，北端距辽东半岛的大连老铁山22.8海里。两个半岛之间南北排列了20余个岛屿，相邻岛屿之间最远的距离也不到20海里，都在人们的视线之内，这就使得两个半岛之间的文化交流有了天然的通道，只要有一个简易的独木舟就可以相互往来。

龙山文化时期，胶东地区就有了非常先进的造船技术了。1983年在庙岛群岛的大黑山岛的大濠村，距地表7米深处，发现了一艘已经腐烂的木残船和一支残断木桨。从残木船碎片分析，该船板厚约5厘米，板面加工十分平整，交接之处榫卯结构清晰可见。船桨与近代大体相同。这只残船的年代，经考古工作者初步鉴定，最迟为4000多年前，即龙山文化时期的遗物。20世纪80年代，在南长山岛浅海还曾打捞到一具石锚，该锚呈哑铃形，两端皆作扁锥形，长约1米，重数十斤。据专家推算，该锚沉水底可稳住排水量6吨左右的船只。关于石锚的年代，多数学者倾向于距今4000年前，亦为龙山文化时期器物。1982年9月，在胶东半岛最东端的荣成龙须岛郭家村毛子沟，发掘出国内发现年代最早的独木舟。据专家考证，这一独木舟的年代亦不会晚于商周时期，即当在公元前2000年至公元前1000年之间。

以上都可以说明，早在三四千年以前，山东半岛东部的胶东地区与辽东半岛大

连地区的人类往来，通过庙岛群岛已经是完全可能的了。远古时期，简易的独木舟在大海中航行，每次航行的距离不可能太远，庙岛群岛就像一个个脚踏板一样，一步步把两个半岛连接起来。故有学者指出："庙岛群岛就像一个个驿站，为独木舟提供了休息、补充淡水和给养的场所，以保证独木舟越过渤海湾到达辽东半岛。"①独木舟在大海中航行时，如果采取逐岛分段航行的方法，就会安全、顺利得多，如果再会利用海流和风向、风力，更会比较容易到达下一个站点。不仅胶东半岛和辽东半岛有庙岛群岛相连，而且朝鲜半岛与日本九州岛之间的朝鲜海峡也有巨济岛、对马岛、壹岐岛等岛屿相连。朝鲜半岛南岸和日本对马岛之间的海峡宽仅50千米，其南的对马海峡，即对马岛和壹岐岛之间的海峡宽仅46千米，这就是说，朝鲜海峡本不甚宽，而其间又有对马、壹岐岛可以停歇，乘船横渡也是不困难的。所以说，史前文化时期，人们完全有可能通过简易的渡海工具进行中、朝、日间的文化往来。庙岛群岛已发现了20余处原始文化遗址，各阶段的遗物，均与胶东大陆同时期遗存面貌一致，可见庙岛群岛曾直接接受了胶东大陆的文化影响。庙岛群岛也发现了来自辽东半岛的典型器物，而这类器物在胶东大陆却很少见，"如辽东那种数量最多，富于特征并一脉相承的筒型罐，已在两大半岛之间的庙岛群岛上发现"②。说明了这一时期的庙岛群岛已成为辽东半岛和胶东半岛文化的交汇点，并且通过庙岛群岛沟通了两个半岛的文化交流。

考古也证实，胶东地区在史前文化时期就通过庙岛群岛和辽东半岛与朝鲜半岛、日本列岛进行文化交流。如朝鲜西浦项二期、弓山一期的陶器，胎土中夹云母、滑石、贝壳的作法与胶东半岛是一致的，有些器物和纹饰也比较接近，特别是遗址中出土的石斧更为相近。日本长野、井户尻出土的石斧与胶东半岛出土的石斧也非常接近。山东的龙山文化是以磨光黑陶为其主要特征的，而在日本北九州绳纹文化晚期遗址中也发现过一种表面经过仔细磨光的黑色陶器。日本的磨光黑陶比龙山文化的黑陶晚了1000多年。日本绳纹文化晚期的黑陶很可能是受中国山东地区文化的影响而产生的。这都说明，在史前时期山东半岛就与远在海东的古日本有了文化交流。

考古学资料还显示，朝鲜、日本的稻作农业可能也是在龙山时代或稍晚时期从中国胶东半岛传入的。著名考古学家、北京大学教授严文明先生在《胶东考古记（代序）》一文中指出：在胶东栖霞杨家圈遗址发现稻谷遗存后，"由于有这一发

① 刘晓东、马述明、祈山：《明代朝鲜使臣笔下的庙岛群岛》，人民出版社2014年版，第11页。

② 佟伟华：《胶东半岛与辽东半岛原始文化的交流》，见烟台市文物管理会、烟台市博物馆编《胶东考古研究文集》，齐鲁书社2004年版，第89页。

现，稻作农业最初传入日本的路线开始明朗化了。过去有所谓北路说、中路说和南路说，后二说事实上不大可能，而前一说又缺乏证据。杨家圈的发现证明北路说是有道理的。如前所述，从大汶口文化直到岳石文化的长时期中，山东半岛的史前文化是单方面向辽东半岛传播的，而辽东半岛史前文化对朝鲜半岛的影响也是很明显的。因此我提出了一个从山东半岛经辽东半岛、朝鲜半岛再到日本九州，以接力棒的方式传播过去的说法，简称‘北路接力棒说’，此说后来因为大连大嘴子遗址和朝鲜平壤附近的南京遗址都发现了稻谷遗存而得到了相当的证实”①。中国社会科学院世界历史研究所已故研究员、中日关系史专家汪向荣先生也曾讲道：“公元前三、四世纪时，日本列岛上已经有种植水稻的”，“水稻，并不是日本列岛上所固有的，也不是由野生植物进化而成，而是从中国大陆传去的”，“（日本）考古学者和部分农业学者以出土的遗址作根据，主张这些传到日本列岛的稻种，是由中国长江的下游地区传到山东半岛，然后再由山东半岛传到日本中部地区的”②。这都说明了史前文化时期就存在着一条连接胶东半岛与日本列岛的交流通道，体现了史前文化时期山东半岛的胶东地区与朝鲜、日本密切的文化关系。当然，由于史前时期人类交际能力的限制，中日间的这种文化交流，可能多是通过中朝、日朝间的间接的文化交流来完成的，但这至少说明在新石器时期，山东半岛的胶东地区通过海上与朝鲜、日本已经有了相当多的来往了。

2. 春秋时期开辟了东方海上丝绸之路

齐国桓公时代，不仅在经济上实行开放通商的政策，而且在思想文化上也同样实行对外开放的国策。《管子·牧民》篇提出了“毋曰不同国，远者不从”③，意思是说不要因为不同国度，对外国人的经验不依从照办。《管子·侈靡》篇讲得更具体：“开其国门者，玩之以善言。”④说要打开国门，研讨别国好的意见和经验。虽然那时的“国度”与现在不同，但齐国这样一种开放性的文化，重视商业往来，农、工、商并举的经济政策，不仅使齐国迅速强大起来，统一了山东半岛，成为春秋时代的霸主，而且加速了山东半岛与周边地区的交往。胶东地区正是处在这样的开放背景之下，加之毗邻海外的地理优势，在春秋时期就开始了与朝鲜半岛的人员及商贸往来。

齐国与朝鲜半岛做生意的情况，可以从《管子》的记载中得到答案。《管子·

---

① 严文明：《胶东考古记（代序）》，见严文明主编，北京大学考古学系、烟台市博物馆编著《胶东考古》，文物出版社2000年版，第3页。

② 汪向荣：《古代中日关系史话》，时事出版社1986年版，第20、21页。

③ 黎凤翔：《管子校注》，中华书局2004年版，第16～17页。

④ 黎凤翔：《管子校注》，中华书局2004年版，第662页。

揆度》记载：齐桓公问管仲："吾闻海内玉币（玉币，指珍贵的钱币，这里指可以用作钱币或用于交换物品的珍贵物品）有七筴，可得而闻乎？"管子对曰："发、朝鲜之文皮（文皮，即有花纹的兽皮，多指虎、豹皮），一筴也。"① 筴通惬，称心满意的意思。发，东夷的一个部落，有专家考证，发与良夷（即乐良夷）毗邻，应是貊人，分布在朝鲜半岛北部及辽东半岛东部一带。也有专家称，发即濊貊，分布在汉代乐良郡东部（今朝鲜半岛东北部）。管仲把发和朝鲜的文皮看作天下最好的商品，说明当时朝鲜与齐国已有商业往来，而朝鲜的文皮就是输入齐国的重要商品之一，可能数量也不在少数，否则不会有这么高的知名度，甚至连齐相管仲都非常熟悉。

《管子·轻重甲》还记载，管仲曾建议齐桓公以通商作为武器而臣服邻国，"吴、越不朝，请珠象而以为币乎？发、朝鲜不朝，请文皮、毤服以为币乎？……辟千金者，珠也，然后八千里之吴越可得而朝也。一豹之皮，容金而金也，然后八千里之发、朝鲜可得而朝也"②。吴、越的珠宝，发、朝鲜的文皮都价值千金，用齐国的货物和吴国、越国交换"珠象（珍珠、象牙）"，和发、朝鲜交换"文皮、毤服（鸟兽落毛为毤，毤服指鸟兽落毛所做的衣服，即皮衣）"。齐国的货物，主要是丝绸、鱼、盐，而和发、朝鲜、吴国、越国这些临海的国家交换的货物应该主要是丝绸。利用齐国的丝绸与海外国家交换货物这样一个手段，来达到吸引和征服对方的目的。这里说的"八千里"，显然不是实数，是说离齐国较远的国家，而这些国家又多通过海上联系，可以看出齐国通过海上贸易南通吴越、东通朝鲜半岛的情况。著名史学家、历史地理学家顾颉刚先生认为"这是古籍中记及古朝鲜的最早的一条"③，这也是中国与朝鲜半岛商业往来的最早记录。

韩国出土了许多中国战国时期齐国的文物，也进一步印证了齐国与朝鲜半岛南部的交往。韩国全罗南道的完州上林里遗址曾出土了3件直刃青铜剑，经综合比较分析，"这种带宽浅血槽的铜剑应来自齐国，属于战国时期的齐式剑"。韩国庆尚南道的蔚山市下岱遗址第23号墓曾出土一件铜鼎，专家考证认为："下岱这件铜鼎从种种迹象看应早于秦汉时期，属于战国时期的齐式铜鼎。……这件铜鼎基本可以肯定是从战国中期的齐国辗转流入当地，并在当地长期使用保存下来的。"④ 战国时期齐国与朝鲜半岛的沟通，主要是通过海路来完成的。据现有数据显示，来自战国时期齐国的考古实物主要发现于朝鲜半岛南部的韩国境内，而在朝鲜半岛北部则主

---

① 黎凤翔：《管子校注》，中华书局2004年版，第1382页。

② 黎凤翔：《管子校注》，中华书局2004年版，第1440页。

③ 顾颉刚：《三监的结局》，载《文史》1988年第1期。

④ 李慧竹：《汉代以前山东与朝鲜半岛南部的交往》，载《北方文物》2004年第1期。

要见到来自战国时期燕国和赵国的考古实物，这说明了战国时期燕、赵、齐三国与朝鲜半岛交往所走的不同路线，燕国和赵国走的陆路，从北部进入朝鲜半岛。而齐国走的是海路，从朝鲜半岛南部西海岸进入今韩国境内。如果说齐国也是通过陆路，经赵国、燕国从辽东进入朝鲜半岛北部，那么齐国的考古实物应在朝鲜半岛北部集中发现，但目前所知的考古资料却是以朝鲜半岛南部的韩国境内发现最多，这也可以排除齐国通过陆路进入朝鲜半岛的可能。齐国主动与朝鲜做生意，也就完全没有必要绕一个大圈子途经赵国、燕国，多走好几倍的路程，多花费几倍的时间，由陆路进入朝鲜半岛。齐国与朝鲜半岛的往来，多是从胶东沿海的港口出发，经庙岛群岛走海路进入朝鲜半岛，这是一条相对安全又便捷的航路。或是，齐国从胶东半岛东部沿海横穿黄海直达朝鲜半岛西海岸，前面提到的斥山有朝鲜文皮，走的应该是这条航线。日本圆仁和尚在《入唐求法巡礼行记》里记载："从赤山浦（今荣成石岛湾）渡海，出赤山莫琊口，向正东行一日一夜。至三日平明，向东望见新罗国西南之山。"① 从荣成市石岛向东航行一天一夜就能见到朝鲜半岛新罗国的海岸。春秋时期，齐国的航海技术也完全有能力在有好风的季节里，直接从胶东半岛东部沿海横渡黄海直达朝鲜半岛。齐国走海路与朝鲜半岛交往，还可以避免陆路上诸侯国之间的战争及其他一些人为的阻挠。

齐国的货物当时能不能到达日本呢？倭人会不会也是通过海路经朝鲜半岛南部与山东半岛的齐国发生联系呢？日本考古学家"在佐贺县高来郡三会树景化园的弥生文化……的墓葬中发掘出土了最早的纺织品。它是被放在墓葬的陶瓮中的，是一寸见方的残布片，经测定，径线 40 至 50 根，纬线 30 根，与齐地所产丝绢大体相同"②。当时的日本还处在新石器时代，还没有自己的丝绸纺织品。这证实了战国时期的齐国已经向日本输出丝绸了。虽然日本出现的齐国所产的丝绢，还不能确定是怎么到达的日本，是中日客商直接交易的产物，还是经朝鲜商人的中转，或是中日间官方人员往来带到了日本，但不管怎样，至少证实了战国时期中日之间就存在着一条连接胶东半岛齐国与日本的海上通道。先秦时期，中日之间的海路还不能直航，必须经过朝鲜半岛沿海往返，无论是官方往来还是客商之间的相互贸易，都要路过朝鲜半岛，在朝鲜半岛沿岸补充淡水和食物，也不排除在停靠的沿途购买和交换商品，这也间接地沟通了中日间的文化交往和商业往来。

春秋战国时期，海上航行没有罗盘，远海航行的导航只能靠日月星辰或目视，

---

① ［日］圆仁原著，［日］小野胜年校注，白化文等修订校注：《入唐求法巡礼行记校注》，花山文艺出版社 1992 年版，第 514～515 页。

② 李英森、王秀珠、程刚：《齐国经济史》，齐鲁书社 1997 年版，第 566 页。

船的动力也只有靠海风吹送或人力摇橹，这样的条件从胶东半岛横渡黄海危险性是很大的。当时唯一的安全保障就是从胶东北部沿海即今蓬莱一带出海，经庙岛群岛到达辽东半岛，然后沿朝鲜半岛西海岸线南下至朝鲜半岛南部，如果到日本去，则从朝鲜半岛南部出海，借助巨济岛、对马岛、壹岐岛等岛屿，到达九州岛。这样一条海上相对安全的航线，也是魏晋至隋唐时期中、日、韩往来的航路，这一点，《三国志》和《新唐书》中都有记载。

东方海上丝绸之路的起点，开始全部是胶东沿海的各个港口，胶东沿海的之罘港（今属烟台市芝罘区）、斥山港（今属荣成市）、成山港（今属荣成市）、琅邪港（今属青岛市黄岛区）都是当时远近闻名的出海港口。

早在春秋时期，琅邪、之罘、成山等港口，就是著名的港口和游览胜地了。《管子·戒》记载："（齐）桓公将东游，问于管仲曰：'我游犹轴转斛，南至琅邪。'"《孟子·梁惠王下》也记载："昔者齐景公问于晏子曰：'吾欲观于转附、朝舞，遵海而南，放于琅邪。'"焦循《孟子正义》注："转斛"为"转附"之讹，"之""转"是一声之转，"附""罘"古音相通。"转附"，即今烟台市芝罘岛上的芝罘山。"朝舞"，即成山，也就是今荣成市东北的召石山。转附、朝舞和琅琊，都是当时胶东沿海的名山和著名的港口，因此，齐桓公、齐景公都很想沿着海岸线游览一番。

齐国与朝鲜半岛的海上往来，汉代著名文学家司马相如在他的名篇《子虚赋》中就曾提到过：《子虚赋》记载了楚国使者子虚与齐国乌有的一段对话，齐国乌有曰："且齐东陼巨海，南有琅邪，观乎成山，射乎之罘，浮渤澥，游孟诸。邪与肃慎为邻，右以汤谷为界。秋田乎青丘，彷徨乎海外。"① 说齐国东临大海，琅邪、成山、之罘都是海边的著名景点。琅邪即琅琊，在今青岛市黄岛区境内，《汉书·地理志》记载："越王勾践尝治此，起馆台，有四时祠。"②《水经注》也记载，越王勾践曾"徙都琅邪，周七里，以望东海"③。"齐东陼巨海……秋田乎青丘，彷徨乎海外"，说齐国东临大海，可以在秋天到青丘去打猎，是可以自由漫步在海外的国家。《子虚赋》虽是文学作品，楚国使者子虚与齐国乌有是两个虚构的人物，但齐国的琅邪、成山、之罘，朝鲜半岛的青丘，这些地名都是有据可查的，司马相如写进了自己的文学作品，说明了胶东半岛的琅邪、成山、之罘这些著名的港口及海外朝鲜半岛的青丘在当时已经有了很大的影响。《子虚赋》说齐国"浮渤澥"，"与

① 〔西汉〕司马迁：《史记·司马相如列传》，中华书局2000年版，第2298页。

② 〔东汉〕班固：《汉书·地理志》，中华书局2000年版，第1273页。

③ 《水经·潍水注》，见影印文渊阁《四库全书》第573册，上海古籍出版社1987年版，第417页。

肃慎为邻”，可以“秋田乎青丘，彷徨乎海外”，这说明了齐国在春秋战国时从胶东沿海琅邪、成山、之罘这些著名的港口起航，与朝鲜半岛通过海上的往来已经非常便利了。

春秋时期，齐国对外开放的国策，主动与海外诸国做生意的大动作，启动了胶东沿海港口远航的船只；胶东地区丰富的丝绸资源，为海外贸易贮备了充足的货源；胶东沿海与朝鲜半岛、日本列岛便捷的海上通道，铺就了中国古代最早的海上丝绸之路。

3. 徐福东渡拓展了东方海上丝绸之路

我们在《胶东仙道文化》一章提到了秦始皇派徐福“入海求仙人”，史书记载了徐福两次大规模出海远航，不仅带走了童男童女数千人，还有大量的水手和勤杂人员及管理看护人员，包括懂各种技艺的“百工”和“五谷种种”，到了海外一个新的地方自己做了王，再也没有回来。不难看出，徐福是假借“入海求仙人”到海外去开拓新的事业。徐福的船队同时也给朝鲜半岛南部、日本列岛带去了秦王朝发达的造船、航海技术及先进的耕种方式、百工技艺与生活习俗等，推动了朝鲜和日本社会各个方面的进步，拓展了春秋时期齐国开辟的由胶东地区通往海外的海上丝绸之路。

徐福率大批移民到朝鲜半岛南部和日本列岛，是中国传统文化特别是胶东文化向海外的一次大传播，是中、日、韩第一次大规模的经济和文化交流。在朝鲜半岛南部和日本列岛文化还比较落后的时期，一支庞大的船队，沿途传播的又是当时最先进的生产技术，也为秦汉以后更大规模的人员往来和文化交流拓宽了航路。徐福率领的庞大船队，沿途洒下了友谊的种子，到达彼岸的童男童女们长大成人后，结婚生子，传承着一代代友好交往的佳话。

徐福船队东渡远航的路线，仍然是齐国开辟的通往朝鲜半岛和日本的东方海上丝绸之路。徐福为了蒙骗秦始皇，他出海时也必须向海市多发的海域出发，而庙岛群岛一带是海市多发的海域，又是徐福逃离秦始皇迫害，远走朝鲜、日本的必经之路。这条路线，也是唐朝初期制定的官方通道，这在下面会具体谈到。唐朝的造船技术和航海水平已经有了相当大的提高，去朝鲜仍然要走庙岛群岛，何况八百多年前的秦朝呢。徐福船队的目标是朝鲜半岛南部或日本，走的只能是这条航线，即从古黄县（即古登州，今蓬莱）入海，沿着庙岛群岛，渡过渤海湾，到辽东半岛，沿海岸线至朝鲜半岛西海岸，再南下至日本九州岛。

徐福“入海求仙人”的去向，司马迁在《史记》里也没有明确说明，学术界至今也没有科学的权威的答案，但近年来，中、日、韩三国学者围绕徐福故里和徐福东渡，从考古学、历史学、航海学、民俗学等多学科进行了全面的研讨，徐福东渡从山东半岛起航，先到朝鲜半岛，再由朝鲜半岛南下至日本列岛已成为中、日、韩三国学者的共识。

韩国的济州岛在历史上被称为“瀛洲”，有许多关于徐福寻仙求药的传说，据韩国文献记载，汉拿山就是瀛洲山，是徐福寻找长生不老药的三神山之一。济州岛朝天浦、汉拿山、“徐市过之”大型石刻等，相传都与徐福东渡有关。相传徐福东渡到达济州岛（时称瀛洲）寻找长生不老之药，在济州岛的正房瀑布海岸寻到不老药后西行回国，西归浦因此而得名。如果此传说成立，那么徐福东渡至此西行归国，应指的是徐福第一次东渡，因为徐福第二次东渡，“得平原广泽，止王不来”，再也没有回国。今济州岛西归浦市徐福公园就是为追寻当时徐福的足迹在西归浦市西归洞正房瀑布附近建立的中国式庭园。徐福公园建有徐福展示馆大厅，徐福展示馆广场还立有中国赠送的白花岗岩理石雕制的高 3 米的徐福雕像，雕像底座正面刻有已故中国人民代表大会原副委员长程思远题写的“徐福”二字。西归浦市每年都在徐福公园举行徐福祭礼活动。据韩国《朝鲜日报》2008 年 12 月 28 日报道：刻着中国总理温家宝亲笔书写的“徐福公园”四个字的泰山石揭彩仪式在济州道西归浦市徐福公园举行。泰山石高 3.5 米，重 10 吨。时任中国文化部部长的蔡武在致辞中表示：“徐福为寻找不老草而来到济州岛是韩中文化交流的开端。温家宝总理亲笔题写‘徐福公园’是韩中文化交流的象征，同时具有要进一步发展合作关系的意义。”2014 年 7 月 4 日，中国国家主席习近平访问韩国在首尔大学演讲时也提到了“从东渡求仙来到济州岛的徐福”，这都说明，朝鲜半岛南部海岸包括济州岛都可能是徐福到达的地方。

日本自古以来也有许多徐福的传说，从九州到本州的二十多处地点，都流传着有关徐福的登陆地点、活动遗迹、祠庙和墓葬等传说，而且同类遗迹往往重复地见于多处地点。徐福遗迹主要集中在今和歌山县和佐贺县，如和歌山县新宫市车站附近有徐福墓。徐福墓附近有“七冢之碑”，为纪念随从徐福渡日的秦人而建。在徐福传说较为集中的日本九州佐贺县吉野里发现了一处较大的日本弥生时代（公元前 3 世纪至公元 3 世纪）聚落遗址，这成为日本最重要的考古发现之一。它包括环壕遗址和大量的坟丘墓，同时还出土了铜剑、铜镜、铜铎和玉管等珍贵文物。铜剑、铜镜、铜铎和玉管等珍贵文物来自中国，或中国去的工匠所制作。吉野里遗址的发现为中国人东渡日本提供了较为有力的考古证据，尽管我们无法将徐福与日本简单地画上等号，但考古证据和民间传说日趋一致，这是不争的事实，致使一些日本学者认为徐福东渡日本确有其事。更有许多日本人还以徐福的后裔自居，虽然我们无法考证其真伪，但一个传说历经一二千年仍有强大的生命力，必定有其存在的理由，徐福本人是否到了日本的伊熊野浦，徐福墓埋葬的是否徐福的尸骨或他的遗物，仅凭现有的证据虽说难以使人信服，但我们至少可以认为，徐福东渡日本留止不还的传说，是有一定根据的，或者至少是徐福船队的一部分人到达了日本，因此徐福在日本的传说才能至今流传。可以说，无论徐福本人是否到了日本，徐福的墓是真是假，但传说至今得以流传，说明确有许多中国人在古代甚至在史前时期就移居到了日本，同时也反映了日本人民渴望保持中日友好传统的强烈愿望。

徐福东渡时的船只抗风浪条件和应付远航的能力都有限，不排除沿途有部分船只受损，部分人员沿途就近停留下来，居住在了当地。也极有可能徐福第一次东渡因航海知识和能力的限制，就停留在了朝鲜半岛南部。在开拓朝鲜半岛南部的过程中，明显感觉到了技术人员和生产资料的短缺，才有了徐福携百工技艺人才和大批生产资料的第二次东渡。这期间，随着对朝鲜海峡和日本的了解，才有部分或大部分人员陆续从朝鲜半岛移居日本，到日本开拓新的家园。朝鲜半岛南部和日本都有许多徐福传说，传说得以流传两千多年，仅仅是徐福船队路过，其影响不会如此之大。

徐福“入海求仙人”的路线及登陆地点，虽然我们还需要更多的证据和第一手的资料来证明，但我们已经确信，徐福的船队从今蓬莱一带入海，沿着庙岛群岛，渡过渤海湾，再沿着辽东半岛“循海岸水行”至朝鲜半岛东南部，再横渡朝鲜海峡，借助对马岛、壹岐岛等岛屿，到达九州岛。如果徐福“入海求仙人”带走的大批人员中，有部分人员开始留在了朝鲜半岛，或徐福等人起初是全部移居在朝鲜半岛，那么，秦汉时期落户朝鲜半岛，后来移居日本的中国人，就不排除其中有许多是徐福“入海求仙人”时带走的人员。所以说，徐福“入海求仙人”的随从人员中，有一大批到了日本，应是完全可信的。至于秦汉以后，从朝鲜半岛移居日本的中国人，是不是也有许多是徐福随从人员中留在朝鲜半岛的那部分人的后人，这当然还需要考证，但不管怎么说，徐福“入海求仙人”进一步沟通了中、韩、日的人员往来和文化交流也应是确信无疑的。

二、汉唐时期东方海上丝绸之路的繁荣

汉武帝时期，遣楼船军从胶东半岛渡海东征朝鲜，并将朝鲜半岛北部纳入汉王朝的版图，及唐初确定的与东亚诸国往来的“登州海行入高丽、渤海道”的官方通道，都进一步刺激和促进了胶东半岛与东亚诸国的人员往来和海上贸易，带来了汉唐时期东方海上丝绸之路的繁荣。

1. 汉代楼船兵“从齐浮渤海”与海上贸易的兴盛

元封二年（前109），在山东半岛发生了中国航海史乃至世界东方航海史上一次重要事件，这就是汉武帝“遣楼船将军杨仆从齐浮渤海，兵五万人，左将军荀彘

出辽东，讨右渠。……楼船将军将齐兵七千人先至王险。……遂定朝鲜，为四郡"①。在谈到这一事件的重大意义时，中国秦汉史学会会长、中国人民大学国学院王子今教授在《论杨仆击朝鲜楼船军"从齐浮渤海"及相关问题》一文中指出："杨仆击朝鲜楼船军'从齐浮渤海'，开创了武装舰队远航的历史记录，应当看作中国航海史乃至东方航海史上的重要事件。说明这一历史现象，对于东方早期航海史、海军史、海洋开发史以及民族关系史的认识，都有不宜忽视的意义。事实告诉我们，战国至西汉时期山东半岛地方的文化优势和文化强势，除了儒学的丰厚内容和广泛影响而外，还表现为航海技术和海洋学的先进。"② 山东半岛东部胶东半岛是楼船军"从齐浮渤海"的起点，是这次大规模的军事行动的后方补给基地。

杨仆率领的七千名齐地的士兵一次性渡海，可以想象出是一支非常庞大的舰队，后续的还有几万士兵跟进，在黄海的海面上，是一个多么浩大壮观的场面。这也显示出山东半岛特别是东部的胶东半岛一带有着支撑庞大海运所具备的后勤保障能力，有着当时设施完善、技术先进的造船和海上远航基地。胶东半岛是汉代中国连接东方海外诸国的桥头堡，也是开展与朝鲜半岛民间海上往来和海上贸易的重要场所。正是因为汉武帝时期有着强大的水军，才能水陆夹击，"遂定朝鲜，为四郡"，将朝鲜半岛北部纳入大汉的版图，形成大汉帝国的"环黄海圈"。

汉武帝平定朝鲜之后，"以其地为乐浪、临屯、玄菟、真番郡"③，进一步促进了山东半岛与朝鲜半岛的人员往来和海上贸易的兴盛。

《史记·平准书》记载说："彭吴贾灭朝鲜，置沧海之郡，则燕、齐之间靡然发动。"《汉书·食货志》记载："彭吴穿秽貊、朝鲜，置沧海郡，则燕、齐之间靡然发动。""沧海郡"在今朝鲜东部，后归临屯郡。说设置了沧海郡，与沧海郡相邻的燕地和齐地如风靡草偃一般骚动起来。但《史记·平准书》的记载是"彭吴贾灭朝鲜，置沧海之郡"，《汉书·食货志》的记载却是"彭吴穿秽貊、朝鲜，置沧海郡"。对这两点的差异，清代史学家钱大昕在《廿二史考异》卷三《平准书》中讲道："《汉书·食货志》较《史记》为确。"理由之一是，灭朝鲜的是汉武帝派去的荀彘、杨仆，而不是彭吴贾。钱大昕甚至认为，"无彭吴贾其人也"。他认为《史记》中提到的"灭"字，"当为濊字之讹，濊与薉、秽（穢）同，贾为商贾之贾，谓彭吴与濊朝鲜贸易，因得通道置郡也"。按照钱大昕的说法，虽然我们无法考证彭吴是哪里人，做生意走的是海路还是陆路，但从《汉书》和《史记》都记

① 〔西汉〕司马迁：《史记·朝鲜列传》，中华书局2000年版，第2278页。

② 王子今：《论杨仆击朝鲜楼船军"从齐浮渤海"及相关问题》，载《鲁东大学学报》2009年第1期。

③ 〔东汉〕班固：《汉书·武帝纪》，中华书局2000年版，第138页。

载的“燕、齐之间靡然发动”来看，燕、齐两地都与朝鲜半岛的联系更加密切了，这包括人员往来和商业活动。我们可以这样认为，因西汉版图的扩大，原燕国与朝鲜半岛北部陆路相连，原齐国地处的山东半岛，与朝鲜半岛隔海相望。设置了沧海郡，这两个地区才能“靡然发动”。这也进一步证实了在西汉初期，山东半岛的百姓是通过海上与朝鲜半岛进行联系的。理由是，齐地在山东半岛中东部，如果通过陆路与朝鲜半岛进行联系，其路程要比赵地远，“靡然发动”的首先是赵地，而不是齐地，《汉书》和《史记》记载“燕、齐之间靡然发动”，就是指燕地与朝鲜陆路相近，齐地与朝鲜海路相连。这一切都说明，西汉初期山东半岛通过海上与朝鲜半岛的往来已经非常便捷，所以也才有汉武帝从山东半岛大规模出兵朝鲜的举动。

《后汉书·东夷列传》记载：“马韩之西，海岛上有州胡国……乘船往来，货市韩中。”《三国志·魏书·东夷传》记载：“州胡在马韩之西海中大岛上。”州胡国的具体位置，在今天的韩国也有不同的解读。一是济州岛说。州胡就是韩国的济州岛，因济州岛在历史上曾称作“过州胡”，韩国的词典也有这样的解释。而且1928年在济州市山地港筑港工地附近熔岩层下，发现了中国汉代的遗物，具有代表性的是五铢钱、货泉、货布、大泉五十等货币。“五铢钱”是西汉武帝时铸造，王莽时仍延续使用，其他货币则都是王莽时代制造。持济州岛说的学者认为，由于韩国南部、日本北九州都发现有货泉等货币，因此从济州市山地港出土的货币可以推断，这些汉代文物，应是进行交易时留下的，符合“货市韩中”的记载。但否定者认为，济州岛在马韩之南，不符合史书中“马韩之西”的记载，而且济州岛远离中国大陆，也不是汉代“乘船往来，货市韩中”的理想场所。所以有的韩国学者，包括朝鲜的部分学者也不同意州胡国是在济州岛的说法，而是提出另一观点，即州胡国是在“庙岛群岛的长山岛，理由是长山岛在‘马韩之西’，是当时中韩海上交往的必经之路，也是‘乘船往来，货市韩中’的最理想场所”①。虽然州胡国在什么地方还需要进一步考证，但至少可以说明，在汉代，朝鲜半岛南部就已经通过海路进行中韩贸易活动了，而且海上贸易的中国货物应主要来自山东半岛。

朝鲜黄海道长山串附近的梦金浦遗址中，曾发掘出汉式铁斧及冶铁的遗迹。日本考古学家鸟居龙藏曾指出，梦金浦在古代中韩商业往来中占有非常重要的地位，他说：“梦金浦附近盛产木材，汉人贩运山东的盐来交易木材，获利甚巨，地方因此繁荣起来，酒馆林立，商人寻欢作乐，挥金如土，往往归航时已身无分文，好像做了一场黄金梦，这就是‘梦金浦’名称的由来。”② 山东半岛一带自春秋时期就

① 刘晓东、马述明、祁山：《明代朝鲜使臣笔下的庙岛群岛》，人民出版社2014年版，第18页。

② 朱云影：《中国文化对日韩越的影响》，广西师范大学出版社2007年版，第363页。

盛产食盐，春秋时，“通齐国之鱼盐于东莱”，山东半岛的食盐销往了各诸侯国，也应包括有着商业往来的东邻朝鲜。汉代，胶东半岛的盐业生产有了更大的规模，据《汉书·地理志》记载，西汉时，胶东半岛沿海产盐的郡县设置了盐官，如东莱郡曲成县（今招远市城西）设有盐官，东牟县（今烟台牟平区）设有盐官、铁官，弦县（今龙口市城区西南）设有盐官，昌阳县（今文登市城区南）设有盐官。琅琊郡的计今县（今胶州城）境内设有盐官。这说明了汉代时胶东半岛的盐业生产非常发达。在贩运山东盐到朝鲜半岛的同时，也必然把山东半岛的铁器和先进的冶铁技术输入进了朝鲜半岛。这一点，我们在上一节就已经谈到，移居朝鲜半岛东南部的齐人后裔就把山东半岛的冶铁技术带到了朝鲜半岛。

《史记》还提到，汉武帝“数巡狩海上，乃悉从外国客，大都多人则过之，散财帛以赏赐，厚具以饶给之，以览示汉富厚焉”。说汉武帝多次到海边巡幸，还带着许多外国人，并向他们炫耀当地的财富，赠送给他们丝绸等高档物品。前面提到汉武帝一生多次“巡狩海上”，主要是在胶东半岛沿海一带。汉武帝赠送给外国人的丝绸也必然出自山东半岛当地，因为汉代的山东半岛是全国高档丝绸制品的重要生产和加工基地。

有的专家还通过对汉代西北地区与山东地区的丝绢价格比较得出结论，汉代西北地区丝绢价格明显高于山东地区，这是因为西北地区当时不出产丝绢，需要从山东地区调运增加运费所至。汉代通西域的丝绸之路长安“是丝绸之路的起点，而山东地区则是丝绸之路的主要源头所在”①。从长安出发通西域的丝绸尚且来自山东地区，那么，汉武帝赠送给外国人的丝绸及汉代输入朝鲜半岛的丝绸也应大都来自山东半岛。已故历史学家张政烺先生也讲道：“汉代齐地有三服官，以制衣服材料著名。乐浪和山东半岛，海程甚近。”在平壤乐浪郡旧址发掘的古坟中，“墓内发现绫绢残片，以及菱文之罗，织工很精，大概是从山东半岛运输来的。足证这种精美的丝织物，已为运销朝鲜半岛的商品”②。乐浪郡旧址发现的这些精美的丝织物，说明山东半岛的丝绸制品已经通过各种通道进入了朝鲜半岛。汉武帝带着外国人多次到胶东半岛巡幸，并向外国人赠送山东丝绸，无意中也是对山东丝绸的极大的促销，这必然推动山东半岛与朝鲜半岛海上贸易的繁荣。

2.“循海岸水行”的“登州海行入高丽、渤海道”

魏晋时期，中国不仅与朝鲜半岛南部的三韩（今韩国一带）有了密切的往来，也与当时日本列岛的三十个国家有了官方往来和贸易活动。魏晋至唐代，中国与朝

---

① 齐涛：《丝绸之路探源》，齐鲁书社 1992 年版，第 247 页。

② 张政烺：《五千年来的中朝友好关系》，开明书店 1951 年版，第 18 页。

鲜半岛南部和日本的往来路线，仍由胶东半岛沿海的港口出发，经庙岛群岛，再“循海岸水行”往返。这样一条航线，也是当时的官方朝贡贸易和民间海上贸易及友好往来的东方海上丝绸之路。《三国志·魏书·东夷传》记载了当时中国与日本的往来路线：

> 倭人在带方东南大海之中，依山岛为国邑。旧百余国，汉时有朝见者，今使译所通三十国。从（乐浪）郡（郡治今朝鲜平壤南）至倭（日本），循海岸水行，历韩国（指当时的马韩等国，即现在的韩国西部地区），乍南乍东，到其北岸狗邪韩国（今韩国东南部），七千余里，始度一海，千余里至对马国（今日本对马岛）……南至投马国（一说今日本山口县一带，一说在今日本九州），水行二十日……可五万余户。南至邪马台国（台系字误，应为壹，壹国在日本何地，有多说），女王之所都，水行十日，陆行一月。……自（乐浪）郡至女王国万二千余里。

日本九州岛和朝鲜半岛南部相隔的是朝鲜海峡，海峡中间有对马岛、壹岐岛等岛屿，在古代航船设备和航海技术都不完备的条件下，中国和日本之间的往来，包括朝鲜半岛的国家与日本之间的往来，《三国志》里记载的这条“循海岸水行”的航路，是当时最理想的，也应是当时唯一的一条安全航道。甚至唐初日本遣唐使到中国来，走的也是这条航路。

《三国志·魏志·东夷传》只详细记述了从朝鲜乐浪郡到日本邪马壹国的路线，没有提到从曹魏时期京都洛阳到朝鲜乐浪郡的路线，但我们从下面介绍的贞元年间宰相贾耽记叙的“登州海行入高丽、渤海道”就可以得出结论，到朝鲜乐浪郡的路线应是从胶东半岛今蓬莱一带入海，路经庙岛群岛，到今大连老铁山海峡，再“循海岸水行”，沿辽东半岛海岸线南下至朝鲜乐浪郡。然后按《三国志》记载的路线，由朝鲜半岛南下“循海岸水行”至日本列岛。这仍然是我们在前面提到的徐福东渡路线。四百年后的唐朝的远航能力已经有了相当大的进步，中朝之间的海上航行尚且只能“循海岸水行”，三国时走的也只能是这条航线。把《三国志》和《新唐书》里记载的路线连接起来，这样就给我们勾勒出一条完整的由胶东半岛到朝鲜半岛再到日本的具体航线了。

隋唐时期，特别是唐王朝与朝鲜半岛、日本列岛的交往日趋频繁，唐朝廷采取对外开放的政策，层次高，规模大，东方海上丝绸之路也进入了历史上的鼎盛时期。特别是唐初确定的与东亚诸国往来的“登州海行入高丽、渤海道”的官方通道，更是吸引了东亚诸国的大批使者及各类人士越海从胶东半岛登陆进入中国。

唐代，登州所辖的港口是东亚诸国进出唐代中国的主要通关口岸，据《新唐书·地理志》记载，唐德宗贞元年间（785—805）宰相贾耽记叙的“入四夷之路与关成走集最要者七”，当时国家对外的通关路线主要有七条，而其中海路有两条。一条是从登州出海至辽东半岛和朝鲜半岛的“登州海行入高丽、渤海道”。高丽，当时拥有朝鲜半岛北部及辽东半岛部分区域。渤海，指渤海国。唐朝时，渤海国在今丹东、长春、哈尔滨以东地区，包括今朝鲜、俄罗斯部分疆土。另一条是“广州通海夷道”，从广州出海到南洋诸国。登州，州治蓬莱县，指今蓬莱市。贾耽记述的“登州海行入高丽、渤海道”，到高丽的具体航线是：

> 登州东北海行，过大谢岛（今长岛县长山岛）、龟歆岛（今长岛县大钦岛）、末岛（今长岛县小钦岛）、乌湖岛（今长岛县隍岛城），三百里。北渡乌湖海（今大连老铁山海峡），至马石山东之都里镇（今大连石岚子），二百里。东傍海壖，过青泥浦（今大连小平岛）、桃花浦、杏花浦、石人汪（今辽宁石城岛）、橐驼湾（今大洋河口）、乌骨江（今鸭绿江口附近），八百里。乃南傍海壖，过乌牧岛、贝江口（今朝鲜大同江口）、椒岛，得新罗西北之长口镇（今朝鲜长渊唐馆浦）。又过秦王石桥、麻田岛、古寺岛（今韩国江华岛）、得物岛（今韩国大阜岛），千里至鸭渌江、唐恩浦口（今韩国水原附近）。乃东南陆行，七百里至新罗王城（今韩国庆州）。①

可以看出，唐贞元年间的“登州海行入高丽、渤海道”是一条从登州一带出海，“循海岸水行”到达朝鲜半岛东南部的路线。虽说唐代航海知识和航船能力足以支持横渡渤海、黄海直达朝鲜半岛东海岸，但“循海岸水行”不仅便于粮食及淡水的补给，也是当时最为安全的航线。唐代的航海技术仍然是以地文导航为主，航海者主要通过可视性地理坐标来判断航道。从登州北行，庙岛群岛的许多岛屿都可以作为海上地貌标识，进入辽东海域沿海岸绕行，岛屿及近岸山峰的可视性标志也很多，航海者的视野始终不离陆岸或岛洲。如果远离陆岸礁岛，则容易迷失方向，同时，航线离岸岛越近，则航行越安全，一旦遭遇风暴或船只损坏，可以较快地驶向陆岸。

由于唐代航海技术和造船业水平的提高，经登州口岸批准的往来东亚诸国的船只，有时不再经庙岛群岛，而是横渡黄海，由胶东半岛东部的港口直达今朝鲜半岛西海岸往返。如日本圆仁和尚在《入唐求法巡礼行记》中记载：唐文宗开成四年（839）四月二日，“第二船头长岑宿祢申云：‘其大珠山（今青岛市黄岛区境内）计当新罗正西，若到彼进发，灾祸难量’”②。这说明了即使到了唐朝的中后期，从胶东半岛横渡黄海直达朝鲜半岛，仍是一条很危险的航道。虽说是危险的航道，但由于航

---

① 〔北宋〕欧阳修：《新唐书·地理志》，中华书局2000年版，第752页。

② ［日］圆仁原著，［日］小野胜年校注，白化文等修订校注：《入唐求法巡礼行记校注》，花山文艺出版社1992年版，第135页。

道较近，已经有船只在好风的日子里开始横渡黄海了。唐开成四年（839）四月十七日，圆仁和尚到达“登州牟平县（今烟台牟平区）唐阳陶村（今属乳山）之南边”，就有船家告诉他：“从此东有新罗国，得好风，两三日得到。”① 从胶东半岛东部的赤山浦出发横渡黄海到新罗，一般需要三四日的航程，对此，圆仁和尚搭新罗的商船回国时也是走的这条航线，唐大中元年（847）九月二日，“从赤山浦（今荣成石岛湾）渡海，出赤山莫琊江，向正东行一日一夜，至三日平明，向东望见新罗国西南之山。风变正北，侧帆向东南行一日一夜，至四日晓，向东见山岛段而接连。问艄公等，乃云：‘是新罗国西熊州（今韩国公州）西界，本是百济国之地’”。九月八日，“到新罗国东南，出到大海，望东南行。九月十日，平明，向东遥见对马岛。午时，前路见本国（指日本）山——从东至西南，相连分明。至初夜，到肥前国（日本古代的一个郡国）松浦郡北界鹿岛（今日本九州福冈县的一小岛）泊船”②。唐朝中后期，许多船只已经在有好风的季节里，从胶东半岛横渡黄海直达朝鲜半岛西海岸了，去往日本的船只，再由朝鲜半岛南部经对马岛，到达九州岛。

3. 唐代胶东半岛与东亚诸国海上贸易的繁荣

唐代，胶东半岛是国家对外贸易和文化交流的重要基地，当时与朝鲜半岛的新罗和日本的贸易活动大都在这里进行。特别是登州，所辖区域在胶东半岛的最东端，“登州海行入高丽、渤海道”又是离东亚诸国最近又最安全的航线。登州辖区所属许多港口既是新罗、渤海、日本往来的必经之路，也是停泊往来新罗、渤海、日本船只的重要港口。登州府府治所在地的登州港是当时中国北方的第一大港，是中国北方与海外物资交流的主要集散地。

唐初，东亚诸国的遣唐朝贡使团实际上也是贸易使团，这种遣使朝贡的外交模式，催生了一种新的贸易形式，即中国与周边邻国间的朝贡贸易。唐与日本、朝鲜半岛的高丽、北济、新罗，包括渤海国的朝贡贸易，主要是通过海运，途经胶东半岛往来于中国大陆与东亚诸国之间。大唐帝国为了显示自己的富庶和大度，对朝贡回赠的物品，其数量和价值大都超过朝贡的物品，而双方通过胶东半岛和东亚诸国之间海路交换的物品，以丝绸制品为多。据《旧唐书·东夷传》记载，唐朝对东亚朝贡国回赠的物品以“锦彩”“彩帛”“锦袍”“朝霞细”“鱼牙细”“文锦、五色罗、紫绣纹袍”等高档丝织品为多，而这些高档丝织品也正是山东一带所出产的，《新唐书·地理志》记载，山东各州、郡上贡的物品几乎都有高档丝绸类。质量上

① ［日］圆仁原著，［日］小野胜年校注，白化文等修订校注：《入唐求法巡礼行记校注》，花山文艺出版社1992年版，第150页。

② ［日］圆仁原著，［日］小野胜年校注，白化文等修订校注：《入唐求法巡礼行记校注》，花山文艺出版社1992年版，第514～515、518页。

乘的纺织丝绸制品，是当时新罗、日本、渤海等国奇缺的，这也是吸引东亚各国来胶东半岛贸易的一个重要原因。山东是全国丝绸的主要出产地，加之交通上的便捷，经胶东半岛向东亚诸国输出丝绸必然也是以山东丝绸为多。

中唐以后，随着唐、新罗地方诸侯势力的崛起，各自的中央政权对地方控制力的减弱，地方诸侯和民间的商人在唐、新（罗）、日商贸往来和文化交流中占了主导地位。由于官方"朝贡贸易"带来的对中国商品的浓厚兴趣，刺激了新罗、日本、渤海等国对大唐商品的进一步需求，吸引了大批唐、新（罗）、日的民间商团加入了有着丰厚利润的唐、新（罗）、日贸易。日本圆仁和尚在日记里就记述了从事唐、新（罗）、日贸易的唐商、日商及新罗商人的一些情况。

日本圆仁和尚在胶东半岛沿海经常见到新罗的船只，圆仁和尚等人归国的一段经历说明了在胶东半岛从事海运及经商的新罗船只和新罗人非常多，而且多用布匹、丝绸替代计价的货币。唐大中元年（874）闰三月十日，圆仁和尚一行在文登赤山（今荣成石岛镇）"将十七端布雇新罗人郑客车载衣物，傍海往密州界去"①。六月九日在楚州新罗坊，圆仁得知：新罗商人金珍的商船"从苏州松江口发往日本国，过廿一日，到莱州界牢山（今青岛崂山）"②。六月十八日，"乘楚州新罗坊王可昌船"，赶赴牢山（崂山）。六月二十六日，到达牢山（崂山），见到新罗商人金珍给圆仁和尚留书："专在赤山（今荣成市石岛港）相待。"③ 六月二十七日，只好又雇楚州新罗坊"船主王可昌船，望乳山去"④。七月二十日，"到乳山长淮浦，得见金珍等船，上船便发"⑤。圆仁和尚一行终于在乳山长淮浦追上了金珍的商船，"七月廿一日，到登州界泊船。勾当新罗使同十将张咏来船上相看。船上众人于此籴粮，拟从此渡海"⑥。金珍的商船于唐大中元年（874）五月廿一日到了莱州牢山（崂山），九月二日才离开登州赤山浦出发，在胶东半岛待了三个多月。金珍的商船在胶东半岛的三个多月里，只提到了"七月廿一日……船上众人于此籴粮，拟从此

① ［日］圆仁原著，［日］小野胜年校注，白化文等修订校注：《入唐求法巡礼行记校注》，花山文艺出版社 1992 年版，第 505 页。

② ［日］圆仁原著，［日］小野胜年校注，白化文等修订校注：《入唐求法巡礼行记校注》，花山文艺出版社 1992 年版，第 509 页。

③ ［日］圆仁原著，［日］小野胜年校注，白化文等修订校注：《入唐求法巡礼行记校注》，花山文艺出版社 1992 年版，第 512 页。

④ ［日］圆仁原著，［日］小野胜年校注，白化文等修订校注：《入唐求法巡礼行记校注》，花山文艺出版社 1992 年版，第 513 页。

⑤ ［日］圆仁原著，［日］小野胜年校注，白化文等修订校注：《入唐求法巡礼行记校注》，花山文艺出版社 1992 年版，第 513 页。

⑥ ［日］圆仁原著，［日］小野胜年校注，白化文等修订校注：《入唐求法巡礼行记校注》，花山文艺出版社 1992 年版，第 514 页。

渡海”。金珍的商船在其他时间里做什么虽没提到，但做生意的人不可能白白浪费好几个月的光阴，金珍的商船是途经朝鲜半岛南部，最终目的地是日本，金珍的商船在胶东沿海码头停留期间肯定要从事一些与贸易有关的活动，购货或销货，这无疑也突出了胶东半岛在当时中、日、韩三国贸易关系中的重要地位。

圆仁一行乘金珍的商船经赤山、新罗等地回到日本。圆仁和尚归国后，从他在唐大中元年（874）十月十九日的记载中得知，当时金珍的商队进入日本的人员有“四十四人”① 之多。圆仁和尚归国的这段经历，不仅说明了在胶东半岛经商的新罗商船很多，商队庞大，而且以胶东半岛为中转站，商业贸易对内辐射了中国南方及内陆许多地区，对外辐射了朝鲜半岛和日本列岛。

唐代之所以有许多新罗人在华做生意，一是新罗人所在的朝鲜半岛处在中、日航道之间，而且当时有大量的新罗侨民居住在胶东半岛，还有的在山东一带长期为官，这就为他们在胶东半岛建立商贸基地创造了条件。

张保皋是朝鲜半岛新罗人，因在唐朝军队里做过中下级军官，后来回到新罗国，做到了握有军队实权的地方官员。张保皋利用熟悉山东半岛及周边地区的优势，积极拓展唐、新（罗）、日海上贸易，成为一代海上巨富。日本圆仁和尚在《入唐求法巡礼行记》里也提到过张保皋：唐开成四年（839）六月二十七日，“闻张大使（指张保皋）交关船二只到旦山浦”②。“交关船”，指张保皋进行贸易需要通关的船只。“旦山浦”，属登州文登县管辖。圆仁和尚在六月二十八日还提到：当得知日本圆仁和尚来到文登赤山法花院后，“张保皋遣大唐卖物使崔兵马来寺问慰”③。“赤山法花院”在今荣成市石岛镇。“崔兵马”，指的是张保皋的兵马使崔军，也是张保皋的遣唐卖物使，当时张保皋实行的是军贸合一的海外贸易体制。张保皋的两只“交关船”停在了离赤山浦不远的旦山浦，张保皋的大唐卖物使在赤山法花院一带活动，说明了张保皋把登州赤山浦作为他在唐朝的贸易基地，而且有大量来自外地的货物在赤山浦一带销售。

张保皋从事与日本贸易的情况，圆仁和尚也提到，唐会昌五年（845）九月廿二日，“张大使（指张保皋）天长元年到日本国，回时付船却归唐国”④。日本“天

① ［日］圆仁原著，［日］小野胜年校注，白化文等修订校注：《入唐求法巡礼行记校注》，花山文艺出版社1992年版，第521页。

② ［日］圆仁原著，［日］小野胜年校注，白化文等修订校注：《入唐求法巡礼行记校注》，花山文艺出版社1992年版，第169页。

③ ［日］圆仁原著，［日］小野胜年校注，白化文等修订校注：《入唐求法巡礼行记校注》，花山文艺出版社1992年版，第169页。

④ ［日］圆仁原著，［日］小野胜年校注，白化文等修订校注：《入唐求法巡礼行记校注》，花山文艺出版社1992年版，第495页。

长元年”是唐穆宗长庆四年（824），如果这个说法成立，不仅说明了张保皋亲自往来于唐、日之间，而且早在公元824年张保皋就开始了唐、日间的贸易活动。日本《续日本后纪》也记载说：“大宰府言：藩外新罗臣张宝高（张保皋）遣使献方物，即从镇西追却焉，为人臣无境外之交也。”说张保皋遣使向日本大宰府贡献礼品，太宰府认为他不是新罗国的正式使者，没给予接待。张保皋去世后，在日本仍有许多从中国运去的货物，日承和九年（842）春正月二日，日本有官员报告：“宝高（张保皋）存日，为贸唐国货物，以绝付赠，可报获物，其数不少。”① “为贸唐国货物”，说明张保皋把中国的物品通过他的海洋贸易船队运到日本出售，或者把日本的货物运往中国出售，他居中来完成中日之间的货物交换，从中获得利益。“以绝付赠”，说明张保皋和日本的贸易是用丝绸作为结算货币的。张保皋死后，在日本仍有“其数不少”的“贸唐国货物”，并引起日本朝臣的关注，说明了张保皋当时所从事的唐日贸易规模很大。

近几年，中韩日都开始了对张保皋的全方位研究，正如韩国金德洙教授所说：“张保皋现象远远不只是一种海洋经贸现象，实际上是一种东方海上丝绸之路的跨国际的历史文化现象。因此，只有海洋经贸历史的研究还远远不够，希望韩、中、日的历史学家、考古学家、民俗学家、地理学家、语言学家、经济学家等，以更为宏观的眼光和更为科学的方法，对‘张保皋与东方海上丝绸之路’进行更专门和更综合的协同研究，以便从更全面的意义上揭示其历史意义和对我们今天的启示价值。”②

三、战事与海禁对东方海上丝绸之路的影响

北宋以来，由于受到战事和海禁的影响，东方海上丝绸之路受到阻塞和严重影响。清末列强入侵，烟台、青岛口岸的开通，随着海外贸易的剧增，东方海上丝绸之路也在中华民族的屈辱和觉醒中迎来新生。

1. 宋代登莱口岸的关闭与密州市舶司的设立

北宋时期，宋朝与朝鲜半岛的高丽共同以契丹为敌，双方为谋求政治与军事上的联合，加强了两国的官方往来。由于契丹雄踞在北宋与高丽之间，北宋与高丽的交往仍然只能凭海路，经胶东半岛往来于两地。《文献通考》记载：登州“三面距海，祖宗时（指北宋前期君王），海中诸国朝贡，皆由登（州）、莱（州），常屯重

---

① ［日］黑板胜美编：《新订增补国史大系·续日本后纪》，东京吉川弘文馆1966年版，第113、128页。

② 金德洙：《张保皋与“东方海上丝绸之路”》，见耿昇、刘凤鸣、张守禄主编《登州与海上丝绸之路——登州与海上丝绸之路国际学术研讨会论文集》，人民出版社2009年版，第142页。

兵，习水战，为京东捍屏”[①]。宋《太平寰宇记》也提到：登州（今蓬莱市）“西至大海四里，当中国往新罗、渤海大路”，黄县界（今龙口市），“东达于海，海东诸国朝贡必由此道”。[②] 说明了北宋时期的胶东半岛登州一带是海东诸国往返中国的必经之路。咸平三年（1000），八名高丽人因海风坏船漂到了明州鄞县，“诏付登州给赀粮，俟便遣归其国”[③]。明州同样是出海口，却不能在明州直接遣送高丽人回国，而要先将其送到登州，这进一步说明了当时登州是宋王朝连接朝鲜半岛的重要官方通道。

宋朝与高丽政治上的紧密关系，也带动了双方的海上贸易，当时的官方贸易也是一种朝贡贸易。双方互派使节，交换礼物，以达到互通有无的目的。高丽使团每一次到来，几乎都得到相应的赏赐，带来的贡品一般都要“估值”，以便回赐相应的物品，而且回赐的物品价值多是大于贡品的价值，这从元祐四年（1089）十一月三日龙图阁学士左朝奉郎知杭州苏轼的上疏中可以看出来：“熙宁以来，高丽人屡入朝贡，至元丰之末，十六七年间，馆待赐予之费，不可胜数。两浙、淮南、京东三路筑城造船，建立亭馆，调发农工，侵渔商贾，所在骚然，公私告病。朝廷无丝毫之益，而夷虏获不赀之利。”[④] “京东路”辖一府七州，“一府”指济南府，“七州”指青州、密州、沂州、登州、莱州、潍州、淄州。这里提到的两浙、淮南、京东三路，指的是江浙及山东半岛沿海一带。“高丽人屡入朝贡”，“馆待赐予之费，不可胜数”，“朝廷无丝毫之益，而夷虏获不赀之利”，既说明了当时官方贸易的频繁，也说明了北宋仍然延续唐朝对新罗官方贸易的做法，通过增加回赐物品的价值来增进与高丽的传统友谊。

宋神宗熙宁七年（1074）之前，登州一直都是宋朝与高丽之间的官方往来通道，大量的官方贸易从登州口岸出入，也凸显了登州在宋代东方海上丝绸之路上的重要地位。宋真宗大中祥符八年（1015）二月，“令登州于八角镇海口治官署，以待高丽、女真使者”[⑤]。“八角镇”，今属烟台经济开发区。天禧五年（1021）六月，朝廷“别给登州钱十万，充高丽朝贡使之费”[⑥]。朝廷在登州沿海“治官署”接待庞大的高丽使团，拨专款给登州作接待“高丽朝贡使之费”，都表明了登州在宋朝与高丽在政治、经济往来中的重要地位。

---

① 〔元〕马端临：《文献通考・舆地考》卷三一七，中华书局 1986 年版，第 2492 页。
② 〔北宋〕乐史：《太平寰宇记》卷二〇，中华书局 2007 年版，第 407、413 页。
③ 〔南宋〕李焘：《续资治通鉴长编》卷四七，中华书局 1992 年版，第 1030 页。
④ 曾枣庄、苏大刚主编：《三苏全书》第 12 册，语文出版社 2001 年版，第 49 页。
⑤ 〔南宋〕李焘：《续资治通鉴长编》卷八四，中华书局 1992 年版，第 1918 页。
⑥ 〔南宋〕李焘：《续资治通鉴长编》卷九七，中华书局 1992 年版，第 2247 页。

登州作为宋朝与高丽两国政治、经济往来的官方主要通道，自宋初一直持续到公元1074年才有所改变。据《宋史·高丽传》记载："往时，高丽人往返皆自登州。七年（指熙宁七年，1074）遣其臣金良鉴来言，欲远契丹（指辽国，1066年，契丹改国号为大辽），乞改途由明州（今宁波市）诣阙，从之。"为防止契丹经海上入侵中原，朝廷关闭了登州、莱州等通商口岸，但为了海外通商的需要，后来又在胶东半岛南部的胶州开通了板桥镇口岸。

密州板桥镇（今属胶州市）的地理位置十分优越，自古为我国海上交通枢纽。由于"东枕大海"、交通便利，因而成为"四方商贾所聚"之地①。密州板桥镇也是北宋时的一个重要对外港口，其作为北方主要通关口岸及海外贸易中心地位的确立，与登州逐渐由北方海外贸易中心变为海防重镇有关。

《宋史·志第一百三十九·互市舶法》记载，元丰五年（1082）密州知府范锷进言："'板桥濒海，东则二广、福建、淮、浙，西则京东、河北、河东三路，商贾所聚，海舶之利颛于富家大姓。宜即本州置市舶司，板桥镇置抽解务。'六年（1083），诏都转运使吴居厚条析以闻。"从范锷的进言可以看出，密州板桥镇是当时全国的贸易重镇，不仅东部沿海的福建、淮（指今江苏、安徽、湖北一带）、浙（江）一带，南部沿海二广（今广东、广西）地区的商贾都到这里经商，而且京东（指今山东一带）、河北、河东（指今山西一带）三路的商贾也都聚集在这里。密州板桥镇商业的发展带动了沿海运输业的发展，"海舶之利颛于富家大姓"，从事沿海运输业的富家大户们也得到了丰厚的利润。正是在这样的背景之下，密州知府范锷进言，希望在板桥镇"置市舶司"，由朝廷来管理市场和进出口贸易。

《宋史·志第一百二十·职官》记载，市舶司的主要职责是"掌蕃货海舶征榷贸易之事，以来远人，通远物"。显然，市舶司主要是管理蕃货，也就是掌管进出口贸易。范锷在进言中阐述了设置市舶司的六大利处，其中第六利是"海道既通，则诸蕃宝货源源而来，每岁上供，必数倍于明、广二州"②。说板桥镇如果设置市舶司，上交国库的收入将数倍于宋代海外贸易重镇明州和广州。这也说明了密州板桥镇海外贸易的数量之大，密州板桥镇海外贸易收入更多的应是来自东亚诸国，主要是与高丽和日本的外贸收入，这也可以看出宋代海上丝绸之路的繁荣。

然而对于范锷的进言，宋神宗态度并不积极，其主要原因还是担心胶东半岛临近北方的辽国，担心在密州开通海外贸易后，辽国借机进行渗透，把胶东半岛作为入侵的跳板。由于密州临海的优势，宋神宗年间虽然没有设立市舶司，但商业往来

① 〔南宋〕李焘：《续资治通鉴长编》卷三四四，中华书局1992年版，第8266页。

② 〔南宋〕李焘：《续资治通鉴长编》卷三四一，中华书局1992年版，第8200页。

非常繁荣。神宗元丰七年（1084），京东路都转运使吴居厚上书朝廷：“密州板桥镇东枕大海，四方商贾所聚，并无垣墙。乞调明年春夫，厚筑高垣，以包民居置关，锁其海滩。浮居小屋，大半隐藏禁物。”① 说密州由于东临大海，各地的商人都到这里经商，由于没有设置市舶司掌管进出口贸易，所以严禁进出口的货物非常多，沿海的房屋，“大半隐藏禁物”。

宋哲宗登基后，元祐三年（1088），密州知府范锷再次进言：“广南、福建、淮、浙贾人，航海贩物至京东、河北、河东等路，运载钱帛丝绵贸易，而象犀、乳香珍异之物，虽尝禁榷，未免欺隐。若板桥市舶法行，则海外诸物积于府库者，必倍于杭、明二州。使商舶通行，无冒禁罹刑之患，而上供之物，免道路风水之虞。”朝廷“乃置密州板桥市舶司”。范锷的进言，再一次强调了密州板桥镇所处的全国贸易中心地位，这里除了进行的“钱帛丝绵贸易”外，还有许多要实行关税的来自海外的“象犀、乳香珍异之物”，因为没有设置“市舶司”，无法统计入关货物的数量。如果在密州板桥镇设置市舶司，那么海外物资从板桥镇进口的数量，“必倍于杭、明二州”，将比当时全国海外贸易的重镇杭州和明州还要大得多。北宋朝廷正是看到了密州板桥镇的重要贸易地位，所以在密州板桥镇设置了市舶司。鉴于密州板桥镇的经济地位，元祐三年（1088），宋廷不仅将板桥镇升格为县，还将多次主张在板桥镇设置市舶司的范锷升了职。由此可见，朝廷对密州板桥镇的重视。

北宋时，除了全国各地和海外的商人云集密州外，密州本地人更是借地利之便积极从事海外贸易，与朝鲜半岛的贸易往来尤其频繁。宋神宗元丰七年（1084），“密州商人平简为三班差使，以三往高丽通国信”，说密州商人简平被授予“三班差使”头衔，代表朝廷“通国信”三次，这说明平简在与高丽通商的宋商中有着举足轻重的地位，否则不可能由他来代表朝廷“通国信”，同时也说明了他本人经常往来于密州与高丽之间，否则不可能“通国信”三次。这也说明，当时的商人不仅经商赚钱，也担当了一些政府间的公务往来。由此可见，当时商人的社会地位还是相当高的，在北宋与高丽两国均受到了重视，他们不仅从事北宋与高丽之间的贸易，还在两国的外交方面发挥了不小的作用，为沟通北宋与高丽之间的相互了解及友好往来作出了贡献。

2. 明代海禁及朝鲜壬辰战争对海上贸易的影响

明代，胶东地区仍是中国与东亚诸国往来的官方通道，《明史·日本列传》记载，明洪武二年（1369），倭寇入侵山东沿海，洪武三年（1370）三月，明太祖朱元璋“遣莱州府同知赵秩责让之，泛海至析木崖，入其境”。赵秩到达日本后，

① 〔南宋〕李焘：《续资治通鉴长编》卷三四四，中华书局1992年版，第8266页。

“谕以中国威德”，日本怀良亲王在赵秩的劝说之下，接受了大明皇帝的封赐玺书。不仅对赵秩“礼遇甚优”，派人送赵秩回国，而且还送还了被倭寇掳去的七十余名中国人。朱元璋之所以派莱州府同知出使日本，一是因莱州处在中日往来的通道上，二是因莱州往来的日本人较多，莱州官员熟悉日本情况。为了强化登州、莱州在对外交往中的重要地位，洪武九年（1376）五月，朱元璋还下旨：“登、莱二州皆濒大海，为高丽、日本往来要道，非建府治、增兵卫，不足以镇之。”① 不仅设立了登州府、莱州府，还增设兵卫，强化登州府、莱州府的海防建设。

明初，因中国东北地区尚未完全在明王朝控制之下，明朝洪武五年（1372）之前，高丽使团多横渡黄海从长江口南岸太仓入境，再溯江而上至明朝的京都应天府（今南京），洪武五年（1372），高丽贡使一行从太仓返回途中在海中遇风遭遇重大伤亡，使团正使洪师范也淹死在海里。针对高丽频繁的朝贡及出现的溺海事故，朱元璋颁旨高丽：“之后可三年一进贡，去年姓洪者（指洪师范）溺海，汝往登州过海。”② 从胶东半岛的登州登陆，既安全又可节省时间，所以明太祖朱元璋多次下旨，让高丽及后来的朝鲜使团走海路，从登州登陆走陆路到南京。明永乐十九年（1421）正月，中央政府迁都北京后，由于此时明王朝已完全掌控了辽东地区，因而关闭了与朝鲜官方海上往来的登州口岸，改走陆路经山海关进入北京。

明初，许多在身居要职的朝鲜官员都出使过明朝，路经胶东半岛。“据《朝鲜李朝实录》记载，高丽末门下侍中（宰相）李穑，担任过太祖（李成桂）时领议政（领相，即政府首相）的郑道传、裴克廉、金士衡，定宗时的领议政沈德符，太宗时的领议政李稷、权仲和、河仑、南在、李舒等都在这一时期出使过明朝”③。这一时期还有许多在朝鲜半岛历史上很有影响的历史人物，在胶东半岛留下了诗文，如“高丽末期末门下侍中、理学大师郑梦周，著名文学家、诗人李崇仁，高丽末、朝鲜初期著名的理学家、文学家权近、李詹等”④。他们都为明初的中朝（韩）友好往来和文化交流作出了贡献。

自洪武五年（1372）至永乐十九年（1421）迁都北京近五十年间，仅路经胶东半岛的高丽、朝鲜官方使团就有一百多个。朝鲜使团也多是贸易使团，除了官方的朝贡贸易外，使团官员自己也从事贸易活动。《朝鲜李朝实录》记载，朝鲜李朝太祖元年（洪武二十五年，1392）九月，朝鲜使节李居仁出使明朝，期间“暗行贸易”，在回国途中“还至莱州”时，货物“为人所窃”，怨其下属看护不利，让下

① 李国祥等主编：《明实录类纂·涉外史料卷》，武汉出版社1991年版，第87页。
② 吴晗：《朝鲜李朝实录中的中国史料》（一），中华书局1980年版，第36页。
③ 刘晓东、马述明、祁山：《明代朝鲜使臣笔下的庙岛群岛》，人民出版社2014年版，第29页。
④ 刘晓东、马述明、祁山：《明代朝鲜使臣笔下的庙岛群岛》，人民出版社2014年版，第29页。

属赔偿“段子（缎子）”。李居仁回到朝鲜后，还把下属关了起来，致使下属病死。此事被朝鲜谏官举报，被朝鲜国王“罢职”。[①] 这说明，朝鲜使者在出使明朝期间进行私下贸易，可能数量较大，否则朝鲜使节李居仁不会因丢失贸易品而如此恼怒，把下属治死。也说明莱州是朝鲜使臣路经的重要一站，并在这里进行各种活动，包括文化交流、贸易活动，如果仅仅是路过，不会在这里丢失大量的货物。《朝鲜李朝实录》还提到，洪武二十七年（1394）朝鲜中枢院事郑南晋出使明朝时也“肆行贸易”，而且在交易时，还与明朝派的护送官“相诘而斗”，[②] 造成了很坏的影响，但朝鲜国王未作任何处罚。说明朝鲜使臣在利用出使明朝之时机，大肆进行贸易已成惯例，已经见怪不怪。

明末，努尔哈赤建立的后金政权在东北崛起，天启元年（1621）占领了东北辽东地区，阻断了明朝与朝鲜的陆路往来通道，朝鲜与明朝的官方往来改由海上，从胶东半岛登州登陆，经山东陆路去北京，此航线一直到明崇祯十年（1637）朝鲜归顺大清。虽然崇祯二年（1629）之后，朝鲜使团有时也走辽宁觉华岛（亦称菊花岛，今属辽宁省兴城市管辖）航线，但此航线事故多发，朝鲜使团仍多从登州登陆。从登州登陆，也带动了胶东半岛与朝鲜半岛的海上贸易和人员往来。“路经登州的朝鲜使团所乘船只的数量，多则6艘，少则4艘。按天启三年（1623）奏请册封使团6艘船载人345人计，4艘船的使团也应将近300人。如果自天启元年（1621）至崇祯元年（1628），路经登州的朝鲜使团至少是15批，如果按平均每批300人计算，那么在短短八年的时间里，就有四五千人的朝鲜官员及随从来到了登州，如果将明初和崇祯年间所有朝鲜使团都计算在内，至少应有上万名或几万名朝鲜官员及随从往来于登州，除了留在登州口岸的水手及部分留守人员外，进出北京往来于山东的至少也有几千人，有力地推动了明末时期朝鲜与登州的友好往来和文化交流。”[③]

明末也有许多知名朝鲜使臣在胶东半岛留下了诗文，如“官至领议政（政府首相）的吴允谦，官至左议政（政府第一副首相）的金尚宪、南以雄，崇禄大夫（从一品），去世后赠领议政的李德泂以及著名义士洪翼汉等”[④]。朝鲜使臣在胶东半岛留下的诗文，既是明代中朝（韩）文化交流的珍贵史料，也为明代的东方海上丝绸之路增添了绚丽的浪花。

---

① 吴晗：《朝鲜李朝实录中的中国史料》（一），中华书局1980年版，第130页。

② 吴晗：《朝鲜李朝实录中的中国史料》（一），中华书局1980年版，第128页。

③ 刘焕阳、刘晓东：《落帆山东第一州——明代朝鲜使臣笔下的登州》，人民出版社2012年版，第65页。

④ 刘晓东、马述明、祁山：《明代朝鲜使臣笔下的庙岛群岛》，人民出版社2014年版，第45页。

明朝万历年间，在胶东半岛起航的东方海上丝绸之路还奏响了抗倭援朝、捍卫东亚的和平之歌。

万历二十年（1592）四月，日本关白（相当于内阁总理大臣）丰臣秀吉调动水陆大军，“倾国出师”，大举入侵朝鲜。朝鲜由于多年来处于和平时期，“升平二百年，民不识兵，郡县望风奔溃”。[①] 日军“入王京（朝鲜京都汉城，今首尔），毁坟墓，劫王子、陪臣，剽府库，八道几尽没”[②]。短短两个多月的时间，朝鲜国土几乎全部陷落。因明万历二十年是壬辰年，故此次侵朝战争被称为“壬辰战争”。在朝鲜面临亡国的危急时刻，明朝政府应朝鲜李朝国王邀请派援军入朝，支援朝鲜军民反击日本侵略者。万历二十六年（1598）十一月，受到重创的日本侵略者被迫退出朝鲜。

“壬辰战争”结束数十年后，朝鲜使节来明京都时还说道：“壬、丁年皇上发山东粮十万斛（十斗为一斛）赈济小邦军兵，至今生齿不灭者，秋毫皆帝力也。”[③]“壬”，指万历壬辰年，即万历二十年（1592）。“丁”，指万历丁酉年，即万历二十五年（1597）。这都说明了山东粮饷及胶东海运在明代中朝友好交往中发挥了重要作用，临近朝鲜半岛的胶东地区在明代中朝（韩）两国人民血肉相依、反抗日军侵略的斗争中，始终是这链条中的重要一环。正如有的专家指出的那样，在“壬辰卫国战争”期间，“山东半岛与朝鲜半岛的海上航线成了抗倭援朝，维护朝鲜半岛和平的后勤保障线，中朝友谊线”[④]，胶东儿女为“壬辰卫国战争”的胜利作出了重要贡献和重大牺牲。

万历年间，胶东沿海几乎每年都有被朝鲜政府押送回来的私自去朝鲜经商的中国商民，明政府曾诏谕登州地方官员：“朝鲜发还漂还人民……如系私贩下海，别有情弊，究处以闻。”明末，明廷对海禁有所松弛，更是推动了中朝（韩）间的民间贸易往来。明朝天启四年（1624）九月一日，朝鲜使团在登州“遇一商舶，将往椵岛（今北朝鲜北部靠近西海岸的岛屿）者，以一行留登州事付状启”，这说明了登州有往来于中朝间的商船。明天启六年（1626）九月，户部的复议中说，在登州与朝鲜的航道上，从事贸易的海商“不下五、六百人，半在登州、半在海外”[⑤]。《明实录》提到，崇祯年间，中、朝“商旅之往来云集登（州）海上”[⑥]。朝鲜仁

① 吴晗：《朝鲜李朝实录中的中国史料》（一），中华书局 1980 年版，第 1543、1544 页。

② 〔清〕张廷玉等：《明史·朝鲜列传》，中华书局 2000 年版，第 5551 页。

③ 李国祥等主编：《明实录类纂·涉外史料卷》，武汉出版社 1991 年版，第 412 页。

④ 刘晓东、马述明、祁山：《明代朝鲜使臣笔下的庙岛群岛》，人民出版社 2014 年版，第 27 页。

⑤ 李国祥等主编：《明实录类纂·涉外史料卷》，武汉出版社 1991 年版，第 408 页。

⑥ 《明实录·崇祯长编》卷五五，台湾“中央研究院”历史语言研究所（影印本）1962 年版，第 3187～3188 页。

祖二年（1624）五月，因朝鲜半岛“久旱民饥”，朝鲜官方“贸米于登州”，[①] 到登州等地购粮。《朝鲜李朝实录》还记载，仁祖三年（天启五年，1625）“我国（指朝鲜）译官皮得忱等贸贩军粮于登州，遇风船败，借得渔船，泊于中原之境。登州开府都察院御史武之望调发船舶，定将护送。边备司启请优赏来人，修帖致谢”[②]。朝鲜在登州的购粮船遇险，登州地方官员还“调发船舶，定将护送”，反映了两地的深厚情谊和胶东人民崇高的人道主义情怀。这也说明，胶东地区不仅用丝绸、布匹，也用粮食和其他物资连接了中朝友好的海上丝绸之路。

明代，虽因防止倭寇实施了严格的海禁，但胶东地区与日本的海上贸易并没有完全中断，考古学家在胶东地区发现了许多明朝时期的外国铸币，“发现最多的是日本后水尾天皇宽永二年（1625）始铸的‘宽永通宝’”[③]。这一情况在1984年蓬莱水城清淤中也有发现：“出土了相当于我国明末的日本‘宽永通宝’圆钱。‘宽永通宝’过去蓬莱及邻近的县也曾发现过很多，从而反映出这个时期我国与日本经济贸易的密切关系。”[④] 明代朝鲜使者洪翼汉的《花浦朝天航海录》也记载，朝鲜使团在明朝天启五年（1625）三月十三日回国途中路过登州黄县（今龙口市）时，“到北马铺刘世宽家留宿，有一秀才自称吕佐武者来见职，仍问日本路程及事情”[⑤]，这也说明了登州民间仍保持着与日本的往来。由于明代对日本的严厉海禁，胶东民间与日本的贸易往来更多地是通过朝鲜半岛南部的岛屿来开展的，或由朝鲜商人作为中间商开展对日贸易。由于明朝与朝鲜海上贸易的繁荣，朝鲜南部也就成了明朝与日本贸易的中转地。《明史・朝鲜列传》万历十九年条记载：“朝鲜与日本对马岛相望，时有倭夷往来互市。”朝鲜与日本的贸易没有中断，胶东地区与日本的贸易也就不会停滞。胶东地区是明朝与朝鲜贸易特别是与南部朝鲜贸易的主要基地，朝鲜南部与日本的贸易也必然会直接或间接带动登莱地区与日本的贸易往来。

3. 清代的渔采贸易及清末的东方海上丝绸之路

清代延续了明末的海禁政策，严禁胶东沿海与朝鲜半岛之间的人员往来和海上贸易，但由于两地有着悠久的人脉关系和便捷的海上交通，两地的民间往来和海上贸易始终没有阻隔。

康熙初，朝廷为了沿海渔民的生计，允许沿海居民出海捕鱼。康熙四年

---

① 吴晗：《朝鲜李朝实录中的中国史料》（八），中华书局1980年版，第3224页。
② 吴晗：《朝鲜李朝实录中的中国史料》（八），中华书局1980年版，第3235页。
③ 烟台市博物馆编：《考古烟台》，齐鲁书社2006年版，第229页。
④ 山东省文物考古研究所等编：《蓬莱古船》，文物出版社2006年版，第181页。
⑤ 林基中主编：《燕行录全集》第17册，韩国东国大学校出版部2001年版，第291页。

(1665)三月，康熙“喻兵部：‘山东青（州）、登（州）、莱（州）等处沿海居民，向赖捕鱼为生，因禁海多有失业，……令其捕鱼，以资民生’”①。但沿海的百姓也常常以捕鱼、到海岛采药等名目与朝鲜沿海的百姓进行交往及贸易活动。

胶东沿海与朝鲜沿海进行渔采活动情况，仅摘录几条就可以看出：

《清实录》记载：

咸丰二年（1852）十月，礼部奏：“据朝鲜国王咨称，近年以来，内地船只前往该处沿海各岛捕鱼，每次渔船或八九十只，或超百只，船载多人，并有鸟铳、器械等件，其船号俱是登州、莱州、宁海、荣成、奉天、江南、苏州等各处船只。”②

同治十年（1871）三月初六日。朝鲜拿送犯越流民……所拿人众，籍隶山东文登、荣成、宁海等处。经都兴阿等提讯，均供实系船只遭风漂泊，并无为匪滋扰情事。③

朝鲜《李朝实录》也记载：

肃宗二十九年（清康熙四十二年，1703）六月，时唐船出没海中……大抵皆山东福（山）、登等州人，以渔采为业。船中所载衣服器皿外，无兵器。④

景宗元年（清康熙六十年，1721）闰六月，忠清水使以安兴镇荒唐船人拘留事状闻。备局复奏曰：“船只完全，又有船牌公文，其为登州之人，明白无疑。”⑤

英宗四十四年（清乾隆三十三年，1768）十一月，命彼国登州人之漂到康翎者，令本官粮馔襦衣题给。⑥

正宗十五年（清乾隆五十六年，1791）十二月，异样船漂到洪州地，言语不通，以书问之职，答云：“大清国山东登州府福山县人民，船户安永和。……使船人16名，随船行客四名……系福山县于华国典当……俱系粮客，随船杂粮，俱在船上”……所载物种，皆是商贩之资。⑦

在朝鲜半岛沿海的中国船只，多是胶东地区的，这说明活跃在中朝之间海湾里的胶东地区的船只最多。“每次渔船或八九十只，或超百只”，也说明了在朝鲜半岛

---

① 《清实录·圣宗实录》第4册，中华书局1987年版，第218页。
② 《清实录·文宗实录》第44册，中华书局1987年版，第964页。
③ 《清实录·穆宗实录》第51册，中华书局1987年版，第66页。
④ 吴晗：《朝鲜李朝实录中的中国史料》（十），中华书局1980年版，第4212页。
⑤ 吴晗：《朝鲜李朝实录中的中国史料》（十一），中华书局1980年版，第4364页。
⑥ 吴晗：《朝鲜李朝实录中的中国史料》（十一），中华书局1980年版，第4599页。
⑦ 吴晗：《朝鲜李朝实录中的中国史料》（十一），中华书局1980年版，第4837～4838页。

沿海进行“渔采贸易”的胶东地区的船只数量多，贸易量大。而那些遭风飘至朝鲜的胶东地区的船只显然也不单纯是下海捕鱼的，极有可能是下海经商遭风漂入朝鲜的，登州府福山县的船只“所载物种，皆是商贩之资”就是一个很好的说明。以上都说明，清朝时期胶东沿海与朝鲜沿海人民的交往并没有中断。

“20世纪80年代以来，在山东半岛的蓬莱、长岛、福山等地海域，从水下陆续发现朝鲜李朝瓷器，发现最多的是李朝青花印花碗，瓷质一般，碗外壁模印牡丹唐草纹，属朝鲜半岛长期延续的传统花纹图案。此外，在以上地区还发现大量‘朝鲜开国500周年’（1892）、‘大韩光武六年’（1902）等朝鲜铜钱。”① 考古发现也说明胶东地区通过海路与朝鲜半岛的贸易一直没有中断，清朝的海禁没有阻挡住两国人民的友好交往和贸易往来。

清初，为严防倭寇，严禁中日间通商，中、日商人便把朝鲜作为中转站进行中日贸易，一些朝鲜商人也作为中间商从事中朝（韩）、中日贸易，特别是在日本把长崎作为与中国通商的港口以前，中、朝（韩）、日的商业往来多在朝鲜的一些沿海港口进行，而与朝鲜半岛一水之隔的胶东半岛也就在其间发挥了重要作用。《李朝实录》中有记载：“英庙丁卯（清乾隆十二年，1747）以前，清人不与倭人互市，故倭人之贸唐者，必求之东莱（指朝鲜东莱府），以此莱府银甲于他处，行于国中多倭银。”这说明由于中日间的海禁，在清乾隆十二年（1747）以前，中日贸易是通过朝鲜进行的，这无疑也加强了中朝间的贸易，胶东地区作为中朝间海上贸易的主要基地，必然也在中日贸易中起到了重要作用。

除民间的渔采贸易外，胶东半岛与朝鲜半岛的海上通道，也承担着一些官方海上运输及救灾活动。如康熙年间，朝鲜发生特大饥荒，肃宗二十三年（康熙三十六年，1697），“是岁八路大饥，畿湖尤甚，都城内积尸如山”。肃宗二十四年（康熙三十七年，1698）“是岁都城僵尸一千五百八十二人，八道死亡二万一千五百四十六。京城所报之数，十未二三，而犹至此多，饥馑病疫之惨，实前古所未有也。”② 应高丽请求，清廷就下令从登州通过海上向朝鲜运送了大批粮食。

经登州海运赈济朝鲜的情况，康熙皇帝在《海运赈济朝鲜记》里记得非常清楚：

> 康熙三十六年（1697）冬，朝鲜国王李焞奏：“比岁荐饥，廪庾告匮，公私困穷，八路流殍（殍，饿死的人）相续于道。吁恳中江开市贸谷，以苏沟瘠，俾无殄国祀。”朕深为恻然，立允其请。遂于次年二月，命部臣往天津，

---

① 袁晓春：《对山东蓬莱发现高丽青瓷的思索》，载《东疆学刊》2006年第3期。

② 吴晗：《朝鲜李朝实录中的中国史料》（十），中华书局1980年版，第4173、4188页。

> 截留河南漕米，用商船出大沽海口，至山东登州，更用鸡头船拨运引路。……该王具表陈谢，感激殊恩，备言民命续于既绝，邦祚延于垂亡。盖转运之速，赈货之周，亦古所未有也。①

朝鲜国王具表陈谢的奏章，《清实录》也有记载：

> 据朝鲜国王李焞奏，“皇上创开海道，运米拯救东国，以苏海澨之民。饥者以饱，流者以还。目前二麦熟稔，可以接济，八路生灵，全活无算”。②

这说明在清代，从胶东半岛起航至朝鲜半岛的这条古代航路，仍然保持着中朝（韩）之间官方的畅通，并且继续连接和延续了传统的中朝（韩）友谊。“山东登州，更用鸡头船拨运引路”，“转运之速，赈货之周”，再次显示了胶东沿海军民在朝鲜兄弟遭受苦难之时作出的迅速反应和极大的努力。“民命续于既绝，邦祚延于垂亡”，“八路生灵，全活无算”，正是清廷实行的对朝友好国策和山东沿海军民的极大努力，才换来朝鲜兄弟的深深感激之情。朝鲜李朝时期，全国分为八路（道），这里泛指朝鲜全国。这样的救灾义举，对朝鲜来说，不亚于明朝时期的“壬辰再造之恩”。无论是明神宗时期的抗日援朝，还是清康熙年间的赈灾救急，胶东沿海军民都为缔结中朝友谊作出了重要贡献，为体现中朝友谊的东方海上丝绸之路再添光彩。

清末，烟台、青岛被迫开埠，打开了山东省与外部世界沟通的大门，东方海上丝绸之路在承载着中国人屈辱的同时，也承载着中国人的觉醒和社会的进步。随着烟台、青岛等港口城市的开埠，西方文明沿海上丝绸之路涌进了山东半岛，促进了烟台、青岛等沿海城市的商业繁荣和城市建设。

1862年3月，清政府将登莱青道从莱州迁至烟台，并在烟台正式设立东海关，虽然烟台东海关的管理权限曾长期受外国人控制，但无疑也推动了烟台的经济发展和城市建设，带动了整个山东地区乃至中原地区的对外贸易。烟台对海外贸易的急剧升温，东方海上丝绸之路的异常繁荣，也使得英国、美国、日本、德国、俄国、法国、意大利、挪威、奥地利、匈牙利、荷兰、比利时、丹麦、西班牙、瑞典、朝鲜、芬兰等17个国家陆续在烟台设立领事馆。30多幢欧式近代建筑在烟台山及其周围分布，集东西方文化为一体。今天的烟台山公园仍然保留着不少当年外国领事馆的建筑群，是展现近代烟台开埠文化的一大景观。

烟台开埠之后，外商不断涌入，外国洋行在烟台陆续开业，烟台海关的进出口额也逐年上升。1863年，贸易总额390万海关两，1864年，贸易总额就达到了627

---

① 《清实录·圣宗实录》第5册，中华书局1987年版，第1006页。

② 《清实录·圣宗实录》第5册，中华书局1987年版，第1006页。

万海关两，1879 年达到了 1153 万海关两，1905 年达到了 4435 万海关两。[①] 烟台成为了当时山东省唯一的对外贸易中心，是仅次于天津的北方第二大对外贸易港口。开埠后，烟台山周围发生了巨大变化，山前和东海岸线一带楼房林立，商家连门，山下的太平湾内港坝耸起，千帆涌动，巨轮进出，反映出开埠后烟台对外贸易的繁荣景象。

烟台开埠后，不仅中日、中朝之间航线恢复了往日的繁荣，俄罗斯海参崴一带到烟台的航线在沉寂多年后也开始活跃起来。

1908 年 6 月 1 日，胶济铁路全线贯通，青岛同山东腹地连成一片，使青岛港成为山东最大的货物集散地。由于青岛港的扩建和胶济铁路的贯通，1905 年以后，烟台作为山东贸易中心的地位逐渐被青岛取代。1906 年，青岛海关税收超过烟台。1910 年，青岛贸易总额又超过了烟台，并一直保持着山东的第一。

烟台、青岛的开埠，冲开了清政府的闭关锁国，使胶东半岛在忍受屈辱的同时，伴随着开埠带来了觉醒和进步，新生的资本主义商业也在胶东地区破土生长。1900 年前后，除了缺乏资本和经验的轮船航运、保险、银行及某些特殊商品（如发网、花边、丝绸、煤油等）外，烟台一般贸易大部分已落入华商之手，许多日货须经华商才能进入口岸市场。同样，青岛港的对日贸易“十有八九属于青岛或神户的华商、德商经营，日商不能参与其中”，“1913 年，日本农商务省官员太田世雄在调查青岛贸易状况后曾说：大阪川口旅日华商对上海、天津、汉口的输出贸易权已转入日商之手，但是由华商经营的对青岛的日货输出，仍然十分兴盛活跃且有发展”[②]。以上都说明了烟台、青岛开埠后本地商人在中日贸易中发挥了重要作用，为繁荣东方海上丝绸之路作出了重要贡献。

第三节　胶东海防文化

胶东半岛北遥对辽东半岛，南扼控黄海海域，战略位置十分重要。胶东是山东乃至全国最早进行大规模海防建设的地区。北宋时期兴建的“刀鱼寨”就是今天蓬莱水城的雏形。明朝时，登州水师担负着拱卫京师和保卫整个山东海疆的重任，在中国海防史上具有十分重要的地位。

自北宋至近代，山东一直都是中国海防建设的重点地区，而山东海防的重点在

① 边佩全主编：《烟台海关史概要》，山东人民出版社 2005 年版，第 83 ~ 85 页。

② 庄维民、张静：《谁掌握着贸易主导权：清末山东对日贸易中的日商与旅日华商》，载《东岳论丛》2005 年第 6 期。

胶东。明清两朝，胶东全部属于登、莱二州的辖地，所以胶东海防抑或山东海防，主要指登、莱二州的海防。

数百年来，历朝政府在胶东大规模的海防建设，在思想观念、精神风尚等各个方面都深深影响着沿海军民，从而积累、沉淀了丰富的海防文化。在抵御外侮、捍卫民族主权的斗争中，胶东军民的“忠君爱国”传统和爱国主义、民族主义情怀得以激发、强化，先后涌现出一大批前赴后继、宁死不屈的仁人志士。时至今日，遗留下来的海防遗址、遗存依然遍布胶东海岸，向后人倾诉着胶东人民在保卫海疆海防斗争中的艰辛和光荣。

一、北宋时期的胶东海防与海防文化

胶东真正意义上的海防建设是从北宋时期登州刀鱼寨的兴建开始的。刀鱼寨的兴建不仅大大增强了登州的海防力量，而且进一步确立了登州海防重镇的地位。

1. 登州刀鱼寨的兴建

十世纪初，契丹族在内蒙古以及辽东一带兴起，建立契丹王朝，后于947年改国号“辽”。辽盘踞北方，势力不断壮大，与中原地区形成对峙局面。宋真宗年间，辽军一度渡过黄河，深入山东齐州（今济南）、淄州（今淄川）境内，对北宋政权构成了巨大的威胁。

长期在辽控制下的辽东半岛与登州只有一水之隔，在辽宋双方剑拔弩张的紧张对峙局面下，登州一带的海防建设和防务引起了北宋朝廷的高度关注。康定年间（1040—1041），北宋政府在登州增置弩手，不久又升登州军为禁军。

为防止辽军渡海偷袭，应对随时可能发生的军事冲突，维护北宋政权的统治，登州知州郭志高奏请将登州港改建为水军要塞基地，得到了朝廷的批准。1042年，郭志高带领登州军民对原有港口实施了大规模的改建。登州人民表现出了惊人的聪明才智，他们充分考虑登州海上风浪的特点，巧妙利用当地沿海的地形地势，在濒海的丹崖山周围，就地势围以防卫栅栏，筑寨城，以防敌侵；顺着丹崖山的地势，沿着山脚东侧在登州港入海口处堆筑了开口朝北的沙堤围子以护战船；在港口东西两侧建寨城以停泊水兵战船，安扎军营。经过精心设计和艰苦施工，一座功能完备的“海防军垒”初具规模，时称“刀鱼寨”。

登州港改建后，航船的入港航道从港北转至港东北，这样既保证了堤内港湾免受西北方向涌来的风浪的冲击，又为战船进出水寨提供了安全、顺畅的通道。同时，水寨坐落在丹崖山后侧，具有相当的隐蔽性，水师活动不易被敌军发现，而且进可以战，退可以守。从此以后，战舰可以在这里锚泊、训练、避风、维修，也可以在这里上粮、供水、补给军需。刀鱼寨是京东地区唯一的水师基地，在当时具有十分重要的海防作用。

随后，郭志高又把驻扎在登州的部队加以整编，并进一步扩大了水军编制。刀鱼寨水师负责蓬莱东、西一带海面以及庙岛群岛海域及其岛屿的全面巡逻，每日派战舰巡防。

同时，为了防备契丹的偷袭，郭志高在水军中挑选三百精兵驻防在渤海海峡中的沙门岛，每年仲夏驻守砣矶岛，此后成为定制。从此以后，登州水军的岛内驻守、海上巡逻和海战训练紧密结合在一起，使得登州的海防建设日渐走上正轨。北宋中后期，为了保持刀鱼寨和庙岛群岛诸港口的联络，历任登州知州又在庙岛群岛的沙门岛（庙岛）、砣矶岛和南、北大谢岛（南北长山岛）上，安装了铜炮台，修建了烽火台等军事设施，形成了以刀鱼寨为中心的海防体系。

水寨建成后，名曰“刀鱼寨”，其名称的来历，并不是针对水寨本身而言，而主要是因为当时海港内停泊着一种数量众多的小船——刀鱼船。刀鱼船来自温州、宁波等浙江沿海一带，这种船型的长与宽的比例很大，体形瘦长，状似刀鱼，故人们称其为“刀鱼战船”，或称为“刀鱼战棹”“刀鱼舡”。这种船行动比较灵活，特别是在速度上远远超过北方的沙船。灵活、机动的特点决定了它比较适合应用于海战之中。登州人民大量仿造这种刀鱼船，并将其作为浅海巡逻战船而普遍使用。后来，刀鱼船被朝廷选定为批量建造的定型战船。经过稍加改造后，刀鱼船每船可载百余人，帆桨齐备，操控灵便。

刀鱼寨是世界上存在较早的军港之一。在刀鱼寨修成之前，登州古港虽然曾多次被当作临时军事基地，以满足用兵一时之需，但在战争结束后，其军事机构和设施随即被撤废，其军事功能也随即被繁忙的商业活动完全取代。以刀鱼寨的落成为标志，登州古港的港口性质发生了历史性的转变：由自然港变成了人工港，由繁华的商贸港口变成了庄严威武的军事重地。此后，刀鱼寨在保卫海疆海防、保障沿海运输、防御海盗、维护统治秩序等方面都发挥了重要作用。由于这里常屯重兵，教习水战，限制商船出入，登州港商业活动也日渐萧条。

2. 苏轼的“重点防御”主张与登州的海防建设

在北宋时期，对登州海防建设作出重要贡献的人物主要有两位，一是前面刚刚提到的登州知州郭志高，一是在登州仅做过五日知州的著名文学家苏轼。

元丰八年（1085）十月，苏轼由黄州调任登州知军州事，成为登州的军事和行政长官。十月十五日，苏轼抵达登州任上。到任后仅五天，十月二十日，苏轼又接到朝廷任命他为礼部员外郎的诏书，召还回京。十一月初，刚刚安顿下来的苏东坡离开登州，踏上了进京之路。

苏轼在登州为官只有短短五天的时间，真可谓“来去匆匆”，但是，却留下了

"五日登州府，千载苏公祠"的千古佳话。苏轼到任登州后，立即深入地方，了解民情，并两次登临丹崖山。他一生共写过21篇与登州有关的诗文，其中有10多篇是在登州任上写就的。他在登州写下的诗篇和留下的墨宝对提高登州的知名度产生了深远影响，为登州地区的海疆文化增添了丰富的内涵。苏轼为官登州时，蓬莱阁建成仅20年，随后蓬莱阁因之增色，名扬四海，蜚声中华，被后人称为天下"四大名楼"之一。

苏轼到达登州后，敏锐地捕捉到当时登州虽为水军要塞却兵备松弛的严重局面。他十分重视登州在防御北方敌人中所处的重要战略地位，建议切实加强登州防备力量。苏轼在给朝廷上的奏文《登州召还议水军状》中，对登州海防状况的分析很有见地，对登州的海防建设具有重要的指导意义和参考价值。

苏轼在奏章中分析了登州在宋代国防中的重要战略地位，然后如实报告了百余年间登州屯兵戍守的具体情况和存在的隐患。苏轼深刻指出，自宋真宗景德年间（1004—1007）开始，驻扎在登州的常备军约有四五千人，其中既有本地驻军，也有从外地调拨而来的军队驻防。尽管军队数量众多，但是由于各地军队番号不一，互不统属，致使军政号令不能统一，严重影响了部队整体战斗力的发挥。

苏轼认为，虽然现在登州表面上一片太平，背后却潜伏着严重的危机。他根据当时登州武备松弛、屯兵多有外调的严重问题，提出了"重点防御"主张。他认为，山东北部海疆的防御重心应以登州为急务，登州守军应该集中于一城内而形成核心力量，因此他强烈要求朝廷加强登州的海防措施，固定驻军，教习水军，以巩固边防；同时，他奏请朝廷派驻指挥，并要求北宋政府不得将驻防登州的兵士差往别处屯驻，以全力保持登州防御的威慑力量。朝廷最终接纳了苏轼的建议，登州海防、边防由此得到了进一步的加强。

苏轼对登州海防建设的重视，对此后登州海防重镇的地位及其未来的发展起了不可估量的作用。自此以后，不仅登州的海防、边防得到切实的加强，以刀鱼寨为中心的海防体系被称作"京东一路捍屏"，而且登州作为海防要塞的地位也得到进一步的巩固。

登州海防的建设原是为了对付北方辽国的侵扰。契丹人本是游牧民族，不善海战，登州又防务严密，所以终北宋一代，在漫长的宋辽对峙时期，登州境内并无大规模的海上战事发生，这与刀鱼寨水军基地的建设，登州水军实力的增强，以及海防体系的日渐完善有着重要的关系。正如苏轼在奏章中所言："虏知有备，故未尝有警。"①

---

① 〔北宋〕苏轼：《东坡全集》卷五二奏议六首，见影印文渊阁《四库全书》第1107册，上海古籍出版社1987年版，第727页。

二、明代胶东海防与海防文化

为了应对自元朝末年以来日益猖獗的倭患，明朝政府十分重视胶东沿海地区的海防建设，并初步形成了比较完备的海防体系。同时，随着胶东海防建设的大规模展开，胶东海防文化的内容日益丰富起来。

自明代至清代晚期，胶东均属于登州府、莱州府的辖地，因此所谓的胶东海防主要指的是登、莱二州的海防。

1. 明代海防思想

山东海岸线绵延曲折，海口众多且地形复杂。随着海防形势的日益严峻，如何进行海防部署成为明朝政府必须解决的重大问题，于是上自皇帝下至百官都对这一问题进行了深入探讨，并纷纷发表自己的看法。

（1）朱元璋的“积极防御”战略

从明朝初年开始，倭寇频频大规模侵扰我国，使沿海地区深受其害。当时由于天下初定，国力有限，而倭寇多为流窜作乱，机动性极强，因此朱元璋基本上采取了“固海岸为上策”的守御方针，实行“积极防御”的海防战略。他一再告诫其子孙及其官员说：“海外蛮夷之国，尤为患于中国者，不可不讨；不为患于中国者，不可辄自兴兵。”况且，“阻山越海，僻在一隅，必不为中国患者，朕决不伐之”①。

在这一战略思想的指导下，为了有效抵御倭寇的侵扰，明政府在军事上实行卫所制度，在要害之地设立卫所；在建立卫所制度的同时，明政府从洪武十七年（1384）起，在沿海地区依据各地地理位置和地形特点，开始了大规模的海防筑垒，或称为海防要塞。从卫所设置及其海防筑垒的兴建可以看出，明初海防部署的基本特点是重点设防、以点控线，即集重兵于要害之处，设堡垒于主要海口，首先控扼重点区域。

明朝政府之所以在沿海大规模进行海防筑垒的筑建，除了遵循“御海洋”“固海疆”“严城守”的方针和“积极防御”的海防战略之外，还有以下几个原因：

在元末农民起义过程中，朱元璋征求学士朱升对平定天下战略方针的意见，朱升说：“高筑墙，广积粮，缓称王。”朱元璋采纳了朱升的建议，势力不断扩大，并最终于1368年推翻了元朝的统治，建立了明王朝。此后，在抵抗倭寇、保卫海疆的斗争中，明政府十分崇尚“高筑墙”的战略，对构筑城池、修筑兵垒十分重视。

明政府重视修筑海防兵垒的另一原因是由于兵器的改进和发展，特别是火器的

---

① 台湾“中央研究院”历史语言研究所校印：《明实录·太祖实录》卷六七，上海书店1982年影印版。

大量使用，以及由此带来的战术、战法的变化。宋代时，弩、炮等兵器得到很大的改进，火器开始越来越多地在战争中使用。到了明朝时，由于火器的杀伤力、破坏力大，逐渐成为攻守作战的主要兵器，从而对城池的坚固程度提出了更高的要求。而坚固的城池不仅可以抵御敌人的进攻，还可以保护作战时的人员和兵器，减少自身损失，因此营建城高池深、规模宏大的海防兵垒就成为“积极防御”战略的重要组成部分。据统计，明政府筑建或重修的府州县以上的重要城池就有1500余座，达到了历代以来城池筑建的最高峰。

此外，明代重视海防筑垒，与军事上实行的卫所制度有着重要的联系。明代卫所多设立于险要之地，有些甚至立于偏僻人疏之处，卫所军士平日须有驻扎、屯集之所，以求自身安全；遇有战事，或可依托城池和有利地形发动进攻，战斗失利之时又可依托城池据守。再者，卫所制度实行军屯、屯防相结合，无事则屯田、训练，有事则凭之作战，所以卫所屯兵所在地被营建为海防兵垒。

（2）郑汝璧的“综合防御”理论

郑汝璧，浙江缙云（今浙江丽水）人，万历二十年（1592）出任山东巡抚。在任期间，他特别关注海防建设。他针对卫所兵员减少、军伍懈怠、屯田荒废等日益严重的问题，希望通过战略调整来保持海疆防务的长治久安，并提出他的“综合防御”理论。

郑汝璧“综合防御”理论的基本特点是着重强调防御实效，讲求长久之策。他在上呈朝廷的《条议防海六事疏》中强调说：“山左之城，海环三面，故不论一时之警息，惟以周防为之计，其大要在练兵、修城、积粟、除器，使处处有武备，时时有戒心，急不周章，缓不玩偈，以实事而责久功。”① 为此，郑汝璧从“经久营卫”出发，提出了六条措施，恳请朝廷批准在山东海防中全面实施。

第一，“练兵马以重战守”。郑汝璧建议采用新法练兵，博采南北武技，“以南教师教南技，以北教师教北技”，让军队掌握多种军事技能，同时加强考核制度，通过比试技艺的方式来划分兵士等级，优进而劣汰。

第二，“议积粟以广贮蓄”。郑汝璧建议沿海各地改税银为税粮，把粮食全部留存在本地，借以扩大军粮贮备。

第三，“修城垣以固保障”。郑汝璧主张全力加固重要卫城，放弃部分小城，舍小取大，重在质量。

第四，“开岛田以佐军资”。郑汝璧建议派遣海防部队进驻岛屿，“什伍而耕，如屯田之法，以助粮饷，资防守”，“田场既毕，悉以粮食装载运至郡治”，这样

① 〔明〕郑汝璧：《由庚堂集》卷二四《条议防海六事疏》，明万历刻本。

“且耕且防，万亩之地即可资千军之食，有屯田之利，无海盗之害”，必会有效补充海防营卫的粮食来源。

第五，“置将领以便统率”。郑汝璧建议在胶州和莱州两处增设海防机动部队，先置得力将领，负责操练。其兵员抽自分散各处的营卫寨所，将即墨营移驻胶州，王徐寨守备移驻莱州，在不扩大征兵的前提下，加强南、北海疆的重点防御。

第六，“分信地以专责成”。郑汝璧把山东海疆分为五大防御区域，分别由即墨营、文登营、登州营、王徐寨、滨州守备负责支援策应。同时，郑汝璧还制定出一套五大防御区相互协调支援的方案，使山东海疆全线形成完密的防卫支援网络。

郑汝璧的“综合防御”理论引起强烈反响，明王朝迅速批准了他的建议。他在此理论指导下，对山东海防进行了综合整治，取得了明显的成效。

除郑汝璧的“综合防御”理论外，冯琦的“纵深防御”理论在当时也有很大影响。冯琦（1558—1604），字用韫，号琢庵，青州府临朐县人，曾官至礼部尚书。

明王朝在部署海防兵力时，一般都是沿海岸线分点驻守，偏重于陆岸防御。这种部署基本上是针对倭寇流动性强的特点而设置的，具有很强的实效功能，但也存在一些缺陷和弱点。冯琦认为仅仅依靠沿海一线的防御并不能确保内陆安全无恙，必须建置二线重镇，作为一线海防之后备，于是他提出了“纵深防御”的理论，建议把一部分兵力部署在青州，以青州为中心，辐射沿海，控扼登、莱二州。冯琦的理论强调纵深保障的重要性，并且将海疆防御与内地防御综合考虑，实为卓识远见。

2. 明代胶东的海防建设

（1）沿海卫所的设立

洪武九年（1376）五月，明政府升登州、莱州为府，关于建府的原因，据《明实录》载：“时以登、莱二州皆濒大海，为高丽、日本往来要道，非建府治，增兵卫，不足以镇之。”① 这说明，明初登、莱二州强化海防建设是为了应对东亚局势，当然重点是防范元末以来的倭寇骚扰，以保证中国与朝鲜半岛和日本的海路畅通。

为了抵御倭寇的侵扰，明政府在军事上实行卫所制度，在要害之地设立卫所，卫配备士兵五千六百人，千户所配备士兵一千一百二十人，百户所配备士兵一百一十二人，“所设总旗二、小旗十，大小联比成军”②。

洪武初年，胶东沿海原只设有莱州卫、登州卫和宁海备御千户所。洪武十年（1377），宁海备御千户所升为卫。此后，随着山东海防的重要性日趋明显，明政府

① 李国祥等主编：《明实录类纂·涉外史料卷》，武汉出版社1991年版，第87页。

② 〔清〕张廷玉：《明史》卷九〇，中华书局2000年版，第1465页。

在登州、莱州沿海一带增设卫所，使得登州、莱州沿海一带的海防设施日渐完善。“明初洪武年间，（高丽使臣）郑梦周出使明朝返程途中路经庙岛时写的诗歌《沙门岛》中提到了驻防的明军：‘戎车连鹤野’，说沙门岛（庙岛）上的战车一辆连着一辆”①，也说明了洪武年间当时岛上驻防的军队还是很多的。

在军事建置上，卫所制度包括卫、所、寨、司四级机构。“卫”是最高级别的军事单位，有固定的防卫区域，建有城池，筑有坚固的城墙，内屯重兵，兵民一体，由军事长官统一指挥，其下设所。“所”是次一级的军事单位，分布于沿海要害之地，归“卫”管辖，大所则称为直隶所，所中亦有居民居住。卫和所是海防建制中最主要的军事单位。沿海卫所的兵员，分为京操军、城守军、人屯军和捕倭军四个部分。京操军即班军，指定期抽调赴京戍卫的军队；城守军又叫城守军余，是指防守卫所的守军；人屯军是亦战亦耕的屯田军队；捕倭军属于机动部队。沿海卫所的选址大多都面临大海，直接控扼海口，进可出击，退可守御，由此成为海防体系中的核心壁垒。“寨”是比“所”更小的兵营，没有居民混住。“司”指巡检司，一般设于沿海村镇之间的空旷地带，通常只设少数弓兵，分区沿海岸线巡弋海疆。如果发现情况，便点燃烟墩，传报给卫所守军。卫、所、巡检司之间每隔十里左右又设置墩堡若干。墩指烟墩，一旦海疆出现紧急情况，可放烟火示警。堡与墩相似，但筑有简易工事。这样，卫、所、寨、司以点连线，大小呼应，构成紧凑的海上壁垒，形成了严密的海防体系。到永乐初年，登、莱海疆的军事卫所基本设置完毕。

在明代胶东海防中，以登州的地位最为重要。据统计，明政府在山东沿海先后共设 11 卫，14 所，20 巡检司，243 墩，129 堡，其中在登州府管辖范围内设立的有登州卫、宁海卫、大嵩卫、威海卫、成山卫、靖海卫 6 卫，此外还有宁津千户所、海阳千户所、奇山千户所等 3 个守御千户所，足可见登州海防地位之重。

明政府在登州府境内设立的 6 卫中，登州卫和宁海卫分别设立于洪武九年（1376）、洪武十年（1377），威海卫、成山卫、大嵩卫、靖海卫均设于洪武三十一年（1398）。

洪武二年（1369），明政府先在登州设立守御千户所。洪武九年（1376），升为登州卫，领左、右、中、前、后、中左、中右七千户所。洪武十年（1377），又增置中前所并调于福山县治西，称福山备御中前千户所，仍属登州卫。宁海卫本莱州卫左千户所。洪武二年（1369），调为备御所，十年，升为卫，领左、中、前、后四千户所。成化年间，在宁海州东北四十里增置金山备御左千户所，属宁海卫。

---

① 刘晓东、马述明、祁山：《明代朝鲜使者笔下的庙岛群岛》，人民出版社 2014 年版，第 231 页。

威海卫在文登县北九十里，领左、右二千户所。成化年间，在文登县东南百四十里增置百尺崖备御后千户所，属威海卫。成山卫在文登县东百二十里，领左、前二千户所。成化年间，明政府在文登县东南百二十里增置寻山备御后千户所，属成山卫。大嵩卫在莱阳县东南百三十里，领中、前、后三千户所。成化年间，在大嵩卫西增置大山寨备御前千户所，属大嵩卫。靖海卫在文登县南百二十里，领左、中、后三千户所。

除以上各卫及所辖各备御所外，明政府还在战略要地设立独立的守御千户所。其中，奇山守御千户所在福山县东北三十里，洪武三十一年（1398）置。成化年间，又在文登县东南百二十五里增置宁津守御千户所，在文登县南百四十里增置海阳守御千户所。

莱州府所辖胶东南部沿海地区，倭寇活动比较频繁，因此海防地位亦十分重要。明政府在莱州府管辖范围内设立的卫所有莱州卫、灵山卫、鳌山卫3卫和胶州千户所、雄崖千户所2个守御千户所。

洪武三年（1370），明政府在莱州府治东南置莱州卫，领左、右、中、前、后五千户所。洪武五年，在胶州城内设胶州守御千户所。洪武中后期，明政府在莱州府境内增设灵山卫、鳌山卫和雄崖守御千户所、浮山备御千户所，其中在胶莱河以东的有鳌山卫、雄崖所和浮山所。鳌山卫设立于洪武三十五年（1402，实际为建文四年），领右、前、后三千户所。随后，又在即墨县南八十里设立浮山寨备御前千户所，同时建浮山所城，属鳌山卫。雄崖守御千户所，在即墨县东北九十里，洪武年间设，其所城设于洪武三十五年。嘉靖年间，又将原王徐寨备御百户所升为千户所，属莱州卫。

（2）海防筑垒的兴建

在建立卫所制度的同时，明政府从洪武十七年（1384）起，在沿海地区依据各地地理位置和地形特点，开始了大规模的海防筑垒，或称为海防要塞。沿海卫所的选址大多都面临大海，直接控扼海口，进可出击，退可守御，其兵垒则为海防体系中最重要的军事据点。明朝初年，南起广东，北至辽东，共构筑卫所城池达181所之多，下辖关隘、堡、寨、墩台1622座，形成了一套以卫所城池为主体的、防止倭寇入侵和海盗骚扰的完整而严密的海防筑城体系。在山东海岸线构筑的海防筑垒有登州、莱州、威海、青州、大嵩、靖海、成山等11座卫城，千户所城14座，堡寨134座，烽堠墩台269座。这些筑城设施，构成了明代海防体系的重要基础，对形成完善的海防体系和有效的打击倭寇侵犯起了重大的作用。

明代时，由于社会经济和手工业的迅速发展，筑城技术有了很大进步，制砖技术、城砖生产能力都达到了一定的水平，所以明政府在全国之内大量建筑砖城，即用土作墙心，土墙两面用青砖包砌墙皮；在石料较多的地区，则使用石块包砌墙皮，或者直接使用石块砌筑城墙。用砖、石砌筑而成的城墙，既坚固耐久，不容易坍塌，又可以抵御火器的攻击，因此明代所筑城池、兵垒多数为砖城、石城，只有少数为土城，这是在筑城方面与前代很大的不同之处。

在胶东沿海卫所中，登州卫、宁海卫设立较早，而登州城为登州府治、蓬莱县治和登州卫所在地，宁海城为宁海州治和宁海卫所在地，因此明政府对登州城、宁海城的建设十分重视，多次增修、重修。两城不仅具有相当规模，而且具有较强的防御能力。登州府城，“城周九里，高三丈五尺，皆砖石，门四，东曰春生，南曰朝天，西曰迎恩，北曰镇海。门楼连角楼，共七座。窝铺五十六，上下水门各三，小水门一。池阔二丈，深一丈”①。除登州府城外，在北部海滨丹崖山下，明政府在宋代刀鱼寨的基础上修筑登州水城一座，“在大城北，相连，原名备倭城。由水闸引海入城中，名小海，为泊船所。洪武九年，立帅府于此。周三里许，高三丈五尺，阔一丈一尺。门一曰振扬楼。铺共二十六座”②。此外，在登州府城以西栾家口亦建有备倭城，“明时建，以备倭。高丈余，城上有庙，祀天后圣母”③。宁海州城，“旧土城。洪武十年，指挥陈德砌以砖石。周九里，高三丈二尺，阔二丈。门四，东曰建武，西曰奉恩，南曰顺正，北曰镇海。楼铺二十八。池阔二丈五尺，深九尺”。

大嵩卫、靖海卫、成山卫、威海卫四卫设立稍晚，均设于洪武三十一年(1398)。由于明政府此时国力日趋强盛，筑城技术进一步成熟，其城池或为石城，或为砖城，其坚固程度大大超过前代筑城。威海卫城，“砖城。周六里有奇，高一丈七尺，阔一丈。门四，楼铺二十。池阔一丈五尺，深八尺”。大嵩卫城，“砖城。周八里，高一丈九尺，阔一丈五尺，池深二丈，阔八尺。门四，东曰承安，南曰迎恩，西曰宁德，北曰镇清。楼铺二十八座。洪武三十一年指挥邓清筑”。成山卫城，“石城。周六里一百六十八步，高二丈八尺，阔二丈。池深一丈二尺，阔称是。今圮。门四，东曰永宁，西曰迎恩，南曰镇远，北曰武宁。楼铺三十四。洪武三十一年建”。靖海卫城，“石城。周九百七十丈，高二丈四尺，阔二丈。门四，后以倭患，塞西门。今存三，楼铺二十九。洪武三十一年建。池深一丈，阔二丈五尺”。

---

① 〔清〕施闰章纂修，任璇续修：顺治《登州府志》卷三《城池》，清康熙三十三年（1694）刻本。

② 〔清〕施闰章纂修，任璇续修：顺治《登州府志》卷三《城池》，清康熙三十三年（1694）刻本。

③ 〔清〕王文焘修，张本等纂：道光《重修蓬莱县志》卷二《地理志·城池》，清道光十九年(1839) 刻本。

不仅沿海各卫建有规模较大的城池，几乎所有重要的千户所也建筑城垒，驻军防御。其中，奇山所、宁津所设立于洪武三十一年（1398）；大山所、海阳所、百尺所、金山所、寻山所，均设立于成化中期。以上所城全部为砖城。奇山守御所城，“周二里，高二丈二尺，阔二丈。门四，楼铺十六。池阔二丈五尺，深一丈”。宁津守御所城，“周三里，高二丈五尺，阔二丈三尺。门四，楼铺十六。池阔二丈，深一丈”。海阳守御所城，“周三里，高二丈，阔一丈二尺。西南二门，楼铺二十九。池深一丈，阔二丈”①。

在莱州府境内，鳌山卫城，“洪武二十一年，卫国公徐辉祖开设，指挥佥事廉高建砖瓮。周五里，高三丈五尺。……池深一丈五尺，广二丈五尺。在即墨县东四十里”。灵山卫城，“洪武三十五年建。壁瓮，周三里，高二丈五尺，门四，池深一丈五尺，阔二丈。在胶州东南九十里”。灵山卫所属夏河寨城，“石垒。周三里有奇，高一丈七尺，阔二丈五尺。门四，池深六尺，阔一丈五尺。在胶州西南”。莱州卫所属王徐寨城，“壁瓮。周二里，高一丈五尺，阔一丈。南北二门。池深八尺，广一丈，在府东北八十里”。马埠寨城，“周二里，高一丈五尺，阔一丈。南北二门。池深八尺，广一丈。在府西二十五里”。马停寨城，“垒以石。周二里，高一丈五尺，阔一尺。南北二门。池深八尺，广一丈。在府东北一百六十里”。灶河寨城，“周二里，高一丈五尺，阔一丈。南北二门。池深八尺，广一丈。在府北五十里”②。此外，雄崖所城，在即墨市东北九十里。

明代卫所制度包括卫、所、寨、司等多级机构。“寨”是比“所”更小的兵营，没有居民混住，多数亦建有寨城。由于军寨及寨城规模较小，且数量较多，大多不见经传，只有少数在地方史志中有所记载，其中如黄河寨备御百户所，设百户3员，守城军30余名，守墩军15余名；刘家汪寨备御百户所，设百户3员，守城军35余名，守墩军15余名；解宋寨备御百户所，设百户4员，守城军40余名，守墩军9余名。以上三寨俱登州卫中右千户所分设，各有城寨。黄河寨城，“石城。周一百三十八丈，高二丈五尺，阔一丈五尺”。刘家汪寨城，“石城。周一百八十丈，高二丈五尺，阔一丈三尺。南一门，楼铺五。池阔一丈，深五尺。今堙”。解宋寨城，“石城。周二百四十尺，高二丈五尺，阔一丈三尺。南一门，楼铺五。池阔一丈，深五尺”。卢洋寨备御百户所，设百户5员，守城军38余名，守墩军15余名，系福山备御中前千户所分设。卢洋寨城，“砖城。周二里，高二丈七尺，楼

---

① 〔清〕施闰章纂修，任璇续修：顺治《登州府志》卷三《城池》，清康熙三十三年（1694）刻本。

② 〔明〕龙文明修，赵耀纂：万历《莱州府志》卷三《城池》，民国二十八年（1939）铅印本。

铺六，东西二门。池阔一丈，深七尺。洪武二十九年百户张刚筑”。清泉寨备御百户所，设百户3员，守城军15余名，守墩军6余名，守堡军2余名，系宁海卫后所千户所分设。清泉寨城，“砖城。周二里，高二丈五尺，阔一丈五尺。门一，楼铺六”①。

在卫所、城寨之间，为了警戒、联络和报警，明政府又沿海岸依地形筑有墩台、烽堠和堡。墩台、烽堠皆以土筑成，外包城砖。一旦海疆出现紧急情况，可放烟火示警，传报给卫所守军。墩台规模较烽堠稍大，对少数敌人的侵扰，有一定自卫能力。堡与墩相似，筑有简易工事。墩台间隔距离一般为三里左右。据资料统计，山东沿海墩台的数量很多，共有269座。由此，卫、所、寨、墩台以点连线，大小呼应，构成紧凑的海上壁垒，形成了严密的海防体系。

（3）备倭都指挥使司、登州总镇与“海防三营”的设立

明永乐七年（1409），明政府在登州设登州备倭都指挥使司（简称备倭都司），总督山东沿海诸路军马，统辖山东全省防倭事宜，兼置巡察山东沿海海道，山东沿海各卫指挥使司均归其管辖。登州备倭都指挥使司驻扎水城，设都指挥使一人、都指挥同知二人、都指挥佥事四人。

1421年明成祖迁都北京后，登州因扼锁渤海之口，地势险要，成为捍卫京师的重要屏障，其战略地位显得更加重要，故而有“京师海门”之称。嘉靖四十一年（1562），在登州专设巡察海防道，管理登、莱两州海防军务。

万历二十一年（1593），日本权臣丰臣秀吉发动壬辰战争，率军大举入侵朝鲜，明朝廷调集南北水陆官兵加强海防，在登州增设副总兵，与巡察海防道分掌海陆各营，归山东巡抚节制。万历二十四年（1596），撤销都指挥使，改设总兵，号总镇，登州备倭都指挥司改为登州总镇府。

天启元年（1621），明朝一度设登莱巡抚于登州，统辖沿海屯卫，兼管海岛防御。天启二年（1622），设登莱总兵，归登莱巡抚节制，统辖山东沿海水、陆12营，总兵署设在登州府城内。陆营分陆左、陆右、陆中、陆前、陆后、陆游、火攻七营，除陆右营领以副总兵外，其余均以把总及哨官领之。水营分水左、水游、水中、水游、平海五营，领以参将或游击。崇祯二年（1629），裁登州总镇，崇祯七年（1634）复设。崇祯十一年（1638），撤销登莱总兵，登州总镇并于临清镇，登州改为城守营。以上可见，从明初至崇祯年间，登州一直都是山东海防的军事和指挥中心。

① 〔清〕施闰章纂修，任璇续修：顺治《登州府志》卷三《城池》，清康熙三十三年（1694）刻本。

明代在登州、莱州设立的沿海卫所虽然结构严密，但卫所均设于海岸线一带，彼此之间依然有相当距离，遇事难以互相支援。为了增强海防力量的机动性，遇紧急情况时能够及时增援，明朝永乐年间，又在登州组建了相对独立的军事力量，这就是著名的登州营。登州营“总戍”设于蓬莱城，其防御区域为今山东半岛沿海地区。登州营下辖登州卫、莱州卫和青州左卫，以及奇山（今烟台芝罘区南）、福山中前（今福山西）、王徐前（今莱州东北）等3个千户所。

登州营官员级别高于卫级长官，军营多驻扎在所控各卫的中心地带，因此无论指挥协调，还是遇事出兵增援，均十分便利。随后不久，明政府在文登、即墨亦建立类似登州营的海防机动部队。文登营建于宣德四年（1429），原在文登县城内，宣德十年（1435）始于县东十里筑城[①]，“土城。周三里，东西南三门”[②]。即墨营在莱州境内，原置营于县南七十里金家岭寨，土城，周二里。宣德八年（1433），移置于即墨县北十里，营城“土筑，在县北十里。宣德八年建，周四里，高一丈五尺，阔一丈五尺，门四”[③]。当时，登州营、文登营和即墨营，号称“海防三营”。沿海三营犄角拱立，互相策应，使得整个山东沿海卫所都有了强大的纵深支持和稳定可靠的后援保障，对倭寇的强力震慑作用亦自不待言。

水师与战舰在海防中具有十分重要的地位。据《明会要》记载：“沿海卫所，每千户所设备倭船十只，每百户船一只，每卫五所，共五十只。每船，旗军一百户，春夏出哨，秋冬回首。”据此推算，登州卫7个千户所，至少有船70只，旗军7000户。除各卫所分别设有备倭船外，常驻于水城的登州水师是出海作战的主力。明政府十分重视登州水师的建设，水师府设于水城内，以参将或游击统领，归登莱巡抚提调。

嘉靖二十五至三十五年（1546—1556），水师总共拥有战舰50艘，不计后勤补给人员，约有官兵3000人，分为水左营、水右营、水前营、水后营、水中营5营10哨。平时，水左、水右、水前、水后4营舰船，各以1哨出海巡察，另1哨则在港内休整训练，即平常共有4哨20艘战舰在登州海面游弋巡防。水中营则把守天桥口和振扬门，负责水城警戒防务。福船是登州水师的主力战舰，吃水一丈二尺，高大如楼，内部分为四层，可容百人。海苍船小巧灵活、迅捷，一般吃水七八尺，容30～50人。无论从战舰数量、战舰规模，还是从战舰的作战性能来看，登州水

① 〔清〕方汝翼、贾瑚修，周悦让、慕荣幹纂：光绪《增修登州府志》卷一二《军垒》，清光绪七年（1881）刻本。

② 〔清〕施闰章纂修，任璇续修：顺治《登州府志》卷三《城池》，清康熙三十三年（1694）刻本。

③ 〔明〕龙文明修，赵耀纂：万历《莱州府志》卷三《城池》，民国二十八年（1939）铅印本。

师确实具有相当实力。天启年间，明政府仅在庙岛就驻防“舟师千余兵，沙号船七十余只”，在隍城岛驻防“军数三千五”，在砣矶岛还驻有“总兵守御所”。①

明王朝长期实行“海禁”政策，其在军事上基本放弃海岛，采取将岛屿军民撤于陆地的消极防御战略。但由于明王朝对胶东海防十分重视，实行了较为严密的海防措施，胶东沿海的卫所防御体系建设也相对完备，对于防止倭寇侵扰、防卫稳定海疆起到了十分重要的作用，以至明洪熙以后，胶东海疆并没有发生严重的倭患。

3. 民族英雄戚继光的抗倭活动

戚继光（1528—1588），字元敬，号南塘，晚号孟诸，是明代杰出的军事家、民族英雄。

戚继光出身将门。元朝末年，戚继光六世祖戚祥由江西赣州迁居安徽定远，参加了郭子兴领导的农民军，后又随朱元璋转战南北各地。明朝建立之初，戚祥在扫灭元朝残余势力、统一全国的战争中不幸战死于云南。明政府追念戚祥的开国之功，授其子戚斌为明威将军，世袭登州卫指挥佥事。按明制，卫所官兵自指挥以下，军官多世袭，军士也多为父子相继，因此自戚斌至戚继光的父亲戚景通，历五代近一百四十年，戚氏家族一直袭任这个职位。

戚继光生于嘉靖七年（1528），戚景通希望他将来继承祖上的光辉，并发扬光大，于是给儿子取名继光。1544 年，戚景通因病去世，戚继光承袭了登州指挥佥事之职。是年，他刚满十七岁。

1546 年，戚继光被任命在登州卫管理屯田事务。嘉靖二十八年（1549），戚继光乡试中武举，第二年到北京会试，正逢蒙古鞑靼部落进犯京师，他积极参加了保卫北京的战斗，初次显露出卓越的军事指挥才能，引起了朝廷的注意。嘉靖三十年（1551），戚继光奉命率领山东三千民兵驻守京师的北大门——北部边防线上的蓟镇。戚继光怀着一颗报国之心日夜巡逻在边防线上，“南北驱驰报主情，江花边月笑平生。一年三百六十日，多是横戈马上行”②。戚继光在驻守蓟镇的三年时间里，深受士兵爱戴，尽职尽责地完成了戍边任务。由于戚继光在保卫北京和驻守蓟镇期间的突出表现，嘉靖三十二年（1553），戚继光正式就任都指挥佥事，管理登州、文登、即墨三营 25 个卫所，总督山东沿海抗倭斗争。在任期间，戚继光抱定“封侯非我意，但愿海波平”的远大志向③，整理卫所，振饬营伍，训练士卒，严肃纪律，督修海防设施，并在水城中训练水军，整修战舰，使山东沿海的防务大大

① 刘晓东、马述明、祁山：《明代朝鲜使者笔下的庙岛群岛》，人民出版社 2014 年版，第 231、242、251 页。

② 曲树程注释：《戚继光诗稿》，黄河出版社 2007 年版，第 63 页。

③ 曲树程注释：《戚继光诗稿》，黄河出版社 2007 年版，第 35 页。

改观。

在戚继光的努力下，登州水城被营建成为进可攻、退可守的海上堡垒，登州水师编为5营10哨，战斗能力大大提高。为了海疆安宁，戚继光还身先士卒，亲自率船队巡航。登州水师从此声威远播，对倭寇产生了强大的震慑作用。在戚继光驻防登州期间，倭寇大为收敛，不敢轻易来犯。

戚继光在登州的卓越战绩引起了明政府的高度重视。当时，东南沿海一带的倭寇依然十分猖獗，因此明政府先后命戚继光率部赴浙江、福建抗倭。在浙江，戚继光从农民和矿工中精选了三千余名，训练成一支战斗力很强的劲旅，史称这支军队为“戚家军”。“戚家军”军纪严明，勇敢善战，对百姓秋毫无犯，深受人民爱戴，留下了“冻死不拆屋，饿死不掳掠”的美名。至嘉靖四十二年（1563），东南沿海的倭患基本上被荡除。戚继光为扫除东南倭患作出了巨大贡献，被誉为“民族英雄”。

隆庆二年（1568），戚继光奉命北调，驻守蓟镇，总理蓟州、昌平、辽东、保定练兵4镇事务。当戚继光调离时，驻地百姓含泪相送，有诗曰：“辕门遗爱满汇燕，不见胡尘十六年。谁把旌麾移岭表？黄童白叟哭天边。”① 反映了驻地百姓对戚继光依恋不舍的心情和极高的评价。万历十一年（1583），戚继光奉调广东。翌年，抱病请退，回归蓬莱故里，于万历十五年十二月八日（1588年1月5日）病逝于蓬莱城，时年60岁，谥“武毅公”。

为纪念戚继光为抗倭作出的巨大贡献，嘉靖四十四年（1565），朝廷于戚继光的家乡登州蓬莱城立“母子节孝”坊和“父子总督”坊，分别褒扬戚继光祖母阎氏及戚景通、戚继光父子，两个牌坊历经四百余年战乱，至今犹存，激励着戚氏世代子孙和城中百姓。福建福州市建有戚公祠，是民国七年（1918）为纪念戚继光在明嘉靖四十一年（1562）率兵支援福建抗倭而建。1936年，著名诗人郁达夫游“戚公祠”，写有《满江红》词，篆刻于祠东南石壁上，词中有这样的句子：“三百年来，我华夏，威风久歇。有几个，如公成就，丰功伟烈。拔剑光寒倭寇胆，拨云手指天心月。至于今，遗饼纪东征，民怀切。会稽耻，终当雪。楚三户，教秦灭。愿英灵，永保金瓯无缺。台畔班师酣醉石，亭边思子悲啼血。向长空，洒泪酹千杯，蓬莱阙。”福建莆田县黄石镇也建有戚继光纪念馆，嘉靖四十一年（1562），戚继光指挥了莆田黄石林墩大捷，连克倭营六十多座，歼敌四千多，拔除倭寇大本营，从此八闽倭患基本平定。同年，邑贤林龙江捐田三十亩，在林墩首倡建生祠奉祀戚继光。浙江台州市、苍南县金乡也都建有戚继光纪念馆，海门人民也在城隍庙戚继光屯兵处建戚公祠以纪念戚继光的功绩。

① 全晰纲、马继业：《抗倭名将戚继光》，山东文艺出版社2004年版，第145页。

抗倭英雄戚继光在登州时还曾留下了若干诗篇，晚年他把历年所写的诗文编为《止止堂集》，分《横槊稿》三卷、《愚愚稿》二卷，其中不少诗歌体现了他的胸怀抱负，表达了他时刻心系国家安危、忧国忧民的情怀，同时表达了他随时准备为保卫国家战斗至牺牲的决心。还有些诗句形象地表现了他当时的军旅生涯，这些诗句或情真意浓，或气势磅礴，读之使人顿生仰慕之情。戚继光还留下了《纪效新书》和《练兵实纪》两部兵书。《纪效新书》涉及选兵、号令、战法、行营、武艺、守哨、水战等内容，是他对抗倭战争的经验总结，也是他训练军队的教本。《练兵实纪》是戚继光镇守蓟州时撰写的，与《纪效新书》同为中国古代兵书的经典，备受后人推崇。

几百年来，历代政府对戚继光的褒扬与表彰、戚继光抗倭事迹在山东半岛各地的广为传颂，都大大激发了人民的民族主义情感，鼓舞了人民抵御外侵的勇气和信心。如今，戚继光故里被确认为国家级重点保护文物。戚继光故里在蓬莱市区武霖村，包括戚府、戚继光牌坊、祠堂等。这里是戚氏家族世代居住之地，距今已有400多年的历史。

戚府有横槊堂、止止堂、孟诸书屋、悠憩堂、望云楼等建筑，分别设置了展厅，展示了民族英雄戚继光爱国主义的光辉一生。戚继光祠又名表功祠，是崇祯年间为褒扬抗倭英雄戚继光的功绩而专门修建的。该祠有门房、过厅、祠堂各3间，单层硬山建筑，砖石结构，过厅和祠堂有前廊。前门镌功德联，院内原有忠、孝碑亭，今已损毁不存，祠堂基本保存较好。戚家牌坊在戚府南面，有东西两座，均为石雕，形制相同，一坊题刻“父子总督”，一坊题刻“母子节孝”。横坊雕有双凤戏牡丹、鱼龙闹海、麒麟丹凤、缠枝花木等，保存完好。

4. 胶东明代海防遗存

明代海防遗存形成于清朝初年。清初，清政府废除卫所制度，卫所城池由原先的军事城堡逐渐变为普通的村镇，许多军寨以及大部分烟墩也逐渐因弃用而荒废。目前，在胶东沿海地区得以遗留至今的明代海防遗存主要为军寨、烟墩遗址，另有少数几处卫所城址、府县古城墙遗址和炮台，其保存状况参差不齐，差别很大。

（1）烟台市境内的明代海防遗存

在今烟台市境内的明代海防遗存数量众多，最重要的遗存包括明代古城墙遗址、卫所遗址、军寨遗址、炮台遗址等多处，其余的均为烟墩遗址。其中尤以蓬莱市境内的海防遗存数量最多，类型最齐全，保护状况也最好。

在烟台明代海防遗存中，蓬莱水城及蓬莱阁（含戚继光牌坊）、戚继光祠堂及戚继光墓为全国文物保护单位，奇山所、宫家岛烽火台、马山寨、解宋营城址、上水门遗址、蓬莱海防遗址为省级重点文物保护单位。此外，北头营寨遗址、福莱山烽火台、登州府城墙遗址为市级文物保护单位。西羔烟墩、黄县故城墙为县级文物保护单位。

古城墙遗址分别为蓬莱水城遗址、登州府城墙遗址、登州府上水门遗址、黄县故城墙遗址等。蓬莱水城，位于蓬莱县城北丹崖山阳海滨，是我国保存较好的一处古代军港，是研究中国古代海防设施的珍贵文物。登州府城墙遗址，位于蓬莱市武霖社区与万寿社区交界处。该城墙原与上水门相连，为上水门东南的一段城墙。登州府上水门遗址，位于山东省蓬莱市武霖社区与万寿社区交界处，是明朝登州府城墙南端中路的泻水城门，现残高 9.1 米，残长 27 米，保存较为完整。黄县故城墙遗址，位于龙口市东莱街道办事处绛水河西路南端李巷村。城墙现只剩残部，宽 65 厘米，高 70 厘米，长 6.68 米。

卫所遗址以奇山所城遗址为代表。奇山所城位于烟台市芝罘区中部，总面积约 9.1 公顷。旧址略呈方形，东西长 330 米，南北宽 270 米。奇山所城是国内仅存的保存较完整的卫所遗址，是烟台城市的发源地。

军寨遗址共有 4 处，分别是解宋营城址、赵格庄营寨、马山寨、北头营寨遗址。解宋营古城，位于蓬莱市刘家沟镇解西村；赵格庄营寨遗址，位于蓬莱市新港街道办事处赵格庄村。马山寨，位于莱山区，现存寨城及烽火台。寨城为土筑，平面呈四方形。南墙长 141 米，东墙长 129 米，北墙长 145 米，西墙长 127 米。北头营寨遗址位于牟平区姜格庄镇北头村东 1500 米的小山北坡、夏家疃村东北 600 米，由烟墩、营寨两部分组成，现基本保存完整。

目前在烟台境内发现的烟墩遗址数量众多，总计有 13 处，其中福莱山烽火台、宫家岛烽火台已被列为市级文物保护单位，位于龙口市境内的西羔烟墩为县级文物保护单位。此外，解宋营东烽火台、铜井山烽火台、防风林烽火台、解宋营西烽火台、黑峰台烽火台、峰岭山烽火台、东峰台烽火台、西峰台烽火台、东峰子烽火台、南吴家木基烽火台等 10 处烟墩遗址与赵格庄营寨遗址合并为蓬莱海防遗址，升格为省级文物保护单位。

（2）威海市境内的明代海防遗存

在今威海市境内的明代海防遗存中，属于市级文物保护单位的有威海卫明城墙、成山卫古城遗址、罗山寨军寨、后双岛兵寨遗址、九皋寨遗址、戚家庄烟墩、磨儿山烟墩遗址。

威海卫明城墙遗址位于环翠区环翠楼街道办事处环翠楼公园内，现仅存西墙南段和北段两部分，北段长约 100 米，残高 2～6 米，最宽处约 5 米。成山卫古城遗址位于成山镇驻地。现仅存北城门，门洞保存较好，城墙只有部分痕迹可寻。

罗山寨军寨位于寻山街道办事处罗山寨村。军寨呈正方形，边长 250 米。后双岛兵寨遗址位于环翠区张村镇后双岛村东。平面呈长方形，东西长 170 米，南北宽 130 米，寨墙基本保存，基宽 3.5 米，残高 3.6 米。九皋寨遗址位于泊于镇寨子东村西 400 米。寨址东西长 130 米，南北宽 170 米，面积约为 2.3 万平方米，其形制、规模与之前发现的明代后双岛兵寨遗址相一致。磨儿山烟墩遗址位于环翠区张山村前峰西村西北 500 米，平面呈长方形，底边长 12 米，顶部边长 4 米，高 5 米。

此外，属于县级文物保护单位的有安家军寨遗址和老庄烟墩、寨前烟墩、到根见烟墩、大陶家烟墩、宫家烟墩、韩家庄烟墩、常家庄烟墩、帽山烟墩、金港烟墩、大庄烟墩、西泓赵家烟墩等 11 处烟墩遗址，均在乳山市境内。安家军寨遗址在乳山口镇安家村西北 100 米。分南、北二寨，北寨平面呈方形，边长 230 米。寨墙基宽 20 米，残高 1~6 米。寨内东南部设烟墩一处，底部直径约 20 米。北寨南 90 米设置小寨，是为南寨，东西长 64 米，南北宽 55 米，墙厚约 11 米，残高 0.5~1 米。

（3）青岛市境内的明代海防遗存

在青岛市境内的明代海防遗存数量不多，主要有卫所遗址雄崖所故城 1 处、古城墙遗址胶州古城墙及护城河遗址 1 处、烟墩 2 处。

雄崖所故城遗址，位于即墨县丰城镇北、北雄崖所，筑于明代。雄崖所城墙已全部颓塌，仅于城东南尚存一段城墙残基。现只存南门和西门。南门经多次修葺，门洞和城楼尚为完好。西门保留原样，现存的拱券形门洞系明代建筑，砖石结构，长 12.5 米，外口高 2.5 米，内口高 3.5 米，底宽 2.5 米，门洞上方镶一石额，题为“镇威”。雄崖所故城遗址是青岛仅存的明代卫所所城，被列为山东省文物保护单位。

胶州古城墙及护城河遗址，位于胶州市区内，为明城墙遗址。外城墙习称“围子”，外护城河亦称“围子河”，外城墙兴建于明代，延续至民国时期。夯土堆基，砖石砌墙，上有垛口。今已毁弃，唯有一段夯土残垣尚依稀可辨。

在青岛市境内的明代烟墩遗址有 2 处，烽火台遗址在平度市，宋戈庄烽火台在胶州市胶西镇，均为区市级文物保护单位。

三、清代前期胶东的海防与海防文化

清初，清政府厉行海禁，下令“片帆不准入口”，并强迫沿海居民迁往内地；同时，清政府对原有的卫所制度作了调整，废除了明代设立的卫指挥使，而代之以守备署，卫变成与州县平行的行政单位。雍正年间，清政府在山东沿海地区改卫设县，至此明代的卫所制度以及沿海卫所与三营拱立的海防体系完全解体，沿海驻军日趋减少。此后，清朝扩建水师，增设战船，并在重要海口筑建炮台，企图依靠水师近海游弋巡逻与沿海炮台相结合的方式来维护山东海疆的安全，其他海防事务则由各州县守备营分担。这样，水师、炮台、各县守备营，成为清代前期加强海防、推行海禁的主要元素。经过一段时期的部署，山东沿海逐渐形成了以海岸为依托、近海防御与海岸防御相结合的海防体系。

1. 清代前期的海防思想

自明朝以来，登州一直被作为胶东海防建设的重点。然而山东海岸线蜿蜒曲折，口岸众多，而且各地口岸险要形势各不相同，海防地位也因此各有差异。明朝中期，郑汝璧的“综合防御”理论与冯琦的“纵深防御”理论都是深入探讨并力图解决山东海防的万全之策。

清朝初年，张元锡督管山东海防，他吸取前代海防思想的经验和教训，根据各地口岸海防地位的不同情形，将沿海口岸分为八种类型，即险汛、要汛、冲汛、会汛、闲汛、散汛、迂汛、僻汛等“八汛”，并针对不同类型设计了相应的防卫方案，这就是“口岸分汛防守”思想。

《莱州府志》卷五《海汛》对山东海防“八汛”的具体内容进行了详细记载：“相其形势，分别险、要、冲、会、闲、散、迂、僻之地而布置防汛。一曰险汛：两山相扼，水多礁石，风汛无恒者，宜用把截。二曰要汛：众道必由，舍此而歧者，宜屯重点。三曰冲汛：往来必经驻泊定程者，宜用守防。四曰会汛：居中控制众途总集者，宜立军门。五曰闲汛：潮水出入，小口狭滩，不堪驻船者，宜设墩卒。六曰散汛：道旁岛屿暂可避风者，宜委乡保。七曰迂汛：避风入口、换风出口、无关正道者，宜用峭望。八曰僻汛：支流数里，偏在一隅，不通大洋者，宜用侦探。”张元锡等人认为，“此八汛者，潦然心目，则可以审防汛之缓急，用兵之多寡，以逸待劳，百无一失”①。

海防“八汛”是在充分考虑沿海各口岸地理条件的基础上而制定出的一套海防方案。清政府本着“先冲要而后迂僻”的指导思想，因地制宜，设险防守，在关键地带重点布防，偏僻海口则实行巡哨侦察，充分反映了清政府重点防御和综合防御相结合的战略思想和以点带面的战略部署，可谓轻重有序，主次分明。在当时的历史条件下，口岸分汛防卫制度有其合理性。

2. 清代前期胶东的海防建设

（1）清代前期的登州水师与战船

据《清史稿》记载：“顺治元年（1644），始于登州府设水师营，领以守备、千总等官，凡沙唬船、边江船十三艘，水兵三百八十六人，驻扎水城，分防东、西海口。”② 清政府组建水师，原为“防守海口，缉捕海盗”，因此水师规模很小，约

① 〔清〕严有禧纂修，张桐续纂修：乾隆《莱州府志》卷五《海汛》，清乾隆五年（1740）刻本。

② 〔清〕赵尔巽等：《清史稿》卷一三五，上海古籍出版社 1986 年版，第 9320 页。

"存明制十分之一"。驻扎水城的水师和战舰，无论规模还是战斗力，均无法与明代相提并论。顺治十八年（1661），清政府移临清镇于登州，改为登州镇，以总兵领之，归山东提督节制，原隶属城守营之水师，改为前营水师。康熙四十三年（1704），清政府扩建登州水师，增设游击2员及守备以下各官，"增水师为千二百人，改沙唬船为赶缯船二十艘，分巡东、西海口，东至宁海州，西至莱州府，分为前、后二营"。康熙四十五年（1706），又"以前营水师移驻胶州，巡哨南海，后营水师驻水城，巡哨北海"。尽管前营水师不久移防胶州，但是水师力量较顺治年间有所增加。雍正十二年（1734），为了加强山东的海防力量，清政府"又于成山头增设东汛水师"，负责"巡哨成山、马头嘴一带，与各汛会旗"。至此，山东海疆形成了三大水师，分驻登州、胶州、荣成成山头。清政府规定，南汛、北汛、东汛水师，均归水师前营管辖，由登州镇统之。这样，登州镇实际上又肩负了山东沿海巡防之全责。据《清史稿》载，雍正时，登州镇统辖三汛水师兵员总数为2200名，战舰44艘，脚船32艘。嘉庆年间，又曾从广州调出两艘舰船，补入水师营，编为"登州1号""登州2号"。

清初，山东水师的主力战船以沙唬船和边江船为主。从康熙四十三年（1704）起，山东水师开始配备赶缯船和双篷踞船，至雍正、乾隆两朝，赶缯船、双篷踞船成为山东水师的海上主力战船。赶缯船原是闽浙沿海一带普遍使用的一种运输木材的商船，"其船最大，不畏风浪，能深入海洋"①。清军在收复台湾的海战中，赶缯船曾发挥了重要作用，因此对台战争结束后，清王朝明确规定沿海各水军均以赶缯船为主力战舰。山东沿海水师配备的赶缯船与南方赶缯船大体相仿，双篷踞船则比赶缯船稍小。赶缯船虽然不惧风浪，具有较强的战斗力，但它体形较大，操控不够灵活。嘉庆年间，清政府有意将战船规制缩小，规定：战船拆造之年，一律改小，仿民船改造，以利操防。清政府的本意是企图增强战船的灵活性，但是战船改小后其战斗力受到了很大限制。

从嘉庆一直到鸦片战争前的几十年间，清政府武备日渐懈怠，官兵素质大大下降，战船装备日趋落后，战船年久失修的情况也十分严重。至道光元年（1821），登州"只有战船二只可以适用，其余十只竟迟至多年不修，自系承办之员惮于修造，以致相沿日久，因循未办"，"每年逢出洋巡哨及水操之期，系该道饬令州县雇觅商船顶替出洋"②，水师的战斗力大大削弱，越来越难堪重任。到鸦片战争时，在西方列强的坚船利炮面前，日趋落后的水师和小小的木制战船只能是望"洋"而

① 《康熙朝汉文朱批奏折汇编》第3册，第818号，档案出版社1985年版，第316页。

② 《清宣宗实录》卷一三，中华书局1986年影印本，第250页。

兴叹，望风而溃散，连还手之力也丧失了。

（2）登州水城的续建与沿海炮台的修筑

清顺治十六年（1659），登州官员徐可先为了加强水城的防御能力，在原水城的基础上，在天桥架设铁栅，以铁叶固之。同时，疏浚港池，以利于战舰、民船的泊驻、启离。此后，水城亦多次得到修葺。

清朝前期，清政府为了加强近海防御力量，采取的主要措施就是在山东沿海重要口岸筑建炮台，安放火炮。炮台与火炮于是成为清代海岸防御的重要设施。

顺治十五年（1658），准总督三省张元锡在莱州三山岛修筑了炮台，用于控扼莱州海口。这是清政府在烟台沿海设置的较早的炮台。康熙年间，清政府在山东沿海地区曾一度大规模筑造炮台，共一百座。后来，山东巡抚李树德奏请“将不紧要炮台兵丁撤回，添于紧要炮台之处，其不紧要炮台，改为烟墩”①。此后，山东沿海炮台陆续被撤并，数量急剧减少。

据1736年刊印的《山东通志》记载，明末建筑的墩堡“减存不过十一”，到雍正年间，清初以来在山东陆续建造并正常维护的沿海炮台有20座，它们是：龙旺口炮台、亭子兰炮台、古镇口炮台、唐岛口炮台、青岛口炮台、董家湾炮台、巉山炮台、黄龙庄炮台、丁字嘴炮台、黄岛口炮台、五垒岛炮台、马头嘴炮台、石岛口炮台、养鱼池炮台、龙口崖炮台、祭祀台炮台、之罘岛炮台、八角口炮台、天桥口炮台和三山岛炮台等。其中，天桥口炮台在蓬莱县境；之罘岛、八角口炮台在福山县境；马头嘴、五垒岛、祭祀台炮台在文登县境；黄岛口、丁字嘴炮台在海阳县境；龙口崖、养鱼池、石岛口炮台在荣成县境；唐岛口、古镇口炮台在胶州境内；巉山、黄龙庄、青岛口、董家湾炮台在即墨县境；三山岛炮台在莱州府城北；龙旺口炮台在日照；亭子栏炮台在琅琊台，属诸城县境。经过此次大规模建筑，当时的统治者十分满意，认为沿海一带的炮台已经星罗棋布，防范极为周密。

乾隆五十五年（1790），清政府又下令，在山东沿海修治各海口炮台。但是令人遗憾的是，一直到鸦片战争前，中国的火炮铸造技术改进极慢，依然停留在欧洲17世纪的水平上。所铸火炮皆以火绳点火，射击速度较慢，射程一般不超过一百五十丈，威力亦十分有限。而且，所铸的火炮种类繁多，大者七八千斤，小者才一百来斤，口径尺寸也不统一，炮台的其他配套设施也十分落后。19世纪60年代，清政府大力兴办洋务，这种状况才有所改善。到光绪年间，山东海防各炮台所用火炮大多购自国外，威力比以前大为增强。

---

① 《清圣祖实录》卷二八六，中华书局1986年影印本，第790页。

(3) 海防“八汛”与口岸分汛防卫

登州水师的规模很小，实力极其有限，但山东海域宽广，海岸曲折，沿海口岸共计约有百处，其中有些口岸地势险要，在海防中具有重要地位。清政府为了加强沿海防御力量，实行沿海分汛防卫制度，在大口岸设防，在小口岸设哨。口岸分汛防卫与水师沿海巡哨相结合，成为清前期海防体系的重要特点。

清朝初年，张元锡根据各地的不同情况，将沿海口岸分划成险汛、要汛、冲汛、会汛、闲汛、散汛、迂汛、僻汛八种类型，史称“八汛”。同时，张元锡针对不同类型的口岸，设计了相应的防卫方案，在各口岸或屯重兵，或用守防，或用把截，或设墩卒。

在海防“八汛”中，险、要、冲、会四汛至关重要，事关海疆海防大局，因此受到清政府的格外重视。险汛为极险要之地，如山东沿海的田横岛海口为“险冲汛”，淮子口为“险要汛”，成山头为“险中要汛”，这三处海口及航道均以险要著称。其次，冲、要汛是八汛之中最受关注的海口航道，其中延真岛、刘公岛、长山岛三处即“冲要汛”。此外，斋堂岛、福岛、之罘岛、三山岛、海仓口为“冲汛”，唐岛为“次冲汛”，其海口为兵防重点。登州水城新开海口为“会汛”，“出水城即为大洋，自南来者，或由海道，或由开洋，皆于此萃聚，向北去者或收旅顺，或收津通，皆于此起程。旧设防抚军门，总镇海道，盖以此为要会之地也”①。闲汛以下为兵防次要之地，其闲汛有古镇口、薛家岛，散汛有头营子、二营子，迂汛有灵山岛、登窑口，僻汛有柴胡荡。由于地形海口所限，闲、散、迂、僻之汛地，大船难以进入，故而不重设防。

总之，单纯从海防战略战术上来看，清政府较明代要更胜一筹。不过，此时的清政府依然缺乏海权意识和向海洋发展的思想，海防建设的初衷止于向内，防民胜于其他，这与明朝政府如出一辙，而与虎视东方的西方殖民主义者形成了鲜明的对比。

3. 胶东清代前期的海防遗存

清代前期的山东海防遗存主要为建立于清初至鸦片战争爆发之前的古炮台遗址，共有三处，分别为古镇口炮台、亭子兰炮台、唐岛口炮台。这三处炮台同时修建，均修建于清朝初年。

古镇口炮台，位于大珠山镇古镇营村东南1.5公里处，面向海湾，雄踞山坡上，与唐岛口炮台东西相列。现保存下来的炮台破坏严重，但其轮廓尚存。炮台呈凸字形，东西、南北各20余米，残墙高约6米，墙体底部厚1.9米左右、顶部厚

---

① 〔清〕严有禧纂修，张桐续纂修：乾隆《莱州府志》卷五《海汛》，清乾隆五年（1740）刻本。

1.6 米左右，用花岗岩大石块垒砌。正面朝海凸起长约 6 米、宽约 5 米的炮台，用于置放火炮。围墙东南角为拱门洞出入口，部分墙体已坍塌，炮台门上有长方形石制门额，镌刻“古镇口炮台”五个大字（现门额已被村民拆除）。在上述三个炮台遗址中，以古镇口炮台保存较为完好。现为区市级文物保护单位。

亭子兰炮台，位于黄岛区琅琊镇台西村以东的海边。亭子兰炮台通体为石砌，形状为城堡式，楼顶带有一周墙垛、方形楼体，长、宽各 5 米左右，高六七米，墙体厚 0.4 米左右。炮台上部带有四个长方洞口，炮台背面带十四层石阶梯通往楼顶。1996 年列为胶南市级文物保护单位。现属黄岛区，为区市级文物保护单位。

唐岛口炮台，位于积米崖港区大岔口村，清代炮台遗址。据史料记载，清雍正四年（1726）在唐岛口建炮台，配台炮 12 门，鸟枪 23 支，马刀 220 口，锨、斧、镰各 74 件，士兵人数不详。清朝末年废弃。现为区市级文物保护单位。

四、近代胶东的海防与海防文化

进入近代以来，特别是经过两次鸦片战争的失败之后，清政府亲身体验到西方列强坚船利炮的威力，深刻认识到自身海防力量的薄弱，同时也认识到西方海防思想与理念的长处，因此被迫抛弃了原先被动的“海防防御”策略，在向西方学习中努力探索适合中国国情的海防战略。

1. 近代海防思想

早在同治六年（1867），丁日昌上书曾国藩，明确提出，只有创建近代海军以取得制海权，海防才有保障。同时他提出，建立北洋、东洋、南洋三支水师，以使“三洋联为一气”。同治七年（1868）初，丁日昌重新拟订了三洋水师章程六条。这是一个统筹全局的海防战略构想。

19 世纪 70 年代日本入侵台湾后，清政府内部出现了“海防”与“塞防”的争论。以李鸿章为代表的洋务派官员大力主张采用西方勘察及设计方案，选择优良海湾设置海军基地，以现代化的海军装备来进行海疆防御。这标志着清政府海防思想的重大转变。此后，清政府加快了建设近代海军的步伐。

1875 年，清政府命沈葆祯和李鸿章分任南、北洋大臣，从速建设南、北洋水师，并决定每年从海关和厘金收入内提取 400 万两白银作为海军军费，由二洋分解使用。沈葆祯认为“外海水师以先尽北洋创办为宜，分之则难免实力薄而成功缓”。清政府考虑到北洋水师负责守卫京师，遂采纳沈葆祯的建议，决定优先建设北洋水师，等北洋水师实力雄厚后，“以一化三，变为三洋水师”。

光绪七年（1881），清政府就北洋水师基地的选址及其防务区域等问题进行了激烈的讨论。当时，薛福成提出仍然以登州海域为海防重心的观点。他说："登州北面群岛错杂，自长山岛、庙岛以至北隍城岛，绵延约百余里。再自北隍城岛以北至旅顺口处，至旅顺山、海毛［猫］岛，海面不过六十余里，舟行过此，往往触礁，则其中经行之通道不过数处。北洋水师成军以后，似可分拨数船在此测量沙线，创设水寨。其群岛之间，轮船如可绕越，或拨炮船，或布水雷，或设浮炮台以守之。一旦有警，则以铁甲及大兵轮船分排横亘于旅顺、北隍城岛之间扼截敌船，不使北上。即有一二闯越者，彼接济即断，又惧我师之袭其后，心孤意怯，必且速退。如此则大沽、北塘不守自固，燕齐辽碣之间，周围洋面数千里竟成内海，化门户为堂奥，莫善于此。"① 薛福成以登州为海防建设重点的构想，着眼于拱卫京师，在当时的历史条件下的确有其必要性，但是19世纪以来随着西方工业革命的完成、军事技术的突飞猛进以及巨舰大炮时代的到来，这种只着眼于近海防御的海防设想显然又是落伍的。最后，李鸿章选定先在旅顺修建海军基地。同时，开始向英、德两国购买铁甲战舰。

光绪十一年（1885），山东巡抚张曜考察威海，意欲设在威海提督署。但李鸿章认为："察度北洋形势，就现在财力布置，自以在旅顺建坞为宜。"直到1887年旅顺基地建设大部完成后，李鸿章才确定在威海卫建设海军基地。

光绪十二年（1886），许景澄给朝廷上疏，主张把海防重点放在胶州。他说："山东之胶州湾宜及时相度为海军屯埠也。……其规择形胜必取外口严密，内奥深广，盖先令我之师船屯藏安固，乃可蓄锐以击敌船，兵法所谓自立于不败者也。西国兵船测量中国海岸无处不达，称胶州一湾为屯船第一善埠。查该处为大小沽河、胶莱南河会流入海之处。前明于此设立卫所，东曰浮山所，西曰灵山卫，以资控扼。其外群山环抱，口门狭仅三四里，口内有岛中峙，实为天然门户。周湾之地约数十里，水深四拓至八九拓不等。当烟台未开口岸时，航海商舶凑集颇盛，本非散地荒陬可比。且地当南北洋中，上顾旅顺，下趋江浙，均一二日可达，声气足资联络。若酌抽北洋、江南海军，合以山东一军，扎聚大支，则敌舰畏我截其后路，必不敢轻犯北洋，尤可为畿疆外蔽。……溯自浙之温州以北至于青齐滨海各处，非门口坦漫，即港路浅狭，惟该湾形势完善，又居冲要，似为地利之所必争。"② 许景澄的海防主张十分有远见，代表着晚清时代最积极的一种海防理念。但是，当时正在奉李鸿章之命主持旅顺基地建设的刘含芳不同意许景澄的建议。他在上奏给朝廷的《查勘胶州湾条陈》中指出，北洋海军已经在建设旅顺基地，如果在胶州湾再开

---

① 〔清〕薛福成：《庸盦全集》外编《酌议北洋海防水师章程》，台湾华文书局1971年版。

② 《出使德国大臣许景澄条陈海军事宜书》，第一历史档案馆藏洋务档。

海军基地，耗费必大。北洋大臣李鸿章也认为，“北洋目前兵力、饷力实形竭蹶”，“断难远顾胶州”①，因此在胶州湾开辟海军基地的主张遂被搁置。1897年“巨野教案”发生后，德国人以此为借口强租胶州湾，山东南部海疆陷入无险可守的境地。

2. 近代胶东的海防建设

（1）鸦片战争时期的海防建设

1840年6月，鸦片战争爆发。7月，英军攻陷浙江重镇定海，随后多艘英国船只北上驶入登莱洋面，在砣矶岛及烟台等处停泊窥测，补充给养。8月初，英国远征军海陆联军司令、海军少将乔治·懿律率军舰由定海北上，途经荣成成山角、长山岛进犯天津大沽口。山东沿海基本上处于有“海”无“防”的状态。

鸦片战争爆发后，举国震惊，沿海戒严，山东沿海的形势也顿时紧张起来。登州控扼渤海海峡，对保卫京师的安全具有重要意义，因此清政府采取了一系列应急措施。

8月15日，山东巡抚托浑布率兵到登州府督察。9月，托浑布派兵分别在蓬莱、之罘、威海卫等战略要地驻守。1841年，托浑布经过详细勘察，着手在登州海滨要害地点增加炮位，先后在沿海要隘分别安放大炮300余门，并在烟台、石岛、庙岛、砣矶岛等地的重要地段埋设炸药，堆筑沙堤，挖掘壕沟。与此同时，托浑布又饬令蓬莱知县王文焘调集民工，在水城东北海边修筑沙城，以拱卫登州府城。沙城长数里，分八段，北距海边约50米，南距府城500米左右。沙城上有青砖砌成的炮台十余座，上置火炮，对防御列强的海上侵袭起到一定作用。此外，托浑布陆续在登、莱、青三府沿海各口岸“择年力强壮者，时加训练，地方官激其忠义之气，俾人人乐于自卫，以收实效”②，编练乡兵，联合防卫。同时招募通晓水性的渔民充当水勇，以增强水师的后备力量。

为充实海防力量，登州府水师营增设战舰。1842年，清政府又续拨山东司库银15万两，作为登州等处海防经费。7月，清政府又急令江南提督刘元孝率精兵1000人赴登州，加强登州沿海防务。

鸦片战争结束后，清政府并没有立即停止海防建设。1844年，继续在蓬莱城西北的紫荆山筑建炮台。1850年，山东巡抚陈庆偕将三汛师船与登、莱二府所属四县水勇合一，专派统领、协带统辖，同时在主要岛屿安设大炮。6月，清政府又改登州镇总兵为水师总兵，兼辖陆路。9月，陈庆偕继续在登州添造水师战船炮位。但

① 〔清〕吴汝纶：《李文忠公全书·海军函稿·为筹议胶澳事宜致海军衙门函》，台湾文海出版社1980年影印本。

② 《清宣宗实录》卷三六三，中华书局1985年影印本，第547页。

是令人遗憾的是，《南京条约》签订后，朝中自上而下大多数官员以为既然已经签订“万年”和约，自此可以高枕无忧，加之清政府“防寇”甚于“防夷”的意图十分明显，清政府把海防建设的重点放在防止、缉捕沿海海盗上，而对“船坚炮利”的西方列强产生了麻痹大意思想，丧失了应有的警惕。

（2）烟台西炮台、东炮台的修筑

1856年，距《南京条约》的签订刚刚过了十几个年头，英、法等列强又寻衅挑起了第二次鸦片战争。第二次鸦片战争的“隆隆”炮声彻底把清政府从“天朝上国”的迷梦中惊醒了。清政府中部分最早觉醒过来的官员，产生了向西方学习科技、军事，以维护清政府统治的“洋务”思想；同时，在抵抗西方列强侵略的过程中，清政府的主权意识、海权意识以及世界观念逐渐萌发、深化，海防建设的理念在西方的影响下也发生了重大转变。也就是从此时开始，清政府以防御西方列强的侵略为直接目标，着眼从维护国家利益的全局出发总体筹划海防和国防。中国的海防终于走上了近代化的道路。

1858年，清政府被迫签订《天津条约》，其中将登州划定为通商口岸。后来，列强以“港狭水浅”、不适宜外国商船通航为理由，要求将通商口岸改在烟台，得到清政府的同意。此后，烟台逐渐成为整个胶东半岛的政治、经济、文化中心，而清政府海防建设的重点自然也由登州转移到烟台。

第二次鸦片战争后，随着洋务运动的开展，清政府加强海防的措施主要有两项，一是训练新式军队，装备新式枪炮；二是在沿海大规模修筑炮台，安装从国外购置的大炮。

1871年，山东巡抚丁宝桢奏呈整顿山东沿海水师。1873年，改登州水师前、后二营为登州水师营，文登水师营为荣成水师营，以文登营副将统领两营，驻扎烟台，改归抚标节制。

光绪元年（1875），“马嘉理事件”发生后，英、美、法等国军舰8艘集泊于烟台海面示威，清政府令登莱水师和洋枪队严加防备，并在烟台通伸岗设海防营，驻兵3000名。丁宝桢认为，“以山东之东三府，三面环海，外寇随处可登，宜扼要屯守”，主张实行重点防御。他奏请在烟台、蓬莱、威海等地改建新式炮台，从国外购置新式火炮，随即得到清政府的批准。在丁宝桢的主持下，“烟台山下及八蜡庙、芝罘岛之西，共建浮铁炮台三座”，“登州于城北建沙土高式炮台，城内建沙土圆式炮台。长山之西建沙土曲折炮台，与郡城相犄角”①。这一时期建立的炮台多改用克虏伯后膛大炮，或者阿姆司脱郎前膛大炮，装备比较先进。一直到清朝末

① 〔清〕赵尔巽等：《清史稿》卷一三八，上海古籍出版社1986年版，第539页。

年，这些炮台和火炮都是清政府用来控扼关键海口的最重要的海防设施。

烟台的西炮台也是在这一时期修建的。西炮台在今芝罘区通伸岗北端山顶，完工于光绪二年（1876），最初置土炮 8 门。这里地势突兀，位置险要，视野辽阔，面对海疆。发生战争时，进可攻，退可守，军事位置十分重要。

光绪十三年（1887），清政府又将炮台增修扩建，最终建成由围墙、瓮城、演兵场、地下坑道、炮台、指挥所、弹药库等组成的封闭式军事设施群，并在此添置当时世界著名的火炮——德国克房伯重炮。在建设过程中，除东北角一座用于瞭望的望楼“兼用砖石”外，“一切工程，悉用三合土筑造”，其坚固程度堪比现在的水泥混凝土。

西炮台共建有大小炮台 8 座，炮台设在通伸岗四角，炮口分别向东北、西南、西北、东南四个方向，射面广阔，西控制到八角海口，东控制到烟台山海区，北控制到芝罘岛海域。其中，东北角炮台正对烟台港，因而规模最大，设施也最好。炮台上建有中心圆柱体炮位，上设花岗岩炮座和铁炮，周围为圆形地陷建筑，四门四室相通，构成通道式阵地。西北炮台依山势建成不规则五边形，外以垛墙相围，中心为圆柱体炮位，台上设花岗岩炮座和铁炮。各炮位之间以城墙连接，依山就势，蜿蜒而建。墙上设置有 200 余个射击孔，墙内侧修建有跑马道。南墙中部建有砖券大门，门上嵌石匾“东藩”两个大字，寓意此炮台是京津的屏障。南门内北侧为演兵场，演兵场北山巅南侧，以淡红色石岛石砌筑成一半地下指挥所，所内建有地下通道、兵士营房和弹药库，用于储弹藏兵。至此，西炮台成为烟台重要的军事要塞。这也是迄今我国保存最完整的古炮台之一。

东炮台的建立与李鸿章有关。1886 年 5 月 22 日，直隶总督李鸿章巡阅烟台西炮台后，决定在归岱山再建炮台，以与西炮台形成交叉火力，严密防御烟台海域。

经过五年艰苦施工，1891 年东炮台竣工。东炮台所在归岱山临海负山，地势险要，东、西、北三面均为深约 20 米的临海悬崖峭壁，是烟台天然之关隘。东炮台的布局与西炮台相似，亦由炮位、护墙、大门、地井、坑道及营房等组成。大门内为练兵场，正中三个炮位，东西向排列，皆为地坑式，石砌墙体，水泥地面。中心炮台呈“门”形，南向开口，有台阶式通道可通地面，通道两侧皆设耳室，北部东西两壁各有连接地井的通道，内有洞室，可以藏兵储弹。中心炮台东北与西北 20 米处的海岸边又分别设置马蹄形小炮台，以互为犄角。中心炮台以南地下筑有营房两栋，营房大门外东侧有壕沟 60 余米，有曲折蜿蜒的小径可通向东端的地井，地井东北 20 余米处，有混凝土高台地堡一座。大门的东南有 70 余米的土壕，其尽头建有两座圆形混凝土的地堡，所有地堡均向海面开有横长的射口，可以瞭望，亦可以射击防御。

（3）北洋海军威海基地的建设

1874年，日本派兵登陆台湾，企图将之占据。事件发生后，清政府朝野震惊。恭亲王奕䜣提出了“练兵、简器、造船、筹饷、用人、持久”等六条的紧急机宜，原浙江巡抚丁日昌提出《拟海洋水师》章程入奏，建议建立三洋海军，李鸿章则提出暂弃关外、专顾海防。在洋务派的一致努力下，“海防”之论压倒“塞防”，清政府决心加快建设海军。清光绪五年（1879）5月，清政府确定“先于北洋创设水师一军，俟力渐充，由一化三”①，并委派直隶总督兼北洋通商大臣李鸿章督办北洋海军。

清政府采取买船与造船并重的方针，以加速海军建设。从清同治十一年（1872）到清光绪六年（1880）自造船22艘，从美国购船2艘，从英国购船14艘。李鸿章则认为“中国造船之银，倍于外洋购船之价”②，极力主张购船。1885年以后，清政府又从德国购进铁甲舰2艘、新式巡洋舰3艘、鱼雷艇5艘，从英国购进新式巡洋舰2艘、鱼雷艇2艘。

1881年北洋海军进驻威海后，在刘公岛设机器厂和屯煤所。当时只有12条船，属临时屯泊。1883年，在候补道刘含芳的主持下，先在威海金线顶建造了水雷营一处。1885年，山东巡抚张曜考察威海，意欲设提督署。但李鸿章认为：“察度北洋形势，就现在财力布置，自以在旅顺建坞为宜。”直到1887年，才确定在威海卫建设海军基地。1888年12月17日，北洋水师正式宣告成立并于同日颁布施行《北洋水师章程》。从此，近代中国正式拥有了一支在当时堪称世界第六、亚洲第一的海军舰队。

1888年北洋海军正式成军后，李鸿章开始营建威海基地，在刘公岛和威海港南北两岸修建海岸炮台、刘公岛海军公所、铁码头、船坞、子药库等。从1889到1891年，威海各海岸炮台陆续建成。其中，南帮炮台包括海岸炮台3，分别在赵北嘴、鹿角嘴、龙庙嘴；北帮炮台包括海岸炮台3，分别在祭祀台、北山嘴、黄泥沟。刘公岛上的炮台包括海岸炮台6，分别在旗顶山、南嘴、东泓、黄岛、公所后、迎门洞。另在日岛筑地阱炮台1座，置12厘米平射炮2门、6.5厘米平射炮4门、20厘米地阱炮2门。威海卫基地共计炮台13座，配备各种大炮54门。此外，在威海湾南北两岸各设水雷营一处，各营弁兵、匠人等136人；南岸水雷营附设水雷学堂，招收水雷学生40余名。光绪十七年（1891），威海基地的第二期工程开始，以

① 中国科学院近代史研究所史料编辑室、中央档案馆明清档案部编辑组：《中国近代史资料丛刊·洋务运动》（第二册），上海人民出版社1961年版，第387页。

② 中国科学院近代史研究所史料编辑室、中央档案馆明清档案部编辑组：《中国近代史资料丛刊·洋务运动》（第二册），上海人民出版社1961年版，第47页。

修建陆路炮台为主。其中，南帮炮台包括陆地炮台2，分别在杨枫岭、所城北。北帮炮台包括陆地炮台2座，分别在合庆滩、老母顶。甲午战争爆发时，除北岸老母顶炮台因战争爆发未完工外，共建成3座炮台，有大炮9门。甲午战争爆发后，清政府又在海港南岸增设摩天岭、莲子顶，在北岸增设东里夼、棉花山、佛爷山、紫峰顶、遥了墩、远遥墩等多座临时炮台。

1891年5月，李鸿章来威海校阅海军，向清政府奏报说："就渤海门户而论，已有深固不摇之势。"后来因总理海军事务的醇亲王奕譞讨好慈禧太后，挪用海军经费修建颐和园，北洋舰队再未添置新舰艇和装备。1894年5月，李鸿章再次来威海校阅海军，发出"窃虑后难为继"的感叹。三个月后，中日甲午战争爆发，清政府花费巨资、经营多年的北洋海军以及周边附属海防设施尽管在战争中发挥了巨大的作用，给日军沉重打击，但是由于战局不利，这些以炮台为主的海防设施最后除少数被清军自行炸毁外，其余全部被日军毁坏。

（4）青岛的海防建设

胶州湾位于胶东半岛西部，地理位置十分重要。但是，由于当时青岛仅为一个小渔村，而清政府的海防重点又放在威海和烟台，因此到1898年德国强租胶州湾之前，这里的防务一直十分薄弱。

中法战争结束后，清政府加快了筹建新式海军的步伐。1886年3月，李鸿章派人到胶州湾勘察防务。其后，驻德国公使许景澄、御史朱一新先后奏请辟胶州湾为海军基地。但是，李鸿章以北洋海军初建、舰少兵寡、经费困难为由，没有采纳。1891年，北洋舰队旅顺、威海两基地建设完竣。5月，李鸿章与海军帮办、山东巡抚张曜在校阅北洋海军后，率北洋舰队专程赴胶州湾实地考察，随后奏请在胶澳、烟台筑台设防，获得清政府的批准。由于李鸿章先集中精力在烟台修建炮台，因此胶澳的海防建设迟迟未能实施。直到1892年夏天烟台炮台完工后，李鸿章才调派登州镇总兵章高元率带4营军队于秋天到青岛口驻防，于青岛村置总兵衙门。章高元移驻青岛口后，先后修建了总兵衙门、电报局、军火库、前海栈桥及4座兵营，并计划沿海岸修筑团岛、西岭（今台西镇）、青岛（又称"衙门炮台"）3处炮台。由于经费无着落，再加上甲午中日战争的干扰，工程进展缓慢，到1897年11月胶州湾事件发生时，仅完成了衙门炮台一处，其余两处炮台未能竣工。

1871年德意志帝国完成统一后，迅速走上对外扩张的道路。在德国地质学家李希霍芬的建议和鼓吹下，德国选定胶州湾作为最佳占领目标。1897年11月"巨野教案"发生后，德皇威廉二世立即电令德国远东舰队司令棣利斯以此为借口侵占胶州湾。翌年3月6日，德国强迫清政府签订了中德《胶澳租借条约》（又名《胶澳租界条约》），强行租借胶州湾水域及周边550余平方公里的陆地。从此，青岛沦为德国的租借地。

德国强占胶州湾后，德皇威廉二世为了达到长期占领胶州湾的目的，一方面将胶澳租借地置于德国海军部管辖之下，任命海军将校出任胶澳总督，统一指挥在胶澳租界内的军队、行政、法律等部门，另一方面在青岛修建了规模庞大的炮台群和数量众多的军营等海防设施，以抵御其他帝国主义国家对胶州湾的争夺，而中国的海防权益完全丧失。

3. 胶东近代海防遗存

（1）烟台、威海的近代海防遗存

在近代，清政府海防建设的重点在威海，烟台海防设施并不多，因此遗留下来的海防遗存也有限，主要有西炮台、东炮台两处炮台遗址和北洋海军采办厅建筑旧址一组。两炮台遗址形成于义和团运动和八国联军侵华战争之后。光绪二十七年（1901），清政府被迫与英、美等11国签订《辛丑条约》，根据条约规定，两炮台炮机被拆毁，炮台被废弃。1938年日军侵占烟台后，炮身、炮座也被毁掉。

威海近代海防遗存主要集中在刘公岛、日岛以及威海港南北两侧海岸。当年，这里是中国第一支近代化海军即清北洋海军的屯泊基地，清政府在此设有工程局、机器局、屯煤厂、电报局和电灯台、海军公所、铁码头、船坞、水师养病院、水师学堂等机构和设施，刘公岛、日岛、威海港南北两岸等要地修筑炮台10余座。这里还是中日甲午战争的重要战场。这些海防遗存大部分形成于甲午战争期间，现在刘公岛以及周边海防遗存被整体列为刘公岛甲午战争纪念地。1977年12月23日，北洋海军提督署被列为山东省重点文物保护单位。1988年1月13日，国务院公布刘公岛甲午战争纪念地为全国重点文物保护单位。2000年，山东省政府公布了刘公岛甲午战争纪念地28处北洋海军及甲午战争遗迹的保护范围和保护内容（其中北洋海军提督署、威海水师学堂内包含部分稍晚增建的英式建筑）。2000年6月，刘公岛甲午战争纪念地列为山东省优秀建筑。

（2）与近代海防有关的诗文与题刻

几百年来，烟台地区的海防建设在抵御少数民族进攻与列强侵扰，维护民族独立方面发挥了重要的作用。在艰苦卓绝的斗争中，先后涌现出了一大批爱国将领。他们不屈不挠、浴血奋战的英勇事迹永远激励着后人，他们对战争的记述、对战争经验教训的总结，亦是留给后人的珍贵文化遗产。海防建设以及爱国将士英勇抵御外侵的斗争也引起了许多文人志士的关注和赞誉，从而留下了不少与海防、抵御外侵有关的诗篇。此外，在海防设施中出现了诸多题记与刻石，它们承载着重要的历史和文化底蕴，是中国人不屈不挠精神的写照和缩影。

与海防有关的题刻多为近代的遗物，主要有蓬莱阁上的“海不扬波”、西炮台地下指挥所正门上的“威振罘山”和烟台东炮台大门上的“表海风雄”等。

鸦片战争期间，山东巡抚托浑布亲赴登州，亲笔题写了“海不扬波”四个大字，碑刻镶嵌于蓬莱阁上，表达了他维护国家主权的决心和期冀国家长治久安的愿望。令人遗憾的是，1894年甲午战争中，日舰炮击登州，其中一发炮弹恰好击碎了“海不扬波”中的“不”字。战争的无情与历史的巧合，都向人们展示着近代中国人民所遭受的屈辱。

烟台西炮台与东炮台是清政府在兴办洋务运动中耗费巨资修筑的近代化炮台。西炮台所在地大口（垛山）在明朝时被称为“罘山”，因此炮台地下指挥所中门上额横书有“威振罘山”四个大字，表达了爱国将士保家卫国、志在必胜的赤胆忠心。在指挥所内的中门顶上，刻有“巩金汤”三个大字，寓意为“坚不可摧，固若金汤”。东炮台门口上方“表海风雄”题字，强劲有力，意为“濒临大海，气势雄劲”，同样表达了爱国将士期冀海疆固若金汤的美好愿望，也包含了他们的决心和自信。

此外，清末爱国将领宋庆在甲午战争中表现神勇，受到家乡人民的普遍赞誉。他晚年酷好书法，所题写的“虎”字碑遒劲雄健，一如他英勇顽强的性格，现保存完好，存于蓬莱阁天后宫中。

清末海军将领谢葆章在烟台海军学堂任校长期间，女儿曾随他在烟台生活，她就是当代著名女作家冰心。从1904年至1912年，冰心在烟台生活了八年。她经常随着蜿蜒崎岖的小路，到东炮台游玩。她曾经这样描写东炮台当时的情景：“北面的山坡上，有一座旗台，是和海上通旗语的地方，旗台的西边有一条山路通到海边的炮台，炮台上装有三门大炮，炮台的下面的地下室还有几个鱼雷……这里还住着一支穿白衣军装的军乐队，我常常跟父亲去看他们的演习，我非常尊重而且羡慕那位乐队指挥，炮台的西边有一个小码头，父亲的舰长朋友们来接他的小汽艇，就是停泊在这码头边上的。这营房、旗台、炮台、码头和周围的海边山上，是我童年活动的舞台……这个舞台，绝顶静寂、无边辽阔，虽是单身独白，却感到无限的欢畅与自由。”现在，在东炮台景区内专门设有展厅，用大量珍贵图片介绍了冰心在烟台的生活。

第四章　胶东开埠文化

近代以来，随着西方列强的入侵和不平等条约的签订，中国被迫打开大门，开放通商口岸，胶东地区的烟台、青岛相继成为中国北方的主要通商口岸。外国人在此设领事馆、建教堂、开洋行、建工厂等，西方文化以强劲之势涌入胶东，胶东几千年来沉积的传统文化遭遇前所未有的冲击。在与西方文化不断地碰撞、交流与融合中，一些两千多年世代相袭的文化传统开始消失，一些崭新的文化形态开始出现，逐渐形成了独具特色的开埠文化。

第一节　胶东开埠与西风东渐

进入近代，对山东经济发展影响最大的事件就是出现了对外开放的通商口岸。率先开放的通商口岸是居于沿海的烟台、青岛、龙口、威海。其中，烟台、青岛是根据不平等条约被迫开放的，龙口是自行开放的，威海卫于 1898 年被英国租借，三年后被辟为自由贸易港，免税开放贸易。随着这些口岸的相继开放，大量西方文化纷纷涌入胶东，使胶东成为山东与外部世界交往的前沿。

一、胶东成为山东对外开放的前沿

山东濒临渤海与黄海，在长达三千多公里的海岸线上，散落着一些天然的优良港湾，是我国古代海上交通的发祥地之一。自古以来，山东沿海的人民就世世代代从事着鱼盐生产，并且以此与内地互通有无。在漫长的封建社会中，随着生产的发展，海上交通也逐渐得到开辟。隋唐以来，登州、莱州两港已经成为与辽东、高丽和日本交通贸易的重要港口，同时也是我国北方重要的造船基地。到了宋代，密州（即胶州）曾经是我国与南洋贸易的少数几个重要港口之一。但是到了明清时代，由于实行严格的海禁政策，山东沿海港口的贸易衰落了。直到第二次鸦片战争后，在西方列强的逼迫下，烟台才对外开放，随后青岛也被迫开放。

1. 胶东开埠前的商业与文化环境

人们习惯上以为，烟台、青岛在开埠前，只不过是荒凉的小渔村。实际上远非如此，胶东地区的商业很早就比较发达。早在唐代，登州和莱州两港就已经成为胶东地区的对外港口。隋唐以来，登州、莱州已经发展成为与辽东、高丽和日本交通贸易的重要港口。宋朝建立后，由于宋辽对峙，登、莱两港被迫封闭，位于半岛南部海岸的密州板桥镇凭借其良好的地理位置和港口条件，逐渐发展成为一个全国性的商业贸易大港。当时，东北、西北的货物除部分通过河路或陆路运至南方外，大多数货物集中到密州板桥镇中转，或在此就地贸易。而东南沿海各地海运到北方的商品，也多在密州板桥镇等港卸岸。后来，北宋政府在板桥镇设置了市舶司，其商贸更见兴盛，“通淮浙、福建、广东、南洋之货，以供京东、河南北之所需”，“南北之海上贸易，以胶澳为惟一捷径”[①]。板桥镇逐渐发展成为国内贸易的中转站，并成为我国北方唯一的对外开放港口，也是我国与南洋贸易的少数几个重要港口之一。明末清初，由于实行严格的海禁政策，胶东地区的沿海贸易陷入低谷，直到清康熙年间海禁开放后，南北客商开始频繁往来于沿海各港口经商贸易，胶东半岛的沿海贸易才得以恢复并迅速发展。道光年间的海运漕运，使沿海各港口市镇甚至荒凉的渔村，也以其便利的地理位置借势发展起来，与江、浙、闽、粤以及渤海湾沿岸各港口之间，建立起了广泛的贸易联系。半岛南岸的胶州、即墨金家口、莱阳，半岛北岸的黄县、烟台、文登威海口等地成为胶东半岛重要的商业城镇。

清代海禁开放之后，沿海贸易迅速发展，使胶州再次成为胶东地区商业规模最大的港口城市。到康熙末年，“三江两浙八闽之商咸以其货船浮舶泛而来，居集乎东关之市廛，牙佣贩负资货者为利者，与附郭众庶日往返络绎，熙熙然南门以外”[②]，其商贸繁荣景象可见一斑。雍正年间新定船税，胶州每年征税银 7540 两，居山东沿海各州县之首。[③] 随着海上商贸活动的发展，在胶州城关之外逐渐形成了繁华的商业街市，如钱市街、杂货街、鱼市街、花市街等，并有山货市、牛驴市、估衣市、粮食市、铁器市、瓦罐市、劈柴市、簸箕市、面市、菜市、果木市等。[④] 还有专门从事往来商贸货品交易的各大商行，其中最为有名的当属“福广行曰孙公顺，杉木行曰王德茂，棉花行曰陈正隆，驴骡行曰匡吉成，草果行曰王祥升，油饼行曰孙裕盛，醃猪行曰徐德顺，干粉行曰匡公聚”[⑤]。当时往来贸易的商品货物主

---

① 《胶澳志》卷五，民国十七年（1928）铅印本。

② 《重修胶州志》卷三九，清道光二十五年（1845）刻本。

③ 《山东通志》卷二，清乾隆元年（1736）刻本。

④ 《重修胶州志》卷一，清道光二十五年（1845）刻本。

⑤ 郭嵩焘：《郭嵩焘日记》卷一，湖南人民出版社 1981 年版，第 268 页。

要通过八大商行进行交易，“载货大小车相属于道”①，一派繁忙的商业景象。后来由于胶州主要码头塔埠头的航道淤塞严重，阻碍了当地海上贸易的继续发展，胶州商业日渐衰退。到咸丰年间，“近岁贸易，一分于金家口，再分于烟台，闽广船只遂无一至者”②。

即墨金家口，亦称金口，原本只是一个普通的小渔村，当地村民以煎盐为业。后来随着清政府海禁开放，金家口的商业开始发展起来。据记载，金家口最早的商贾大户是即墨侯家滩村的侯环，大约在乾隆三年（1738），他经营土产为主，拥有万贯家产，是当地首富。据现存的清嘉庆元年（1796）所立的《金口天后宫庙田碑记》载：“即邑金家口商船停泊之区，于乾隆三十三年（1768）南北客商捐资建造天后圣母行宫。”③ 这表明到乾隆年间，金家口港已臻初盛，南北客商云集，变成了一个沿海贸易的重镇。乾隆末年，即墨大地主李秉和在金家口开设“来永春”号土产行，做土产生意。嘉庆十年（1805）李秉和又在金家口建造“李永春”号大帆船，开始从事海上长途贩运，往南方贩盐、披猪，北来装粮及南方土特产，又在上海做了一笔囤积棉花的生意，获取厚利。至道光初年，李秉和只在金家口一地创设的“春”字号店铺就有“德春”“新春”“如春”“承春”“永春栈”“来永春”等土产行、油坊、当铺共12处。④ 直到烟台开埠前，金家口一直是胶东半岛重要的商港之一。发达的航运业带动了金家口商业的进一步繁荣和发展，很多商号同时经营土产业和航运业，成为当地最为兴盛的行业。金家口的商家把采购的豆饼、豆油、披猪、沙参、生米等土特产品运销南方，同时再把由南方运来的棉、麻、糖、纸等杂货批发给周围即墨、莱阳、海阳、掖县、平度等县区的商户，从中获利。土产贸易的发达带动了当地土产加工业的繁荣。来自平度、黄县、掖县等地生产的大豆云集金家口，并形成了颇具规模的豆摊市，籴豆子的豆油商都在这里交易，从市场到土产行，驴骡驮，木车推，人来车往，络绎不绝。仅油坊（多由土产行兼营）就有320户，油碾360盘。由于往来船只、商贾数目众多，在当地还形成了专门的草市、菜市等，以满足需求。这个仅有4万平方公里的集镇，已经拥有了两万多人口。⑤

① 郭嵩焘：《郭嵩焘日记》卷一，湖南人民出版社1981年版，第267页。

② 郭嵩焘：《郭嵩焘日记》卷一，湖南人民出版社1981年版，第268页。

③ 徐伦成：《漫话金口天后宫》，见即墨县政协文史资料研究委员会编《即墨文史资料》第4辑，1988年印刷，第203～204页。

④ 房恒林：《清末民初金口的几家著名商号》，见即墨县政协文史资料研究委员会编《即墨文史资料》第5辑，1989年印刷，第101页。

⑤ 即墨县商业志编纂办公室：《即墨县商业志》，1988年印刷，第184～187页。

莱阳为登州府属县，县境大部分属于内陆，仅东南一隅濒临黄海，境内有五龙河自北向南入海。清初，莱阳的羊郡、蠡岛（俗称里岛）两个海口“帆船云集，商贾往来苏浙、朝鲜、津沽，称便利焉”[①]。其中尤以羊郡口商业最为繁盛，“南船北马，凡平（度）、掖（县）、栖（霞）、招（远）之土产，江浙闽广之舶品，胥以此为集散所。虽自海口淤塞，商场移（即墨）金家口，犹号称‘莱阳码头’”[②]。清雍正年间新定船税，莱阳税额为770两，在山东沿海各州县中位居第二，仅次于胶州。[③] 清中叶，羊郡海口淤塞，其沿海贸易移至相邻的即墨金家口，贸易额锐减。

黄县为登州府属县，居民以经商为业者数量众多，“大贾则自造舟贩鬻，获利尤厚”，小商小贩更是“百十为群”，以骡驴等牲畜负载贩运，奔走四乡。“总黄之民而计之，农十之三，士与工十之二，商十之五”[④]。商业的繁荣带动了本地市场的繁荣。“市粮市果常于南关，市木、市牛豕驴骡常于东关，市蔬菜瓜蓏常于东街，市薪刍常于西关。百货各随所期之日为所市之地。”[⑤] 市场上各种货物种类齐全，丰富多样，粮食来自东北，木棉来自江南，更有来自福建、广东、苏州、杭州乃至西洋等地的各种精巧华美的货物“靡不毕陈”。至于“居肆而贾者”，则“东街有衣肆，南关有粮肆，西关则列肆数百，银钱之肆多至数十”[⑥]。黄县的坐贾中多以银钱典当业为数最多，不止在本地经营，在外县也开设典当。一些富有的典当商在文登遍设大当，资本都达3万银两以上。[⑦] 其中最为著名的就是黄县丁氏家族。

烟台属登州府福山县，位于胶东半岛北部，濒临黄海，与陆地一径相连的芝罘岛横卧海中，芝罘岛与其东边的崆峒岛环抱形成了芝罘湾的天然屏障，成为我国北方优良港湾之一。烟台古称芝罘，因芝罘岛而得名，早在秦汉时期，芝罘就因秦皇汉武的登临而闻名天下。但是长期以来，芝罘只是一个天然避风港，并未因其优越的地理条件而发展成一个贸易繁荣的商港。为防御倭寇入侵，明洪武三十一年（1398）在芝罘设立了奇山守御千户所，同时修筑了狼烟台以传递军情，当地人因呼之曰“烟台”。据民国《福山县志》记载：烟台“其始不过一渔寮耳，渐而帆船有停泊者，其入口不过粮食，出口不过盐鱼而已，时商号仅三二十家”[⑧]。烟台商业发展始于清道光年间，由于大运河的漕粮运送功能受限，清政府开始利用海船转

① 《莱阳县志》卷二，民国二十四年（1935）铅印本。
② 《莱阳县志》卷二，民国二十四年（1935）铅印本。
③ 《山东通志》卷一二，清乾隆元年（1736）刻本。
④ 《黄县志》卷三，清同治十年（1871）刻本。
⑤ 《黄县志》卷三，清同治十年（1871）刻本。
⑥ 《黄县志》卷三，清同治十年（1871）刻本。
⑦ 《文登县志》卷三，民国十一年（1922）铅印本。
⑧ 《福山县志稿》卷五《商埠志》，民国二十年（1931）铅印本。

运漕粮，为鼓励南方沙船主运送漕粮，特别允许沙船可以搭载少量的货物在沿海贩运。由于北方海面风劲浪大，这些南来的船只又不熟悉北路的航线，往往在烟台停靠后另雇船只转运漕粮，而随船装载的货物也就在烟台售卖。① 随后，一些商船也开始在烟台港停泊，烟台的商业由此发展起来。“逮道光之末，则商号已千余家矣，维时帆船有广帮、潮帮、建帮、宁波帮、关里帮、锦帮之目，至咸丰八年天津约成，而轮船往来于津沪间者亦皆必停泊于此。”② 凡是江南与东北、京津等地往来贸易的商船均由此出入，这些商船与半岛北岸的贸易也多在此进行，烟台迅速发展成为半岛北部最为重要的贸易口岸。到烟台开埠前，福山县各口所征税额达12123.596两，占沿海14州县总额的28.67%，是胶州所征税额的两倍。③ 而在福山县诸港口中，以芝罘口（即烟台）、八角口商业最为繁荣，其中“烟台为南北之冲，海船经过收泊较多于他处，故以此一口（收税）为较盛”④。在福山县所缴税银中，大部分应当来自于烟台港。这说明，到清朝晚期，烟台在胶东沿海贸易中的地位已后来居上，大大超过之前最为繁盛的胶州港，跃居于各海口之首。

文登县的威海口在这一时期也发展起来，成为清代胶东半岛重要的海产品输出地，出口货物向以“鱼利为一大宗”，转运贸易也日趋繁荣，夷人夹板船、闽广鸟船、上海沙船，以及本地挂篓船等大小船只往来贸易，停泊于此者常至百许。除各地商贩往来不绝外，威海城里开设的店铺亦有数十家。⑤ 此外，荣成县的石岛海口，“南北商船出入成山头，必泊于此，口内可容五六百艘，市廛茂密”⑥。

2. 烟台开埠与德占胶澳

近代以来，西方对中国的侵略主要体现在对经济的掠夺上，强迫中国对外开放的主要目的也在于此。通商口岸的开辟就是为了扩大对中国的贸易，以攫取更多的经济利益。

1856年，英、法两国发动了第二次鸦片战争，清政府战败，于1858年6月迫签中英《天津条约》，条约规定增开包括山东登州在内的十个沿海沿江口岸为通商口岸。按照条约规定，山东开放的口岸应该是“登州府城口”的蓬莱港。登州是进

① 王守中、郭大松：《近代山东城市变迁史》，山东教育出版社2001年版，第104～105页。

② 《福山县志稿》卷五《商埠志》，民国二十年（1931）铅印本。

③ 交通部烟台港务管理局：《近代山东沿海通商口岸贸易统计资料1859—1949》，对外贸易教育出版社1986年版，第235页。

④ 丁抒明主编：《烟台港史》，人民交通出版社1988年版，第22页。

⑤ 郭嵩焘：《郭嵩焘日记》卷一，湖南人民出版社1981年版，第257页。

⑥ 《增修登州府志》卷三，清光绪七年（1881）刻本。

出黄海、渤海的必经之地，“自南来者，或由海道，或由开洋，皆于此萃聚；向北去者，或收旅顺，或收天津，皆于此启程”①，为海防、通商重要之地。然而，自道光十五年（1835）起，登州洋面上海盗剽掠“春北秋南，习以为常”；1850 年后，闽粤海盗更加猖獗，“官军不能制，商舟渐稀”②。第二次鸦片战争结束后，1861 年初，英国驻华公使派登州领事官马礼逊赴登州办理开埠事宜。马礼逊到达登州后考察发现，登州码头附近水域水浅，并且港口外水域没有船舶避风场所，认为不适宜开辟为通商口岸。马礼逊遂东下烟台考察，认为无论是地理位置还是港口条件、贸易规模，烟台港都优于登州港。于是英国政府提出由优势更为明显的烟台港取代登州港为开埠口岸。清政府被迫妥协。1861 年 8 月 22 日，清政府三口通商大臣崇厚派官员王启曾，在烟台宣布筹建东海关，这一天也被普遍认为是烟台开埠的日子。随后，清政府敕令登莱青道移驻烟台，并任命登莱青道道台崇芳兼任烟台海关监督，也称东海关监督。烟台海关原本代表国家行使主权，受清政府总理衙门下设的三口通商大臣和海关总署的双重领导，负责掌管烟台港口的管理大权。不过，首任东海关税务司是英国人汉南，他由当时中国海关代理总税务司英国人赫德任命。烟台东海关为山东省海关总关，主要职责是负责对国内外进出山东省各港口的贸易船舶、货物、旅客及其行李、物品施行监管、征税、查缉走私和编制贸易统计。后来在烟台发展起来的邮政、港务、气象、陆上交通、航道测绘、蚕丝改良和市政建设等各种新兴业务也都纳入东海关的管辖范畴。东海关管辖范围为山东半岛沿海五府（登州府、莱州府、青州府、沂州府、武定府）16 个州县的 23 个港口，也就是说整个山东省的对外贸易口岸，都归烟台东海关管理。东海关的设立，标志着烟台正式对外开放，也是胶东开埠的起点。

青岛位于胶州湾的东北部，其所在的胶州湾因自然和地理条件，历来都是北方一带重要的贸易区。鸦片战争以来，帝国主义加快了对中国侵略的步伐，有着深厚贸易基础和广阔经济腹地的胶州湾自然成了它们垂涎的目标。1897 年 11 月 1 日，德国政府以山东省发生的“巨野教案”为借口，派舰队进入胶州湾。11 月 14 日，德国海军陆战队官兵在青岛登陆，清军守将章高元避战撤兵，将胶州湾拱手相让。1898 年 3 月 6 日，清政府被迫与德国签订了中德《胶澳租借条约》（又名《胶澳租界条约》），德国租借胶州湾及其陆地，租期 99 年，同时允许德国在山东修筑铁路和开采沿线矿产，胶州湾从而成了德国的殖民地，山东成了德国的势力范围。

所谓租借地是指“中国政府将界内所有土地整个租与外国政府，再由外国政府

① 《即墨县志》卷二〇，清同治十二年（1873）刻本。

② 《蓬莱县续志》卷四，清光绪八年（1882）刻本。

将该地段分租与该国侨商”①。然而，实际上这种制度使得“中国在一定时间完全丧失一部分领土主权”②。“胶澳租借地”完全是殖民主义的产物。1898 年 9 月 2 日，德国宣布胶州湾租借地为自由港，向世界各国开放。同日，德国首次通过媒介公开青岛城市规划。10 月 12 日，德皇命名胶澳租借地的市区为青岛。

1922 年，英国人罗素在游览中国之后写的专著《中国问题》中说道：“1897 年，两名德国传教士在山东遇害。他们的死使他们名噪一时。因为若他们活着也只不过多几个皈依者，而他们这一死却使基督教道德昭示于世。德国占胶州湾为海军基地，并取得了在山东全省修筑铁路和开采矿山的权利。”③

3. 英国强租威海卫与龙口自辟为商埠

威海位于“山东半岛之东北，扼渤海之口，与旅顺口南北对峙，形势险要，并为海防重镇，其地东临黄海，三面环山，峰峦绵亘。外有刘公岛之屏障，轮舶出入便利，遇雾风时停泊安全，实一天然良港也”④。由于其军事地位极其重要，清政府为了加强海防，19 世纪 70 年代在威海卫筹备北洋舰队，威海港口已见雏形。1895 年甲午海战，日军攻陷威海，北洋海军全军覆灭，威海港也元气大伤。1898 年，英国为了遏制俄国的势力南下，向清政府提出租借威海卫的要求。在英国军舰的逼迫下，1898 年 7 月，中英双方签订了《中英订租威海卫专约》，将威海卫及其附近海面租给英国，范围包括刘公岛、威海卫群岛，以及“威海卫全湾沿岸以内之十英里的地方”。租借地“专归英国管辖”，英国政府在不强令居民迁移、“从公给价”征用私有土地的前提下，可以任意于租借地内择地建筑炮台、驻扎兵丁，“或另设应行防护之法”，并得“凿井开泉、修筑道路、建设医院”等，惟“威海城内驻扎之中国官员，仍可在城内各司其事”，但“不得与保卫租借地之武备有所妨碍”⑤。从此，威海卫沦为了英国的殖民地。

英国强租威海卫后，为推动威海商业的发展，于 1901 年辟威海为自由贸易港，免税开放贸易。

龙口是黄县地界内濒临渤海的一个小渔村。1914 年，日本趁第一次世界大战之机，实现其蓄谋已久的侵略中国的野心，于是年 9 月派兵强行从龙口登陆，横扫山东半岛，攻陷青岛，并夺得了德国在山东享有的全部权益。“龙口”地名不胫而走，

---

① 张玉法：《中国现代化的区域研究：山东省（1860—1916）》（上册），台湾“中央研究院”近代史研究所 1982 年版，第 179 页。

② 李育民：《近代中外关系与政治》，中华书局 2006 年版，第 12 页。

③ ［英］罗素著，秦悦译：《中国问题》，学林出版社 1996 年版，第 40 页。

④ 蒋桐生：《威海卫指南·形势及区域》，威海商会民国二十二年（1933）铅印。

⑤ 王铁崖：《中外旧约章汇编》第一册，生活·读书·新知三联书店 1957 年版，第 782～783 页。

引起国际社会的关注。当时中国政府鉴于内外舆论，为"控制渤海之门户，不得不急起直追，自握权利，以杜绝他人之觊觎"，乃决定自辟商埠[①]。1915 年龙口开埠。开埠后，从地理上说，龙口仍然是黄县的一部分，但行政上独立为一个"特别区"，区内设置商埠局，直接隶属于山东省政府。

二、西方物质文明和制度文明的涌入

随着烟台、青岛和威海等地的开埠，西方物质文明和制度文明纷纷涌入，从大规模的海港、铁路等基础建设到洋行、洋企业等工商业的发展以及现代西方管理制度的引入，无不在胶东展现着令人眼花缭乱的西方文明，当然，它们的出现主要是利益驱动的结果，而非为了文明的传播。

1. 海港、铁路和西式建筑

为了便利交通，西方侵略者首先在胶东进行海港的扩建和铁路的修筑等基础设施建设。在这方面走在最前面的是德国殖民者。

德国殖民者首先进行了青岛港的建设。德国殖民者把港口建设作为青岛城市发展的中心工作，也是城市规划设计的一个重点。德国为此花费了巨大的财力和物力。1898 年 4 月，德国议会通过 500 万马克的拨款决议，用于在胶澳建设港口，后又追加 350 万马克。[②] 随后便开始建设大港码头，历时 7 年，总投资 5000 余万马克。从 1898 年动工到 1908 年基本建成，使青岛港成为当时东亚设施最好的港口。随着近海和远洋航线的不断增加，在国内沿海城市中的地位大大提升，一跃成为华北大港乃至东亚大港之一。1906 年，青岛港外贸进口额超过烟台港，1908 年进出口总额也超过烟台港，1909 年，青岛港关税收入在北方五港中仅次于天津港，名列第二。[③]

英国政府也比较重视威海港口建设。1901 年修建公所码头；1903 年在刘公岛中部建筑客货两用的康来码头；1909 年，建东大楼码头，专供旅客使用，使港口环境不断改善。

烟台的港口设施建设远不及青岛，甚至连威海也不如。烟台港在开放前，完全是一个没有经过人工改造的天然港，开埠后，虽然于 1865—1866 年建筑了一个海关码头，但是码头上的设备极为简陋，远不能适应对外贸易的发展。后来中外商家自行建筑的福开森码头、滋大码头、摄威利福码头、和记码头等几个小码头，以及

---

① 赵琪、蒋邦彦：《开辟龙口商埠纪事》自叙，济南新华印字馆 1920 年版。

② 青岛市档案馆：《胶澳租借地经济与社会发展——1897—1914 年档案史料选编》，中国文史出版社 2004 年版，第 463 页。

③ 王守中：《德国侵略山东史》，人民出版社 1988 年版，第 187 页。

1896—1897 年由东海关建造的南北岸路码头等，也仍然没有解决大船停靠的问题。

德国也非常重视铁路建设。根据中德《胶澳租借条约》（又名《胶澳租界条约》），德国获得在山东修建铁路和开挖矿产的特权。德国政府于 1899 年 6 月 1 日，将上述特权授予了德国一些大银行和工业企业的“辛迪加”组织。这个组织成立了德华山东铁路公司，负责建造由胶澳结潍县、周村到济南的铁路，以及由张店到博山的支路。该公司 1898 年 6 月 14 日正式成立，并且进行了勘探和设计。1899 年 9 月 9 日，“胶济铁路动工兴建，到 1904 年 6 月 1 日竣工通车，干线全长 395.2 公里，支线长 45.7 公里，建设费用 5290 余万马克”①。青岛至济南的胶济铁路建成通车后，青岛同山东腹地连成一片，青岛港成为山东货物最大的集散地，山东境内原经天津、烟台等港输出输入的货物，大部分就近转移到青岛港。1905 年以后，烟台作为山东贸易中心的地位逐渐被青岛取代。

除了海港和铁路的建设外，让人们耳目一新的还有西式建筑。最早出现在胶东的西式建筑是各国在烟台建的领事馆。烟台开埠以后，英国人马礼逊最先开始在烟台建设领事馆。1861 年，马礼逊抢占烟台山上最好的位置，由 3 亩地开始建起，最终扩大到 64 亩，到 1864 年，在烟台山麓建起了占地最大、占位最佳的第一家领事馆。此后，其他国家纷纷效仿，前后共有英国、法国、美国、挪威、瑞典、德国、日本、意大利、奥匈帝国、俄国、丹麦、苏联（取代沙皇俄国）、荷兰、比利时、西班牙、朝鲜、芬兰等 17 个国家在烟台设立领事馆，烟台一时成为外国使领馆高度密集的城市。青岛开埠后，美国、英国、俄国相继在青岛设立了领事馆。

除了领事馆外，这一时期，来自外国的商人或商业机构也在烟台、青岛等修建了一些风格各异的住宅或商业建筑，大都体现了西式风格或中西璧合的特色。自 1861 年烟台开埠后，来自英、美、俄、德等国的商人纷纷来此开设洋行，设立商业机构。其中有 13 家洋行还带来本国的设计师，在烟台建造起了带有本国特色的西式建筑。如英国西葛洋行、美国的美孚洋行、英国的茂江洋行、俄国的士美洋行、俄国的克利顿饭店和德国的盎司洋行等，都在烟台修建了自己的商用建筑物。

青岛从 1898—1910 年间主要建筑了胶澳总督府、总督官邸、德华银行、礼和洋行、世昌洋行、顺和洋行、亨宝洋行、北德公司、山东路矿公司、电报局、电话局、福音教堂、天主教堂以及医院、学校、别墅和一批旅馆、饭店及商业建筑等。这些建筑大多为西式风格。

---

① 青岛市档案馆：《胶澳租借地经济与社会发展——1897—1914 年档案史料选编》，中国文史出版社 2004 年版，第 464 页。

2. 洋人、洋行和洋企业

胶东开埠后，洋人、洋货以及洋行等也随之而来。由于青岛为德国租借地，威海为英国租借地，所以两地的洋人自然主要是德国人和英国人。而烟台则不同，洋人的国籍要复杂许多。当时在烟台居住的外国人很多，除各领事馆的公务人员和部分传教士外，大多是在烟台常年经商者。《东海关十年贸易报告（1892—1901）》中提到："在各领事馆登记的外国人口，自1891年以来，从370人增加到655人；传教士中的许多人居住在内地城市，在增加的人口中占一大部分。外国人中有293人住在烟台，362人住在内地。"① 据统计，19世纪末20世纪初常驻烟台的外国人为1160人②。

胶东开埠后，大量洋货输入胶东地区，以工业品为主，主要有棉布、洋纱、煤油、火柴、打火机、五金、机床、机械、电气装置、照相设备等。截止甲午战争前的光绪十九年（1893），仅从烟台港输入山东的洋货总值，共达12276万海关两。在每年的进口比重中，洋货始终占60%以上。

外国对中国不仅进行商品输出，更重要的是进行资本输出，尤其是《马关条约》开放外国在华投资权之后，烟台的外国洋行激增。

烟台开埠之初，外商对烟台的贸易主要依靠烟台本地商人来实现。开埠不久之后，各国商人便逐渐向烟台发展，建立各种洋行，逐渐掌握了烟台贸易大权。外商在烟台开设的洋行，1891年时有11家，1901年发展到26家，其中著名的有以下几家：

福开森公司。这是烟台设立的第一家外国洋行，由英国人汤麦斯·福开森于1861年开办，这家公司主要经营由英国直驶烟台的航线。该公司开办不久，就在烟台山西侧修筑了一个简易的石砌码头，添置了铁驳船以从大轮船上过驳货物。1866年海关码头建成后，该公司租用了一艘"芬赛尔"号船，满载英国煤炭，从英国的加尔夫试航烟台成功。这是烟台与国外直接通航的开始。

和记洋行。继福开森公司之后，1864年，英国人又在烟台设立了和记洋行。该行起初经营一般商业和委托代理业务，经过三十多年的发展，到20世纪初年，成为华北最著名的一家英国企业，被视为烟台经营航运和保险业最主要的公司。该行后来经营的业务范围相当广泛，除了航运业和保险业外，它还经营一般进出口业务。

盎司洋行。这是由德国商人在烟台开设的最大洋行之一，创设于1866年。该行主要经营出口和保险业务，同时也经营一些重要航运公司的代理业务。它积极参

---

① 边佩全主编：《烟台海关史概要》，山东人民出版社2005年版，第35页。

② 山东省地方史志编纂委员会：《山东省志·外事志》，山东人民出版社1998年版，第260页。

与烟台贸易的一切活动，不仅是烟台出口柞蚕丝的先驱，而且使烟台成为向欧洲出口花生的最早港口。

仁德洋行。它是英国传教士在烟台创办的一个企业。19 世纪 80 年代，英国北爱尔兰人詹姆士·马茂兰（James Memullan）夫妇于 1893 年在烟台大马路创办了以自己名字命名的公司“詹姆士·马茂兰公司”，并根据中国社会对商业经营提倡“仁义道德”的传统，讲究商业经营的信用，因而中文题名为“仁德洋行”。该公司最初以编织花边销售海外获得丰厚利润。到 1903 年正式改名为“仁德股份有限公司”。仁德洋行在青岛、济南设有分支公司，威海、上海等地，都设有联合股份公司，而且在香港注册。仁德洋行主要出口丝绸、柞蚕丝、花边、网扣、绣花、发网等。

士美洋行。它由路易斯·亨利·史密斯于 19 世纪 90 年代在烟台开设。该洋行的早期业务是作为俄国华俄道胜银行的代理，经办银行、航运、保险和进口业务。1908 年华俄道胜银行在烟台设立分行后，该洋行又增加了出口业务，经办丝绸、草帽辫、头巾、花边、刺绣品和发网的出口。该行由于有华俄道胜银行的支持，自在烟台开办以来，业务发展迅速，在日俄战争前，它就在大连、旅顺开设了分行，以后又在上海、龙口开设了分行。

烟台三井洋行。它是日本三井企业在烟台的分支机构，始建于 1898 年，主要经营煤炭、高丽参、一般商品和保险业。它是烟台进口抚顺煤的唯一商行，也是授权经营高丽参的唯一代理，该行经营的保险业，由于其保险种类繁多，在烟台保险业中占有相当的比重。

美孚洋行。它是著名的美国美孚石油公司于 1899 年在烟台设立的一个分支机构。

从上述主要洋行的业务来看，外商在烟台设立的洋行大多是综合性的，他们不仅经营进出口贸易，而且也经营航运业和保险业，有的甚至开办工厂和经营银行等，这些洋行活跃了烟台的商业贸易，同时，也压抑了民族工商业的发展。

威海的洋行主要是英国人开办的，也有丹麦、德国等欧洲国家的，洋商则遍及美、法、俄、日、意、比、匈、印、朝等十多个国家。威海第一家外资洋行是康来洋行，是由英国人邓肯·克拉克于 1898 年在刘公岛开办。康来洋行也是英租借时期最有影响力的洋行。康来洋行先是从事与殖民当局和驻威英国海军舰队有关的商务。它是英国香港邮政总局在威海卫的独家代理，包揽了英国海军在威海期间全部的后勤供应业务。借助与军方和官方的关系，康来洋行也积极向旅馆、旅游、食品和进出口贸易等经济领域扩展。它旗下的两个旅馆爱德华港区的国王饭店（也称皇家饭店、东大楼饭店）和刘公岛上的康来饭店分别是陆上和岛上规模最大、档次最高的饭店。前者曾经被称为远东最好的饭店。这家洋行除了为殖民当局和英国驻军进行官方采购外，还涉足旅游、水上公共交通、餐饮和房地产等。在商贸上，它的进出口贸易主营大宗物资进出口，是威海最大的煤炭和洋货批发商。另外，在房地产和教育上也有投资，涉猎市政、体育、文化等各项事业。邓肯·克拉克不仅是殖民当局顾问团的成员，还在各种俱乐部、社团内担任要职，积极参与社会活动，在租界内显赫一时。

英租借时期另外一个声名显赫的洋行是欧内斯特·克拉克开办的泰茂洋行。1899 年在威海卫设行后，泰茂洋行经营发展很快。该洋行在上海、香港都有行号。泰茂洋行与英殖民当局的关系极为密切，行政长官每年向殖民当部上报他们制作的威海卫经济状况的年报。该行还替殖民当局管理很多经济事务。泰茂洋行还是当时威海卫最大的房地产商，租借地早期的许多重要建筑都由该行的房产公司承建。鼎盛时期，泰茂洋行的经营范围和权势在威海卫的洋行中首屈一指。

英租借时期，在威海卫的洋行还有英商的和记洋行、富威洋行、盎司洋行，德商的万丰洋行，丹麦的宝隆洋行等。这些洋行的生意基本上都是经营以花生为主要货品的进出口贸易，以及一些代理业务。和记洋行主要代理麦加利银行的存储款业务和怡和、蓝烟囱两个轮船公司的航运业务，富威洋行主要代理英商的化肥、颜料、碱料业务和美商的煤油、法商的西药、开滦矿务局的煤炭以及保险、唱片等业务，盎司洋行主要代理德国拜耳的西药与手术器械等，万丰洋行主要代理荷兰、挪威两国的船商业务，宝隆洋行则系丹麦在东亚的贸易和航运公司。

德占青岛时期，在德国青岛当局和国内海军部的努力下，德国一些著名的商号，如西门子、美最时、礼和、瑞记、禅臣、顺和、哈唎等洋行，相继在青岛落户。青岛与欧洲的贸易，大都由这些洋行包揽。它们经营的业务范围，大至轮船运输、铁路钢轨、火车头、锅炉、矿山机械及发电机、纺织机、磨面机、造纸机和各种军械火药等，小至生活用品如缝衣针、颜料、纸烟和食品罐头等。

洋人除在胶东地区进行商业贸易投资外，还在该地区投资创办企业，以获取经济利益。

早在 1866 年，德国就在烟台设立了李契曼船舶修造洋行。1872 年美国在烟台设立了烟台美商蛋粉厂。鉴于烟台地区缫丝业发展的传统以及缫丝买卖不断看涨的行情，1877 年德国宝兴洋行在烟台开办了一家“使用最新式外国机器的、规模较大”的缫丝工厂，名叫缫丝局，拥有 200 架外国织布机并由两名外国技师监督生产。该工厂的主要业务是缫丝，也生产丝绸，而且其产品由于经过一道特殊的化学程序而比其他的本地织品品质更好，当然价格也更贵。① 烟台的外国商行，1901 年

① 孙毓棠：《中国近代工业史资料》第一辑，科学出版社 1957 年版，第 75～76 页。

时有26家，1902年发展到43家，其中日本人有26家。到1905年前后，日本人的商行还要多，不过到1911年，外国商行又减少到了29家，其中美国4家，英国4家，法国2家，德国4家，俄国2家，日本13家。[①] 这些公司除了经营进出口贸易活动外，还对工业进行了一定投资。这些外资企业对于烟台的工业发展起着直接的推动作用。

在德占青岛的几十年中，一直鼓励本国资本主义企业在青岛投资。据统计，1897—1914年德国共在青岛开办企业20家，资本总额2.09亿马克，[②] 其中有蛋品工厂、电灯厂、自来水厂、精盐制造厂、面粉厂、纺织厂、汽水工厂、制桶厂等。[③] 主要官办企业有：

造船厂。亦称船坞工艺厂或水师工务局，1900年，德国人在青岛湾（俗称“前海”）内建立，规模较小，只有工匠百余名，只能修补德国海军的船舰。1905年厂址迁于大港北防波堤的端部，进行了大规模扩建，并配备了最先进的设备，成为当时远东第一流的造船厂。平时有德籍职员50名，华工1600余名。该厂自开业至1913年，共承订新造各种船只22艘，其中有几艘出卖给了清政府。为了培养熟练工人，造船厂还附设了一个华人职工学校，从1902年起招收华人在厂学徒。到1911年，先后在该校毕业的学徒工共400多人，其中多数在造船厂任华工领班和司账[④]。

青岛发电厂。青岛发电厂于1903年建成投产，厂内有宽大的机器房和锅炉房，安装了两台连在一起的双道管式锅炉，两台垂直式复合蒸汽机，两部直接与这些蒸汽机联结的发电机，一套用于表面冷凝的冷凝设备。机器房还预先为容纳更大的机器进行了扩建。电厂建设完成后，1904年1月1日由青岛行政当局全面接管，成为纯粹的官营企业。

屠宰厂。德国占领青岛之初，屠兽工作是在一个小泥洼的临时搭起的棚舍中进行的，同时建起了一座用以检验的小房。从1903年起建设新的屠宰厂，到1906年6月建成，共费资75万马克。[⑤] 其设备是利用德国的最新科学技术成就制造的，适合卫生方面的一切要求。该厂除了经营商业外，兼有检疫的职责。青岛市区民间凡欲宰杀猪、牛、羊、马、骡、驴等牲畜者，必须到该厂办理手续并接受检查允许方

① 王守中、郭大松：《近代山东城市变迁史》，山东教育出版社2001年版，第259页。

② 胡汶本等编著：《帝国主义与青岛港》，山东人民出版社1983年版，第56~57页。

③ 青岛市档案馆：《帝国主义与胶海关》，档案出版社1986年版，第130页；彭泽益：《中国近代手工业史资料（1840—1949）》第二卷，生活·读书·新知三联书店1957年版，第757~767页。

④ 汪敬虞：《十九世纪西方资本主义对中国的经济侵略》，人民出版社1983年版，第197~198页。

⑤ 王守中、郭大松：《近代山东城市变迁史》，山东教育出版社2001年版，第219页。

可，而且检验条件极为严格。凡市外民间屠宰之肉类运入市区内出售者，也必须到该屠宰厂接受检验，检验不合格的，必须遵照规定处理，违者酌情罚款或者监禁。

除了以上德国殖民政府建立的主要官办企业外，还有一些德国资本家的私人企业，其中，最有影响力的是德华缫丝公司和日耳曼啤酒公司。

德华缫丝公司。1901 年在柏林组成，共集资 180 万马克。1902 年开始在青岛的沧口建厂。① 这是一家大规模的蒸气缫丝厂，公司招收的工人，大都来自附近的农民和渔民，为了适应工作要求，公司对工人进行了培训。1904 年开始试生产，完全用新的方法缫制柞蚕丝，生产出的蚕丝颜色鲜艳，质料匀净。后来，由于该公司的总管理处与青岛经理之间发生了误解和意见分歧，于 1909 年宣告停产，后转卖给一个由青岛和烟台的中国商人组成的责任有限公司。

日耳曼啤酒公司。亦称青岛啤酒酿造公司或英德麦酒制造厂。这是一家以德国人的资本为主，又联合了在中国沿海通商口岸的英国等几个国家的商人共同组成的联合公司，资本 40 万元。该公司建立于 1904 年，生产黑、白两种啤酒。酒的味道醇美，当年上市后，很快就驰名于中国沿海各城市，销路甚好，年年盈利。这是德国人在青岛经营的工业中办的最成功的一家企业。以后日本人也于 1916 年 8 月在青岛设立了资本为 940 万日元、年生产能力为 13 万箱的啤酒厂。②

此外，德国人还在青岛经营了一些其他企业，如砖瓦厂、自来水厂、面粉厂、精盐制造厂、肥皂厂、制桶厂、制革厂、香肠加工厂、苏打水厂、陶瓷厂和蛋品厂等。③ 这些企业日后都成为青岛工业发展的基础。

3. 西方制度的植入

随着胶东开埠，西方的城市管理制度也进入了胶东地区，尤其在青岛和威海，殖民当局为了更好地进行有效治理，将母国的行政、卫生等城市管理制度植入到青岛和威海等地。下面以英国殖民者在威海的管理为例进行说明。

英国强租威海卫后，殖民当局首先在威海建立起了一套高度集权、控制严密的殖民统治体系。1898 年英国设立了威海卫临时行政署，隶属于英国海军部，1899 年转归英国陆军部管理，自 1901 年 1 月 1 日起，正式由英国殖民部管理。同年，英国枢密院颁布《一九零一年威海卫法令》，殖民部颁布《威海卫地方政府组织法》。1902 年 5 月，香港辅政司骆克哈特任威海卫行政长官，他效仿香港直辖殖民地统治模式，在威海卫建立起一套高度集权、控制严密的殖民统治体系。

---

① 青岛市档案馆：《帝国主义与胶海关》，档案出版社 1986 年版，第 129 页。
② 胡汶本等编著：《帝国主义与青岛港》，山东人民出版社 1983 年版，第 56 页。
③ 王守中：《德国侵略山东史》，人民出版社 1988 年版，第 200 页。

在32年时间里，英国殖民当局颁布的法令达115部，此外还制定了200多项法规。这些法令、法规，无不体现着西方法律的特点。它们调整对象非常广泛，几乎无事不立法，统治者的思想意志，通过这些法律法规渗透到社会的每一个角落。

行政长官是殖民政府的最高首脑，在整个殖民统治制度中居于核心地位，由英国国王直接任命，地位等同于英属各殖民地总督。行政长官作为最高首脑，除享有行政权外，还享有一定的立法权和司法权。因此，威海卫的行政长官实际权力远远大于英属各殖民地总督。行政长官的主要下属有正、副华务司和医官长等。正华务司多由驻华外交官担任，兼任政府秘书和北区行政长官，主管财政、民政、文案、狱政并审理民事案件；副华务司主要从香港和新加坡警务人员中选调，兼任高等公堂书记，主管税收、警务并审理刑事案件；医官长主管全区公共卫生、官办医院及船舶检疫。在殖民政府人员组成上，高级职位全由英国人担任，雇员则多为中国人。由此，权力牢牢掌握在英国人手中，中国人始终被排除在权力中心之外。

由于这种机构的设置难以对广大农村实行有效的控制，为保证政令畅通，殖民当局全面推行总董制。最初，威海农村管理组织只有村一级，英殖民当局鉴于在威海立足未稳，通过登记原村董或者族长姓名，承认他们在农村中的权力和地位，对农村宗族势力和封建地主势力极力拉拢。到1906年，当统治基本稳定后，殖民政府即开始实行新的总董制。具体办法是：将全区360个村划为26个小区，并将26个小区分成南、北两个行政区。北区辖9个小区，外加刘公岛、爱德华港；南区辖17个小区，区长官公署设在温泉汤。各小区设总董一名，从而在原来村一级上增设小区一级管理组织，村董之上增设总董一职。1913年又颁布了《村董选举简明章程》，村董由村民选举产生，殖民政府批准后颁发任命证书。

村董和总董主要负责传达政令、征收税收、发放契纸与书状、维持治安等。虽然村董和总董为选举产生，但由于担任该职须“有十亩以上土地并受过良好教育”，实际上主要由豪强地主士绅担任。总董制是英国在威海卫政治制度中最重要的组成部分，构成了殖民统治的重要支柱和基础，也是殖民势力同封建宗族势力相结合的产物。殖民政府以此使威海卫原有的封建统治形式得到巩固和加强，使封建地主和封建宗族势力成为殖民统治的忠实维护者。

在加强行政机构建设的同时，殖民当局又通过加强司法等手段维护其统治。在威海设有立法机构，立法权直接掌握在行政长官的手中。在司法体制上，威海卫设高等法院和地方法院。高等法院由行政长官和一名具有英国律师公会成员资格的、由英王任命的审判长组成；审判长不在位时，可由行政长官委任临时审判长。审理案件时，行政长官和审判长可以单独审理，也可以一起共同审理。租借地内的案件，无论民事、刑事，全部由高等法院管辖审理。地方法院分设在租借地内，有地方法官依照法令的规定，代为就近执行高等法院的权限。不服两处法庭判决的案件，可以上诉到威海卫高等法公堂。由于该公堂没有专职高等法官，因此案件全部委托行政长官审理。重大案件则专由上海英租界高等法院派高等法官来威海审理。特赦和减刑权由行政长官行使，死刑审批必须由行政长官最后批准。

从占领威海卫期起，英国殖民当局就开始逐步地建立起了西式警察制度。早期的警察职能是由俗称华勇营的中国军团承担。1906 年，中国军团解散后，从遣散士兵中选拔了部分人员组建警察队伍，把租借地划分为爱德华港区、刘公岛区和乡区三个警区，每区设一个警局（巡捕房），还在租借地边界和重要村镇设立了警卡（派出所），建立起了正式的警察制度。根据 1903 年颁布的《警察法令》，威海卫的警察分高级警官、巡官、巡左、警士四个等级。殖民当局极为重视警察队伍的建设和管理，在武器、服装、通讯、交通等各方面都尽力支持，给予保证。威海卫最早的摩托车就是装备警察的。租借地内最早的电话也是警察专用，码头区和刘公岛之外的电话也是为各个警卡安装的。对警员的管理也十分严格，威海卫警察的工作职责十分广泛，几乎到无事不管、无所不包的程度。除了保卫殖民政府的安全，维持社会秩序，抵制外界各种势力对租借地的干扰之外，还要管理市容市貌、公共卫生、植树造林、税费收取等社会民众事务。大街上阻碍交通的石头、未允许搭建的茶棚、乱贴的广告、毁坏树木和撕毁政府公告的行为等，警察都要管；发现乱倒脏物、随地便溺、出售腐烂鱼肉水果等不卫生行为，也要及时禀报。警察的这些工作在租借地的治安、社会管理中发挥着重要作用。英租借时期的社会治安基本上是稳定的，犯罪率不高，刑事案件较少。

近代的医疗与公共卫生理念、制度和设施，对于中国人来说十分陌生。英国人出于自身健康需要，也出于治理租借地的需要，在威海卫建立了符合现代卫生理念的公共卫生制度和医疗设施。这种医疗卫生上的植入，成为威海卫近现代医疗卫生事业的滥觞。1903 年，威海卫租界颁布了《公共建筑与卫生法令》，这个法令，系统反映了英国人的公共卫生文化理念。首先，强调对租借地环境的公共卫生管理。这项法令的界定范围不仅涉及公共场所，如戏院、市场、工厂、作坊等，也涉及私人房屋等住家处所，还有公厕、猪圈、公墓、太平间等容易藏污纳垢之处，凡是与居住、生活、工作环境有关的各个方面，都作出了公共卫生的规定。第二，尤其重视与食品加工有关的场所的卫生管理，如面包房、牛奶场、屠宰厂等。第三，对粪便、垃圾进行卫生处理。为了落实法令的规定，强化医疗卫生的管理，租界当局还逐步健全了医疗卫生的管理机构。租占初期，医疗卫生工作由行政长官公署的综合部门管理。1906 年，这项管理职能从综合部门中独立出来，专门设立医长官一职。医长官即医生，也是在行政层级上与正华务司、副华务司并列的高级行政官员，是行政长官直接领导的三大僚属之一，在威海卫租借地具有很高的政治地位。他专职专责地管理租借地范围内的医院、医生、公共卫生、船舶检疫、卫生防疫等所有卫生工作。医疗卫生、公共卫生、检疫防疫成为租借地当局重要的管理职能。殖民当局在威海卫实施的这些卫生法令以及所采取的相应举措，无疑促进了租借地内的卫生条件的改善和民众卫生习惯的改变、卫生观念的更新。这些规定的基本精神和一些具体条文，今天看起来也是符合卫生公共要求的。

英国租借期内，先后在威海卫设立了三处民众医院。1902 年，在爱德华码头一带的商埠区和刘公岛上，各设立了一处供华人就诊的临时医院。这两个医院是威海最早的西医医院，都以门诊治疗为主，条件较为简陋。1908 年，殖民当局扩建了商埠区临时医院，将其改名为大英民医院。大英民医院可以容纳五六十名病员同时住院治疗，医疗器械和药品也比较齐全，是租借地内规模最大的正式民医院，是今天威海市立医院的前身。1916 年，南区温泉汤的村民无偿捐献了一块地皮，当局在此建成了一处乡村医院，该医院规模较小，条件要相对差一些。这三处医院主要面向华人民众，对于改善民众的医疗条件，转变租借地民众缺医少药的状况，发挥了重要作用。租借地内的西方人看病就医，主要是去刘公岛上的英国海军疗养院。该医院是当时威海卫医疗水平最高、医疗设施最完备的医院。这个医院专门给英国海军官兵和在威海卫的外国人看病，自始至终不接受华人就诊。

起初，英国殖民当局的医药卫生的重心在西方人聚居的爱德华港区和刘公岛上。租借地内最广大的农村地区，依然是处于缺医少药、疾病流行的状态。当时中国内陆流行的伤寒、白喉、猩红热等传染病，在租借地农村也不断发生，甚至出现大量病人死亡的严重后果。为了在农村中灌输公共卫生意识，英国殖民当局运用了很多宣传和鼓励手段。1909 年，医长官管理的医疗部门，印刷了一批卫生宣传手册，发到各个农村、学校。1910 年，又向各村庄免费发放了 400 本预防霍乱的操作指南。1915 年，在各学校开设了公共卫生课程，举办卫生科目的考试，考试成绩优良者，可以获得奖金以资鼓励。对违反法令的行为，殖民当局还规定了惩处办法。对私人行医严加管理，私人医生必须经过医官长管理的医疗部门检验合格后，凭照行医，否则予以取缔。天花是当时在农村地区较为流行的疫病，接种牛痘疫苗，是防治天花流行的有效措施。从 1905 年开始，殖民当局每年都推行牛痘接种防疫计划。起初，老百姓对牛痘接种疑虑重重，有的出于对洋医药的排斥心理，有的出于不信任牛痘疫苗的防治效力，有人还认为种牛痘不吉利。后来通过宣传解释，加之免费推广，牛痘接种逐步推行开来。当局培训了一批当地的种痘员，在医官长的率领下，每年春季开始，分赴农村各地，逐家逐户地动员民众接种，牛痘防疫人群逐渐扩大，1929 年的接种人数达到了 13209 人。① 鼠疫也是当时危险性最大的疫情之一，也是农村防疫的重点，殖民当局采取了更为严格的措施。1911 年，当局成立了威海卫捕鼠会。免费提供捕鼠工具，居民凭捕鼠的鼠尾数量向当局领取奖金。多种手段、多方举措下的强制防疫，有效控制了各种疫病在租借地内的传播。

三、传教士及其文化活动

在近代西方国家侵华史上，山东以其濒临沿海和拱卫京畿的特殊位置，始终受到各帝国主义国家的觊觎。而作为中国正统思想和文化的发源地，山东历来就是来华传教士们所瞩目的焦点，“在以往的时代里，中国的宗教和政治都是由山东产生的，而今后则基督教要教给中国”②。在他们看来，只要“占领”了山东，用基督教教义切断儒家思想的源头，他们就可以像儒家思想以山东为起点进而统治中国数千年一样，实现基督教对全中国的永久统治。

1858 年的《天津条约》不仅把登州（后改为烟台）列为通商口岸，而且给予外国传教士进入中国内地传教的权利，于是，第二次鸦片战争结束后，各国教会纷纷派遣传教士从登州或烟台登陆，并以此为桥头堡逐步向山东内地发展。为了传教的便利，传教士在胶东创办了许多学校、医院等机构，并且进行了著述、翻译等文化活动，使西方文化在胶东不断扩展。

1. 进入胶东地区的外国教会势力

1860 年，《天津条约》签订前，在胶东地区进行基督教传教活动的仅限于普鲁士人郭实腊（Charls gutzlaff）一例。1831 年，郭氏乘坐泰国途经烟台前往天津的商船，在烟台沿海附近的一些岛屿和沿岸的城镇传教。自第二次鸦片战争后，各国教会纷纷派遣传教士从登州或烟台登陆，并逐渐向山东内地发展。这些西方教派中包括英国基督教浸礼会、美国基督教南浸信会、美国基督教北长老会、苏格兰长老会、苏格兰圣经公会、国际性跨宗派宣教组织中国内地会、苏格兰基督教弟兄会、英国弟兄会、德国基督教信义会和同善会、德国天主教圣言会等宗派。

近代第一个进入山东的新教差会是美国基督教南浸信会。1859 年 5 月，南浸信会传教士花雅各（J. L. Holnus）夫妇登陆烟台。次年，南浸信会传教士海雅西

① 刘玉党主编：《威海文化通览》，山东人民出版社 2012 年版，第 190 页。

② 顾长声：《从马礼逊到司徒雷登——来华新教传教士评传》，上海书店出版社 2005 年版，第 243 页。

（J. B. Hartwell）夫妇也到达烟台。花雅各和海雅西一起，组成了山东基督教史上第一个新教差会，于1862年冬季在登州创立了浸信会在华北的第一所新教教堂。[①] 之后，浸信会逐步向内地发展，先后建立招远、黄县、平度、泰安等教区。20世纪初，浸信会又开辟青岛、莱州、莱阳等教区。

美国基督教北长老会也把登州作为进入山东的跳板。1861年，倪维思（J. L. Nevius）夫妇、盖利（S. R. Gaylay）夫妇、但福思（J. A. Dantorth）夫妇在登州建立了北长老会在山东的第一所教堂。北长老会在登州站稳脚跟后，迅速向内地发展。1862年，麦嘉缔（McCarteeM. D.）来到烟台，开辟烟台传教区。中文资料对他的记载较少，一般只提到："美北长老会差会派来烟台的传教士最早的是美籍牧师麦嘉缔于1862年10月20日由宁波来烟。当时，烟台霍乱猖獗，麦氏企图以施医舍药打开布道之门。但因正值山东捻军势盛，人民反帝情绪激烈，致使其传教三年，一无所获，不得不于1865年12月撤离烟台。"[②] 1864年1月，郭显德（Hunter Corbett）和狄考文（Calvin W. Mateer）两位牧师来到烟台，也暂住麦嘉缔家。"稍事休息后，郭、狄两对夫妇即去登州府（今蓬莱市）设立教舍。在麦氏离开烟台的前一年，郭氏夫妇由登州调回烟台，住在西郊珠玑村。他们以免费教贫苦儿童识字的方式与中国人接近，进行传教。"[③] 1865年左右，麦、郭二人在烟台建立了长老会第一个教堂，吸纳了许多来自登州的本地教徒。郭显德（Hunter Corbett）等人先后开辟烟台、潍坊教区，倪维思等人开辟沂州教区，文璧（J. S. Mcilaine）等人开辟济南教区，方法廉（F. H. Chalfant）、伯尔根（P. D. Bergen）等人开辟青岛教区。20世纪初，北长老会又在滕县、峄县设立了教区。该会成为山东最有影响力的新教差会。

除了上述两大差会外，第一批进入山东的新教差会还有英国基督教浸礼会。早在1859年，英国基督教浸礼会海外传道部就委派英国籍医务传教士霍尔（Hell）和荷兰籍传教士克乐克斯（Kloekers）等6人来烟台设立英国基督教浸礼会传教中心，并以此向周围地区进行传教活动，但收效甚微，传教士亦先后离去。[④] 到1875年仅有李提摩太（Timothy Richard）一人。李提摩太在烟台的传教工作收效很小，

---

① 中华续行委办会调查特委会：《中华归主：中国基督教事业统计（1901—1920）》中册，中国社会科学院世界宗教研究所1985年版，第409页。

② 中国人民政治协商会议山东省烟台市芝罘区委员会文史资料研究委员会：《芝罘文史资料》第四辑，1989年印刷，第200页。

③ 中国人民政治协商会议山东省烟台市芝罘区委员会文史资料研究委员会：《芝罘文史资料》第四辑，1989年印刷，第200～201页。

④ 烟台市人民政府民族宗教事务处：《烟台市民族宗教志》，1993年印刷，第170页。

他便放弃烟台而向山东内地发展。他很快在青州建立了教区，并以此为中心向四周发展。到20世纪初，又先后设立了邹平、北镇、周村、济南教区。

在第一批新教差会通过沿海通商口岸进入山东之后，又有许多新教差会在登州或烟台登陆进入山东，这些后来的差会大多在烟台经过一段时期的准备，然后再进入其他地区传教。

到义和团运动爆发前夕，山东全境已建立起600多所教堂，全省107个县份都有新教教会在活动。① 其宣教地面积占了全省面积的65%。② 据1920年的统计，山东布道区共1330个。布道区数目居全国之首。“全省仅极少数地区处于布道区周围三十里之外。”美国基督教北长老会布道区最多。北长老会、英浸礼会、美浸信会三会之布道区约占全省布道区之3/4。③ 山东新教徒数目居全国第二位，仅次于广东，占全国信徒总数的12%以上；④ 山东新教徒占全省人口比例为0.135%，几乎等于全国平均数的2倍，仅次于福建和广东。⑤ 另外，山东的西方传教士人数居全国第五位，全省教会中小学学校数量在全国居第一位，教会医院数目在全国居第四位。在其他一些能够反映教会势力方面，山东新教差会在全国也大多是名列前茅。⑥

2. 传教士的教育活动

传教士到中国来的首要任务是传播基督教。但是，由于中西方文化存在着的巨大差异，中国人历来对宗教比较淡漠，而且传教士之来华又是和中国战败的耻辱联系在一起，是在不平等条约的庇护之下进入中国的，中国社会各阶层，上自各级官吏下至贫苦百姓对传教士的活动在冷淡之外还有排斥的情绪。为了打开传教的局面，传教士采取了适应中国国情的传教方法，这一方法就是创办教会学校。因为在传教实践中，传教士认识到中国有重视教育的传统。因此，传教士们感到要想在中国打开传教局面，就必须采取适应中国情况的传教手法。

在1890年的第二次在华新教传教士大会上，传教士们取得了一致的认识：教会学校“从来就是传播福音的得力机构”，“是传播福音的最有效的方法”，“是最

---

① 陶飞亚、刘天路：《基督教会与近代山东社会》，山东大学出版社1995年版，第32页。

② 中华续行委办会调查特委会：《中华归主：中国基督教事业统计（1901—1920）》中册，中国社会科学院世界宗教研究所1985年版，第411页。

③ 中华续行委办会调查特委会：《中华归主：中国基督教事业统计（1901—1920）》中册，中国社会科学院世界宗教研究所1985年版，第412页。

④ 中华续行委办会调查特委会：《中华归主：中国基督教事业统计（1901—1920）》中册，中国社会科学院世界宗教研究所1985年版，第419页。

⑤ 中华续行委办会调查特委会：《中华归主：中国基督教事业统计（1901—1920）》中册，中国社会科学院世界宗教研究所1985年版，第421页。

⑥ 陶飞亚、刘天路：《基督教会与近代山东社会》，山东大学出版社1995年版，第36页。

好的教堂”。办学与布道，“两者都应该是必不可少、密不可分的”。“没有学校的话我们是永远不能取得彻底成功的”①。在这种共识下，教会在胶东地区创办了许多学校，其中，烟台的传教士成绩最为突出。

（1）传教士在烟台的教育活动

在山东创办第一所教会学校的是来自美国基督教北长老会的传教士倪维思。倪维思，1829 年出生于美国纽约，1853 毕业于美国著名的普林斯顿神学院，神学博士。1854 年，倪维思携新婚夫人到上海，先在宁波等地传教数年，后又负责办理男女寄宿学校。1858 年《天津条约》《北京条约》签订，登州被迫开放，倪维思立刻自告奋勇于 1861 年到登州。1862 年，倪维思夫妇在居住的观音堂里招收了几个穷苦人家的女孩子，办了“管饭且管衣服等物的寄宿女义塾”，这是山东第一所教会学校，也是山东近代史上第一所女子学校，但是入学者不多。同年，与倪维思夫妇同来登州的长老会传教士梅理士（Charles Rogers Mills）及其夫人在居住的一所寺院里以同样的方式办起了另一所女子学校。1867 年两校合并。此时，学校也仅有 6 名学生。

1863 年，由上海迁来登州的美国南浸信会传教士高弟丕（T. P. Crawford）专为教徒子弟开办了一所小学。这是该会在山东举办的第一所学校，也是山东第一所男童学校。

1864 年，美国北长老会传教士狄考文及其夫人来到登州，开设了一所男童学校，即蒙养学堂。

1866 年，郭显德在烟台毓璜顶先后创办了文先、会英两所男女小学。该学校成为烟台近代学校教育之始，此前烟台只有私塾并无公办学校。1896 年，郭显德将两所学校合并扩充成为会文学校（今烟台二中前身）。1900 年，郭显德的妻子苏紫兰女士在会文学校的旁边创办了幼稚园，这是山东第一个幼稚园，1919 年该幼稚园扩充增设了幼稚师范学校，以培养师资。

在郭显德及所在教会的努力下，烟台先后办学数十处，从毓璜顶幼稚园到益文商专，基本上建立起了一个较为完备的基础教育体系。就整个胶东地区来看，郭显德在福山、牟平、栖霞、莱阳、海阳、即墨、胶州等地参与创办小学达 40 所。②

随着信教队伍的不断扩大，在胶东的传教士创立的学校不但数量增多而且从小学向中学发展，并且开始向大学过渡。最有影响力的当属狄考文创办的登州文

① ［美］李承恩：《教会学校的历史、现状与展望》，见朱有瓛、高时良主编《中国近代学制史料》第 4 辑，华东师范大学出版社 1993 年版，第 116 页。

② 烟台地方史志办公室：《烟台旧事——曲拯民回忆录》，2006 年印刷，第 238 页。

会馆。

狄考文，1836年出生于美国宾夕法尼亚州，父母均为美国长老会教徒，从小受基督教熏陶，1854年中学毕业后接受洗礼成为基督教徒，1862年毕业于美西神学院，次年7月，他接受北长老会差会派遣，携带新婚妻子邦就烈（Julta Browa Mateer）前来中国。1864年1月到达登州后不久创办蒙养学堂。最初蒙养学堂招收的6名中国学生很穷，只有一人读过一年私塾，他们全部住读。狄考文自任校长，兼授西学课程，他的妻子兼总务，另外请一位刚刚入教的穷书生张干臣教识字启蒙、《三字经》等。另外专门请一位老妪负责烧饭。

狄考文创办学校时代，中国没有以年分期的学校制度，狄考文在办学之初参照美国小学学制定为6年。后来，狄考文认为6年太短，教学效果不理想，便于1871年将登州的蒙养学堂改设高等科，从小学升为中学，学制9年。1876年，蒙养学堂有邹立文、李山青、李秉义3人念完了9年课程毕业，狄考文为他们举办了隆重的毕业典礼，并且将学校定名为文会馆，宣布3人为首届毕业生。他们3人也是中国第一批大学毕业生，这要比北京的汇文书院、通州的潞河书院（两校后来合并为燕京大学）早几十年，也比上海的圣约翰书院（后来的圣约翰大学）早3年。文会馆在行政上一直归属于设在纽约的长老会差会总部，而学校的实际管理权则掌握在前后相承的三任学堂监督狄考文、赫士和柏尔根之手。①

文会馆所需要的经费及大部分教务人员由北长老会提供。课程设置也仿照美国的中等学校的水平。1881年，狄考文在办学已经取得的成绩上，向美国国内差会纽约总部提出将文会馆办成“山东学院”的建议。1882年，获得批准，但是差会总部将学校定名为“登州学院”（Tengchow College），中文名仍为“文会馆”。狄考文经过数年的经营，扩建了校舍，添置了图书仪器等设备，建立了天文馆，安装了发电设备，扩充了印刷工厂。

文会馆的课程设置在一定程度上代表着山东乃至全国教会学校的最高水平，因此具有很强的示范性，许多教会学校的课程设置都参照文会馆进行。文会馆时期，基本建立了一套由神学、中学和西学三大板块为主体的课程体系。从课程设置来看，虽然文会馆把宗教教育摆在首位，其次为中国的儒家典籍，但是新鲜的数、理、化等近代科学知识课程也十分完备。其中，数学一直占有很大的比重。

学制方面，自文会馆正式定名后，标志着山东教会教育大体上有了一套学制。文会馆作为山东省的最高学府，它的学制分为备、正两斋，备斋3年，正斋6年，共9年。备斋是小学程度，正斋是中学程度。“正斋视高等学堂之程度，即隐括中

① 王元德、刘玉峰：《文会馆志》，潍县广文学校印刷所1913年印刷，第51页。

学于内；备斋视高等小学堂之程度，而隐括蒙学于内。”[①]《文会馆志》记载：“文会馆成立之后，山左教会日见进步，潍县、烟台具设有中学，乡间支会设有蒙学。故正斋学者，或由备斋擢入，或由中学选取，而备斋学生由登、莱、青郡教会来者居其多数。间有学生亲族子弟结伴而来亦收入备斋，持中学堂荐书来者尽数收入。间有入学已优，原来就学，准其破例专事西学。”[②] 由此可见，当时山东全省各村庄只要有教会的地方，都设立有蒙学（初小），读完初小的就可以进入较大城镇所办的高等小学（三年）。高小毕业者可以到各县城有传教士驻扎的差会据点上中学（四年），中学肄业或毕业又可以升入文会馆或者其他教会大学读书。

这一时期，在烟台还出现了一些教会创办的集普通教育与专门技术教育于一身的中等学校。其中，有商业学校、护士学校、实业学校和特殊教育学校等。

烟台益文商业专门学校。烟台开埠后，国际贸易和翻译人才缺乏。美国北长老会传教士韦丰年（G. Cornwell）联合烟台绅商，于1897年在烟台毓璜顶建起了一所以教授英文为主的学校，称“英文馆”。韦丰年，美国纽约州人，安慕赫士大学纽约联合神学院毕业，1894年偕夫人抵达烟台。学校开学时，由伯尔根博士任校长，一年后，伯尔根调离烟台，韦丰年负责。学校开学时只招到6名学生，但年内便增至60人。这是山东第一所专门教授英文的学校，也是美国北长老会主持的最早开设英文的教会学校。英文馆属中等教育学校，开始时学制为三年。后来，逐渐延长为六年，分预科二年、正科四年。学校一般招收教会小学的毕业生，以教授英文为主，也兼授中文，学生毕业时，中文要求达到普通中学的程度，而英文则要纯熟。韦丰年逝世后，由美国人毕维廉（William. C. Booth）继任校长。1903年毕维廉的奶奶到烟台任英文馆副馆长，当时，毕维廉刚从美国伊利诺斯州伊文斯顿的西北大学毕业，此后的32年中他一直在烟台度过。1911年，英文馆扩建校舍，为纪念创办人韦丰年先生，定名为“思韦堂”。毕维廉接任校长后，对学校课程进行了改善，使学校声誉渐增，学生也有所增加。

1920年，郭显德逝世，美国长老会议定，将会文书院和实益学馆合并，取“实益”的“益”字、“会文”的“文”字，定名为“私立烟台益文商业学校”。合并后由毕维廉任校长。为扩大学校规模，毕维廉发起募捐扩建新校舍活动，校址选择在毓璜顶南坡。1922年，新校舍落成，为纪念学校创办人郭显德，取名为“思郭堂”。学校有初中、高中、英文科和商科。初、高中课程与美国国内中学大致相同，十分重视英语，教师授课一律用英文课本，师生对话以英文为主，图书也主

---

① 王元德、刘玉峰：《文会馆志》，潍县广文学校印刷所1913年印刷，第26页。

② 王元德、刘玉峰：《文会馆志》，潍县广文学校印刷所1913年印刷，第35页。

要来自美国。商科增设商业内容：第一学年学打字、银行学、簿记、世界地理；第二学年学商业簿记、商业地理、商业速写；第三学年学商业算术、查帐学、交通与运输学、装卸及海关学、商业管理法、速记学。各年级开设体育课，体育活动十分活跃。学校分南校、北校两部分：南校有商专科、高中部，北校有初中部、英文科。全校占地面积83.27亩。1928年学校正式更名为“烟台益文商业专科学校”，这是烟台地区第一个高等专科学校。

护士学校。随着现代医学和西式医院传入中国，护士职业不可避免地随之而来。传教士们初到山东开办医院、诊所，没有独立的护理专业和护理人员，只是招收一二名学徒，训练他们担任护理工作，而且常常是由男性或者是由传教士夫人担任护理工作。另外，受当时社会风气和古老传统的影响，人们不能接受青年女子做护理工作。1900年之后，教会在中国迅速发展，山东的教会医院数量大增，人们逐渐信任西洋医学，前来医院就诊的越来越多，护士在数量上远远满足不了教会医院的发展。在这种情况下，教会医院开始着手大量培训中国护士，为山东创立了最早的专业护士教育，培养了山东第一批专职中国护士。其中影响最大的是烟台毓璜顶医院护士学校和齐鲁大学附属医院的护士训练学校。

烟台毓璜顶医院护士学校是山东省最早的一所护士学校。1914年6月，烟台毓璜顶医院开办了一所护士学校，招有11名男学生，计划在8年内完成学业。该校于1926年申请为护士协会正式会员，从那时的第一届毕业班算起到1936年共有65名领到了护校和中国护士协会颁发的文凭。由于毓璜顶护士学校重视质量不重数量，历年毕业生人数极少，其毕业的学生仅占全国毕业生的七十分之一。“但是本护校毕业生，不拘服务本省农村，或在华北各地工作任何医院，识者对她（他）们的学识、修养、技术与责任心无不称赞，有口皆碑。”①

烟台花边学校。又称烟台工艺学校（Chefoo Industrial School）。该校是由马茂兰夫人于1896年创建的。马茂兰夫人，1866年出生于英国卜瑞斯克城，家人称她作蕾莉。她与马茂兰先生于1888年在重庆举行了婚礼。由于生活艰苦，环境不适，马茂兰的健康状况恶化，“差会着他到中国北方去换气候，调养一番”，于是夫妇二人来到烟台。在气候宜人的烟台，马茂兰很快便康复起来。马茂兰夫妇在烟台见到众多饥寒交迫的穷人，深感同情，认为“进行实际的工作和传道相辅并行才是上主的真正旨意”②，但其母会内地会对此倡议不予考虑，马茂兰夫妇于是脱离了内地

---

① ［美］曲拯民：《烟台毓磺顶医院与护士学校》，见《烟台文史资料》第8辑，1989年印刷，第22页。

② 张玉法：《中国现代化的区域研究：山东省（1860—1916）》，台湾“中央研究院”近代研究所1982年版，第470页。

会。1893 年，二人建立烟台工艺会（Chefoo Industrial Mission），又称“奇山会”。其中，花边学校的工作是马茂兰夫人最成功、最有影响力的代表性工作。

花边的织造技术最初传入烟台地区，是由美国长老会的赫士（Hayes）夫妇在 1890 年左右开始的。最初他们只教会了 3 个中国女孩子一些简单的样式。[①] 1894 年，马茂兰夫人接管了花边工作。在她的积极准备下，从 1896 年开始，一所具有鲜明特色的学校建立起来，招生对象为贫寒人家的女孩，后来从收容所营救的身世凄惨、无家可归的女孩也来到花边学校学习。起初，即使是贫寒人家也很少送女儿到传教士开的花边学校，但经过马茂兰夫人多年的努力，加上人们看到编织花边的确可以给家庭带来实惠，送女孩入学的家庭开始增多。到 1905 年，花边学校的女生由原先的 3 人增加到 80 人。随着学生数目的增多，学校规模不断扩大，新建了校舍，1910 年前后，已有 150 名学生在不同的部门学习。[②] 学校的课程由上午、下午两部分组成，并有严格的制度规范学生的日常行为。上午的学习由诵读《圣经》和祈祷开始，点完名后，开始上课。女孩子们除了学习《圣经》和教义问答手册外，还学习算术、歌唱、地理、写字。中午 12 点，上午课程结束。午饭后，女孩们马上又投入到下午紧张繁忙的花边编织学习中，直到夜暮降临。学校每天都对女孩们的卫生、准时上课情况、日常出勤和学习进展进行记录。每年对学生进行《圣经》和教义问答的考试，成绩优异者获得奖励。花边学校所取得的成功令人羡慕，马茂兰夫人被邀请到烟台周围的几个村子去开设花边学校。1904 年，在美国举办的圣路易斯博览会上，来自烟台花边学校的花边产品，荣获一枚金牌和两枚银牌。花边制造业也发展成为胶东一带农村的副业，马茂兰还将花边产品销往海外市场，为当地女性就业提供了机会。

特殊教育。在近代山东，特殊教育最早开始于登州的启喑教育。创办人是美国北长老会牧师、基督教神学博士查尔斯·罗杰斯·梅理士和他的继室夫人阿妮德·E·汤普森（Annette. E. Thopson）。梅理士夫妇于 1887 年在山东登州正式创办了近代中国第一所专门教育和训练聋哑儿童的学校——登州启喑学馆。

登州启喑学馆开办后，由梅理士任馆长，梅耐德（汤普森的婚后名字）任教员，另聘一名懂英语的中国人任助教，经费则由梅理士所属的美国基督教长老会供给。在学馆开办之初，由于缺乏当地政府和社会舆论的支持，以及人们对启喑教育的不理解和偏见，入学的聋哑儿童“寥寥无几，开始只收到一名贫苦木匠的聋哑儿

---

① ［英］阿美德著，陈海涛、刘惠琴译注：《图说烟台（1935—1936）》，齐鲁书社 2007 年版，第 95 页。

② 朱小俐：《基督教女传教士在山东活动述论（1860—1920）》，山东师范大学 2001 年硕士学位论文，第 32 页。

子，衣食全由校方供给，以后才逐渐增加到4人”①。正当学馆的各项工作逐渐走上正轨、影响不断扩大的时候，梅理士却不幸于1895年病故。由于梅理士的病逝，美国基督教长老会也随即停止了经费供给，从而使学馆无法继续开办下去，被迫于1896年关闭。

为了恢复办学，梅耐德多方奔走求助，最后终于重新恢复了启喑学馆。恢复后的启喑学馆改名为烟台启喑学馆，梅耐德自任馆长，另聘华人李可受为其助手和教师，并陆续招收了7名学生。

1900年，梅耐德利用梅理士逝后所得的人寿保险金和自己的全部积蓄，并以“大利息”从银行贷款5500元，在烟台东山海滨购地建楼，正式建起了烟台启喑学馆。1906年，应梅耐德邀请，她的外甥女安妮达・E. 卡特（Anita. E. Carter）来华，协助她开办启喑学馆。烟台启喑学馆开办初期（包括以前的登州启喑学馆），只设男生部，只招收聋哑男童入馆学习。为了使社会上的大量聋哑女童得到受教育和训练的机会，葛爱德（卡特来华后的中文名字）来到烟台启喑学馆的第二年，就在梅耐德的协助下，主持开设了女生部，专门招收聋哑女童入馆学习。到1914年，女生部已发展到两个班，共19名学生。在主持开设女生部的同时，葛爱德还总结了烟台启喑学馆开办以来的经验，并在此基础上，重新制定了办学章程。新章程共分12项，对办学宗旨、教学内容、学生入学年龄、日常生活、学杂费等问题，均作了详细规定。女生部的设立和新的办学章程的制定，使烟台启喑学馆成为一所男女混合的日趋正规的聋哑学校。学生和教师数量迅速增加，学馆的机构设置也日渐完备，设有教务处、木工部、编织部，另外还增设了幼稚园。与此同时，烟台启喑学馆也正式易名为烟台启喑学校，由梅耐德任校长，葛爱德任副校长，华人栾雪琴任教务主任。

1919—1923年，烟台启喑学校得到不断扩充和改建。这一时期，学校占地面积达到40亩，共建楼房6座，平房数10间，其中教室76间，办公室16间，男、女生宿舍20间，礼堂10间，游艺室10间，另外还设有工厂、洗澡间、厨房、食堂、成绩室、接待室、传达室等，教具和标本等也做了充实。② 至此，烟台启喑学校已经发展成为一所具有一定规模和水平的近代化启喑学校。

（2）传教士在青岛的教育活动

德国殖民当局为达长期占领青岛，并将其建成德国在“东亚的文化中心”的目

---

① 王立夫：《中国第一所聋哑学校——烟台启喑学校》，见山东省政协文史资料委员会编《山东文史集粹・教育卷》，山东人民出版社1993年版，第374页。

② 王立夫：《中国第一所聋哑学校——烟台启喑学校》，见山东省政协文史资料委员会编《山东文史集粹・教育卷》，山东人民出版社1993年版，第375～376页。

的，他们大力支持传教士的宣教活动，并重视发展教会学校和各种教育事业。

首先进入青岛的德国新教差会是柏林会与同善会，它们是德国占领该地区时期势力最大的两个基督教差会组织。柏林会于1882年派传教士进入中国，德国强租胶澳后，该会立即派两名传教士进驻，并于1899年在青岛创立了第一所教会学校。1904年，又创立了德华书院和爱道书院，德华书院的学生来自青岛和山东内地，据1904年10月至1905年10月的《胶州地区发展备忘录》载，有73名学生来自山东省，30名来自其他省区。这些其他省区的学生大部分是中国官员子弟。① 1910年统计，柏林会在青岛、胶州、即墨建有1所幼稚园，13所小学、2所德语夜校、1所女校、2所中学，在校学生共计453人。②

同善会是德国、瑞士等国牧师组成的专门从事文化工作的国外布道差会。该会传教士到青岛后，除了将中国古典书籍翻译为德文、英文外，还用中文著书介绍西方资产阶级思想，并设有一整套的学校制度——自幼稚园、小学、中学到大学或师范，另外还有德语夜校。该会在青岛市区、近郊，远至即墨、高密遍设小学。接着办了男女中学。1901年，该会传教士尉礼贤（Richard Wilhelm）创办了胶澳地区第一所教会中学。尉礼贤，德国人，他很早就来到中国传教，是一个中国通，早先活动在山东高密一带。尉礼贤创办学校的最初目的是为同善会在青岛成立的蒙养学堂培养师资，起初学校设在胶州路，名为德文学堂，在教徒中招收二三十名学生，尉礼贤夫妇自任德文教师，另聘贡生傅兰升教中文，蓬莱文会馆毕业生朱宝琛教数学。1906—1907年间增设班次，提高程度，正式定名为“礼贤书院”，设有高小5年、中学4年的课程。1909年学生增加到85人。1910年有德国教员3人，教授德语、伦理、宗教、历史、自然科学、教育学、心理学。华籍教员6人，教授西洋科学、算学、数学、地理、物理、化学。这些华籍教员起初都是聘请文会馆的毕业生，如周书训、刘永锡、张子清、李步清等人担任，后来逐渐有本校的毕业生如马德溢等代之。另外加聘中国的举人或进士4人为中文教员。1913年学生人数增加到130人，其中有110人住校。③ 学生入学时，不论资格，来者不拒。礼贤书院十分重视教学质量，因此按期毕业者较少，据曾经在该校读书的栾宝德回忆：“当时规定6年毕业，实际上前三班虽都有40多人，而毕业的第一班只有3人，第二班毕

① 青岛市博物馆藏：《胶州地区发展备忘录（1904.10—1905.10）》，中文译本未刊稿，第62～63页。

② 王神荫：《解放前基督教在山东所办中小学概况》，见《山东文史资料选辑》第19辑，山东人民出版社1986年版，第171页。

③ 王神荫：《解放前基督教在山东所办中小学概况》，见《山东文史资料选辑》第19辑，山东人民出版社1986年版，第172页。

业的也仅有四五人，我是第三班毕业的，就只有5人。”[①] 当时，山东高等学堂正斋生毕业选拔考试成绩优秀者为优贡，礼贤书院的毕业生也可以选拔，1906年礼贤书院第一班毕业生谭玉峰即被选拔为优贡。于是，该校名声为之大振，就学者日益增多，学生大部分来自山东省，也有一些来自其他省区，来自其他省区的学生大部分是达官富商子弟。1914年日德宣战后，礼贤书院停课约半年，因同善会与瑞士有关系，第二年春天复课，该校由瑞士同善会继续主持，1919年改称“礼贤甲种商业学校”。

1905年，同善会托尉礼贤办一所女子学校，尉礼贤用他夫人的名字命名这所学校，称作“美懿书院”。该校仿照德国女子学校模式开设课程，1910年另立新校，更名“淑范女校”。

德国天主教会在青岛也开办了2所学校，1898年开办了德华中学，该校分为小学和中学两级，1908年增设师范班，1914年停办。另外一所是弗兰西斯科修道院于1902年开办的弗兰西斯科女子学校。该校初设时主要培养欧美籍家庭的女孩子，1905年开始招收中国富家女子。学校按照英国学制办学，除开设文化课外，还教授家政、绘画、音乐、雕刻、速记等课程，并传授服装设计、缝纫、刺绣等技艺。

德国强占胶州湾前，美国北长老会的传教士已在该地区活动，并于1898年建立了教会。1911年该会创办明德中学，主要招收中国教徒的子女。

到1911年，各教会在青岛共为中国居民开办小学16所、中学2所、女子学校2所、神学院2所（招收中、德两国学生）、幼儿园1所、花边编织的职业学校1所。[②]

（3）传教士在威海的教育活动

基督教先后在威海建立了安立甘堂、讲书堂、乐祉堂3处学校；天主教先后建立海星学校、明星女校，其中影响较大的是安立甘堂和明星女校。

安立甘堂又名英中学校，1902年由英国中华圣公会传教士布朗（Browne）创建。初创时期的课程并不固定，侧重于英文、打字、应用商学和自然科学等实用科目，这些都是中国的旧式教育所缺乏的，本应该受欢迎，但是安立甘堂学校创立之初硬性规定学生参加宗教活动的做法，使许多中国家长疑虑重重。初期招生非常困难，学校规模不大。为了减少阻力，校方被迫改变态度，按照中国传统教育方式加强了汉语课程，聘请中国教师讲授传统的经、史、子、集等内容。借此办法，逐渐

---

① 栾宝德口述，陈仰之整理：《德国人在青岛办教育的片断回忆》，见《山东文史资料选辑》第1辑，山东人民出版社1982年版，第225页。

② 王守中、郭大松：《近代山东城市变迁史》，山东教育出版社2001年版，第227页。

打开了局面，得到当地社会的认可，很多租借地内富庶家庭或者教会信徒的子女进校读书。在他们的带动下，进洋学堂念书逐渐被接受，蔚成风气。当时，安立甘堂的教师均为大学毕业，教学质量比较高，培养出了一批适应社会需要的新式人才。如我国近代著名化学家孙学悟和农民果树专家陶遵祜，就是安立甘堂这个时期培养的学生。

明星女校是由天主教修女们于 1908 年创建的。该校并不专注于文化教育，而主要是向寻常家庭的女孩子教授刺绣技艺、花边编织以及纺织技术。文化课程设置非常简单，多为基督教教义、中国经书、数学和地理等。学校规定学生以一半的时间学习职业技能，另一半时间学习文化课。进入明星女校读书，不仅可以学到一定的文化知识，更重要的是可以掌握一门能够谋生的专业技能，因而受到租借地内普通百姓的欢迎，并且逐渐发展成为威海卫规模最大的女子学校。学生毕业后大多成为当时威海纺织业的骨干。明星女校可以说是威海职业学校的开端。

3. 传教士的医药、慈善活动

早在明末清初，耶稣会的传教士为了将福音传至中国，就开始了传教与行医并重的宗教实践活动。近代以后，基督教在中国的传播虽获得了不平等条约的某种保护，但实际上传教活动阻力重重。为了减少这种阻力，传教士除了创办教育外，为人们解除病痛也是当时西方教会人士的共识，于是，先后进入胶东的医学传教士将西方的医学也传入了胶东。他们不仅给胶东人带来了新的药物，而且带来了新的诊断器材、诊断方法。同时，他们传入了西方的内科、外科、妇科等方面的技术。

当时中国农村十分贫穷和落后，传统的生活习俗，必然导致了广大村民的卫生观念极差，山东自然也不例外。山东卫生状况的极端落后使传教士们意识到用现代医药为当地民众治病和培养现代医药人才的重要性，而且这项工作若能做好，必定会有助于基督教的传播。19 世纪 60 年代的烟台，卫生状况极为落后，霍乱、鼠疫、天花、伤寒等烈性传染病严重危害着人们的健康。中医除了用中草药治疗外，对此毫无办法。而传教士医生的到来使情况有所改善，针对鼠疫、霍乱等瘟疫，他们采取发放药品和消毒隔离等措施，有效地抑制住了病毒的扩散，拯救了大批的患者。也正是瘟疫的流传增加了胶东民众对传教士的好感，进而推动传教事业的发展。

烟台是近代外国传教士较集中的地方，也是教会医院开办较多的地方。先是 1860 年，法国天主教在烟台开办了天主堂施医院（亦称“法国医院”），它是烟台最早的医院，最初免费向中国人施医，所有病人，一律免费。继而，1879 年英国内地会在此地开办了体仁医院，再后来又有了 20 世纪初美国长老会郭显德开办的毓璜顶医院。

郭显德开设的毓璜顶医院由于有较多的资金支持，起点较高，建成以后不仅是烟台甚至是我国北方享有盛名的新型医院。毓璜顶医院科室齐全、设备先进，而且观念超前，比如该院曾率先在烟台开展牛痘接种工作，此外，医院还附设了一所护士学校，专门为烟台地区培养专业护理人员。

1870年，英国基督教浸礼会医生卜维廉（William Booth）以医药传教士身份到了烟台，开办了一所小型医院并且实施西医诊疗，并将一些基本英文医药书籍译成中文，他还收了4名中国教徒，故有人称他为“山东播下西医治病与西医教育种子的第一人”①。

后来，基督教会还在烟台建立了一些专业医疗机构，如1917年开设的麻风院，专门救治患有麻风病的中国人。其实，以当时的医疗水平，即使是相对先进的西医也还没有找到根治麻风病的方法，故所谓救治亦不过是缓解病情而已，但他们推广的对病人进行隔离和消毒的理念和措施，对烟台地区麻风病的防疫还是起到了很好的示范作用。

青岛为华人治病的医院基本都是各基督教团体开办的。其中较大的医院有3所：

福柏医院。这是德国同善会为了纪念去世的传教士福柏（E. Faber，其中文名字叫“花之安”）设立的，1901年9月开业。院址设在总督府拨给的一块介于大鲍岛和小鲍岛之间的地方，有三幢二层楼房，每幢都有一个大厅和两个小房间，一共可容纳60名病人，另外还有一座收容传染病人的临时棚舍，可住50名病人，还有一个设有候诊室、诊疗室和手术室的房子。因为病人主要是较贫困的民众，所以看病大多是免费的，因而受到华人居民的欢迎与好评。

德国同善会的另外一所医院是华人教团开办的台东镇医院，医疗条件要比福柏医院差，此外，同善会1906年还建立了一所专门为欧洲人看病的医院。

德国天主教圣言会于1905年6月在青岛市中心开设了一所医院，也很受中国居民的欢迎。医院有两座大楼，所有房间是按照现代化的要求和模式布置的，可安置30名男性病人和10名女性病人。

基督教会的教育、医疗及慈善事业，吸收了许多中国人皈依基督教，尤其是教会的医疗事业，对于“缺医少药”的劳苦大众，他们“施医舍药”的手段更具吸引力。

4. 传教士的其他文化活动

传教士除了在胶东进行上述活动外，还进行了一些其他文化活动，比如编译和著述、创办博物院以及进行农作物改良等活动。这些活动在一定意义上有利于中西

① 杨懋春：《齐鲁大学校史》，见《山东文献》，台湾山东文献杂志社1984年版，第14页。

方的文化交流。

（1）传教士的编译和著述活动

传教士在中国传教的过程中，亲身感受到期间的酸甜苦辣与中西方文化的巨大差异，出现了大量记述传教经历的著述。同时，基于传教的需要和对中国传统文化的尊重，传教士们也翻译了大量的儒家经典。在近代胶东社会也有一批传教士致力于著述和翻译活动，根据传教活动的需要和个人的兴趣，他们的撰文主要涉及以下领域：为布道活动编写各种宗教书籍和小册子；为教会学校编写教材；编撰某位传教士的传记或个人回忆录；向本国教会的杂志、报刊提供大量与中国、山东有关的报道等。

每个传教士的著述活动都有着自己特有的风格。号称“中国问题专家”的明恩博（Arthur Henderson Smith）所著的《中国文明》《中国人的性格》等成为了影响西方世界的著作。倪维思夫人为其丈夫和梅理士的第一任夫人麦克马斯特（Rose Macmaster Mills）编写了个人传记，还有一本回忆录《我们的在华生活》在传记类著述中具有较大影响。另外，很多传教士都向本国教会撰写文章，或报告工作情况，提出工作建议，或记述山东的风俗民情和社会问题。1886—1888 年间，慕拉蒂将许多题为《来自平度的信》的文章发表在本国差会的杂志和南浸信会的州立报纸上，向差会及时汇报山东南浸信会的工作情况，提出各种现实问题与差会本部探讨。诸如山东社会的妇女缠足、一夫多妻、弃婴等都曾见诸女传教士的文章中，也引起过各差会的激烈讨论。花之安著述的《儒学汇纂》《中国宗教学导论》等有关汉学的著作，也风靡一时。尉礼贤翻译了《论语》《孟子》等中国古代经典及名著小说，在西方一度掀起了学习中国文化的浪潮。

狄考文是近代山东基督教传教史上著名的教育家，他不仅在登州创办中国历史上第一所教会大学，还积极从事文字出版事业，在登州文会馆工作期间他编译了《心算数学》《形学备旨》《笔算数学》《代数备旨》等新式教材，其中《笔算数学》自 1892 年出版后，修订、重印达 30 余次，在当时产生了广泛的社会影响。除数学领域外，狄考文还编译了《要理问答》、《创世纪问答》、英文《神字解》、英文《驳倪公传道政策》、《赞神圣诗》等书；此外，还出版了《理化实验》《理化全书》《电气镀金》《测绘全书》等其他领域的教科书和参考书。狄考文不但自己结合教学实践编写教科书，还组织赫士编写了《对数表》《声学揭要》《热学揭要》《光学揭要》《天文揭要》《天文初阶》《救世略说》和《使徒史记》等教科书及参考书；帮助学生王锡恩和张松溪等人编写《实用天文》《力学测算》《勾股演算》《勾股题镜》和《八线备旨》等教科书。[①] 这些教材不仅在教会学校中使用，晚清

① 王元德、刘玉峰：《文会馆志》，潍县广文学堂印刷所 1913 年印刷，第 5 页。

西式学堂也用其作为教科书。

狄考文除了将西学东传到中国外，还积极开展向来华传教士推广中国官话即白话的工作，因此他编写了《官话类编》一书。该教材从1867年准备，到1892年出版，共花费了25年时间。由于教材内容通俗易懂，涵盖广泛，成为来华传教士学习中文的必备工具书之一。

虽然撰写这些著作只是基于他们工作的需要和本身的文化修养及兴趣，但是其中更多地把关注的目光投向了基督教的传教工作和山东的风土民情。通过传教士的著述，或许有助于更客观、全面地了解基督教在近代胶东乃至山东的活动概况。

（2）传教士与西方科技的传播

在西方科技在胶东的传播方面，郭显德与烟台博物院最具代表性。郭显德在传教过程中发现中国人虽然对宗教不热心，但对西方国家的历史和科学有很强的好奇心。为了吸引听众，郭显德在烟台建立一个小型的博物院称为“博物院福音堂”，其中陈列许多珍禽异兽、矿石标本、挂画和各种珊瑚。据连警齐记载：“博物院即其福音堂之别开生面者也，前厅演讲，后厅参观，每日听道者，络绎不绝。每年总计约有数万人，哄动南北，延及西东。郭牧师之博物院，乃如无声之电影，将天地间凡被上帝所造之物，排列眼前，使参观者一日间即可游遍全球，动植各从其类，有条不紊。”① 郭显德建立博物院的主要目的是为了传教，“博物院本为静观陈列之所，审视研究之处。今乃用之以为传道之招牌，死法活用，实为郭牧之新发明。推而广之，无物不可以彰显主德，无事不可以启示主能”②。但是他也为烟台民众接触西方的先进科学知识提供了一个平台。

博物院建成后，里面陈列了许多让中国人叹为观止的展品，如机械玩具和零件，张着嘴也不走动的毒蛇等，而最受欢迎的是一列带有数个小车厢的电动火车模型。在展品的旁边，都有人一面向参观的人介绍展品的相关情况，一面向他们传播福音。郭显德自己也不停地在院中与人谈道。具体操作流程是，每10人划分为一个小组，先听布道，然后再让该小组参观，依次序进行。针对妇女的特殊情况，每个季度还有妇女专场，所布道的内容也有很强的针对性，如针对裹脚的问题等。

郭显德在烟台建立的博物院是烟台较早的一座博物院，院内展品十分丰富，加之烟台又是一个往来船只频繁的港口，因此来博物院参观者人数众多。许多人参观过后，就把耳闻目睹的情况当成新闻传播到各地，因此，自博物院落成后，一方面传播了西方技术，一方面无形之中也扩大了基督教的影响。

---

① 连警齐：《郭显德牧师行传全集》，上海广学会1940年版，第335页。

② 连警齐：《郭显德牧师行传全集》，上海广学会1940年版，第335～336页。

（3）传教士对农作物的技术改良

胶东半岛地区属丘陵地带，适宜果树种植，在19世纪中期以前，一直栽种绵苹果。其后，随着外国传教士传入西洋苹果，西洋苹果逐步取代了土产，并成为大宗出口商品，烟台苹果于是驰名中外。而这一美誉的取得，得益于美国北长老会传教士倪维思。倪维思自幼热爱园艺，曾在纽约学过园艺学，掌握了果树种植技术。1854年，倪维思来到中国，先在宁波传教。登州开埠后，1862年转至登州继续传教。1871年，由登州迁居烟台。他发现烟台当地的气候、土质与盛产苹果的美国东北部相似，但所产各种水果的质量相差很多，因此萌发了引进品种的想法。他先在住所附近的毓璜顶南购地数十亩，开辟果园，作为示范农场，名为“广兴果园”，大量从美国引种优良的苹果、梨、李子等树种。经过不断的努力，终获成功。此外，倪维思还对当地苹果品种进行改良，将美国、欧洲、日本的苹果树种与当地树种相互嫁接，以成新品种，闻名各地的“烟台香蕉苹果”，即他利用美国树种嫁接而成的。

倪维思果园的水果因产量高、味道好，激起了附近农民种植的极大兴趣，他们争相索取枝条。烟台许多民族资本家，见有利可图，也纷纷投资果树种植。至清末，烟台南部山区一带已是果树遍山，成为西洋苹果的特产区域。到20世纪初，烟台已逐渐成为欧美果木品种的集中引进栽培地。① 1932年，烟台苹果总产量已达104300担，品种多达20余个，并于当年开始出口，占当时全国苹果出口量的90%。② 烟台成为我国北方的水果之乡。

胶东盛产的大花生也是由美国传教士引入的。在美国大粒花生传入之前，胶东种植的品种是小粒花生。这种小粒花生，虽然含油量较大，但产量低且收获难，一般农户不愿多种。与土种相比，大花生具有“发育迅速，容易栽培，产量极丰，食料及制油用甚相宜”等品种优势。③ 于是，传教士梅里士把大花生分给当地的教民试种，获得成功，花生产量和质量都得到极大提高，此后农民纷纷改种大花生，到20世纪二三十年代，大花生在山东各主要产区取代小花生而成为主栽品种，种植遍及全省。而此时山东大花生的外销量始终占全国总量的一半以上。据海关年报记载：“1931年，中国出口花生计798910吨，价值海关银7800万两，其中大部分是山东生产的。”④ 花生种植业已成为山东一项重要的商业性农业产业。

---

① 庄维民：《近代山东市场经济的变迁》，中华书局2000年版，第602页。

② 宫栾鼎：《烟台史话》，海洋出版社1992年版，第152页。

③ 庄维民：《近代山东市场经济的变迁》，中华书局2000年版，第536页。

④ 中国人民政治协商会议山东省烟台市芝罘区委员会文史资料研究委员会：《芝罘文史资料》第四辑，1989年印刷，第217页。

另外，还有一些不完整的资料提到传教士曾参与近代胶东农业的改良。如1913年前后，有美籍传教士试种烤烟于烟台。当时仅为试验性质，然而经过栽培之后，尚能适应环境，成绩良好，于是逐渐推广于河南、安徽、广东各地①。还有记载美南浸信会牧师慕雅各引入荷兰纯种奶牛于烟台等②，可见传教士曾广泛参与了近代山东的农业改良。

第二节　胶东开埠文化的近代新貌

胶东地区的开埠，一方面将胶东推向了殖民化，同时也将胶东推向了近代化的前沿。西方文化的进入开阔了胶东民众的视野，促进了胶东地区的经济和社会生活的变迁，胶东近代工商业迅速繁荣，近代文化兴起，近代城市初具规模。

一、近代工商业的繁荣

对于近代山东沿海城市而言，城市的发展是以商业贸易尤其是对外贸易的发展为前提和主要动力。贸易的发展必然带动交通、工业、金融等事业的发展，从而推动了城市的繁荣，增强了城市的经济能力，而城市的繁荣又吸引了人口的大量聚集，城市规模随之扩大，从而提高了整个城市的近代化水平。应该说，城市的发展程度首先取决于对外贸易的发展程度，而青岛、烟台、威海、龙口四个港口城市的发展排位与对外贸易排位的顺序基本一致说明了这一点。

1. 长足发展的贸易

开埠给胶东城市带来的最直接影响就是对外贸易的长足发展。由于对外开放，这些城市成为与世界经济相联系的窗口，对外贸易逐渐成为这些城市的经济支柱。其中最为典型的莫过于烟台和青岛。

烟台港是近代山东第一个开放的通商口岸，由于其处于南北交通要道，且腹地资源丰富，烟台自开埠通商后，对外贸易空前发展。在作为山东唯一一个开放口岸期间，烟台几乎垄断了所有山东沿海的进出口贸易，成为“东洋贸易港之重心”。③

开埠后，烟台是山东直接与国际贸易相联系的最大贸易中心，它通过两条交通线与山东内陆连接起来：一条是水路，由烟台经羊角沟入小清河至济南；一条是陆

① 强百发、李新：《西方传教士对中国近代农业的贡献》，载《西北农林科技大学学报》2006年第1期。

② 中国人民政治协商会议山东省烟台市芝罘区委员会文史资料研究委员会：《芝罘文史资料》第四辑，1989年印刷，第233页。

③ 郑千里：《烟台要览·金融篇》，胶东新报社1924年版，第6页。

路，经烟潍大道至潍县，再沿鲁中山地北麓的东西大道经青州、周村至济南。这样外国商品运抵烟台后，除了在胶东半岛附近各县销售外，还通过上述两条交通线运往内地，经过两条交通线上的城市转售各地；而适合于外国市场需要的山东各地的一些土特产品，也首先在一些城市集中，而后再运往烟台出口。

烟台开埠之初的1864年，烟台的贸易总额为627万芝罘两（约合561万海关两），其中洋货进口196万芝罘两（约合176万海关两），土货出口贸易额为276万芝罘两（约合247万海关两）。到1894年烟台的贸易总额为1535万海关两，其中，洋货进口贸易额为586万海关两，土货出口贸易额为657万海关两。1894年甲午战争之后，外国势力加速了对山东的侵略渗透，所以在这一时期外货进口膨胀，烟台港的贸易迎来了一个发展的小高潮。在1895—1905年的11年间，贸易发展极快，洋货进口增长了1246万海关两，约为1895年的三倍；土货进口量增长了916万海关两，为原来的4倍，贸易总额在1905年达到4400万海关两，① 创下烟台开埠以来的最高贸易额。

随着贸易的繁荣，烟台吸引了省内外的商人来此经商。省内的黄县（今龙口）、掖县（今莱州）、潍县（今潍坊）等地商人纷纷将资金投向烟台，来自省外的福建、宁波、广东等地商人也开始在烟台开设商号，经营各项贸易。1891年，烟台约有商人9620人，商号1660家。10年后，烟台有商号1780家，商人13000人，客栈310家，业商1100人。② 1919年，烟台大小商号约3000余家，其中洋商与外省商号总计有100多家，余者皆为本省商号。③ 在烟台，势力最大的行栈业最早是由来自黄县（今龙口）、掖县（今莱州）、潍县（今潍坊）、即墨、日照等地的商人建立起来的。

其时，烟台商号，“以行栈为最巨，代买卖而扣其用，业此者盖不下数十家”④。行栈商在烟台通称为外庄家，又称行店或大店，其最大特点是设有供客商洽谈贸易的宽敞铺面和存放货物的仓栈，并能为前来交易的外地客商提供食宿，因此当地也形象地称之为“大屋子”。外庄家虽以中介为业，但各有其自营本业，并赖此业以确保其在中介业的地位。凡烟台的大宗货物交易，都需经行栈之手来进行。货主双方直接进行买卖的情况非常少。烟台资本实力最雄厚的行栈多集中在粮食、水产、棉纱、砂糖、木材、茧绸、杂货、药材、豆油等行业。其

---

① 交通部烟台港务管理局：《近代山东沿海通商口岸贸易统计资料（1859—1949）》，对外贸易教育出版社1986年版，第4～7页。

② 刘大可、张照东主编：《山东经济史·近代卷》，济南出版社1998年版，第210～211页。

③ 林修竹：《山东各县乡土调查录》卷四《福山县》，山东省长公署教育科1920年印刷。

④ 《福山县志稿》卷五《商埠志》，民国二十年（1931）铅印本。

中以黄县（今龙口）、掖县（今莱州）、潍县（今潍坊）等为主的本省商帮实力最大，仅资本额高达100万两的商号就有水产商“大成栈”、油商“双盛泰”和“万顺恒”等3家，10万两以上100万两以下的有8家，5万两以上10万两以下的有15家，共计有26家，资本总额达600余万两。此外，广东、宁波商帮也分别有大行栈20余家。①

青岛港口贸易也迅速发展，虽然在开埠以前青岛地区的贸易就有了一定的基础，但毕竟还是无法与开埠后的对外贸易发展相提并论。开埠后短短几十年，青岛便迅速赶超了贸易实力雄厚的烟台，成为山东省最大的对外贸易口岸。1899年青岛开埠通商，同年贸易总额为212万海关两，洋货进口为22万海关两，土货出口为88万海关两。到1914年第一次世界大战爆发，青岛港的贸易总额上升至6045万海关两，进口洋货1843万海关两，土货出口为2569万海关两，而到了1931年青岛贸易总额达到22000万海关两，②短短15年青岛的进出口贸易实现了跨越式的发展，其增长速度“远非其他各通商口岸所能企及”③。这是青岛历史上发展最为迅猛的阶段，为青岛港的贸易地位打下了基础。1906年青岛海关税收首次超过烟台，在当时全国36个海关中排名第七位，1910年，青岛又在贸易总值上超过烟台，跃居全国第六位，仅次于上海、天津、汉口、广州、汕头五港，在北方港口中雄踞第二位，是华北地区重要的港口城市。事实上，青岛在此时已经取代烟台成为近代山东海洋贸易的第一大港。此后，青岛港一直保持着这个势头，长盛不衰。除了个别年份外，青岛港的贸易总额居山东省第一位，在全国各口岸中恒居第六或者第七位。青岛不仅成为山东对外贸易的中心，而且是连接我国沿海各港和日本、东南亚，远达欧洲、美洲各大港口的重要城市，在整个中国对外经济贸易中具有举足轻重的地位。

英国租借威海卫后，比照香港的办法，把威海卫辟为自由贸易港，宣布对所有国家开放，进出口货物免征关税。试图通过自由港的优惠政策发展进出口贸易，刺激商业发展，增加财政收入。所谓自由港政策，是指在威海卫租借地境内，所有进出口的货物，一律免征原本由中国海关征收的关税。他们以此吸引中外商人来威海发展商业。当时，威海出口的大宗货物主要是花生。花生贸易基本被外国洋行所控制，英商泰茂洋行组织操纵的花生同业公会1922年就拥有93个会员，差不多垄断了整个威海卫的花生贸易。1928年，花生和花生仁、花生油的出口额占到威海卫港

---

① 庄维民：《近代山东市场经济的变迁》，中华书局2000年版，第247页。

② 交通部烟台港务管理局：《近代山东沿海通商口岸贸易统计资料（1859—1949）》，对外贸易教育出版社1986年版，第10、11、13页。

③ 赵琪修，袁荣叟等纂：民国《胶澳志》卷五《食货志六》，民国十七年（1928）铅印本。

口出口货物总额的58.26%。其他大宗的出口货物还有咸鱼、虾米、盐等海产品。海产品的出口带动了渔业和海产品加工业的发展。进口贸易主要是转口的货物，主要有布匹、棉纱、大米、面粉、纸烟、煤炭、煤油、皮革制品等，这些货物主要是从欧洲和美国、日本、南洋、香港等地输入。大量货物的进出口，刺激了威海卫的海运业发展，1902年进出威海港的船舶只有146艘，货物运输吨位15.18万吨，1928年发展到1017艘，货物运输吨位114.01万吨，吨位数增长了7.5倍。商船的国别遍及欧、美、亚近20个国家和地区。殖民当局的收入也由1903年的1000多元，增加到1928年的14.44万元，增加了100多倍，航运税费成为殖民当局最主要的财源。①

2. 民族工业的兴起

随着近代工业在中国的兴起与发展，胶东地区的商人也开始在资金积累的基础上，投资于近代工业，为推动胶东地区近代工业的发展作出了积极的贡献。特别是在钟表业、葡萄酒酿造业和精盐制造业等方面，胶东更是走在了全国的前列。

（1）烟台近代民族工业的发展

烟台开埠后，一批颇具实力的民族工业相继诞生，不少行业步入了国内先进行列，有的甚至处于领先地位。据《山东省志资料》统计，20世纪前十年，山东民族资本主义工矿企业共有66家，其中“资本在一万元以上的共有十七家，而烟台就有七家之多”②。可见，近代烟台是山东民族资本主义经济最发达的地区之一。烟台的工业进步主要表现在棉织业、面粉业、火柴业、罐头食品业、钟表业、酿酒业、烛皂业、精盐业、电业等一批近代化工业行业的兴起和发展，以及一些传统手工业如发网、花边、丝织、榨油、砖瓦等行业的技术革新与改造，或采用机器生产等方面。

烟台的制钟业不仅为国内首创，而且创立之后又带动了烟台乃至全国钟表行业的发展。民国初年，“我国制造时钟厂极少，所有者大半集中于山东之烟台，烟台朝阳街朝阳胡同之宝时厂，为我国造钟业空前之第一家”③。1915年7月，威海人李东山投资25000元在烟台创办宝时钟厂，李东山自任经理，掖县人唐志成担任厂长和技师。宝时钟厂创立伊始，李东山和唐志成等人就致力于自主研发生产设备和零部件，他们一方面通过各种渠道和方式学习日本座钟的生产技术，一方面则结合自己的实践经验不断努力总结和创新。宝时钟厂创立初期，陆续配置旋床、钻床、

① 刘玉党主编：《威海文化通览》，山东人民出版社2012年版，第198页。

② 中国科学院山东分院历史研究所：《山东省志资料》第二辑，山东人民出版社1983年版，第102页。

③ 实业部国际贸易局：《中国实业志·山东省》，1934年，（辛），第680页。

刨床、压力机、机锯、刨木机、铣床等各种专业生产设备共83台，“皆用电力为原动力”，这些设备除部分购自德国外，其余多系“本厂自造”[①]，这是以机械生产为特征的中国现代制钟业的新起点。宝时钟厂成立之初，只有40名学徒工。由于钟表制造工作是一项非常复杂的工作，技术水平要求高，工厂发展较为缓慢。1918年宝时钟厂生产出第一批座式机械摆钟，但其主要零部件仍是使用日本货。1920年，宝时钟厂以日本“马球”牌时钟为范本，成功仿制出可连续运转7天的机芯，实现了从组装零件到自制机芯的飞跃。[②] 到1923年，宝时钟厂的规模开始逐渐扩大，雇用工人达到100名，随着工人对技术的逐步掌握，已经形成年产7000台座钟的生产能力，企业也开始盈利。此后随着技术的不断更新，宝时钟厂也不断发展壮大，企业雇用的工人也越来越多。到1935年，宝时钟厂所雇用的技术工人和学徒已超过200人，年产量也已经达到3万台，其销售市场更是遍及广东、福建、九江、长沙、汉口、宜昌、安庆、南京、宁波、上海、河南、汕头、青岛以及胶东的广大地区。[③] 宝时钟在全国的畅销，带动了整个烟台钟表业的发展，到20世纪30年代，烟台先后创建的造钟厂多至六七家，从业人员达到1000余人，年产时钟16万余只。[④] 烟台成为现代制钟业的发祥地。“烟台时钟，销路极广，南达上海、福州、广州、厦门、香港，北销天津、胶东，西南销郑州、济南、南京、汉口、杭州，而永康厂出品，更销南洋群岛。”[⑤]

烟台造钟业的发展，还带动全国的造钟业步入了现代化的道路。“自宝时钟表厂创立以来，至少有2000人直接或间接地通过宝时钟表厂，掌握了钟表制造技术。”[⑥] 宝时钟厂培养出的大批技工不仅在烟台本地参与开办钟表厂，还在全国各地开办钟表厂。1932年，鲁宣民、孙文庚等10余名技工在天津兴办了北洋造钟厂；1934年，刘玉秀、陈书祥等人在青岛开办时辰造钟厂；1935年，赵传尧、余宝任在沈阳开办了新明造钟厂，在丹东开办了大陆造钟厂；1943年，赵传尧又去上海与丛顺滋、李志海等人创办忠众造钟厂；1944年，徐宝任去北京与徐华梅创办长城造钟厂；1945年，李典章、唐志成、唐绍祥等人去上海创办时民造钟厂；1946年，

---

① 《山东工商报告》，1931年。

② 李平生：《山东老字号》，山东文艺出版社2004年版，第154页。

③ ［英］阿美德著，陈海涛、刘惠琴译注：《图说烟台（1935—1936）》，齐鲁书社2007年版，第83页。

④ 姜国璋：《烟台顺德兴造钟厂》，见《山东文史集萃·工商经济卷》，山东人民出版社1993年版，第96页。

⑤ 实业部国际贸易局：《中国实业志·山东省》，1934年，（辛），第684页。

⑥ ［英］阿美德著，陈海涛、刘惠琴译注：《图说烟台（1935—1936）》，齐鲁书社2007年版，第83页。

陈玉武在天津创办华威造钟厂。这些人都是来自宝时钟厂的技师或技工。[①] 虽然这些企业所生产的产品，对宝时钟厂造成了直接而有力的竞争，如烟台永康造钟厂就成为宝时钟厂最强有力的竞争对手，但是从行业发展的角度来看，宝时钟厂所培养出的技术工人，极大地促进了烟台乃至整个中国钟表业的发展。

广东籍华侨张弼士在烟台投资创办的张裕葡萄酿酒公司，是中国近代史上第一个带有现代工业色彩的葡萄酿酒公司。据说，张弼士之所以回国投资葡萄酒酿造业，还有一段有趣的故事。1871 年张弼士在印度尼西亚时，曾作为嘉宾被邀请参加法国驻雅加达领事的酒会，席间甜美浓郁、甘香怡人的法国葡萄酒深深吸引了张弼士。法国领事还向张提起，当年他曾随英法联军到过烟台，用随身携带的小型制酒机，将烟台野生葡萄榨汁酿酒，味道相当不错。也许就是从那时起，张弼士与葡萄酒结下了不解之缘。[②] 后来，张弼士应新任登莱青道道员盛宣怀的邀请，到烟台考察兴办实业事宜。通过对烟台的实地考察，他认为烟台具备兴办葡萄酒厂的条件。1892 年，张弼士投资 200 万两白银创办张裕葡萄酿酒公司，购买了烟台东部和西南部的两座荒山，挖石填土，建起葡萄园，并从法国、意大利等葡萄酒主产国引进葡萄良种改良当地葡萄品种。时任驻烟台领事的奥地利人拔保，是一位出色的葡萄酒专家，在张弼士的力邀下，他受聘担任酒厂技师。1908 年，张裕公司已能生产窖藏红、白葡萄酒 20 余种，累计生产红葡萄酒 20 万升，白葡萄酒 15 万升，在国内的上海、广州、汉口等地设分销机构，行销到国内各大商埠以及东南亚各国、朝鲜和俄国。1912 年 8 月孙中山途经烟台时，曾前往张裕葡萄酿酒公司参观，在品尝了张裕的葡萄佳酿后，孙中山欣然写下了“品重醴泉”，以示鼓励。1915 年，张裕葡萄酿酒公司在巴拿马太平洋万国博览会上共有四种葡萄酒同时获得金奖，一举成名，为中国争得了荣誉，也为公司的发展奠定了坚实的基础。到 20 世纪 20 年代初期，张裕公司已经成为烟台最大的工业企业。

除了张裕酿酒公司不断的发展外，烟台在民国前期又兴起了传统酿酒业、啤酒制造业，并获得迅速发展和巨大成功，使烟台成为华北乃至中国的酿酒重镇。

烟台的白酒酿造业开始于 1907 年成立的三义居小酒坊，翌年又有德泉居。民国成立后，烟台的传统酿酒业有了迅速发展，1912—1927 年间，烟台先后设立大小酒坊 24 家。[③] 产品有普通白酒及各类色酒（又称“露酒”），如史国公、五加皮、玫瑰茵、陈香樵等。

---

① 李平生：《山东老字号》，山东文艺出版社 2004 年版，第 157～158 页。

② 李平生：《山东老字号》，山东文艺出版社 2004 年版，第 104 页。

③ 王守中、郭大松：《近代山东城市变迁史》，山东教育出版社 2002 年版，第 534 页。

烟台醴泉啤酒公司是民国前期创设的新式酿酒业。创办人王益斋、李介臣，原籍荣成，早年在海参崴与人合营钱庄业，因为目睹俄国富人经常喝啤酒，啤酒销路很好，遂萌生了投资啤酒工业的想法。经过多方打探，两人逐步了解了制造啤酒的基本技术和所需设备及相关的条件等，于1920年合伙集资在烟台南山北麓老虎岩购地建厂，次年投产，即出产啤酒46吨。在生产啤酒的同时，兼制汽水和冰块，雇佣俄国及奥地利啤酒技师，汽水技师和机械师均为中国人，所产“三光牌”啤酒，“可与另一国人创办的北京双合盛啤酒厂的‘五星牌’齐名”①。

罐头食品业。烟台及其腹地水果、鱼虾及家禽出产丰富，但是多有季节性，保存不易。在辛亥革命之前，烟台乃至山东全境的罐头食品，一直都是从外国进口。1913年留学欧洲归国的李邦岱，看中了烟台宜人的气候、丰富的原料和便利的交通，遂筹资在烟台建立了山东第一家罐头食品企业——利丰公司。第二年，东亚、精美两个罐头厂又相继建立，1915年又有德丰、福兴、振东三家先后设厂，其后又有东海、协昌泰等厂兴建，一时间，烟台罐头食品业十分发达。在先后开办的众多厂家中，东亚、德丰两厂由于先后引进了国外先进的封口机和扣焊、切断、冲床、卷边等机器设备，劳动生产率较高，竞争力较强，日产罐头两三千罐，其他企业则多系手工业。20世纪20年代初中期是烟台罐头食品业的最兴盛时期，产品有水果、鱼虾、鸡肉、牛肉、果酱、杂品五大类，四五十个品种，大部行销到东北地区和海参崴。

机制精盐业。胶东濒海，是我国主要的盐产区之一。1919年9月，商人林子有等人集股在烟台创办了通益精盐公司，这是山东第一家精盐制造公司。虽然其成立时间略晚于1914年创办的天津久大精盐公司，但其规模和水平与久大相近，属于全国的先进水平。1932年，通益精盐公司有资本100万元，合计马力84匹，产品以粒盐为主，共计年产30万担。② 烟台通益精盐公司拥有5座工厂，生产设备包括许多电子设备和其他现代化机器，还配有现代化的化验室。雇佣装配工人40名，生产工人160名。现代化的生产设备和管理制度保证了通益精盐公司在生产过程中能够坚持连续的质量检验，保证了产品的化学纯度，因此其精盐产品深受市场的欢迎。通益公司在上海、济南、天津、无锡、镇江、芜湖、南京、蚌埠、安庆、岳州、常德、湘潭、长沙、九江、汉口等地都设立了经销处。

烟台设立的近代新兴工业企业还有许多起步较早，并在山东具有一定影响力

---

① 林辉茂：《醴泉啤酒厂创立与发展》，见《山东文史集萃・工商经济卷》，山东人民出版社1993年版，第100页。

② 实业部国际贸易局：《中国实业志・山东省》，1934年，（辛），第440～441页。

的，如1913年创设的福利肥皂公司是烟台第一家肥皂公司，在山东仅晚于1904年于青岛设立的商办青岛肥皂厂；1915年烟台成立的第一家火柴厂“胶东中蚨火柴公司”，是继济南振业火柴厂之后的第二家火柴公司；1916年创办的茂兰福机器制造面粉厂是烟台第一家面粉厂等。

除了上述优势产业和一般近代工业外，烟台作为港口城市，在渔业、航运业以及公用事业等方面也有较大的进步。如早在1905年王锡藩就在烟台设立山东渔业公司，租赁渔船，并从广东招聘腌鱼工匠，从事渔业生产；1905年，华商成立了政记轮船公司；1913年，于岷山和牟巨卿等人创办了烟台生明电灯公司。

综上所述，自开埠后到民国前期，烟台的民族工业有较大发展，有许多行业在省内甚至国内均居于领先地位。

（2）青岛民族工业的发展

青岛的工商业发展主要在德国殖民当局的掌控之下进行。就民族工商业而言，在德占时期成立并且保留下来的仅有5家，资本额共计4.4万元。自德国势力垮台后到1927年间，青岛民族资本先后设立并且一直维持生产的各类大小工业企业，共计43家（包括中日合办一家，官办的四方机厂未计），除去两家资本因不予宣告而无法计算外，41家资本总额达7710010元。其中资本总额在500元以上者16家，100元以下者12家，资本最多者320万元，最少者100元。[①] 43家民族资本企业，大致可分为纺织工业、化学工业、机器工业、电气印刷工业、饮食工业等几大类别。

青岛纺织工业类6家，资本总额2723700元，其中华新纱厂为大型工厂，拥有资本270万元，纺纱兼纺线。其余5家工厂规模较小，严格说来不算是真正意义上的近代企业。

华新纱厂筹建于第一次世界大战前，厂址为沧口原德华丝厂。德华丝厂1908年因故宣告停业。其后，由中国著名实业家周学熙将德华丝厂全部厂房、机器购买下来，改设棉纺厂，并且出资向德商瑞记洋行订购英国爱色利斯纱机，不幸货未到而欧战起，厂房亦被外商占用招募赴欧华工。第一次世界大战结束后，几经交涉，始收回厂房，因德商洋行停业，改向美商美兴公司订购美国怀丁厂纱机，并于1919年1月开办，为有限责任公司。该厂经过多次扩充，到抗战前，从最初14000余纱锭，逐年增加到44000余纱锭、8000余线锭、500台布机、精梳烧毛等特殊设备，为当地日厂所未有，并加以全套漂染、印花、整理设备，成为纺织印染的全能厂。[②]

---

① 《青岛工厂概况表》，见《青岛工商业概览》，1932年刊，第15～39页。

② 周志俊：《青岛华新纱厂和华北棉业》，见《山东文史集萃·工商经济卷》，山东人民出版社1993年版，第9页。

青岛永裕公司是颇具规模的一家精盐制造公司。永裕公司系由原日据时代的日本盐厂的基础上重新组建而成的，于1922年由商人张成勋、丁敬臣、范旭东等青岛商人与外地商人共同组织的永裕公司承办。永裕公司在管理制度上采用了董事制，由股东会选举董事15人、监察5人，以常务董事3人处理公司事务，并设经理1人。公司内设会计、工务、栈务、滩务、内销、外销、物料、精盐八课，各课设课长1人，分别掌管各自的职能业务。① 为了进行科学化管理，永裕公司制定了《办事章程》，明确永裕公司的组织机构及其人员构成、任用原则、薪金、酬劳金分配、职工奖恤、辞退等，其中对于有“发明物品或独自创造事业令本公司专利者”、有善行者、任事谨慎者及因公致伤、致疾者，均可经董事会批准，给予优恤，甚至终身优恤。②

从上述企业的发展情况来看，这一时期胶东地区出现的近代工业企业，已渐具现代化企业的规模，特别是精盐制造业，经营者在学习国外先进生产技术和管理制度方面迈出的步子更大。他们凭借优厚的经济实力和勇于开拓的精神，将现代化的生产和管理手段直接引入盐业生产行业，购置机械设备，以电力、蒸汽为动力，用机械或化学方法制盐，雇佣工人进行大规模的生产，并按照西方公司的模式，建立董事会。但从总体范围来看，胶东大部分民营工业企业是由旧式作坊转化而来的，还处在资金少、规模小、设备差、技术力量薄弱的艰难境地。这些企业不论规模大小，都代表着一种新生的社会经济力量的崛起，推动着胶东社会经济的进一步发展。

3. 近代金融业的出现

进入近代以后，随着烟台、青岛等沿海开埠城市的迅速崛起，胶东地区的商品经济得到了进一步的发展，一些原在东北经商的胶东商人纷纷返回家乡创业，促进了胶东地区金融业的发展。

传统金融业亦称银钱业，包括钱庄、银号、汇兑庄、放账庄、钱铺、兑换店、商社及兼营8种。近代胶东传统金融业的继续发展，主要以经营汇兑业务的汇兑庄、钱庄为主，“其势力所及，远达东三省”③。近代由于大批胶东商人在东北从事商业经营活动，每年都要把大量的钱款寄回家乡，这就为胶东地区金融业的兴起与发展创造了条件，仅黄县一地，钱庄最盛时期就达150多家。直到30年代中期，胶东地区的银钱业虽历经波折，但仍保持了一定的发展规模。

---

① 实业部国际贸易局：《中国实业志・山东省》，1934年，（辛），第442页。

② 《战前永裕公司调查》，山东省档案馆馆藏档案：112－12－693。

③ 实业部国际贸易局：《中国实业志・山东省》，1934年，（癸），第32页。

胶东地区在东北、海参崴等地经商的人特别多，以蓬莱为例，有60%左右的男性在东北经商或谋生。而这些人一般两三年才回一次家，中间往家带钱主要靠回乡的亲朋好友随身携带，既不方便，也不安全。而且，当时东北各地之间以及东北与胶东之间的币制极不统一，哈尔滨是“哈大洋”，沈阳是“奉票”，吉林是“官贴”，大连是“俄票”“金票”等，而胶东一般用“大洋”“铜元”，币制的混乱更增加了往家里带钱的困难。于是专门替人捎钱的汇兑业务在胶东应运而生，且日渐繁盛起来。民国时期，烟台“境内钱业以汇兑庄发展最早，汇兑庄大都系骡马店出身，而兼营汇兑之事业，其根据地系胶东十县（福山、文登、牟平、莱阳、蓬莱、掖县、招远、黄县、荣成、栖霞）及烟台、龙口、威海等埠……鲁人之侨居东三省者，每年汇入款项，均经汇兑庄以老头票或卢布合成大洋，汇回鲁省数达四千万元之巨。汇入现款既多，烟台银钱庄号吸收存款，而银钱业乃益发达”①。

闻名胶东的烟台“福顺德”汇兑庄，就是靠经营胶东和东北之间的汇兑业务发展起来的。“福顺德”的创始人梁善堂是莱阳赤山乡护驾崖村人，早年曾在烟台和海参崴之间贩卖估衣，每年往返数次，期间经常受同乡亲人委托往家里带钱，到烟台后再按照乡人的要求把钱送到其家中。后来捎钱的人越来越多，于是梁善堂就与人合伙在烟台开设了“福顺德”客栈，以汇兑为主，客栈为辅，汇费为每10元收费2角。随着营业范围的不断扩大，“福顺德”先后在东北的哈尔滨、长春、吉林、沈阳、大连、安东（今丹东）、营口、穆陵、下城子、绥芬河等地设立分庄，专收汇款，以矿工、农民、小商人为服务对象。同时在胶东的潮水、蓬莱、龙口、黄县、掖县、平里店、沙河、朱桥、招远、平度、金口、莱阳、海阳、栖霞、文登、荣成、石岛、威海等地设立分庄，专送汇款。1932年，“福顺德”已经发展成为以经营汇兑为主的大钱庄，在各地增建了许多分号和代理汇兑处，其经营范围不再局限于胶东一隅，还扩展到了青州、沂州等地，在山东的60多处城镇都设立了分号或代理处，覆盖了山东境内的大多数村庄。同时，在全国部分大中城市，如上海、天津、北平、大连、奉天（今沈阳）、营口、长春、安东（今丹东）、哈尔滨、吉林、齐齐哈尔以及山东境内的济南、青岛等城市，也都设有分号或代理处，营业范围扩大到全国大部分地区。

1910年掖县平里店人高程九在烟台开设了“恒聚栈”客栈，主要接待往返于烟台和海参崴之间的客商。在经营客栈的过程中，高程九发现住宿的客商中跑汇兑的人特别多，于是他在1913年首次派人到海参崴试办汇兑业务。试办的成功增加了高程九开展汇兑业务的信心，他相继派人到哈尔滨、天津、佳木斯、上海和家乡

---

① 实业部国际贸易局：《中国实业志·山东省》，1934年，（癸），第32页。

的平里店等地建立了汇兑点，以当地的掖县人为主要服务对象。

在传统金融业发展的同时，新式银行在烟台也出现了。早在1901年烟台就有7家外国银行代理机构，这些外国银行机构除了华俄道胜银行吸收当地定、活期存款并借贷生息外，其余6家银行只为本国商号对外贸易服务，从事汇兑和转账。1904年山东官银行在烟台设立分号；大清银行于1910年在烟台设立支行，交通银行烟台支行设立于1911年。起初，这些官银行势力都很弱，社会金融流通，仍然以钱业为主。到了民国前期，烟台的新式银行有10家，其中只有两家外资银行，即汇丰银行分行和华俄道胜银行（1922年华俄道胜银行撤销），其余均为华资银行，这些华资现代银行逐渐占据了烟台金融业的主导地位。

青岛的金融业，既有中国传统的钱庄银号，也有外国的现代银行。但是在金融界占统治地位的还是外国银行。其中开办最早的是德国的德华银行，以后俄国的俄华银行、英国的汇丰银行、日本的正金银行等也陆续在青岛开设了支行，其中德华银行影响最大。德华银行青岛支行于1902年正式开业，以后又在济南设立了支行。德国人在山东发展工商业，均以德华银行为中心，如山东铁路公司，德华银行是其大股东之一。自1907年起，德华银行青岛支行开始发行钞票。为了抵制德华银行发行纸币扩展势力，并与之竞争，清政府在青岛设立了户部银行青岛支行，户部银行即大清银行，总行于1905年9月设于北京。另外山东官银号于1911年改组为山东商业银行，也在青岛设立了支行。但是新成立的两家中国银行，均无力抵制德华银行纸币的流通。

除了烟台、青岛外，这一时期，胶东地区凡是在外经商尤其在东北经商人数多的地方，当地的汇兑业和钱庄业都非常兴盛。在现代的银行机构出现以前，胶东各县经营钱庄的商号非常多，由于钱业生意好，要想获得钱庄的经营资格非常困难。从1862—1932年间，掖县城里由本地人经营的大小钱庄先后有61家，多坐落在西门里街和鼓楼街，其中常年经营的钱庄总数为22家。资本额最高的是翟庆纶开设的“二洪昌”钱庄。此外，还有外地人在此开设的“天合兴”和“福顺德”汇兑庄。在掖县的平里店镇经营汇兑业务的钱庄和汇兑庄共有24处，约占当地各类商铺总数的20%，足见当地金融业的兴旺。这些钱庄、汇兑庄都开设在前大街上，大街的东西两头及两侧的胡同口都建有栅栏门，晚上关门加锁，有保卫人员打更巡逻，村民不准出入。街东端区公所西侧，筑有小炮楼，有炮手值班。因这条街钱庄多、汇兑庄多，老百姓称其为“钱行街”。

1919—1932年间，即墨县城里有钱庄26家，城阳有10余家，金家口有数家，共计40余家，经营存放款、办理汇兑等业务。在莱阳的水集，钱庄业最盛时达到30多家，其中规模较大的有“天合兴”和“福顺德”两家。在胶东其他县乡，汇兑业务也非常发达。

到民国前期，尽管这一时期胶东的银钱业出现了较为繁荣的景象，但从总体发展趋势来看，随着新式银行业的出现并且逐渐占据了金融业的主导地位，传统的金融机构虽然没有被排挤掉，出现了新旧并存的局面，但是无法与现代银行分庭抗礼，而是作为新式银行的补充存在。而且传统的银钱业要想生存并继续发展下去，就必须改变旧有的经营模式，积极向新式银行业的经营模式转变，从而使自身的发展与市场经济变化的节奏相适应。“盖以此时银行业在山东已有相当发展，钱业为维持其金融势力，不得不成立较钱庄为大之银号，以与之抗衡”①。一些实力较为雄厚的钱庄和汇兑庄等，面对新式银行业的挑战，逐步向现代银行靠拢。如烟台的“福顺德”“恒聚栈”等规模较大的汇兑庄都先后发展成为银号，兼营汇兑和存放款业务。

4. 新式企业家的诞生

胶东近代民族资本主义的发展，为胶东造就了一批不同于传统人群的民族实业家，他们是当时新的生产力的代表者，也是胶东区域具有新思维、新观念，引领时代风骚的人物。他们主要由三部分人组成。

传统商人。近代以前，胶东地区虽然素有经商习俗，但多以中小商人为主，并未像晋商、徽商那样形成大量的巨商富贾。这些人在经商致富后，多选择购置田产房屋，成为地主或富裕的农民。因此，在胶东地区大商人所占比例相对较少。但他们所产生的影响力非常大。这一类型的典型代表就是黄县丁氏家族。黄县丁氏“大致先世以勤俭起家，继以经营商业，遂致富饶”②。当铺业是丁家的支柱性行业，同时兼营以高利贷业务为主的钱庄业。丁家的当铺和钱庄，共有栈房字号八个，号称丁家的“八大钱囊”，分别为“文来”“泰来”“信来”“正谊”“金城”“东悦来”“西悦来”“天记”等，这些字号也是各大支系的称谓。据调查，丁家当铺北起东北三省，南至江浙，西达山西，遍布我国东部的11个省市。在山东107县，每县都有丁家当铺，每县大的集镇亦设有丁家当铺，形成了一个当铺网络。除当铺和钱庄外，丁家的经营范围还包括药房、粮行、丝业、煤、石油等。如黄县西关的登仁寿药局、鱼市街南侧文来的缫丝厂，烟台的“元丰祥”煤号，济南四马路的“丰华”石油公司，北京众多的粮行等。③ 黄县丁氏家族可以说是胶东地区传统商人的典型代表。他们以其庞大的家族经营力量，控制着整个胶东地区的当铺业，并

① 实业部国际贸易局：《中国实业志·山东省》，1934年，（癸），第25页。
② 蒋惠民：《黄城丁氏家族》，山东大学出版社2004年版，第16~17页。
③ 蒋惠民：《黄城丁氏家族》，山东大学出版社2004年版，第44页。

以其儒、官、商一体化的经营风格，保持着该家族在地方政治、经济等社会各方面的影响力。或者从更为严格的意义上来讲，丁氏家族虽是以经商致富，但到近代时期，已经发展成为儒、官、商一体的大家族，只不过经商仍是其家族发展的主业。

官绅。近代以来，新兴商人阶层所获取的巨大经济利益以及随之而来社会地位的提高开始吸引了官绅阶层的目光。从全国范围来看，“同光以来，人心好利益甚，有在官而兼营商业者，有罢官而改营商业者”①。胶东地区的情形亦是如此，很多官僚以参股的形式参与工商业经营活动。1905 年清末科举制度的废除以及清王朝封建统治的结束，彻底断绝了传统绅士阶层的晋升之机，他们不得不抛弃科举入仕的梦想，另择出路，重新寻找自己的社会定位。在胶东，特别是商风浓厚的蓬、黄、掖三县，许多举贡生员纷纷“弃学就商”，变身成为近代商人群体中的一员。烟台山东渔业公司的创办人王锡蕃曾做过清政府的礼部右侍郎，因赞扬戊戌六君子之一的林旭，惹怒了慈禧而被革职回籍。1905 年，王锡蕃在烟台创办山东渔业公司，采用先进的渔业经营模式，引进新式渔业捕捞技术和海水养殖技术，并创办渔业学校，为促进胶东地区渔业的发展作出了突出的贡献。

新式学生。近代以来，随着新式教育特别是实业教育的兴起，为社会培养了一大批具有专门技术和商业知识的新式学生。这些在专门的商业学校或工科学校学习的学生，或者在毕业后直接进入工商界工作，或者赴海外留学，学成归国后继续投身于工商界，这些人构成了近代胶东新式企业家群体中最具发展潜力和创造力的部分。他们当中的很多人，为胶东近代工商业的发展起到了积极的推动作用。如青岛冀鲁针厂的创办者尹致中，先是在青岛商业学校学习，1924 年赴日本广岛高级工业学校制造缝针业学习，1928 年回国后，先与人合资创办“忠记”制针厂，后退出“忠记”制针厂，另筹资金创办了“冀鲁”制针厂，为中国制针业的发展作出了突出的贡献。登州人杨滋勋、李文林从日本专门工艺科毕业回国后，于 1907 年募集股本在烟台西沙旺开设“登武公司”，专门制造榨油、轧棉所需的各种机器，以满足省内及周边地区发展近代工业的需求。来自于新式学生群体的商人虽然数量不多，但他们代表着一种新的发展趋势。他们不仅使近代胶东商人的来源构成较以前有了明显的变化，而且把现代化的生产技术、管理方法、经营理念引入了近代工商界，为近代胶东工商业的发展注入了活力。

从整体上来看，这些胶东的近代企业家群体的成长经历带有一些普遍性的特点，比如绝大部分都来自蓬莱、黄县或掖县。他们是近代以来胶东工商界的主要代表，蓬、黄、掖商人是鲁商的重要组成部分，其经营足迹不仅遍布山东各城市，还

① 徐珂：《清稗类钞》第 4 册，中华书局 1984 年版，第 1672 页。

涉足东北、华北乃至东南沿海地区和内陆城市。这三个县都是胶东工商业活跃的地区，人们的意识开放，有较强的创新精神。丛良弼和刘锡三就是十分典型的例子。

丛良弼（1868—1945），号庭梦，道号良悟。蓬莱县（今蓬莱市）安香丛家村人，是山东省火柴业的创始人，被人们称为“火柴大王”。丛良弼出身于农民家庭，很早就离开家乡，先后在烟台、上海等地谋生。在代表“东顺泰”前往日本收购火柴期间，思想受到触动。火柴当时被国人称为“洋火”，意为大洋之外舶来之物，是人们生活中的必需品，国内需求量很大。我国古代就发明了火药，而到了近代这种技术含量不高的“洋火”还要从别的国家购买。这深深地触动了丛良弼。他在日本注意掌握火柴的生产工艺和流程，并同时积极组织商会。1912年中华民国建立后，国内掀起了实业救国的热潮，丛良弼深受鼓舞，1913年，凭借对火柴生产技术和经营管理经验的长期积累，丛良弼在济南投资20万元创建振业火柴有限公司，生产“蜘蛛”“三光”“三狮”牌硫化磷火柴。因质量过硬，所产火柴一经上市，迅速占领了津浦路、陇海路沿线的火柴市场，甚至一度出现了供不应求的局面。

首次创业的成功给了丛良弼很大的鼓舞，1920年和1928年，他又先后投资60万元，在济宁、青岛增设分厂，所产火柴不仅行销国内市场，打破了长期以来外国火柴垄断中国市场的局面，而且“振业”公司的火柴还出口到了国外，在国际市场占有一定的份额。

刘锡三（1896—1982），又名占恩，中国老字号帽庄“盛锡福”的创始人。刘锡山出生于掖县（今莱州市）沙河镇湾头村，祖辈以务农为生，因生活艰难，背井离乡，外出谋生。他先在青岛一家外国饭店供职，后又到德商美青洋行做事。这期间，刘锡三开始接触草辫、草帽。抱着与洋人争利的思想，1911年，刘锡三和表兄合资在天津开设盛聚福帽庄。盛聚福帽庄注重品质，从一开始就把目标定为要生产一流的产品，为此刘锡三购买法国的整套设备，派人前往日本学习技术，1917年，将盛聚福易名盛锡福。在1929年在菲律宾举办的国际博览会上，盛锡福的产品获得头奖，成为东亚帽业之冠。之后，盛锡福帽业在保持优良品质的同时不断更新工艺和花样，在帽业始终保持着一定的优势。抗战时期，盛锡福已形成辐射全国的经营体系，除了天津总店和分店外，还先后在南京、北京、上海等城市设立分号，亚洲、欧洲、非洲和澳大利亚等地区都有代销处。

从上述两位商界领袖的履历来看，他们大多在年轻的时候就离开了故土，前往青岛、天津等工业文明较发达的城市从事工商等活动，在从业过程中历练了自己的胆识和经验，从而开始了自主创业。而他们在从事工商生产与经营过程中坚持实业救国、誓与洋人争利的品格，他们在实业经营中所表现出的创新思想、吃苦精神成为近代胶东民族企业家共有的企业精神，丰富了胶东开埠文化的内涵和外延。

二、近代文化教育事业的兴起

胶东开埠后，随着西风东渐，西方的教育和文化活动也进入了胶东民众的视野，并被接纳和效仿，从而使胶东在文化教育等方面开风气之先。

1. 兴办现代教育

胶东开埠以后，随着传教士在胶东各地创办教会学校，近代教育在胶东初见端倪。在这些教会学校的刺激下，胶东出现了政府和民间创办各类新式学校的热潮。1901 年后，清政府推行新政，进行教育现代化改革，一方面在国内废除了科举制度，设立了大批新式学堂，另外派出大批青年出国留学，自此，近代教育事业在胶东兴起。

（1）现代教育的兴办

德国占领青岛后，殖民当局致力于把青岛建设为一个传播欧洲文化的窗口，十分注意发展青岛的文教事业，除了支持教会在青岛办学外，德国殖民当局还开办了一些公立学校。德国人在青岛开办的学校分为德国人开办的和为中国人开办的两种，为德国儿童开办的学校称“青岛市公立德人学校”，又称“帝国政府学校”或“总督府学校”，于 1899 年由德人学务委员会议定设立。该校课程设置按照德国的规范安排并且用德语进行，享有与德国国内公立学校平等的地位。学校的校长和教员，开始都由德国天主教和基督教传教士来担任，从 1900 年起，由德国派来的教师接替了传教士担任基础课教学。1902 年 4 月 1 日起，德国总督府亲自接管了该校，改建成一所高级男童学校，而把正在读高年级的女学生分离出来，安排到德国天主教修女们于 1902 年 4 月建立的德国女子寄宿学校，该寄宿学校包括一所较高级的女子学堂和一所欧人幼稚园。学校的设施受总督府的监督。

德国殖民当局为把青岛建设成为“模范殖民地”的现代文明城市，也需要提高租界内的中国居民的教育水平，因此，德国殖民当局也特别重视为中国人开设学校。除了在德国开办的铁路公司、造船厂、缫丝厂附设徒工学校和职业培训班外，在德国占领时期，他们还在租借地内办有公立小学 26 所，名曰“蒙养学堂”，专门招收中国学生。这些学校，多是由我国原有的私塾改设的，每校学生多者 70 人，少者 40 人，教员 4 人或者 3 人。每周授课 30—32 节，学制 5 年。[①] 所学课程中西混杂。第一年读《三字经》《孝经》，第二年读《论语》，第三年读《大学》《中庸》，第四五年读《孟子》。此外，还开设有地理、历史、博物、修身、算学等课程，分年而设，德语开设在第四、五两年。

① 王守中、郭大松：《近代山东城市变迁史》，山东教育出版社 2001 年版，第 224 页。

1908 年德国与中国政府进行谈判，很快达成协议，决定在青岛中德合办“特别高等专门学堂”，亦称德华大学。该校分预科、本科两级，预科 6 年毕业，由高等小学毕业生考选，教以中学课程。预科毕业后可升入本科。本科设法政、医、农林、工艺四科。各科都设有德语、体操和中国的人伦、道德、经学、历史、地理、国文等课程。校内设有图书馆、教育博物馆和译书局。该校于 1909 年 10 月 25 日开学，当时内地学生到校就读者颇多，到 1913 年学生达 400 多人，先后毕业 200 多人。

英国人强租威海卫期间，未在威海卫设专门教育行政机构，后期有副华务司监管。究其原因，大概主要是出于经济上降低教育成本的考虑。英国租借的 32 年间，只有一所官办学校——皇仁学堂。皇仁学堂创办于 1904 年，该校虽为英国殖民当局创办，开设英文、历史、体操、卫生、地理等新式教育的课程，但是在以儒治华的思想指导下，其课程内容主要还是按照中国旧式教育的要求设置，承袭了传统教育中的“四书”“五经”等教学内容。由于大力推行中国旧式教育，皇仁学堂很重视学生的传统品德教育，强调鼓励学生继承中华传统文化，体现了传统教育对道德教化的要求。与当时租借地外其他城市蓬勃兴起的新式教育有很大差异，这对深受传统文化熏陶的威海百姓来说是能够接受的。

除了教会开办洋学堂和官办的皇仁学堂外，英国在威海卫提倡私塾，威海卫租借地内的新式学校多为本地绅商为主的民众捐资兴办。绅商为主的民办学校多为小学。1900 年，曾经当过北洋水师提督丁汝昌红笔师爷的威海富绅戚筱田，在威海城里东街孔庙创办了清泉小学，自任学董。这是威海较早的私立小学堂。地方民众陆续开办的学校还有敬业小学、九华小学、培德小学、铭新小学等。

1926 年年底创办的齐东中学，是在英租借时期威海人创办的第一所中学。齐东中学由孙启昌等人创办，很注重制度建设，在各方面都具备了新式学堂的特点。从组织制度来看，齐东中学设置董事会作为学校的最高权力机构。从管理制度来看，学校制定了严格的学生守则，规定十分详细，其中大部分规则在今天看来也很实用和科学。学校开设的课程涵盖面很广泛，有国文、英语两门语言类课程，自然、地理、数学等自然科学类课程，以及图书、国画、健身、体育等文体兴趣类课程。学校还十分重视学生的职业技能培训，在第三年开设职业科。学校重视师资力量的选聘，所聘教师均为大学毕业生。该学校学生毕业后可以直接就业，受到社会的欢迎。由于学校规模不断扩大，1929 年 8 月学校在新校址开学，更名为威海中学。

1908 年创办的淑德女校，是威海反缠足组织在商会支持下为革除女子缠足陋习而成立的一所女子学校。它不仅是威海有史以来的第一所女子学校，同时也是当地女子教育事业的成功范例。淑德女校创立于 1908 年，学制三年。淑德女校主要教授学生国文、数学、修身、家政以及音乐等课程，以达到“授实以妇女切要之产业，保其天赋之能力，兼德育、智育、体育三者并而教之，使具有自治之资格，以为自立之基础”的办学宗旨。① 从其办学宗旨中我们可以明显地感受到女性解放的气息，学校不仅要教给学生谋生的技艺，而且还着重培养女性各方面的能力与素质。通过在校学习，力图使女学生们的身心得到解放，并鼓励学生去追求一种自立、自强的新女性形象。

烟台虽然很早就有外国教会开办的新式学校，但是这里的官办和民办学校教育相对于青岛和威海来说还是比较落后，可能是由于烟台在行政上隶属于福山县的缘故，在民国以前，政府在烟台开办的学校，仅有道台主持设立的一所中学和清政府设立的一座海军学堂，私立各类学校（教会学校除外）只有一两处，其他基本上是办起来不久就停办了。

除了青岛、威海和烟台等沿海城市外，在胶东各地，尤其是商业比较发达的蓬莱、黄县和掖县等东部沿海地区，由热心教育事业的商人为造福桑梓而兴办的各类新式学校蓬勃发展，使新式教育在胶东地区得以普及。

从学校的课程设置来看，这一时期胶东的各式学堂多以新式教育为主。以蓬莱的义成小学为例，1926 年学校开设国文（后改成国语）、三民主义、修身、算术、地理、历史、自然、园艺、珠算、尺牍、图画、手工、音乐、体操等课程，三年级以上增授《论语》，五年级以上开设英语课。学校开展体育活动，先后添置了篮球、网球、排球、乒乓球等器材，每年春节还组织师生到郊外春游。这些课程设置与传统教育的课程设置有了很大的不同。

胶东各县兴办教育，取得了良好的社会效果。在蓬莱，各学校培养出的学生中，有很多学生考取了京津各地的大学，其中有的人毕业后为中国的教育事业发展作出了巨大贡献。如杨振声留美回国后，曾任青岛山东大学校长；刘康甫、刘次甫兄弟都在北京大学读书，后来在北京执教；孙升恒北京大学毕业，后来曾担任山东省立师范学校校长等。

这一时期，新式女子教育也延伸到了胶东的广大农村。1924 年商人曲德树与胞弟曲发树就在其家乡牟平县大窑乡蛤堆后村共同发起创办了育德女子学校。弟弟曲发树是南开大学的毕业生，受到进步思想的影响，充分认识到女性教育对于提高整个国民素质的重要性。哥哥曲德树则在烟台经商，不仅具有一定的经济实力，而且能够较早地感受到新思潮、新事物的影响，并很快把这种新的影响传递到学校。育德女子学校自开办之日起，就以培养德、智、体、美四育兼臻的女性为教育方针，

① 邓向阳主编：《米字旗下的威海卫》，山东画报出版社 2003 年版，第 157 页。

并将此方针谱成校歌，加以传唱，使之深入人心。在掖县、莱阳、蓬莱等地，商人举办的女子学校也较为普遍。掖县商人穆荣光在家乡特设女校，“来校者不取资”①。蓬莱县良弼小学自1931年起开始招收女生，实行男女生合校。

为了使新式女子教育得到有效而广泛的普及，女子学校大多免收学费，并在课程设置上注意兼顾新式课程与传统女性教育的双重内容。如淑德女校除开设国文、数学、格致、历史、地理、尺牍等新式课程外，还开设了家政、修身、工艺、和音乐等适合女性特点和需求的实用课程。育德女子学校也在开设新式课程的同时，设置了缝纫、家政等课程，要求学生毕业后能独立完成衣裤的缝制和掌握一般的做饭技术。育德女校开办后，吸引了本村和邻近各村的村民，他们纷纷把女儿送到该女校就读，距离远的就让孩子寄住在亲戚家上学，距离近的如山北头、西埠庄、营城等，走读上学。学校对走读生也特别照顾，如雨雪天不能到校的，教师按时登门补课。为了提高女性的文化素质，育德女校还开办了妇女识字班，村里凡是自愿学习文化知识的妇女，没有年龄限制，均可报名参加学习。学校从上海买来最新的通用妇女识字课本作教材，免费送给入学的妇女，并由女校六年级的优等生在业余时间授课。

（2）出国留学热潮的兴起

20世纪初期以来，随着西学的传入及科举制度的废除，中国迎来了近代时期的出国留学风潮。大批青年学生在维新派的启蒙和民族危机的刺激下，纷纷走出国门，开始了全方位接触、接受西方技艺、思想以及制度的向西方学习的新时期。

许多外出求学的中国学子将去向国选在了日本，这一方面源于1895年甲午战争中中国败于日本的国耻刺激，广大青年学生有感于日本经过明治维新向西方学习、富国强兵的卓有成效，决心前往日本学习，为中国寻一条救亡的捷径。另一方面也与清政府的提倡、鼓励有关。20世纪初，出现了大批中国学生涌向日本留学的热潮，到辛亥革命前夕，总数达几万人之多。日本同样也成了山东留学生的首选之地。据统计，20世纪前十年，山东去往日本的留学生大约为600人，而这其中确定籍贯的335名中，登、莱、青府和胶州直隶州所辖28个州县的留日学生人数就达133人，占40%左右。② 这些留日学生既包括官费生，也有不少民间自费的出洋者，他们当中除了少数人是为了追逐功名利禄外，绝大多数人是希望通过留学开阔自己的眼界和为国家、民族找寻富国强兵的出路。烟台走出了一批求新知、慕西学的近代知识分子。除徐镜心、邱丕振、谢鸿焘、孙墨佛几位较有影响的人物之外，

① 《四续掖县志》卷四，民国二十四年（1935）铅印本。

② 黄尊严、徐志民：《清末山东留日学生考释》，载《东岳论丛》2004年第2期。

烟台的徐镜古、徐文炳、赵踵先、王学锦、李赢海等人作为20世纪初期著名的革命志士，也曾先后加入同盟会。这些留学生在广泛涉猎各种学说的基础上接受了资产阶级民主意识的启发，实现了思想的革命化，迅速走上反清道路，并积极呼吁进行资产阶级民主革命，建立资产阶级共和国，作为力倡革命的孙中山的知音和伙伴，成为同盟会的基石和骨干。

2. 社会文化活动中的“西化”

伴随着新式教育等西方文化的传入，西方的许多社会文化活动也在胶东地区慢慢兴起，极大地丰富了胶东地区的社会文化生活。

烟台是最早开埠的城市，也是西方文化与中国传统文化最早相遇的地方。西方的音乐、戏剧、绘画、舞蹈等，均为山东省首倡地区。20世纪初，烟台就有外籍舞蹈教师开办的跳舞学校，市民学跳“探戈”等西方舞蹈。烟台是中国的篮球之乡，1904年篮球从西方传入烟台，10年之后，烟台实益学馆聘请美国人白克为专职体育教员，这大概是中国体育史上的第一个洋教练。1910年，电影也进入了烟台，不久，烟台就有8家电影院，其中最有名气的是建在福建会馆的华安电影院。

青岛最早的城市文化和大众时尚的传播，是通过一些欧洲移民机构完成的，如殖民协会，日耳曼人协会，登山、邮票、海军、工业、技术、美术及学术协会，各种社交、运动、高尔夫球及曲棍球、汽车、帆船俱乐部和游客会、彩票会等。这些协会和俱乐部通过活动，将以德国为中心的欧洲时尚文化中最新的资讯和潮流带入青岛，并逐渐形成社会文化中的流行风尚。特别是以欧洲文化为主的城市消闲生活方式，诸如啤酒、咖啡、郊游、野餐、帆船、时髦着装、女士优先等，对青岛的城市生活产生了重要影响。

20世纪初，当时在欧洲大陆和英国流行的大多数体育活动，都在威海卫的英租借地内风靡一时，成为近代威海卫体育运动发展的源头。在诸多西方体育活动中，尤其以球类运动最为盛行。当时西方流行的各种球类运动，在威海卫基本上都有踪影，如足球、网球、高尔夫球、马球、板球、篮球、棒球、曲棍球、墙球、台球、乒乓球、保龄球等。其中，最具特色且活动频率较高的当属板球、高尔夫球、足球和网球。西方人除了运动场上的各种形式的体育运动外，更喜欢开展休闲娱乐式的健身体育运动，比如游泳、跳水、潜水、垂钓、划船、帆船、赛艇、皮划艇、滑水板以及沙滩游戏等运动在威海迅速兴起，其中，游泳、帆船最为普遍。西方人在刘公岛和商埠区还成立了许多俱乐部，如高尔夫俱乐部、滑冰俱乐部、自行车旅行俱乐部等专项俱乐部和海军联合服务俱乐部、联合娱乐俱乐部等综合性文体组织。威海当地民众参与这些体育运动的积极性也与日俱增。这些西方的运动开始逐渐融入威海人的生活，尤其是球类运动备受欢迎。在威海卫的新式学堂里，受西方近代教育文化的影响，大多注重学生的体育锻炼，体育运动进入学生生活。威海卫的华商阶层，出于商业需要常与洋人打交道，也对体育活动较为热衷，他们组织各种体育社团和举办各种体育赛事。20 世纪初，威海卫相继出现了 11 家体育社团或者综合性文体社团，最普遍的组织形式还是流行于西方的俱乐部组织。其中，最负盛名的是 1929 年威海卫商埠商会会员孙琴轩、谷善益等联合了 50 多人创办的威海卫俱乐部，该俱乐部是当时威海卫华界中制度和设施最完善的华人综合性文体社团。该俱乐部致力于使民众养成以体育运动为健康娱乐的习惯。这些俱乐部的兴起，促成了威海近代体育的大众化、普及化和有序化发展。到 20 世纪 20 年代，威海民众大大小小的各种运动会已经举办得如火如荼，尤其引人注目的是，这一时期出现了威海人自办的运动会，并且开始走向国际体坛。1927 年，威海派代表参加了在上海举办的第八届远东运动会预选赛，虽然最终被淘汰，但仍然是威海体育史上的一件大事，这是威海人第一次出现在国际赛场上。1929 年 6 月 9 日，威海举办了第一届全区运动会。1930 年 5 月又组织了一次全区春季运动会。

三、胶东城市早期现代化的个案

帝国主义在武力侵略的背景下，迫使中国打开大门，将西方文化强行输入中国的同时，也带来了新的技术、新的生活方式和新的思想观念。这些代表着世界先进生产力发展方向的东西，间接地促进了中国现代化的进程。中国的城市发展呈现出了不同于以往任何历史时期的新格局。特别是清末十年间，是山东城市发展最快的时期，山东沿海的地区城市率先崛起，先有烟台，后有青岛。

1. 烟台城市早期现代化建设

烟台开埠之前，城市的内涵和样貌还不十分明显，只有在太平湾南岸的天后宫附近有一条长达一里多的东西大街，为商民开设行栈之所，显示出一些城市端倪，基本呈现的是中国传统市镇的特征。开埠之后，烟台城市的发展和城市化进程加快，烟台由一个集市性的村镇发展成为一个现代化的港口城市。

烟台开埠后的城市发展，从地理上看，首先是在烟台山及其以东、以南地段，外国领事馆、洋行及新兴大商号等，均在这一地区。开埠数年间，这一带便形成了所谓的外国人居留区和商业区，随后由此逐渐扩展，与原奇山所城、天后宫两处居民点连成一片，形成了近代烟台市区。也就是说，作为近代新兴港口城市的烟台，并不是由芝罘半岛岸边的那个叫芝罘的渔村发展起来的，而是以外国人居留区和商业区为基础发展起来的。城市中心由原来的以天后宫为主体逐渐移向烟台山一带，原来一片沙地的烟台山一带成为了市中心。这里店铺林立，人气兴旺，并由此扩展二马路、三马路、四马路等新的街道。据民国《福山县志稿·商埠志》记载，烟台

“西与通伸相连，渐而南连奇山所城，渐而太平湾已填就，北抵海矣。近年以来，乡间不靖，绅商来烟避难者，络绎不绝，于是东马路之房，栉比鳞次，直抵东山。西则逾西沙旺矣，计东西长十六里，南北宽八里，而成今日之商埠矣”①。形成了东起东山，西至西炮台，北起烟台山，南至奇山所城，呈扇形向东、南、西三个方向展开，包括了北大街、西大街、仁堂街、南鸿街、安仁街、白善街、儒林街、桃花街、菜市街、面市街等近百条街道的繁华都市。

烟台在行政上隶属于福山县，但是因为登莱青道设在烟台，福山县署不过问也无力过问烟台行政及建设事宜，而道台虽驻守烟台，并兼任东海关监督，实际上海关大权由外国人把持，开埠后的数十年间，除了1907年的一次较大规模的有计划的城市建设外，烟台其余行政及城市建设等，大多并不是在道台领导下进行的。因此，长期以来，烟台基本上处于无专门统一的行政机构，行政司法等的界限也不甚明确，尤其是外国人居留区和部分商业区，自始至终并无中国行政管理机构。所谓的外国人居留区和部分商业区，是指早在烟台开埠之初，外国领事馆、传教士及工商界洋人纷纷涌入，他们在烟台买地租房，在烟台山及其以东、以南建造领事馆及洋行等，很快形成了所谓外国人居留区和新兴商业区，这里的城市建设按照“先来后到”原则，根据各自势力的大小各行其是。这就造成烟台城市建设和发展没有明确规划，市街管理不同地段各行其是的混乱状态。在19世纪90年代以前，由先后来此的各国领事协商，起初设有修路委员会和邮政委员会，1893年又将这两个机构合并为“公共事务委员会”，负责这一地区的街道、房屋等规划建设及邮政、卫生、治安等事宜。1909年，由于外国人一再申请把上述外国人居留区和部分新兴商业区辟为租界，登莱青道及烟台华商认为这侵犯了中国主权，坚决反对，遂在双方均作出一定让步的情况下，成立了由中、外各6人组成的“华洋工程局”，也称“华洋工程处”。直到1930年，华洋工程局还是外国人居留区和部分新兴商业区的唯一行政机构。

在这一段时期，由各方力量共同参与的大规模的市区及港口建设只有两次，其他均为一方主持建设多方扯皮，或者仅为各自为政的小规模修整工程。

第一次大规模建设是在1907年的改造市街。当时登莱青道为了阻止外国领事辟设租界，奏准清政府自办外国人提出的改造市街、整顿卫生等工程，得到驻烟华商的大力支持。工程于1907年5月开工，前后费时一年多，耗银约68185两，扩修道路近8000米，其中外国人指定修筑的有6000多米，新建房屋和改造旧房近800

---

① 《福山县志稿》卷五《商埠志》，民国二十年（1931）铅印本。

间。[1] 改造工程规模之大，是烟台港开放以来未曾有过的，使烟台城市面貌有了很大的改观。

第二次是1915—1921年间，历史6年之久的港口建设工程。烟台是座港口城市，它的兴起和发展与港口建设的关系极为密切。早在开埠通商之初，中外商家即纷纷私建码头，各自为政，港口建设缺乏统一规划。1895年，东海关为了便于管理和港口发展需要，曾经计划施行"南北公共码头岸路工程"，将各私人码头岸壁连成一体，扩大港口容量。然而由于各私人公司争抢地盘、扩张势力等，致使工程进展缓慢，费时两年，收效甚微。有鉴于此以及1898年德国租借青岛，烟台华商认为有必要联合起来为自己伸张权利，同本地洋商和占据青岛的德国竞争。于是在1901—1903年烟台华商集资兴建了东西岸路码头工程。尽管这次工程一定程度上改善了港口装卸和船只停泊条件，并将海岸线向北推进了400米左右，为以后市区的扩展创造了条件，也奠定了后来修建人工港池的南岸基础，但是并没有使烟台港成为统一的近代化港口，整个港口的北面、东北、西北仍然完全暴露。而继青岛之后，大连、秦皇岛、安东（今丹东）、大东沟等北方港口陆续开放，烟台港的贸易自1906年后停滞不前，并大有下滑趋势，此种情形促使烟台中外商人加快了港口现代化建设的进程。

到辛亥革命前夕，修建近代化港口已经成为烟台中外商界和民众的共识，也得到山东巡抚的支持，但是由于此时的清政府已经处于风雨飘摇之中，根本无暇顾及烟台筑港事宜。辛亥革命后，随着政局的稳定，烟台港口建设问题再次被提了出来。由新任东海关监督王潜刚于1912年12月分别向山东省及北京政府请批获准。1913年10月，荷兰海港工程专家瑞立德受聘来烟主持设计海坝工程，另一德国工程师爱似德协助办理。翌年4月，工程设计完毕，递呈北京政府审批，1915年2月批复同意。按照此设计方案，该工程主体部分为修筑东西两道防波堤，另有辅助项目挖泥工程和杂项等。一切就绪后，烟台海坝工程会就行公开招标，截至1915年5月，先后有荷兰等国内外4家投标，最后工程由荷兰公司承包。1920年年底竣工的烟台海坝工程，计东挡浪坝和西防波堤各一座。东挡浪坝长2600英尺，西防波堤全长5873英尺。烟台海坝工程的完成，结束了该港天然港湾的历史，克服了天然港湾长期受北风威胁的重大缺陷。烟台港从此真正跨入了近代港口的行列。

除了上述大规模由各方力量共同参与的公共建设工程外，烟台市区内市街建设大都为小规模、局部的甚至是私人出资建设。其中规划修筑最好的一区是外国人居留区和部分新兴商业区，这里的道路均为柏油路，主要有天主教堂、朝阳街、老电

---

① 丁抒明主编：《烟台港史》，人民交通出版社1988年版，第107～108页。

报局街、海岸街及沿海南北公共岸路附近各街，均由华洋工程局督理修筑。其余各区道路多用石块筑成，有些甚至全是土路，坎坷不平，雨季泥泞不堪；多是私人出资买地指为公路，并监造而成，如辛亥革命以前修的张裕路、载之路，分别为张裕公司和李载之出资购地修筑，辛亥革命以后修筑的坤山路即万坤山出资购地并监督修建。这种多半是自发修筑、无统一规划的市街发展状况，直到1928年刘珍年到烟台后开始有所改观。这一年，刘珍年不但在行政上将烟台置于自己的统一管辖之下，并下令将烟台全市所有主要街道，一律翻修成为水泥马路，历经三年时间，改造了一百数十条干支街道，使烟台的面貌为之一变。

在这一时期，烟台的陆路交通和通讯设施也有明显的改善。烟潍铁路没有建成而改设为公路，烟潍公路改善了烟台与福山、蓬莱、龙口、黄县、掖县以至潍县一线的陆路交通，加强了烟台与腹地的联系。到20世纪20年代末，又有烟台至荣成的烟荣路建成通车。

1866年清政府总理衙门原担负各国驻华使馆和海关来往文件的邮递任务交海关总税务司署兼办，这是海关兼办邮递之始，也是烟台东海关兼办邮递事业之始。1873年3月9日，中国海关总税务司英国人赫德在北洋大臣李鸿章的支持下，指派海关税务司英国人德璀琳以天津为中心，在北京、天津、烟台、牛庄（营口）、上海5处试办邮政，烟台于3月23日开始收寄公众信件，并于8月9日出售中国发行的第一套邮票——大龙票。与此同时，英、法、德、俄、日等国也无视中国的主权，先后在烟台开设了自己的邮局。1922年，根据华盛顿会议有关规定，上述外国邮政机构一概撤销。1925年，投资15万元的烟台邮政大楼建成，于市内设两个分局，在内地设20多个分局，增辟了汽车邮路、信差邮路和信箱业务，汇款、包裹、信件等各项业务指标，都有很大提高。

1885年，烟台电报局成立，首先建成了烟台到潍县、济南、济宁的电报线路，又先后敷设至青岛、上海、大沽、大连的水下电缆。烟台成为中国最早设水揽电报的商埠，也是清末山东电报业最发达的城市。

1899年，德国人在烟台兴办了电话局，1909年，清政府予以接受，正式成立了烟台电话局。1910年，烟台有了市内电话。到1922年，市内电话增至400部。1926年，还开通了烟台至潍县间的长途电话。

开埠后，烟台的交通枢纽地位上升明显，贸易活动更加繁荣，加之海上客运的方便，来烟台定居的人口出现了快速增长。1872年，烟台市人口为27000人，到1884年，则达到了32000人①。大量的人口定居于此，为烟台的城市发展提供了较

① 姚贤镐：《中国近代对外贸易史资料1840—1895》第3册，中华书局1962年版，第1637页。

为充足的劳动力。

除洋人涌入烟台外，人数更多的还有来自全国各地的商人、商帮，他们也把全国各地的文化，包括建筑风格带进了烟台，加快了烟台的城市建设。他们在烟台成立商会、同乡会，修建各自的会馆。开埠仅5年，广东潮州人就在这里建起了第一家会馆——潮州会馆。后来福建人又建设了福建会馆。福建会馆于1884年动工，1906年竣工，历时22年，是一座集雕刻、绘画于一身的原汁原味的闽南建筑群，时称“鲁东第一工程”。“福建会馆建筑所需木、石构件均于泉州采制并雕刻，再由海上运输至烟台组装而成。”① 福建会馆，又称“天后宫”，作为当年福建烟台同乡会在烟台的活动中心和异乡祭祀妈祖的场所，及接待南来北往的福建同乡的中转驿站，至今仍屹立在烟台繁华的北大街路旁，见证着烟台城市的变化和发展。

2. 青岛城市早期现代化建设

青岛的城市发展与烟台城市的自发状态形成鲜明对照。德国占领青岛后，便倾全力来修筑港口和建设铁路，要把青岛打造成为一个“模范殖民地”。因此，青岛城市化一开始就体现着西方近代化城市理念，并以德国文化的强力输入为特征。青岛城市建设与众不同，从其规划的科学性到设计的高标准等方面，都显示了其独到之处。

青岛城市建设经过了认真勘查、测量和缜密的科学规划。1898年9月2日，德国首次在柏林通过媒介公开了青岛城市规划，这份十分重要的法律文件是青岛城市理性发展的基础和保证。在此之前，没有任何一个近代中国城市像青岛一样，从建设之初就进行了严格的科学的城市规划和设计。

为了建设好青岛，大批德国国内一流的建筑设计师和城市规划专家应帝国海军部之召抵达青岛，实地勘查设计，3个月后青岛城建规划获得通过。在大规模城建行动开始前，1898年秋季，殖民当局发布严格的建筑规范，这部分上、中、下三册的文本对欧人区、华人区及工矿区的建筑进行了细致入微的规定，花园面积、建筑高度、卫生设施以及建筑用材都必须符合标准，否则，建筑申请一律不获批准。

这一规划是青岛最早的城市规划方案。根据规划，青岛市区位于青岛西南海岸与山丘之间比较平坦的地段，即胶州湾入口处。南为青岛湾，两侧有伸入海中的团岛和汇泉角控制湾口。西北为内海胶州湾，建筑港口之地。东部有群山屏障。铁路线沿市区西边、胶州湾的东岸布置，市区北侧沿铁路设置大小港码头，水陆交通连成一体。市区道路呈方格网布局，同时又结合地形和街区中心设置放射状广场，总督府前设置中心广场，北京路及天津路等6条街道交汇处设置火车站集散广场。区

① 烟台市博物馆：《烟台福建会馆》，山东省地图出版社2007年版，第4页。

域规划分青岛、李村内外两界，青岛又分为欧人与华人两个区域。欧人区起自今中山路南端，北到今德县路一线，顺小北山岭过信号山至青岛山，再沿各山岭至会前东山直到海滨称为青岛区。青岛区北部通过隔离地段为华人和商业区，称为大鲍岛区，即今四方路与沧口路之间、芝罘路与中山路北段围成的区域。青岛区环观海山丘布置行政中心，建总督府，在今青岛路、广西路、太平路一带设置经济贸易区，沿街兴建商店等商业建筑，在青岛山以东沂水路、江苏路、德县路一带建设花园式住宅区，市区东侧规划为别墅和浴场区，西侧布置建设发电厂、屠宰场和兵营等建筑。

科学规划增加了青岛城市发展的理性成分，高起点、高标准与高投入的城市建设使青岛紧跟时代步伐。青岛城市建设拥有“科学的规划、有效的管理、完备的法规、长远的计划、先进的设施”等诸多优点。就此而论，当时中国一般的城市发展无法做到。

德占青岛 17 年间，德国政府共投资 1.7 亿多马克。殖民当局每年精心编制预算，通过《胶州地区发展备忘录》，向德国政府报告青岛经营业绩，说服国会议员通过方案，使胶澳当局源源不断地取得政府拨款。

在青岛城市发展过程中，与时代同步的先进完善的设备、设施的配备，在市政、卫生、医疗、检疫等方面表现得格外突出，这是青岛城市化进程现代性的体现。在德国殖民当局和教会团体的共同努力下，青岛的卫生状况和医疗条件都大为改善，各种传染病逐渐得到控制。青岛的卫生状况和医疗条件，当时在山东省乃至全国的城市中，都可称得上一流。

青岛的城市建筑特色鲜明，朴素坚固，同时考虑了交通、卫生、防火等多种因素。市区马路宽窄、建筑物高矮、建筑面积与宅地面积比例等都有明确规定，市面整洁朴素，堪称一流。

总而言之，青岛城市建设显示出与众不同的“模范”形象。依照城建规划，从点到面建起总督府、总督官邸、法院、警察厅、海关兵营、亨利亲王大饭店等大型建筑，辟建了市区街道，兴办了电汽公司、自来水厂、屠兽场、四方车辆厂、啤酒厂、缫丝厂、炼铁厂等大型企业和海军造船厂等军工企业，疗养院、海水浴场、森林公园相继落成，青岛城市已初具规模。在短短几年时间内，行政机构、医院、学校、教堂、港口、车站、店铺以及工业区相继建成，市区建筑虽然风格各异，却又错落有致、浑然一体。

在青岛的城市建设中，德国人十分重视交通、水电等基础设施的建设和城市的绿化工作。交通、水电的建设包括与内陆的交通、海上交通、邮政电讯和水电的供应等方面，关于青岛与内地的交通、海上交通和电厂建设的情况，在本章的相关部分已经有所交代，下面就邮政电讯和自来水供应等情况作些介绍。

邮电通讯设施是城市现代化的标志之一。德国人占领胶州湾后，1898 年 1 月 26 日就设立了邮政局，最初开业时在邮局里工作的德国人有局长 1 人、高级助理 1 人、助理 1 人、监事 1 人、中国工作人员 5 人。以后随着业务的发展，中国职员不断增加。其业务除了收发各种邮件外，还负责邮购和代收货款，而 1899 年中国设在青岛的邮局，则只能负责一般收发业务，邮件的总收寄则由德国邮局负责。1900 年，德国邮局又在沧口、大埠头、高密等处设立了代办处，在胶州设立了邮局。以后随着胶济铁路的修建，先后又在潍县、青州、济南等地设立了邮政分局。

青岛的电讯事业有电报和电话。1900 年以前，德国人尚无自己的电报站，用的是清政府原先为当地驻守清军的电报站，凡青岛华人和外国人的电报往来事宜，均由该电报站负责。1900 年，德国人敷设了青岛至上海、烟台的海底电缆，从而使青岛直接与大型的海底电缆网相连接，大大改善了青岛与各地的电报联系。随着海底电缆的敷设完成，1900 年 10 月 5 日，青岛德国电报局宣布开业。

青岛也是山东最早有计划解决自来水供应的城市。到 1907 年，李村水厂的开辟，基本解决了青岛市内的供水问题。

第三节　胶东开埠文化的特点及影响

胶东开埠是西方武力侵略的结果，是中国屈辱历史的象征。随着开埠涌入的西方文化冲击着胶东地区的传统文化。在西方文化强行输入的影响下，胶东社会发生了与传统社会完全不同的历史变革，这些变革推动了胶东传统文化向现代文化的转型。当然，这种转型包含了民族的屈辱、传统文化的破坏和接受殖民统治的血泪，但是也必须承认，这些代价所换来的是由封闭向开放的转变，由传统向现代的转变。另外，我们在看到外来殖民主义者把西方的生产方式、生活方式和社会制度强加给胶东时，我们也看到胶东本土文化自身对西方文化的选择既有被动性，也有主动性，也就是说，这种近代文化的转型，既是外力的强迫也是内在的要求。

一、在外力推动下进行的文化转型

从中国近代史来看，近代中国是一个巨变的时代。传统社会由封闭逐步走向开放，原有的社会结构向新的社会结构转变。而这一历史性变动是在外力的推动下、影响下进行的。西方列强以蒸汽机为动力的炮舰带着鸦片和棉纱，带着欧洲殖民主义者掠夺的野心同时也带着西方文明来到中国，他们主观上抱着掠夺的目的而远涉重洋，客观上却打破了中国固有的文化传统，强烈地刺激了中国社会的变动。胶东也不例外。

1. 外力冲击下走向近代的文化

马克思曾指出殖民主义具有“双重历史使命”，如“英国在印度要完成双重的使命：一个是破坏性的使命，即消灭旧的亚洲式的社会；另一个是建设性的使命，即在亚洲为西方式的革命奠定物质基础”。殖民地的“破坏性的使命”主要表现在对殖民地传统社会经济结构的破坏上，但由于宗主国的政治、经济情况不同，更由于各个殖民地的历史情况、殖民对象、自然生态条件和社会条件不同，殖民地所受影响在质量上存在很大差别。这一论断基本上适用于整个资本主义的殖民统治。从世界范围看，殖民扩张实质上体现了西方国家以资本主义生产方式征服世界、改造世界的过程，为西方资本主义发展提供了原料产地和销售市场，但同时也充当了历史不自觉的工具。对中国而言，列强侵华破坏了中国的领土完整和主权独立，是造成中国近代日益贫穷和落后的根源之一；另一方面，他们把西方技术带入中国，给予中国旧制度、旧观念前所未有的冲击，促进了自然经济的解体，为民族资本主义发展创造了条件，客观上促进了中国的近代化进程。正如马克思、恩格斯在《共产党宣言》中所说：“资产阶级，由于开拓了世界市场，使一切国家的生产和消费都成为世界性的了。不管反动派怎样惋惜，资产阶级挖掉了工业脚下的民族基础。古老的民族工业被消灭掉了，并且每天都还在被消灭。它们被新的工业排挤掉了，新的工业的建立已经成为一切文明民族的生命攸关的问题；这些工业所加工的，已经不是本地原料，而是来自极其遥远的地区的原料；它们的产品不仅供本国消费，而且同时供世界各地消费。旧的、靠本国产品来满足的需要，被新的、要靠极其遥远的国家和地带的产品来满足的需要所代替了。过去那种地方和民族的自给自足和闭关自守状态，被各民族的各方面的互相往来和各方面的互相依赖所代替了。物质的生产是如此，精神的生产也是如此。各民族的精神产品成了公共的财产。”①

在西方列强武力扩张的过程中，作为精神产品的西方文化也在世界各地广为传播，同时对弱势民族的文化根基进行了不同程度的冲击。所谓近代化和现代化的过程，在某种意义上，就是世界不同区域的文化逐渐西方化的过程，在这个过程中，包括胶东在内的许多区域文化开始丧失其文化的独立性，逐渐汇入世界文化的大家庭。由此带来的结果是，这些区域内的人们固有的人生观、价值观和世界观随着西方文化的冲击，慢慢地动摇和改变，而这些改变最初往往是从物质层面开始的。这一规律在近代胶东文化的演进中看得十分明显。

① ［德］马克思、恩格斯：《马克思恩格斯选集》第一卷，人民出版社1972年版，第254～255页。

1861年，烟台成为山东最早开埠的通商口岸。此前烟台与东南沿海地区的城市之间已有贸易往来，开埠后又增加了外商。由于对外贸易的吸引力，山东沿海地区的商业资本也投向烟台。1892年，华侨实业家张弼士在烟台开办了当时远东最大的葡萄酒厂——烟台张裕葡萄酿酒公司。李东山在烟台创办的宝时钟厂，开中国机械钟制造业之先河。

1898年3月，在德国人的武力强迫之下，中德《胶澳租借条约》（又名《胶澳租界条约》）在北京签订，按照条约规定，包括青岛在内的胶州湾被租借给德国，租借期限99年。获得青岛后，德国人一方面构筑强大的海防体系，发展军事工业；一方面要把青岛建设成为一个“模范殖民地”，投入了大量人力、物力和资金。1898年9月，德国宣布青岛为自由港，向世界各地开放贸易。港口贸易日益兴盛，外商蜂拥而至。胶东商人和外地商人也云集青岛，形成商帮，建立会馆。后来，整个华北都纳入青岛的商业辐射范围内。1900—1905年，青岛的贸易额增长了20多倍，在全国通商口岸中位居第六位。1899年，东起青岛、西至济南的胶济铁路开始修建，1904年正式通车。1903年青岛地区出现了山东省的第一条公路。1907年青岛开辟由市区到崂山等地的汽车客运路线。1921年，在青岛四方工厂建起了山东第一座熔钢炉。此外，青岛在机器纺织、现代金融、电力等诸多方面开山东风气之先，成为中国北方的工业和经济重镇，其工业化程度、商业化程度、交通和信息现代化程度以及对外开放的程度在山东及其周边地区城市中遥遥领先，无有可比者。

威海卫是山东沿海第三个辟为商埠的通商口岸。1898年，英国强行租借威海卫，威海卫被迫于1900年开埠。商人为逃避课税，经由威海的进口货物增多。

由上述史料可见，胶东开埠就是资本主义国家强迫中国打开国门的产物，在遭受外来侵略和破坏的同时，开埠也给胶东地区带来了巨大变化，是胶东走向世界的开始。在开埠后短短几十年的时间，通过青岛、烟台、威海等开埠口岸给胶东带来近代文明的气息。随着西风东渐，先进的科学技术、文化知识和经营管理经验等被引进。这一切都冲击了胶东延续几千年的封建传统观念，促使胶东民众逐渐从传统观念向近代转型，开始从事近代的经济、教育活动，如修铁路、开矿产、建工厂、办学校等。胶东开埠使得胶东经济得到发展，城市化步伐加快，出现铁路、公路、电讯、电话、医院、学校等，把胶东地区带入近代化的轨道。如果没有外来文化的冲击，这些新的经济活动和教育方式不可能如此迅速地发展。

2. 具有浓厚殖民性色彩的文化

文化应该在交流中生长，在交流中发展，在交流中实现自我的超越，不幸的是，中西方文化在胶东的交流是不平等的，是以接受者不愿意接受的形式进行的，甚至是在屈辱中、在被征服的状态下进行的。因此，胶东文化在近代转型中除了受西方文化的冲击之外，还有一个非常典型的特点，就是具有很浓厚的殖民色彩，这种殖民色彩不仅表现为中国对这些地域主权的丧失，还表现为殖民者缔造了一整套殖民主义统治的文化秩序，包括在殖民地大量输入西方的现代知识系统和思想系统，用以控制和改造中国固有的知识系统和思想系统；发展殖民地经济，既为自己造福，又能以物质利益的驱动使中国人接受西方的生产方式和生活方式；发展殖民地教育、医疗等公益事业，为殖民统治造就广泛的社会基础；在殖民地办报，为殖民统治提供舆论工具和宣传市场。这种殖民主义文化对胶东固有的传统文化造成极大的破坏。下面以青岛为例予以说明。

青岛的殖民性不言而喻。1897 年 11 月，著名的“巨野教案”发生后，使早已觊觎山东的德国终于获得了武装侵略的借口，德国的军舰开进了胶州湾。1898 年 3 月，德国迫使清政府签订了中德《胶澳租借条约》（又名《胶澳租界条约》），条约规定在租借的 99 年里，胶澳地区“中国不得治理，均归德国管辖”。以后山东境内如有开办事务需要外国帮忙，都必须“先问德国商人等愿否承办工程，售卖料物”①。

德国占领青岛后，在城市管理上对华人采取了不平等的种族歧视政策，中国居民处于绝对的从属地位。主要措施有二：一是地域隔离政策。在空间上把中国居民与欧洲居民隔离开来。如 1900 年 6 月颁布的《德属之境分为内外两界章程》规定：靠近青岛湾和汇泉湾的青岛区，划为西人居住之地，严禁中国人在此盖屋居住。二是司法制度的不平等政策。即中国人所受的惩罚形式和措施与外国人完全不同。表现在：第一，审判方式不同。对于外国人犯法，由正式法官组成的法庭来审判，并且设有律师和陪审员制度，处理比较慎重；而华人则由青岛、李村两区的行政官员来审判。第二，惩罚方式不同。外国人犯法，只按照德国的法律处罚，不用肉刑，而对中国人则按照德、中两国法律兼而行之，不管犯了什么法，大多施之以肉刑。

德国占领青岛后，构想把青岛作为一个“模范殖民地”来经营和建设。青岛从一开始就被设计规划成“一座纯德国式的城市”，德国人将青岛视为军事基地、进出口贸易港口和殖民地行政经济中心三者并重的现代殖民地城市。在青岛城市建设的过程中，德国在青岛强力输入殖民文化，大力移植西方工业文明和商业城市文化。例如，直接建立了市政管理体系和制度，施行土地改革，制定城市发展规划和战略，建立立法机构与制定各种法律法规，发展科技、文化和教育事业等，建立交通运输、港口设备等基本城市设施。

---

① 鲁子石：《帝国主义侵华罪行录：中国近代史上的不平等条约选编》，山东人民出版社 1986 年版，第 178、180 页。

1900 年，义和团运动爆发，中国人民激烈的对抗迫使德国人开始重新认识中国和中国文化。文化的因素变得越来越重要。“1900 年的动乱已使欧洲列强看清了，中华帝国是不会让瓜分的。”① 他们重新审视自己的政策，考虑在青岛殖民地的政策，更加注重文化侵略。其中“隐藏着看似有理但却经过充分算计的利己主义；因为将中国文化成功地塑造成主权国家文化，成功地教会中国人民认同和理解我们的人民事业，按我们的模式来改造中国国家机构，那么这个长期闭关锁国的帝国的小门则必然向德国商人和德国贸易开放，而这将带来很大好处，它是我们正在中国和将来所要做的事业中用金钱也无法买到的”。即德国人已经不仅要把中国建设成为军事和商业中心，而且还要建设成德国的文化中心。“这座德国殖民地必然是传播这种文化努力的天然中心。”他们认为：“凡是这里所做的一切，都被当作德国的功绩在远东范围内加以评价。”“对于殖民地未来和今天的繁荣应归于它的德国文化的生命力的信赖所致。”② 为此，德国制定了较为系统的文化政策，这一政策主要以传播现代科学技术为主，通过提供具有吸引力的学校和展示德国科技水平，来向中国人宣扬特殊的德国文化，比如为中国居民创办学校类设施。其中，最重要的一项工程便是青岛特别高等专门学堂（即德华大学）的创办。

总之，德国殖民者当局在青岛投入了很大的人力、物力，力图把青岛建设成为德国文化和科学的中心，直接的目的就是向胶澳租借地及其腹地的中国居民施加文化方面的影响，其长远的目标是为了谋求德国在中国的经济和政治利益。

英国在威海推行的文化，也是利用其强势地位，采用强制的手段进行的，是以顺利实行殖民统治，确保英国人在威海的殖民利益而为目的的。

3. 传统文化仍具有顽强的生命力

开埠后，胶东文化在外力冲击和殖民主义文化的强力输入下，进行着近代嬗变。西方文化的影响无疑是巨大的，但是，作为东方“传统精神的儒家文化从来没有死亡过，只不过是处于极大的困境和危机之中”③。即使在德国占领的青岛和英国占领的威海，这种民族文化也得到传承。

德国在占领青岛时期，竭力将青岛打造为“德国文化中心”的城市，这就意味着中国文化被边缘化。然而，这一趋势最终并没有导致中国传统文化在青岛完全缺失。在德国主流文化之外，中国本土传统娱乐与市井文化始终顽强生存着。比如，

---

① 青岛市档案馆：《胶澳租借地经济与社会发展——1897—1914 年档案史料选编》，中国文史出版社 2004 年版，第 451 页。

② 青岛市档案馆：《胶澳租借地经济与社会发展——1897—1914 年档案史料选编》，中国文史出版社 2004 年版，第 452 页。

③ 罗荣渠：《现代化新论：中国的现代化之路》，华东师范大学出版社 2013 年版，第 180 页。

前面提到的青岛的天后宫戏楼，是青岛人集会活动的重要场所之一，这里每逢年节常有中国传统戏剧演出活动。青岛的三江会馆也恰恰建于20世纪初叶，它是由江苏、江西、浙江三省的同乡，在四方路、芝罘路口建成。会馆中心还建了一座戏楼，经常演出京剧，中国文化就是这样顽强地生存下来。在青岛最具传统娱乐和市井文化特色的代表是劈柴院的“乐子院”。以台东镇、台西镇、大鲍岛、劈柴院、李村的说书场、地摊、茶社为代表的传统市井文化，传承延续了本土传统，保持了本土文化的精神面貌。

对于多数胶东人来说，那些西式的文化节庆活动，除了增添些新鲜好奇之外，都与他们的生活无缘。人们还是日出而作日落而息，按照农历节气过节。在节庆活动和民间娱乐上，民众还是重视中国节日，春节过大年、正月十五闹元宵、二月二龙抬头、清明节祭祀祖先、七巧烙小果、中秋蒸月饼、腊八节熬粥、小年大扫灰等，仍然是胶东百姓真正在乎的传统习俗。

尤其是乡村地区，民俗节庆活动成为名副其实的百姓娱乐、乡间盛事，如舞龙耍狮、踩高跷、跑旱船、挂灯笼等，各式活动丰富多彩。在百姓的节庆娱乐中，最招人喜爱的是“看大戏”。当时在威海城乡活跃着一批戏班子。城里的多半是半职业性的，找块空地，搭个台子，敲锣打鼓演起来，百姓称其为“野台子”。在乡村，农民们自发组织起戏班子。较大的村子一般都有这么一些“戏迷”组织“子弟班”，他们自备“戏箱”，带着乐器、道具、戏服，每逢山会、庙会、传统节日、居家喜庆、商号开业、求神祈雨的时候，或者冬季的农闲时候，就四处唱戏，搭台献艺。演出的节目主要是传统京剧曲目，很受民众欢迎。

胶东的渔民，每年到农历节气谷雨的时候，都有祭船、祭龙王、祭海神娘娘的习俗，成为打鱼人的重要节庆——谷雨渔民节。到谷雨那天，渔民焚香烧纸，贡献祭品，祈求龙王保佑出海平安。渔行也在次日犒劳渔民，指望他们多出海多打鱼。渔村的街头巷尾喜气洋洋，耍“光景”，唱大戏，比过年还热闹。第二天，渔民们就趁着节庆气氛，带着备好的渔船网具，驾船出海了，开始了又一年的海上忙碌。

婚庆习俗仍然是百姓心目中的重要庆典。仍然看重“媒妁之言”，看重“明媒正娶”。传统婚礼的各个环节礼数依然如故。

二、东西文化冲突与融合的产物

丁守和先生曾在《从中西文化的比较看中国现代化的历程》一文中指出：“近代西方文化是伴随着血与火而涌入中国的。因而西方文化的冲击带有强烈的侵略性质，中国被迫打开大门、承受西方文化，则带有明显的屈辱、被动和非自觉性。一是从‘天朝上国’的尊崇地位，沦于落后挨打的屈辱地位；二是从优越发达的文化传统，转入被迫接受西方文化的冲击；三是从积极主动的文化交流，转入消极被动的文化选择。这就是中国文化步入近代历程的时候，蒙上了浓厚的民族感情和正义理性的道德因素，同走向世界，适应时代潮流的发展产生矛盾，从而加深了中国固有文化向现代转变的艰难性。”① 这段话深刻地揭示了民族心理、民族情感在中西文化交流中的特殊作用。当然，需要指出的是，近代中西文化冲突，除了情感的元素外，更重要的原因还是在于中西文化的发展层次不同。

山东是孔孟之乡，中国传统文化的发祥地，这种特殊的文化背景使得文化传统的精神极为强大，在外来文化作为异质文明传入时遭到的抵抗也就格外强烈。

“人类文明史就是一部不同文明间不断交流和融合的历史。任何国家的文化都是通过与异质文化的对话和交流获得营养，从而不断发展壮大。”② 从世界范围内来看，异质文化间的交流是普遍存在的，即使在国家民族受到摧残和践踏的殖民主义语境中，不同文化之间的碰撞、交流与整合依然存在。近代以来，胶东文化便是在殖民主义的语境中、在西方强势文化的冲击下，在与西方文化不断的冲突和融合中走向近代。

1. 与基督教冲突中的文化融合

自 1860 年《北京条约》签订后，外国传教士获得进入中国内地传教的权利，西方传教士便纷纷深入山东内地，到处发展教徒，建立教堂，传播基督教。但是，由于中西文化背景的巨大差异，中国人历来对宗教比较淡漠，而且传教士之来华又是和中国战败的耻辱联系在一起，是在不平等条约的庇护之下进入中国的。中国社会各阶层，上自各级官吏下至贫苦百姓对传教士的活动在冷淡之外还有排斥的情绪。特别是那些受过正统儒家教育、在传统观念支配下的地方精英，认为传教士所宣扬的基督教与中国传统文化是相互抵触的，因此他们最初都对这些传教士怀有戒心、很不友好，甚至充满敌意。这种态度自然而然也会影响到当地的民众。于是，双方之间发生了尖锐冲突，各地不断发生反教案件。

最初，传教士进入山东先是在登州登陆，在传教士初来登州之时有些当地人还愿意租房子给他们，但是随后有许多中国人开始加入基督教，当地的绅士和文人开始强烈地反对西方传教士，他们认为如果能阻挡这些西方传教士进入登州，就可以阻止基督教进一步传入登州。他们禁止任何人向传教士租赁或出售房产，否则将严厉地惩罚他们。因此早期来到登州的传教士很难租赁到合适的住处。

---

① 湖北大学中国思想文化史研究所主编：《中国文化的现代转型》，湖北教育出版社 1996 年版，第 110 页。

② ［美］罗威廉著，江溶、鲁西奇译：《汉口：一个中国城市的商业和社会（1796—1889）》，中国人民大学出版社 2005 年版，总序。

1864 年 9 月 24 日，郭显德报告领事（当时的美国驻烟台领事应该是麦嘉缔）说："他自 1864 年 1 月 15 日到 1864 年 8 月 22 日都没法购置或租赁房屋。"[①]

地方绅民反对外国传教士买地租房，其根本目的还是要反对基督教在当地的传播，而且很多时候，地方士绅甚至官员都参与其中，这既有文化冲突等深层次的原因，也有明清以来延续下来的士绅阶层反对洋教的传统惯性。

因此，那些带着强烈优越感与使命感的传教士来到中国后很快发现，中国人不但不像他们想象的那样渴望福音，甚至对他们充满着敌意。1866 年，狄考文因租房问题与登州地区的居民发生冲突，当地出现砸碎传教士墓碑、辱骂恐吓乃至殴打传教士的事件。狄考文首先想到寻求美国炮舰保护，然而结局和几乎所有试图依靠武力的传教士一样，他不但没有看到希望的结果，反而发现"自己的处境比以前更糟"[②]。因此，尽管传教士每到一地都不辞辛苦，四处奔波，进行布道活动，但是收效微乎其微。狄考文在给美国国内差会总部的信中曾写道："街上到处是人，他们表现出明显的敌意和轻蔑神态。""我每到一个村庄，耳边就会响起'洋鬼子'这个词。……我听起来常常觉着是非常恶毒的语气。我认为在最后两天，至少有一万张嘴喊出了这个词。"[③] 这一经历并非狄考文的个人现象。很多早期来华传教士发出感慨："（布道）结果就像把种子撒入水中"，"对着风浪讲话，在沙滩上留名"[④]。因此，传教士们深感在中国传教很困难。

不仅租不到房子，传教又备受冷遇，而且，传教士的人身安全也会受到威胁。比如，郭显德在即墨被伤案（又称"即墨教案"）就是一个典型。1873 年，郭显德到即墨县传教。一次在冬季大会上讲道，遭到不明真相的群众的围攻。郭显德不仅被石块殴击，而且随身的衣物也被抢，随后他将此事告到县衙。县衙官员企图不了了之，将滋事者推诿为渔民已经出海，无法结案。郭显德对此不满，上告到美国驻烟台领事施佩德。施佩德照会东海关道、即墨县衙，要求查办此案。1874 年东海关道会同施佩德共审此案，结果即墨县令被革职。为首的肇事者和从犯"按律"杖责，余则释放。

当然，这里需要说明的是，来华传教士在传教过程中吸收了一些不良的中国人加入教会，这些不良之人利用教会作为背景欺行霸市、为非作歹，横行乡里，激化

---

① 廉立之、王守中：《山东教案史料》，齐鲁书社 1980 年版，第 71 页。

② 史静寰：《狄考文与司徒雷登——西方新教传教士在华教育活动研究》，珠海出版社 1999 年版，第 37 页。

③ ［美］丹涅尔 · W. 费歇著，郭大松、崔华杰译：《狄考文》，中国文史出版社 2009 年版，第 78、79 页。

④ 何晓夏、史静寰：《教会学校与中国教育近代化》，广东教育出版社 1996 年版，第 30 页。

了民间的中西矛盾，而传教士却无端地替那些不良教民承担了责任，又更加使矛盾激化，使反教案件频发。1897 年的“巨野教案”使得民教冲突更加升级，在此次冲突中两个德国传教士被巨野农民杀害，德国以此为借口，出兵占领胶州湾。

1898 年 4 月 12 日，山东巡抚张汝梅在给清政府的报告中称：“惟查东省民教不能相容莫甚于今日，其故皆由教民虐待平民，教士又袒护过甚，百姓衔恨日深。”当时的一些西方观察家也“都批评教士们在为个人及教民寻求保护方面失之过分”。德国海军大臣铁毕子则明确指出：“一般说来，山东的骚乱是由天主教传教士引起的，特别是中国教徒们惹是生非的行为引起的。”实际上，这反映了中德之间的矛盾，特别是德国对于中国人的压迫，这种与宗教搅在一起的压迫所引来的反抗必然是更加激烈，而德国人的镇压之能使事态更加恶化。例如，德国人曾出兵日照进行所谓的“保护”，然而，“这样的保护比无用还坏”①。

面对中国民众对传教士和基督教的强烈排斥，传教士们积极行动起来，抓住机会，通过施药、行医、举办学校和慈善机构来减少文化上的冲突与隔阂，逐渐消除了中国人对他们的抵制心态。

传教士首先通过施药和行医等救治活动赢得了胶东民众的好感。捻军在近代历史曾于 1861 年和 1867 年两次进入胶东地区，给胶东人民的生命财产造成了巨大的损失，致使胶东地区的社会生产遭到破坏，造成疫病蔓延。美国北长老会传教士在此期间对胶东人民给予了极大的帮助，第一次捻军入侵时，在山东传教的美国北长老会传教士只有在登州的倪维思夫妇和盖利夫妇，他们竭尽所能地帮助登州城内受难的中国民众。当时登州城内有许多饥民及大量受伤的农民在街上聚集，传教士们“成立一慈善会，设立临时医院，另立救济院，空手进城者，身得重病者，为贼扎伤者，皆有所救济”②。

1861 年山东遭受了捻军的第一次侵袭后，1862 年亚洲鼠疫开始在山东肆虐，瘟疫加深了山东人民的灾难。在当时的情况下，登州差会没有医生，烟台地区的麦嘉蒂医生，在情况最严重的时候过来诊治病人。登州长老会的传教士还是尽自己最大的努力帮助受苦受难的中国人。传教士们在掩埋了同伴的尸体、医好了自身疾病后，有机会实施治疗，挽救了许多人的生命，因此消除了人们对传教士的偏见。

捻军第二次入侵胶东时，乡下人都跑到有高墙围绕的城里或山里躲藏。因为当时登州还未被兵匪占领，城里挤满了大批逃进城避难的人。难民们在每一处可能住的地方寄居下来。北长老会的房子也挤满了人，狄考文夫妇的观音堂里也挤满了

---

① 青岛市档案馆：《帝国主义侵略青岛纪实》，青岛市出版局 1995 年版，第 63、72 页。

② 连警齐：《郭显德牧师行传全集》，上海广学会 1940 年版，第 164 页。

人，其中许多人都生了病。狄考文夫人把她的全部时间都花在了这些人身上。她医治、照料病人，给挨饿的人弄吃的，安慰难民，向他们讲道。由于过于拥挤，而且人们都住在露天地，导致热病大流行。但是因为狄考文夫人耐心细致的照料，这期间没有一个病人死亡。

兵患与灾荒为基督教在中国的发展提供了一个机会，也化解了胶东民众与教会的矛盾。连警齐在《郭显德牧师行传》中写道，大荒过后“中国人对于传教者之眼光，不复以长毛视之，而以天地父母亲视之矣”①。曾在高崖地区赈灾的倪维思牧师在1877年秋天回到这个地区时，受到了当地人民的热情的招待，以前讲道时受到的种种抵制，都变成了热情的欢迎。狄考文夫人在四个月赈灾期间，赢得了当地人民深深的感激和爱戴，在她要离开的时候，她曾经帮助赈灾的那些村庄的领导人，联合呈送给她一把“万民伞”——一个带有飘垂帘幕的缎子做的大罗伞。而这次赈灾活动最重要的结果，便是许多的人加入了教会。②

传教士在传教过程中发现，传教的阻力主要来自士大夫阶层，而士大夫的精神支柱就是儒家思想。胶东地区文化水平较高，这种阻力也就较大。如果要在胶东拓展教会事业，就要对儒家思想做出一些必要的尊重甚至妥协，使两种文化在一定程度上达到融合。

有不少传教士表现出了对中国儒家文化的重视和尊敬，例如：英国伦敦会传教士花雅各（James Ledge Holmes）翻译了“四书”“五经”，他告诫在华活动的外国传教士：“只有透彻地掌握中国人的经书，亲自考察中国圣贤所建立的道德、社会和政治生活基础的整个思想领域，才能被认为与自己所处的地位和承担的职责相称。”将儒家文化与基督教文化相调和，对于传教士来说是既无可奈何，却也实在是不得已而为之的事情。

郭显德在传教过程中就十分注意与中国文化的融汇。他在讲道中时常引用中国圣贤之言，甚至外出布道入住骡马店或山林庙堂借宿被拒时，都用孔孟学说宽容忍让之道来说服对方；迎合传统的民风民俗，为我所用；在反对偶像崇拜的同时，并不反对儒家的孔孟之道，并不反对孝道，并且将《圣经·十诫》与孝道相结合，论证孝道的重要性，在选择信徒的时候，孝道也成为一条重要的选择标准。这些都是郭显德在传教过程中所秉承的宗旨。郭氏的信徒曾回忆道：“吾师显德之传道方法，首重孝悌。”③ 同样在胶东地区从事传教的其他传教士也基本上如此从事，黄县的

① 连警齐：《郭显德牧师行传全集》，上海广学会1940年版，第417页。

② 郭大松：《中华育英才——狄邦就烈传》，中国文史出版社2009年版，第90页。

③ 连警齐：《郭显德牧师行传全集》，上海广学会1940年版，序言，第31页。

女牧师安娜·西沃德·普鲁伊特回忆说，当时“我们的一个主要着眼点曾经是，不能要求他们改变某些合理的古老规矩而与我们一致”①。

另外，传教士在胶东地区创办的教会学校并没有将中国的传统教育完全排除在外，在课程设置和教学方式上都融入了传统教育的因素，以此吸引中国学生就读，兼顾了外来文化的普及和中国传统文化的传承。同时，教会创办的花边学校、商业学校等实业学校传授给教徒以及普通民众一种谋生的技能与手段，解决了他们的生计问题，而博物院的建立把西方近代的科学知识、思想带到了胶东地区。这些无疑在一点一滴地改变着人们对于基督教和基督教徒的刻板印象，他们的所作所为逐渐消除了民众心中对于基督教、基督教徒的隔阂。胶东地区的地方精英们“冷漠”“不友好”的态度也在逐渐地发生着改变。19世纪末期，人们的态度明显和传教士刚刚登陆传教的时候有了不同。当义和团运动风起云涌之时，胶东的部分地区流传着“外国人不杀郭显德，中国人不杀赵斗南”的说法，说明郭显德等传教士得到胶东民众的容忍和接纳，不但如此，烟台、青岛等地还成为义和团时期传教士们的避风港。

2. 与殖民当局冲突中的文化融合

近代以来，胶东地区中西文化的冲突与融合不仅表现在与基督教的互动中，还表现在殖民主义语境下，侵略与反侵略的矛盾冲突以及强势文化的暴力输入和弱势文化的被动接受之间的激烈的互动与交融中，即指当西方殖民者入侵占领后，为了有效地统治，既采用他们自以为先进的文化政治制度与管理办法，又不敢完全抛弃被占领地的原有文化传统，在有意无意中出现了“你中有我，我中有你”的文化交融。不过在中外文化的互动交融中，西方文化更占主导地位，对中国文化产生的影响更大一些，而中国的传统文化只是对一部分外国人产生了强烈的吸引，只是属于个人好奇和迷恋。

德国人修建港口、铁路对青岛的城市发展和整个山东的现代化具有巨大的推动作用，但是，以这种暴力征服手段强加的现代化使中国人无法接受。首先，德国的侵略行径激发了中国人的民族怨恨，增加了中国人的不满与反抗情绪；其次，随之而来的大规模建设，毁掉了人们的家园，断绝了他们赖以谋生生存的经济手段和来源，而德国人完全漠视中国人以往的传统文化和情感因素，无异于火上浇油。胶济铁路建设过程中遭遇到青岛农民的顽强抵抗就是很好的例证。

在铁路修筑过程中，铁路所经之处，德国人摧毁村庄，践踏农田，挖掘坟墓，

① ［美］安娜·西沃德·普鲁伊特著，程麻译：《往日琐事——一位美国女传教士的中国记忆》，山东画报出版社2010年版，第12页。

堵塞河道，给山东人民带来了巨大的损失、伤害和屈辱。连瓦德西在给德皇的密报中也称："筑路之事，漠视坟墓，以致有伤居民信仰情感。""更以欧洲商人时常力谋损害华人，以图自利。"[①] 这种伤害所激起的抵触情绪和反抗斗争直接影响了青岛城市发展的进行。中德双方矛盾的激化造成了巨大的伤害和损失，为了捍卫自己的生存家园，中国人民付出了生命和血的代价。然而，中国农民最终还是迫使德国殖民主义者作出一定的调整和妥协，使他们在青岛的发展与开发中，绝对不能完全蔑视中国人的利益、中国民族文化和民族感受而恣意妄为。例如，青岛的天后宫戏楼是青岛市区最早的戏楼，始建于明代成化年间，到清代同治年间，已经历经400多年的沧桑，仅剩"戏楼遗址，栋宇全无"，后来，通过募捐集资，在旧址上又重建了一座戏楼，这就是位于太平路的天后宫戏楼。重建之后，每逢年节常有戏剧演出活动。然而，在青岛的城市建设中，德国人曾经试图拆除天后宫，则遭到青岛市民的强烈反对，原因就是它不仅承载着凝重的中国文化，而且还是青岛人集会活动的重要场所之一。在青岛市民的强烈反对下，德国人最终被迫放弃这一企图。

历史证明，伴随着青岛的城市发展，中德文化经历了从激烈碰撞到积极交流、再到相互融合的发展过程，而这一过程对于青岛城市发展起到了制约和推动作用。从殖民地化到城市化，体现了从文化霸权到文化交流的嬗变过程。在这种文化交流中，具有深远影响的事件是中德联合办学的举措。

1909年10月25日，中德合办的青岛特别高等学堂（又称德华大学）是青岛最早的大学，被称为"德国在华文化使团"的起步。[②] 德华大学的创办与成功标志着中德文化交流的加强，也堪称"典范"。学校设预科和高等科，高等科设政法、医、理工和工程4科，学生最多时达400余人，校址在今青岛铁路分局。[③] 德华大学在传播西方文化、现代科学知识和促进中德文化交流方面，作出了很大的贡献。所以德华大学的建立对于中德之间的文化交流，对于青岛城市文化品位的提升，都有着特殊的意义。

文化交流应该在相互平等的基础上进行。然而，在青岛的德国人与中国人之间，现实存在的是种种殖民关系，如德国军官与中国士兵、德国主人与中国佣人之间的不平等关系。相互之间发生的文化交流是点滴的、畸形的，像尉礼贤等人那样平等对待中国文化，热衷于中德文化交流的人物毕竟屈指可数。在殖民主义语境

---

① 胡汶本等：《帝国主义与青岛港》，山东人民出版社1983年版，第28~29页。

② ［美］柯伟林著，陈谦平等译，钱乘旦校：《德国与中华民国》，江苏人民出版社2006年版，第15页。

③ 青岛市档案馆：《胶澳租借地经济与社会发展——1897—1914年档案史料选编》，中国文史出版社2004年版，第469~470页。

下，各种形式的文化交流与对话弥足珍贵，因为双方矛盾冲突不断激化，往往导致灾难性后果，而文化交流与融合则可以带来积极的、建设性的效果。

在处理文化冲突方面，英国殖民者比德国殖民者要略高一筹。

在英国正式接管威海的最初半年里，遭到威海人民的强烈抵抗。威海人民素有反抗侵略、保家卫国的光荣传统。明代屯兵设卫，就赋予了威海人民抗击外来侵略的使命。在“卫所”存续的300多年间，威海人与入侵的倭寇进行了持续不断的斗争，这种斗争传统被一代代继承了下来。清末北洋海军成军，威海人民又积极投身到抗击外来侵略的队伍中。威海一带青壮年，许多都在北洋舰队服役，有的村多达十几人。当英国人入侵时，有御敌传统的威海人民进行了积极的抗英斗争。在这场运动中，参与的人员非常广泛，四乡群众基本都动员起来了，有数万人之多。虽然，抗英斗争最后失败了，但是产生的影响不可估量。在以后的统治时间里，英国殖民当局作了较大的调整与妥协，统治手段从“硬措施”改为“软手法”。

在威海的英国殖民当局的基本统治手段是用中国儒家学说的治国理念管理租借地。英国租借威海卫32年间，先后向威海卫派驻了7任行政长官，其中任职时间最长的骆克哈特，是公认的中国通，最后一任的庄士敦曾任清廷“末代帝师”。他们身为英国派驻威海卫的行政长官，出于统治的政治需要，也出于个人的文化素养和爱好，都热衷于中国传统文化。骆克哈特是个名副其实的中国通，从香港到威海卫，从见习生到行政长官，从退休到去世，他终生沉迷于中国文化的学习和研究。对于中国文化，无论是经史子集、琴棋书画，还是风土人情、乡规民俗，他都很有研究，甚至成为中国字画、古钱币和工艺品的收藏家。1902年5月他到威海卫任职。基于对中国文化的熟悉，他继续贯彻他在香港时候提出的“英国统治，中国旧制”的方针，把香港的法律制度和管理模式搬到威海卫，很快理顺了租借地的殖民统治秩序。

庄士敦喜爱中国文化，他对儒、释、道、墨和唐诗宋词等都进行了认真研究。在各家学说中，他格外崇尚儒家思想，出于对中国文化的喜爱，他给自己取了庄士敦这个中国名字。庄士敦对中国文化的崇尚甚至到了痴迷的地步，连个人生活方式都融入了当地习俗，“现在他使用筷子，只吃中国食物，那种佛教徒式的生活，多次引起欧洲客人的担忧”①。庄士敦把儒家学说运用到实践中，1927年3月，他被英当局任命为威海卫行政长官。庄士敦努力以中国传统士大夫的形象自居，刻意把自己打扮成威海卫的“父母官”。他经常走村串户，用威海方言与百姓交流，家长里短无所不谈，贴近实际地观察民情、民风。这种礼贤下士的姿态，帮助庄士敦很

① ［英］史奥娜·艾尔利著，马向红译：《回望庄士敦》，山东画报出版社2009年版，第50页。

快融入了威海社会，甚至发展到连邻里纠纷之类的小事情都要请“庄大人”说道说道。如此这般，淡化了民众对外来殖民者的排斥心理。这种用中国套路统治中国百姓的办法，顺应了中国百姓的心理，缓和了殖民统治者与当地人民之间的矛盾，尤其是在接近上层的村董绅商中赢得了好感。庄士敦离开威海卫时，绅商们奉上一碗清水，寓意其品行高洁，清澈见底。更重要的是，在政治上达到了英国人维护殖民统治的目的，威海卫很多年里再没有出现过激烈的华洋冲突。

在威海实行的村董制是英国殖民当局与当地民众文化融合的典型。英国当局明白，尽管通过武力手段可以达到租占的目的，但是要稳固地统治，还必须把殖民统治与中国的乡村政治文化融合起来。在传统乡村自治基础上建立起的总董制，是英租借统治时期最重要的支柱。

在英国租占威海卫前，威海整个社会处于以渔耕为主的自给自足的自然经济状态。界内的居民，无论城里还是乡下，多为同姓聚族而居。很多村庄和街巷，都是以姓氏命名。如城里的王宅巷、周家巷、陶家巷，乡村的戚家庄、陶家夼、杨家滩等。这些聚族而居的百姓，形成了一个个的姓氏家族。在姓氏家族内部，沿袭着千百年来的传统宗法制度，实行着家族宗法式管理。家族的每个成员，依据世代辈分序列和血缘亲疏远近，取得在家族内部不同的社会地位和话语权。一些德高望重的长辈元老、人多势众的宗族大户、财大气粗的地主绅商、识文断字的士子书生等，通过自身的优势，取得了较大的话语权，结成了乡村中的乡绅阶层。这个乡绅阶层依靠自己的势力和影响，在祖祖辈辈世代相承的宗法制度下，管理着乡村社会的种种事务。村董就是他们的代表，是按照宗法制凭借其在家族中的地位而被推举出来的，不经过选举。英国租占威海后，当时英国正在经历着选举改革，贵族阶层的特权逐渐被削弱，平民阶层的普选权日渐增强。学贯中西的骆克哈特和庄士敦自然会把这种文化搬到中国来。

新任威海行政长官骆克哈特到任初期，就接见了租借地的全体村董，他对现任村董逐个登记造册，颁发委任状，承认他们的地位和权力，不干涉他们对乡村的治理，要求他们为租借地政府办理征收土地税、传达官方文告、登记土地契约、维持地方治安等社会管理事务。但是由于在乡村和租借地政府之间缺乏有效的沟通，影响了对乡村的治理。1905 年，庄士敦提出了建立“总董制”的改革计划，把租借地内的 300 多个村庄划分为 26 个小区，在原有村董的基础上，每个小区设总董一名；26 个小区又分成南、北两个行政区，各设一区行政长官。这样就构成了“威海卫行政长官—南、北区区行政长官—26 个小区董—300 多个村董”这样一套从上到下、层级有序、紧密衔接、金字塔形的统治体系。这一计划于第二年就在租借地内全面推行开来。首任南区行政长官就是庄士敦，北区由华务司兼任，各小区的总董开始时是由华务司在区内的村董中选拔。

1914 年 3 月，英国殖民当局颁布了《选举村董简明章程》，开始在租借地内对总董和村董的产生实行选举办法。《章程》规定，小区的总董和各村村董都要经过投票选举产生，总董由小区内的村董投票选举产生，村董由享有选举权的村民投票选举，得票率达到 60% 以上才能够当选。其时，村民始知选举是何物。但是，以选举为特征的民主，是随着社会的进步而发展的，就是英国本土的选举也不是一人一票，贵族的特权并没有被彻底剥夺，所以在威海的选举法也不可能一下子彻底动摇乡村的宗法制的根基。比如规定被选举的候选人必须是“有十亩地以上产业并且品行端方公正之人”，“若有学问之人则更合格”。仅此一条，就把村董的选举对象限制在了乡绅阶层。村民中享有选举权的必须是“署中名册上每年兑纳一亩地以上之钱粮者”，不是纳税户主的妇女、老人及不能交纳规定税额的贫雇农自然是无权参与选举的。当选的候选人还必须经过行政长官的批准和委任，发给执照才能够正式就任村董。即便是符合规定的候选人得到了 60% 以上的选票，只要英国人认为不妥，也要“另行选举”，也就是说，真正说了算的还是英国殖民当局。

英国在威海推行总董负责制，是把中国乡村原有的自治传统加以规范化改造，为其所用，不论总董还是村董，都服从英国殖民当局的管辖，在各自的乡村中实行自我管理，推行传统教化，维持乡村秩序，显示出高度的自治特色来。这种自治管理居民行为的规范是各村庄的乡规民约。在士绅阶层的主导下，几乎所有的村庄都有自己的村规，这些村规一般保存在家庙祠堂或者族长、村董家里。这些村规以及一些成文或者不成文的民约，规范和调节着村里居民的行为和相互关系，维护着村里的传统的道德风尚。殖民当局也很注意支持总董、村董们对传统道德风尚的自我维护，鼓励他们乐善好施，成为社会风尚的楷模。车硕学就是他们最早树立的一个典型榜样。1905 年，一艘载货的福建商船，行驶到威海卫海西头村北的海面上，遇到大风雪，触礁搁浅，船破人危。时任村董的车硕学，带领村人，冒着风雪激浪，把船员救到自家吃住，接着又用自己的木料钱财修好了坏船。被救的商船回到福建后，船主王作刚特意写信给威海卫行政长官，表达谢意。骆克哈特大肆宣扬了这个典型，专门在香港定制了“拯人于危”的金字匾牌，专程送到车硕学家，特意和他的家人照相留影。第二年还把车硕学选为港西区的第一任总董。如此隆重的表彰，无疑是对总董、村董们的极大鼓励，支持他们对乡村的自治自理。

由村董发展到总董，建立起总董制，保证了威海卫的殖民当局在以乡村为主体的租借地内建立起稳固的统治架构。由总董制负责下的乡村自治，维持了租借地的社会局面和治安的稳定，百姓民众有一个相对安宁的生活秩序，遏制和平息社会矛盾，发挥上情下达、下情上报的纽带作用，殖民当局就不必亲自面对民情民事民怨的直接压力，表现出老牌殖民主义的“以华制华”的谋略。对此，庄士敦颇为得意。他在最后的一次总董会议上的告别演说中说：“自从组织总董以来，众位及前任总董与英国政府管理威海这种深切适宜的合作，本大臣极表感谢的。此种组织的成功，本大臣个人十分满意。”①

3. 兼具开放性与包容性的近代文化

胶东文化作为齐鲁文化的一个组成部分，早在齐鲁文化诞生之前就因胶东先民的存在而存在。钱穆先生在其《中国文化史导论》中指出：“各地文化精神之不同，穷其根源，最先还是由于自然环境之分别而影响其生活方式，再由生活方式影响到文化精神。人类文化，由源头处看，大别不外三型：一游牧文化，二农耕文化，三商业文化。游牧文化发源在高寒草原地带，农耕文化发源在河流灌溉的平原，商业文化发源在滨海地带及近海之岛屿。”② 胶东半岛三面环海，属于较为典型的商业文化。早在史前时期，胶东地区的莱文化就呈现出明显的商业文化特色，胶东先民凭借其丰富的鱼盐资源进行早期的商业活动和海上贸易，形成了善于经商的文化传统。辽阔无边的海洋和远洋贸易的发展，使得胶东文化很早就具有了开放性、包容性的特征，善于学习和接受外来文化的影响，以开放的心态迎接和容纳来自不同文化的思想和声音。胶东商人与山西商人、安徽商人有很大的不同就充分说明了这一点。

据李华先生研究，徽商在安徽，晋商在山西，基本上垄断了本省的城乡贸易，很少允许其他外帮商人来染指。③ 而在胶东地区，有很多外地商人在此经营，并形成与本地商人实力相当的外地商帮。在烟台，既有胶东的黄县帮、掖县帮及山东省内的潍县帮在烟台开设行栈，经营土洋货的进出口业务，亦有广帮、建帮、宁波帮、关里帮、锦帮等外帮商人在此经营。④ 青岛崛起后，逐渐取代烟台成为胶东也是山东第一大商港，在青岛经营商业的既有本地的黄县帮、即墨帮、沙河帮和省内的潍县帮，亦有来自直隶、广东、江苏、安徽、江西、浙江、湖南、湖北等各地的商人。出现这种现象的原因大致有两方面，一方面可能是由于胶东本地商人的经济实力不够强大，不足以控制本地市场；另一方面可能就是长期浸润在海洋文化中的胶东商人拥有兼容并包的海洋性气质，以一种开放的心态，容纳各地客商，以期互利共赢。

不独在青岛、烟台等开埠城市外帮商人云集，在胶东城乡乃至集镇，都有外地

① 《庄士敦离威前夕的临别演说词中文稿》，威海市档案馆：229－001－0077。

② 钱穆：《中国文化史导论》，生活·读书·新知三联书店1988年版，第2页。

③ 张海鹏、张海瀛主编：《中国十大商帮》，黄山书社1993年版，第199页。

④ 《福山县志稿》卷五《商埠志》，民国二十年（1931）铅印本。

商号在此营商，胶东商人与外地商人相互包容、共谋发展。如福山县“风俗人情淳朴，外乡人在此居住或做生意者，皆与当地人相处融洽”①。在胶州，许多外地人慕“金胶州”之名，纷纷来此设号开铺。如掖县商人开的“增和顺”“东来顺”绸布店；黄县张姓商人开设的“广顺”商号，后因规模不断扩大，遂将“广顺”拆分为“顺发”“顺隆”“顺德”“顺祥”等四家商号，人称“四大顺”；章丘人开的“东升泰”酱园；周村人开的“兴盛和”嫁妆铺；青州人开的“秦记”镜子铺；青州马姓商人开的鞋帽店；浙江人开的“森盛号”专营茶叶和宣纸、国画颜料、端砚、湖笔徽墨等。这些商店在当地经营不仅未受到排挤，而且经营得非常红火。来胶州的外地商人在与胶州本地人的交往过程中发现，胶州人仁义、守信，待人和气，不排外，因而愿意到胶州来经商。如宁波商人范伯堂，开始时单人独身随船来胶州经商，在经营中感觉胶州人诚实守信不排外，后来就落户于胶州城里，开设“荣德”商号，在州城和塔埠头均有店铺营业。

近代时期，由于胶东商人对外地商人始终以一种开放的心态采取宽容接纳的态度，因此与外地商人之间一直是和平共处，形成了错杂经营、共谋发展的格局。进入民国以来，随着胶东各地商会及各业公会的纷纷成立，有着明显地缘特征的会馆等传统商人组织功能逐渐减弱，外地商人和本地商人不分省籍，共同加入商会、同业公会等现代商人组织。外地商人不仅加入商会，还在商会中担任重要职位，使得胶东商人与外地商人之间的融合趋势更为明显。如在青岛商会中，江苏商人丁敬臣就曾担任过商会的副会长一职。② 以宽阔的胸怀容纳来自四方的客商，并与之和谐相处，互利共赢，体现了胶东商人兼容并包的传统美德。

胶东文化中的开放性和兼容性不仅仅表现在胶东商人对外地人的态度上，还表现在将西方的文化加以吸收，形成新的现代文化特征。

在青岛，齐文化与德国文化碰撞交融，民族文化和地域文化兼收并蓄，构成了青岛的城市文化。较为典型的方面是，德国人打造国货精品与制造高质量产品的工商文化被青岛的中国实业家吸收，与胶东人的务实求真的文化传统相结合，形成了青岛重质守信的工商文化以及重技求精的务实态度，如青岛自行车制造业的创始人曹海泉，追求德产自行车的高质量，价格公道，所产自行车畅销省内外。这种追求高质量的意识，使青岛在建国前就生产出许多远近闻名的名牌产品。正是由于这样的文化特性，今天的青岛才能够产生“海尔”“海信”“澳柯玛”等一批名牌企业，

---

① 谢紫绶：《独家经营的“通惠当铺”》，见烟台市福山区政协文史资料研究委员会编《福山文史资料》第 4 辑，1989 年印刷，第 87 页。

② 《青岛总商会人员名单》，1920 年，青岛市档案馆馆藏档案：B0038 - 001 - 0310。

才有“不求最好，只求更好”的经营理念。

在威海，由于有了骆克哈特和庄士敦这两位“中国通”在威海的长期任职，所以他们在具体的管理办法上自然要考虑到中国传统文化的影响，要尊重当地的风土人情，自然不可能完全照搬英国的制度和措施。这就使得威海在英租借期的文化特色显现出更多的两重性与包容性——中国传统文化与英国文化在融合中推动了威海社会经济的发展。

此外，在胶东民众的日常生活中对外来文化的开放和包容方面也十分突出。如前文中提到的胶东地区社会文化活动的“西化”主要就是增加了许多体现西方文化的活动内容，虽然这些“西化”的文化活动并不是胶东社会文化活动的主题，仅仅是一种“尝鲜”，但表现出极强的开放性和包容性。

三、胶东近代开埠文化的影响

胶东开埠，使胶东成为中西方文化交汇和传播的中心，它不但影响了近代胶东地区的社会变迁，更重要的是对胶东腹地乃至对整个山东的经济社会产生了较强的辐射力和影响力。

1. 胶东成为中西方文化交汇和传播的中心

自古以来是由中原向四周辐射扩展的，就山东而言，人们活动的中心在西部，并且是由西向东逐渐铺开，东部往往滞后于西部，东部作为“偏远”之地往往较迟引起包括中国统治者在内的中外人士的关注。但是进入近代之后，随着烟台、青岛和威海等沿海港口的开放，西方文明通过这些开放口岸被输入进来，在强劲的西风吹动下，这些口岸率先向近代化迈进，快速成长为具有现代性的工商业城市，并对周围腹地和内陆产生强烈的辐射作用。

开埠之前，烟台只是清政府登莱青道辖区内的一处所在，当时的登莱青道设在莱州，管辖3府26州县，烟台隶属于福山县。第二次鸦片战争之后烟台开埠，一批迅速崛起的近代工业不仅为烟台的发展奠定了基础，而且其钟表、葡萄酒等产业甚至引领了全国乃至东亚的行业发展，迅速走在了山东近代化的前沿，同时又通过港口辐射周边地区的广阔腹地，在水陆两个通道上保持着与省内各地的联系，不仅将进口的货物疏散到腹地各处，同时也将开埠后烟台民众在观念、习俗、民间信仰等文化方面所带来的种种新变化，由沿海至内陆，带给整个山东潜移默化的影响。

烟台对山东腹地在近代时期的文化辐射作用表现得最为突出的是传教士所开展的一系列文化活动。西方传教士大量云集在烟台，并非单纯将自己的活动范围定位在此地一隅，而是以烟台为跳板，将基督教的势力渗透到整个山东。他们在烟台登陆以后，努力学习汉语，积极与民众接触，熟悉当地的风土民情，积累相关的传教经验，而后，便由此出发，向山东内地挺进。如有些研究者所指出的：19 世纪 60 年代教会势力到达登州，在登州及其周围开始宣教工作，经过数年后，他们又自烟台往西，经过山东半岛到山东东部的内地，由东部内地再往西行，到达省会济南。他们在山东半岛内找到一个重要的据点是黄县，在山东东部的内地者是潍县与青州，在其北部的内地是德州，在其南及西南部是峄县、泰安、济宁、曹县等地。济南以后成为全省基督教的中心。实际上，烟台已经成为外国教会在山东的登陆地和实习场所，他们由此地向内地地输送宗教，是整个山东基督教传播的主要渠道之一。

为了便利传教，传教士在烟台开办教会学校，并且逐渐向烟台周边地区以及山东内陆发展，烟台等胶东地区遂成为山东近代文化教育的先发地。烟台也一度成为山东省中西文化交汇的前沿和中心地区。1876 年，狄考文创办的文会馆的第一批学生毕业，虽然只有 6 名学生，但是他们是中国最早的大学毕业生。1884 年，文会馆的大学资格得到美国北长老会差会本部的正式授权，登州文会馆成为中国第一所近现代意义上的大学，它掀开了山东近代教育发展的新篇章，具有十分深远的意义。1904 年，登州文会馆迁至潍县，与英国浸礼会在青州创办的广德书院中的大学班合并，更名“广文学堂”。1917 年，广文学堂和青州的神学院迁往济南，正式组成齐鲁大学。

此外，在城市建设方面，许多先进的制度和建设理念对周围地区的辐射也十分明显。如港口建设、铁路建设、城市规划、市政建设、卫生防疫、警察制度、自来水、电灯、电话、邮电等，胶东都走在山东其他地区的前面。以德国对青岛城市现代化的影响为例予以说明。

德国的城市规划理念对青岛城市发展产生深远影响，德国殖民当局的长远计划、科学与理性的态度，在精心营造青岛城市物质和精神建设以及可持续发展能力方面都展示了高超的水平。这在中国近现代城市发展史上非常突出。德国在青岛所实施的近代城市发展与管理的举措，使青岛与传统的中国城市有很大的不同，形成了西方近代化城市的诸多特征。这些不同寻常、富于预见性和前瞻性的发展取向对于其他中国城市来说具有显著的影响力，不仅传播和推广了西方现代科技，启动了青岛的现代化，也为其他城市的发展与管理树立了可资效法的模范与榜样。

2. 唤醒了胶东民众的民族民主意识

在中西文化的不断冲突与交汇中，特别是在德国、英国等西方国家的殖民统治的刺激下，中华民族的民族意识、国家观念和民主思想也在不断地被唤醒，并在胶东大地上大放异彩。

胶东开埠后，在洋行、洋企业的刺激下，胶东地区的近代工商业迅速崛起，出现了新型企业家群体。他们以“实业救国”的精神相号召，努力研制国货，致力于提高国货的质量，与外商争夺市场。如烟台宝时钟厂的创始人李东山，从最初模仿学习日本“马球牌”时钟的制作方法，不断努力改进技术，最终使其产品质量超过日本货，再以低于日本钟的价格投入市场，最终将盘踞烟台几十年之久的日本“马球牌”时钟挤出了本地市场。现存于烟台钟表博物馆里的“宝”“永”“盛”“业”字牌座挂钟的钟壳后身都贴有一幅文字广告，上书“齐心爱国，振兴实业，精造我国之货，勿用舶来之品”等语。蓬莱人丛良弼，青年时代曾在烟台专营火柴生意的“东顺泰”做伙计，因精明能干，颇受店主赏识。1895年被派往日本大阪设庄采购火柴，运销国内。丛良弼看到当时山东市场上销售的都是从日本进口的“洋火”，激于爱国热情，他便于1912年回国创办火柴公司，取名“振业”，寓意“振兴中华、实业救国”，并先后在济南、济宁、青岛等地开办火柴厂，同日本火柴业展开激烈竞争，开启了山东民族火柴工业生产的序幕，结束了山东单纯使用“洋火”的历史。丛良弼坚持民族气节，拒绝与日本人合作，“九一八”事变后，他坚决撤回了在日本大阪设立的原料采购机构，并追回准备购买原料的款项。

1898年3月6日签订的中德《胶澳租借条约》（又名《胶澳租界条约》）规定，德国获取在山东筑造胶济铁路、在铁路沿线30里内开矿的特权。从此，德国对山东路矿权利的侵占得到了约章的保障。为维护利权，山东各地掀起了保路运动，期间，烟台绅商各界出于既有利于自身工商业的发展，同时遏制德国人操纵胶济铁路等两方面的考虑，申请商办烟潍铁路。1909年12月，他们刊布招股章程，成立招股公司。资金到位后，他们便商讨购地办法，并派人员进行勘察。虽然由于德国人的阴谋干扰，商办烟潍铁路一事最终失败，但从中可以看到烟台绅商们振兴实业、发展经济的迫切愿望和要求，也看到他们为挽回利权而作出的努力和斗争。

1905年，上海商务总会因美国政府苛虐旅美华工一事，在上海率先发起了抵制美货运动，并倡议各地商人以“誓不运销美货”为抵制，直至美国政府删改苛例。这次抵制美货运动迅速扩展到全国10多个省的大中小城镇及乡村。上海商务总会关于抵制美货的倡议发出后，立即得到了胶东各地商会的支持。1905年8月，青岛商人开始实行抵制美货运动，为了有效地辨别美货，青岛商会还特别致函上海商务总会，要求函寄美货商标，以增强抵货运动的针对性和有效性。烟台的商人也在商会的领导下，积极参与到抵制美货的运动中来。

1910年，烟台莱阳、海阳等地的农民在曲诗文、宋煊文等人领导下掀起了以抗捐抗税相号召的反封建运动，规模之大，行动之快，震动之烈，影响之广引人瞩目，成为清末十年间抗捐税斗争中规模最大的一次，和湖南的“长沙抢米风潮”并称震惊清廷的两大事变，引起了朝野震动，成为清末农民运动的典范。

烟台民众在辛亥革命中的表现和影响，不仅是山东民主革命的典范，而且在全国的民主革命运动中都有重要的一席。

烟台进入孙中山等革命派的视野，并被作为同盟会的北方支部是有原因的。一方面，烟台是京津的门户，南北交通要道，与辽东半岛遥遥相望，可以兼顾东北的革命工作，同时烟台与日本往来也方便，是北方留学生出入国门的必经之地，有利于在留学生中开展革命宣传。烟台开埠后，学习西方文化已渐成风气，山东辛亥革命领导人徐镜心就是1903年留学日本的学生，并被推举为山东留学生同乡会会长。徐镜心、谢鸿焘等人在烟台创建的东牟公学不仅是山东同盟会的联络中心，更重要的是为烟台的武装起义储备好了骨干力量；另一方面，烟台当时虽然无法与上海、重庆、香港、汉口等大城市相伯仲，但自1862年开埠以后，城市、港口和新兴产业发展迅速，已成为北方重要的工商业城市。加之烟台地处沿海，较早地受到外部潮流的冲击，风气趋新，民智开通，所以这里有着良好的群众基础，弥漫着强烈的革命气息。一批具有进步思想的民族实业家给予辛亥革命很大帮助，资助巨款，购买武器，有力地支持了烟台的武装起义，如莱州草辫大王邱金相（山东辛亥革命骨干邱丕振之父，先后捐献了10多万大洋，并支持四个儿子参加革命，人称“邱氏四杰”）、烟台渔业大王王锡蕃（渔业公司附设水产学堂，聘请同盟会会员任教，传播进步思想，许多学堂的学生参加了烟台起义）都给烟台武装起义以很大支持，在山东烟台创办张裕葡萄酿酒公司的张弼士先生亦曾大力支持过孙中山先生的革命。登州光复后，登州首富宋庆夫人（宋庆已死）也给了革命党人武器和资金的支持。

济南虽然是省会，与烟台几乎同时宣布独立，但革命政权仅仅存在十多天时间便取消了。济南独立取消后，烟台成为山东革命军政府所在地。烟台的革命运动轰轰烈烈，武装斗争如火如荼，周边县市如登州、黄县、文登等地受到鼓舞，相继起义。这些地区的武装斗争，将胶东地区以烟台为核心连成一体，给清王朝以沉重的打击。可以说，没有辛亥革命在烟台的首义和燃遍山东大地的革命之火，就没有很快到来的轰轰烈烈的山东辛亥革命运动，没有山东辛亥革命对清王朝的致命威胁，也就没有清王朝的快速垮台。

1912年，孙中山由济南乘火车到青岛，考察中国铁路发展状况。消息传来，青岛民众展开各种欢迎准备活动，而德国驻青岛总督麦尔·瓦德对日益高涨的民主革命形势惶恐不安，害怕孙中山的到来会引起青岛的革命浪潮。他一面阻止青岛民众的欢迎活动，一面公开声明孙中山是不受欢迎的人。此举激怒了青岛商界、学界、文化界、宗教界，齐燕会馆、三江会馆、广东会馆、青岛总商会等组织上万人连续几天包围总督府进行抗议。总督麦尔·瓦德只好妥协，并准备了欢迎仪式。

1915 年为反对袁世凯与日本签订“二十一条”，烟台商民迅速掀起抵制日货的行动，并成立了国货陈列所。所内陈列商品共有 12 项，分别为教育品、学艺品、化学品、农林品、矿物品、手工品、水产品、土产品、染织品、瓷器品、器具品和药材品，这些商品多系烟台土产及他省特产。① 1919 年五四运动爆发，胶东商人积极响应，掀起了抵制日货的高潮。为抵制日货，烟台商会联合制发公会、渔业公会、棉花行、拍卖行、国货促进会、医药研究所、同志维持会、报界公会等 57 个大小团体，② 成立了烟台维持国货团，一方面继续陈列展览本国产品，宣传扩大国货销售，另一方面则展开了轰轰烈烈的抵制日货运动，并提出“联合起来，停止购进和销售日货”的口号，甚至捣毁了仍销日货的“裕丰德”商号的门窗。③

1928 年全国再次掀起抵制日货、提倡国货的运动。1930 年 2 月 7 日，青岛各界举行代表大会，决定组织青岛各界国货运动委员会，并于 3 月 1 日正式办公。4 月 17 日，青岛特别市政府公布提倡使用国货大纲、实施办法、治本办法，并规定各机关、学校、家庭均应购用国货。7 月 7 日，青岛国货陈列馆开幕，展品共计 1900 余种。青岛市各界反日援侨委员会自 8 月 15 日起禁绝日货入口。由于提倡国货，致日商受到严重打击，据当时的报道，青岛自各界一致实行对日绝交以来，日本工商业突现凋敝，日本纱厂产品销路断绝，运往外埠的只占十之二三，仓库堆满无法容纳，棉纱、棉布和砂糖、纸张杂货业，均处于休业状态，因受抵制，银行、轮船等营业大受影响，日青轮船客货锐减，难定期开航，输出也无货可运，专与华人做生意的小商贩也不得不停止营业。④

3. 推动山东经济格局发生重大转变

在中国历史上，凡是经济快速发展的地区，往往都是交通畅达之地。大运河千百年来不仅沟通了中国的南、北方，也造就了沿河两岸持久的繁荣。后来受战乱和黄河改道的影响，运河水路越来越不畅，工商业由此衰落。烟台、青岛等的开埠，在承担起大量与外部世界的经济和文化交流职能的同时，也带动了山东北部和东部的经济发展，从而打破了此前山东经济态势的布局，经济重心快速东移。

在甲午战争之前，烟台是山东唯一的对外开放口岸，山东的对外贸易主要通过烟台港口进行，烟台成为山东唯一的对外贸易中心，成为沟通中外贸易、连接南北交通的重要基地。大量外国资本、商人、外交人员和传教士的涌入，给烟台带来西方的生活方式和异域的文化风情，促进了烟台城市的发展和近代城市化的进程，同

---

① 烟台市商业局史志办公室：《烟台商业志》，1987 年印刷，第 5 页。

② 郑千里：《烟台要览》，胶东新报社 1924 年版，第 4 页。

③ 烟台市商业局史志办公室：《烟台商业志》，1987 年印刷，第 5～6 页。

④ 《申报》1931 年 11 月 6 日。

时还打破了传统的区域经济运行模式，促进了烟台及全省近代民族资本主义经济的发展，对山东的经济格局也带来很大的改变。

青岛开埠后，随着青岛港的建成和胶济铁路的修筑及投入使用，更进一步推动了胶东甚至整个山东经济格局的重大变革。

近代以来，与上海相比，中国其他沿海口岸建设及相关设施明显滞后，直至20世纪初年仍没有摆脱香港、上海分握中国南北海运门户的总体格局。[①] 青岛港的建成与投入使用逐渐打破这一局面，青岛拥有了比其他港口更加完善的港口设施。虽然比烟台港开埠晚近35年，但青岛港在几乎不到10年（1899—1907）的时间里就超过烟台港，一跃成为中国北方仅次于天津的第二大港口。而作为中国最早的铁路之一，胶济铁路给青岛、华北和中国带来的变化更为巨大，不仅拉近了青岛与华北和中国的距离，同时现代化港口又拉近了青岛和中国与世界的距离。从此，青岛一举拥有了内外双向畅通无阻、便捷可靠的交流通道，作为华北的重要门户，青岛商业越来越繁荣，城市发展越来越引人注目。

胶济铁路的修建，也改变了山东经济地理面貌。在该铁路兴建以前，由于历史的和运河的关系，济南以及山东西部地区与天津的联系比较密切，洋货的进口和土货的出口，多以天津为中心。济南以东的广大地区则以烟台为进出口基地。但是自从青岛开港和胶济铁路兴建后，山东内地的货物流向发生了根本性的变化。无论是进口的洋货还是出口的土货，都开始以青岛为主要进出口港。

胶济铁路的修建也带动了铁路沿线城市的发展，其中影响最巨的是济南。

鸦片战争后，西方列强通过不平等条约或者协约，强迫中国开埠通商。在这种约开的商埠内，外国人享有诸多特权，中国的主权、利权受到严重损害。一些有识之士开始认识到，在列强环视的局面下，中国只有主动开埠，才能够挽回利权，进而促进国家富强。基于这种认识，从1898年到1902年，清政府先后自辟岳州、三都澳、秦皇岛和鼓浪屿4处商埠。自辟商埠逐渐成为清政府的一项国策。1904年年初，德国修筑胶济铁路即将竣工，其势必将借铁路向山东内地渗透，中德之间一场激烈的利权争斗不可避免。在这种形势下，1904年5月1日，在胶济铁路正式通车前一个月，北洋大臣兼直隶总督袁世凯、山东巡抚周馥联名上奏拟请在山东自辟商埠，袁、周称：胶济铁路已经通至济南，津镇铁路又即将开通。济南作为铁路枢纽，又系黄河小清河水运码头，地势扼要，商贾转输便利，因而拟请在济南自开商埠；同时，因周村、潍县两地皆为胶济铁路必经之道，且胶关进口、济南输出商品

① 戴鞍钢：《港口·城市·腹地——上海与长江流域经济关系的历史考察（1843—1913）》，复旦大学出版社1998年版，第206页。

皆须经过两地，因而拟将两地同时开放，以作为济南分关。清廷很快正式批准山东自开济南、周村、潍县三处为商埠。随后，胶济铁路与津浦铁路的通车，使得济南成为山东省东西交通与北上南下的枢纽，外国资本的涌入和民族工商业的迅速发展，大大促进了济南经济发展和社会结构的变化，济南城市人口剧增，城市扩展，贸易活跃，交通发达，工业繁荣，使济南由一个封建的封闭城市转变为开放的近代城市，成为中国北方地区的商业和交通枢纽之一。济南等地的自开商埠是山东经济发展的重大政策性调整，这一举措，使得在清末新政改革中已经走在各省前列的山东奠定了其优势地位，促进了山东政治、经济、文化及社会各方面的进步。

由此可见，烟台、青岛的开埠，对山东社会经济的发展产生了巨大影响，最终使山东形成了以烟台为中心的胶东经济体系和以青岛与济南为中心、以铁路为纽带的青岛经济体系，进而导致山东内部经济的不平衡性。胶东地区、胶济铁路沿线成为山东省经济最强大、最有活力的地区，从而结束了西部运河地区作为全省经济轴心的时代，而胶济铁路和沿海经济带成为全省的经济重心。这种格局对当代山东社会经济发展仍然具有重大影响。

第五章　胶东红色文化

红色文化一般指的是中国共产党成立以来的新民主主义文化和社会主义文化，是无产阶级领导下的政治文化以及革命历史文化，代表着近现代以来中国社会的先进文化。胶东现代红色文化则专指胶东地区近现代历史以来产生的红色文化，是胶东地方文化与现代革命精神融合而产生的极具特色的先进文化。胶东现代红色文化是现代胶东的主流文化，从文化人格设计与个体意识自觉的深度上标志着胶东最具广泛意义的“主体”觉醒，是胶东文化有史以来最深刻的一次文化变革。

第一节　胶东红色革命史的文化意蕴

从现代历史的根本特征来说，红色文化能够成为现代胶东的主流文化有其文化的必然性：从胶东的历史传统来说，以烟台、青岛、威海三地为政治、经济和文化中心的胶东，在地理位置上占据着颇多优势。烟台早在1861年开埠后就成为中国北方与天津齐名的港口，而且逐渐成为从北京到上海之间海路交通的必经之地，商业贸易较为发达，不但带来了胶东地区的经济繁荣，而且使其成为接受外来文化、信息互相交流的主要窗口，其中京剧能够在胶东地区“落地生根”并成为烟台地方剧种的历史演变过程就是典型例子，而青岛更是山东现代史上著名的工业城市，新式文化和思想正是通过烟台、青岛等窗口再逐渐渗透到胶东地区的其他地方，包括偏远的山区。这也使胶东地区人民的生活相对来说比较富裕、充足，人民的思想较为开化和开放，有利于吸收、吸纳和萌蘖新观念、新思想，追求社会进步和思想创新也由此成为胶东人民的一个显著性格特质。

一、胶东红色文化的兴起

红色文化能够成为现代胶东的主流文化也是基于其文化自身的连续性。如果从近代革命这个角度来重新审视，就能够发现这种历史的承续特点，也就更能够理解胶东地区的标志和中心——烟台等地为何一开始就能够在风云变幻的中国近现代革命历史中始终占据着重要位置。1905 年 8 月，当孙中山在日本建立中国同盟会之时，烟台籍留日学生徐镜心、谢洪焘等就成为首批会员；同盟会在国内设立了五个支部，其中统辖八省的北方支部就设立在烟台；1911 年 11 月 12 日，山东近代革命的首义在烟台打响并取得胜利，山东军政府次日就在烟台诞生。1912 年 8 月，孙中山北上经停烟台，首次就组建国民党发表公开演说，所以整个北方革命的先声也可以说是从烟台传遍全国各地的。

以烟台为代表的胶东不但在旧民主主义的革命历史中占据重要位置，更是中国共产党领导的现代红色革命中不可或缺的巨大力量。在五四运动爆发后的几天，烟台就发起了大规模的学生爱国运动，李之龙、郭寿生等青年学生也积极开展、学习、研究和传播马克思主义学说；1921 年中国共产党成立不久，驻上海的中共中央局就委派早期共产党的领导人邓中夏、王荷波同志来烟台了解和指导工作，红色现代革命在胶东地区掀开了历史帷幕，中国现代历史由此进入新的时代：1923 年郭寿生在南京加入中国共产党，成为胶东地区的第一位党员；一年之后，也就是 1924 年出现了最早的党组织——中共烟台小组，这是一个标志性的历史事件，标志着现代红色文化在胶东地区从无到有的开创性过程；1928 年，胶东地区成立了第一个农村党支部——中共石龙沟村支部委员会，以及第一个县委——中共莱阳县委，建立起中国共产党领导下的红色革命运动在胶东地区得以展开的政权基础。

此后，胶东现代红色文化伴随着中国共产党的斗争活动在胶东地区萌芽、壮大并逐渐铺展开，犹如可以燎原的星星之火陆续席卷了整个胶东地区。1930 年，中共掖县县委在山东省委的指示下成立，1933 年，根据山东省委的指导精神成立第一届中共胶东特委，1934 年第二届胶东特委在中共中央北方局领导下成立，1935 年根据共青团山东省工委的指示建立第三届胶东特委和 1936 年成立的第四届胶东特委，又称为“胶东临时特委”……这都说明胶东地区的党组织活动和党领导下的红色革命战争活动就在中共中央和山东省委等上级的领导下，有组织、有步骤地展开，而且融入到整个山东省和全国中去，处于山东北部的胶东红色文化从此之后也融入并成为山东红色文化的有机组成部分，与山东南部的沂蒙现代红色文化一起，成为建构山东现代红色文化的两大支柱。

二、红色文化史上的中流砥柱

如果从胶东红色革命活动发展史的角度来看，胶东现代红色文化在 1937 年抗日战争爆发前并不系统，也没有形成自己独特的因素。这主要与当时敌人在胶东地区力量过于强大、胶东红色革命活动比较零散和规模不大等原因密切相关：“纵观以烟台、莱阳等地为活动中心的胶东各级党的从建立到抗日战争前的历史，可以看出，由于胶东地域广扩，党建时间不一，又存在多头领导，即到统一领导时，也没有一个较为巩固的活动地点，更由于敌人的疯狂的迫害，斗争形势相当残酷，党组织经常遭到破坏，领导人被捕或牺牲等，这一切势必给革命文化活动造成一定的影响。”① 上面所列举的从1933年开始建立的第一届、第二届和第三届胶东特委，均因遭到敌人的破坏而解散，其中的主要领导人被敌人杀害。直到1937年天福山武装起义后建立起胶东地区第一支人民抗日武装军队——山东人民抗日救国军第三军，在1936年建立的第四届胶东特委虽然遭到敌人破坏，但保存了下来，并于1937年在特委书记理琪的领导下积蓄革命力量举行了天福山起义，揭开了胶东武装抗日的序幕，并成为山东抗战的中流砥柱。

以1937年为界，胶东红色革命开始进入新的历史阶段，胶东现代红色文化此后也由萌芽期进入逐渐发展和完善并最终形成自身某些特质的历史时期。具体到抗日战争期间，胶东地区产生了山东第一个抗日民主政府，它也是山东省内最早的抗日根据地之一，牟平雷神庙战斗打响了胶东抗战的第一枪，胶东地区从此之后有了自己的人民军队。包括掖县玉皇顶起义，海阳的地雷战和栖霞牙山战役等，都被深深地铭刻在中国现代红色革命历史的丰碑上。胶东地区亦是“反扫荡”的主战场之一，举例来说，胶东军民在1942年冬天经过历时四十天艰苦卓绝的英勇斗争，最终击败了由侵华日军华北方面军最高司令官冈村宁次在烟台亲自指挥的日伪军对胶东地区疯狂扫荡的战争。可以这样说，胶东现代红色文化的先进性和彻底性等特征在抗日战争中逐渐得到了充分发展，成为山东为抗日战争作出最大牺牲与贡献的地区。

在抗战胜利后的1945年10月，胶东党组织有理有据地拒绝了试图接收烟台并在烟台登陆的美国舰队，用和平外交的方式粉碎了美军的阴谋，保住了胶东地区这个通向东北重要战略基地的门户，同时也创造了中国自现代以来的第一次外交胜利。此外，在1947年8月开始的、历时五个月的胶东保卫战同样具有重要的历史意义：“粉碎了蒋介石妄图摧毁胶东解放区，断我后方补给，将我军消灭于胶东半岛的罪恶阴谋，使山东战场之我军由防御转入进攻。”② 具有历史的标志性意义。

而胶东对红色革命的最大贡献则是作为山东乃至全国最重要的战略物资和兵员供应地，为中国现代革命做出了最巨大的牺牲。一是奉献了最多的胶东民工。仅仅是参加莱芜战役和孟良崮战役的支前胶东民工就达到30万人，他们在大后方推着

---

① 于清泉等主编：《光辉的业绩——胶东革命文化论文集》，青岛海洋大学出版社1995年版，第172页。

② 中共山东省委党史资料征集研究委员会、中共平度市委党史办公室：《胶东保卫战》，山东人民出版社1991年版，第1页。

独轮车把各种物资运送到硝烟滚滚的前线，成为中国共产党军队取得战争胜利的最坚强的后盾。而在抗日战争和解放战争期间的胶东地区支前民工为280万人，为山东各地区之首，也应该是全国之首。他们中的很多人曾经跟随大部队从胶东转战沂蒙、淮海和江南地区，是为红色革命作出重要贡献的幕后英雄。二是奉献了最多的胶东子弟兵和胶东干部。抗日战争与解放战争期间，胶东人民共有40万人参军，是山东各根据地参军最多的地区，为解放东北、解放全中国立下汗马功劳。不仅如此，还有很多支前人员在战争期间或结束之后参军，继续为革命奉献力量。以被誉为“南京路上好八连”为例来说，这个八连的前身机构就由胶东地区的支前民工组成，该连成立于1947年8月6日，在山东莱阳城西水沟的小园村编成，番号为华东军区特务团四大队辎重连，兵员主要为山东东部农民。不久番号改为华东军区警卫旅特务团一营一连。1949年6月，该连奉命进驻上海南京路执勤，改编为华东军区警卫旅特务团三营八连。① 此外，胶东地区创建了胶东公学和胶东抗大支校这两所红色学校，它们为胶东地区和全中国培养出大量的中下层部队干部与地方干部，在战争年代和新中国成立之后的社会主义建设时期均输送了众多人才，也是山东其他革命根据地难以比拟的。第三，胶东人民还从财政上为中国革命作出了巨大的贡献。胶东是闻名全国的玲珑金矿的所在地，在抗日期间就从被日寇占领的金矿中“虎口夺金”，把共计43万两的黄金送到延安和鲁南党中央派出机构，而且还设立了一支专门把黄金运送到延安的“黄金部队”，跋涉千山万水、历经艰难险阻地把13万两黄金送到延安，成为我党最主要的经费来源。

再从政党文化的角度来说，由于胶东现代红色文化既具有中国现代红色文化的普遍的总体性特征——在现代红色革命战争中形成并得到发展、壮大和完善，是在血与火的战争中形成的一种现代红色文化，因此具有“战争文化”的一些普遍特点，是为战争服务、为动员人民服务的一种共产党领导下的文化。但在某种程度上，却又因为地处沿海的胶东地区红色革命在发生、发展过程中因适应革命战争具体情况而产生的某种独特性，又促使它与中国现代红色文化之间形成了相同中又有细微差别的胶东现代红色文化，这在上面已经指出，不再赘述。需要指出的是，胶东现代红色文化由于处于胶东半岛齐文化的中国传统文化氛围中，因而显然带有齐文化传承下来的浪漫传奇色彩，与沂蒙现代红色文化中拥有的鲁文化传统又有区别。胶东籍作家曲波在20世纪50年代末出版的长篇小说《林海雪原》中呈现出的英雄传奇色彩，堪称体现出胶东现代红色文化该特点的典型小说作品。

胶东地处沿海非常便利的海上交通运输，无论是作为从北方到上海等南方城市

---

① 张训彩主编：《人民军队革命精神读本》，蓝天出版社2007年版，第196页。

必经的烟台港口要道，还是通过黄海把很多“闯关东”的劳工送到胶东对面的东北地区的海上船只，均为胶东地区人民群众提供了大量走南闯北的机会，因此胶东地区在某种程度上是流动的、开放的，很早就具有现代商业化色彩。中共烟台小组组长郭寿生在1924年写给上海中共中央局的调查报告《最近烟台报告》中的第一部分“人民状况”中指出：“人民性极迟钝，喜保守，俗尚朴实，勤勉耐劳，身体伟大强壮。农力于野，商勤于市，就是妇女儿童亦多从事工作。他们又好积蓄，殷实的十有八九，贫民自食其力，穿裔的很少。他们长于经商，喜到外省或外国活动，如……蒙古、海参崴及俄国边境，随地都有劳动者（俗称苦力），多半从事开垦做工，每年由烟台出口在大连登岸的劳动者，数达数万。”① 然后指出这些数量较多的、出佣于蒙、俄边境的胶东苦力，在每年年底从外地返乡时，“他们当出发及归还期，业客栈的，多特派接客，至营口、大连各处招呼。他们之乘车搭船，都是客栈替他们办理。他们遇着费用不够的时候，旅馆代付，由把头作证，等到回乡的时候，必照数归还，没有失信的，这是山东劳动界的特色”②。显然这种便利的水运交通条件为胶东地区的人民群众带来了物质财富，使其在经济上比山东其他地区更富裕一些。

胶东地区位于山东东北部的丘陵半岛上，除了广阔的海岸线之外，还有以昆嵛山为中心的广大山区，著名作家冯德英的长篇小说《苦菜花》《迎春花》等就讲述了以昆嵛山为背景的胶东现代红色革命故事。所以胶东现代红色文化的出现与进一步发展、完善，自然还与胶东红色革命活动在抗日战争以后选取以昆嵛山作为游击队活动中心有关。不仅因为昆嵛山拥有易守难攻和地势险峻的自然地理优势条件，也是遵循山东党组织给胶东游击队的关于在胶东地区展开游击战争英明指示的结果。1934年《山东团工委给胶东特委关于游击战争的指示信》中曾经对胶东的农民游击队活动做了具体指示：“（2）游击队必须要在不易受白军袭击的昆嵛山一带创设新苏区，作为游击队的根据地。……（4）发展区域方向：向昆嵛山栖霞海阳附近一带进行，不可妄动，进击海上（烟台、威海等处）避免白军主力的袭击和包围。”③ 因此天福山武装起义之后建立的山东人民抗日救国军第三军的活动范围依然以昆嵛山为中心，展开红色革命战争活动。与地处山东内陆地区沂蒙红色文化的

① 中共烟台市委组织部、中共烟台市委宣传部等：《红色记忆》，黄海数字出版社2013年版，第17页。

② 中共烟台市委组织部、中共烟台市委宣传部等：《红色记忆》，黄海数字出版社2013年版，第18页。

③ 中共烟台市委组织部、中共烟台市委宣传部等：《红色记忆》，黄海数字出版社2013年版，第61~62页。

单纯内涵相比，胶东现代红色文化因为既具备沿海地区的灵活，又具备丘陵山区的厚重，因此它兼具两种现代红色革命文化——“海岛式”红色文化与“山区式”红色文化的优点和特色，这使胶东现代红色文化在具体内涵上比沂蒙红色文化更为丰富。除此之外，胶东地区的现代红色革命战争特点也决定了胶东红色文化的一个地域特征：由隶属于莱阳、黄县等县市的农村革命根据地为辐射中心，在20世纪40年代以后才由广大农村逐渐渗透到烟台、青岛等城市，既在红色革命斗争生活中符合毛泽东提出的“农村包围城市”的基本策略，又在政治文化形态上契合了以工农兵为主体的、改造城市资产阶级与小资产阶级文化为现代红色文化的文化总体发展趋势，这也是中国现代红色文化的一个基本特征。

概而言之，作为山东抗日战争与解放战争的中流砥柱，胶东现代革命史既体现了中国红色文化的一般特征，也深刻体现了胶东现代革命具有的特殊的胶东红色文化的地方特征：胶东现代红色文化中所包含的真、善、美特征，与山东内陆鲁文化重视道德伦理“善”之特点不同，而是更倾向于重视“美”，既重视浪漫崇高的传奇之美，也有因由其商业化带来的功利性特点而转化成的重视实用性、创新性的特征，可以说同时兼具山的沉稳忠贞与水的灵动变化，胶东地区广大人民群众由此形成了不同于红色沂蒙人民的既坚忍不拔、坚贞不屈，又善于进取和灵活机动、冒险争胜的现代红色文化人格特征，这亦是构成胶东现代红色文化的一个独特之处。与此同时，由于胶东地区发达的海上交通与当地人民视野的开阔和思想上的开放，导致胶东人民群众经常离开故土到其他地方生活、定居与工作，因此随着很多胶东籍革命家和红色文艺工作者奔赴全国各地，胶东现代红色文化精神如同一颗颗蒲公英种子散落到全国各个地方，影响、渗透和融入了当地社会文化与当地人民的日常生活中，顽强地落地生根、发芽，并得到蓬勃发展。

第二节　胶东红色教育的文化理念及其特质

作为胶东现代红色文化的一个重要的组成部分，并作为其机智性、现代性等深层精神的体现，胶东红色教育理念及其文化特质的形成、发展和完善，均是胶东现代红色革命本身的产物，同时也带有胶东现代红色历史变迁过程的历史烙印。如果说红色革命事迹是胶东红色文化的物质性呈现，构成中国现代红色文化的基本成分的话，那么胶东的红色教育理念则以“教书育人”为基础立足点，通过建立现代红色学校并培养出大量较高知识文化水平和政治素养的革命人才，是构成胶东现代红色文化的先进性特点的教育基础，也使胶东现代红色文化作为一种精神特质，得以不断传承和传递下去，由此成为胶东地区人民群众的优秀文化传统和精神财富。

与沂蒙红色文化、井冈山红色文化等现代红色文化相比较，胶东现代红色文化的出现在时间上并不是最早的，到 1924 年胶东地区出现了最早的党组织中共烟台小组之后，共产党员活动以及共产党领导下的红色革命活动也并不很多，而且革命力量在敌人的残酷破坏下也没有得到长足的发展。胶东现代红色文化活动大规模的展开也是在抗日战争开始之后的 1938 年。不过胶东现代红色教育却走在其他革命根据地的前面，相对来说比较领先和先进，在抗日战争和解放战争阶段发挥了重要的历史作用。由于现代红色文化的发生点是红色信仰，无论是抗日战争期间建立的胶东公学，还是在中国抗日大学总校支持下创办的胶东抗大支校，这两所红色学校都是贯彻民族化、大众化、为人民大众服务的红色教育理念的主要阵地，尤其是在炮火连天的革命战争背景下，这两所学校在胶东地区把宣传和灌输中国共产党的政治理念与教书育人的教育活动结合起来，胶东现代红色教育理念在人才培养的过程中不断发展和完善，并最终形成自己的特质，这也成为胶东现代红色文化区别于其他红色文化的一个独特特点。下面就分别以两所红色学校胶东公学与胶东抗大支校，在抗日战争和解放战争这两个历史阶段的办学理念、教学原则和培养目标等方面进行较为详尽的阐释，以此总结和概括出胶东现代红色教育理念及其特质，以及胶东现代红色教育的历史贡献。

一、胶东公学的文化精神

胶东公学是中共胶东特委以中共中央在延安创办的陕北公学为模板，在胶东地区创办的一所综合性学校，不仅为胶东地区在战争时期和新中国成立之后培养、输送了多种类型的革命人才和建设人才，也为全国输送了众多人才。虽然胶东公学仿照了陕北公学的模式，在办学理念、教学宗旨、培养目标等方面相同或相近，但胶东公学并不是陕北公学的一个分校，因为它的直接领导机构是中共胶东特委，它的具体办学实践不仅针对当时全国抗日战争的大时代背景，更是直接契合了胶东地区的抗日战争和解放战争时期的实际情况，办学目的是为胶东地区培养地方性的人才。从这个角度来说，胶东公学的教育理念又与陕北公学有所区别，形成了某些特殊性和独创性，在某种程度上可以说是对陕北公学红色教育理念的继承和发扬，形成了胶东红色教育理念的某些优秀特质，并且一直延续到今日。还要指出的是，这种大同下存在小差异的红色教育理念也成就了胶东公学，使它成为胶东地区培养革命人才的一个红色摇篮，通过教书育人的行动，把中国共产党红色精神的种子洒遍胶东的角角落落，才造就出具有先进理念的胶东红色文化，也只有这片土地，才能够培养出对全中国解放作出巨大贡献的“胶东子弟兵”。

从历史存在的时间来说，陕北公学从1937年9月创立，是一所具有统一战线性质的干部学校，到1941年8月与中国女子大学、泽东青年干部学校合并成立延安大学为止，共计四年时间中陆续培养了一万多名各方面的革命干部，很圆满地完成了自己的历史使命。而胶东公学从1938年创办，到1948年应上级要求停办为止，存在的时间长达十年之久，贯穿抗日战争时期和解放战争时期，而且培养的各类人才并不局限于在胶东地区工作，而是遍及全国各地，为抗日战争、解放战争和新中国建设作出了自己的贡献。如果说胶东公学在创办初期是以陕北公学为蓝本来制定校规、校训、校歌和具体的规章制度，具有更多的模仿成分，那么在中后期的办学实践中却根据胶东的具体实际情况因地制宜、灵活机动地办学，在继承陕北公学红色教育理念的基础上，发展了红色革命精神，更具特殊性和独创性。例如，陕北公学的教育方针与办学宗旨是："坚持抗战，坚持持久战，坚持统一战线，实行国防教育，培养抗战干部"。这是由陕北公学自身具有的抗日统一战线性质决定的。而胶东公学在1938年4月创办时的办学宗旨与陕北公学的相一致："中共胶东特委驻牟平县马石店村时，开会研究：为使抗日根据地能稳定下来，就要造就一大批革命的先锋队干部；就要办一所大学或相当于初高中那么一个程度的中等学校。随后，特委初步拟定，仿照中共中央在延安创办的陕北公学，在胶东抗日根据地建立胶东公学。"① 而且毛泽东于1937年10月19日在陕北公学纪念鲁迅逝世一周年大会上讲话，指出陕北公学的主要任务就是培养抗日先锋队。他在10月23日又为陕北公学题词："要造就一大批人，这些人是革命的先锋队。这些人具有政治的远见。这些人充满着斗争精神和牺牲精神。这些人是胸怀坦白的，忠诚的，积极的，与正直的。这些人不谋私利，唯一的为着民族与社会的解放。这些人不怕困难，在困难面前总是坚定的，勇敢向前的。这些人不是狂妄分子，也不是风头主义者，而是脚踏实地富于实际精神的人们。中国要有一大群这样的先锋分子，中国革命的任务就能够顺利的解决。"② 在这里，毛泽东期待造就出的"抗日先锋队"应该主要指抗战干部，他们能够在抗日战争中既身先士卒地冲在前面，又对其他人具有榜样表率作用。胶东公学创办的初衷亦是为了能够在胶东地区培养出这种在抗日战争中具有先锋队精神的革命干部，与陕北公学的目标相同。

然而，陕北公学培养"革命先锋队"的历史使命却在1941年就随着该校与其他院校合并成延安大学而结束，但是胶东公学却依然肩担历史重任，特别是在1945

① 黄澍霖、谭天主编：《战争年代的胶东公学》，山东教育出版社1993年版，第312页。

② 转引自孙国林《"中国不会亡，因为有陕公"——陕北公学掠影》，载《党史文汇》2005年第11期。

年抗日战争结束、中国进入解放战争的历史阶段。胶东公学的教学目标不仅是培养战争时期的“革命先锋队”干部，而且也包括了为不久即将成立的新中国培养建设人才的长远目标，因此胶东公学制订的具体教育方针是“实施抗战教育，培养抗战建国人才”[①]。这个教育方针显然与胶东公学最初制订的有所不同，也与陕北公学的不同，而新增加的“建国人才”这一项可以说是对陕北公学教育方针在新的历史发展阶段的继承和发展，体现出自己的独特性和创造性。因而胶东公学的办学方针也与陕北公学的稍微不同，主要放在培养地方基层干部上：“胶东公学的办学方针就是要培养造就一大批适应抗日战争和根据地建设需要的干部，使培养出来的学生能够热心抗战并宣传群众、组织群众、领导群众相全心全意为人民服务。”[②] 主要目的是使这些基层干部能够为胶东地区的抗日战争和解放战争服务。

从招生对象和学习时间上来说，陕北公学有意突出作为抗日统一战线性质学校的特点，招收的学员来自全国各地，只要是支持和同情抗日救国的人员都可以进入陕北公学进行学习，他们的家庭成分和阶级成分也比较复杂：有的是共产党员，也有的是国民党员；有城市来的工人，也有贫困山村来的农民；既有汉族的群众，也有少数民族人员；既有红军官兵，也有“国统区”来的干部，还有国外归来的华侨。成员年龄也不拘一，彼此之间经常相差很大：有十几岁的青少年，也有二十多岁的青年人，还有年过半百的老人。这些学员聚集在一起，有的参加为期三四个月的普通班培训，有的参加为期半年的高级研讨班，等毕业后都会投身革命的实际工作。相比较来说，胶东公学的生源则不同，并不是开放式招收，而是要经过筛选，能够参加胶东公学的学生都要符合下面的条件：“到胶东公学的学生必须经过地下党的介绍、地下抗日革命组织的介绍和已经公开的抗日救国会的介绍才行。不经革命组织介绍一般是不要的。”[③] 当学生入校之后，则采取供给制，由学校管吃管住，统一安排食宿，实行军事化管理。也就是说，入校学习的学生都是经过可靠渠道才被招收进校，他们的背景相对来说比较单纯和单一，这样就剔除了敌伪特务和其他不良分子混进学校的可能性，显而易见这种招生方式是由当时胶东地区复杂的战争情况决定的。不过这些学生大部分是胶东本地农村的孩子，而且通常年龄偏小，从十几岁到二十几岁的都有，既没有工作经历和生活经历，也缺乏人生阅历，知识文化水平还偏低，往往都是处于识文断句阶段的高小文化水平。例如，创作《林海雪原》的作家曲波成为胶东公学在校生的时候也只有十四五岁，当时仅受过几年的小

① 黄澍霖、谭天主编：《战争年代的胶东公学》，山东教育出版社 1993 年版，第 2 页。
② 黄澍霖、谭天主编：《战争年代的胶东公学》，山东教育出版社 1993 年版，第 17 页。
③ 黄澍霖、谭天主编：《战争年代的胶东公学》，山东教育出版社 1993 年版，第 8 页。

学教育。这些学生在心理上都比较幼稚，他们虽然在个人感情上自发地产生了“参加八路、打日本鬼子报仇”的意愿，但没有树立起正确的世界观、人生观、政治观和社会观，不像陕北公学的学员大部分都是成年人，对抗日救国观念有着比较理性的认识和理解；也不像胶东抗大支校的学员是军人和地方干部，他们都是政治上较为成熟的成年人，已经超越了基础性教育阶段，胶东抗大支校要做的教学工作是巩固和继续加深他们的政治观念和提高军事能力。从这个角度来说，胶东公学的首要任务是对这些学生进行基础性的教育、培养和引导，要培养学生形成基本的世界观、人生观，以及掌握文化基础知识。胶东公学毕业生蔡仁山在回忆录《难忘的革命征途第一课——胶东公学琐忆》中深情地指出：“学校的教育培养，使我这个刚踏上革命征途的小青年，跳出了狭隘的个人小圈子，克服了一定程度的盲目性，增强了革命的自觉性。换句话说，就是初步确立了革命的人生观。”① 对蔡仁山这个当时只有十四岁的孩子来说，胶东公学的红色学生生活就成为他由一个懵懂幼稚的孩子转变为革命战士、走向革命道路的第一步，开启了他的红色革命人生之路。

陕北公学在校学生的学习时间在学校初期、中期和后期办学阶段并不相同。这是依据当时的战争局势和学生的具体情况而定的，既有几个月的短期培训，也有长达一年以上到三年的长期、系统的学习。在胶东公学的创办初期，也像陕北公学那样只是对学生进行短期培训，一般是四个月到半年；1940 年后胶东公学的学期延长，在校学生逐年增多。1943 年因为根据地不断扩大，局势相对稳定，胶东公学有了很大发展，师生员工达到 600 多人，设有十几个班级，进行了较为正规的教学工作，学制延长到一至三年，这属于胶东公学的全盛时期。不过因为当时革命事业的需要，很多学生都来不及完成规定的学年课程或是来不及毕业就离校参加工作，走向全国各地的工作岗位。

胶东公学在校学生学习时间的长短，不仅与学校规定的学制有关，在很大程度上更与当时因战况严峻导致学校不断搬迁，以及学校因各种原因或者与其他学校合并，或者是停办然后又恢复办学的复杂情况密切相关。据统计，胶东公学在办学十年期间不断变迁校址、不断与外校合并、停办和复校的情况非常频繁，具体情况如下：

胶东公学在 1938 年 8 月正式成立并在黄县开课，此时胶东公学开始独立招生。1939 年 2 月胶东公学与胶东抗日军政学校合并，虽然校址仍在胶东公学，但是以胶东抗日军政学校的名义招生。这是胶东公学第一次与外校合并，并且并入外校；不过到 1940 年 5 月，中共胶东区委准备恢复胶东公学招生，决定 12 月在掖县短期师

① 黄澍霖、谭天主编：《战争年代的胶东公学》，山东教育出版社 1993 年版，第 245 页。

范的基础上恢复胶东公学，校址迁到掖县（今莱州市）的过西村、仓上村一带；1941年2月胶东公学复校并开始招生，该年3月还在北海开设分班招生，到4月为止，本校和北海分班各招生六七十人。这是胶东公学第二次独立招生情况。然而因为日伪军的袭击和扫荡，胶东公学本校和分班从该年的5月就不断迁徙校址，先是从掖县内的村子迁到栖霞县内的村庄，再到牟海、海阳、文登和荣成县内，在半年多的时间内数次迁徙和转移，胶东公学师生在1942年2月还与驻地群众一起在备战中共同度过春节。到1942年10月，根据当时的抗战情况，胶东行政主任公署决定把胶东女子中学并入胶东公学，依然以“胶东公学”为校名。这是胶东公学与其他院校的第二次合并，使胶东公学的教学力量和招生能力得到增强。就在1942年11月，胶东公学因为安全问题又转移到海阳县石砚村一带，12月因为日军扫荡再次迁徙到文登、荣成县交界地区。胶东公学直到1943年3月迁到牟海县的徐家村等地之后才稳定下来，此时的环境可以允许学生加强文化课和政治课的学习，他们也开始逐渐进行各种正常的文体活动并可以修建操场和进行校园建设了。胶东公学在1943年12月改校名为“山东省立胶东公学”，进一步扩大了胶东公学在山东省的影响力。1944年6月，海洋中学奉命与胶东公学合并，这是胶东公学与外校的第三次合并，再次壮大了胶东公学的力量。1945年7月，胶东公学又奉胶东行署命令改为“胶东区莱阳中学”，到1945年9月，校名又恢复为“胶东公学”。可以说这是胶东公学第三次复校。到1946年3月，胶东公学根据胶东行政公署指示，抽调部分领导干部和师生到烟台市接管东山中学和烟台师范学校，三校合并后改称为“山东省胶东公学总校”（师范学校改称总校师范部），此时学校规模再次得到扩大，有在校学生1109人。同时它又在莱东县南务村设“山东省胶东公学分校”，有在校生400人；就在1946年6月，山东省胶东公学总校师范部又奉命改校名为“胶东师范学校”，但是胶东公学的总部和分校却依然保留下来，可以独立进行招生。胶东公学总校师生还经常排演话剧和举办歌咏、戏剧比赛以及小品文、散文、诗歌、小说等创作大赛，活跃了校园气氛。而到1946年11月，又因当时时局需要与其他中学临时组成烟台联合中学，并把校址迁到福山县集贤村，不过3个月后又返回烟台市，再次恢复胶东公学总校和分校的校名。在1947年9月，因为国民党军队重点进攻逼近烟台，胶东公学总校与烟台其他中学再次组建临时烟台联中。不过到1948年1月，因为国内形势的变化，胶东公学总校和分校奉命停办，胶东公学十年的历史使命至此结束。从胶东公学曲折的十年办学经历来看，在如此艰苦卓绝的生存条件下，它还能够开办下去并得到不断发展，源源不断地培养出如此多的有用人才，这也是胶东公学红色教育理念的一个独特之处。

从教师素质和知识结构上来说，陕北公学的师资力量非常雄厚，教师都由中央直接安排，初期的主要教员有全国闻名的学者何干之、艾思奇、何思敬等。此外李凡夫、李培之、吕骥、宋侃夫、何定华等有专长的知名人士也到校任教。与此同时，还曾聘请王若飞、杨松、吴亮平、王观澜等人讲过专题课。除此之外，毛泽东、陈云、张闻天、李富春、凯丰等党中央领导人，也经常到校作报告和演讲。陕北公学得天独厚的客观条件使它拥有如此高素质、高水平的一支教师队伍。胶东公学自然无法望其项背，然而胶东特委在有限的条件下也非常重视教师的知识水平和文化素养，聘请的很多教师都是在大城市任教过的教师和因为战争原因回乡或流亡的大学生，既保证了胶东公学的教育质量，又为新中国教育战线保存了很多人才和有生力量，很多教师在新中国成立后到其他教育岗位继续教书育人。正是因为胶东公学拥有一批较高文化素质的教师，保证了教学质量，胶东公学十年期间培养出的学生才能够在战争时期成为合格的战士，以及在新中国建设时期的各行各业中担当重任。《战争年代的胶东公学》一书曾对胶东公学师生的历史贡献作出了中肯的评价："特别应当提到的是，学校服从于抗战建国长远战略目标的需要，相当地重视了文化课的教学。尊重知识分子，团结吸收了敌后许多有大学学历的高级知识分子担任教师，又把大部分时间安排为文化课教学。学校的这一方针是有远见的。从胶东公学出来的学生，他们的思想水平、文化水平和实际工作能力，都是比较好的。在抗日战争末期和解放战争时期，胶公学生就陆续被分配到各条战线，随着全国解放，更奔赴全国各地，许多人在几十年中作出了重要贡献。事实证明，这所学校全面地提高学生的政治素质和文化素质，这一方针是正确的。"① 这也是胶东红色教育理念比较先进的地方，重视文化教育此后就成为胶东地区的优良传统，亦是胶东红色文化先进性的体现。

从课程设置上来说，陕北公学开设的课程侧重政治思想方面，最初主要包括社会科学概论、抗日民族统一战线与民众工作、游击战争、军事常识和时事演讲等。后来又增加了一些经济类的课程。之所以开设这些课程，主要和陕北公学是一所统战性质学校的历史使命有关。而胶东公学因为最初办学目的就是因地制宜地设立大学或是相当于初高中的中学，这在前面已经指出过，加上招收的学生大部分仅仅经受过小学教育，因此胶东公学的办学重点就落在重视文化基础课的中等教育上。胶东公学开创初期就在全校设立社会科、师范科、普通科三个科目，"她的教学任务是向学生传授科学文化知识，启迪学生发展智力，以适应现实斗争形势的需要，就是把科学知识、革命精神、战争和生产劳动本领融汇在一起，凝聚在每一个学生身

① 黄澍霖、谭天主编：《战争年代的胶东公学》，山东教育出版社1993年版，第32页。

上，使他们走上工作岗位时，能够把国家和人民交给的各项任务承担起来。”① 文化课程在设置上也比较全面和多样：“学校分别就初中高中以及师范等职业教育的要求，开设了语文、数学、物理、化学、历史、地理、音乐、美术以及教育学等课程；环境稍微稳定后，又增设了英语、生物、生理卫生、体育等课程。”虽然当时教学环境很艰苦，经常随校迁徙和转移的学生们却以苦为乐，学习劲头十足：“学生们在树荫下、草铺上聆听老师讲授文化知识；以双膝或背包为课桌，认真完成作业；课余复习着由学校印刷队刻印的教师自编的讲义。不是亲身经历过的人，很难想象在战火硝烟的日子里，竟会有那样浓郁的文化学习气氛。当时的胶东公学因其文化课程设置的规范与教师力量的雄厚，而被公认为是‘胶东最高学府’。”② 这些文化课程有的放矢，有较强的针对性和实用性：“胶公文化知识课的安排，大体参考高初中和师范学校的做法，设有国文、数学、外语、历史、地理、理化和自然、生理卫生、音乐、美术、军事体育等课程。师范班增设教育学，不学外语。教材由教师联系实际自己编写或编选。这些文化基础课，是青少年学生普遍喜爱和迫切需要的课程。事实证明，教好文化基础课程，对青少年学生开阔眼界、增长知识、增长能力，对培养和造就抗战、建国人才，有着重要的意义。”③

然而需要指出的是，胶东公学的学生除了上文化课之外，也要上政治思想教育相关的课程，这与当时战争时代的大环境有关，也是由培养出“一大批适应抗日战争和根据地建设需要的干部”的培养目标决定的。胶东公学政治思想课“依据党的‘实行以抗日救国为目标的新制度新课程’的指示，扬弃抗战前的旧教育，创办新民主主义新教育。它根据抗战形势和任务的需要，对学生进行马列主义基本理论和毛泽东思想教育、抗战救国形势政策教育、文化知识教育，着重培养学生的阶级观点、群众观点、劳动观点、辩证唯物主义观点。在学习过程中，坚持理论联系实际、密切联系群众和批评与自我批评的三大作风，力求提高学生认识问题、分析问题和解决问题的能力。”④ 不仅如此，胶东公学的学生还要接受基本的军事训练，培养以后能够参军打仗的军事素质和军事能力：“根据当时战争形势的需要，学校除进行文化课、政治课教育外，还十分重视对学生军事素质的培养。一是，从严格的军事化生活管理入手，培养雷厉风行的战斗作风。同部队一样练习紧急集合、爬山越野、出操跑步，吃饭、听课都要整队集合，晚上休息前还要集合点名，不得随便自由活动，如要离开学校，必须严格执行请假、销假制度。生活虽然紧张，但很

---

① 黄澍霖、谭天主编：《战争年代的胶东公学》，山东教育出版社 1993 年版，第 42 页。
② 黄澍霖、谭天主编：《战争年代的胶东公学》，山东教育出版社 1993 年版，第 3 页。
③ 黄澍霖、谭天主编：《战争年代的胶东公学》，山东教育出版社 1993 年版，第 24 页。
④ 黄澍霖、谭天主编：《战争年代的胶东公学》，山东教育出版社 1993 年版，第 17 页。

有秩序。二是，对学生进行一系列的军事训练教育。老师首先从立正、稍息、转法、步伐、队形等进行基础教练，耐心辅导，严格要求，亲自示范，并经常组织评比，从而使大家进步很快。在训练队列的同时，教师还进行一些技术科目的教练。练习投掷手榴弹的动作，掌握投弹要领；还进行站岗放哨的训练，如怎样选择哨位，如何隐蔽，怎样问口令，发生情况时如何报告和处置；以及单人战斗动作，前进、匍匐前进，越障碍、利用地形地物，有效保护自己，勇敢地杀伤敌人等。通过这些军事科目的学习，逐步完成学生向像个士兵的转变。"① 胶东公学的军事训练收到了实效，除了一些学生毕业后分配到军队工作之外，还有两个事件可以证明胶东公学重视军事训练产生的重要效果，一件事情是胶东行政公署在1944年11月指示，从胶东公学抽调100余名学生参加由威海刘公岛汪伪海军反正后编成的“胶东军区海军支队”，作为改造这支军队的骨干力量；另一个事件则是在1946年12月，山东省胶东公学总校的学生纷纷报名参军，先后被批准参军的男女生同学就有150余人。

可以这样说，文化知识课程和政治课程并重是胶东公学课程设置的一大特色，也是由胶东公学本身具有的特殊性决定的。从某种程度上来说，在胶东党组织领导下的胶东公学是战争时期的产物——红色军校和普通学校相结合的产物，具有半军事化的特点。它体现出的红色教育理念，不仅具有军校的普遍性特征，更具有普通学校不具备的特殊性——既培养能够参加战斗的军事干部和人才，也培养了很多能够在基层和中层单位担任领导工作的干部人才，而且招生范围和培养人才的目标又比军校更宽泛多样，也更加灵活机动。正是因为这种半军事化性质的教学实践，在胶东公学学习过的学生不仅具有较高的知识水平，而且具有一定的军事才能，成为“双料”型的人才。正是因为这个原因，胶东公学才能够在抗日战争和解放战争的艰苦十年中顽强生存下来，在不断迁徙、转移中坚持办学，在战争炮火的笼罩下学习，在颠沛流离中上课，把胶东红色教育理念的火苗洒遍整个胶东，使胶东红彤彤一片，汇入全国红色革命的熊熊燎原大火中。

胶东公学与陕北公学还有一个不同之处，那就是胶东公学在中后期办学阶段还设立了学生自己管理自己的组织——学生抗日救国会（简称“学救会”）。陕北公学之所以没有相似的学生组织，可能也是与它学制较短——每一届学生只有四个月或是半年的学习时间，以及它仅仅存在四年时间，对学生管理工作还未来得及展开与深入探索等客观原因有很大关系。所谓“学救会”，“是按民主集中制原则建立起来的，是学生自己管理自己的自治组织。成立学救会，对调动学生自身力量，深

① 黄澍霖、谭天主编：《战争年代的胶东公学》，山东教育出版社1993年版，第253～254页。

人进行政治思想工作，促进学习，锻炼抗战救国意志，培养为人民服务思想极为有益”①。不仅如此，“学救会的主任和委员是由学生民主推选出来的。委员会分工有组织、宣传、学习、民运、文化娱乐、军事体育等。学校各分队（班）也成立学救会分会，分会分工也大体相同”②。由此可以看出，“学救会”成员产生的程序，以及它拥有的较为明确的组织结构、人员分工和管理职能，显然已经具备了现代大学中学生会的职能，在很大程度上可以看作学生会的雏形，尽管胶东公学的“学救会”在管理职能上还不够完善。“学救会”由此成为学生和学校之间相互沟通的桥梁，广大学生可以通过“学救会”对学校表达自己的意愿和建议，学校也可以通过“学救会”的协助来管理学生，减轻了繁琐、繁重的学生工作管理上的压力。“学救会”的其中一个职能是有效地组织起广大学生积极参加多种学习活动：“这样，在学救会的倡导下，学生自学小组组织起来了。有时事小组、哲学小组、文学小组等”，以及组织学生参加多种文体娱乐活动和民运活动：“学救会还经常组织各种大小讨论会和辩论会。各分会定期出版墙报，并成立歌咏队、演出队、篮球队，活跃文娱体育生活。各分会成立民运小组，安排做好驻村工作，或协助办好农民夜校和妇女识字班。”③ 而“学救会”的这些职能也与现代大学中学生会的职能作用相近。

胶东公学在校务管理中也有意吸纳“学救会”参与，“胶东公学由校长、副校长负责主持校务，校长、副校长通过校务会议（各处主任参加）吸收学救会负责人和教师代表参加领导。学校设教务、指导、总务三处。教务处负责制定教育计划、课程安排、编选出版教材；指导处负责政治思想工作和党的工作；总务处负责财务工作和供给工作。学校党的工作，主要是发挥共产党员的模范带头作用，以保证学校各项工作的胜利完成。胶公实行民主领导，大家分工负责”④。胶东公学的这种管理方式，使广大师生和学校领导紧密团结起来，在战争年代能够快速、有效地执行学校下达的命令，以及学校的管理规定，这也是胶东公学在危险紧急情况下全校学生能够快速集合并集体迁移到安全地方的主要原因。

为了强化学生管理工作，胶东公学在不同历史阶段还采取过不同的管理措施。当1942年10月胶东公学与女中合并，学生人数的增加加重了学校管理工作的负担。为了更好地进行管理，胶东公学较为变通地采取了一些措施：“学校设指导处，主管政治思想工作。指导处配有指导员若干人，各中队、分队（班）也都配有指导

① 黄澍霖、谭天主编：《战争年代的胶东公学》，山东教育出版社1993年版，第27~28页。
② 黄澍霖、谭天主编：《战争年代的胶东公学》，山东教育出版社1993年版，第28页。
③ 黄澍霖、谭天主编：《战争年代的胶东公学》，山东教育出版社1993年版，第28页。
④ 黄澍霖、谭天主编：《战争年代的胶东公学》，山东教育出版社1993年版，第29~30页。

员。”① 胶东公学指导员的职责类似现代大学中的辅导员，可以说是专做学生管理和思想工作的专职老师。还设有中队长，他们既是学生，又拥有班级领导者的身份，协助指导员做好各项学生工作。从他们的职责和作用来看，则相当于今日大学学生会中的组成成员。以上这些措施说明，胶东公学已经具有现代大学的比较先进的学生管理观念，并且在教学实践中逐渐加以完善。

毛泽东在1938年3月3日对陕北公学离校学员的演讲中高度肯定了陕北公学的贡献，认为“陕公是全中国的一个缩影”，明确赞扬陕北公学的毕业生是“进步分子，是创造新中国的分子。因此，陕公代表着中国的统一战线，是中国进步的一个缩图”②。如果把这种高度评价延展到胶东公学仍然适用，胶东公学办学十年的贡献在某种程度上代表着山东红色教育的成果，是山东红色教育的一个缩影。胶东公学培养出的学生同样是进步分子，是创造新中国的进步分子，因为从胶东公学走出的学生并不局限于在胶东地区进行战斗和工作，而是遍布全国的山山水水：“在胶东公学的历史上有好几次大规模的学生集体参军的壮举。他们的足迹遍及山东、华东、东北、华北、华南以至朝鲜战场，在抗日战争、解放战争和抗美援朝战争中，立下了功劳。许多同学为了人民革命事业血洒疆场。在历经近半个世纪的今天，仍有一些同学在人民军队中肩负重要领导职务。胶公的同学除了参军的以外，大部分都分期分批进入党政机关、群众团体和经济建设、文化教育以及外事部门，发挥了积极的作用。现在，从中央机关到许多省、市、自治区，都可以见到胶东公学校友的足迹。”③ 再从胶东公学毕业生工作分布范围的广度和较高的人才质量上来说，胶东公学也堪称是山东境内的“陕北公学”。而且“胶东公学在它创办的十年里，坚持正确的政策，团结集聚了大批党内外知识分子。这是胶东公学另一贡献”④。从这个角度来说，胶东公学办学十年是成功的十年，很好地实现了红色学校教书育人的目标，圆满完成了党和国家交给的任务。胶东公学由此成为胶东红色教育的一座丰碑，被永远镌刻在中国红色教育的历史史册中。

二、胶东抗大支校的文化特征

活跃在胶东地区的另一所红色学校是中国人民抗日军政大学第一分校第三支校（简称“胶东抗大支校”），它与胶东公学的红色教育理念相辅相成，两所学校在教

① 黄澍霖、谭天主编：《战争年代的胶东公学》，山东教育出版社1993年版，第26页。

② 转引自孙国林《“中国不会亡，因为有陕公”——陕北公学掠影》，载《党史文汇》2005年第11期。

③ 黄澍霖、谭天主编：《战争年代的胶东公学》，山东教育出版社1993年版，第4～5页。

④ 黄澍霖、谭天主编：《战争年代的胶东公学》，山东教育出版社1993年版，第5页。

书育人上各有千秋，共同构成胶东红色教育理念的靓丽风景。胶东抗大支校与半军校性质的胶东公学不同，它是党中央直接支持下创办的中国人民抗日军政大学第一分校的一个支校，在建制上隶属于抗大第一分校，归胶东区党委领导，在军事上则受山纵第五旅指挥。中国人民抗日军政大学的前身是中国人民抗日红军大学，创办时间是1936年6月1日。在1936年“双十二”西安事变后，党中央将中国人民抗日红军大学改名为中国人民抗日军政大学（简称“抗大”），继续进行招生。抗大之所以设立分校，和当时抗日斗争面临的残酷险恶的社会环境密切相关，“1938年冬，武汉、广州相继沦陷，敌后抗战进入了更艰苦的时期，为了适应抗日战争发展的新形势，中央决定组织两个分校进入敌后抗日根据地，就地、就近培养我军的干部。12月13日，罗瑞卿同志正式宣布建立抗大第一、第二分校的决定。”① 抗大一分校在1939年11月从延安开始出发，历经千里之遥在1940年1月到达山东根据地，并与山东军政干部学校合并。为了进一步增加胶东地区的军事力量，增强军队战斗力，“1940年2月，山东分局和八路军第一纵队决定，由进到沂蒙山区的抗大一分校，派出第一大队的干部，到胶东抗日根据地和胶东军校合编，组建为抗大一分校胶东支校，也称第三校，担负训练胶东区抗日游击战争的干部的任务”②。胶东抗大支校对外称八路军第一纵队教导团。从地理位置来说，抗大一分校的总部设在鲁南的沂蒙地区，胶东抗大支校则设立在山东东北角的胶东地区，这两个地方南北互相呼应，从地理方位上把整个山东省都纳入其中，为山东红色革命及时输送了大量军事人才。从其他角度来说，抗大一分校（后来改为山东抗日军政大学）和胶东抗大支校都分别设在沂蒙和胶东的偏远山区，很好地执行了党中央提倡的“农村包围城市”的战略思想，它们都是在抗日战争中逐渐壮大和发展起来，并随着山东红色革命的历史发展经历了从无到有、从弱小到强大的历史过程，也成为从红色教育角度记录与铭刻胶东现代红色革命与沂蒙红色革命，甚至包括山东红色革命发展的历史见证人。

与胶东公学相比，胶东抗大支校的办学时间更长，在胶东地区存在的历史时间更久。它创建于1940年6月1日，中共烟台市委组织部、中共烟台市委宣传部和烟台市档案局联合主编的《红色记忆》中在《1940年大事记》中记载了发生在本年4月的这个重大历史事件：“中国人民抗日军政大学第一分校第一大队由贾若瑜和廖海光率领来胶东，在招远县灵山一带与胶东抗日军政学校合编，组成抗日军政

---

① 抗大一分校校史研究会烟台联络组、中共烟台市委党史资料征集研究委员会：《胶东抗大》，烟台师范学院1993年印，第7页，未公开发行。

② 抗大一分校校史研究会烟台联络组、中共烟台市委党史资料征集研究委员会：《胶东抗大》，烟台师范学院1993年印，第32页，未公开发行。

大学第一分校胶东支校，刘汉任校长。6 月，山东分局将抗日军政大学第一分校改为山东抗日军政大学，下设三个分校，原胶东支校改为第三分校，贾若瑜任校长，廖海光任政委。1942 年 11 月 7 日，该校改为胶东军区教导二团。”[①] 胶东抗大支校的办学时间一直延续到新中国成立后的 50 年代，而且它在新中国成立后搬迁到济南，具体变迁情况如下：“1945 年 8 月日本军国主义者宣布投降后，形势发生了巨大的变化，在这新的形势下，胶东抗大以后的发展历程是，从 1945 年到 1947 年的教导二团，扩编为华东军政大学胶东分校（习惯上简称为军政干校，时间在 1947 年到 1950 年），后在军政干校的基础上，升格纳入全军统一编建的第十二步兵学校。学校也迁出胶东到达济南。”[②] 又与其他学校合并、转型成为现代新型的军校，而且还把胶东抗大支校中的红色教育经验作为一种优良传统延续下去，在新中国继续培养现代化、高水平的军事人才。胶东抗大支校在胶东地区办学十余年间形成的红色教育理念，虽然与抗大总校和抗大一分校的大致相同，不过因为胶东地区的地理环境带有沿海丘陵地带的特征，不同于内陆的陕西和沂蒙地区，众多的丘陵和山峰虽海拔不高但是比较延绵曲折，加上地形相对来说比较偏僻和边远，又不像沂蒙地区在全国战略位置上那么重要，在抗日战争和解放战争期间都没有发生过规模很大或是全国性的战役。因而胶东地区的人们虽然在战争期间与中国其他地方的人们一样陷入水深火热的生活境地，饱受日本侵略者和国民党反动派的压迫和压榨。不过他们当时面临的严峻形势却与沂蒙地区的有所不同，更有利于小规模的游击战和小型战斗，胶东抗大支校所面临的教学实践情况自然会与抗大一分校的有差别，而且它是抗大一分校三支队到胶东地区后与胶东抗日军政学校合并而成，某种程度上也会融合后者的某些教育理念，因而胶东抗大支校在遵循抗大总校和抗大一分校制定的教学原则和教学目标的基础上，在实际教学实践中又根据胶东地区的实际情况在教学方法和人才培养目标等方面稍加变化，力图使其培养的人才更适合当时胶东地区的战争需要，为胶东的抗日胜利和尽早解放作出了自己的贡献。

需要指出的是，胶东抗日军政学校在和抗大一分校合并成胶东抗大支校之前，已经形成并积累了一定的办学经验。创办胶东抗日军政学校的初衷主要是为了增强共产党军队的军事武装力量和保卫胶东抗日根据地的红色革命成果。抗日战争爆发之后，胶东地区的党组织积极开辟、组建抗日民主革命根据地，较早率先建立起专区级别的民主政权和革命根据地，为山东其他地区革命根据地的建设提供了有关经

---

① 中共烟台市委组织部、中共烟台市委宣传部、烟台市档案局：《红色记忆》，黄海数字出版社 2013 年版，第 143 ~ 144 页。

② 抗大一分校校史研究会烟台联络组、中共烟台市委党史资料征集研究委员会：《胶东抗大》，烟台师范学院 1993 年印，第 92 页，未公开发行。

验："在创建武装、坚持武装斗争的同时，为了团结各阶级、阶层的进步人士共同抗战，胶东的党组织还不失时机地按照'三三制'的要求，放手发动群众，建立了抗日民主政权，开辟了抗日根据地。1938年的上半年，掖县、蓬莱、黄县相继建立了县一级的抗日民主政府。同年8月，在上述三县抗日民主政权的基础上，成立了山东省第一个专区级抗日民主政权——北海行政督察专员公署，统一了三县抗日民主政权，创建了蓬黄掖抗日根据地。这是山东最早的抗日根据地之一。"① 在北海行政督察专员公署的领导下，胶东的抗日斗争如火如荼地展开，涌现出很多可歌可泣的抗日英雄事迹。

胶东抗日军政学校于1938年3月在牟平县崖子镇宣告成立，主要针对胶东本地1937年以来参加共产党领导的武装起义的人员进行短期培训，有组织和系统性地提高他们的政治觉悟和军事素质，同时也保存革命力量。胶东抗日军政学校没有专职教师，那些上课的老师也是武装起义中的领导干部。由于当时抗日环境非常恶劣，生活艰苦，胶东抗日军政学校的老师在没有统一教材的情况下根据自己的战斗经验和革命经验加以传授，学员则一边参加战斗一边利用休息和休整时间进行认真学习。《胶东抗大》一书中的一些章节曾较为详细地介绍过胶东抗日军政学校初期的办学情况、所上课程与招收学员情况："第一期招收了学员约200名，是文、荣、威起义部队中选送的，还有一部分招收的青年学生，编为四个队（其中一个女生队）。学习期限为两个月。教学内容有哲学、政治经济学、群众工作与党的建设、游击战争和统一战线。由于没有专职教员，所设课程分由起义领导同志林一山、曹漫之、宋澄及贺致平担任，军事基本动作教练由原国民党乡农学校军事教官王润之及竖××担任，学校建有党支部，由蔡志勇（女）同志任专职支部书记。由于起义军处于初期的流动阶段，军政学校也随军流动，五六月间从牟平西进到黄县文基姜家结束了第一期，开始了第二期，学员仍由起义部队和地方党组织选送并直接招收地方青年学生。第二期，在文基姜家结业，并开始了第三期。第三期校长改由丁光担任，阮志刚任教育长，学员来源仍同前两期。9月中旬胶东我党领导的各支起义武装统一整编为八路军山东抗日游击第五支队，军政学校也同原掖县起义后组建的第三支队教导营合并，组成八路军山东抗日游击第五支队军政干部学校，简称'胶东军校'。"② 在胶东抗日军政学校学习过的学员，不但对中国共产党领导人民群众抗击日本侵略者保家卫国的正义行为有了更高的认识，提高了政治觉悟，而且军事

① 中共烟台市委党史资料征集研究委员会：《胶东烽火》，1990年印，第147～148页，未公开发行。

② 抗大一分校校史研究会烟台联络组、中共烟台市委党史资料征集研究委员会：《胶东抗大》，烟台师范学院1993年印，第27页，未公开发行。

理论水平得到增强，也强化了自身的军事技术能力，他们毕业后都顺理成章地成长为军队骨干。胶东抗日军政学校曾经与胶东公学合并："1939 年 1 月初，日、伪军由青岛出动，经平度北犯我掖县根据地，军校奉命由掖县东南部郭家店附近（河北村），转移到黄县城，住原黄县中学校舍，在此与胶东公学合并，学员增至约 500 人。"① 合并后依然以"胶东军政学校"为校名，学习的课程沿袭了胶东军政学校的课程（胶东公学此后又曾经复校，这在前面已经说过，在此不再赘述），直到 1940 年 4 月它与抗大一分校一大队合编为胶东抗大支校。作为中国抗日大学分校的一个支校，"是办学时间最长的一个支校。从 1940 年 4 月开始组成第三支校（亦称胶东支校，对外称教导二团），到 1946 年，共办了九期。1947 年国民党反动派发动全面内战，重点进攻山东。我华东野战军举行了震惊中外的新泰、莱芜战役。正是在这种情况下，华东军区于当年二月组建了华东军政大学，主要为华东野战军培训军政干部，与此同时，还决定把胶东的教导二团（即抗大三支校），改制为华东军大胶东分校。这样，抗大分校的胶东支校就继续保存下来，在解放战争时期，继续为建军服务。校名是改变了，原来的干部大部分已调换了，但任务则未变，有继承性。这样的情况一直延续到 1949 年"②。

相比胶东军政学校时期的授课情况来说，胶东抗大支校的教学条件得到极大改善：教材是抗大一分校编写的统一教材，具有较高的理论性、系统性和实践性，更有利于培养出高素质、高水平的军队干部来。胶东抗大支校的教育方针遵循了抗大的："抗大的教育方针是：'坚定正确的政治方向；艰苦朴素的工作作风；灵活机动的战略战术。'"③ 胶东抗大支校和抗大一分校相一致，同样提倡和沿袭了抗日大学的校风："团结、紧张、严肃、活泼。"胶东抗大的主要任务则是培训军队的初级和中级干部，间或也接受上级命令培养部分地方干部。胶东抗大支校作为抗大在胶东地区的一个分校，抗大的优良传统不但被延续下来，并且得到很好的继承和发展。

作为军政学校，胶东抗日大学在课程设置和教学上比较正规，"抗大的教学方针强调'少而精'，强调联系实际。教学内容：军事课以毛主席提出的抗日游击战争的战略战术为主要内容，并不断的练习刺杀和射击。政治课有中国革命基本问题（以毛泽东的《论持久战》和《新民主主义论》为主要内容）、党的建设（主要以

---

① 抗大一分校校史研究会烟台联络组、中共烟台市委党史资料征集研究委员会：《胶东抗大》，烟台师范学院 1993 年印，第 28 页，未公开发行。

② 抗大一分校校史研究会烟台联络组、中共烟台市委党史资料征集研究委员会：《胶东抗大》，烟台师范学院 1993 年印，第 90 页，未公开发行。

③ 抗大一分校校史研究会烟台联络组、中共烟台市委党史资料征集研究委员会：《胶东抗大》，烟台师范学院 1993 年印，第 3 页，未公开发行。

刘少奇的《论共产党员的修养》）和国内外的形势教育。其目的在于提高学员的阶级觉悟，增强党性，加强纪律性，树立革命胜利信心。而革命的气节教育又是政治教育中经常强调的问题”①。胶东抗大支校也开设文化课，主要包括语文、数学和一般理化常识，不像胶东公学的文化课课程那么全面，这也和它作为军校的性质有极大关系。胶东抗大支校有专职的任课教师，主要是由延安抗日大学派遣的有一定军事、政治理论知识和实战经验的教师组成，具有较高的知识和军事水平，讲授课程的时候也往往结合全国局势和世界背景的变化，具有宏大广阔的视野。如果说合并前的胶东军政学校在教学内容上主要针对胶东本地的抗战局势并培养为胶东本地抗日战争服务的军事人才，那么胶东抗大支校的课程设置则是放眼全中国，眼光超越了胶东地区和山东省的局限，不仅培养出适合当时在胶东地区作战的军队干部，更重要的是培养出了具有全国战略眼光和军事才华的军人，从多方面提升了胶东军队干部的素质。

胶东抗大支校和胶东公学不同，虽然是学校但是也采取军队制度，并不区分具体的年级，而是按照军队建制划分为营、连、大队、班等，教师被称为“教员”，某种程度上也是那些学员的领导，他们拥有军官军衔。老师授课和学生上课的具体程序如下：“各大队都有专职教员，营有主任教员。授课前除教员自行备课外，主任教员还要召集各队教员进行备课，授课中的许多重要事例也多是在备课中拟好的。主任教员有时还组织教员之间相互观摩教学。讲授完一个单元的课程，就进行教学总结，交流经验，不断提高教学质量。授课之后，各班都要进行学习讨论。班设有行政班长和学习班长，讨论前教员一般都召集学习班长，交待讨论的重点、要求和如何启发同学把讨论会搞得生动活泼。讨论结束后，学习班长要做综合性发言。各大队还设有学习辅导员，负责对站岗、执勤和因各种事故未能听课的学员进行补课。”② 由此可以看出，胶东抗大支校的教员认真准备备课和上课，听课的学员同样认真进行学习和思考。不仅如此，还充分利用课余时间就学习内容进行热烈讨论，这样就及时巩固了所学的课堂知识，而且生动活泼的讨论更易于激发学员上课时的积极性和学习兴趣，同时提高了学习效率。

概而言之，胶东抗大支校对胶东的抗日战争和解放战争作出了重要贡献，这所学校培养了近万名的军队干部，成为英勇善战的“胶东子弟兵”的重要组成部分，在解放战争时期转战中国大江南北，为新中国的解放立下赫赫战功。历史是公正

---

① 抗大一分校校史研究会烟台联络组、中共烟台市委党史资料征集研究委员会：《胶东抗大》，烟台师范学院1993年印，第214页，未公开发行。

② 抗大一分校校史研究会烟台联络组、中共烟台市委党史资料征集研究委员会：《胶东抗大》，烟台师范学院1993年印，第216～217页，未公开发行。

的，胶东抗大支校得到的历史评价是："抗大一分校胶东支校包括其前身胶东军校，其后继的山东军区教导第二团、华东军政大学胶东分校，是中国共产党领导的山东胶东人民抗日武装起义初期创建的，经历八年敌后抗日游击战争，不断发展成长起来的一所军事政治干部学校。它是一所中国共产党创建和领导的党的干部学校；是一所继承和发扬了中国共产党创建的人民军队和抗日军政大学的光荣传统作风的学校；是一所在战斗中创建，在战斗中成长，在战斗中坚持教育的战斗的学校；它还是我党领导的敌后游击战争中独立创建、始终坚持、持续时间最久的一所学校。它在前后十几年的战争岁月中，为党领导的人民军队和地方党政机关培养了近万名干部。经过这所学校教育训练过的和在学校工作过的大批干部，不仅在坚持胶东敌后八年抗日战争中发挥了骨干作用，而且是解放战争中立了战功的三四个野战军的军师部队的骨干，其中不少人成长为人民解放军的高级干部；许多人在根据地和新中国政权建设中发挥了骨干作用。为数不少的同志为民族和人民的解放事业，英勇地奉献出了自己的宝贵生命。学校为有他们这些党的好儿女而感到光荣和骄傲。"①

三、胶东现代红色教育的文化性质

胶东红色教育理念是胶东红色文化在教育领域经过长期发展形成的独特气质和价值规范体系，显然是胶东公学和胶东抗大支校历经十余年在办学实践过程中逐渐形成的，主要表现为这两所学校各自在办学过程中所尊崇的办学理念和师生拥有的共同价值追求等因素。红色教育理念起到了凝聚人心、激励先进和继续发展的作用，也是胶东公学和胶东抗大支校办学成功的核心要素。

这两所学校由于性质不同，一所是专门培养胶东地方行政干部的地方学校，另一所是以培养军队干部为己任的军校；一所是仿照陕北公学学制和模式而在胶东地区独立创办的一所中等教育学校，另一所则是中国抗日大学分校（后来改名为山东抗日军政大学）的一个支校，在具体办学时的教学目标和课程设置等方面自然有区别，这在前面已经指出。这两所红色学校均在胶东地区历经抗日战争和解放战争的炮火洗礼，不过作为创办目的和创始时间相近的两所红色学校，都在抗日战争爆发后，为了和日本侵略者与敌伪投降派进行战斗、巩固和扩大敌后抗日根据地而由中国共产党组织出面在胶东地区创办，不仅培养出众多服务胶东地区的地方干部，而且因地制宜地培养出胶东铁血军人。这两所学校同样都为胶东地区红色教育理念的发源地，而且红色教育理念在它们办学过程中不断得到发展和完善，并形成相同和

① 抗大一分校校史研究会烟台联络组、中共烟台市委党史资料征集研究委员会：《胶东抗大》，烟台师范学院1993年印，第67～68页，未公开发行。

相近的文化特质。

具体来说，胶东红色教育理念及其文化特质主要包括以下三点：

第一，根据当时社会实际情况机动灵活地办好红色学校，在任何艰苦情况下都坚持办学，这是红色学校在胶东地区得以生存并不断壮大、兴盛并具有坚韧生命力的表现，也是胶东红色教育理念及其文化特质的一个体现。

前面已经指出，胶东公学在办学十年期间屡次经历与他校合并以及不断复校、重新办学的过程，其中一次是与胶东抗大支校合并后归属于后者，失去自身的独立性。不过胶东公学在几个月后经过努力重新复校，又可以独立招生和培养人才了。胶东抗大支校同样经历过与他校合并的过程，除了与胶东公学曾合并过之外，还曾把隶属于胶东“青联”的“青抗班”中的几十名仅十四五岁的男女学生合并进胶东抗大支校。然而胶东抗大支校经常把其他学校合并进自己校内和壮大自身的力量，并没有经历过像胶东公学几次历经艰难地重新复校、建校的过程，而且由于是军政学校，办学条件相比胶东公学的稍好一些，获得上级的支持力度相对来说也大一些。因此两所学校相比较来说，胶东公学在十年战争期间能够生存下来并得到发展，更能够看出这所红色学校顽强坚韧的生命活力。

胶东公学和胶东抗大支校之所以拥有顽强的生存能力，主要的一个原因在于能够根据当时战争情况的变化而灵活机动地进行办学，这主要体现在课程设置与对学生、学员的培养上。胶东公学在创建初期只开设文化课和思想政治课，主要目的是培养、引导那些正处于青春期阶段的入校学生形成正确的世界观、人生观，以及提高他们的知识文化水平。但是当时在抗日战争的背景下，在敌后生存的胶东公学经常因为敌人的扫荡和袭击而不停地迁徙校址，并且有几次因为遭到敌人的埋伏和袭击造成一些同学和老师壮烈牺牲。在残酷的流血牺牲面前，胶东公学的校领导开始转变培养目标，不仅设置政治思想课程，而且设立了专门的军训课程，并培养学生基本的参加战斗能力，这在前面已经说过。学生通过军训课程培养了基本的军事素质，不需要上级专派的部队的保护，并可以参加小规模的游击战争打击敌人，他们不但在战火纷飞的残酷环境中具有了基本的自保能力，而且参军后能够成为一名合格的军人。

从强身健体的角度来说，胶东公学增加的军训课程不仅能够强健学生们的身体，而且培养了他们军人般的纪律观念、集体观念和吃苦耐劳的忍耐力。这对在战争背景中办学的红色学校尤其重要，因为只有保存住了学生这支有生力量，学校才能够继续开办下去。从这个角度来说，胶东公学的红色教育理念颇具先进性和领先性，而新中国之后成立的普通高校在教育理念中也包括了对大学新生的军训，目的就是为了提高学生的身体素质并培养他们的纪律观念、适应大学生活等性格品质。

历史实践已经证明，胶东公学增设军训课程的措施功在当时，利在后人。

胶东抗大支校的课程设置以军事课程为主，对学员进行正规化的军事训练，对他们军事能力的培养也重在参加战斗实践，在战斗中锻炼成长。学员们除了经常被组织起来参加反扫荡、保卫大泽山根据地的战斗外，他们的课程还因为要适应敌后分散性的游击战争，有意加强了对小分队游击战术的训练。因此胶东抗大支校的学员在1941年还接受了一些游击性质的战斗任务："为打击日、伪、投降派的嚣张气焰，抗大当时除经常由警卫连、学员队轮流到敌占区、边缘区，伏击敌人小股流窜部队，破坏敌人交通，伏击敌人车辆，扰乱敌人据点，摧毁伪政权，捕捉敌特汉奸外，还经常派侦察员活动于敌占区，以至进入敌人据点，捕捉或惩处敌特、汉奸及伪军政人员。"① 他们成功地在敌占区和敌后根据地进行了游击战，巧妙打击、瓦解了敌人的军事力量，有力配合了当时主力部队的战斗。不过胶东抗大支校因为此后也接受了为胶东培养地方干部的教学任务，因而也相应设置了一些文化课程，后来再加上学制延长，因此就推广到全校的课程设置中，目的是为了提高全校在校学员的文化知识层次。

从以上的分析可以看出，因为当时战争环境的需要，这两所学校的培养目标因地制宜地随社会环境的变化而有所变更，胶东公学由普通地方学校转变为半军校性质，不仅培养地方干部，同时也培养军事人才；而胶东抗大支校除了培养中低层军队干部之外，同样也培养出一部分为地方服务的胶东地方干部。也就是说，这两所学校在办学过程中都灵活机动地由单一培养模式走向两元化，招收对象的多样亦使它们培养出多种人才，扩大了红色学校在胶东地区的影响力，也推动了这两所学校在艰苦的战争环境中不但顽强生存下来，而且形成了越办越有影响力、招生人数越来越多的红火局面。

第二，红色学校在教学实践中不仅把办学中心和重心都放在培养学生素质上，教师和教员还以身作则，灌输、培养广大学生和学员不怕困难、乐观向上的心理素质和中国共产党领导下的战争必胜的革命乐观主义精神，形成师生亲如一家人，共同抵抗外侮、抗击敌人的和谐关系。这是胶东红色教育理念及其文化特质的第二个特点。

新中国军事工程技术教育奠基人陈赓曾在哈工大创校初期提出了人才建设思想——"善之本在教，教之本在师"，明确把教师置于军校教学中的首要位置。认识和清晰定位教师在教学中的重要性，是包括军政大学和普通大学教育在内的现代

① 抗大一分校校史研究会烟台联络组、中共烟台市委党史资料征集研究委员会：《胶东抗大》，烟台师范学院1993年印，第226页，未公开发行。

教育理念的一个主要特征。胶东公学与胶东抗大支校在创办之初，就已经把教师和教员放到重要位置，重视和强调他们对学生和学员的榜样表率作用。尤其是毛泽东于1942年在延安整风运动中发表《在延安文艺座谈会上的讲话》之后，这两所红色学校不仅对学校领导干部进行整风，而且也从响应《讲话》提倡的“普及与提高”的角度来重视教师和教员言传身教的榜样力量。毛泽东在《在延安文艺座谈会上的讲话》中专门谈到“普及与提高”之间的辩证关系：“我们的提高，是在普及基础上的提高；我们的普及，是在提高指导下的普及。正因为这样，我们所说的普及工作不但不是妨碍提高，而且是给目前的范围有限的提高工作以基础，也是给将来的范围大为广阔的提高工作准备必要的条件。”① 为了达到在普及中提高、在提高中普及的教学目的，胶东公学与胶东抗大支校不但设置了适当的教学课程以供学生更快地吸收和学习文化知识，而且还鼓励教师和教员深入到学生、学员生活中去，既是后者尊敬的师长，也是时刻关心和关怀他们成长的叔伯、阿姨亲人，使教师和教员除了从教学上，还以自身为榜样从日常生活、精神世界的层次上来感染、教育那些学生，把艰苦奋斗的作风和红色革命乐观主义精神从抽象的大道理变成学生感同身受的生活理念，并深深驻扎在他们的内心世界中，甚至伴随他们终生。

具体到胶东公学的老师来说，他们有的是从大城市来的知识分子，也有的是不公开身份的地下党员，不管是什么身份背景，都是听从胶东公学召唤远离亲人并抛弃名利地位来到红色学校从事教书育人的工作，都愿意为胶东公学培养出优秀的学生和人才而奉献自己的力量。从学生心理学的角度来说，那些十几岁的、正处于青春发育时期的胶东公学学生，也处在离开父母家人集中住在学校学习的环境中，他们由于缺乏了父母亲人的关爱，因此经常会把与他们接触最多的老师当作父辈亲人一样来看待，并有意无意地模仿后者的言行举止和生活态度，因此老师们的一言一行都会对他们的精神世界产生多方面的重要影响。在胶东公学，那些从大城市来的教师在艰苦条件下与其他教师一样，同样和学生一起同甘共苦并乐观地面对当时残酷的战争环境，享受着微薄的供给制待遇，从来不提特殊要求。有的老师即使病重也坚持备课和上课，因为积劳成疾和得不到很好的治疗与休息，他们中的一些人就这样因病去世。但是老师们不怕苦、不怕累的艰苦奋斗精神却永远“活着”，照亮了学生们的前进之路。还有很多老师在迁徙学校过程中以保护学生为己任，照顾和帮助这些还是孩子的学生及时随校转移，鼓励他们用革命乐观主义精神来笑对当时艰难的生活环境，鼓起他们面对生活挫折和战胜困难的勇气，如同父母亲人一样陪伴他们在战争中长大成人。

---

① 毛泽东：《在延安文艺座谈会上的讲话》，见《解放日报》1943年10月19日。

胶东抗大支校的教员同样在教学和日常生活中表现出榜样示范的力量，他们用自身的行动来熏陶、感染学员，通过言传身教把学员已经初步形成但并不成熟的共产主义世界观、人生观加以完善和巩固，使后者在政治思想上很快完全成熟起来，同时也从感性认识上强化了如何把对敌人的仇恨转化为红色革命乐观主义精神。举例来说，在合并成胶东抗大支校之前的胶东抗日军政学校的教员，都是那些领导胶东人民参加起义并在起义中成长为领导和干部的人员。他们能够成为教授学员的教员，一方面是因为当时一边战争一边教学的艰苦残酷的办学环境导致教员紧缺，最好的解决办法就是就地找这些具有丰富战斗经验的起义干部来进行教学。不仅如此，这些起义干部在与其他起义人员的共同战斗生活中培养了深厚的阶级感情和战友之情，他们也很了解每个学员的具体情况，因此在手把手地教授、培养、提高学员军事水平的时候，能够有针对性地进行授课，也因为是把自己亲身经历战争磨练出来的战斗经验传授给学员，这种在战斗实践中总结出来的军事技能更易于学员掌握和加以熟练运用。对学员来说，有自己熟悉和比较了解的领导当教员，显然从情感上更易于接受教员讲授的课程知识，特别是当时有一部分学员识字不多，学习军事理论知识比较吃力，更需要和教员随时沟通交流学习情况。这种师生交流模式也使胶东军政学校师生之间的感情如亲人一般。从这个角度来说，胶东抗日军政学校在办学条件极其艰苦的情况下，在讲授课程不够系统、教员军事素质不是很高的情况下，依然培养、训练出了在战场上英勇杀敌的共产党军队的干部。等到与抗大一分校第一支队合并成胶东抗大支校以后，胶东抗日军政学校的这种教员与学员之间经常密切交流的教学模式，也作为红色教育优良传统被带到胶东抗大支校，成为有效拉近学校的官兵之间、教员与学员之间心理距离的办学措施。

在毛泽东的《在延安文艺座谈会上的讲话》传到胶东之后，胶东抗大支校也从教学层面把“普及与提高”思想与群众性练兵运动结合起来，“1944 年冬季，学校开展了群众性练兵运动，全校动员，打破常规，实行官教兵、兵教兵、兵教官的互教互学方针，教、职、学员一起进行苦练技术、战术，既取得了熟练掌握基本技术、战术的成果，又学会了群众路线练兵方法，还创造了步枪射击训练检测器材和训练方法”①。因此教员和学员之间，干部与普通战士之间通过这种互相学习和相互练习的教学方式，拉进、增强了师生感情与战友感情，在战斗中更加团结一致听从指挥，在反扫荡战争和解放战争中有力地打击敌人，取得了一个又一个的胜利。

胶东公学和胶东抗大支校以教师榜样表率作用潜移默化地影响学生心灵思想的

① 抗大一分校校史研究会烟台联络组、中共烟台市委党史资料征集研究委员会：《胶东抗大》，烟台师范学院 1993 年印，第 65 页，未公开发行。

办学措施，是从教师“育人”角度用发散思维来理解“以学生为本”的现代教育理念的一个成果。从教学效果来说，胶东红色教育理念的这个文化特质使红色学校在教书育人方面取得极大的成功，即使那些学生和学员毕业后因为组织需要离开胶东到全国各地去工作，却在半个多世纪后依然怀念那段虽然物质条件艰苦但是美好的学生生活，怀念这两所学校中如父辈亲人对待子女后辈一样把自己引领上红色革命之路，用言传身教谆谆教导自己长大成人和培养自己不怕艰难困苦意志品格的老师和教员们。这段求学经历成为在胶东公学和胶东抗大支校学习过的学生与学员人生经历中最美好的一段青春记忆，这些老师和教员也永远活在他们的心中。

第三，胶东红色教育理念及其文化特质的第三个特点，则是理论联系实际，依靠人民群众办学，同时以此为基础，进一步加深红色学校师生与当地人民群众之间的鱼水关系，并且使他们彼此之间成为可以信任依赖并相互帮助、共同前进的阶级亲人。这既是中国共产党倡导的“从群众中来，到群众中去”的群众路线在胶东公学和胶东抗大支校办学理念的体现，又是这两所红色学校在十年办学期间从办学实践中总结得出并发扬光大的一个红色教育理念。

如果说伴随胶东地区社会环境和战争环境的变化灵活机动地办学并设置所学课程，是胶东红色学校在战争年代顽强生存下去的外部条件，那么理论与实际相结合、依靠当地人民群众创办和发展学校则是红色学校在战火中生存下来的内部条件，也是红色学校得以生存发展的一个基础。具体到胶东公学来说，它采取的具体办学措施被概括为四点：“第一，在学校建立了党的组织，并建立了相应的政治工作机构，保证了学校始终沿着正确的政治方向前进。第二，实行生活军事化，学生一入学就按军事体制予以编制，以适应游击战争环境的需要。第三，在教学内容上，除安排必要的文化课外，强调抗战政治教育和革命理论教育，以确保培养出来的学生有良好的政治素质。第四，在教育方法上，强调理论与实践相结合，教育与生产劳动相结合，为此特别设立了军训课、民运工作课、劳动课。”① 把教育与生产劳动结合起来，也是胶东公学为了获得当地人民群众的支持从而依靠人民群众办学所采取的一个必然性措施。这亦是由胶东公学艰苦卓绝的办学条件和战火纷飞的生存环境等客观原因决定的。胶东公学由于身处敌后根据地，又要防备日寇经常性地扫荡袭击和侵扰，因此学校师生经常跟随学校一起迁徙，这一点前面已经详细论述过，此处不再赘述。胶东公学师生为了转移方便，往往随身只带一点粮食和衣物。等到学校迁移到一个稍微安全的地方，胶东公学师生就开始就地上课，他们的三餐和住宿都由当地人民群众提供，都是在老乡家中。不仅如此，人民群众经常成

① 黄澍霖、谭天主编：《战争年代的胶东公学》，山东教育出版社 1993 年版，第 3 页。

为掩护胶东公学师生的保护伞，机智地使后者逃脱敌人的魔掌。举例来说，在1941年7月，“胶东公学校部驻掖县仓上村时，一股日军突然在校部驻地附近登陆，师生来不及转移，只好就地隐蔽在群众之中。日军到赵野民校长住的群众家里，看着赵野民和姜明夫妇吃饭，未发现问题走了。同时，隐蔽在三山岛村的师生也未被路过该村的日军识破”①。可以这样说，正是因为有了当地人民群众的掩护和保护，胶东公学才能在一次次的险象环生中转危为安，才能够继续开办下去，人民群众成为胶东公学最稳固的一个靠山。

然而当时人民群众的物质生活非常艰苦，经常是粗粮野菜糊口。虽然他们无怨无悔地拿出不多的余粮与胶东公学的师生共渡生活难关，不过胶东公学的师生并不愿意加重当地人民的生活负担，他们总是利用战争间隙与课下休息时间和人民群众一起开垦荒地种植庄稼，然后再共同收获和分配粮食，在共同的劳动中加深、增强了与当地人民之间的感情。有时候他们也自辟根据地的荒地种植粮食作物，在生产劳动中培养学生自力更生、艰苦奋斗的精神。在1944年10月，“胶东公学军事教师王锐率收割大队到牟海县珠堠村收割水稻，共收获稻谷近3万斤。这是师生们在大生产运动中辛勤劳动的成果，也是战争年代教育与劳动相结合的一个典范”②。这种把学生教育与劳动实践相结合的方针，成为胶东公学师生密切联系群众、获得人民群众支持并依靠群众办学的一个法宝，亦成为胶东公学的一个办学特色：“胶东公学的课程设置，虽然每一时期都有所不同，但总的教学目的大致相同：教学与战争相结合，与生产劳动相结合，与群众工作相结合。”③

胶东公学还曾把学生与人民群众之间关系是否和谐与亲密当作一门必须课程：“学生和群众的关系，首先是和房东的关系，是学校考查学生的一项重要内容，象学生学习成绩一样受到重视。”④ 这门课程的设置也收到了良好的效果，学生通过担水扫地、一起参加农业劳动等行动融入当地人民群众的生活中，反之亦然，也使人民群众真真切切感到与胶东公学师生之间亲如一家，从心理上把掩护和支持他们看成是自觉自愿要尽的责任义务。可以这样说，胶东公学通过这些课程的设置，不但使学生认识到人民群众的伟大力量，而且看到他们自己已经化为一滴滴的水，融入到人民群众的海洋之中，并不断从这个海洋中汲取努力学习和乐观面对困难的力量。

胶东抗大支校也是一所依靠人民群众才得以生存和壮大的红色学校，它和胶东

---

① 黄澍霖、谭天主编：《战争年代的胶东公学》，山东教育出版社1993年版，第316～317页。

② 黄澍霖、谭天主编：《战争年代的胶东公学》，山东教育出版社1993年版，第326页。

③ 黄澍霖、谭天主编：《战争年代的胶东公学》，山东教育出版社1993年版，第47页。

④ 黄澍霖、谭天主编：《战争年代的胶东公学》，山东教育出版社1993年版，第21页。

公学一样都是经常迁徙、流动的学校，经常依靠驻地群众帮忙补充衣食供给。胶东抗大支校也设置了民运股，并派遣专门人员与驻地群众相互联系。不过与胶东公学不同的是，胶东抗大支校作为军校要参加很多战斗，只有在战斗之余才有充分的时间与人民群众打成一片。对胶东抗大支校的教员和学员来说，他们“平时利用一切业余时间，一面帮助驻地群众干活、扫院、担水、挑土、搬柴以至为大娘烧火做饭；一面访贫问苦，宣传党的政策。每当农忙季节，全校上至校长、政委，下至学员、战士，同驻地群众一起下地干活、抢收、抢种。各级首长利用田间休息时间，同群众促膝谈心，了解民情，听取意见，完全同群众打成一片，同甘共苦”①。因此，理论联系实际、依靠群众办学在胶东抗大支校的办学经历中同样适用，是共产党的优良作风在红色军校中的具体体现，也证明了它的正确性。

这两所红色学校还通过帮助当地人民群众提高知识文化水平和物质生活水平，以及保护他们的生命财产等方法，来继续深化与他们之间的关系。可以说这是从另一个角度来实现胶东公学与胶东抗大支校所提倡的“理论联系实际、依靠群众办学”的红色教育理念。具体来说，这两所红色学校帮助当地人民群众办理识字班、扫盲班，教他们识字读书；也经常传授给当地群众一些常用到的科学知识，破除他们的封建迷信观念，使他们认识到封建迷信的危害，以及对他们普及革命知识，提高他们的思想觉悟。正如廖海光在1941年写的《三校的一周年与今后新任务》一文中指出，胶东抗大支校当时帮助胶东革命根据地人民群众做了很多有益的事情：“我们的教职学员，凡是到达某一地区就积极地帮助各乡村小学校上课，训练自卫队，帮助政府训练小学教员，以及帮助政府机关训练乡村区长等等。参加了战时动员工作，领导群众锄奸破路，空舍清野等等，也参加了组织群众与武装群众的工作，更组织了坚强的工作队，长期地参加抗日根据地的建设工作。”② 反过来，这也使人民群众更深刻地认识到红色学校就是属于人民群众自己的学校，从情感上更加拥护和支持这两所学校。为了丰富当地人民群众的精神生活，这两所学校的师生与学校其他人员还在驻地积极参加和组织丰富多彩的娱乐活动，与当地人民一起排演文艺节目、编排戏剧和歌舞，活跃了当地的文化气氛，尤其是在敌后根据地，胶东公学师生和胶东抗大支校的官兵分别经常与自己学校驻地的民众同台演出，形成在校学生与人民群众、军与民同乐的局面。正是在这两所红色学校的带动下，胶东地区在抗日战争后期就逐渐形成村村有锣鼓班、处处有宣传队的繁荣局面，不仅逢

① 抗大一分校校史研究会烟台联络组、中共烟台市委党史资料征集研究委员会：《胶东抗大》，烟台师范学院1993年印，第233页，未公开发行。

② 抗大一分校校史研究会烟台联络组、中共烟台市委党史资料征集研究委员会：《胶东抗大》，烟台师范学院1993年印，第126页，未公开发行。

年过节表演各种文艺节目，就是平时也经常在人流较多的地方进行演出，红色革命的乐观主义精神借助这些演出节目得到更广泛的宣传和传播。

由此可以这样说，这两所红色学校把“理论联系实际、依靠群众办学”的红色教育理念加以延展和深化，在胶东地区落实到具体实践时就把红色学校依靠人民群众办学的这种单向关系，通过多种方式使胶东公学师生与当地人民群众之间转变成了互帮互助的“双向”关系，亦使胶东抗大支校的官兵与驻地群众在军爱民、民爱军的互相支持中强化、巩固了军民鱼水情。红色学校与当地人民群众之间的“双向”关系由此成为胶东地区红色学校的红色教育理念及其文化特质的一个明显特征，成为一个优秀教育传统并在胶东地区承传下去。

还需要指出的是，上面总结概括出的胶东红色教育理念及其文化特质的三个特征，亦在胶东公学和胶东抗大支校的校风、校歌和校训中折射出来。从普遍的意义上来说，校训被认为是一所学校对自身拥有的文化传统、治学精神的理性抽象概括，以及由此形成了一种精神认同。因此校训在某种程度上不仅是一个学校教育理念、治学风格的高度概括，而且也是学校办学传统与育人目标的集中体现，同时更是学校文化体系中的一个重要内容。校歌从某种程度上来说，则是一所学校的文化灵魂，与校训相辅相成，同样能够阐释学校深厚的文化内涵和精神力量，集中反映出师生奋发向上的精神风貌和理想追求。胶东公学的校训和校风是“精诚、团结、紧张、活泼，战斗学习”，校歌的歌词慷慨雄壮：“这儿是我们的文化发祥之地，同时我们要在这儿团聚，民族的命运全担在我们双肩，抗日，救亡，让我们加倍努力，精诚、团结、紧张、活泼，战斗学习。努力，努力，争取国防教育的模范；努力，努力，锻炼成抗战的骨干。我们要献身于民族解放事业，我们要忠实于新社会的实现。昂头看那边，胜利就在前面。”虽然校训和校歌均借用了陕北公学的，但是因为它们已经在胶东公学扎根、萌芽并成长为茁壮的大树，所以胶东公学不但把“陕北公学精神”发扬光大，而且用相同的校歌和校训诠释出胶东公学独有的红色文化内涵，并赋予了它的红色教育理念拥有某种与其他地方红色学校不同的独特特点。

胶东抗大支校作为中国抗大分校的一个支校，它的校歌和校训、校风也秉承了总校的，但是并不妨碍它体现出胶东红色文化独特的历史意义和现实价值。胶东抗大支校的校风、校训是“团结、紧张、严肃、活泼”，曾在创校之初发挥过巨大作用，成为这所红色军校树立的一个具体追求目标。在胶东抗大支校刚刚创立的时候，学校对在校学员的培养面临着很多实际困难。为了养成“团结、紧张、严肃、活泼”的校风目标，学校领导和教员针对在校学员的教育和学习达成了以下的共识：“特定的任务要求其每个成员必须具有一切行动听指挥、不畏艰难困苦、不怕流血牺牲、严格遵守纪律、坚决完成任务的精神素质。这些都和平时的严格训练、严格要求、教养一致丝毫不能分开。连队日常生活中的管理教育就是这样一个很重要的方面。要把一个过惯个体生活的农民、知识青年、自由职业者的生活习惯改变成适应战斗需要集体生活习惯，这是很不容易的。”① 胶东抗大支校的在校学员在日常生活中严格按照正规军队进行管理教育，培养学员钢铁般的纪律性和集体荣誉感，已经被历史的发展证明是正确的。不仅如此，“团结、紧张、严肃、活泼校风的养成，军政教育效果的好坏，都和这种日常养成教育丝毫不能分开。连队队列、内务、纪律的好坏，往往成为评定连队日常管理工作好坏的内容”②。从其他角度来说，胶东抗大支校的校训和校风渗透到了学校的方方面面，也塑造出这所红色军校的师生和官兵们“团结、紧张、严肃、活泼”的昂扬精神面貌来。

再来看胶东抗大支校校歌的歌词：“黄河之滨，集合着一群中华民族优秀的子孙。人类解放，救国的责任，全靠我们自己来担承。同学们，努力学习，团结、紧张、严肃、活泼，我们的作风。同学们，积极工作，艰苦奋斗，英勇牺牲，我们的传统。象黄河之水，汹涌澎湃，把日寇驱逐于国土之东。向着新社会，前进！前进！我们是劳动者的先锋。”这首校歌也非常形象地契合了胶东抗大支校的办学宗旨和培养目标，成为这所红色学校在胶东地区能够枝繁叶茂的一个坚固根基。校歌的精神也化入胶东红色教育理念的文化特质中，渗透在胶东抗大支校学员的日常生活与学习中，潜移默化地影响着他们的意志品质，使“积极工作，艰苦奋斗，英勇牺牲”真正变成这所屹立在胶东地区的红色学校的一个优良传统。

概而言之，胶东红色教育理念及其文化特质使胶东公学和胶东抗大支校在抗日战争和解放战争十年的办学期间得以形成、发展并完善，不仅是胶东红色教育智慧的结晶，更在新中国成立之后成为胶东现代教育理念中的优秀传统因素，一直延续到今日。尤其是胶东红色教育理念及其文化特质的第三个内容，对今日的大学办学更具有启发意义。胶东公学和胶东抗大支校在70余年前提出的教学措施“依靠群众，分散教学，避敌锋芒，保存力量。而依靠群众则是最根本的保证”③，以及这两所红色公学的教职员工与在校学生都与驻地的广大人民群众之间如何保持着密切的鱼水关系，还包括当地人民群众如何节衣缩食地无私供应红色学校师生需要的粮

① 抗大一分校校史研究会烟台联络组、中共烟台市委党史资料征集研究委员会：《胶东抗大》，烟台师范学院1993年印，第416页，未公开发行。

② 抗大一分校校史研究会烟台联络组、中共烟台市委党史资料征集研究委员会：《胶东抗大》，烟台师范学院1993年印，第417页，未公开发行。

③ 黄澍霖、谭天主编：《战争年代的胶东公学》，山东教育出版社1993年版，第2页。

食等后勤物品，均从历史层面为当下各类学校如何把教育办学与群众路线在客观实践中相结合，以及怎样结合提供了很好的例子。进一步说，胶东公学和胶东抗大支校把党中央提倡的“从群众来，到群众中去”的群众路线不仅当作办学的指导方针，更是胶东地区红色学校师生从现实生活与学习生活中得来的真实体验，具有坚实的生活基础和实践基础。而这两所红色学校根据当时胶东办学实际情况把“依靠群众办学”的群众路线延展、深化为“学校与人民群众互帮互助、互相扶持”的红色教育理念特质，又体现出胶东红色文化中那种不拘泥于刻板教条，在尊重“实践是检验真理的唯一标准”的基础上具有的某种创新与变革精神。这在时隔70余年后的今天依然具有重要的启示意义，特别是在今日繁荣昌盛、国富民安，但是精神道德价值在一定程度上滑坡的中国再次崛起的新时代中，胶东公学和胶东抗大支校与当地群众之间的关系，胶东红色教育理念及其文化特质在当下薪火相传的问题，均激发我们在新的时代背景下重新思考和重新定义现代大学教育与红色教育传统之间的复杂关系。

第三节　胶东文协领导下的胶东红色文化活动

胶东红色文学既是红色文化的感性表达，也是胶东红色文化“文化”性的重要体现。其以文学的方式记录下发生在胶东地区的红色革命故事和英雄人物，使红色文化以语言文字的形式留在人民群众的历史记忆中，《林海雪原》《苦菜花》等红色经典名著拥有的长久艺术生命力即有力的例证，也是红色文化生存下来的强有力的载体。

在胶东红色文化的形成和发展过程中，胶东文化界救国协会（以下简称为“胶东文协”）占据着举足轻重的地位，在某种程度上可以说制约和引导着胶东红色文化和红色文艺的发展方向，同时也催生了胶东红色文化中不同于鲁南红色文化的某些特质，特别值得研究。

一、胶东文协的“文化军队”性质

胶东文协在中共胶东军区的领导和支持下成立，成立时间是1938年9月9日，成立地点在掖县郭家店，“推选林一山任会长，林一山、罗竹风、于寄愚、阮志刚、贺志平、刘汉、李辰之、马少波为常务委员。胶东文协成立后，制定了一系列开展文化活动的方针措施，明确了根据地文艺运动的方向、目标，先后吸收了2.3万多个文协会员，2.6万多个教师抗日救国会会员，3700多个民间艺人抗日救国会（包括盲人抗日救国会）会员，并创办了1.25万多个农村俱乐部（内设剧团、秧歌宣传队、民校、识字班、壁报组等），若干工人俱乐部和专业文艺团体。文协通过积极地文化活动，有力地推动了胶东革命根据地文艺运动的新发展，使之出现了一个崭新的局面。至1940年，随着革命根据地的发展，胶东的东、西、南、北4个海区（地委）文协也相继成立，从而使各级文艺活动更加深入，更加有组织了”①。不仅如此，胶东文协的成立还对胶东地区的科学工业发展起到一定作用：“在科学工业方面，文协也肩负起组织之责，协助政府在各海区成立专门的工业研究室，集中人才，埋头致力于研究工作。”② 也就是说，胶东文协并不是一个具有单一职能的文艺协会，而是肩负着配合、监督胶东政治、经济和教育发展等多方面工作的综合性协会。只要是能够促进胶东敌后根据地和解放区的社会发展和进步的工作，胶东文协都愿意助一臂之力并参与进来，因此它还设立了抗日救国会和农村俱乐部等机构，以及承担着培养当地文化干部和扫盲培训等工作任务。曾经长期在胶东文协担任领导工作的马少波同志非常了解胶东文协作出的历史贡献，他这样评价胶东文协：“在硝烟弥漫的12年中，她与‘工、农、青、妇’等救国会一直并列为中国共产党胶东区党委领导下的正式的群众团体，区党委下属各地委、县委也都成立了文协组织，团结奋进，尽到了时代责任。”③ 这个评价是忠实于历史的，胶东文协不仅推动了胶东红色文化和文学在抗日战争与解放战争期间的广泛传播和继续深入发展，而且对胶东敌后根据地和解放区红色教育事业的发展也贡献颇大。例如在1943年，胶东文协就曾经配合共产党政府对胶东公学和胶东其他中学进行教学革新，在上课教材的选用、对理论联系实际教学方法的提倡，以及提高教育工作者的文化和思想素质等方面都提出了极为有益的建议。④

胶东区委党组织之所以领导并成立胶东文协，而且赋予胶东文协多种角色和综合性群众协会的性质，主要原因有两个：首先是在胶东地区建立统一的新民主主义文化战线的需要。毛泽东在《在延安文艺座谈会上的讲话》中提出：“我们要战胜敌人，首先要依靠手里拿枪的军队。但是仅仅有这种军队是不够的，我们还要有文化的军队，这是团结自己、战胜敌人必不可少的一支军队。‘五四’以来，这支文

① 于清泉等主编：《光辉的业绩——胶东革命文化论文集》，青岛海洋大学出版社1995年版，第11页。

② 于清泉等主编：《光辉的业绩——胶东革命文化论文集》，青岛海洋大学出版社1995年版，第44页。

③ 马少波：《鼓角连营十二秋（上）——记胶东文化协会》，载《新文化史料》2000年第1期。

④ 于清泉等主编：《光辉的业绩——胶东革命文化论文集》，青岛海洋大学出版社1995年版，第50页。

化军队就在中国形成，帮助了中国革命，使中国的封建文化和适应帝国主义侵略的买办文化的地盘逐渐缩小，其力量逐渐削弱。”[①] 毛泽东强调了“文化军队”的重要性，把它与“拿枪的军队”并列。虽然毛泽东是在胶东文协成立四年之后才提出“文化军队”的说法，但是他的这个思想其实早在《论新民主主义革命》等理论文章中就可见端倪，或曰形成了思想雏形。胶东文协在1938年抗日战争进入敌我力量相持阶段的时候组建，其中一个主要目的就是响应抗日需要在胶东地区建立统一的新民主主义文化战线，组建起一支“文化军队”，弘扬和宣传红色文化，从文化教育和政治意识形态的层面来配合军队战线的对敌斗争。《胶东文化界救国协会简章（草案）》已经明确规定：“宗旨：本会以团结胶东文化界同人，保护文化界同人利益，开展新民主主义文化运动，对敌展开斗争为宗旨。”[②] 还可再以1941年8月29日发表在《大公报》上的胶东文协下属机构北海文协的《北海文协三大方针、八项办法》的“三大方针”中看出：“（甲）加强巩固扩大自己的力量，（乙）和敌伪投降派展开尖锐斗争，（丙）建设新民主主义的文化基础。”[③] 也就是说，胶东文协和在其他地县级地方建立的分协会，最终目的都是通过建立广泛统一的新民主主义文化战线的方式，从文化层面与敌人进行英勇战斗。因此，胶东文协建立初期的组织人员和常务委员均分别在胶东地区共产党领导下的党、政、军机关担任职务，例如第一届会长就由胶东区党委宣传部长林一山兼任。这些成员是中国共产党自己培养起来的文化和文艺工作者，他们不仅忠诚于党领导的革命事业，而且还在文学艺术方面颇有造诣，成为胶东文协中德才兼备的“核心领导班子”成员，能够担负起引导胶东红色文化走向正确的发展方向，并继续对胶东红色文化进行建设，使其不断得到发展和完善。正是因为在这个“核心领导班子”的正确领导和强力支持下，胶东文协才能够在人民大众的海洋中充分发动和发掘出那些有专长的文化工作者和民间艺人，把他们吸收、纳入到胶东文协和胶东地区其他县市协会的怀抱中，在胶东地区成功地建立起新民主主义文化的统一战线来，有力地配合了全国的抗日战争局势。因此到1945年6月为止，胶东地区“几乎是所有的群众文化积极分子、戏曲、杂技艺人、拉洋片者、老秧歌手、吹鼓手和年画、画馆、剪纸、木石雕刻、泥塑、糊扎、照相各行的从业者连同盲艺人统统组织起来。各级文协所属专业文艺团体，配合部队所属的专业、业余文艺队伍，形成了浩浩荡荡、生机勃勃的

---

① 毛泽东：《在延安文艺座谈会上的讲话》，见《解放日报》1943年10月19日。

② 转引自于清泉等主编《光辉的业绩——胶东革命文化论文集》，青岛海洋大学出版社1995年版，第51页。

③ 转引自于清泉等主编《光辉的业绩——胶东革命文化论文集》，青岛海洋大学出版社1995年版，第46页。

文化大军”[①]。胶东文协这支“文化军队”的出现，与胶东共产党领导的军事队伍二者步调一致、互相配合，并相辅相成，不仅在胶东地区保证了共产党获得军事上的胜利，更保证了在红色文化和意识形态上的胜利。

与此同时，历史的发展已经证明，作为一个群众性的文化团体，胶东文协内部之所以设置教师抗日救国会、农村俱乐部、工人俱乐部、关于政治和经济等领域的研究会、戏剧研究会、胜利剧团和文工团等多个部门机构，就是希望借此把战争期间敌后根据地人民群众生活涉及的方方面面都囊括进来，这样更有利于把胶东地区各行各业的文化同人，也包括敌占区的一些进步知识分子和文化人，都团结、保护与发动起来，并激发出他们所拥有的巨大的新民主主义文化力量，在胶东地区较为成功地形成“人民的战争”战线，在抗日战争时期为抗日救国服务，在解放战争时期又为解放全中国奉献力量。

其次，胶东区委认识到文化和文学艺术在抗日战争中所起到的巨大作用，力图在战争实践中把“文化军队”和“拿枪的军队”融合起来，共同进行对敌战斗。毛泽东在《在延安文艺座谈会上的讲话》一文中指出：“在‘五四’以来的文化战线上，文学和艺术是一个重要的有成绩的部门。革命的文学艺术运动，在十年内战时期有了大的发展。这个运动和当时的革命战争，在总的方向上是一致的，但在实际工作上却没有互相结合起来，这是因为当时的反动派把这两支兄弟军队从中隔断了的缘故。”[②] 也就是说，文化和文学艺术同样能够成为抗日的有力武器，只要找到它与当时军事战争的契合点和衔接点。从作用功能上来说，文学艺术不但可以娱乐人民群众，同样也可以在娱乐中发挥它的教育作用和宣传功能，把马克思文艺理论所提倡的“莎士比亚化”与有政治传声筒倾向的“席勒式”适当地结合起来，把政治教育宣传放到丰富生动的文艺作品中来表现，寓教于乐，更有利于人民群众接受。1939 年 11 月 28 日的《大公报》登载了包干夫写的一篇文章《展开胶东街头文化运动》，从街头运动的角度指出文学艺术对观众产生的影响和感染力远远超出了僵硬的政治演讲：“扮一场《抗战秧歌》，总要比同样内容的一篇演说更容易吸引观众。……证明了‘归形式批判的运用’效力是怎样的伟大，它不但帮助我们扩大了政治影响，武装了民众的头脑，同时还帮助我们从民众中摄取新的营养，充实现有作品的内容，并吸收了部分一向潜伏在穷乡僻壤中的劳动文化干部。”[③]

---

① 马少波：《鼓角连营十二秋（上）——记胶东文化协会》，载《新文化史料》2000 年第 1 期。

② 毛泽东：《在延安文艺座谈会上的讲话》，见《解放日报》1943 年 10 月 19 日。

③ 于清泉等主编：《光辉的业绩——胶东革命文化论文集》，青岛海洋大学出版社 1995 年版，第 40 页。

曾担任过胶东抗大支校的校长、当时是八路军九纵司令员的聂凤智同志，在1947年12月17日写给马少波的一封标题为《战斗的鞭策》的信中，从自己作为军人的阅读经验出发，肯定了胶东文协主办的刊物《胶东文艺》具有重要的现实意义："我个人看了几期之后，认为它是很好的文艺的战斗武器，因为它在文艺阵地上，反映事物最迅速、真实、生动，最容易被群众接受。"而且"它有故事，有情节，通俗明畅地推动和鼓舞了战斗意志，巩固和提高了战斗情绪，当然战斗力的提高，与它更是分不开的"。因此聂凤智把《胶东文艺》称赞为"它是推动工作的有力武器之一，有强烈的文艺战斗性"①。聂凤智之所以把《胶东文艺》推崇到能够提高部队官兵战斗能力的高度，虽然有夸大和拔高文学艺术拥有的教育作用之嫌，可能是出于亲密战友的情谊来鼓励主编马少波继续把《胶东文艺》办下去，但是另一方面也说明，《胶东文艺》已经在办刊实践中找到了一条把文学艺术和军事战斗结合起来的道路，所以它才能够如此受到军队战士的欢迎，后者通过阅读它来汲取激励自己英勇战斗、奋勇杀敌的精神力量，把它看作"文艺的战斗武器"。除此之外，胶东文协设立的农村俱乐部和胜利剧团等机构，均在不同历史时段配合胶东根据地和解放区推动了重大的政治运动与社会活动。例如，据可靠的统计，"至1945年下半年，胶东的农村俱乐部和剧团，能起到作用的共有一万余处，极大地配合了农村减租减息运动的开展"②。可以毫不夸张地说，胶东农村减租减息运动的开展和继续深化，直到能够顺利进行土地改革，胶东文协在其中起到了巨大作用，推动了历史的进步和发展。

毛泽东还在《在延安文艺座谈会上的讲话》中提出了把"文化军队"和战斗军队二者结合起来的方法："就是要使文艺很好地成为整个革命机器的一个组成部分，作为团结人民、教育人民、打击敌人、消灭敌人的有力的武器，帮助人民同心同德地和敌人作斗争。"③ 毛泽东这种"文艺从属于政治"的观点主要是针对当时中国的战争背景而提出，具有战争文化的特殊性和从权性，从今天来看有值得商榷的地方。不过对在抗日战争中建立、并在抗日战争和解放战争的严酷环境中发展并繁荣起来的胶东文协来说，《在延安文艺座谈会上的讲话》中的观点显然是正确的，经得起当时战争历史的考验。也正是因为胶东文协在遵循"文艺从属于政治"和"文学艺术为政治服务"的基础上，把自身与战斗、生产和工作三者结合起来，并

---

① 马少波：《文艺评论》，见《马少波文集》第4卷，北京出版社2008年版，第39页。原载《胶东文艺》第1卷6、7期合刊。

② 于清泉等主编：《光辉的业绩——胶东革命文化论文集》，青岛海洋大学出版社1995年版，第33页。

③ 毛泽东：《在延安文艺座谈会上的讲话》，见《解放日报》1943年10月19日。

且在社会实践活动中不断发展和壮大，由此胶东文协才能够把艰苦卓绝的战争环境成功地转化为自己生存和生长的沃土，而且成长为一棵深深扎根于胶东地区并枝繁叶茂的大树，充分发挥出它作为胶东地区“文化军队”的历史作用。从这个角度来看，胶东文协当之无愧地收获了如此高的历史评价：“胶东文化协会成立于1938年，结束于1950年，经历了抗日战争和人民解放战争12个春秋，他们坚持对敌斗争和文化建设从未间断，这在抗日根据地和解放区乃至全国各地是罕见的。”①

从胶东文协整个发展历程来看，其存在的12年间又可划分为不同的发展阶段，每个阶段承担的历史任务均不同，而且不同阶段对胶东红色文化的影响也存在某些差异。具体来说，胶东文协可以分为三个历史阶段：刚成立时的初期阶段，从1943年到1945年抗日胜利的中期阶段，以及此后一直到1950年应上级命令解散的后期阶段。胶东文协的这三个历史阶段，经历了初期的主要起配合、协调文化教育部门等工作的群众性组织工作，到中期时创办众多文化机构和文艺刊物、开始明确形成自己风格的历史阶段，再到后期以胜利剧团演出进步戏剧为主，以及下设的各个机构团体全面配合胶东解放区社会工作的时期，均在胶东地区呈现出不同的历史作用和深远影响，体现出这支“文化军队”在不同历史阶段的不同特征来。

胶东文协成立之后不久，就在其内部成立了马少波任会长的文学研究会、阮克刚任会长的哲学研究会、张昆任会长的外国文学研究会、丛鹤丹任会长的历史研究会和刘汉任会长的政治经济学研究会，同时对多个学科进行研究。设立这些研究会的一个原因在于，以上这五个研究会把文、史、哲和政治经济学等属于人文社会科学范畴的几个主要学科都囊括进来，说明了胶东文协既是一个可以从理论上来研究学问，又可以在实践中参与胶东社会多方面工作的综合性群众组织。而且这五个研究会的会长当时都在胶东地区的党、政、军等部门工作，他们参与和管理胶东文协的活动虽然属于兼职，但是这样使参加胶东文协各个研究会的其他成员也有机会协助参与或配合这五个会长所在本职单位的一些工作，某种程度上奠定了胶东文协与其他部门能够较好配合的人事基础。不仅如此，我们从中还可以看出胶东文协在成立初期阶段的重要特点：它主要是在抗日战争背景中对胶东地方的党、政、军工作起到协调和配合作用，同时多方面多层次地为胶东根据地的基层单位和广大人民群众服务。再从胶东红色文化发展的角度来说，胶东文协在本阶段主要从普及的角度扩大胶东红色文化在人民群众中的影响，后者对红色文化中阶级解放与民族救亡等理论思想的认识与理解在很大程度上还是从自发性出发，并未转化为自觉性意识。

---

① 马少波：《鼓角连营十二秋（上）——记胶东文化协会》，载《新文化史料》2000年第1期。

因此胶东文协希望能够从普及的层面来提高胶东人民群众的整体文化水准的话，还需要继续努力，在下一个历史阶段才有可能创造条件来完成这个历史任务。

然而胶东文协成立之后便不断进行自身的完善。它首先在机构设立上逐步进行完善："1941 年 6 月 26 日，胶东举行文化界第一届代表大会，重新选举了文协领导机构。结果当选执委 27 人，常委 7 人。"① 此后胶东文协开始有了较为健全的领导机构，在管理上也有了较为具体的分工并明确了个人职责，为下一步充分展开和协调开展众多文艺活动与社会活动奠定了一定的条件基础。需要着重指出的是，胶东文协在初期阶段就开始投入大量的人力与物力支持胶东京剧运动的发展。最早的一次是在 1941 年，"胶东文协参予组织的 1941 年秋季海阳'联合公演'，有 13 个剧团，400 余演职员参加了演出。可以说给胶东的戏剧运动以较大的推进作用"②。重视和推动胶东戏剧运动的进步与发展此后就成为胶东文协一以贯之的一个优秀传统。胶东文协在 1944 年还专门成立了研究戏剧艺术创新的戏剧委员会，以及重在进行戏剧表演的胜利剧团。举例来说，胶东文协非常重视从理论和表演实践上来探索胶东京剧戏曲旧形式的改革与创新，马少波写于 1945 年的文章《平剧必须改造》堪为理论性代表作。他从内容主题、表演形式、独白等方面来指明传统平剧（也就是京剧）的诸多缺陷，然后又从它的优点入手来说明平剧应该改革创新并跟上时代的发展变迁，才能够葆有永久的艺术青春。不过，胶东文协并不满足于仅对中国现代京剧新的艺术规范进行探索与创造，还把培养众多优秀的甚至闻名全国的戏剧作家和戏剧演员作为己任。很多戏剧作家和表演艺术家在新中国成立之后调到北京、上海、济南等城市继续工作，像虞棘、马少波、孟丽君等人，他们把胶东京剧改革的火种也带到了全国各地。从某种程度上来说，在胶东文协支持下对传统京剧进行的现代改革创新活动，均从内容主题、艺术形式等方面为后来新中国出现的"京剧样板戏"提供了非常有益的艺术借鉴。

胶东文协的中期阶段则是以毛泽东的《在延安文艺座谈会上的讲话》在 1943 年传入胶东以后为开端，以 1945 年下半年日本侵略者投降为结束时间。毛泽东的《在延安文艺座谈会上的讲话》如同一盏明灯，对胶东文协进一步展开工作和继续发展指明了前进的方向。如果说胶东文协在此前主要是听从胶东区党委的领导和指示与其他部门做好协调、配合工作，在 20 世纪 40 年代初期对推动胶东地区戏剧运动的发展起到了一定的作用，那么胶东文协在本阶段则以《在延安文艺座谈会上的

① 于清泉等主编：《光辉的业绩——胶东革命文化论文集》，青岛海洋大学出版社 1995 年版，第 44 页。

② 于清泉等主编：《光辉的业绩——胶东革命文化论文集》，青岛海洋大学出版社 1995 年版，第 46 页。

讲话》为指导思想，迎来了一个新的历史阶段，并在此基础上形成了某些新特点。

胶东文协在中期阶段的这种变化亦来自于胶东区党委的大力支持。胶东区党委学习了毛泽东的《在延安文艺座谈会上的讲话》并随即进行整风运动，在克服了党内的主观主义、宗派主义和党八股之后，为了响应当时党中央对文学艺术的重视并建立起胶东地区自己的“文化军队”，开始对胶东文协进行大力支持并加大扶持力度。也是从这一年后，胶东区党委支持胶东文协在各县市陆续建立了分部，便于直接领导和发动胶东整个地区的文化活动。胶东文协还建立并强化了对教师抗日救国会与盲人抗日救国会等机构的组织与领导，使新民主主义统一战线在胶东地区更广泛地建立起来。胶东文协和下设的各级分协会与其他部门机构分布如下：除了胶东文协是“胶东根据地群众文艺工作的领导组织，各军分区、市、县都普遍建立了文协，区、村有文教委员会，村文委会则建有俱乐部（包括民校、剧团、秧歌宣传队、墙画、街头诗、黑板报、标语、读报组等文娱组织），从而在广大农村形成了开展文艺活动的最基本的保证。各乡村还普遍组织了各种文化性的群众团体，如艺人抗救会、盲人抗救会等，成立了许多农村剧团、歌咏队等”①。

胶东文协还在1943年专门召开相关会议进一步细化已有机构的职责范围，并设立组织部、编辑部、研究部等部门，也设立了专职主编与编辑负责编辑文艺刊物。依然是在1943年，“胶东文协先后编辑出版《胶东大众》《胶东青年》《大众画刊》《农村戏剧》等通俗读物，不断满足农村、部队、机关、军民文化上的需要。同时，文协还成立了以大众剧团、鲁迅剧团等组编的文艺工作团，深入农村，体验生活，改造思想，并帮助基层开展文化宣传活动。7月，文艺工作团下乡参加群众斗争。各海区的文艺工作队也纷纷成立，深入到民众之中”②。这些变化标志着胶东文协进入一个完善和深化的阶段，它开始凸显出作为文化协会的特色来，同时也说明胶东文协已经被明确地定位在胶东地区“文化军队”的历史位置上，开始发挥文化军队的作用和职能。再以1944年为例来说，胶东文协在这一年的时间里更充分显示出它作为“文化军队”的特点：“1944年春，为贯彻新民主主义的文化政策，文协又召开扩大的文化座谈会，就文协的性质、文艺工作面向工农兵以及胶东文化工作建设等问题进行了大讨论，受到了极大的教育和鼓舞，文化工作发展的方向更明确了。这一年，文协还配合党的中心工作，召开了两次规模较大的敌区文化人、知识青年座谈会。8月间组织文化服务团，走遍西海各地在秋季攻势中光复

---

① 于清泉等主编：《光辉的业绩——胶东革命文化论文集》，青岛海洋大学出版社1995年版，第18页。

② 梁平：《胶东的抗战文化》，载《新文化史料》1998年第3期。

的新地区，对军民斗争事迹进行访问、创作，并立即赶排演出。同时，开办了新文字训练班，广泛开展新文字运动；开办盲人训练班，改编大鼓词。”① 不仅如此，胶东文协还在 1944 年发起了“五四”文学艺术创作大竞赛活动，又成立了戏剧委员会。可以说胶东文协在这一年里异常活跃，从年头到年尾，开展与举办活动特别频繁。

胶东文协在这个阶段属于过渡时期，虽然它通过建立新民主主义文化的统一战线进行抗日救国，通过举办很多红色文化活动与文艺活动在胶东地区宣传和传播红色文化，取得了一定的成绩并巩固了红色革命的成果，不过胶东文协的繁盛发展并奠定了它在胶东地区不可或缺的“文化军队”的历史地位却在后期阶段。在 1945 年抗战胜利后，胶东文协改名为“胶东文化协会”，依然简称为“胶东文协”，以此为时间界限，直到 1950 年被解散为止，胶东文协进入后期阶段，它的宗旨和指导方针又有所变化。也就是说，在这个阶段，胶东文协抗日救国的任务已经历史性地结束，它进入了解放战争时期，又担负起新的时代责任。它不但在胶东地区通过农村俱乐部和其他民间文艺团体深入广大人民群众中弘扬红色文化和文学，而且有助于胶东红色文化在新的时代背景中催生出不同于鲁南红色文化的某些特质来，某种程度上亦为新中国的成立作文化和文学上的相关准备。

在胶东文协的后期阶段，从 1945 年抗日战争胜利到 1946 年的一年多时间中，胶东文协领导下的胶东农村群众文艺活动进入最活跃的历史时期。当时胶东解放区的减租减息复查工作得到进一步展开，开始进行土地改革。在这种背景下，为了发动胶东广大农村群众和提高他们的阶级觉悟，胶东文协下设的五千多个农村俱乐部和若干个盲人救国团等基层组织都展开了丰富多彩的文艺活动，取得了良好的社会效果。

胶东文协在本阶段也特别重视深入发展文学艺术并举办相关活动。具体来说，胶东文协在 1946 年 1 月举办文艺评奖，同年 3 月《胶东大众》复刊。就在 1946 年的春节，胶东文协又开始举行胶东文协成立以来的第三次文艺评奖，参加评奖的作品增加到 2500 多种，其中一多半投稿来自于农村文艺工作者。这个现象非常可喜，说明在胶东文协的带动下，胶东地区的文艺工作自上而下地繁荣起来，自然带动了农村文艺工作者积极性的高涨，使胶东地区红色文艺遍地开花，并且已经结出了丰硕的果实。

从胶东文协的角度来说，它在 1947 年把刊物《胶东大众》改名为《胶东文艺》的举动，可以看作一个具有历史标志性意义的事件，从中可以看出文学艺术在

---

① 梁平：《胶东的抗战文化》，载《新文化史料》1998 年第 3 期。

该阶段具有的重要意义。如果说《胶东大众》重视的是读者的阶级成分，是“文艺为工农兵服务”的一个体现，那么《胶东文艺》的重点已经转向文学艺术本身，阅读和创作范围看似缩小了，只局限在文艺领域，但实际上这种改名行为是把文艺提高到一个独立自主的层面，文学艺术不再仅仅依附于人民大众而存在，而是在一定程度上可以拥有自己的独立性和特殊性。从这个角度来说，文艺概念的内涵和外延反而拓宽了。这也可以从马少波的《〈胶东文艺〉创刊的话》一文中的观点看出。在这篇文章中，马少波指出《胶东文艺》的读者群已经从工农兵扩展到农村和城市的小资产阶级：“第一，《胶东文艺》的读者对象，是城乡知识分子和区村以上的干部，兼顾农村和城市劳苦大众和小资产阶级。我们把脚跟站在农村，但我们也面向城市。毫无疑义，在伟大的自卫战争和土地改革的斗争中，我们是以表现广大的工农兵及其干部为主。”① 发生这种变化的原因在于，胶东地区解放战争时期的文艺活动特别繁荣，已经得到了很好的发展，为文学艺术获得独立地位奠定了时代基础；二是为即将成立的新中国大规模发展文艺活动作好文化前提。由于胶东大部分地方在1948年就获得解放，所以人民群众的觉悟普遍得到很大提高，对文学艺术重要性和特殊性的认识相对来说也更加深刻。而且毛泽东早在《在延安文艺座谈会上的讲话》中就已经提出了为工农兵和小资产阶级知识分子服务的观点，把小知识分子也归入“人民大众”的行列。毛泽东指出：“所以我们的文艺，第一是为工人的，这是领导革命的阶级。第二是为农民的，他们是革命中最广大最坚决的同盟军。第三是为武装起来了的工人农民即八路军、新四军和其他人民武装队伍的，这是革命战争的主力。第四是为城市小资产阶级劳动群众和知识分子的，他们也是革命的同盟者，他们是能够长期地和我们合作的。这四种人，就是中华民族的最大部分，就是最广大的人民大众。”②《胶东文艺》把小资产阶级的知识分子纳入读者群体，可以说也是遵循了《在延安文艺座谈会上的讲话》中的精神。

本阶段的胶东文协还有一个突出现象，就是胜利剧团在胶东文协下设的众多机构中脱颖而出，在大力弘扬胶东红色文化的社会活动中发挥着越来越重要的作用。这与戏剧演出的艺术特点有莫大关系。无论是在胶东地区广泛流传的京剧，还是从外地引进的现代话剧和歌舞剧，均属于综合性的艺术形式。以京剧为例来说，“它的综合性大：有音乐，有歌唱，有舞蹈，又有色彩花纹的图案美；在形式上一场一场地明朗性大，好像连环画似的，易于理解。其中还有一些值得吸取消化的东西，

---

① 马少波：《文艺评论》，见《马少波文集》第4卷，北京出版社2008年版，第37页。原见《胶东文艺》创刊号1947年7月。

② 毛泽东：《在延安文艺座谈会上的讲话》，见《解放日报》1943年10月19日。

因而很多人还很喜欢这形式"①，因而它们可以充分利用自身作为视觉艺术的特点，把抽象的红色革命理论与红色文化转化为生动曲折的革命故事、优美的舞蹈或是悠扬的歌曲，在当时电影放映不发达的胶东地区可以吸引和鼓动更多的人民群众，显然比其他文艺活动更具有优势。而且戏剧家还可以很快编排出新剧本，及时反映当时新出现的英雄人物事迹和时代精神，演员只要有简单的道具和舞台就可以把剧本排演出来，因而供演出的戏剧作品更新速度很快，在数量上越来越多，吸引的观众也越来越多，引起的社会影响自然越来越大。

具体以胜利剧团为例来说，它在1944年9月由文艺实验剧团与平剧团合编而成，在成立之后很快开始排演马少波创作的历史京剧《闯王进京》，并且"自1945年元旦开始，胜利剧团在党、政、军机关，党校、抗日军政大学、部队、农村巡回演出六十余场，反应热烈，收到了预期的效果"②。《闯王进京》不仅在胶东地区不断进行巡回演出，更在全国范围内流传开来，在中国现代戏剧史中成为新编现代戏剧的经典之作。

因为革命形势的需要，胜利剧团曾在1946年3月进行改编，其中的平剧队在改编后冠以"胜利剧团"之名，同时还设立了文艺工作团，这样胜利剧团和文艺工作团成为胶东文协麾下并列的两个机构，可以同时排演现代京剧、歌舞剧和话剧等剧作。从这个角度来说，这是剧团蓬勃发展和力量壮大的一个必然结果。烟台警备区文工团也因为战争局势的需要，在1947年被编入胶东文艺工作团，进一步壮大了胶东文协在文艺演出方面的力量。胶东文协在1948年10月还以胜利剧团为实验阵地，一边进行演出一边找专家整理出部分优秀传统京剧剧本，大概有20种，均由胶东新华书店出版发行，借此把这些优秀剧本传播到全国。胜利剧团在1949年1月从淮海前线演出完毕回到济南，然后被改编为山东军区京剧团。不过胜利剧团并没有消失，因为它的指导员王敏在一个月后又从旅大发展了部分演员，加上从原剧团抽调了一些骨干，再次在胶东文协中组建起胜利剧团，还连续演出《闯王进京》《群英会》《中山狼》和《秦香莲》等剧目。在1949年6月，胶东文协及所属文艺团体根据上级命令离开烟台进入青岛，再到1950年应上级的指示解散，胶东文协至此完成了它的历史使命，大部分成员也被重新调派到全国各地去工作，在新的工作岗位上大展身手。

概而言之，胶东文协在后期阶段充分展示出作为胶东地区"文化军队"的强大力量，它下设的众多协会机构也都在革命的炮火中形成独立展开相关社会活动的能

① 马少波：《文艺评论（一）》，见《马少波文集》第4卷，北京出版社2008年版，第11页。

② 马少波：《文艺评论（三）》，见《马少波文集》第6卷，北京出版社2008年版，第92页。

力，而且取得了较好的社会效果，由此成为胶东文协的一个特色。这也说明，胶东文协采取的“多条腿同时走路”的措施经得起解放战争实践的检验。也是在本阶段，胶东文协已经较为成功地把胶东地区人民群众的科学文化水平从“普及”阶段转化为“提高”阶段，更好地为胶东解放区的生产建设服务。胶东红色文化中的高智商因素也由此形成，成为胶东红色文化具有先进性特点的知识性基础，而且还作为优秀因子不断传承下来，直到今天。

胶东文协虽然在胶东这块土地上只生存了12年时间，但是它对胶东地区产生的影响是巨大的，对胶东红色文化的弘扬与传播同样居功甚伟。梁平的文章《胶东的抗战文化》对此做过很好的概括和总结：“文协的宗旨，是团结、保护胶东文化界的权益，开展新民主主义文化运动，对敌展开文化斗争。翌年秋，胶东文协成立了文学、哲学、外国语文、历史、政治经济学等5个学术研究会。之后，东海、北海、西海、南海4个海区和20多个县，也相继建立了文协组织。胶东的文化活动从此走上了有组织、有领导、健康发展的道路。之后，文协又成立了文化人俱乐部、戏剧委员会、戏剧研究会、文艺研究小组等学术团体，并成立了组织部（部长为韩力），编辑部（部长为马少波），研究部（部长为罗竹风）。到抗战胜利后，胶东区党委组织文协进行过3次改选，使文协始终是我党在文化运动中的领导核心。”① 中国人民不会忘记，也不应该忘记胶东文协这支曾经活跃在胶东大地上的“文化军队”，它的身影已经被嵌入胶东红色文化的历史中，永远在胶东大地上传诵！

二、胶东文协领导下的胶东红色文学

胶东现代红色文化还孕育出了五彩缤纷的胶东现代红色文学，正是在胶东地区血与火的战争洗礼中，胶东红色文学形成并发展起来，成为中国现代红色文学史中的重要组成部分。所谓红色文学，“主要是指中国二十世纪二三十年代的革命文学和左翼文学，四十年代的解放区文学和七十年代以后反映社会主义改造和建设事业的文学作品，这些红色文学作品用通俗易懂的大众语言描述了中国人民进行新民主主义革命和社会主义建设的艰辛历程，对无产阶级的理想和牺牲精神进行了热情的讴歌和赞扬”②。具体到“胶东现代红色文学”的概念来说，由于胶东红色文学产生、发展并完善的背景是在抗日战争和解放战争时期，正如胶东现代红色文化具有

① 梁平：《胶东的抗战文化》，载《新文化史料》1998年第3期。

② 李杨、李媛媛：《对红色文学作品的当代思政教育意义的解读》，载《语文建设》2013年第8期。

“战争文化”的特点，胶东现代红色文学也具有“战争文学”的一些普遍特点，像重视文学的宣传鼓动职能和社会教化作用等。但是由于胶东红色文学又处在胶东地区“齐文化”的大氛围中，还因为海上便利的交通和与外地文化之间的频繁交流，因此它又具有擅长吸收和吸纳外来红色文学的特点，这显然是具有开放性特点的胶东红色文化赋予它的。不仅如此，由于胶东红色文化还具有独特的海洋文化所包含的“综合性”特点，所以胶东红色文学中体现出的真、善、美特点，并不是倾向于鲁文化中的“善”——重在对伦理道德的诠释，而是重视“美”，即重视浪漫崇高之壮美和浪漫传奇精神的“大美”，体现在文学作品中则是对艺术真实性与虚构性之间关系的独特处理上，特别是体现在那些现实主义手法写出的作品中，这亦是齐文化背景下的胶东现代红色文化赋予胶东红色文学具有追求艺术创新性和独特性的特征。

如果从历史时间来划分的话，胶东红色文学大致可分为两个阶段：

一阶段是从1921年到1938年胶东文协成立之前的时期，这属于胶东红色文学的萌芽期。这个阶段的红色文学活动较为分散，没有形成大规模的、有组织的集体活动，而且文学作品在数量上也不多。本阶段比较有代表性的红色文学作品，主要包括一些街头诗歌，还有新文化运动下成长起来的一些左翼作家如王统照、萧军、萧红等的作品，所写的带有某些红色文学特点的作品，并不成熟，而且此阶段的胶东红色文学作家作品主要出现在青岛，而不是处于胶东地区的经济、文化和政治中心的烟台。例如，中国现代文学史上著名的作家王统照30年代在青岛写出了小说《司令》和《山雨》等，内容主题是中国人民的反帝、反封建活动以及阶级斗争，是当时中国左翼文学的代表作。不过这些左翼文学作品虽然写出了农民无产阶级的阶级觉悟和民族斗争，可是并不全是反映胶东红色革命运动和风潮运动的红色文学作品。也就是说，本阶段的胶东红色文学其实还只能够说是有左翼文学的特点，却并没有再进一步发展成为特色鲜明的胶东红色文学。换言之，胶东现代红色文学此阶段还处于萌芽期，并没有形成自己的独特特点。但是无法否认的一个历史事实是，此阶段胶东地区的左翼文学为1938年之后胶东红色文学的兴盛发达奠定了基础，提供了诸多文学养料。

二阶段是指从1938到1949年新中国成立前的十余年期间。此时胶东现代红色文学作家以胶东文协为领导中心，在党的领导和支持下创作出数量众多的文学作品，也是胶东红色文学形成自己独特特点——以红色戏剧尤其是现代京剧为主，以小说、诗歌和散文为辅的阶段，这是属于胶东红色文学的繁荣发展时期。本阶段的红色戏剧非常发达，尤其在改革旧形式和创新方面取得极高的文学成就。相比其他地方在抗日期间和解放战争期间的红色文学，胶东红色戏剧的发展和创新都走在了前面。在延安解放区1942年设立延安平剧院并进行京剧改革的活动之前，胶东地区在1938年前就开始了把传统京剧改编成红色革命戏剧的文学创新活动。当时经过改编后的胶东红色戏剧主要有三种形式：新编历史剧、锣鼓戏和话剧。新编历史剧以马少波的《闯王进京》为代表，话剧以《群策群力》《气壮山河》等为代表。锣鼓戏（又叫“大众剧”）指将话剧道白和京剧唱腔及表演程式加以改造后创造出的新的戏剧形式，也就是现代京剧，这是胶东红色文学特有的文学作品。胶东的锣鼓戏按照创作方式的不同又可细分为两种形式：一种是话剧加唱，如《张家店》《唐官屯》便属此类。另一种便是重新创作的革命京剧现代戏，像现代题材的京剧《战发城》《骂汪反顽》《刘金福从军记》等剧目。胶东的锣鼓戏无论是从人物造型、表演形式，还是主题内容，均具备了新中国成立后、“文革”期间的京剧样板戏的基本要素，甚至在某种程度上可以说就是后者的雏形。从这个角度来说，胶东的现代红色京剧是未来多年后出现的京剧样板戏最早的源头，值得进一步深入研究，特别是马少波、虞棘等人的现代京剧作品。

小说作品在胶东红色文学中也占据重要位置，其艺术特点在于：“抗日战争、解放战争时期的小说创作，以反映胶东军民抗击日本侵略军和国民党顽固派，保卫、建设家园为主要内容，其一大特色是紧紧跟踪生活的脚步，描写真人真事的作品居多。”① 本阶段的小说主要有峻青的《马石山上》、包干夫的《移坟》、申均之的《小马参军》和董均伦的《血染潍河》等。“此外，《乌龟店》（韩川）、《血海深仇》（俞原）、《血帐》（剑秋）、《牛》（江风）等一批小说也都从不同侧面反映了胶东大地的斗争风貌，其艺术手法也各有所长。”② 在这些胶东红色小说家中，峻青的红色小说创作极具特色，“抗战爆发后，他（指峻青）在故乡拿起笔来传播和颂扬革命斗争。他所走过的创作道路，在胶东众多作家中是极有代表性的。”③ 而且峻青的小说作品也带有胶东红色文学追求艺术独创性和浪漫主义激情的艺术特点。

胶东红色文学中的诗歌作品同样来自于抗战的社会生活，诗歌同样成为抗战的有力武器：“抗战一开始，诗歌在胶东就成为鼓动民众、号召抗战的有力武器。这些诗作部分出自文艺工作者之手，大部分为群众所作。因为是亲身经历，诗作感情

---

① 于清泉等主编：《光辉的业绩——胶东革命文化论文集》，青岛海洋大学出版社1995年版，第91～92页。

② 于清泉等主编：《光辉的业绩——胶东革命文化论文集》，青岛海洋大学出版社1995年版，第93页。

③ 于清泉等主编：《光辉的业绩——胶东革命文化论文集》，青岛海洋大学出版社1995年版，第92页。

真挚，感染力强，具有强烈的时代感，绝少矫揉造作。”① 代表性诗歌作品主要有1939 年 8 月萧艾的《我们是来自田间的战士》、1941 年谢青的《胶东是我们的》以及马少波的《爱的，请你撒开手》、灼夫的《大嫂子劝郎打东洋》等，不仅有现代白话诗歌，更有一些是吸收、借鉴民间歌曲的艺术因素而写成的现实主义诗歌作品。很多诗歌作品亦是胶东红色诗人们在学习了毛泽东的《在延安文艺座谈会上的讲话》之后的文学实践产物。在抗日战争期间，胶东红色诗歌还包括通俗易懂、具有强烈宣传鼓动的作用的街头诗歌，阿江在刊载于 1941 年 8 月 29 日《大众报》的文章《把诗歌写上街头》中指出：“街头诗创作取自革命根据地延安的经验，它的兴起是在抗战的中后期。”② 代表性诗歌则为 1941 年秋在《大众报》发表的《募衣曲》等。

散文创作在胶东现代红色文学中也颇具特色，侧重真实性和纪实性，“战争年代的散文创作，极少有咏山水、抒幽情之作，大部分是纪实性很强的报告文学和文艺通讯，起到了鼓舞士气、团结人民，揭露打击敌人的重要作用，很好地发挥了文艺轻骑兵的作用”③。代表性作家作品主要有散文家江风的《火线上》《水线战斗》等，包干夫的《高格庄的血战》（1944），姜克的《燃起胶东抗战第一把烽火——雷神庙之战》，马少波的《十勇士》等。从这些散文作品的内容来说，是对胶东大地上红色革命事迹的真实记录和热烈歌颂。

今日回眸历史，胶东现代红色文学是胶东现代红色文化的组成部分，用文学作品的方式体现出胶东红色文化的特点和特质，其历史价值不容忽视。

三、胶东文协与胶东现代京剧改革运动

在抗日战争与解放战争阶段的胶东红色革命文艺活动中，最引人注目、最成功的文艺活动就是京剧的改革创新活动，不但赋予京剧这一传统的戏剧艺术融入胶东红色文化的诸多因素，从而融进红色革命的时代大潮中，而且为传统京剧寻找到了一条在新时代背景下得以继续生存发展的道路，为新中国成立后的“现代革命京剧”的一系列运动奠定了坚实的人才基础和技术准备。所谓现代革命京剧，主要指采用中国京剧的唱腔和表演方式来表现中国现代革命历史故事的新式京剧作品，最

① 于清泉等主编：《光辉的业绩——胶东革命文化论文集》，青岛海洋大学出版社 1995 年版，第 94 页。

② 转引自于清泉等主编《光辉的业绩——胶东革命文化论文集》，青岛海洋大学出版社 1995 年版，第 98 页。

③ 于清泉等主编：《光辉的业绩——胶东革命文化论文集》，青岛海洋大学出版社 1995 年版，第 99 页。

成熟的代表作当推20世纪六七十年代出现的《智取威虎山》《沙家浜》等样板戏。胶东抗日根据地和解放区从20世纪30年代末期开始出现的那些带有艺术创新特色的新编京剧的历史剧作品，例如《木兰从军》《牙山反清》等在严格艺术意义上并不很成熟，而且在内容上是以古人反抗倭寇侵略的英雄壮举来折射当时的抗日战争，与多年之后出现的反映共产党红色革命历史的京剧样板戏相比，即使以胶东新编历史京剧的成熟之作《闯王进京》与之比较，也主要是在反映红色革命精神的内容主题上与京剧表演艺术上相似，后者可以说是属于现代革命京剧中新编历史京剧的范畴；而且由于时代背景发生很大变化，革命战争年代和新中国成立之后的和平建设时代也赋予京剧艺术不同的历史命运与责任，胶东红色革命时期出现的新编历史京剧作品和样板戏之间自然存在着诸多不同，但是对京剧样板戏创作进行具体领导和技术指导的骨干成员是从当时胶东京剧改革活动中成长起来。据王宝良、王燕在《胶东根据地、解放区京剧改革活动及影响》一文中记载："在本世纪60年代中国戏曲舞台所进行的那次大改革中，领导管理'样板团'的原总政文化部副部长虞棘、为数出样板戏创腔的于会永等人及现领导全国京剧改革的马少波等人，均出自胶东根据地、解放区京剧改革中的骨干。"① 他们在胶东红色革命战争背景下进行的京剧改革创新活动，显然为以后的样板戏积累下丰富的创作实践经验和表演经验。不仅如此，《闯王进京》等新编历史京剧在1944年在胶东地区创作和演出之后就逐渐传播到全国各地，成为新编历史京剧的经典之作，再加上胶东文协下设的胜利剧团（在1949年后改编为山东京剧团）后搬迁到省城济南，都在客观上扩大了胶东京剧改革的影响。

还需要指出的是，从抗日战争时期就开始的胶东戏剧改革运动除了改编或重新创作历史京剧之外，还创造出一种不同于新编历史京剧的新样式——锣鼓戏。早在1940—1941年期间，活跃在胶东地区的"'国防剧团'还利用京剧形式表现新的内容，将话剧道白和京剧唱腔及表演程式加以改造，创造出一种新的形式——'大众剧'，老百姓称之为'锣鼓戏'，编演了许多现实题材的剧目。如：以动员参军为内容的《刘金福从军记》；揭露敌伪压迫中国人民的《半升米》；揭露国民党反动派反共反人民罪行的《人间地狱》和《望江南》；揭露汉奸特务罪行的《汉奸了缘》和《公审赵保原》等。这些剧（节）目取材于现实斗争中，政治性强，战斗气息浓，形式通俗、生动、新鲜、活泼，有着强烈的时代感，深受群众欢迎"②。

---

① 于清泉等主编：《光辉的业绩——胶东革命文化论文集》，青岛海洋大学出版社1995年版，第101~102页。

② 于清泉等主编：《光辉的业绩——胶东革命文化论文集》，青岛海洋大学出版社1995年版，第9页。

而这类锣鼓戏当时除了被胶东人民群众称为大众剧之外，有时候也被称为时装锣鼓戏或文明戏。不过它与话剧早期阶段的文明戏概念显然不同，这是红色革命历史时期胶东人民群众自己发明创造的一种京剧表演形式。与胶东地区的新编历史京剧相比，胶东的文明戏在内容题材上则更广泛和更灵活，是一种能够及时反映当时人民社会生活和斗争生活的京剧新品种。马少波在写于1945年的文章《平剧必须改造》中指出这种文明戏的优点："文明戏，可以打破格式，较亲切地反映现实；新的历史剧，才能对现实发生指导的作用。写历史剧较难，因为这必须熟悉历史，而且须有一定程度的政治修养，才能掌握正确的观点方法，才能写得恰当。而文明戏形式则可以把城市或农村的许多生动故事装了进去，如群众翻身故事、社会家庭问题等等都是好题材，这题材是俯拾即是的。"① 在内容题材上可以说是对胶东地区新编历史京剧的一种补充。如果从内容主题和表演特点上来看，胶东地区的文明戏反而非常接近后来出现的京剧样板戏，在某种程度上可以看作京剧样板戏的雏形。然而遗憾的是，由于中国当代文学界和史学界多年来对胶东红色革命历史中这段京剧改革运动缺乏应有的挖掘整理和重视，虽然已经留下了全国很多平剧团在战争时期曾经演出过马少波的新编历史京剧《闯王进京》的史学资料，不过由胶东文协的胜利剧团首先演出、并且由胶东地区逐渐扩散传播到全国的历史贡献并没有得到广泛的承认，并且它与胶东的锣鼓戏或曰大众剧对中国当代京剧改革创新运动产生的历史作用，一起都被遗失与湮没在历史的烟尘中，没有得到应有的史学评价。因此从这个角度来说，中国现代红色历史中关于传统京剧改革创新的开创功劳往往仅被归于延安的鲁迅艺术学院和延安平剧院，实际上这是不完整的历史记录。

从京剧改革创新的时间上来说，延安的鲁迅艺术学院在1938年8月率先成立了第一个实验团，演出的京剧《松林恨》被公认为是"在延安不以传统戏为模子而自己创作的第一出京剧现代戏"②，而且鲁迅艺术学院于1939年3月还在原戏剧系下专门设置了旧剧研究班，对包括京剧在内的中国传统戏剧的改革创新进行艺术实验，可以说无论是在演出实践还是理论探讨上均走在了京剧改革运动的前面。胶东京剧开始进行改革创新的时间同样也是从1938年开始，据参与过当时京剧改革活动的戏剧家高洁回忆，当时胶东地区有名的一个京剧团天宫大舞台的演员在1938年秋天参加胶东革命队伍之后，"区党委驻地群众和机关干部、战士，听说从龙口来了名角，纷纷要求看戏。但当时一件服装也没有，只好在话剧演出时，当中加段

① 马少波：《文艺评论（一）》，见马少波《马少波文集》第4卷，北京出版社2008年版，第12页。

② 《延安文艺丛书》编委会：《延安文艺丛书·文艺史料卷》，湖南人民出版社1985年版，第507页。

京剧清唱，或表演几组武打。演了几次，仍不能满足要求。京剧队的演员们也不满意，觉得有劲无处使，发挥不了他们的特长。在无可奈何的情况下，我把独幕话剧《张家店》《唐官屯》加上几组唱段，把场次调整，有念有唱，又有乐队伴奏，一经演出，很受欢迎”①。这种在话剧中添加一些京剧唱段的表演方式，可以说是胶东京剧改革的最早尝试活动。与高洁所在的“抗战剧团”用京剧唱腔为话剧加唱的改革方法类同，当时同为胶东戏剧家的左平也在国防剧团进行京剧改革：“成立于1938年秋的八路军山东纵队五支队的‘国防剧团’，在胶东有较大的影响，不仅能演出一些外地传来的剧本，而且还能演出自己创作的反映当地人民斗争生活的作品。如左平编导的《血战雷神庙》，生动反映了胶东人民武装起义的英雄事迹。”②而这些新编的锣鼓戏取得了较为成功的表演效果，受到胶东广大人民群众和红色军队官兵的普遍欢迎。由于《血战雷神庙》等京剧取材于当时的红色战斗生活，具有强烈的现实意义，因而有时候又被称为“现代革命京剧”。

再从出现的时间来说，胶东地区的锣鼓戏出现在20世纪40年代初期，正如上面已经指出的，而由延安平剧院带头掀起的这类带有现代革命历史故事特点的新编京剧剧种的风潮，则是在1945年和其后时间才出现在以延安为中心的红色革命根据地：“改编或编演新的京戏剧目在延安各演剧机构蔚然成风，仅延安军政机关就自编自演了《战北原》《史可法》《恶虎村》《保卫边区》《阎家坪》。”③ 通过以上比较可以看出，胶东地区的京剧改革运动在某一个阶段是领先于延安地区的，而且在京剧艺术创新实验的广度和深度上也并不比后者差，不过却因为种种原因并没有得到应有的历史评价。今日再重新回顾这段历史，对它进行重新评价和挖掘，既是一种学术挑战，又是我们当下的时代责任。

如果说延安平剧团在1942年的成立以及进行京剧改革活动主要是由于当时党中央的政治推导，主要目的是为了执行政治任务，那么胶东地区红色文化中的京剧改革活动则不同，则是政治自觉和文化自发行为的结合，同时也反映出胶东红色文化不同于沂蒙红色文化、延安红色文化的某些独特特点来。

胶东地区京剧改革创新运动的发生之所以是自觉与自发性的结合，首要原因在于胶东地区广大人民群众对京剧的热爱以及京剧在胶东大地的广泛普及，成为胶东京剧改革创新运动具有自发性特点的丰厚土壤。京剧自从1852年传入莱阳后，就

---

① 于清泉等主编：《光辉的业绩——胶东革命文化论文集》，青岛海洋大学出版社1995年版，第103页。

② 于清泉等主编：《光辉的业绩——胶东革命文化论文集》，青岛海洋大学出版社1995年版，第9页。

③ 严家炎主编：《二十世纪中国文学史》中册，高等教育出版社2010年版，第336页。

逐渐在胶东大地上扎根和生长起来，并且在20世纪二三十年代取代了胶东本地地方戏的位置，转变成为胶东地区占据绝对优势地位的地方戏剧并达到鼎盛，在政治和经济上处于胶东地区中心地位的烟台由此获得了“京剧之乡”的美誉。京剧的输入、发展和繁盛，是胶东地区得天独厚的海运条件的一个产物。烟台在被辟为山东省第一个沿海商埠之后，因其便利和四通八达就成为南来北往艺人都喜欢走的一条水路运输线，而且烟台所处的胶东地区相对来说比较富庶，非常适合京剧的商业演出，当地人民群众也因为走南闯北而开阔眼界，并形成了一定的欣赏水准，因此全国知名的京剧团和表演艺术家愿意和喜欢到烟台演出。据相关统计，京剧从1852年传入胶东地区之后，在胶东地区驻足表演或是生活过的京剧名家主要包括：“除前‘三鼎甲’外，后‘三鼎甲’之谭鑫培、孙菊仙；前四大须生和后四大须生余叔岩、言菊朋、高庆奎、马连良、谭富英、杨宝森、奚啸伯；武生宗师扬小楼、尚和玉；江南活武松盖叫天；两大小生流派鼻祖叶盛兰、姜妙香；四大名旦梅兰芳、尚小云、荀慧生、程砚秋；四小名旦之毛世来、张君秋；筱派始祖于连泉；江南第一旦黄桂秋；上海第一花旦冯子和；老旦第一个流派创始人龚云甫；花脸三大流派之金少山、郝寿臣；裘派祖师裘盛戎；丑南三大士之萧长华等约250位各流派京剧名人都曾驻足、荟萃烟台。这些梨园精英，有的成名前长期苦心孤诣烟台，将烟台作为自己的艺术摇篮；有的虽未长期驻足烟台，但也多次来烟献艺，将烟台作为了自己技艺展演的舞台；还有些人则被痴迷京剧的狂热所裹挟，而永远地留在了烟台。”① 以烟台为表演和传播辐射的中心，京剧艺术在几十年后就成功渗透到胶东地区人民的文化生活中。不仅如此，京剧本身就属于社会各阶层可以雅俗共赏的一种戏剧形式，无论是庄严庙堂还是市井小巷都非常流行。所以京剧艺术逐渐化入了胶东人民群众的文化与文学血脉中，成为胶东地区传统文化艺术的一个必要组成部分。

从马克思历史唯物主义的角度来说，胶东地区因为天时、地利、人和之便成为京剧繁衍生息的一块热土，反之亦然，胶东地区的人民群众亦因京剧的传入而培养出艺术素质较高的观众群体，二者形成良性循环，并且相得益彰。具体来说，京剧作为中国传统戏曲中的一类，不但具有与广大人民群众亲和的民间化本质，具有人民群众喜闻乐见的民族化特征，而且京剧的唱词文雅优美，不管是五言形式、七言形式还是多言形式，通常为文白夹杂、凝练概括并平仄押韵的诗句，其艺术水准显然比诸多俚俗的地方戏高很多。因此观众在观赏京剧的时候，自然会对其中的唱腔歌词进行品味，在耳濡目染中提高了艺术品位和审美鉴赏力，加之胶东地区便利发

① 赵慧峰、俞祖华等：《文化名人与胶东》，中国文史出版社2006年版，第237页。

达的水运交通条件，使全国各地的众多名角都曾来烟台进行过演出，这在前面已经指出过，在此不再赘述。所以烟台观众的口味被培养和提升到较高的层次，那些来烟台唱戏的京剧名角也要打起精神把看家绝活都拿出来，才能够博得烟台观众的承认和喝彩。马少波曾经回忆说：“梅兰芳同志曾对我谈起过有关情况，他说：‘烟台码头虽小，可是戏难唱，不过说难唱，也好唱。好角儿打炮，观众提着灯笼来看戏，人座不吹灭灯笼。戏不好，提起灯笼就走，戏若好，就把灯笼一吹，安静地欣赏……’”① 著名戏剧表演艺术家周信芳对烟台观众也存在同样的印象：“而烟台留给周信芳的最深刻印象，就是人们提着灯笼看戏的热闹场面，他曾对人说：天津人对演出不满意时，是‘大叫倒好’；而烟台人则是提着灯笼‘赶堂’，用周信芳的说法叫做‘撤亮子’。”② 京剧表演者和观赏者的这种相互促进关系，无形中又提高了京剧的艺术水准和胶东人民群众的文化水平，这也是后来在胶东地区萌芽并发展成熟的胶东红色文化具有较高文化基础的一个原因，亦是胶东革命根据地和解放区独有的特征。因此如果把它与沂蒙红色文化相比较的话，前者明显拥有更多高智商的因素在内。

京剧在胶东地区得到如此广泛的传播和普及，不但产生了数量众多的喜欢京剧的观众和戏迷，而且胶东本地还出现了诸多专门表演京剧的戏班，在演出之余也自己培养京剧演员。从 1874 年海阳县城的王乐天建立 40 余人的“普庆班”为开端，一直到 1949 年新中国成立的 70 余年间，胶东地区陆续出现了很多较有名气的京剧戏班，有的戏班的存在时间甚至长达三四十年，在城市和乡村进行演出。“通过这些戏班的常年流动演出，将京剧普及到了烟台广大城乡的村村户户，让烟台的广大民众在耳濡目染中迷上了京剧，其中不乏顾曲周郎。由于一部分人学会了吹拉弹唱，每年进入冬季农闲期，他们便开始排戏，丝竹悠扬，雅韵满村；逢年过节，几乎村村舞榭歌台，锣鼓铿锵，这就是随着京剧的深入普及出现的‘子弟班’。”③ 这些“子弟班”以广大村庄为据点进行演出，进一步把京剧传播到胶东地区的边边角角，甚至是非常偏僻荒凉的山区，把京剧彻底变成了胶东地区广大民众都非常喜欢的地方戏剧。在这种文化背景下，当胶东地区进入抗日战争的历史阶段，传统京剧原有的内容题材和表演程式无法表现当时胶东人民群众浴血奋战、共抗外侮的时代精神，进而言之，落后的京剧传统表演形式与当时的时代需要之间产生了巨大矛盾，阻碍着京剧在新时代背景下的生存和继续发展。为了解决这种矛盾，在胶东地

① 于清泉等主编：《光辉的业绩——胶东革命文化论文集》，青岛海洋大学出版社 1995 年版，第 49 页。

② 赵慧峰、俞祖华等：《文化名人与胶东》，中国文史出版社 2006 年版，第 245 页。

③ 赵慧峰、俞祖华等：《文化名人与胶东》，中国文史出版社 2005 年版，第 238 ~ 239 页。

区的京剧艺术内部孕育着一种自发进行改革创新、以便适应新时代需要的艺术冲动，这亦是京剧艺术内部发展规律决定的。

虽然胶东地区的京剧改革运动在20世纪30年代末期已经积蓄了足够大的自发性力量，不过如果没有当时共产党领导的红色文化赋予它外部推动力的话，可能会延迟出现时间，或者出现后也没有如此轰轰烈烈的宏大规模。关于民族化与中国旧传统文艺形式利用之间的关系是当时学界的热点问题，在“国统区”和解放区都引起热烈论争，周扬在1940年发表的文章《对旧形式利用在文学上的一个看法》颇能代表中国现代红色文化阵营中的主流看法：“利用旧形式不但与发展新形式相辅相成，且正是为实现后者的目的。把民族的民间的旧有艺术形式中的优良成份吸收到新文艺中来，给新文艺以清新刚健营养，使新文艺更加民族化大众化，更为坚实与丰富。”① 也就是说，把中国传统旧文艺形式通过输入新成分、吸收其他养料等方式改造成适合新时代背景的文艺作品，在当时成为红色文艺改革创新经常被采用的一种方法。到1942年，毛泽东的《在延安文艺座谈会上的讲话》为该问题的最终解决确定了基调：“对于中国和外国过去时代所遗留下来的丰富的艺术遗产和优良的文学艺术传统，我们是要继承的，但是目的仍然是为了人民大众。对于过去时代的文艺形式，我们也并不拒绝利用，但这些旧形式到了我们手里，给了改造，加进了新内容，也就变成革命的为人民服务的东西了。”② 具体到对京剧（也常被称作“平剧”）这种传统艺术形式进行改造创新，毛泽东在1942年为延安平剧研究院成立的题词“推陈出新”成为它的理论宗旨，而且他还在《致全国平剧界书》中强化了这个宗旨：“改造平剧，同时说明两个问题，一是承继遗产的问题，前者说明它今天的功能，后者说明它将来的转变，从而由旧时代的旧艺术一变为新时代的新艺术。”③ 早在1941年胶东地区举行的“胶东戏剧联合公演”大会上，山东“宣大”负责人王绍洛在会上指出京剧改造的发展方向：“今后要加强对于京剧的研究，从研究中，从批判的利用中，给利用京剧找出一条比较恰当的道路。”④ 王绍洛的观点能够与一年后毛泽东提出的“推陈出新”理论相契合，主要原因在于它是从胶东地区京剧创新的具体实践经验中总结概括出来的，同时也说明毛泽东对京剧改革创新的理论指导思想是正确的，可以经得起实践的检验，可以成为全国各地京剧改

① 周扬：《对旧形式利用在文学上的一个看法》，载《中国文化》创刊号，1940年2月15日。

② 毛泽东：《在延安文艺座谈会上的讲话》，见《解放日报》1943年10月19日。

③ 王一达：《延安鲁艺与京剧改革：纪念延安鲁艺成立60周年》，载《中国戏剧》1999年第2期。

④ 于清泉等主编：《光辉的业绩——胶东革命文化论文集》，青岛海洋大学出版社1995年版，第109页。

造运动都遵循的指导思想。“推陈出新”的理论宗旨在1943年也随着《在延安文艺座谈会上的讲话》一起传播到了胶东地区，成为胶东京剧改革在红色文化背景下始终遵循的政治理论思想，亦成为主要的外部推动力量，与京剧内部自发要求艺术创新的力量凝结在一起，共同推动戏剧改革运动在胶东地区的顺利进行。

正是在内部主观条件和外部客观条件都比较成熟的背景下，胶东地区进行的京剧改革创新运动成为整个胶东革命根据地广大民众都积极参与并出谋划策的一场全民化红色运动，不仅涉及胶东党组织直接领导的、较有规模的正规京剧团，更包括遍布胶东农村的上万个业余水平的农村剧团。具体到抗日战争时期来说，为了进行抗日宣传和动员，几乎所有的红色文艺节目均从吸引和感染观众的目标出发，经常把歌舞、话剧对白与各种传统曲艺形式等广大人民群众喜欢的民间艺术形式综合起来进行演出，同时也使各类文艺演出成为宣传抗日、动员广大人民群众参战的最好武器。在这种时代背景下，胶东地区红色文化的各个领域都在进行改革，各种文艺形式在演出实践中掀起了把各种文艺因素融合起来进行创新的大浪潮：“为唤醒千千万万的人民群众起来参加抗战，造成一个声势浩大的抗战局面，文艺宣传工作成为发动动员群众的主要工具和方式，除文艺工作者外，即便是抗日爱国的组织和志士仁人，也利用文艺去宣传抗战，都把文艺宣传作为配合整个抗战宣传动员的武器。整个胶东大地，无论是田间地头，乡村集市，还是兵营里，学校中，到处活跃着文艺工作者，到处可以看到抗日标语，听到抗日的歌声，感受到抗战热潮，根据地的文艺真正成为在中国共产党领导的统一战线的全民总动员的文艺。正是这种客观形式的要求，使当时的文艺团体也呈现出其特有的特点，即大多数都是一个综合性文艺团体，没有明确的文艺种类划分，而是歌咏、舞蹈、戏曲、话剧、曲艺等等熔为一炉，需要什么就演什么，需要什么文艺形式就搞什么文艺形式。文艺团体内部也没有正规的组织机制的严格划分，而是充分发挥每个人的特长，能干什么就干什么，能演什么就演什么，一人顶几人用，一专多能。在组织形式上，一切都是轻装简从，人员精悍，随时可化整为零或聚零为整地开展活动。在演出节目的内容和形式上，也表现出这一时期的风格特征，即紧密配合抗战，富有强烈的政治性和尖锐泼辣的斗争性。”① 在多种多样的传统民间艺术形式中，由于“京剧是一切旧剧中艺术价值最高的发展形式，同时也是良莠混杂、最不通俗的一种形式。京剧在胶东有很深厚的观众基础……这越发增加了京剧改革的难度”②。京剧的改革创新因

① 于清泉等主编：《光辉的业绩——胶东革命文化论文集》，青岛海洋大学出版社1995年版，第8页。

② 于清泉等主编：《光辉的业绩——胶东革命文化论文集》，青岛海洋大学出版社1995年版，第2~3页。

适应当时的时代需要也采取了如下措施：把原来冗长的京剧表演形式加以简化，把太过细致表达细腻感情的腔调转化为简洁、节奏明快的唱腔，以便与慷慨激昂的革命乐观主义精神结合起来；而且还把传统封建迷信的因素都去掉，把帝王将相、才子佳人的具体内容改为表现抗敌斗争与移风易俗等红色革命故事。

还要指出的是，胶东文协领导下的5000多个农村俱乐部基本上都内设京剧团，每个剧团演员在演出的时候都会根据自己的理解和当时时代的需要对同一个剧本加以细微的修改，这也是因为当时参加演出的演员并不是经过严格训练的职业演员，他们中的很多人员都是平时参加农业生产劳动、到参加演出时再化妆上戏台的京剧爱好者，带有“草台班子”业余演员的特点，这反而使他们不必拘束于严格刻板的演出规范，可以更自由地随意发挥和自发进行创新；再加上自编自演京剧一直是胶东地区爱好看戏并自己唱戏的众多农民艺术家的一个优良传统，因此对京剧的改革创新不仅是红色文化有意倡导的一种运动潮流，更成为贯穿胶东地区抗日战争和解放战争阶段的广大人民群众的一种自发娱乐活动。在如此浓郁的改革创新氛围下，更加激发了包括马少波、左平等在内的具有较高艺术素养的众多戏剧家对京剧进行创新的热情和激情，他们在广泛吸收当时胶东地区已有京剧创新经验的基础上进行加工和创造，而且把毛泽东的“推陈出新”的理论思想根据当时实际情况加以具体化，某种程度上形成了比较系统和带有自身特点的京剧改革思想，并取得了艺术上的成功：“胶东革命文艺工作者提出对京剧‘必须提炼旧形式中的精华，如果缺少了对于旧形式的研究，是无法提炼的’，他们大胆而缜慎地改革，‘一一加以实验，反复修正，凡场面、音乐、动作、表情，均加以适当改善’，先后改编、新编出大戏数十出，有《木兰从军》《追韩信》《亡乌江》《牙山反清》《闯王进京》《渔家仇》等，培养了一代新的京剧工作者，马少波同志是其佼佼者。”① 从这个角度来说，胶东京剧改革创新的成功不但是内部自发性和外部政治自觉性相结合的产物，还是红色根据地与解放区众多业余的民间京剧艺术家与专业京剧家合力作用的产物，进而言之，可以说是胶东地区红色军民群策群力的必然产物。这也说明，无论何时何地都要依靠人民群众，不仅是胶东红色教育理念得以传承和胶东红色学校成功办学的一个基本原则，同时也是胶东地区京剧改革创新得以持续和成功的一个理论原则，更成为胶东红色文化的一个基本因素。

再从当时胶东地区京剧改革创新运动的成果来看，主要出现了两种现代京剧形式：锣鼓戏和新编历史剧。与延安的鲁迅艺术学院率先进行新编历史京剧的改革创

① 于清泉等主编：《光辉的业绩——胶东革命文化论文集》，青岛海洋大学出版社1995年版，第3页。

新工作不同，胶东地区的京剧改革则是首先进行了现代革命题材的锣鼓戏的艺术实验，出现了数量众多的此类剧作。前面已经指出，锣鼓戏在1938年就已经出现，《张家店》和《唐官屯》是代表作品。锣鼓戏的出现和当时宣传与鼓动胶东人民群众进行抗日战争的社会环境密切相关。共抗外侮、民族救亡的历史使命成为压倒一切的政治任务，加上胶东地区深厚的京剧土壤，因此在已有抗日战争题材的话剧表演中加上一些京剧唱腔和表演动作，取话剧与京剧两类文艺形式之所长，就成为当时京剧创新的主要策略。举例来说，“在《张家店》中，加上老店家用菜刀与日寇对打，并采用了‘劈头彩’，在店家与敌人对打中，一菜刀砍在鬼子头上，顿时‘鲜血淋漓’，‘痛疼难忍’，每演至此，战士、群众热烈鼓掌，高声叫好。尽情抒发他们对敌人仇恨之情。因此，这出戏红极一时，到处演出，农村俱乐部，也要去剧本，排练上演”①。

不过由于处于京剧创新运动的初始阶段，该时的锣鼓戏处于摸索期，因此它明显存在着一些缺陷，艺术上很粗糙。例如京剧已有的诸多表演程式无法形象贴切地表现出现代战争生活的一些细节内容，因此戏剧家为了继续进行艺术创新，虽然仍然利用京剧的唱腔进行表演，但是在舞台上根据故事情节改用现代人的服饰打扮，在化妆上也把京剧的脸谱化特征与话剧的生活化结合起来，使人物形象在舞台上显得更真实生动。而且人物动作在一定程度上保留京剧象征性特点的同时，也被改造得更贴近现实生活一些。这些创新措施是有效的，胶东地区的京剧很快出现了另一种反映当时革命斗争生活的、创新性更强的艺术形式，常被称作“现代革命京剧”。因此胶东地区的锣鼓戏在表演实践上出现了两种既有相同点又存在差异的艺术形式，有人把这两种类型的锣鼓戏又加以细致区分并采用不同的命名：“从分类可看出，此时的革命现代戏的创作不外乎二种：一种是话剧加唱，如《张家店》《唐官屯》便属此类。这种京剧基本来用了‘加上几组唱段，把场次调整，有念有唱，又有乐队伴奏。’经过群众接纳及创演新文艺工作者的努力探讨，这便是形成了胶东根据地时期较有名气的‘锣鼓戏’（又称‘大众剧’）。这类现代京剧还有《骂蒋反顽》《半升米》《张秀英寻夫》《了缘和尚》《刘金福从军记》《投降派的没落》《青年乐》等。另一种便是新创作的革命京剧现代戏，正如高洁所讲：‘有了锣鼓戏，也没就此止步。’进入40年代初期，胶东根据地创演了现代题材京剧《战发城》等剧目。”② 不管名字被称作什么，这两种类型的京剧实际上都属于胶东地区锣鼓戏

① 于清泉等主编：《光辉的业绩——胶东革命文化论文集》，青岛海洋大学出版社1995年版，第105页。

② 于清泉等主编：《光辉的业绩——胶东革命文化论文集》，青岛海洋大学出版社1995年版，第106页。

的范畴，都属于现代红色革命内容题材的京剧。前面也曾经指出过，无论是从人物造型、表现形式，还是主题内容上，均可看出它们与新中国成立之后京剧样板戏之间的艺术传承关系。从这个角度来说，胶东地区红色革命根据地在某种程度上就是现代革命京剧样板戏最早的发源地之一。

概而言之，胶东地区京剧改革运动在抗日战争时期的艺术收获是锣鼓戏的兴盛，不过以1944年上演的《闯王进京》为标志，尤其是1945年进入解放战争阶段之后，则迎来了新编历史京剧的繁荣，在京剧表演中占据了主流地位。新编历史京剧的繁盛同样也是胶东地区人民群众自觉和自发的艺术选择。胶东地区在1941年就出现了新编历史京剧《牙山英雄》，1943年又出现了《戚继光打鬼子》（又名《评倭传》）和《大渡河》等，目的是以古鉴今，内容则是歌颂反抗压迫和侵略的广大军民的红色斗争现实生活。与表现现代红色革命历史的锣鼓戏相比，这些新编历史京剧虽然表现的都是中国古代英雄历史人物的故事，但是艺术感染力和政治宣传鼓动性并不比锣鼓戏差，例如年仅25岁的马少波在1943年9月写出了《木兰从军》，“在剧本演出后，不仅带来了胶东半岛的青年的参军热潮，也给胶东的妇女带来了很大的反响。胶东的青妇小队在战争年代就小有名气．她们承担着后方的生产和保卫，即使是在激烈的炮火中，也能推着小车去支前。在马少波的《木兰从军》的影响下，有不少女青年也毅然离家参了军”①。

四、新编历史京剧《闯王进京》的成功经验

新编历史京剧的经典作品《闯王进京》能够在1944年被创作出来并在演出效果上取得成功，和胶东地区京剧改革运动的进一步深入展开有莫大关系。作为一名才华横溢又对政治时事非常敏锐的年轻京剧艺术家，马少波一直在中国历史中寻找相关素材来折射现实政治斗争生活的复杂性，通过历史故事和历史教训给当时人以警醒。1944年是李自成领导的明末农民起义运动失败的三百周年祭日，当时郭沫若专门写了文章《甲申三百年祭》。在这篇1944年3月10日脱稿的文章中，郭沫若用一个历史学家的渊博、审慎和严肃态度，归纳总结出李自成他们失败的主要原因在于胜利后被冲昏头脑和丧失进取心：“在过短的时期之内获得了过大的成功，这却使自成以下如牛金星、刘宗敏之流，似乎都沉沦进了过分的陶醉里去了。进了北京以后，自成便进了皇宫。丞相牛金星所忙的是筹备登极大典，招揽门生，开科选举。将军刘宗敏所忙的是拶夹降官，搜括赃款，严刑杀人。纷纷然，昏昏然，大家都象以为天下就已经太平了的一样。近在肘腋的关外大敌，他们似乎全不在意。山

① 王国娇：《马少波新编历史京剧研究》，山西师范大学2014年硕士学位论文。

海关仅仅派了几千兵去镇守，而几十万的士兵却屯积在京城里面享乐。”① 郭沫若写这篇文章的目的当然不仅仅是为了单纯呈现明末农民起义失败的悲剧命运，而是含有更深刻的政治内容在里面，这段历史如同一面明镜，时刻映照着当时红色斗争的残酷现实，提醒着中国共产党领导下的人民军队时刻戒骄戒躁，不要被短暂的军事胜利冲昏头脑，也不要被暂时的失败挫折所打倒，只有这样，才能够迎来最后的全面胜利。

马少波在这篇文章的启发下找到了突破口，饱蘸着激情和才华写出了新编现代京剧《闯王进京》。他曾在《闯王进京》的“初版前言”中谈到创作意图：“我在1944年秋，试将明末李自成起义的这段历史编成京剧。在艺术形式方面，想探索一下改造京剧旧形式的门径。在内容方面企图以历史唯物主义的观点塑造农民革命的英雄形象，反映他们的斗争历史的经验教训，在京剧舞台上恢复农民革命的真实历史面目。”因此，马少波在追求更高历史真实的基础上，用历史唯物主义观点重新写出李自成进京后的这段历史。《闯王进京》全剧在该年的10月完成，分为上、下两部，共36场。上部《闯王起义》在明末官逼民反的社会背景下，重点描述当时农民在专制暴政下的悲惨遭遇和英勇反抗的革命精神，共有12场。下部《闯王遗恨》则是通过李自成的失败及听信谗言杀掉功臣的悔恨之情，着重表现这场农民革命运动给出的历史教训，共计24场。与此同时，郭沫若在《甲申三百年祭》中表达出的一些历史观点：“大凡一位开国的雄略之主，在统治一固定了之后，便要屠戮功臣，这差不多是自汉以来每次改朝换代的公例。自成的大顺朝即使成功了（假使没有外患，他必然是成功了的），他的代表农民利益的运动早迟也会变质，而他必然也会做到汉高祖、明太祖的藏弓烹狗的‘德政’，可以说是断无例外。然而对于李岩们的诛戮却也未免太早了。假使李岩真有背叛的举动，或拟投南明，或拟投清廷，那杀之也无可惜，但就是谗害他的牛金星也不过说他不愿久居人下而已，实在是杀得没有道理。但这责任与其让李自成来负，毋宁是应该让卖友的丞相牛金星来负。”② 以上所述也在《闯王进京》的京剧剧本中得到非常生动形象的表达，可以说马少波把郭沫若如炬的历史洞察力巧妙转化为优美绵长的京剧艺术。

《闯王进京》之所以能够流传至今，成为今天还在经常上演的经典之作，另一个重要原因则在于当时胶东地区革命根据地专业京剧团的精湛表演。就在1944年，胶东文协下属的平剧团与文艺工作团合编成可以成功进行专业京剧演出的胜利剧团，诸多专业的红色戏剧家和京剧表演艺术家汇聚一堂，组成一支既能够编写出高

① 郭沫若：《甲申三百年祭》，野草出版社1946年版，第20页。
② 郭沫若：《甲申三百年祭》，野草出版社1946年版，第28页。

质量、高水平的京剧剧本，又有专业人才排演剧本和在舞台上演出的红色戏剧队伍。作为一部创新色彩浓厚的新编历史京剧，《闯王进京》剧本吸收、借鉴了话剧的诸多特点，在剧本体制、舞台调度、人物服装和化装上都做出基本性的变化，不以京剧独白形式介绍人物的姓名、职业、籍贯、身份等性格特征，而是安排人物一上场就念“引子”，并尽量在人物的对话中介绍剧中人物和塑造人物性格；在唱词上也加以创新改革，把传统京剧中主要角色在戏台上独自干唱半天的单调形式改变为多个人物都参与演唱，而且唱词也均匀分配给每个人，这样使得故事情节的发展成为多线，更加紧凑生动。为了塑造出血肉丰满的人物形象，京剧演员还被特意要求转变演唱技巧，使表演手段与剧情发展互相契合和完整统一。除此之外，全剧语言在追求文学性的基础上追求凝练简洁，因此去掉了以往京剧剧本中的套话、虚词以及一些与剧情无关的插科打诨，而是各场之间剧情衔接自然，在紧张精炼的历史故事中展开激烈的矛盾冲突，动人心弦。胜利剧团甫一成立就率先接受了排演《闯王进京》的任务，当年10月就在胶东区党委驻地莱阳附近进行演出。胶东区党委广大干部与部队指战员在观看《闯王进京》精美艺术表演的同时，在政治思想上也受到很大启发，使他们作好了抗日大反攻前迎接更大胜利的思想准备。

从促进胶东地区京剧改革创新运动深入发展的历史贡献来说，《闯王进京》的出现既迎合了当时的政治形势，又把对京剧旧形式的改造创新运动推到新的历史高度，把新编历史京剧古为今用、借古讽今的独特特点发挥得淋漓尽致。而且改革成功后的现代京剧《闯王进京》不但在胶东地区的各个单位不断巡回演出，经过修改后剧情更加精炼的剧本还很快得到广泛传播，成为现代京剧改革的典型代表并推广到全国各地表演。可以这样说，在抗日战争和解放战争期间积累起来的、包括胶东的京剧改革创新运动的经验在内的中国传统旧戏改革创新的经验，作为一种经验性的积累直接启发了新中国成立之后更为缜密而系统的戏曲改革运动，同时亦成为新中国成立后民族新文化建构的一个重要精神资源，为新中国成立后五六十年代的传统戏剧改革提供了一种宏观性框架，也从理论上为各种传统剧种处理传统艺术形式与现代思想内容的相互融合提供了框架基础与实践经验。

通观中国现当代文学史，在现代红色文艺阵营中曾经出现过多次的改造创新活动，几乎所有的传统戏剧都曾经在毛泽东“推陈出新”的宏观指导思想下进行过艺术改革创新的某种尝试，但是成功的个案不多。用近年来的艺术眼光来衡量，作为20世纪40年代“旧戏改编”的阶段性成果，经过改造的秧歌剧《兄妹开荒》、京剧《逼上梁山》与歌剧《白毛女》的主要贡献在于把旧人物旧世界置换成新的思想内容与新的人物形象，但是在艺术表现形式方面的探索是有限的，甚至是稚嫩、不成功的。例如，贺敬之曾经在20世纪50年代对《白毛女》的艺术缺陷表达出遗憾："在形式技术上始终是不完整的，没有做到整个的统一谐和，歌词也未能提高到诗的意境，许多地方是说白加韵脚，配上曲调，而一般的说白，则完全是话剧的处理方法。"① 从这个角度来说，如何在内容和形式上把民族化与现代化较完美地结合起来，始终是中国戏曲现代化的一个议题，也是现代红色文化必须要处理好的一个艺术课题。特别是在新中国成立之后，与京剧几乎同时进行改革创新的其他多种传统艺术形式并没有成功的背景下，京剧改革的成功变得非常醒目，后来还出现了样板戏这种非常成熟的京剧艺术表演形式。再从这个角度来重新考察胶东地区的京剧改革创新运动，它存在的历史意义则更加意味深长。或者可以这样假设，如果没有样板戏的那些参与者和领导者们在胶东地区积累下的那十几年京剧改革的丰厚经验，或许就没有后来的京剧样板戏的十年鼎盛了。而"文革"期间出现的现代革命京剧样板戏之所以在"文革"结束后衰落，不仅是因为政治环境的巨大改变，更是因为其艺术生命力的僵化定型和枯竭："样板戏的主要问题，不在戏内，而在对它的样板定位上。艺术的动力在于它永不停歇的追求，样板的定型也就是其生命力的完结。"② 进而言之，样板戏是因为继承发展了从20世纪30年代末期就开始的红色京剧改革创新运动的成果，又加上外部政治条件的大力推动，才在"文革"十年达到现代京剧改革的高峰点；但也正是因为70年代末以来的社会环境发生巨变，京剧样板戏在改革开放的新背景下已经远远落后于时代的发展，又失去了继续进行改革创新的内部和外部动力，因此它的衰落是正常现象。不过京剧改革创新运动又以其他符合历史时代的发展形式出现，从80年代以来出现了表现改革开放中人民群众日常生活变迁故事的新编京剧，说明京剧改革创新运动始终伴随着历史的脚步在不断前进，尽管发展比较缓慢。

再次回眸历史，我们发现胶东地区的京剧改革创新运动成为胶东革命红色文化中不可或缺的一部分，这也是胶东红色文学的一个独特之处。这段历史已经证明，生动活泼、喜闻乐见的某一类民间艺术形式可以与现代红色革命的具体内容较完美地结合起来，并对后人产生长久的历史影响。因此对胶东地区的现代红色文化历史重新进行挖掘和肯定，把因各种原因而失落在历史烟尘中的胶东京剧改革运动作为一个环节重新镶嵌到胶东现代红色文化的完整项链中，补回曾经缺失的历史遗憾，才能够还中国红色文学和文化史中关于传统京剧改革创新运动的历史原貌。

---

① 贺敬之、丁毅：《白毛女·前言》，人民文学出版社1952年版。

② 谭解文：《三十年来是与非——"样板戏"三十周年祭》，载《文艺理论与批评》1999年第4期。

第四节　胶东红色文化的精神特征

胶东革命在长期的实践过程中形成鲜明而特殊的精神意蕴和文化特征，沂蒙现代红色文化孕育出的沂蒙精神曾被总结为："爱党爱军、开拓奋进、艰苦创业、无私奉献。"其实这也是包括胶东地区在内的整个山东的红色精神内核所在和普遍共性，在此不再多加论述。需要强调的是，胶东红色文化自身的精神与文化特质：胶东现代红色文化在红色革命战争实践中形成了三个主要特征，分别是先进、自觉和彻底，这也是它与沂蒙红色文化不同的地方。

一、胶东现代红色文化的先进性

胶东现代红色文化首先具有先进性的特点。所谓先进性，不仅指胶东红色文化包含了诸多高智商、高水平的文化因素在内，而且还有一些红色文化活动走在全国的前列。其原因一是胶东的党建成绩巨大。经过多年的建设，中国共产党在胶东生根发芽，党的基层组织迅速建立，并与人民融为一体。以党员比例来说，据不完全统计，至1949年下半年，胶东共产党员超过32万①，占山东解放区党员数量比例超过42%，每个村都建立了党组织。胶东地区共产党党员人数占本地区人口比例近3%，而同时全国共产党党员占全国人口的比例仅为0.8%②。二是胶东红色教育比较发达。自从胶东公学和胶东抗大支校这两所红色学校创立以后，在十余年时间内为胶东各行各业培养了大量人才，众多胶东本地青年在红色烽火中被培养成新型革命知识分子与人民军队的官兵，并从胶东走向全国各地，这与沂蒙红色文化经常吸收外地人才的特点不太一样，这也是使前者成为一种高智商红色文化的一个原因。具体到胶东公学来说，"特别应当提到的是，学校服从于抗战建国长远战略目标的需要，相当地重视了文化课的教学。尊重知识分子，团结吸收了敌后许多有大学学历的高级知识分子担任教师，又把大部分时间安排为文化课教学。学校的这一方针是有远见的。从胶东公学出来的学生，他们的思想水平、文化水平和实际工作能力，都是比较好的。在抗日战争末期和解放战争时期，胶公学生就陆续被分配到各条战线，随着全国解放，更奔赴全国各地，许多人在几十年中作出了重要贡献。事实证明，这所学校全面地提高学生的政治素质和文化素质，这一方针是正确的"③。

① 中共山东省委党史研究室：《中共胶东地方史》，中共党史出版社2005年版，第465页。

② 李沛茜等：《中共胶东党史概要》，载《苏州教育学院学报》2011年6期。

③ 黄澍霖、谭天主编：《战争年代的胶东公学》，山东教育出版社1993年版，第32页。

在红色革命战争中生存并不断发展的胶东抗大支校，在抗日战争和解放战争的历史阶段中，除了充分发挥它作为军政学校的培养军人的职能之外，也肩负起教书育人的历史责任来。胶东抗大支校的办学经验被总结为七点，分别是“一是征途最远的一个支校”，“二是战斗频繁”，“三是善于在流动、分散的环境中灵活地进行教学。学校处在敌后方，战斗多、流动多、分散活动多，既要坚持教学，又要坚持战斗”，“四是军民、军政关系密切”，“五是理论联系实际。支校是在敌后办学，是以保卫根据地的反扫荡、反投降战场作为实验场；以建设根据地的全面对敌斗争为课堂；以实际行动为示范，从而使理论紧密联系实际”，“六是学校一切工作都是为了转变学生的思想。这是毛主席的重要指示”，“七是办学时间最长的一个支校”①。这两所红色学校在胶东地区亦形成了创新色彩浓厚的红色教育理念及其特质，并且薪火传承到今日。这在后面的章节中会详尽分析，此处不再赘述。

如果说较发达的胶东红色教育构成了胶东现代红色文化先进性特征的教育基础的话，那么胶东地区多种多样的、兴旺发达的红色文艺活动则成为它的具体表现形式。先以胶东地区的红色音乐作品来说，便利的水运交通和港口为胶东地区带来了全国各地最新的、最流行的音乐作品和诸多著名音乐家，陈志昂在《胶东根据地、解放区音乐史稿》一文中曾经进行过详细描述：“胶东是山东省比较富裕的地区之一，教育相当普及。人民的文化程度较高。历代文人学者辈出，这些文化人，有些长期流寓各地，甚至基本上不在本地活动，影响遍于中国；也有许多外地的文化人到胶东工作，留下了灿烂的成果，如音乐家王久鸣、孔健飞等人就是这样。这种互相交流的情况，是胶东文化开放性的极好印证。如此众多的文化艺术工作者，像一颗颗闪光的星星，把光束汇集在一起，照耀着胶东半岛的上空，使胶东革命根据地、解放区的文化园地繁花盛开，硕果累累，异常壮观。”② 胶东地区的音乐作品以 1941 年为界主要经历过两个阶段，一是吸收从外地传来的优秀歌曲的最初阶段，尽管 1938 年前后胶东各地曾出现了许多油印的歌曲，这些歌曲有从外地传入的，也有个别是本地音乐家创作的，明显活跃了胶东地区的文化氛围，不过在“1941 年以前，胶东没有本地的音乐作品，各团体演唱的歌曲都是外地传来的，最初是聂耳、冼星海、张曙、任光、吕骥、贺绿汀等人的救亡歌曲，然后是郑律成、王久鸣、何士德、章枚的抗战歌曲。1941 年以后，胶东的歌手才演唱自己创作的作品。

① 抗大一分校校史研究会烟台联络组、中共烟台市委党史资料征集研究委员会：《胶东抗大》，烟台师范学院 1993 年印，第 86 ~ 90 页，未公开发行。

② 于清泉等主编：《光辉的业绩——胶东革命文化论文集》，青岛海洋大学出版社 1995 年版，第 56 ~ 57 页。

带头的可能是国防剧团”[①]，还有前线剧团、孩子剧团。也就是说，1941年后的胶东地区才出现了自己创作和演唱的剧团，标志着胶东地区的红色音乐活动进入新的历史发展时期。而且当前线剧团改为胶东文协领导下的文工团后，“这样，在胶东就形成了国防剧团和文协文工团这样两个音乐创作和演出的中心。这两个中心在胶东乐坛上始终处于主导的地位。”[②] 尽管“从1945年下半年到1946年上半年，延安文艺整风后音乐戏剧方面的成果才陆续传到胶东”[③]，不过胶东地区的红色音乐作品在音乐家自力更生创作的情况下繁荣昌盛起来，出现了《解放区的天》等驰名全国的优秀歌曲，证明了胶东现代红色音乐旺盛的生命力。

胶东红色文化中的先进性还体现在不断通过人民群众喜闻乐见的多种民间戏剧形式，寓教于乐，来培养和提高胶东地区广大人民群众的知识文化水平与思想觉悟：“据1945春统计，仅西海区6个县就有学生剧团114个。解放战争期间，随着民主革命的深入扩大，农村文化启蒙也迅猛展开。当时，胶东农村俱乐部能起作用的共有1万多处。1946年统计，有5000个农村剧团配合土地改革运动演出过歌剧《白毛女》和《兄妹开荒》《败子回头》等小歌舞剧。有的村庄还能演出新编大型京剧，如《三打祝家庄》《闯王进京》。自编自演、即编即演小戏、秧歌，形成了广泛的群众运动。……据1949年统计：胶东全区有民众夜校7604所，学生9.3万余人，妇女识字班3350余处，学员1.1万余人。这些夜校和识字班，全都是开展歌咏活动的阵地。”[④] 这些文艺形式把抽象的政治内容转变成生动有趣的戏曲故事表演出来，取得了良好的效果，一方面民间戏曲戏剧在胶东广大农村地区得到很好的传播和发展，另一方面，胶东广大人民群众在民间艺术的熏陶和感染中提高了政治觉悟和理性认识，也很好地执行了毛泽东的《在延安文艺座谈会上的讲话》中提出的红色文学艺术“重在普及”的理论思想。

除了胶东文协领导下的农村俱乐部通过农村剧团的演出在胶东广大农村对人民群众普及和宣传红色革命思想之外，胶东地区在1938年之后还成立了众多较为正规的文工团和剧团来表演大型话剧与京剧作品：“在中国共产党领导下，胶东根据地、解放区的戏剧活动也广泛开展起来。‘三军’和第一、第二、第三宣传队，抗

---

① 于清泉等主编：《光辉的业绩——胶东革命文化论文集》，青岛海洋大学出版社1995年版，第75页。

② 于清泉等主编：《光辉的业绩——胶东革命文化论文集》，青岛海洋大学出版社1995年版，第75页。

③ 于清泉等主编：《光辉的业绩——胶东革命文化论文集》，青岛海洋大学出版社1995年版，第78页。

④ 于清泉等主编：《光辉的业绩——胶东革命文化论文集》，青岛海洋大学出版社1995年版，第65页。

战剧社、青年剧团、民众剧团、抗日剧团、鲁迅剧社、孩子剧团、七二一剧团、前线剧团、胶东剧社、国防剧团等戏剧团体如雨后春笋般地出现在胶东大地。他们演出了《血战雷神庙》这样反映本地区的重大历史事件；他们演出了《流寇队长》这样的克服流寇思想、游击习气的有针对性的现实意义的自编话剧……1946 年 3 月 18 日起至年底举行话剧公演，共有五个剧团，演出了十几出大型话剧。"① 特别需要提到的是胶东现代京剧改革创新运动在抗日战争和解放战争期间发生、发展和完善的历史事件，这也是胶东现代红色文化先进性的一个突出表现。在延安解放区于 1942 年设立延安平剧院并进行大规模京剧现代改革活动之前，胶东地区早在 1938 年就出现了把传统京剧改编成现代红色革命戏剧的京剧改革创新运动的萌芽，并且在十几年的发展中取得了成功，出现了艺术上较为成熟的新编历史京剧和京剧现代戏。当时经过改革创新的胶东现代京剧，无论是在人物造型、艺术表现形式，还是主题内容上，均可看成是新中国成立之后出现的京剧样板戏的雏形。从这个角度来说，胶东京剧改革运动在某种程度上可以说是革命京剧样板戏最早的发源地，并且为它的成熟和完善提供了诸多有益的艺术借鉴。

胶东地区的红色革命文艺也比较发达，作家众多，既有外地短暂客居或是长期居住的著名作家，也有胶东本地培养出来的革命作家，"革命文艺吸引了众多的文坛精英，在'国统区'青岛有闻一多、老舍、沈从文、巴金、梁实秋、郁达夫、乔天华、崔嵬、肖军、肖红、舒群、洪深、杜宇、臧克家、吴伯箫、孙瑜、王统照等，在胶东革命根据地有林一山、罗竹风、于寄愚、阮志刚、贺志平、刘汉、李辰之、马少波、包干夫等。他们后来成为文坛巨匠和新中国成立后革命文化事业的卓越领导者"②。这些作家写出了很多有名的红色文学作品，刘苏在文章《胶东解放区文学创作回顾》中曾经进行过概括："抗日战争、解放战争时期的小说创作，以反映胶东军民抗击日本侵略军和国民党顽固派，保卫、建设家园为主要内容，其一大特色是紧紧跟踪生活的脚步，描写真人真事的作品居多。"③ 胶东本地作家的小说作品主要包括峻青的《马石山上》（1942）、《血衣》（1946）、包干夫的《移坟》，抗日战争期间有申均之的《小马参军》《残而不废的人》，解放战争期间有董均伦的《血染潍河》等。胶东地区的红色诗歌和散文也颇有特点。虽然最早出现的

---

① 于清泉等主编：《光辉的业绩——胶东革命文化论文集》，青岛海洋大学出版社 1995 年版，第 134～135 页。

② 于清泉等主编：《光辉的业绩——胶东革命文化论文集》，青岛海洋大学出版社 1995 年版，第 4 页。

③ 于清泉等主编：《光辉的业绩——胶东革命文化论文集》，青岛海洋大学出版社 1995 年版，第 91～92 页。

街头诗歌缺乏艺术性，但是它的创作局面很快得到改观：“抗战一开始，诗歌在胶东就成为鼓动民众、号召抗战的有力武器。这些诗作部分出自文艺工作者之手，大部分为群众所作。因为是亲身经历，诗作感情真挚，感染力强，具有强烈的时代感，绝少矫揉造作。”① 代表诗歌作品主要有马少波的《爱的，请你撒开手》（1937年7月）、灼夫的《大嫂子劝郎打东洋》，带有中国民间诗歌通俗易懂的俚俗特点，相比“五四”以来现代白话新诗的西化，别有一番艺术风味。以上所列举的现代红色文学作品，也成为融汇入胶东现代红色文化血脉中的基本成分，丰富着它的先进性特征。

正是因为胶东现代红色文化先进性中包含着开放性、灵活性和创新性的因子在内，使胶东地区的一些红色革命活动经常走在全国其他地方的前头。曾经担任过胶东行署秘书处干部、民政处民政科长的王文正在其回忆录《胶东解放区见闻录》中曾经指出过胶东解放区司法方面的一个例子：“1941年12月，山东省战时高级审判处胶东分处处长王可举，到荣成视察司法工作时，他强调为了方便群众打官司，司法人员要深入下去，到案发当地巡回审理，依靠群众，调查研究，以调解为主，审判为副的方针。县抗日民主政府首任司法科科长刘泮渔（刘汉武）遵照王可举处长的指示，带领两名办案人员，首先到我区并由我陪同到小落、滕家、塔后3个乡巡回审理，就地办案，比较妥善地解决了民事纠纷，当事人和群众都表示满意。群众非常高兴，他们说‘旧社会打官司背着干粮到县衙，新社会的法官来到了咱家门口’。刘泮渔科长比我年长20多岁，有文化并懂得法律知识，他身体力行，艰苦朴素，给我留下深刻印象，也跟他学习了有关法律知识和办事能力，使我很受教益。1944年，我在胶东行署秘书处工作，参加了行署召开的第三届司法工作会议，学习当年3月13日，延安《解放日报》发表的‘马锡五同志的审判方式’的报道，推广陕甘宁边区陇东专区专员兼陕甘宁边区高等法院陇东分庭庭长马锡五同志的审判方式，即是携卷下乡，深入群众，调查研究，巡回审理，就地办案，实行审判和调解相结合的原则。毛泽东主席称他‘马青天’。我听了传达和学习后，觉得王可举、刘泮渔二老，1941年就在胶东解放区已开始了‘马锡五审判方式’雏形的尝试。”② 只是令人遗憾的是，如同胶东地区京剧改革创新运动多年来没有得到深入挖掘和历史公正评价的事件一样，这个比陕甘宁地区的“马锡五审判方式”领先3年时间的司法改革事件，也因为没有得到及时宣传和推广，而默默无闻地消失在红色历史长

① 于清泉等主编：《光辉的业绩——胶东革命文化论文集》，青岛海洋大学出版社1995年版，第94页。

② 王文正：《胶东解放区见闻录》，烟台师范学院2000年印，第35页，未公开发行。

河中。胶东地区当时还有其他一些红色革命活动与事件都曾经走在其他解放区的前面，可是由于缺乏政治宣传和历史时间长久等主客观原因，它们并没有得到应有的历史评价和肯定，甚至就此失落在中国红色历史中。从这个角度来说，胶东现代红色文化和其先进性特征此前也并没有得到充分详尽的历史挖掘和发现，因此还胶东现代红色历史的真实面目，更应该以此来还中国红色历史的完整面目，是一个未竟的事业。

二、胶东现代红色文化的自觉性

胶东现代红色文化的第二个特点是其高度的自觉性，主要指胶东地区广大人民群众在思想上对参加红色革命运动普遍具有高度的自觉性，自愿自觉地用多种方式来支持和参加中国共产党领导的红色革命活动。据统计，胶东地区在解放战争时期是山东省支前民工最多、参军人数最多、派出干部最多和为红色革命牺牲烈士最多的地区之一。胶东地区的人民群众之所以有如此高的自觉性和思想觉悟，不仅仅因为自身经历了地主阶级和其他统治阶级的残酷压迫与敌伪军的迫害，更重要的是因为胶东地区在抗日战争时期就已经形成了尊师重教的优良教育传统，共产党红色革命的宣传和教育从小学抓起。具体来说，除了胶东公学和胶东抗大支校这两所红色学校之外，胶东地区的革命根据地和解放区也非常重视在小学阶段就开始既普及文化知识又重视在授课中兼重政治理论的宣传。所以，中国共产党的革命理论与抗日爱国思想在胶东地区通过小学这个渠道得到宣传和传播，在众多小学生的幼小心灵中播下拥护红色革命的种子，亦成为他们接受现代红色思想启蒙的开端。历史事实证明，小学教育对胶东人民的影响是深远的，更何况是在大部分农村孩子只接受过小学教育而无条件接受中学教育的时代背景下。小学教育使胶东地区成为酝酿现代红色革命的一块肥沃土壤，显然这也成为胶东地区人民群众具有红色革命自觉性的一个前提条件。为了调动广大小学教师的积极性，激发他们投身教育事业的热情，胶东地区的党组织采取了多种措施。以抗日战争时期荣成县的小学教育为例来说，当时在荣成县的一个区任区长的王文正多年后曾经回忆，他在 1943 年曾和胶东地区的东海专署教育科以及荣城县教育科的相关人员讨论过教师待遇问题，他当时就指出应该采取以下的相关措施："我觉得更重要的是尊重教师，尊重他们的知识，关心他们的工作和解决实际问题，我主张并召开了全区范围的教师节大会，表扬先进，推动后进，因而调动了他们的积极性，才能把教育事业搞上去，千万不能说小学教员是'三小分子'之一（1941 年左右有一段时间把小资产阶级、小知识分子、小学教员称为'三小分子'，系指藐视看不起之意），如此称呼对他们的刺激性太大了，这样不利于团结和工作，过去对小学教师不够重视也不发展入党等的观点应该转变过来。有关拖欠教师粮薪也要抓紧给予解决。”① 从今天推崇的现代教育理念来说，这些提高教师待遇和激发他们教学积极性的措施是在尊重了教师的人性尊严与人格基础上实施的，也是非常科学和先进的。

如果说重视在小学阶段就适度进行红色政治理论的灌输和教育，是胶东现代红色文化具有自觉性特点的知识性前提的话，那么胶东地区广大人民群众积极主动、自觉自愿参加和支持红色革命活动的行动，尤其是胶东广大妇女大规模投身红色革命事业的举动，不但成为体现其自觉性特点的一个具体社会现象，而且成为胶东现代红色革命运动中一道异常美丽和壮丽的历史风景。恩格斯曾经指出，一个国家或社会的文明进步程度取决于这个国家或社会的妇女的解放程度。在任何一个社会中，在任何一种文化和文明的构成中，女性的解放程度都被看作是社会进步和文明程度的一个重要衡量标准。胶东现代红色文化的构建中当然不能缺少胶东女性的身影，胶东广大妇女在参加红色革命的过程中获得了自身的解放，推动了胶东地区的发展和进步，同时也推动了新中国的发展和进步。康克清在 1986 年曾经专门题词“胶东妇女，巾帼英雄”，胶东妇女的历史贡献已经得到广泛承认：“胶东妇女是英雄的妇女。在革命战争年代，为了推翻帝国主义、封建主义、官僚资本主义三座大山，争取人民革命战争的胜利，在中国共产党的领导下，她们勇敢地冲破了政权、族权、神权、夫权四条封建绳索的束缚，同胶东人民一道，经过了长期的、艰苦卓绝的斗争，奉献了自己心爱的儿女，奉献了自己的生命、财产，在新民主主义革命斗争中立下了不朽的功勋。”②

毛泽东曾经说过“妇女能顶半边天”，胶东女性在抗日战争和解放战争期间虽然没有出现“沂蒙红嫂”之类流传久远的女英雄，这是因为胶东地区的地理位置决定了它在红色革命战争时期没有发生大规模的战役，无法出现沂蒙红色文化中人民群众大量救助在战役中受伤我军官兵的可歌可泣的感人故事，不过在支边和支援前线打仗甚至参军打仗方面，胶东妇女都非常积极踊跃，争相支持自己的丈夫和儿子参军，成为作战勇敢的“胶东子弟兵”的巨大后盾，使她们在山东红色革命的历史中留下永久的背影，也当之无愧地成为与胶东男人一起并肩战斗的战友。

在烟台市妇女联合会编的《胶东巾帼》一书中，主要记录了 36 位胶东女性的英雄事迹：“有在枪林弹雨中英勇作战的女英雄；有在敌人的酷刑屠刀之下，宁死不屈的女烈士；有在白色恐怖下，机智勇敢、忘我战斗的女地下工作者；有备战在后方，为支援战争做出了卓越贡献的女劳模、知名妇女……在她们当中，既有出身

① 王文正：《胶东解放区见闻录》，烟台师范学院 2000 年印，第 42 页，未公开发行。

② 烟台市妇女联合会：《胶东巾帼》，山东省出版总社烟台分社 1986 年版，“序言”部分。

贫苦家庭，饱尝压迫和凌辱，带着阶级的愤怒走上了反抗斗争道路的劳动妇女；也有为了追求真理，为了赢得民族的解放，毅然投身革命的女知识分子。她们是胶东妇女的光荣，是胶东人民的骄傲。她们不愧为是‘巾帼英雄’！她们的不朽业绩，为胶东妇女解放运动谱写了壮丽的诗篇，也为我们后世的人们留下了宝贵的精神财富。”[①] 其中讲述了1950年获得“全国民兵英雄”荣誉称号的孙玉敏的英雄事迹，电影《地雷战》中机智勇敢的玉兰姑娘就是以孙玉敏为原型塑造出来的。也记载了胶东地区“刘胡兰式”的女英雄、在1941年被日伪军杀害的张晶麟的悲壮故事。张晶麟英雄事迹的发生时间比刘胡兰还早了6年：“张晶麟（青安屯村人）1941年她才15岁就担任荣成县第二（俚岛）区峨石乡抗日自卫团部干事（脱产干部），是年9月18日，张晶麟在带领群众拆除日伪军欲作为据点的虎础寺时，被日伪军包围。在危急关头，张晶麟及时组织群众转移，自己却不幸落入魔掌。”[②] 她无论是面对敌人用糖衣炮弹式的威逼利诱，还是竹签刺手指等严刑逼供，都坚贞不屈，坚决不吐露我党组织的秘密。她被残酷杀害后头颅还被敌人挂在俚岛、峨石山等地示众。中国历史不会忘记这些优秀儿女的，这位被誉为“山东刘胡兰”的女烈士的英雄事迹在时隔58年之后的1999年被新华社报道出来，得到了历史的公正评价：“张晶麟烈士的一生仅有短短的15年，但她用短暂的生命谱写了一曲惊天地、泣鬼神的英雄赞歌，无论在战争年代还是和平年代，都是令人敬仰、催人奋进的楷模，是爱国主义的杰出典型。”[③] 该书后面还列举了胶东地区各个县市在抗日战争和解放战争期间牺牲的几百名女烈士的名单，不过这仅仅只是胶东杰出女性的一部分而已，更多的妇女英雄因为种种原因并没有在历史上留下自己的名字，当然这也不代表她们的历史贡献能够被抹杀，胶东人民是不会忘记她们的。

再从胶东妇女解放的程度来说，胶东现代红色文化因为包含了高智慧、高知识等因素，而且因为胶东文协领导的数量众多的农村俱乐部对抗日救国，以及革除遗留下来的中国封建社会流毒和丑陋习俗等方面进行的宣传比较频繁和广泛，这在后面章节中会专门进行论述，因此胶东地区人民群众的思想观念相比其他地区来说就比较开化一些，接受现代红色文化熏陶的可能性也更大，同时他们破除中国传统封建思想的束缚与压制的工作会更快、更彻底，胶东妇女的解放程度相应地会比较高。从这个角度来说，胶东妇女参与现代红色革命活动的积极性和自觉性也更加高涨。

---

① 烟台市妇女联合会：《胶东巾帼》，山东省出版总社烟台分社1986年版，“序言”部分。

② 王文正：《胶东解放区见闻录》，烟台师范学院2000年印，第29页，未公开发行。

③ 王文正：《胶东解放区见闻录》，烟台师范学院2000年印，第30页，未公开发行。

这主要表现为两个方面，一是出现了众多积极主动送子参军、为现代红色革命奉献出亲人的“胶东母亲”。在冯德英的红色长篇小说《苦菜花》《迎春花》和《山菊花》中，均把胶东母亲作为主要人物形象，塑造出为红色革命事业无私奉献、勇于牺牲的英雄母亲形象。这些母亲形象在小说中之所以栩栩如生、血肉丰满，主要是因为在抗日战争和解放战争中到处都有这种伟大的胶东母亲，到处都有可以成为作家塑造小说人物的原型。进而言之，胶东母亲参与现代红色革命的积极性和自觉性，或者表现为鼓励子女踊跃参加共产党的组织和工作，或者表现在对子女忘我于革命工作的理解与包容上，或者表现为她们把其他共产党员当作自己亲生子女一样关心和爱护，因此她们又常常成为所有年青共产党员的母亲。胶东地区出现如此高涨的参加中国共产党领导的革命战斗和山东省最多支边群众，当然都与胶东母亲的这种伟大节操和奉献精神分不开。在《胶东解放区见闻录》一书中，在1941年因为积劳成疾牺牲在革命岗位上的年仅32岁王作远同志的母亲就是这样的一位胶东母亲。她不但支持唯一的儿子王作远积极参加革命工作，而且自己也参与到支持胶东地区党组织的工作中来，“1940年2月，日军侵占崖头镇后不久，又在崖西头按设了据点，经常出动‘扫荡’，在形势紧张的情况下，二级党组织派人来传达指示召集党员开会时，就在作远家低矮的两小间厢房里，无论白天夜晚和热天冷天都是由作远的母亲站岗放哨，开完会还要做饭给外面来的同志吃。平日她积极拥军优抗（属），给伤病员的战士喂水喂饭等，真是一位热心抗战的老人”①。如果从现代女性主义理论的角度来分析，可以发现胶东母亲的这些奉献行为也带有追求自身解放的成分。换言之，作为一个受尽旧社会三座大山压迫的中老年女性，她们因为作为妻子、母亲角色所赋予的家庭责任与负担，使她们无法像那些年青女子一样脱离家庭直接去参加共产党领导的革命军队和从事革命事业，她们只能够采取其他方式来达到解放的目的，而把象征着自己生命延续的子女送去参军，经常成为她们获取社会解放、参与火热时代生活的一种表达方式，从中也实现了她们的人生价值。

胶东母亲不仅把自己唯一的儿子贡献给共产党的革命事业，她们中的一些人还把自己辛苦拉扯大的所有儿子都送到共产党领导的军队。例如在胶东地区广泛流传的“一门四英”的英雄事迹中就有这种可敬的胶东母亲：“人民群众热烈响应党和政府的扩军号召，踊跃参军，出现了‘一门四英’的动人事例，小落乡阎家庄肖永菊大娘，1940年把大儿子吴天用、二儿子吴天荣一起送去参加八路军，1941年二儿子吴天荣牺牲了，她又将三儿子、四儿子送到部队，是荣成的先进典型。”② 可

① 王文正：《胶东解放区见闻录》，烟台师范学院2000年印，第28～29页，未公开发行。

② 王文正：《胶东解放区见闻录》，烟台师范学院2000年印，第31页，未公开发行。

以这样说，众多胶东母亲对红色革命的无私支持和拥护，正是推动后者成功的一股重要正能量，胶东现代红色文化才能够形成自觉性之特点。

二是早在抗日战争时期就涌现出大量的年青女英雄，她们有的送郎参军，有的成为支边的主力军，有的干脆自己参军、上前线与敌人进行战斗，更成为充分体现胶东现代红色文化的自觉性特点的有力证明。例如马少波曾经回忆，他的新编历史剧《花木兰》在1943年演出之后，很多胶东年青妇女受到鼓励和鼓舞，争相支边与踊跃参军，不输于那些男同志。被称为“胶东抗战史上唯一一个女营长”的吕凤斯，是胶东年青女英雄的代表人物。吕凤斯不但大力支持丈夫于得水的革命工作，而且她在公婆去世后，把三个幼小的孩子托付亲戚和邻居收养后就毅然参加了胶东的地方军队，成为一名光荣的战士。当她在队伍中因富有斗争经验和革命胆略被选为独立营营长后，“一心扑在新兵训练上。这个从小摸惯了镰锄、挎惯了要饭篮子的贫苦妇女，做梦也没想到自己还能扛起大枪去带兵。她浑身有使不完的劲，晴天一身汗，雨天一身泥，带领战士学文化、学军事，爬在地上苦练射击、埋雷等杀敌本领。当年掩护于得水时，她的腰椎被敌人踢伤，阴雨天疼痛难忍，为了不影响训练，她在战士们面前总装作没事一样，跌打滚爬全不在乎，一天下来，晚上疼得翻身都困难，可她还是咬咬牙忍了过来。她心里只有一个念头：一定要把新兵营带出个样来”①。在吕凤斯身先士卒的带领下，这支独立营很快成长为一支作战勇敢的队伍，驰骋在胶东大地上。可惜的是，这位女营长因为身体原因在1943年就离开这支队伍，回到家乡开始做地方工作，在新的工作岗位上继续为红色革命奉献自己的力量。

前面列举的孙玉敏、张晶麟等人的英雄事迹，也可作为胶东年青女英雄的典型事迹。还可以举胶东模范青妇会长陈桂香为例。在1945年海阳县人民群众发动起的“反扫荡”“反清剿”和“反蚕食”的斗争，当时年仅21岁的陈桂香和她的青妇队员们也投入了战斗，不但和男战士一起对敌人进行射击和埋雷，而且成为当地红色革命军队的好帮手：“出色地完成了抬担架、救护、运输、维持地方治安、镇压叛乱、保卫家乡等一切后勤工作。她们作了一个小统计：青妇队一年来帮助抗属和民兵家属栽地瓜四万二千棵，翻瓜蔓三十七亩，刨地瓜十亩，割地瓜蔓十亩，割麦子十五亩，割谷子三十九亩，割豆子二十五亩，帮助烈属挑水二千一百五十二担。至于帮助烈军属洗衣、推磨、拾草等就不计其数了。”② 可以这样说，胶东青年妇女和胶东母亲就构成了整个胶东地区的女儿、妻子和母亲，有如此勇敢的女

① 烟台市妇女联合会：《胶东巾帼》，山东省出版总社烟台分社1986年版，第132页。
② 烟台市妇女联合会：《胶东巾帼》，山东省出版总社烟台分社1986年版，第119～120页。

儿、能干的妻子和坚强的母亲们不但成为牢固的家庭后盾，更是成为并肩作战的战友，胶东的儿子、丈夫和父亲们又如何没有参加红色革命队伍的高度自觉性呢？正是胶东妇女这些巾帼英雄们塑造出了胶东地区的红色英雄和壮丽的红色革命历史。

三、胶东现代红色文化的彻底性

胶东现代红色文化的第三个特点是彻底性，指胶东地区人民群众为了获得自身的解放与国家的解放，在中国共产党的领导下，坚决、彻底地投身红色革命事业的洪流，甚至不惜为此牺牲宝贵生命而形成的文化精神特点。彻底性特征的具体思想内涵则表现为胶东人民对红色革命事业的无限忠诚、对自己家园和祖国的深沉热爱，以及彼此之间的阶级友爱和对敌人的刻骨仇恨等精神特质，其外部表现则转化为建立自己的军队、保家卫国的实际行动。

无论是作为最早开辟的一个抗日根据地，还是老解放区的历史地位，胶东地区在抗日战争和解放战争期间均涌现出很多可歌可泣的红色战斗英雄和革命事迹，虽然没有在全国范围内得到宣传，但是至今还在胶东地区广大人民群众中广泛流传。他们对中国共产党的忠诚以及对祖国与胶东家乡的深爱，都融化在他们的鲜血中，洒遍了胶东大地的每一寸土地，他们的精神均融入胶东现代红色文化并化为其中的基本成分，成为留给后辈子孙的优秀传统，今天还在影响着胶东地区的人民群众，亦成为胶东人民血脉传承的一部分。胶东人民永远记得“马石山十八勇士”的英雄事迹。在 1942 年 11 月，为了粉碎冈村宁次指挥日寇和伪军对胶东地区进行的冬季“拉网合围”大扫荡，胶东区党委、行政主任公署和胶东军区决定，以胶东区公安局负责干部和警卫部队为主组成“胶东军区战时戒严指挥部”进行反扫荡战争。王殿元等十八位勇士为了牵制和打击敌人、保护众多群众和其他领导干部突围，经过艰苦的浴血奋战后全部壮烈牺牲在马石山上。这些烈士媲美“狼牙山五烈士”的壮举是不会被历史忘记的，胶东区行政主任公署在 1941 年 1 月 25 日在马石山上安葬了 18 位烈士的遗体，竖立纪念碑和铭写碑文以示永远的纪念：“民国三十一年十一月二十四日，日寇进攻马石山，我英勇军民因与敌搏斗或突围而牺牲者五百余人，胶东区公安局唐次（慈）、王殿元等十八人自早至午顽强抵抗，卒以众寡不敌，全部壮烈牺牲。主署愍其忠烈，特公葬于马石山阳，并将殉难事节勒诸贞珉，永垂不忘。”① 像“马石山十八勇士”这样的红色革命军人和英雄事迹还有很多，也已经成为胶东红色革命历史的组成部分。

胶东现代红色文化的彻底性，不但在红色革命队伍中的众多英雄人物身上得以

① 转引自王文正《胶东解放区见闻录》，烟台师范学院 2000 年印，第 48 页，未公开发行。

体现，更在胶东地区红色武装和军队的建立、发展和壮大的动态历史过程中充分表现出来。胶东地区以1937年“天福山武装起义”作为历史性开端，建立起自己的武装和军队来驱逐敌人、保卫胶东家乡。随着红色队伍的不断发展和扩大，胶东地区建立起中央直接领导的胶东军区：“1942年7月1日，遵照中共中央军委、八路军总部和山东军政委员会的决定，撤销山东纵队（同年8月1日，改为山东军区，黎玉任政治委员，王建安任副司令员兼参谋长，江华任政治部主任）第五支队，并以该支队司令部为基础成立胶东军区（全称：‘第十八集团军山东胶东军区’），林浩（区党委书记）任政治委员，王彬（原第五支队司令员）任副司令员。是年11月，山东军区派来原山东纵队参谋长许世友任胶东军区司令员。”① 从此之后，胶东军区在中共中央的统一领导下担负起保家卫国的军事任务，胶东地区的红色革命也成为影响中国红色革命发展的组成部分。由于战争局势的需要，胶东军区的建制也随时根据战况和中共中央的指示加以调整。例如“1943年3月，遵照中共中央‘九·一’决定实行党的一元化领导，中共中央、中央军委决定，八路军第一一五师与山东军区合并为新的山东军区，罗荣桓任司令员兼政治委员，黎玉任副政治委员，肖华任政治部主任。同时成立新的胶东军区，撤销第五旅建制合并到胶东军区，许世友任司令员，林浩任政治委员，吴克华（原第五旅旅长）任副司令员，彭嘉庆任政治部主任（后欧阳文任副主任）。1944年冬或翌年1月，山东军区任命袁仲贤为胶东军区参谋长”②。这些调整使胶东军区的军事力量得到进一步加强，军队的战斗能力也大大提高，为抗日战争的胜利作出了重要贡献。

进入解放战争的历史阶段，英勇善战的胶东军队不但被派遣到东北参加东北的解放斗争，像曲波在长篇小说《林海雪原》中描述的以少剑波为领导的剿匪小分队的东北剿匪故事来自于真实的战争经历，小说中的人物形象都有原型，可以说是对胶东军队战斗生活的真实写照；而且胶东军队被整编进肩负解放全中国重任的华东野战军中，继续行使着历史使命：“1947年1月21日，遵照中共中央军委命令，山东军区与华中军区合并，组成华东军区；山东野战军与华中野战军合并，组成华东野战军。同时将胶东军区第五师、第六师和警备第三旅依次改编为二十五师、二十六师和二十七师，组成中国人民解放军华东野战军第九纵队。胶东军区司令员许世友兼任纵队司令员，军区政委林浩兼任纵队政委，五师师长聂凤智任纵队参谋长，五师政委刘浩天任纵队政治部主任。”就在“同年8月17日，胶东军区又奉命将新五师改番号为三十七师、新六师改番号为三十八师、新七师改番号为三十九师，由

① 王文正：《胶东解放区见闻录》，烟台师范学院2000年印，第45页，未公开发行。

② 王文正：《胶东解放区见闻录》，烟台师范学院2000年印，第45页，未公开发行。

这三个师组建为中国人民解放军华东野战军第十三纵队，周志坚任司令员，廖海光任政委”①。胶东部队的这些整编措施保证了1948年的胶东保卫战的历史性胜利：“胶东保卫战是全国解放战争时期华东战场上一次重大战役。为打好这一战役并给其他战场以有力配合，经中央军委批准华东野战军以8个纵队组成西线兵团，由陈毅、粟裕同志率领配合刘邓大军执行外线作战任务。另以二、七、九、十三4个纵队和2个师组成东线兵团（后称山东兵团），由许世友、谭震林同志率领在山东境内执行内线作战任务。这次战役在中共中央和中央军委的领导下，在胶东地方武装和人民群众的密切配合下，东线兵团所部历经5个月的时间和大小数十次战斗，打败了蒋介石‘胶东兵团’所部第八、九、二十五、四十五、五十四、六十四等6个整编师及海军第一、二舰队各一部、空军第五中队、二一七中队等20余万人的兵力，粉碎了蒋介石妄图摧毁胶东解放区，断我后方补给，将我军消灭于胶东半岛的罪恶阴谋，使山东战场之我军由防御转入进攻。”② 从某个角度来说，胶东保卫战的胜利与胶东子弟兵的舍己保家卫国、浴血奋勇杀敌的战斗精神分不开，也和胶东地区人民军队的逐渐强大分不开，亦是胶东现代红色文化具有的彻底性特点的一种外化形式。

需要指出的是，胶东地区的人民群众为了保家卫国，还积极支援其他地区的革命建设。从1948年起中共中央就开始从胶东地区抽调大批革命干部奔赴南方工作，为早日解放全中国作好准备，“早在1948年2月，根据中共中央从老解放区抽调大批干部随军南下，开辟新解放区工作的战略部署，胶东从东海、北海、西海、南海4个地委抽调600余名地、县、区级等干部组成‘中国人民解放军中原支队第二大队’，由胶东区党委副书记金明率领开赴中原”，“1948年12月，胶东区党委又根据华东局指示，为执行中央准备干部南下的决议，在全区抽调3650名干部，组成1套区党委级、6套地委级、36套县委级的领导班子准备渡江南下”③。到新中国成立后还从胶东地区抽调过很多干部南下，支援南方很多地区进行社会主义建设。这些抽调人员后来大部分都留在了党组织派遣去的地方，甚至是在那里工作和生活了下半生。从这个角度来说，胶东地区的人民群众是解放胶东地区的重要力量，也是解放全中国的有生力量。

还要指出的是，胶东的现代红色历史在某些环节上并不完整，有很多历史细节遗失在时间的漫漫烟尘中，某种程度上遮蔽了历史的真实。举例来说，王文正在

① 王文正：《胶东解放区见闻录》，烟台师范学院2000年印，第122页，未公开发行。

② 中共山东省委党史资料征集研究委员会、中共平度市委党史办公室：《胶东保卫战》，山东济南人民出版社1991年版，第1页。

③ 王文正：《胶东解放区见闻录》，烟台师范学院2000年印，第144页，未公开发行。

《抗战期间县团级以上干部英烈名录》中列举了45位在抗日战争期间牺牲的县团级以上干部名单，他专门提到了牺牲于1938年的刘振民烈士，并且提出了一个需要解决却始终未得解决的历史遗留问题："现在的问题是，在纪念抗日战争胜利50周年之时，杀害共产党员欠下血债和打垮共产党领导的抗日队伍的韩炳宸列为《抗战英烈录》一书中的烈士（1939年11月，韩炳宸在莱阳县的一次阻击日军作战中负伤，抬回后方死了），而为抗战奔波被韩炳宸杀害的共产党员刘振民烈士却成了《抗战英烈录》一书中无人知晓的人物了。"① 除此之外，还有在相关章节提到的关于胶东京剧改革创新运动的发展过程和历史影响、胶东文协对胶东红色革命起到的巨大作用等在中国红色历史和红色文化中均未得到应有重视和历史评价的历史内容，都成为胶东现代红色文化历史中失落的环节部分。

胶东红色历史在某些环节上的缺失，其原因很复杂，概括起来，主要是因为在抗日战争和解放战争期间，胶东地区的军事位置不像沂蒙地区处于红色革命的中心，除了胶东保卫战外，并没有出现其他大规模的历史性战役，而且很多历史文献资料因为战争环境的残酷险峻而没有保存或是残缺不全，在新中国成立后也没有得到及时的整理、挖掘和评价，致使很多历史事实和英雄人物事迹都随着时间淹没在历史的烟尘中。因此多年来人们对胶东现代红色历史和红色文化的理解并不全面，对胶东红色历史也缺乏不重视，更遑论像对沂蒙红色文化和红色历史那样熟悉了。站在历史公正的角度来看，胶东红色历史和红色文化急需后人的重新挖掘和钩沉整理，把胶东地区现代红色历史补充完整，只有这样才能够还历史的真正面目，才能够给那些为历史进步作出过巨大贡献，甚至牺牲宝贵生命的历史人物以公正的评价，才是不忘本。只有当历史的烟尘被拂去，胶东现代红色历史恢复了真实的历史面目之后，胶东现代红色文化的特质才能够被完整概括和挖掘出来，才能更好地汇入今天的社会主义价值体系的建构中，最终建立起十八大提倡的社会主义核心价值体系：倡导富强、民主、文明、和谐，倡导自由、平等、公正、法治，倡导爱国、敬业、诚信、友善，积极培育社会主义核心价值观。

---

① 王文正：《胶东解放区见闻录》，烟台师范学院2000年印，第99页，未公开发行。

第六章　胶东多彩的民俗文化

胶东半岛指胶莱河以东的山东半岛，春秋战国属齐国领地。当时，齐国推行“兴渔盐之业，通商工之利”的经济路线，富国强兵成为一霸，成为七国并雄中最为富庶的一国。《史记》中对半岛文化有精辟的概括：“齐带山海，膏壤千里，宜桑麻，人民多文采布帛鱼盐。……其俗宽缓阔达，而足智，好议论，地重，难动摇，怯于众斗，勇于持刺，故多劫人者，大国之风也。”① 半岛独特的区域性地理位置，形成了与内地不同的生产生活方式，这里有丘陵、平原，是典型的农业生产区，也有辽阔的海域，海洋资源丰富，渔业生产发达，还有沿海及蓬（蓬莱）、黄（黄县，今龙口市）、掖（掖县，今莱州市）一带的经商传统，商业气息浓厚。因而，在胶东半岛，除了拥有传统的农耕文化，还拥有丰富的海洋文化和商业文化。

胶东有着丰厚的民俗文化资源，由于地理环境的原因，形成了山区、沿海和平原地区截然不同的生产民俗；而行政区划的不同和空间距离的相隔也造成了民风民俗的差异，所谓“十里不同风，百里不同俗”。这里有声名远播的福山菜，也有驰名中外的水果之乡；有古朴实用的海草房，也有独具特色的青岛里院；有特色浓郁的婚育习俗，也有丰富多彩的传统节俗；有美不胜收的胶东花饽饽，也有独到的民间编织工艺；有活泼热烈的海阳大秧歌，也有高雅讲究的京剧；有全真道发轫地的海上仙山，也有多样的民间俗信。简而言之，胶东民俗文化的特点，就是司马迁早已点明的“山海”文化特征，以及由此形成的沃野千里、种植桑麻、出产丝绸、渔捕、晒盐等生产和生活状貌。

民俗包含了生活的方方面面，生活中无一处没有民俗的影子，中外学界对民俗范围和类别的划分历来有多种观点，各国的学者意见很不统一。随着民俗学研究的不断深入和发展，分类也越来越明确和细致。民俗的分类从来都是相对的，没有哪一种民俗事象纯属某一类。民俗是一种综合性的文化事象，各类民俗事象所体现出的物质的、社会的、精神的、心理的内容互相交叉、互相渗透。在此，我们参照高

① 〔西汉〕司马迁：《史记》，中华书局1959年版，第3265页。

丙中先生在《中国民俗志》序言中的分类①，将胶东民俗分为物质生活民俗、社会生活民俗和精神生活民俗三个大类来予以表述，以此来观照胶东地域人们的生活文化。

第一节　胶东物质生活民俗

人们的生活离不开物质条件，各种生产形式给我们的衣食住行提供了生存和生活的基本保障，而每一种生产都会产生与之相关的民俗事象，这些具体可感的、有形的文化传承，就成为与我们的生活息息相关的物质民俗。在此，我们着重对胶东地方的生产民俗、居住民俗和饮食民俗作一表述。

一、胶东生产民俗

胶东地方农林业发达，农作物种类多样，粮食作物和经济作物并重，粮、棉、蔬、果都广为种植。胶东半岛又三面临海，北隔渤海海峡与辽东半岛相望，东隔黄海与韩国相望。从渤海的莱州湾到黄海的胶州湾，海产品丰富，近海和远洋捕捞及海产品养殖和加工历史悠久。由于耕地相对较少，又有便利的海陆交通，历史上就有经商的传统，商业贸易也十分活跃。

1. 精耕细作的农林生产民俗

我国为农业大国，农业为立国之本，农民视土地为命根子。胶东半岛主要为丘陵地貌，境内除胶莱平原和沿海宽窄不等的带状平原外，其余主要为低山丘陵区，耕地面积不及内陆平原广足。加之历史上明洪武年间和永乐年间的大移民，使得胶东半岛的人口除了土著居民之外又多了众多的军籍移民。洪武末年，作为抗倭海防前沿的莱州、登州两府，共有9卫3所，约53760名将士，合计有军籍人口约16万人，以至于当地人称“军多于民”。从《明实录》中的有关记载来看，莱州和登州在洪武时期皆是地狭人众之地，这也导致了胶东半岛一方面大量迁入移民，一方面大量迁出人口。明中期，在大量人口外迁辽东半岛的同时，卫所人口的比重显得越来越大，沿海地区耕地不足，卫所战士于是到半岛腹地垦荒屯田。如正统元年（1436）十二月丁丑，“命山东靖海、成山、威海、百尺、宁津、浔山六卫所军余俱寄籍文登县佃耕民田”，又如正统五年（1440）三月乙巳，“……靖海卫……屯田皆在莱阳等县，离卫二百余里”②。很明显，人多地少，生存空间的紧张，使得农

① 高丙中：《“中国民俗志”的书写问题》，载《文化艺术研究》2008年第1期。

② 葛剑雄主编：《中国移民史》第五卷，福建人民出版社1997年版，第198～199页。

业生产须得精耕细作。

人们习惯上统称田野为“泊”“山”，下田劳动叫“上泊”“上山”，称耕地为“地”，地处平原的叫“泊地”，地处丘陵的叫“堐地”，地处山区的叫“山地”，山丘梯田的堰谷称“地堰”“格子”。在农村，每个村子的耕地、山峦都有名字，村里的老老少少指称每一块地的时候都会亲切地如人一般指名道姓，如埠子岭、西南堰、东炮顶等。土地私有时，地各有界，界石俗称“角石”，地界之间留一道小沟，名为“墒沟”，耕作分垄或畦子。农作称“活”“营生”，上山劳动称“干活”“做营生”。

传统的农业工具很多，统称为“家什”或“家巴什”。耕地整地的工具有犁、耜犋、耠子、踏犁、耙、耢、锨、镢、搂犁、大镐、大抓钩等。播种和播种后镇压的工具有耧、葫芦头、砘车、轱轮车等。田间管理的农具有锄、抓钩、三齿钩、手锄、铲子、铁叉等。提水灌溉的农具有辘轳、水车、筲、桶等。收获的农具主要有镰、铡刀、连枷、砘、木叉、木锨、刮板、扫帚、大簸箕、筛子、木筢、苫、装篓等。田间运输农具主要大车、小车、扁担、驮架、驮篓、拖车等。粮食加工工具有磨、碾、碓臼、扇车、箩等。20 世纪 80 年代始，除了小块土地，大多采用机耕机种机收，解放了大量的劳动力。

农作物俗称“庄稼”，春播作物叫“春庄稼”，秋播作物叫“秋庄稼”，又称为“春茬”“秋茬”或“麦茬”。作物的熟制及品类近百年来有较大的变化，不同的时代各有不同。20 世纪初，大多为一年一作，少数肥沃地片两年三作。作物种植种类比较多，各品种的种植面积比较均衡。到 30 年代，地瓜、玉米的种植面积渐渐增大。50 年代后，平原的水浇地大部分改为夏播玉米，秋播小麦，一年两作两收。其他农作物的播种面积很小，统称为“小杂粮”。一般采用间种形式，花生间种芝麻，谷子间种绿豆、豇豆，地瓜间种玉米或大豆，土豆间种谷子，花生间种玉米，玉米间种大豆或绿豆等。70 年代，开始一年多作的试验，比较成功的有四作三收的春玉米间春土豆—大白菜套小麦，或春土豆间春玉米—秋土豆套种小麦。也有三作三收的，即大白菜田不套种小麦。进入 80 年代，又出现了麦田套种花生、西瓜套种玉米或花生、蔬菜等形式。

（1）粮食作物生产

胶东地方的农作物种类丰富，各地所产粮食作物大致相同，以小麦、玉米、地瓜、大豆、谷子、高粱为主，豌豆、大麦、荞麦等次之。经济作物以棉花、花生、烟草为主。其中，两年三作的有高粱、谷子、玉米、穇子、小麦、地瓜等；一年一作的有棉花、花生等。胶东地方也种过水稻，六七十年代前后，即墨、文登、乳山等地曾零星种植过，后因水源不足而停止种植。80 年代，大麦、荞麦、豌豆等作物也因产量低而很少种植。

各项农事繁琐而有序，劳作的过程细致又辛苦。主要的耕作过程有耕地、耙地、耢地、播种、施肥、除草、浇灌、打药、收获、打场、晒粮等。

农田劳作最忙的是“三夏”和“三秋”两个时段，是农民根据时令和收、种、管三项农事所定的名称。“三夏”是一年中第一个大忙时节，从每年5月下旬开始，至6月中旬结束。麦子成熟很快，眼看着还泛绿的麦田，几个毒日头的天气过后就一片金黄，所谓“麦熟一晌”。这个时节又多雨，常常要和老天爷抢时间，因而麦收就显得格外紧张，有“麦子焦了头，小姐下绣楼”的俗语，可见麦收的紧张程度。落后的抢收方法（用镰割，用手拔）又使得人苦不堪言，简直“能脱落一层皮”。此时，麦子成熟，要抢时间收割，颗粒归仓，有“忙煞忙，先打场”之说。而一年中种植面积最多的玉米，也需要不误农时栽种，种下的玉米需要一种就管，浇水、追肥，确保长成丰产架子。“三秋”，则从每年10月下旬开始，至11月中旬结束。此时，要抓紧时间收获花生、玉米、地瓜、棉花，接下来播种冬小麦。谚语说得好，“三春不及一秋忙”。因为秋分过后，一遇冷空气活动，气温便会骤降，这就使得秋收、秋耕、秋种显得格外紧张。“三秋”大忙，贵在“早”字，及时抢收秋收作物可免受早霜冻和连阴雨的危害，适时早播冬作物可争取充分利用冬前的热量资源，使其苗齐苗壮，安全越冬，为来年丰产奠定基础。

（2）经济作物种植

胶东地方的主要经济作物为花生，棉花、麻类次之，部分地区种植中药材等。

胶东种植花生的历史很久。花生，俗称“长生果”“长果”，果仁称“花生仁”，可榨油，滓饼称“花生饼”，秸棵称“花生蔓子”。其农活有剥花生种、浸种、点花生（播种）、清棵、锄花生、刨花生、摘花生、剥花生等。20世纪80年代后，农民多采用地膜覆盖新技术，花生产量明显提高。胶东大花生由于生长期长，蛋白质和维生素含量较高，营养丰富，且果型大，籽粒饱满，果皮洁白，色泽鲜艳，香脆可口，大量出口海外，成为胶东农村主要的经济作物。

棉花，俗称花，胶莱平原种植较多。收获的带籽棉絮名为籽棉，去籽名皮棉，籽称棉籽，可榨油，秸棵称棉花柴。民谚说：“谷雨前后，种花种豆”，“枣发芽，种棉花”，“椿骨朵绽，花种拌”，都是以节气和物候为依据。“立夏种棉花，有柴没疙瘩”，说明播期偏晚，违背了农时，必然减产。棉花属抗性弱的作物，易受棉蚜、棉铃虫、红蜘蛛等病虫危害，需经常喷药施治，同时去叶枝、抹赘芽（又称“抹耳子”）、打顶心、打边心、打老叶、剪空枝（或打杈子）、开沟排水、拾棉花、晒棉花等。20世纪80年代后，棉花实行地膜覆盖，促苗早发。进入21世纪，棉花已很少种植。

麻类，胶东历史上种植的麻类有大麻、苘麻和胡麻。20 世纪 50 年代以前，农民种植麻类多以自用为主。后从广东、广西引进了槿麻（俗称“红麻”）种子试种，到 20 世纪 80 年代完全停种。

中药材，即墨、莱阳一带广为种植的中药材是沙参。1956 年，即墨被列为山东省沙参生产基地县，当年即生产沙参 13.23 吨，以后逐年增加，其他还有厚朴、藏红花、苏子、牛夕、白术、生地等中药材。

（3）林果业生产

撇开净化空气、保持水土、美化环境不言，农村建房、打家具、烧柴等都离不了木材，因而人们很重视林业，有言曰：“要想富，多栽树。”过去的树木大多靠自然繁殖，树的种类也很多，分用材林和经济林两种。用材林主要有楸树、樗树、国槐、刺槐、梧桐、榆树、柳树、杨树、柏树、银杏树等；经济林主要有桑树、桃树、梨树、杏树、苹果树、核桃树、石榴树、山楂树、柿子树等。胶东乡村总称树林为“岚子”。山上的叫“山岚”，苹果园叫“果岚”，梨树园叫“梨岚”，山区多“松岚”，每年用柴镰取枝为柴，称为“松柴”，用斧子取粗枝为柴，称为“火头棒棍”“火头棒子”，或简称为“火头”。摘松果当引火柴，叫“松葫笼”。拾取落叶为柴，名为“松毛”。山丘多种可供编织的灌木，俗称“条子墩”，有腊条、荆条、柳条、桑条等，近年多种绵槐条。

这些树在人们眼里都能够材尽其用，楸木是做家具、做寿材的上乘木料，樗树做床，结实耐用，不生虫。槐树是人们喜欢种在门口的树种，生长缓慢，一般不刨。梧桐（泡桐）生长极快，十几年即可成才，其木质松软耐磨、耐沤、轻便，适合做嫁妆、风箱、锅盖等。其余的树也都各尽其用，如桃木辟邪，用柳木做菜板不起木渣，锄、镰、锨、镢要换个柄之类的也都可随手拈来，找到合适的材料。后来，林业部门封山育林，国家大力提倡植树造林，在苗木培育、果树嫁接等方面使用新技术，使苗木种植面积扩大，质量提高，生长繁殖加快。莱州的小草沟村成为远近闻名的苗木培育基地。

①果业

胶东丘陵盛产各类水果，烟台的苹果、莱阳的茌梨、福山的大樱桃、平度大泽山的葡萄等都是享誉全国的果品。另外，青岛即墨、威海苘山、烟台牟平都盛产西瓜，蓬莱的葡萄，招远的香水梨、山楂，龙口的长把梨，牟平、海阳、栖霞的桃、柿子、板栗等，也都大量种植，带动了一方经济，富裕了一方百姓。

烟台是著名的水果之乡，以栖霞苹果为例，栖霞市素有“胶东屋脊”之称，主要地形为丘陵、山地，所谓“六山一水三分田”。栖霞境内，满眼都是苹果树，春天花开遍野，秋天果红满山。苹果种植及管理需要剪枝、传粉、疏果、打药防虫、套袋、打药驱虫、摘袋、转果采光、摘果等一系列过程，尤其是套袋、摘袋时最为忙碌，一般是亲戚邻居齐上阵，种植面积大的人家，还需雇人帮忙。栖霞的苹果种植面积有70万亩，苹果的年总产量高达15亿公斤，栖霞苹果以种植面积、综合服务、果园管理、品种质量、总产单产和企业效益“六个全国第一”而名声大振，被国家相关部门先后命名为“中国水果第一市”“中国苹果之都”等称号，“栖霞苹果”也成为地理标志性产品。

②桑蚕业

胶东是柞蚕的发祥地。柞蚕，也称野蚕、山蚕，都是相对家蚕而言。西汉时就有“东莱郡东牟山，有野蚕为茧”“收得万余石，民以为蚕絮”的记载。胶东半岛多山，山上多柞树，所以养柞蚕就成为农家普遍的副业。柞树俗名“橡子树”“柠椤”。柞树的种类，有栎，又叫“尖柞”，就是人们平常说的“尖叶柠椤”，又叫“小叶柠椤”，多用作烧柴；有槲，俗作“槲柠椤”，叶很大，当地人多摘来晒干，用来垫蒸包子或馒头；还有一种叫“青枫柞”，这几种柞树的叶都可饲蚕。种植柞树的山地，叫“柞树岚子”，柞岚多采用松、柞混交方式，如果在这里放蚕，就叫“蚕场”或者“蚕岚”。柞树下种七八年后长成柞丛，称“老树”，老树当年不砍称“老树头”。秋后将柞树毛枝全部砍去，只留一梢，俗名“二芽头”。柞树长到四五尺高，砍去树头，让它再发萌蘖，名为“桩子”。桩子齐根砍去，使再发新芽，俗名“芽棵”。栽植柞树历来以栖霞、牟平、乳山为多，海阳、福山、莱阳发展迅速，招远、蓬莱、龙口等地也有种植。

柞蚕丝织出的丝绸叫“山绸”或“茧绸”，20世纪初即已兴盛，20年代胶东年出口柞丝绸140万斤。有宁海绸和芝罘绸，宁海绸为牟平、乳山、栖霞所产，纬粗，厚实。宁海绸的花色品种多达42个，其中有水丝绸、疙瘩绸、劳动绸等名品。栖霞养殖柞蚕历史悠久，“野茧弥山遍谷，约四十里许”。清康熙年间，开始进行人工养殖，尤其牙山一带居民，山多田少，以植柞养蚕为业。孙仲亶在《山蚕辑略》说：“东莱诸山，虽都出茧，而牙山之茧，光彩出众，为东莱之冠。”仅唐家泊一地，抗战前就有40多家缫丝社，所产柞蚕丝绸被称为“唐绸”。芝罘绸产于烟台，经线上不规则地出现粗条纹，独特新颖，新中国成立后发展尤其迅速。

除了柞蚕养殖，也种桑养蚕。各地建有桑园，遍植桑树。

③茶业

胶东境内盛产绿茶，茶树种植于北纬36°～37°之间的丘陵地区，是我国纬度最高的大型绿茶生产基地，以青岛崂山、烟台海阳和威海乳山为最主要的产茶区。这些产茶区都地处黄海之滨，为典型的暖温带季风型大陆气候，昼夜温差大，茶叶生长期长，因此茶多酚、氨基酸等健康物质的含量大大高于南方茶，并含丰富的维生素和对人体有益的微量元素，具有滋味醇厚、清香久长、耐冲耐泡等特点，深受人们青睐，成为上乘的旅游纪念品和馈赠礼品。

据目前已有的相关史料来看，古代山东地区即产茶，最迟在金代前后，山东成为中国茶树生长的北限古茶区。明万历《莱州府志》记载："茶山，在平度州北六十里，山多茶。"据说，清代文学家蒲松龄著名的"以茶水换故事"也发生在崂山。

青岛产茶区主要是崂山区的北宅和王哥庄街道，统称崂山茶。自20世纪50年代末"南茶北引"进青岛，60年间青岛茶叶种植面积已突破10万亩，占全省茶叶种植面积的1/3，成为山东省第二大产茶区。目前，青岛已形成崂山山脉、珠山山脉等两大茶区，是中国江北茶区发展茶叶的优势区域。崂山山脉茶区以崂山、即墨、城阳茶园为主，珠山山脉茶区以黄岛区海青、张家楼、铁山等镇和黄岛区茶园为主。与南方绿茶相比较，青岛本地的崂山绿茶具有"叶片厚、滋味浓、香气高、耐冲泡"的特色，南方茶泡两水就没有了味道，而青岛茶泡五水依然茶香宜人。

海阳留格绿茶生长在同属崂山山系的海阳市留格庄镇菩萨顶山下，这里环境清幽，常年云雾缭绕，光照及水资源丰富，在这样的环境下生长的绿茶自然名不虚传。

乳山种茶始于20世纪60年代，小管村的茶树园始栽于1964年春。茶叶品种为"龙井一号""龙井六号"，俗称"小岭茶"，后注册为"岠嵎山"牌茶叶。1966年，由焉家、耳沟等村从浙江省引进茶苗试种成功。至2009年，乳山市有茶园4200亩，主要分布于白沙滩镇稗子刘家，乳山寨镇小管村、玉皇山后、耳沟、赤家口、果枣夼，大孤山镇上夼、河东，徐家镇辛家口及冯家镇等地，年产茶叶2.4万公斤。规模较大的有威茗茶场、极北茶场、玉皇山茶场、岠嵎山茶场、林德茶场、春茗茶场等。稗子刘家村的"威茗"绿茶为威海市国际人居节指定用茶。

（4）蔬菜种植

胶莱平原地肥水美，因而青岛的蔬菜种植颇具规模，即墨市，平度市南村镇、仁兆镇，莱西市店埠镇，胶州市胶莱镇等地都建有蔬菜基地。这些基地盛产山东大白菜、大头菜、甘蓝、高丽菜、洋白菜、卷心菜、白萝卜、胡萝卜、土豆、圆葱、大姜、大蒜、蒜薹、西红柿、香菜、西芹、牛蒡、黄瓜等蔬菜。除了供应周边地区外，还远销新加坡、泰国、韩国、日本等20多个国家和地区。更有平度马家沟芹菜种植基地，黄岛区海青镇西红柿种植基地、莱西市孙受镇迟家庄村"迟家庄"牌黄瓜种植基地、莱西市泽口镇胡萝卜种植基地等。其中，马家沟芹菜距今已有一千多年的栽培历史。"胶白"为胶州的历史特产之一，不仅在国内享有盛誉，在国外也早有盛名，是青岛的地理标志性产品。其他如烟台的海阳是胶东最大的反季节蔬菜和绿色蔬菜生产基地，莱阳有无公害蔬菜基地30万亩。威海文登的宋村镇、小观镇也为蔬菜生产基地，“北黄”韭菜闻名远近。

（5）鲜花种植

青岛崂山的枯桃社区自古以养花为业，世代相传，相沿成趣。清末，居民开始把所种花草卖到潍坊、烟台等地，作为一种辅助的经济收入，以解油盐酱醋之所需。20世纪初，枯桃曾被辟为花卉基地。改革开放之后，枯桃社区出现了许多养花专业户，李村大集的花卉市场枯桃就占60%。1991年，枯桃社区从散户养花发展到以公司为龙头的经营模式，成立了枯桃花卉总公司，从事花卉养殖的业户达800多家，从事养花的劳动力近3000人。

荣成南车村是远近闻名的传统养花村，素有“三百人家皆花匠”的美誉。相传，古时候王母娘娘曾领着七仙女来此游玩，被这里的秀美山川和淳朴民风所感动，久久不肯离去。王母娘娘遂命七仙女撒下一把杜鹃花种，于是漫山遍野开满了红杜鹃。后来人们精心侍养着杜鹃花，学会了许多养花技术。20世纪七八十年代，村里的人便把养花作为一种主要经济来源，几乎家家都有花窖，主要培植茶花、杜鹃、君子兰等。村里有一处园艺场，存养各种花木20万盆之多。

莱州是月季之乡，当地栽培月季有600年的历史。月季种植面积达3000亩，品种600多个，境内有上百个专业花村，年生产月季花苗1000万株。有红和平、古铜妆、春水绿波、桃花鸡、墨紫龙等名贵品种。1990年，当地政府将月季花定为莱州市花，并确定每年5月25日为月季花节。1995年，莱州市被命名为“中国月季花之乡”。另外，莱州文峰路街道梅园新村的宏顺梅园也将梅花种植形成了产业。

1. 独具特色的渔业生产民俗

胶东的海洋渔业生产有着悠久的历史，沿海的渔民“以海为田”，耕海牧渔，许多古风古俗世代相传。海上渔业生产门类繁多，一般称出海打鱼为大海市，从前大海市集中在春季和秋季，称之为“春汛”“秋汛”。

旧时海上用船主要有三种：最小的一种没有篷的叫“舢板”，用于近海钓鱼、钓蟹等；单篷的称为“榷（方言读作jue）子”，桅篷之外，另设六支橹桨，出海打鱼，多半用它；三桅三篷的叫“船”，一般用于渔区的运输。其他的因用途不同，还有大风船、风船、榷子、箄子等形制。船的形体很多，渔民对它们的称呼更奇特，有“大栝楼”“改撬”“燕儿飞”“无盘底”“大花鞋”“小瓢”“胡汤饼子”“毡帽”等。

以前大小木船都在当地打造，造船叫“排船”，以排船为业的木匠称“海木匠”，另有铁匠、粘匠。排船工序有“铺字”（造船底）、“比龙口”（大体成型）和“上绵梁”（安大桅）三个阶段。三个阶段各有仪式，“上绵梁”尤为隆重。这一天，亲戚朋友赶来庆贺，放鞭炮、挂红、祭船。船主宴请亲朋、工匠。新船下水要挂“吊子”（红布做的竖幅旗），放鞭炮。

渔船起航叫“出海”，返航叫“收山”“归山”，船行离岸近叫“走得矮”，船行离岸远叫“走得高”。船长称“船把头”“老大”“艄公”，大副称“二板儿”，其余船员统称“伙计”。

海上捕捞所用渔网五花八门，主要有大网、拖网、围网、流网、挂网、坛子网、袖子网、团网等。还有在海岸边普遍使用的推网、抬网、旋网（又名“抡网”）等，网具可谓洋洋大观，形式多种。

渔民在长期的渔业生产中，一方面总结生产经验，另一方面，从渔业生产中不断了解鱼虾的活动规律和生活习性，总结出了捕钓鱼虾的方法。捕钓中的迷魂阵、鱼鹰捕鱼、照虾虚笼、捉鳖捕鳝等技术，都是精湛的捕钓技术。

（1）近海、远海捕鱼作业

民国时期，远海流网作业发展较快，20 世纪三四十年代，远海作业主要是大流网船，主要捕鳓鱼（白鳞）、马鲛（鲅鱼）等。50 年代，胶东海域的渔业资源比较丰富，以近海捕捞为主。引进浅水圆网捕黄鱼、乌贼（墨鱼），引进麻线鲨鱼刺网和鲨鱼钓钩，进行沿岸礁区捕鲨作业，增加了专捕鲐鱼的大流网船，以石岛东南海域为捕鱼区。60 年代，随着渔船的逐步机械化和网具的改进，拖网和流网作业南达长江口外，北到辽宁湾海域；近海捕捞由季节生产变为常年生产。70 年代，远海流网生产由乳山海域转于吕四、石岛、烟威等渔场捕捞马鲛，同时开展青鱼围网、青鱼刺网作业，秋冬和早春开展底拖网作业，后来又引进对虾流刺网，开始了远海对虾捕捞作业。70 年代末，近海海产资源减少，因而近海捕捞作业停用大拉网、裤裆网和快钩，仅用挂子网、幢网和甏网等，主要捕虾、蟹、乌贼、青鳞鱼等。80 年代，为保护资源而由拖网生产转为流网生产，主要捕鲳鱼、马鲛、对虾等。之后，近海捕捞又增加了坛子网作业。海洋捕捞方法多样，用哪种网捕哪种鱼各有规定，如捕刀鱼、小黄鱼、黄姑鱼，主要用圆网；捕鳓鱼、马鲛、鲐鱼、银鲳鱼，用流刺网远海作业；捕乌贼，用圆网或挂子网近海作业；等等。

（2）垂钓与赶海

海上垂钓也有种种形式。如用干钩钓鲅鱼，用拖钩钓十几斤重的加吉鱼、几十斤重的橹子鱼等，用针良船钓针良鱼、沙板鱼。此外，钓鱼的方法还有擎杆钓、篮钩钓、手把线、拖刀鱼等，计算起来，不下数十种。除了钓鱼，也钓蟹、钓蛸等。

海碰子是沿海渔区的一个特别的捕捞门类，专指潜入海底捕捞海珍品的行当。潜水捕捞，渔民叫“碰”，如“碰（海）参”“碰扇贝”“碰鲍鱼”等。以潜水捕捞为业的人即称为“海碰子”“碰子”。因为要憋一口气潜水作业一次，渔民称之为“吃憋饭”。“碰子”的劳动极其艰苦，也极其危险。划一只小舢板到捕捞场，择地抛锚。赤条条一身潜入海底，看准了，捕几只海物上来，换一口气，再下去，往返数次。累了，并不上船，船边系着几只大葫芦，伏在葫芦上喘息一会，就又开始潜水渔猎。潜水，称为“扎水”，潜水一次叫“一头”，计量扎水的深度用庹，能扎十七八庹水的人被视为好汉。赤身潜入海底作业，有时遇见大鱼，不免酿成惨剧，这又给“碰子”们的生活染上了悲壮的色彩。

赶海多是儿童与妇女的活计。各地名称不同，有叫“赶小海”的，也有叫“赶靠”的。每到落潮时，人们便到河口海滩处，挖蛤、拾螺，在礁石滩捉蟹、打牡蛎。渔村人的赶海技巧在外乡人眼中，无不神妙异常。赶海讲技术，也有许多经验，那些世代相传的俗谚到今天还在指导着人们。如对于赶海的节令时机，屺姆岛有渔谚说：“麦子上场，辣肉上床。”是说陆上打麦子的季节，一种俗名“辣肉”的海螺纷纷爬上礁石产卵，最易捡拾。荣成则说“八月十三，瓦屋楼子上山”，“瓦屋楼子”也叫“瓦楼”，是一种大海螺，意思也是说这个时节海螺会爬上礁石。烟台的谚语则说“东北风，十个（赶海的）篓子九个空”，意思是刮东北风时，一般不会有收获。还有“初一十五两头干”“风满榷子赶大潮”等，不但语言简朴，更是经验之谈。

（3）水产品加工

水产品的加工是捕捞之后的重要生产活动，有许多传统的生产方法。

腌制是20世纪40年代以前水产品加工的重要方式。渔民出海时，即带有足够的渔盐，如不能在保鲜时限内返航，便将所捕海产品加盐腌制。其腌制方式有两种：一是将鲜鱼从脊部劈开取出内脏，加盐卤制成“鱼片”（多是无鳞鱼）；二是不用开片，加盐腌制成“鱼桶”（多是有鳞鱼）。若渔船能载鲜返航，鲜鱼上岸后除销鲜之外，还要加工。其方式则除腌“鱼片”“鱼桶”之外，主要是“汤腌”，就是把鲜鱼放进缸或池内，上面用石头压紧，再用盐水浸泡起来，这样可以使海产品过伏而不变质，还可以进一步加工。例如制“捋皮带鱼”，就是先把鲜带鱼的皮捋去，加上20%的盐，腌4~5天，再用清水洗去盐卤，晒到七成干时再销售。除了腌制鱼类，也腌制虾酱、海兔酱等。

干制水产品分盐干和淡干两种：盐干是将水产品加盐后晒干，淡干是将水产品不加盐晒干或加少量盐再晒干。胶东地方历来淡干制品较多，主要的有墨鱼、各种鱼子、海米、虾米、蟹米、虾皮、虾仁、蛤肉、淡菜、干贝、海螺干、鲍鱼干、海参等，另外还有鲨鱼、鱼翅等的加工。

冷藏和冷冻兴起于20世纪三四十年代，开始是有人用船只装载冰块到海上收购新鲜海产品冰鲜保存，但数量不多。到20世纪七八十年代，各地大量兴建冷库，开始大批量冷藏新鲜海产品。

海产品也可进行深加工，主要用海蒿子熬制褐藻胶，用腌制海带的剩汤提碘，用鱼鳞制成鳞胶，用鱼鳔制成鱼鳔片，用腌鱼的剩汤制成鱼露酱油等，以及生产红烧鲅鱼罐头和带鱼罐头等。

（4）盐业生产

胶东沿海的盐业生产历史悠久，晒盐业在远古就已开始，西从即墨、莱州，东到威海、荣成，均有盐场分布，有煮海成盐（海水晒盐）、刮碱取盐、掘井取卤煮盐等方法。古时用锅煮盐，极其辛苦，专设灶户煮盐，久之，形成了村落，蓬莱有皂户于家、皂户张家，福山有皂户头村、盐场村，荣成有南盐滩村等。至 1917 年前后，开始开滩晒盐。

3. 百业兴盛的商业贸易民俗

（1）副业生产

自古以来人们就认为农业为主，其余皆为副，因而副业生产的门类极多，范围很广，一般说除了农业生产之外的其他生产活动都可以归为副业。这些副业多与人们日常生活密切相关，制作过程需要一定的技术含量，生产多就地取材，加工吃穿用度的必需品，也产生了农业之外的第二收入。

主要的副业有：

粉坊。粉坊可做粉条、粉丝，粉条分宽粉或细粉，烟台招远一地的粉丝最负盛名。20 世纪末，粉丝成为重要的出口产品，因其成品集散地初在龙口港而得名，因而，世人皆知“龙口粉丝”。粉丝的加工技术相当复杂，俗称之为“浆里来，水里去”，没有丰富经验的人是不能胜任的。一般开粉坊的都要请专业的“粉匠师傅”，“粉匠师傅”以招远籍最多。做粉丝的原料有绿豆与地瓜两种，以绿豆为佳。绿豆粉丝的制作工序有烫豆、推粉、做粉团、打团、打糊、拢面、漏粉、流水、浆条、搓粉、晒粉等。做粉所余的浆渣，俗称“粉浆脚子”，可作饲料也可作肥料。晒出的粉丝以透明、色白、细长而呈现均匀的波曲为最佳。习俗上一般在春、秋两季推粉，最好的时间是清明至夏至、白露至小雪。谚语说：“春天桃花开，秋天拔豆秸。”粉丝大量出口海外，在国外被称作“玻璃面条”“龙须”“春雨”。

豆腐坊。自古，大豆就作为菜蔬食料为人们所食用，是农耕民族主流食品菜品的原料。古代的“藿羹”就是用大豆的嫩叶——藿来烧汤。有谚语说：“贵人吃贵物，穷人吃豆腐。”道出了豆腐与普通百姓饮食生活的密切关系。由于豆腐的价廉物美，过去，无条件食肉的普通人能吃上嫩滑肥美的豆腐已经觉得是幸事了，吃豆腐成了下层民众社会身份的标志，是典型的市井民食。在乡间，几乎每个村里都有一做豆腐的人家，头天晚上压上包，清早穿街走巷，敲着梆子出售或口头叫卖，用户可买也可用黄豆换。到了年关，家家户户更是差不多都要做上一包豆腐。豆腐的“腐”与“福”谐音，尤为人们所青睐。做豆腐的过程主要是：泡豆、磨浆、滤浆、煮浆、点豆腐、压水、成型。据说好手一斤豆能出六斤豆腐。除了鲜豆腐，豆腐产品还有豆腐干、豆腐皮、酱豆腐、灰豆腐、糟豆腐、豆腐乳等形式供人们食用。

油坊。乡村的油坊往往秋后开工，春耕前收摊。以花生、黄豆、棉籽、芝麻为原料，各有方法，榨油所余油渣压制成圆形，统称为饼，称“豆饼”“花生饼”“棉籽饼”等，是上好的饲料和肥料，如豆饼是喂牲口使牲口上膘有劲的精饲料，也是喂苹果树、梨树等果树使其品质绝佳不可或缺的肥料。困难年代，这些“饼”也成为乡村人难得的零食。胶东地方以花生油的榨制为主，也是主要的食用油。

制陶。也叫“烧窑”。过去，农家陶器用量大，许多村庄以制陶为副业，所制器物有缸、盆、罐、饭甑子、碗等日用陶器，也有砖瓦窑，从前的砖瓦窑烧制小青瓦和檐头瓦雕，有各式花纹，很是精美。现在，栖霞的东瓮村仍在使用旧窑烧制花盆、泥碗等，产品供不应求。

另外，产芦苇、高粱的地方编席、编苇笠，产小麦、玉米的地方做麦秸辫、玉米皮辫子制成用品，其他或饲养牲畜，或妇女们织花边、钩花等，都自成副业。

（2）各类工匠

说到副业生产，就不能不提到各类工匠，古代即有“百工”之说。《论语·子张》中有“百工居肆以成其事”①，表明百工已成手工业者的通称。俗话说：“三百六十行，行行出状元。”乡村的工匠门类极多，各行各业，各有自己的祖师爷，也各有自己不同的习俗。手工业艺人称为“匠”“耍手艺的”“手艺人”，当面则通称为“师傅”。旧时手工业艺人门类繁多，如木匠、瓦匠、铁匠、银匠、铜匠、锢炉匠、皮匠、机匠（织布）、扎纸匠、油匠、油漆匠等，主要有木匠、铁匠、石匠、瓦匠等几种。

木匠。有粗木匠、细木匠之分，粗木匠多在建房时为人家“砍房架”，细木匠为人制作家具。沿海专为人排船、修船的木匠，称为“海木匠”。木匠数人一起工作，领头的称为“大木匠”“把头”。木匠开设作坊，称为“木匠铺”，专做大车或小车的，称为“大车铺”“小车铺”。旧时还有专做棺材的店铺，自称为“寿材店”，一般人只叫它“棺材铺”。

铁匠。有游方谋生与坐地开店两种。铁匠所开作坊，俗称“铁匠铺”“铁匠炉”“洪炉”“炉坊”，有一种专门打制马蹄铁并代换马掌的铺子，俗称“蹄庄”

① 杨伯峻译注：《论语译注》，中华书局1980年版，第200页。

“打驴蹄子的”或“上驴蹄子的”。有一种流动的铁匠作坊，三人一伙，将工具与行李放在一辆手推车上，择地开作，一般以打铁锨与锄板等生产、生活必用工具为主，俗称“打铁的”，多为外乡人。铁匠做活，精致在“看火候”，“打铁看不出火候来”即外行。铁匠特别珍惜自己的手艺，所制产品必打上自家的印记。

石匠。也有粗、细之分，粗石匠称为“磨匠”，主要是开山取石，技艺在于辨石脉、选石场、看丝缕、打炮眼、下钻。细石匠就称作“石匠”，专会打料石、做石器。技艺重在合缝、戗面，其中的佼佼者能从事石雕艺术品的创作，成为工艺匠人。如莱州的玉雕、长岛县砣矶岛的金星雪浪砚雕等。用石磨加工粮食的年代，有的石匠携锤、钻、剁锤串街走巷为人家修理石磨，俗称为“剷磨的”。

瓦匠。又称“泥瓦匠”，为人建房，领班称为“把头”“掌尺的”。同木匠一样，根据技术水平高下与分工不同，瓦匠也有粗、细之分。

其他农村常见的工匠还有剃头匠、锯盆锯碗的锢炉匠、磨刀磨剪子的磨刀匠、扎纸匠、补鞋的皮匠、白铁匠（俗称“打洋铁壶的”）、黏匠等。

(3) 贸易民俗

除了农业和渔业之外，胶东人也喜欢外出经商，尤其蓬、黄、掖等沿海地带的居民，沿袭“齐人好逐利”的传统，外出经商的习俗历代不衰。蓬、黄、掖买卖人的足迹不仅遍布东北各地，在京、津、沪各地也有他们的身影。本地的买卖贸易主要体现在集市上，一些交通发达和人口密集的大村，常常发展为大的集市。

①集市

“集”是“人与物相聚会”。古时日中为市，以日中为齐“集”之时。到集上买卖名为“赶集”“上集”，没有紧要事而到集上见可买的就买点，称为“逛集”“赶闲集”。集市结束叫“散集”。集有定期，约定俗成，或单日，或双日，按农历算，五天一个集。这样，是集的地方通常一个月有六个集日，集日一般由县区统一划分，或逢五、十，或二、七，三、八，一、六，四、九。这样，一个区域周围天天有集，商贩们可以赶“四大集”进行商贸活动，既有利于商品流通，也方便了群众。大集全天，小集到中午即散，更有特别的如旧时的蓬莱城集，起五更赶集，天不明成集，天明不久即散集，人称为“鬼集”，相沿多年而不变。

集上分行业设“市”“行”，各“市”各“行”都有固定的集中交易区域。常见的有粮食市、草市（又称“柴禾市”）、鱼市、鸡蛋市、蔬菜市、水果市、破烂市等。鸡、鸭、鹅、兔、猪、牛、骡、马、羊、驴都有市。菜市卖菜也卖菜种、菜苗。“果木市”卖水果也卖各种果树苗子。其他还有木器行、铁器行、缸瓦市、条货市、杂货市、花鸟虫鱼市，名目极多。每逢集日，饮食行业也临时设摊，当地名吃、小吃荟萃，别成一种风光。

腊月集最为热闹。每年阴历进入腊月，人们开始置办年货，这时的集市一变而成为“年货市场”，人称“腊月集”“年集”。“腊月集”上除了日常消费品如新衣、新帽、布匹、百货、食品等种类与数量大大增加之外，又有一些新市出现，如画棚，爆仗市，窗花、对联、门笺市，年货市等。赶集的人大大增加，集市分外热闹。

一些大的村子往往会形成大集，如青岛李沧的李村，莱州朱桥，威海桥头，烟台芝水、黄务，海阳东村，乳山夏村等都是一些百年老集。在一些交通要道或有生产、生活所必需物资（如大牲畜、房料）可买卖的地方，也往往形成大集。招远的毕郭村自古为四方通衢，集市繁荣，商贸发达。清末民初时期，是江北最大的紫草集散地。共有旅店、饮食店 30 余家，百货土产杂品店铺 70 多家，药铺诊所 10 余处，当铺钱庄达十几个，闻名大江南北，有“小烟台”美称。至 20 世纪 70 年代末，毕郭成为招远 3 处万人以上大集之一。1996 年，毕郭商贸城建成以来，大集日客流量 10 万人次，年交易额 10 亿元。

②店铺

店铺是民间对坐商的泛称，习惯上称店面大的为“店”，店面小的为“铺”。乡村中的小零售店，现在时兴叫“小卖部”，从前叫作“铺子”“小铺”，多为夫妻店，小本经营，零售点很低，酒可分杯，烟可论支出售，乡间有歇后语曰：“小铺的蒜——零揪了。”就是以小铺论头卖蒜的事实为背景的。20 世纪 40 年代解放区开始组织供销合作社，乡村的小铺多为供销社所代替，至今许多地方仍称“逛商店”为“上社”。“店”，还有另一种含义，指旅店。旧时有“代办客饭”的大店，有围墙大院停放车马的大车店，也有十分简陋的夫妻小店。

店铺的营业场所称为“店面”“铺面”“门市”“门面”。旧时的店铺，售货都用厚重的长条木柜，称为“柜台”“栏柜”，店主称为“掌柜”“掌柜的”，店员统称为“伙计”，卖货就叫“站栏柜”“站柜台”，售货员就叫“站栏柜的”“站柜台的”。出店办事叫“跑外柜”“跑外城”。店中记账的地方，称为“账桌”，会计名为“账桌先生”。

店名招幌是传承已久的商俗，可谓五花八门，千姿百态。旧时店铺命名，多用“吉祥”“兴隆”“信义”等字样。店铺的字号大致是：顺裕兴隆端永昌，元亨万利复来祥，泰和茂盛同乾德，谦吉公仁协鼎光，聚益中通全信义，久恒大美庆安康，新春正恒生成广，润发洪源厚福兴……店铺名称的表现形式多种多样，都力求醒目显眼，有用门匾的，有用木牌、铜牌的，有镌石于门首的，有用旗招的，后来更有用霓虹灯招牌的。店名之外，另外配有各种招幌，或标明营业的内容，或作招徕顾客的宣传。以实物为店招的：卖麻的店门前挂一束长麻；卖棉花、代客弹棉花的用网装一团棉花悬挂在门前；修车的铺子在路旁竖一根木桩子，上面悬挂一只车圈；毡鞋店悬挂一只毡鞋；草帽店则悬挂草帽。模型幌如酒馆挂酒壶模型，棺材铺用木板锯成棺材形，下面缀红布。文字幌有布幌，有匾牌。标志幌如澡堂挂灯笼、饭店挂箩圈幌等。

交通便利、物产丰富的地方往往店铺云集，招远张星镇石对头村位于招远市区北7.5公里处，全村居民1000余户，3000余人。招远盛产黄金、粉丝，清末民国时期，石对头村以粉丝、采金、秤业为主，商号林立，名士云集。时粉丝行业有18家作坊，是龙口粉庄的主要供货商；采金行业有5处冶炼黄金的作坊；秤业也有3个作坊。从村南到村北1.5公里，遍布13个店铺，白天人来人往，车水马龙，晚上店铺、作坊灯光通明，热闹非凡。另外，石对头村人在埠外开设了许多著名商号。如沈阳的“双合成”，济南的“全聚兴”，招远的“德升公”“德增利”“德顺栈”等。

③摊贩

是指肩挑荷担小本经营的行商，乡人称为“小贩”“贩子”“小商小贩”“做小买卖的”“小买卖人”，也有见其挑担每头都用四股绳系着，形象地称之为“挑八股绳的”。他们走村串街，普遍用吆喝和代声作为“有声招幌”，形成了重要的民俗特点。摊贩门类很多，吆喝与代声各行不同、各地不同，主要有货郎、卖油郎、卖糖的、打卦算命的。有趣的是，卖油的、算命的、卖糖的都打“铛铛”，声音分别本来不大，但乡间人一听便知。同样，卖豆腐的与染布的都敲木梆子，游方郎中和弹棉花的都以摇铃为号，但乡间人也绝不会混淆，市声传承十分细致入微。

另外还有白铁匠、磨刀磨剪子的、收破烂的、锔锅锔盆的等，这些流动的摊贩会定期出现，人们不用走出家门就可以解决生活中的一些需求问题，在交通不便利的时代为人们的生活提供了极大的方便。

④庙会

过去，可以说村村有土地庙，山山有山神庙，在一些大的山或一些人口比较密集的庙会所在地，就形成了习俗上一年一度的庙会，乡间称为“赶庙会”“逛庙会”“赶山”“赶会”。庙会原是为祭奠寺庙神佛而举行的集会，地址一般设在寺庙所在地和附近，会期往往要唱大戏，后来逐渐有商贩加入，形成了祭祀、游乐、贸易的“三合一”。

庙会上的贸易大体可以分为三类：

一是“山货”类，指当地或远道而来的各种土产，这些货物的数量、品种都比平常集市多出数倍。买者、卖者都有赶山会的传统心理，甚至有从百数十里之外来卖“山货”的。

二是饮食与玩具类，庙会不同于平时的集市贸易，带有明显的游乐性质，因此饮食与玩具市场特别繁荣。饮食方面，饭馆、酒馆、茶馆多临时搭布棚、席棚，或露天营业。更有许多小贩游穿于人群之中，哪儿有生意，就随时停下营业。这类小贩常见而有特色的有卖茶汤的、卖糖葫芦的、卖豆腐脑的、卖凉粉的、吹糖人的、卖糖角的、卖切糕的、卖麦芽做成的"条糖"与"芝麻糖"的等。春季近海地方的庙会上，一定还会有许多海鲜小摊，常见的有卖海蛎子的、卖对虾的、卖八带蛸的、卖"海锥儿"的、卖海玻螺的、卖"海怪"的、卖蟹子的、卖"桃花虾"的、卖鲜海蜇的等。

玩具方面，庙会上的玩具市场最为花俏，卖风筝的、卖"鬼脸儿"（假面具）的、卖竹木刀枪的、卖滑石猴的，不胜枚举。卖玩具的方法也有多样，有摇彩的：放置一个木盘，由中心向外辐射做许多格，每格都放有玩具，价格不等。盘上有摇臂，臂上垂针，花少许零钱，即可转动摇臂，摇臂停止时，针指向哪格就获得格中所放置的玩具。有套圈的：树几根竹竿，连上绳子辟为场地，场中杂放各种玩具，又预备许多竹圈，顾客花钱买了竹圈，站在场外，向场中投掷竹圈，套中场内玩具，即归顾客所有。有打枪的：枪中的子弹是针，靶上各格也标明可得某玩具，顾客买了子弹，艺人旋转靶子使它飞转，顾客用枪击靶，靶停时，看击中哪格，即得所标玩具。商家用这些方式是招徕顾客卖出商品，而顾客对这些游戏般玩法的兴趣往往比获得玩具还要大。

三是民间艺人杂耍类。常见的有耍刀枪的，也称"耍功夫""卖功夫"。另有"变戏法的""耍猴的""演木偶的""说大鼓书的""跑马戏的""拉洋片的"等，热闹而吸引人。

20 世纪四五十年代开始，各地改革庙会，增加了经济贸易项目，称为"物资交流大会"，又因为会中多有骡马买卖，又称"骡马大会"。70 年代末，各地庙会、山会相继恢复。80 年代中期以后盛况接近往昔，新开的庙会重在游乐与文化活动。

二、胶东居住民俗

安居方能乐业，房屋是能给人们提供遮风避雨场所的必备生活资料，因而人们格外地重视与讲究，而房屋建筑也能看出家庭的经济条件、生活环境和民俗文化，体现在从选址、建造到居住的各个方面。"建筑就是凝固为物体的人生，人生在客观事物中体现得最全面、最完整、最生动具体的，莫过于建筑。"① 民居建筑的形式和结构，同各地区、各民族的居住民俗密切相关，它们互相影响、互相适应，最

---

① 郑光复：《负正论——建筑本质新析》，载《新建筑》1984 年第 3 期。

终融为一体。

胶东自古为富庶之地，人们有了钱之后首先想到的就是置地盖房子，许多人外出经商赚了钱回来将房子建得很精美，尤其是一些大户人家或实业家，往往将自己的住宅或本族的祠堂修建得精致而大气，仅烟台一地就有六大建筑堪称庄园，栖霞牟氏庄园、李氏庄园，牟平张颜山故居，福山张桐人故居，黄县丁氏庄园，莱州刘子山故居。目前，胶东被列为中国传统村落名录的村庄有：青岛即墨市丰城镇的雄崖所村、金口镇凤凰村，崂山区王哥庄街道青山村；威海文登市高村镇万家村，荣成市宁津街道东楮岛村；烟台牟平区姜格庄街道办事处里口山村，招远辛庄镇的高家庄子、孟格庄、大涝洼村、徐家疃村和张星镇的徐家村、北栾家河村、川里林家村、丛家村、界沟姜家村、口后王家村、奶子场村、上院村、石棚村。仅招远一市就有13个村庄，其他如莱西的西三都河村，莱州后河村、海庙于家村，福山的招贤村、老官庄村，牟平黄阳后的仪凤庄，长岛的店子村，蓬莱的解宋营古城、梁家疃李氏民居、乌沟赵家赵氏民宅，牟平沙口、养马岛等地都有保留较好的清末民初的古民居。胶东建筑特点既有当地气候条件和地理环境的影响，也融合了外地的一些建筑元素，其中木雕、砖雕、石雕技艺精湛，最能体现胶东的建筑民俗风格。

1. 天人合一的建筑理念

顺应自然，天人合一，这是中国传统思想的主导内容之一。建筑上也同样，人们希望能与居住的自然环境合一，也希望自己和家人能一生平安如意、富贵吉祥。

（1）传统民居类型多样

民居建造多是就地取材，因地制宜地选择建筑材料。最明显的就是近海的海草房、石头房，山区的土坯房、茅草房。如石料的选择，胶东民居大多选用青石，但蓬莱、龙口一带多玄武岩，当地人称火山石。黄水河边的西河阳村，即用清一色的火山石做墙，黑褐色的石头用白灰弥缝，如黑白照片一样美；而长岛的民居则采用当地出产的石英岩建房，黄色的岩体闪着晶光。

胶东不乏蓬莱、龙口、莱州、即墨一些有经商传统的富庶之地，也不乏建筑材料缺少的偏乡僻壤。住宅形式除了青岛市区特殊的“里院”为围楼式建筑外，其余大都为平房，多为传统的三合院、四合院形式，区别主要在建筑材料与装饰上。保存较好的传统砖瓦房民居一般为多进四合院，如栖霞牟氏庄园、龙口丁氏故宅等，气派豪华。房屋结构有砖木结构、石木结构、砖石结构、土石结构、土坯房、石头房等，根据屋顶材料，主要分为：

瓦房。瓦房所用的瓦常见的有三种。一种是碟瓦，俗名“小青瓦”“小瓦”。一律仰面铺砌屋面的，称为“仰瓦”，用合拢瓦方式砌成的，则称为“一仰一趴（方言读作 ha）”；第二种是平瓦，乡间称为“大瓦”或“洋瓦”，以前少见，20世纪50年代后渐渐普及开来；第三种是脊瓦，半筒形，多用于作房脊。过去瓦房被乡下人视为房中之佼佼者，谓之“青堂瓦舍”。有能力盖瓦房的人往往不但求坚固，还求美观。旧时保存下来的瓦房，檐头、脊头、码头、山墙等处往往有砖雕装饰，瓦头也多制有花纹。连“釜台”（烟囱）也造得很讲究，或以青砖砌成六角、八角形，也雕纹饰，或装置买来的圆形陶制烟筒。

草房。以草苫屋顶的，乡间统称为草房。因环境的不同，用来苫房的草也各地不同。平原产麦区多用麦草，这是各种草房中最不耐久的一种。在山区，多用菅草，即黄背草，民间通常称为“背草”，建房之前将背草去掉棍梢、叶子，截齐备用，用“背草”苫成的草房可保二三十年不坏。草房之中，最有特色的是沿海的“海带草房”。胶东的海草房主要分布在荣成、文登、莱州、长岛等地，以荣成最为集中。精工苫成，百年老屋居住如常也不算特别稀罕。

石头房。山区往往就地取材，用石料垒墙建房，不施泥水，不勾灰缝，不抹白灰，屋顶盖石板，房屋坚固。崂山脚下的青山村，村子里清一色的石头房，沿山势而建，极具特色。

（2）建房和居住讲究风水

中国古代的相宅风水学是古人营建住宅时所表现的宇宙观的基础，以阴阳风水和金、木、水、火、土五行之说为代表。风水学又称堪舆术、图宅术、相宅术、青乌术、地理术等，是我国古代占验居舍和葬地吉凶的方术。在古人的观念中，“天人合一”“天人感应”是最理想的，因而择地建房都很讲究在自然环境中的落位，选择有利的风土、水文、气候、视野、方位、环境等。“知阴抱阳”“坐北朝南”“背山面水”是城、镇、村、宅选址的原则。旧时民间流传着这样一则选址要诀：“左边流水为青龙，右边大道为白虎，前边池塘为朱雀，后边丘陵为玄武。”如果具备这些条件，便是最佳宅基地。看风水实质是反映了人们追求人与空间的和谐，也就是人、房屋、环境三者的和谐。

胶东多丘陵地貌，农村的民居多选择背风向阳和傍河近山的山丘坡地、河谷两旁，依山顺势建房。房屋的营建极讲究风水和禁忌，如院落大门都在巽位上，就是“坎宅巽门”风水学说的实际运用。同时，在房屋的布置、装饰上，在庭院树木的栽植上，有很多禁忌风俗也体现着这个概念。许多院落一进门处的正对面，修建一个影壁，也是民间风水文化的一种体现。上面一般都有“松鹤延年”一类的吉祥图案，或“福”“禄”“寿”等象征吉祥的字样，除去给庭院增加气氛、祈祷吉祥之外，也起到使外界难以窥视院内活动的隔离作用。风水学是我国古代哲学智慧的结晶，是人民大众实践经验的总结，但它把本来科学的东西作了不科学的玄奥的解释，所以在长期的流传中，它们又成为我国民间神秘文化的重要组成部分，并渗透到建筑和居住民俗中。

2. 合理实用的布局安排

胶东的住宅朝向多为东南或西南。因为建房的习惯多数是坐北朝南，出大门有大道方便，所以村中大的街道一般为东西向。村庄内的道路，大的叫“街”“街道”，小的叫“巷”“胡同”“夹道”。村庄房屋多相毗连，一家一户，各成院落，左邻右舍，接山连墙。只有牟平境内，有的房子在两家山墙之间留一个夹道。胶东地方的民居院落有散居、四合院、三合院等。房顶多仿殿宇造型，高脊横卧，脊角昂翘，房坡有摺，平瓦扣顶，端庄雄伟，冬暖夏凉。

（1）院落格局及功能

传统的院落一般用院墙全部封闭，院墙从正房山墙向前延伸，围成一个院落。蓬莱、龙口、莱州、青岛有的地方建房一定要有前、后两院。当地人一定要在房后留出几尺地方，套一堵后墙形成一个狭窄的后院，即使后院用处不大，后墙又遮后窗光线也在所不惜。当地把没有后院而使后窗临街称为“不成住处”。[①] 龙口地方尤为突出，凡院必有后墙，在防盗方面无疑加了一道屏障，并且形成阻碍，不能让人直视后窗。院落由院墙、大门、照壁、房屋组成。

围护院子的墙，名为“院墙”。有板筑土墙、草筋土墙、土坯墙、砖墙、石墙等种类。大多数地方采用的是石块砌基础，石上作腰线砖，砖上再垒土坯，砖、石部分扎缝，土坯部分抹沙灰外墙皮，有的地方喜欢在临街的墙上作画或作图案。从前还有在临街墙上镶砌带梁的石块，以备拴驴拴马，名为“拴马石”，乳山地方形象地称为“缆牛鼻子”。院墙上口，有盖瓦的，也有用石灰抹成半圆形的，俗称“和尚头”。从前的大户人家往往在墙上再做女儿墙，乡间叫“响墙子”。

整个宅院的进出口是大门，或称“街门”，街门上面有高耸的门楼，是人和物进出、迎来送往、举行婚丧仪式、布置节日庆典的重要地方，同时也能反映出住宅的规模。过去的大门是财势的代表，至今也仍有以大门的规模来判断住户的生活情况的，因此乡间习惯称富户为“高门楼”“高门台”等。建房时，开街门比房子还重要。大门多设在院子中轴线偏左的一面，即坐北朝南院落的东南角，少数也有设在中轴线上的。另因条件限制，有的也在侧边院墙上开门。大门之前，辟一个方形门台，高门台需要设台阶，都用面石铺砌。从前的富户，在门台两个外角处还安置上马石，外墙设拴马桩。

大门的组成部分有门框、门楣。门楣上设两个或四个“门簪”，门楣上做“门头板”，“门头板”上或作画，或写吉祥语，或油漆成单色。下设门槛，门槛两端

① 张久深、范惠宇：《东莱风情录》，青岛海洋大学出版社1995年版，第92页。

设石制门枕，门槛里的部分凿出圆凹为“门盏”，门槛外的部分，平常人家雕成方形，称作“门墩”，豪门富户或雕为“石鼓”，或雕石狮子，作为重要装饰。大门一般漆成黑色，取森严、避邪的意向。大门的门扇上都装有门环，多为铁制，有的还饰有各式花纹。左侧门环连着门里面的“门划”，可转动开关。还有的在门楣上装扣鼻，在门扇上装链环用来锁门，称为“门扣”“门搭钩”或“吊鼻”。门里面除设“门划”外，还设门闩，并且有在门闩上装“门机关”的；设铁门扣，关门后加横杠，称为“腰杠”或“闩门”；用竖木抵门的，则称为“顶门杠”。

另有一种形式特殊的大门，叫“栅板门”。门框宽大，门槛可卸下，并在门槛上做渠槽，在两扇大门之间镶若干块栅板。这种栅板门在乡间是将大门洞兼作车屋用，卸下栅板，敞开大门，搬开门槛，大车就可以出入。在城镇，多被商店所采用，大门摆成铺面，卸去栅板即可营业，这就是商铺的“开板”“关板”与“门市”“门面”等用语的出处了。

整个院落中各种房和其他设施的安排，各地不尽相同。大体上说，从前流行的是四合院，现在流行的是正房前一个方院。威海、烟台大多数地方叫“院子”，莱州及青岛等地叫“天井”。院中铺地，有用石板的，有用砖的，近河近海地方有用鹅卵石的。近年多造水泥地面，一般只铺通各屋及大门甬道。一进大门，一般设一个照壁，也叫“影壁”，有的单独建筑，有的镶在厢房的山墙上。照壁的作用是以防从门前经过的行人会一览无余地看到家中的情形。照壁一般分基座与壁身两部分。壁身多为正方形，在壁面上凸砌出一个两米左右的正方，顶端和四周多用特制的细砖小瓦构筑，有的还在砖瓦上刻纹雕花，异常精致。照壁正中多书“福”“寿”等大字，或画上“松鹤延年”“鹤鹿同春”等吉祥图案，近来时兴镶筑砖面或瓷砖拼成的大“福”字。更有喜欢在照壁墙下种花的，壁上画与壁下花相映成趣，很是雅致。

胶东地方的农家对四合院略作变动，不设西厢或东厢，而在院子的一侧修建猪圈和厕所，莱州等地的厕所叫“栏”，海阳、栖霞等地叫“茅房”或“茅厕”。为了积肥，有的地方还习惯将厕所与猪圈相通连。院中的排水沟有明有暗，统称为“阳沟”。旧俗惯例，院中所有的水，必须汇总由大门一侧排出，出门又必须绕过门前再流走。农家多养狗护院、养猫防鼠，因此在院墙的一角，还会给猫和狗留一个出入的小洞口，俗称“狗（猫）道眼子”，阳沟的水一般最后从这里流出去。

（2）居室配置及装饰

房屋建筑一般是正房高于侧房，由家长居住。胶东人的居住形式一般以东为大，长辈住东间。尤其过去婆媳不分家在一起住的时候，婆婆是一定要住东间的。夏天做晚饭在西间烧火，冬天做晚饭则在东间烧火。腊月二十三辞灶神也在东间的灶台后。

传统的民居格局以北屋为正房，东、西建厢房，南屋为厅房，南屋中用作通行的那一间叫“过间”或“过道”。现在的厅房、厢房多为平顶，以备晒粮所需，叫“平房”。房子的单位为“间”，以三间、四间和五间居多。

正房。一般为一明间、两旁间。明间建锅灶，做厨房用，又叫“正间”或“灶间”“灶坑”“灶坑旯旮”。两旁间建有火炕，叫次间，或叫“梢间”，做卧室用。有的在旁间两边各设一个套间，俗称“套房”“里间”，多用来储藏粮食、放置杂物。

在中国民间，灶神被尊为“一家之主”，进了门，就是两个灶台，胶东取暖主要用火炕，因而两边都建上锅灶，所谓“胶东一大怪，进门俩锅台”。胶东的灶屋在房子的最中间，为御寒取暖和炊事饮食提供了保证，成为全家活动的中心。通向正房明间的门从前多是板门，叫“家门”。夏季为取穿堂风，往往又装上一个矮门，称为“风门子”，冬季防风又常挂厚草帘。胶东地方房屋的窗子比省内其他地方都要大而敞亮，由于灶间就在室内，需要排烟排气，所以阴面的后窗也比别处略大。

正间的东西两壁中间各有一道门通向次间，次间为卧室，又分别称东屋家与西屋家，或称“东间西间”“东屋西屋”。东屋家与西屋家的布置，大体对称，只是建房时东屋面积较西屋稍宽几许。有的人家在次间地下还挖地窖，用来冬天存放地瓜、芋头等。次间一般有顶棚，从前有做木板棚的，称为“搁棚”或“板棚”，可以在上面储放很多东西，还可以放置地瓜、芋头等，和地窖的道理一样，都是利用火炕的温度来保证它们在冬天不受冻。没有“搁棚”的一般要吊天棚，俗称“仰棚”或“仰墙子”，栖霞地方叫“虚棚”“仰障”，很是文雅。扎仰棚需要找会这种手艺的工匠来做，先用胡秸（高粱秸）扎好架子，然后糊上专用的花纸。在边沿处，用黑色或绿色纸条走边，在中心和四个角，还会用剪纸来装饰。整个仰棚就像一个硕大的工艺品，尤其是为新婚夫妇扎制的仰棚非常喜庆漂亮。新盖的房子，糊起了顶棚，就可以入住了，旧的房子重新糊一下顶棚也能够焕然一新。多年用过之后，还可以重新扎糊新仰棚。

东屋家和西屋家各在南窗下砌一个炕。以东炕为例，从房门框的南侧起，炕外边东西方向，用砖（或土坯）筑一堵固定的矮墙，高二尺多，称为“炕墙子”或“炕帮”。在“炕墙子”中间下方开一个小洞，以备严冬时填柴烧炕，叫“炕洞门”。同时，西壁子下方有洞通灶间锅底，灶间烧火做饭，也可暖炕。筑炕称为“盘炕”。盘炕的主要材料是加草筋（有的还加木棍儿）制成的一种大土坯，叫“坯”或“墼”。盘炕时，关键要使烟道通畅。铺炕用长麦秸草，草上铺席。席有苇席与高粱秸篾席，通常用秸篾的原色，家有新婚喜庆事则用红篾席。

胶东炕的设置非常合理实用，既烧了饭又取了暖。烧热的炕能舒筋活血，睡在上面非常解乏。炕近灶的一边叫“炕头”，东壁之下为“炕腚”。早晨起来以后把被子叠成长方条形，统垛在炕腚上。有的人家还备有一种窄的长桌，叫“被搁子”，放在炕腚处，被子垛在桌上，使炕上有更多的活动余地。女人的针线笸箩放在炕腚外边。炕的主要功能是睡觉休息，但同时也是一个家庭活动的中心。在炕上吃饭、拉呱儿，剥花生、剥玉米等，更不用说大姑娘小媳妇在上面剪裁、缝补、刺绣、编织了。人们还在炕上发酵子、发面、生豆芽儿、孵鸡鸭等。一开春，甚至还腾出一个炕“畦地瓜芽子”，用炕温来培育地瓜的秧苗，叫“地瓜炕”。炕在今天依旧为一些老年人所钟爱，但现在年轻人盖房子，多已经不盘炕，即使盘一铺炕，也主要是睡床。农村人“冬睡炕，夏睡床”的习惯正在逐步形成。

客屋。从前富足之家，多把临街的倒厅房当作客屋，叫“倒厅房”或称“客屋家”。客屋三间半，一间被用作街门过道，其余不再间隔，成为待客、举行婚丧仪式和年节间祭祖祀神的地方。客屋的陈设，因家主财力的不同，规格不一。豪富之家，设屏风，藏字画，用红木雕花、镂饰的家具，陈列古董等。一般人家陈设并不多，迎门放一张方桌和四把太师椅，在此接待男客。桌子上方，挂中堂画，画两旁配对联。南墙的东头，放一个两端翘起的长几，俗名“香几子”，举行仪式时，可放香、纸、蜡烛等物。东墙下放供桌。北墙下则放一张用料粗重、做工细致的红漆大床，名为“寿床”，专为家有丧事时停尸停棺之用。

厢房。正房两边的配房，统称为“厢房”。在西为“西厢房”或“西厢”，在东为“东厢房”或“东厢”。富裕之家大都以厢房为储藏室，因它采光不好，不宜居住。特别是东厢房，冬季日出三竿不上窗，夏季西山日头令人难耐，有俗语说：“有钱不住东厢房，冬不暖，夏不凉。”

耳房。屋宇式大门门洞旁边的小间称为“耳房”，旧时的大户，往往让长工住，兼作门卫。

（3）室内陈设及起居习俗

屋内的摆设以东屋家为例。房门多为单扇，房门外挂门帘，过去家境不富裕的人家不做房门只挂门帘。门帘有蓝印花布、彩印花布、绣花门帘等样式。门左设铜制“门帘钩”供搭门帘用。夏季则摘下布门帘换用竹门帘、草珠门帘或草编门帘。

迎着房门，靠东壁与炕墙子放一口半橱柜，名为“小柜”或“半橱”“橱桌”。高可平胸，橱面上有一对木扇柜门，上部有三个抽屉，柜门及抽屉拉手处都有铜饰，俗名“饰件”“饰器”，橱桌通体饰紫红漆，用来收藏衣物。

柜上的摆设，有固定的习俗，统称为“柜顶”或“柜面子”。一般格局是：靠里面摆一件几乎与柜顶等长的条形柜，名为“匣几子”“桌几子”或“匣柜儿”，做工精巧，多有镂花雕饰，配铜饰件，饰紫红漆。“匣儿子”正中摆座钟，座钟左右摆一对绘彩瓷瓶，名为“毛筒”。毛筒内或插纸花，或插鸡毛掸子。后来也有不摆毛筒而换用花瓶或“罩花”的。小柜上方常悬挂一幅大画，或一面大镜子。20世纪50年代之后又时兴挂镜框镶众多亲人照片。

靠北墙放一张方桌，左右各设一杌子，前方则或放一个大罗圈椅子，或放一个条凳，俗名“二人凳子”“春凳”。桌、杌、椅、凳也都用紫红漆装饰。

北墙旧时一般没有窗，镶一个壁橱，名为“夹柜”。

小柜北端，有门通向“里间”。里间又称“里屋家”“里间炕”“半间子”。也有房门，也挂门帘，一般作为收藏旧物的地方。家庭人口多时，也可盘炕住人，但面积较窄。有的地方，每年入秋用里间炕存放地瓜等。

西屋家的格局、摆设一般与东屋家对称。只是西屋家没有里间，与小柜并排放着的是一口大柜，大柜高过人头。柜顶上又放一口大板箱，称为“衣箱”。大柜、衣箱也都饰紫红漆，在柜门、箱口饰圆形铜件，配横式长铜锁。箱柜红亮，饰件金黄，这一风格流传了不知几百年。

3. 精致考究的装饰艺术

人们极为注重民居的装修与装饰，而不同的装饰风格与一个时代的审美风尚密切相关，也与各区域人们的审美习惯相联系。室内外的装饰艺术与整个造型艺术协调一致、紧密相连，包括雕刻、绘画、室内装饰。无论是檐头的瓦当、檩榫的雕花图案、砖墙的大幅浮雕、门窗上的木雕，还是廊前的漆栏、椽头的彩绘、房顶上的砖雕坐兽等，都标志着宅居的民俗性格。

这些装修、雕饰、彩绘处处体现着民俗民风和传统文化，表现出人们对幸福、美好、富裕、吉祥的追求，如以蝙蝠、寿字组成的图案，寓意“福寿双全”；以花瓶内安插月季花的图案寓意“四季平安”；而嵌于门簪、门头上的吉辞祥语，附在抱柱上的楹联，或颂山川之美，或铭处世之学，充满浓郁的文化气息。更多的图案，表达了人们求吉避灾的民俗心理。如寿比南山、双鱼吉庆、鹿鹤同春、竹兆三多、竹报平安、梅开五福等，这些装饰图案的题材选择相对稳定，地方性、民族性特征也很突出，通常以象征、寓意的手法，表达人们美好的愿望。可以说，传统民居就如同一座中国传统文化的殿堂，中国传统文化的元素在民居建筑上都可以找到。

（1）民居装饰常见的传统文化符号

文字类有福、禄、寿、喜、卐字及其变体；器物类有云纹、回纹、如意纹、钱菱花纹、琴、棋、书、画、暗八仙、八宝、杂宝等。

动植物类有松、竹、梅、兰、竹、菊、荷花（莲子）、桃、石榴、佛手、葫芦、鱼、蝴蝶、蝙蝠、蛙（蟾蜍）、龙、凤、麒麟、龟、鹤、狮、虎、鹰等。这些图案符号除了单个和成套出现，还常以组合的形式出现，如以蝙蝠、寿字组成的图案，寓“福寿双全”，四角四只蝙蝠加中间福字则为“五福临门”，五只蝙蝠加中间寿字则为“五福捧寿”；“瓶”寓平安意，以花瓶内插四季花寓“四季平安”，插牡丹寓富贵平安；升内插三支戟，则为“连升三级”；其余有松鹤（鹿）延寿、鹤鹿同春、喜上梅梢等，不一而足。

人物类的图案常取材自神话传说、戏曲故事、劳动生活等，有“八仙过海”“刘海戏金蟾”“福禄寿三星”“和合双仙”“渔樵耕读”“婴戏”等。此类纹饰形象复杂，较难表现，因此作品较少。

（2）民居装饰的主要建筑构件

民居装饰最主要的就是大门，大门是进入整个房子的必经之处，人们从外面第一眼看到的首先是大门，因而有“门户”一词，门也如同主人的脸面一样，就如门脸、门面一样重要。门楼是古民居的门面，既体现了当时工匠艺人的加工工艺水平和艺术改造能力，也充分反映了房屋主人的地位和级别。

大门大致可以分出这样两类，即屋宇式门和随墙式门。前者有门洞，门占一间屋；后者没门洞，只在墙上开门。以屋宇式大门最为讲究，由许多构件组成，门楼、门墩、门簪、挂落、香窝子、廊心墙、竹报石、走马板等，各有雕饰，表达人们的审美诉求和民俗心理。另外，花格窗、屋脊、照壁、外墙上的墀头、拴马桩、墙体、墙头等都是能工巧匠大展身手的地方。

表示吉祥如意的传统文化符号还出现在瓦当上，符号图案有八卦图、太极图、阴阳图，也有变体的阴阳鱼，体现胶东海洋文化和渔捕文化特点；动物以蝴蝶最多，且有各种变体；花卉图案多样，以万年青、梅和莲花居多，还有不知名的小花图案；文字图案中，福禄寿喜都可见，寿字最多，也有长寿、团寿等各种变体。除了瓦当上的花纹，民间建筑师还将瓦当黏结、拼凑成各式花样，如铜钱型、鱼鳞状等，表达不同的民俗意义。

（3）叹为观止的三雕艺术

石雕、砖雕、木雕历来是建筑的重要组成部分，它们共同构建了美的艺术。民居的装修与装饰，更多就是体现在民居的三雕上。石雕主要体现在石鼓、门枕石、拴马桩、墙体上，主要的石质为青石、汉白玉等；砖雕主要体现在照壁、墀头、屋脊、廊心墙上等；木雕主要体现在门窗的雕刻、门簪、挂落、走马板上等。

许多木雕、砖雕、石雕，既是富有美感和民族特色的艺术装饰，更具有内涵丰富的功利性和教育意义。如取材于桃园三结义、苏武牧羊、将相和、二十四孝的图案等，就贯穿了“仁、义、礼、智、信”的教义及忠孝思想，希望家门兴旺，后代出息，光耀门庭。胶东民居的装饰无疑有独特的地域文化内涵，如受道教影响，暗八仙、云八仙、太极图、八卦图等与仙道文化关系密切的图案高频率地出现，受海洋和鱼捕文化影响，会出现别处多不见的海洋动物图案等。

4. 严谨考究的建筑民俗

（1）建房

民间建房，向来被视为大事，从动工到落成，有各种不同的仪式与活动。决定盖房，开始备料，拉石头，搬泥沙，绑把子，编笆，亲朋必来帮忙，谓之“邻帮相助”。从前，择房基地要请“地理先生”或“阴阳先生”看风水。相中之后，择吉日请瓦匠丈量、“开基”。开基这天，放鞭炮，房主一般还要付赏钱给“掌尺人”。开基的同时，请木匠来做门窗框，砍房架（梁、檩、椽）。开基后请人挖地基、打夯。砌墙基用石料，齐腰时加一行砖，名为“腰线砖”或“腰带线”，腰线砖上砌小壑，外墙皮用麻刀抹上沙灰。砌墙过半，安门窗框，事先必贴好“安门大吉”“安窗大吉”的红纸横批。墙砌到房檐处为“平口”，两面山墙有用柱的，名为“盘山柱”，大梁用柱的，名为“顶梁柱”，房梁从前多用“三炷香”，后来普遍用“八字木”“钢梁”。

建房的高潮是“上梁”，上梁时举行仪式，设供，放鞭炮，唱喜歌，扬饽饽，又有贴红对联、挂红、做面老虎守门等风俗。什么时辰上梁由瓦匠掌尺人提前告诉“东家”（房主）。时辰一般都在“正晌午时”。上梁时间确定后，“东家”即遍告亲友。到了上梁这天，亲朋携礼来参加上梁仪式，名为“贺房”，携红布为贺的，名为“挂红”。上梁之前在梁木和檩木（脊檩，民间称脊印）上贴横批、竖联。一般有“上梁大吉”“安印大吉”“游龙戏凤安玉柱”“春暖花开上金梁”“青龙盘云柱，白虎架金梁”等。脊印正中，横着扎两双筷子。上面的一双，横排三枚铜制钱，从两双筷子的正中垂下一条红绳儿，绳上竖排系铜钱和红布。所用制钱，以铸有“太平”“康熙”字样为好。筷子、制钱、红绳、红布这一套装饰物，通常被解释为求吉利，寓“快（筷）发财”的意思。脊印上事先缠绕上鞭炮。上梁这天天不亮，“东家”先将四个面做的“圣虫”放在房架的四个“码头”上。吉时到，“东家”先安排人在房架四周燃放爆竹。这时，全体木匠、瓦匠及帮忙人一齐动手拉梁上架，钉椽子，只留下脊印不钉。到这时，“东家”将一对面塑老虎摆到正间两壁的壁龛里，抬一张方桌放在正间地的中央，桌上燃一对红烛，以鱼、肉、菜肴、十个大饽饽为供，有的地方还要放上木匠头和瓦匠头的斧子、瓦刀，再拜脊印。这些活动过后，木匠与瓦匠两位掌尺师傅边念喜歌边上房架。念喜歌没有定规，两位师傅可以你念一句，我念一句，也可以你念一段，我念一段，由一人念到底也无不可。喜歌的词，有传统套路，也有即兴的作品。

脊印到顶安好了之后，两位师傅再次放下红绳，木匠拔斗，瓦匠拔酒。酒要红酒，斗用柳斗。斗内装八刀谷草（用铡刀铡谷秸为草节，共铡八刀）、八个红枣、八个铜钱、八个栗子、八块糖、八块发面、八块糕，此外就是做成虎、龙、凤、花、佛手、桃、蝴蝶等各种形状的小饽饽，数目或33，或66，或99。蓬莱地方，如果家长的年纪超过60岁，饽饽要随年龄增长每岁一个；如果不够60岁，则数量要加倍。斗口上放两个面做的大圣虫，用红布扎好。这两个圣虫拔到房顶后，一个归木匠掌尺，一个归瓦匠掌尺。酒与斗拔上房顶，瓦匠打开酒瓶，沿脊印洒下，木匠拆开封斗红布，边唱边扬饽饽或糖块，早已等在下面的人群，纷纷抢饽饽、抢糖块。这是上梁仪式的高潮，喜歌唱得特别热烈。

东家接下空斗与空酒瓶后，上梁仪式就结束了。俗谚说“上梁的酒，古来有”。当天中午，亲朋、匠人、帮工相聚在新房下，欢饮一醉。

（2）迁居

俗名“搬家”，书面语叫“乔迁”。迁入新居以后要贴一副新对联：“移来新舍寓，还是旧邻居。”表示新邻与旧邻一样亲密。迁居停当，备酒饭请四邻，名为“喝邻酒”。从前搬家要看吉日，一般都在夜里搬，到现在胶东地方的一些农村仍流行此俗。有的是怕寒碜，但更多的是怕露富，怕别人看见自己的家底。不管在哪里，吃饭是首要的事情，因此蓬莱地方搬家要先将做饭的铁锅安好，预先包好饺子放到锅里，第一顿饭要吃饺子，然后再搬其他的家具和用品。

迁居有“稳锅”习俗，又叫“支锅”。搬了家，亲朋好友陆续会来稳锅，有些地方年轻人搬家后，首先来贺的必定是岳父，带的礼品一般是厨房用的灶具等。近些年来，礼物不定，有送礼金的，有送家用小电器如微波炉、电磁炉的，有送床上用品的，随需要而定，但比从前档次普遍提高。烟台一带要带一片肉（斤两必是双数）、两条鱼、青菜、豆腐、蒸的发糕。取鱼（余）腥（兴）、豆腐（福）、发糕（又发又高）意。长岛等渔村，一般要带锅碗瓢盆等炊具，不论贵贱多少，一定还要带一把红筷子，“红”象征大吉大利，生活红火；“筷”象征财源快来，儿孙早成气候。

三、胶东饮食民俗

“民以食为天”，五谷杂粮是人们赖以生存的基础。无论什么时候，饮食民俗都是民生最重要的组成部分。饮食不仅满足了人们的生存需要，也因其不同的地域特点具有了特殊的民俗特征，表现了不同地域的人们对饮食的独特审美情趣，而从一日三餐的变化中也可以看到不同社会和时代的历史文化踪迹。胶东具有山、海、平原与湖泊等地理特征，物产富饶。作为一种活态的民俗表现形式，胶东饮食也便具有了不同于其他内地饮食的地域特色。

1. 首屈一指的福山菜

胶东半岛素有“山东明珠”之称，海岸线长达2000余公里，沿海岛屿星罗棋布，海产品极为丰富，仅近海的鱼、虾就达260余种。此外，还有数量可观的贝类、软体动物等。胶东多为丘陵地貌，也有小面积的平原地带，良田沃野，气候温和，物产丰富，主产小麦、豆类和桑麻，丘陵地带盛产各种水果。

无论是说起我国的四大菜系或者八大菜系，鲁菜都为各菜系之首。鲁菜中重要的一支即为胶东菜。胶东菜又称福山菜，是胶东沿海青岛、烟台、威海等地方风味的代表。胶东人自古擅长烹饪，福山素有“烹饪之乡”的盛名。胶东菜早在春秋时已有相当成就。后经汉、晋、隋、唐历代发展，成为鲁菜的重要组成部分。据《福山县志》记载：胶东菜大约形成于元、明间。明末清初，胶东人外出谋生并大量进入北京，将胶东菜带入北京，并成为京都菜的主流。此后，福山厨师在国内外各处开业，使福山菜的风味传遍天下。清末以来胶东菜又形成以京、津为代表的“京帮胶东菜”，以烟台福山为代表的“本帮胶东菜”和以青岛为代表的“改良胶东菜”。有俗谚说：“要想吃好饭，围着福山转。”“东洋的女人西洋的楼，福山的大厨压全球。”鲁菜的另两个主要分支济南菜和济宁菜口味以鲜咸为主，以烹制河湖水产及肉禽蛋品见长，与之不同，福山菜以烹制各种海鲜见长，讲究清鲜，讲究用料，刀工精细，口味清爽脆嫩，保持菜肴原料的原有汁味，长于海鲜制作，尤以烹制小海货见长。

福山菜发展的鼎盛期在20世纪二三十年代，以原福山城内吉升馆烹制的菜肴最为有名。当时的吉升馆汇聚当地名厨，烹饪技艺有：炸、熘、炒、烧、扒、焖、烤、炝、拌、氽、烩、蒸、煎、熏、拔丝、蜜汁等手段，所创菜品以色、香、味、形并重，口味注重清淡、平和，讲究原汁原味。福山菜共有传统名菜300多种，现在常见的有100多种。主要有熘黄菜、糟熘鱼片、雪花丸子、熘虾仁、虾籽海参、炸蛎黄、浮油鸡片、氽双脆、氽五丝、全家福、清蒸加吉鱼等。那时的福山县城周围只有三华里之长，人口仅五六千人之数，可谓弹丸之地。但就在这小小的县城里，有名气的饭馆、食铺就有三四十家。除有名号的较大饭馆外，开设在县城内外主要街道上的小型店铺，如羊肉馆、烧鸡店、饺子馆、包子铺、锅饼铺、烤饼铺、火食铺、麻糖（油条）铺、鱼果子铺等也有二三十家。在这样一个小小的县城里有如此多的饭馆食铺，确属罕见。

福山菜传入青岛，青岛菜在保持福山菜的特点之外，融入西餐技法，新创了不少菜肴，自成一派，成为改良胶东菜。改良派胶东菜广泛吸收西餐技艺，采用果酱、面包等原料。代表菜品有：雪丽大蟹、扒原壳鲍鱼、三彩大虾、梅雪争春、烤加吉鱼、茄汁菊花鱼、烤大虾、炸虾托、咖喱鸡块、氽西施舌、油爆双花、龙凤双腿等。

2. 精致大气的居家饮食

生活中，每个人都是自己和家人的厨师，虽不经专业培训，但也讲究“调和”与搭配。胶东的家常饭中，有许多做法特别、风味独特的食品，可以说一家一个口味，一家一个做法。长期以来，中国的居家饮食差不多都取决于家庭主妇，尤其在农村，“男主外，女主内”的社会分工使得这一状况一直存在。一个母亲会影响到一家人的饮食习惯，女儿、媳妇都会继承沿袭下去。而从小吃惯了的口味和习惯，一辈子都改不了。由于取材随意，烹饪随心，居家饮食也尤其显得复杂多样，异彩纷呈。

（1）食制

境内大多数地区是三餐制，一日三餐，一餐叫“一顿”，三餐各有名，各地称呼不同。早餐，又称“早饭”“早起饭”“朝饭”“头晌饭”。午餐，又称“午饭”“晌午饭”“晌饭”“吃晌”。晚餐，又称“晚饭”“夜饭”“黑夜饭”“下黑饭”“后晌饭”等。吃饭叫“吃”、叫“啖”（方言读作 dǎi）。过去喝稀的时候较多，所以文登、荣成的一些地方则说“喝”（方言读作 hā），三餐分别称为“喝朝”“喝晌”“喝夜饭”。早饭一般喝稀饭，中午饭最要紧，一般做点蔬菜，吃主食。晚上不再劳作了，全家喝稀的，以稀饭、面条为主。农忙时，家里的壮劳力一天都在地里，甚至“起五更，拉半夜”，早饭、午饭由儿童或妇女送到田间地头。

过去两餐制也较为普遍，吃两餐，主要是因为粮食金贵。一般根据农活的忙闲决定，农闲时候吃两餐，胶东地方阴历十月初一日，习惯上为辞工日，农业上也“地了场光”，且昼短夜长，因而多吃两餐；等到二月二，农活开始，雇有长工的人家从这天开始吃三餐，一般人家仍坚持到清明才吃三顿饭。

吃饭的时间大多固定，孔子在《论语·乡党》中就提到“不时不食”的原则，老百姓平日也认为到了饭顿的时候才应该吃饭，叫“赶饭顿儿”，若看到有人家不按常时吃饭，则认为不讲规矩，会说“不晌不干的吃什么饭?”农村早饭一般在上午八至九点，午饭约在下午一至二点，晚饭约在下午六至七点。农忙季节则饭无定时，一般都要推迟。

正餐之间加餐，叫“吃垫饭”，有叫“垫补”的，吃零食叫“吃零嘴”，也有叫“搬零食”或“搬零嘴”的，殷实的人家有清早起床后先喝点鸡蛋花或用开水冲食炒面、桃酥的习惯。用于“垫补”的小食品，因地区和时代不同而有所区别。旧时多吃大枣、栗子、核桃等干果类，农村则为炒面、稀饭、茶汤、煎炸鸡蛋、自制的干粮点心及熟地瓜干、熟芋头等。现在则不同，除了干果、土特产食品外，各种方便食品、休闲食品、糖果、瓜仁等不可胜数，日益成为人们丰富饮食生活不可或缺的一部分。

（2）日常食品

胶东地方的饮食风俗，整体说来属于北方类型。粮食类称主食，过去的主食是玉米、地瓜及杂粮食品，小麦近30年才发展为主食。其他可食用的食品称副食。副食又分为“荤”和“素”两大类。荤，即肉类：猪、牛、羊、鸡、鱼、鸭；“素”即蔬菜类和瓜果类。副食中的荤素菜肴和小菜，品类不同，而其调味均以咸鲜为主，辛辣次之，甜味最少。

粉食属的主要有汤煮类：面糊、面疙瘩、面穗、面片、面条、馄饨、饺子等；笼蒸类：馒头、花卷、窝头、包子、饺子、蒸饼及各种糕；焙烤类：主要有烧饼及其变形。烧饼只是一个泛称，不同的地方，形状、做法都有不同，根据做法、馅料的不同也有不同的叫法，有单饼、干饼、油饼、发面饼、馅饼、火烧等；油炸类：结婚、过年等时候过油的东西很多，因为过油之后耐储存。

粒食属的主要是米饭，大米饭在过去是稀罕的饭食，只在过年过节来人待客时才吃。平时自家主要吃二米饭（大米、小米）、小米饭、高粱米饭、玉米饭、䅟子米饭、黍米饭等，并常掺入红小豆、黄豆或绿豆等一起煮。麦粒灌浆后也可煮食，称之为麦饭。

粥类，由于粮食的金贵，煮粥一直伴随着人们的三餐，即使农忙时，也要喝点稀的。“忙时吃干，闲时喝稀”，是深植于乡土的百姓的一种观念或习俗。威海、烟台的一些地方叫做饭就是“熬饭”，表现出在粮食不充盈的时代，粥在人们生活中的地位。一切谷米都可以做粥，大米、小米、高粱米、苞米馇、苞米面等，还有菜粥、果粥、肉粥、鱼粥等。

各地的日常食品因自然环境、生产生活环境不同而显现出不同的风俗，以海岛与山区为例。

海岛居民世代捕鱼为业，从前过的是以鱼代粮的生活，饮食风俗因此而特别，几乎每饭必鱼。海岛居民吃玉米饼子就咸鱼，就鲜鱼，就鱼酱。蒸咸鱼不佐油，佐油人反笑话“像山里人一样”。吃鲜鱼喜“一卤鲜”（略用盐），加韭菜花蒸食。“鱼酱”“虾酱”只是总称，细分有许多种：牙扁鱼酱、虾头酱、出海的渔船在船上腌制的“走人蟹”（海怪）蟹酱、用鲐巴鱼肚腌成的“鲐巴拐子酱”、鱼子酱、用小扣子蛸做的“海兔酱”等。腌咸菜不用盐，用腌鱼的鱼汤。做菜不佐酱油，佐“鱼卤油”。海区人的主要日常饮食还有：

鱼面。水煮鲜鱼块，开了锅，加进面条、青菜再煮，煮熟了，鱼、面、菜和汤混杂在一起，连汤带面吃下。渔民能一边从一个嘴角扒进鱼面，一边从另一个嘴角吐出鱼刺，功夫了得，让外乡人看了目瞪口呆。渔船上的美餐有“刀鱼喂儿面”“廷鲅鱼过水面”等，船上的生活真正是“无鱼不成饭”。

菜米汤。又称“鱼冻”，合玉米面、山菜末、鱼丁、黄豆煮成粥，佐香椿末、韭菜花食用。渔民视为美食，常常用来待客。

海菜角子。用地瓜面或高粱面擀皮，用海中拾来的“黑腥子菜”和鱼米为馅。海菜包子则用海白菜和肉做馅。

海边人赶海，常常随身带一块玉米饼子，从礁石上打取海蛎子的时候，现场就着饼子吃生蛎肉，外乡人难免啧啧称怪，他们却人人习以为常，而且有口皆碑：“真鲜溜”。生吃的不只有海蛎子，还有虾、蟹子、海胆、蛤蜊及新鲜的海蜇等。胶东人不只能“生吃蟹子活吃虾”，还摸索出了一套海鲜原料与菜蔬的最佳搭配，鱼蔬搭配烹肴，最讲究的是所选原料的时令性，如春分后用加吉鱼配着茼蒿、香椿焖，清明后小白菜熬鲐鱼、雪里蕻焖鲐鱼、茼蒿焖刀鱼，立夏后用梁鱼配着发芽葱白焖，秋分后用黄鱼配着土豆焖等。其余还有蒜薹焖梁鱼、咸鲅鱼焖大白菜、萝卜丝熬鲫鱼、萝卜块（片）熬辫子鱼、豆腐炖大头鱼、茄子焖鲶鱼、雪里蕻熬梭鱼等。民间还有顺口溜与之相配，如“千滚豆腐万滚鱼”“鲶鱼炖茄子，撑死老爷子”等。鱼蔬结合的佳肴源自民间，属于家常菜的范畴，具有浓郁的乡土气息和风格特点，民间主妇多能烹食，现在酒店、宾馆的名厨高手也擅此道。

山区等不临海的地方，日常饮食受条件制约也形成了特有的风貌。

地瓜是胶东境内山区人们的主食。刚刨出的鲜地瓜煮着吃，又沙又面，像吃栗子；而入了冬，地瓜被“困一困”之后，水分少了，糖分浓度高了，绵软稀甜的，一吮就满口含蜜般甘甜。鲜地瓜除煮食之外，还有许多吃法：煮熟，搓成“地瓜泥”，和玉米面烀饼子，和面粉作饼，和豇豆作馅包、豆包，都是调剂生活的好手段。把地瓜礤成丝，加水，慢火熬成稠粥，甘甜润滑，俗称“地瓜稀的”。将熟地瓜剥皮、切片，晾大半干，封存在瓦缸里，不久糖分泛出来，表面就形成一层白醭，名为“熟地瓜干”，柔韧耐嚼，香甜而略带酒香，是乡村孩子秋冬季节的美味零食。把地瓜切片、礤丝晒成干，也易于保存，农家春季烀地瓜干、地瓜丝作为主食，能一直接济到新麦上场。人们还将地瓜干、地瓜丝碾成面，创造了地瓜面食品系列。和面烙饼，叫“地瓜饼”；用白面包地瓜面，擀成薄片切面条，外白内黑，称为“包面”或“猪耳朵面”，浇上卤，就已经不算粗粮了。有一种用专用礤床礤出的地瓜面条，上锅蒸熟，过水，浇卤食用，卤非用鲜鱼汤、鲜蛤蜊汤不可，鲜美无比，尤以刚下船的马面鱼（俗称“扒皮狼鱼”）卤最为美味。用鲜地瓜泥和面炸油条、炸面鱼，也松软香甜。

地瓜之外，山区种芋头也很多，过去芋头在农家日常食品中的地位，低于白面而高于地瓜，人们常常烀熟嚼烂来喂孩子，乡村许多断了奶的孩子是“用芋头抹出来的”。芋头也能变出许多花样吃法。入秋，把新刨的芋头，放在筐子里，把筐放在溪流中，用一截玉米根不断搅涮，皮皮毛毛，旋即随水流荡去，一筐的芋头就变得干净洁白。切成块，放在院子里“过夜露”之后，芋头块变成了微紫色，爆锅煮熟，吃起来香喷喷、滑溜溜的，既当菜又当饭。切点芋头片一水来煮豇豆面条，芋面共食，有一种特别的清香润滑。用煮熟的芋头为汁为筋和地瓜面擀皮做饺子，样子、风味也都是山区所特有的。

山区以菜代粮，方法也很多。剁菜为末，掺面做饼子，叫做“掺菜饼子”。粗粮面（如玉米面、高粱面、地瓜面）包菜馅做成的包子，叫做“菜角子”。山中更有美味的野菜，初春时候，蕨芽初发，紫色嫩胖，叶拳拳未舒，称为“小孩拳”。采摘回家，热水焯过，可做成包子馅，也可以拌凉菜、炒热菜。嫩苦菜蘸面酱，爽口去火。榆树钱儿能生吃也能蒸熟吃。香椿芽可盐渍，可炒鸡蛋，也可油炸。用山蚂蚱菜包包子，嫩荠菜包饺子，初夏包槐树花包子，做槐树花饼，都是不可多得的美味。

山区的菜肴、零食往往就地取材，自成习俗。养蚕的地方，无论桑蚕、柞蚕，缫丝之后，蚕蛹就成了盘中佳肴。由蚕蛹而延及到遍处可得的松毛虫蛹，因为毛刺多，吃前要在河滩上架柴火“燎毛”，吃得那叫勇敢。立秋之后，下雨又天热，山中蕈菌丛生，山民们称之为“蛾”“粘蛾”，“粘蛾”炒辣椒是应时的好菜。山中的野味，如野兔、麻雀、刺猬等，也没有什么是不能吃的。孩子们烧食的东西更多，各种蝉、各种蚂蚱、葫芦蛾子、甲虫、“水牛”，钻进地下越冬的豆虫、危害树木的“哈虫”、藏在玉米棒芯中的玉米虫子，甚至连人人见而畏惧的“百刺毛虫”化蛹之后，都可烧成喷香的吃食。

（3）节日饮食

几千年来，人们春种夏锄秋收冬藏，靠天吃饭，根据四季气候，探索出一套劳作的规律，形成了一系列传统节日，许多节日都有特定的节日饮食。在艰难的日子里，这些民俗节日让人们消除了常年劳作的疲惫，也借此来补充劳动消耗的营养，表达心中不同的祈愿，简列如下：

正月初一，通行较广的是早饭吃水饺，其中包藏枣、栗子、糖、糕、硬币等物，以求在新一年的第一顿饭就有一个好彩头。有的地方吃素馅饺子，希望一年素净；敬神的饺子也不能带荤，因为神也不喜琐事烦扰。有在正月初一吃芋头的，取“连年有余”的吉利，也有吃地瓜的，边吃边念：“正月初一吃地瓜，打的粮食拄屋笆。”

正月初二晚上或初三早上，吃饺子，要送神。

正月初五，商家称为财神生日，称“路头日”。开门营业为开市大吉，吃象征元宝的水饺，叫“捏五”。

正月初七，为人日。烟台许多地方把正月初七、十七、二十七日分别称为“小人节”“中人节”“老人节”，大部分地方中午吃面条，谓之“拴（或称拦）小人”“拴中人”“拴老人”。晚上吃水饺，如初七包水饺叫“包小人儿”。

正月初八，为谷日，吃面条，所谓“擀杖转一转，一亩打一石”。

正月十一，俗称“庄稼生日”“庄稼会”。吃稻、谷、麦、豆、黍干饭，供天地众神，祈求丰收。蓬莱地方说是谷过生日，吃小米干饭。

正月十三，沿海的地方过“管海”或“渔灯节”，包饺子。

正月十五，元宵节。包饺子，还自做元宵，把馅团成丸，蘸水，用簸箕盛糯米面，把团好的丸儿放在里面，反复滚动，叫“滚元宵”。节前用豆面做各式灯盏，节间到处点燃，节后收残灯，切成条代豆腐熬菜吃。也有的在元宵节做“茧饽饽”“钱龙”“圣虫”等面食。“钱龙”供财神，“圣虫”分别放在粮囤、草垛里，这些东西都要留到二月二日大家分吃。

正月二十一，为麦子生日，吃面条。据说这一天如果用一片瓦将一墩麦子盖住，这墩麦子今年就会不长麦穗。人们并以这一天的晴阴来预卜当年麦子的收成好坏。有俗语说：“给吃不给吃，单看正月二十一。”

正月二十五，为填仓日。海阳等地以正月二十五为“满囤姑姑生日”，家家在粮囤前供奉包子和面鱼，意思是“保（包）险（馅）连年有余（鱼）”。这天天气晴朗，乡俗认为主当年粮食丰收，谚曰：“收不收五谷，单看正月二十五。”龙口地方称正月二十五日为“龙凤日”，吃面，名为“龙凤面”。

立春，吃春饼，用白面做成薄饼，另外炒菜，用薄饼卷了吃。也吃萝卜，叫“咬春”。

二月二，吃面条，叫“龙须面”。用糖水浸泡黄豆粒，晾干，炒食，叫“炒豆儿”“糖豆儿”或“咬虫儿”；莱阳地方叫炒“面棋”“蜜豆”。也有的人家爆苞米花儿吃。有的地方吃年糕，并有俗谚“二月二吃年糕，壮筋骨不闪腰”。龙口地方把过年时留的最后一点年糕切块用油煎来吃，有的地方吃葱油煎饼，有的地方也吃水饺，也有在这一天午饭吃猪头的，名为“龙抬头”。

三月三，沿海多数地方称这天为“小媳妇节”。节前新媳妇回娘家，三月三日回婆家要带回许多面做的燕子，广泛送人。巧手制作的燕子各种各样，个个彩绘，精美如工艺品，惹人喜爱，多不舍得吃，摆在柜头成为装饰。

寒食节，莱阳地方在日出前做好一天吃的饭食，煮鸡蛋、做高粱米饭。

清明节，吃煮鸡蛋。莱西地区比较特别，在这一天吃粽子。长岛、蓬莱一带说这天是“驴生日”，这一天一定要吃高粱米稠粥。饭熟后先盛一碗喂驴。有的地方吃五样粮干饭，也先盛一碗给牲口。

五月端午，包粽子，煮鸡蛋。粽子中多枣，因此又称“枣粽子”，有黄米和白米两种。

五月十三，胶东许多地方称雨节，吃面条。

夏至，煮新麦粒吃，龙口地方还用青麦粒磨“连展”吃，福山叫“碾转”。多数地方是吃面条，有“冬至饺子夏至面”之谚。

六月六，家家户户蒸包子，俗话说：“六月六，看谷秀，碗大的包子一包肉。”在岛上还食炒面。莱阳则是蒸新麦饽饽在庭院中摆供，谓之“献新”。

七月初一，农历年过了一半，吃“半年饺子”。有的地方在六月初一过半年，并有敬天的习俗，供品为新出锅的热饽饽和西瓜、李子、桃、杏等水果，奠酒、奠茶和发纸之后，家长在香台前跪地向北叩头，意在感谢苍天赐福，取得粮食瓜果丰收。

七月七，吃巧果。民间家家户户做巧果，用木模（搕子）搕小饼烙熟，名为“搕饼”“巧果”“小果”“花儿”“巧饽饽”，形状各异，有瓜、石榴、小鸡、小鱼、小猴、小狮子、小篮子等，惟妙惟肖。烙熟之后，有的染为七色，有的用红色点染，用长线穿成串，尾端系沙果或花布，挂在墙上作为装饰。也有的穿成一个圆环挂在小孩脖子上，边玩边吃。

七月十五中元节，祭祖，吃饺子或包子。

八月十五，中秋节。晚上喝酒、吃菜，还包饺子，吃时令水果，尤其要有西瓜。吃月饼往往是一家人分着吃。莱州地方还做“月儿”与“月鼓”。

九月九，重阳节。旧时各地在这一天蒸枣面花糕，叫“菊花糕”，饮菊花酒，吃菊花火锅。莱州等地方把重阳就近的几天称为“羊肉会”，烹食羊肉。

十月初一，寒衣节。蒸大饽饽，包水饺，祭祖、上坟。

冬至，俗称“过冬”，吃大包子或水饺，近年一般吃水饺。

十二月初八，即“腊八节”，用八种材料做成腊八粥。福山有在腊八节这天做腊八蒜的习俗，有的人家也开始用辣疙瘩礤丝憋辣菜。

十二月二十三，俗称“小年”或“辞灶日”，喝面汤，也吃饺子。这天祭灶时吃糕，俗传在糕出锅时，用糕涂灶王的嘴巴，灶王上天就不说坏话了。喝素面汤或杂面汤，有歌谣：“灶王爷爷本姓张，一年一碗烂面汤。”饭后吃祭灶的“糖瓜”，民谣唱道：“灶王爷，腿儿弯，提里克拉上西天，我见玉帝诉诉苦——吃了糖瓜扒杂面！”

十二月三十日，也就是“大年三十”，或称“除夕”“年除日”。胶东许多地方有做隔年菜和隔年饭的习俗。隔年饭一般用高粱米、黍米或小米，加上红枣做成。隔年菜一般用干豆角、干扁豆、海带、粉条、猪肉、豆腐等干菜做成大杂烩，栖霞叫“大锅烂菜”（取“大锅揽财”义）。龙口、蓬莱一带吃菜饽饽，栖霞等地方还习惯在这天早晨炸面鱼。中午做菜一般很多，是一年中最丰盛的一顿家宴，一般要吃到半下午。莱州地方则是晚上做很多菜。半夜吃年夜饭，一般吃芋头母子，俗称“聚宝盆”，吃鱼，吃饺子。

3. 热情豪爽的待客食俗

胶东人热情好客，家里来客如同过节，必好酒好菜，倾其所有，甚至出去借东西来招待客人，唯恐招待不周怠慢了客人。农村走亲访友多在亲友家吃饭，名为“做客”，接待亲友为“待客”，这种交往的总称叫“人来客去”。招待隆重的叫“坐席”“坐大席”。通常客人进门，先打荷包鸡蛋，也有先上茶水、点心的，不算正餐，叫“喝点水”“烧水喝”，或者说先“垫补垫补”。烟台人平时自己在家里一般不喝茶水，只喝白开水，甚至喝凉水。但招待客人一定要泡茶，不管茶叶质量如何，只要不是清水就行。当日去当日回的客人“喝水”之后的午饭为正餐，主家待客以午饭为主。午饭过后不多时客人一般就告辞，主家再备一顿饭，饭后送客人走，名为“二道饭”。平素只请客人上炕往里坐，重要场合由陪客的人排座次一一让座。普通客人由家中男主人相陪，重要客人请身份相当的族人陪客。

（1）赠答往来

民间重视处理人际关系，一村之中，一家办喜事，亲友邻居来随份子，叫“看喜”，做面食为礼；谁家添了孩子随礼，叫“看欢喜”，送鸡蛋为礼；谁家有老人去世，往往不请自到，里外忙活；谁家盖新房，大家来出把力、搭把手，并送酒、肉、鸡蛋为礼，等等。四邻街坊前来相助，名为“帮忙”。农事上几家几户相帮，名为“插伙”“犋伙”。急需的小物件，互通有无，无须报酬，名为“讨换”。即使是送礼，也常常是送几斤鸡蛋、割几斤猪肉即可，要的就是一份关心、一份人情。事情办完之后，主家往往要设酒宴款待答谢。红白喜事之后，对随礼的人家还要分送食品，如干粮、饺子、面条之类，喜事用红包袱，丧事用白包袱兜盛。日常往来也极重人情往来，反对“屋脊上开门插棘针”，不主张“关起门把日子过死了”的做法。邻居间，日常家中做了好饭好菜，常常一出锅就送给东邻西舍品尝，这种礼尚往来，就是俗语所说的“三碗箍扎两碗面”“三把韭菜二把葱”。实际上就是一家有事众人帮，体现了传统的互帮互助的人际关系，与行贿、受贿截然不同。

日常生活中，谁都有可能碰到难处，谁都可能需要别人的帮助，在碰到困难的时候最见人情、最见人心。请人做事谓之“欠人情”，一定要在节间备礼品“答人情”；平时少有来往的也借过年过节的机会走动一下，闹过意见的这时借机串一下门，有冤的没冤了，有仇的也没仇了。近些年来，在孩子升学、参军、就业等事情上，人们也你来我往，表达心意，送上礼金的同时说一句“给孩子买个笔、本”等，话语很是温暖人心，临行前主家也要设宴款待亲朋。

亲戚间走动，“按时把节”互赠礼物，俗称“送节令”，主要以姻亲为主。端午、中秋、过年等大节，订婚了或结婚了的男子，一般都要给岳丈家送节，以示重视。过去干粮就是好礼，多用白条篓子盛装，栖霞称“出门篓子”，因而送礼就叫“送小篓”。乳山一带过去常用长方形的篾筐箩，也有的用“纸斗”，外面常用包袱包裹。后来就是用提篮子、提包等。对客人带来的礼物不能全留，要回礼，乳山就叫“回包儿”。一般是留下几件再放上自家的礼物，叫“换换样儿”“填换”，所谓“亲戚包换包，邻居碗换碗”。有时候，在礼物的选用上也是互通有无，靠海边的客人带来了一桶鱼虾，平原的亲戚则会将桶装满了小麦或玉米，以互相接济。礼物无关轻重，关键在感情。

蓬莱沿海渔村，遇连续刮风时日，无法出海打鱼，渔民习惯备简单菜肴互请喝酒，名为“过阴天”。农家办红白喜事，因客人大多，应接不暇，可请邻里帮忙。胶东乳山等地有在邻居家“伺候客”的习俗，一般是借邻居家的地方摆酒席，在自家做菜，用圆盘传菜，专门找几个年轻力壮的年轻人端盘子传菜；即墨等地还有一种叫“代桌”的习俗。邻里在自己家里备宴代为招待一桌或数桌客人，以后邻里有事再代为接待，叫“还桌”。这一习俗解决了当事人的一时困难，也增进了邻里之间的感情，至今仍在民间流行。

（2）酒席规格

节庆家宴和一般的亲朋走动，一般根据各家的条件，用家常菜招待即可。但遇上大事情，如婚丧嫁娶、添子建房等，都会大宴宾客，即使在家中摆席，也是请大厨来家，按照当地的宴席规格来操办。

过去农村多是自办酒席，在婚前多日就开始请厨师，租用借用酒具、餐具，采购各种蔬菜、鸡、鸭、鱼、肉，根据家境不同，准备八菜、十二菜、二十四菜等。办喜事是大事，亲朋街坊都来帮忙，人多更显忙乱，这时就需要一个人来统筹安排布置一切，这个主持料理办喜事的人被称作“总管”“大总管”，为了和办丧事的大总管区别，通常又叫做“红总”“大料（读上声）”。这个人要懂得喜事的程序，并且要有威信，喜事办得成功与否与“大料”关系密切。

各地酒席规格不同，烟台地方就有四一六席、四二八席、四四席、四六席、四四八席、四六八席、四八八席、四八席、四十席、四三六四席、四二八六席、四四八二席、四二八四席、十大碗席、十二红席、十二席、十二八席、双十二席、十三碗席、两头堵席、流水席、全席、半桌头席、大八碗、小八碗等种种名目。还有寓意其中、菜名双举的十全十美席、四平八稳席等，更有以四季特产为主的春、夏、秋、冬筵以及带有传说的八仙筵等。

胶州一带，寿辰、婚丧等筵席要上5道饭菜：第一道是4盘点心和茶水；第二道是米粥，加4种小咸菜；第三道才是大菜，一般为24个或48个，最多的可达64个菜；第四道是水果、茶点；第五道是糖果、花生、瓜子等。第五道上席后，主人宾客还可边嗑瓜子边海阔天空地神聊，这一顿筵席，从上午9点坐下，要吃到掌灯时分，方尽兴而散。筵席的上菜顺序也有规定，第一道菜上鸡，因为鸡象征吉利。然后是海鲜、肉类等，无特别规定，最后一道必是鱼，而且是带鳞的全鱼，取连年有余之意，这样，首尾两道菜就概括成“吉（鸡）庆有余（鱼)”了。

在所有的宴席中，婚宴最为热闹与讲究，莱阳西部、莱州、莱西一带的婚宴是一个漫长的宴席。先上面条，然后冷热二十道菜，上带鳞的整鱼，之后上主食，一般是米饭，也有的是饺子；第一道饭的主食和残菜撤下之后，客人稍事休息，也不过三五分钟，直接上第二顿饭的菜，又是冷热二十道。最后上点了红点的饽饽，酒席才算结束，几乎家家扶得醉人归。由于婚宴上菜多，吃的时间长，有的哩哩啦啦能到天黑，所以中间要休息一段时间，给人的感觉好像吃两顿饭。这就是所谓的“一席两开”或“一筵两开”。如此坐席，吃了什么菜、吃了多少菜怕已是记不得了。

（3）宴席规矩

凡事都要有规矩，国人自古言礼，饮食也讲礼。招待客人，过去民间有“女人不上桌”“男女不同席、父子不同席、爷孙可同席”的习俗，现在这些陈规旧俗已被打破。

坐席，当然把席位看得很重要，这是面子与身份的体现。一般是朋亲为大，喜主的朋友，要安排到好的席位；实亲中，依次是舅舅、姑父、姨父；直系亲属则按辈分排序。婚宴中，要把“送亲大客”安排在最显要的席位上。如果“送亲大客”是两辈人，必须安排在一、二桌上（长者第一桌)；如果是同辈人，可以安排在第一桌大客、二客的位置上。其他客人的位置也要安排好，否则的话，会令客人十分扫兴，甚至会结下怨仇，拂袖而去的事情也不是没有。吃完酒席回来人们常会对当天的座次议论一番：“今天某某应该坐在哪里，某某的座位安排得不对”等。

宴席的座次各地有一些差异。农家的家宴多设在炕上，用炕桌，也称小桌。座次以迎门靠里为首席，对面为二席，迎门靠外为三席，对面为四席，炕里窗下为五席、六席，俗称“瞅眼”或“后瞅”。炕下为七席、八席，俗称“打横”，负责添酒添饭。有的地方东炕与西炕的座次还有所区别。用方桌的位置类似。在酒店里，多为圆桌，冲门的位置为主陪，对面位置为副陪。主陪右手位为大客，左手位为二客；副陪右手位为三客，左手位为四客。其余不太重要的客人则一般随便坐。

胶东地区宴客，菜肴不称“个”，也不称“盘”，称“些”，通常分“八些”与“十六些”两种。上菜的顺序、放置的位置，也各有规矩。如上鱼，同是胶东沿海也有不同，烟台大多是最后上鱼，而威海地方则是两道鱼，即不管几些菜，中间还要上一道鱼。如“八些”之席，第四“些”和第八“些”为鱼，“十六些”之席，第八“些”和第十六“些”为鱼。这个习俗让许多不知道个中规矩的外乡人“吃闪”，上来鱼以为菜上完了，可以放开喝了，不想后面还有一半的菜没上，经常有人第一次见面就会喝醉。最后一道鱼上来，才表示菜已上完，叫“扫席鱼”，也表示“有余”。上鱼之前斟满酒，吃鱼一定要先干杯，酒量小者，往往看不到最后一道鱼就已经撑不住了。

宴席必有鱼，吃鱼的讲究也最多。俗说“无鱼不成席”“无鳞不成席”，特别是婚嫁等喜庆筵席，尤其不能献以无鳞之品。据老渔民讲，这“鳞”的含意有二：首先，大多数鱼的鳞是圆形的，与古钱币形相类，鱼，所“余”者，谓之钱财有余也。其次，无鳞之鱼体光滑似木棍，与“光棍”（单身汉）之意隐联，这是不吉之兆，用于婚宴则有绝后之说。蓬莱更有“无加吉鱼不成席”之说，红鳞加吉鱼更是喜庆筵席上的首选食物。在海阳西乡则认梭鱼，虽说“六月梭臭满锅”，但开冰梭则鲜美无比，当地人家里上梁、结婚将媳妇，梭鱼是必需的，所谓“无梭不成席”。乳山地方上席的鱼也必用新鲜的带鳞海鱼，称之为“盘鱼”，一般以鲞鱼（白鳞）和梭鱼为最佳。鲞鱼虽好吃，但刺多。白鳞鱼的学名叫鳓鱼，民间有句俗语，叫“来时鲥鱼去时鳓”，是说产卵前的鲥鱼和刚产完卵的鳓鱼均为鱼中珍品。过去没有冷藏设备，不可能时时有合适的“盘鱼”，在淡季的时候更难以找到合适的上席用的鱼，所以乳山地方有句俗话：“能应许人一头猪，不能应许人一条鱼。”

敬客菜肴，名叫“布菜”，各地规矩不同，甚至有相悖者。如胶东西部敬客，主人有先抠鱼眼敬于客前的风俗，叫“高看一眼”，被敬人若客气，又以筷夹此鱼眼往鱼上一抹，意为“大家吃”，一来一往成了一个小小的喜剧仪式。但在胶东东部，抠鱼眼则是砸席逐客之举，如乳山一带的风俗是客人不能抠鱼眼吃，抠鱼眼意为暗指东道主没长眼珠，即做事不周到，另有“客不翻鱼”的吃鱼规矩。

参加宴席，要让自己衣着整洁一些。大家共同吃饭时，不可只顾自己吃饱。做客不能露出馋相，饭量要留余地。不能把多余的饭放回锅中，不能喝得满嘴淋漓，不能吃得啧啧有声，不能自己占着一盘食物，不能当众剔牙，不能满盘子夹菜，不能到别人怀里夹菜，不能把菜全部吃完，要留一点给没上席的人。不能大筷夹菜，要小口吃饭吃菜，不能掉得满桌子都是，不能碰得碗盘杯筷乱响。席间，主人会客气一下，说些“饭菜不丰盛”“口味不一定可口”等客套话，客人要对主人表示感谢并盛赞饭菜的丰盛等。陪客讲究殷勤，客人不饱，主人不可停筷子，席间要劝客人多吃菜、多喝酒。如果是和长者一起进餐更要注意规矩，老人先动筷子才可动筷，尊长吃完，自己也要停筷子。这些礼节看似繁琐，却可以培养人们“尊让契敬”的精神，也使得上下有礼，使饮食有礼仪有秩序。这些礼俗虽早已稳固，但现在独生子女的出现，使得这些礼俗也有所松动，敬老有些弱于爱幼了。

（4）饮酒习俗

酒是一种特殊的食品饮料。在我国古老而辉煌的文化宝库中，酒文化是饮食文化中的一朵奇葩。饮酒是人生乐事，节日饮酒更是一大盛事。节日饮酒的形式多样，富豪之家，宴会盛大，美酒珍馐，铺排豪华。市井布衣，花生米、豆腐干，几碟家常小菜，一壶地方小烧，自酌自饮，自得其乐。千百年来，酒与人们的生活并存，尤其丰富了节日文化，饮酒成为节日不可缺少的一个重要组成部分。人们在节日里用酒来抒发着亲情、乡情、爱情、友情……酒把一个个宗族、家族、集体、团体聚拢起来。胶东酿酒历史悠久，胶东人又豪爽实在、热情好客，重感情重礼仪，因而，酒在胶东人的生活和礼仪中显现出独特的神韵。

无酒不成席，酒桌上一般都喝本地酒，冬喝烧酒夏喝啤酒。胶东地方农村的酒有糯米酒，叫“银酒”，黍米酒叫“黄酒”，还有地瓜干烧酒、高粱烧酒等，更有享誉世界的烟台张裕葡萄酒、青岛的啤酒、即墨的老酒。从前宴请客人只是黄酒、白酒两种，用酒壶烫热了喝，近年则白酒、黄酒、果酒、啤酒并用，酒席上敬酒的礼节多种多样，为客人斟酒叫“酾上”或“倒上”“满上”。一口一杯叫“干”或“闷”，喝半杯叫“两口儿”或“两气儿”，依次下去有“三口（气）儿”“四口（气）儿”等。敬人酒自己要先喝，叫“先喝为敬”。在酒席桌上，谁要能喝却装熊不喝就会被认为是不诚实，对主人不恭敬。人们常说：“能不能喝是酒量，喝不喝是态度问题。”客人喝得尽兴，主人才觉得招待得好。

渔家的酒与渔业生产有直接的关系。三月间，渔民顶着冰凌出海，拔锚、收网，两手就像撸冰棍，需要以酒驱寒。渔民出海，经常几个月不回来，甚至常年在海上漂着，枯燥、寂寞的生活与高强度的海上作业，使他们与酒结下了很深的感情，酒成为他们思念亲人、暂时忘却忧愁烦恼、解除疲劳的寄托。出海前，准备一桶高度的老烧是少不了的。渔民出海前，要分食一个猪心，要喝“同心酒”。海上遇到危险，与死神抗衡、与风浪较量的时候，以酒来镇静、来壮胆、来生威。酒把大家的智慧、胆量、力量融合到一起，齐心合力闯出一条生路。酒也是和谐、友好的调和剂。酒还是供奉死者的祭品，渔民风里来雨里去，海难事故屡有发生，罹难者的生日、周年祀日总少不了酒，寄托生者的哀思，慰藉逝去的灵魂。

渔民最为真诚、朴实、重情谊，渔家待客喝酒，更是燃烧着火一般的热情，酒席间的礼让达到极点。渔家喝酒，兴双不兴单，“门前”不能空杯，斟酒要斟满。有的渔民不论独饮还是在宴席上，喝酒前先用筷子或手指蘸一下酒点到地上，意在敬天、敬地、敬祖神。在酒席桌上，请的人没到的，有“代喝”一说，欠“情”缺“理”的有罚酒一说。酒酣话多，往往一桌酒席要喝四五个钟头才散。

渔民好酒、量大，但有规矩。预测有风浪袭来时，发现鱼群整装待命时，航道偏窄遇到险情时，求拜海神娘娘时，都不得喝酒。船老大喝酒时另有习惯，端起碗必用手指蘸酒向海弹几下，一是求保佑，二是表谢意。出海丰收后，杀猪宰羊，敲锣打鼓，引来村人同庆同贺，同吃同喝，还有的要请戏班子唱几天大戏。

4. 美味多样的特色小吃

（1）风味小吃

面条。胶东人也喜食面条，但与山西、陕西的刀削面、扯面不同，与省内其他地方的清汤面也不同，称之为“手擀面”，也叫“刀切面”，是每家的主妇必会的手艺，也是胶东农村迎宾待客的喜庆食品，俗有“送客饺子，迎客面”之说。胶东人结婚请客叫“吃喜面”，祝寿、过生日叫“吃寿面”。将面粉加适量的食盐和食碱水，揉成面团，饧好后，用擀杖擀成大薄皮，层层折叠，用刀切成条，放入开水中煮熟，过水后捞出，加上卤汁即成。手擀面的特点是碱大、有筋力、有咬头。分圆条和扁条两种。圆条多配大卤、温卤、三鲜卤等，扁条多配各种炸酱和麻汁干拌等。家常手擀面之外的商业饮食则有福山大面和蓬莱小面，都是抻拉而成，是烟台地方有代表性的风味小吃，历史久远。

威海喜饼。威海地方有婚前数日做喜饼的习俗，女方要烙制精美喜饼，作为压箱底的食品，放在陪嫁的箱子中。乳山地方做的喜饼最有特色，用白面、鸡蛋、白糖、油调制面团，压成面饼烙制而成，成品松软香甜，回味绵长。因为是婚庆食品，所以叫“媳妇饼”。与乳山毗邻的文登也有喜饼，但小而薄，这两地的喜饼都加了酵母。荣成地方则更薄，但制作更为费时费力，先将干面放在锅里蒸熟，再将熟面用擀面杖擀开结块，用细箩箩出，然后加油、糖、鸡蛋和面，面和好后擀薄，用茶杯口搕成一个个小圆饼，在锅里烙熟，看起来像桃酥，但吃起来比桃酥质地硬而致密。

荣成盛家火烧。外地人称为石岛糖酥火烧，产地在荣成盛家村，这种烧饼将面粉加酵面、糖、油及温水和好发酵，加碱，揉好，擀成圆形，放平锅内烙烤，待烤成黄色时，刷一层油，翻过来再烤，两面都烙好之后，把火烧竖起来，夹上夹板，烙成六边形。出锅的火烧，一面特酥，一面柔软，中间白中透黄，层次分明，又脆又香，便于携带，便于贮藏，吃的时候不喝水也不会粘嘴，最受连日在海上作业的渔民的欢迎。传说这盛家火烧起源于南方，那边逃荒而来的人把做火烧的技艺带到盛家村，村民多是逃荒而来，家家做起了火烧生意，因此，盛家村别名“火烧村”。经过改进后的糖酥杠子头火烧，后来也成为烟台的名点之一。

饼子就鱼。饼子指玉米饼子，胶东各地名称不同，烟台叫“片片”，威海叫“粑粑”，曾经作为农家的主食之一，玉米为粗粮，但农家将其掺了豆面，吃来就别有风味。鱼锅饼子最是美味，就是锅底炖鲜鱼，锅圈上贴饼子。除了鲜鱼，胶东沿海的咸鱼、虾酱就饼子也是特色。鱼干多是熥着吃，熟时泛着黄油，比鲜鱼别是一种味道。虾酱以蜢子虾酱最为上乘，打上个鸡蛋更提味儿。咸鱼、虾酱就“片片”，在过去就是农家的好饭食。旧谚云：“圈里有头猪，院里有头驴，吃片片就鱼。”说的就是这样一种富足的日子。

鲜鱼水饺。胶东一带的鲜鱼水饺，具有鲜嫩、个大、馅多、皮薄的特点，鲅鱼、牙鲆鱼都是入馅的佳品。其中尤以新鲜鲅鱼水饺最为有名，将鲜鱼片肉切碎或剁碎，放入酱油、葱花、姜末等调料搅拌，叫“透味”。在和馅时，需兑适量的水搅匀，这样的水饺才够鲜嫩。鱼馅饺子最喜韭菜，韭菜的辛辣味可使鱼味更鲜。鲜鱼饺子皮儿，擀得精薄，几乎透出馅来，但即使露了馅也混不了汤，它就像裹着一层薄皮儿的大鱼丸子。大的水饺，一碗多则盛五六个，吃饱了，舌尖也似乎被鲜得麻木了。胶东人常以鲜鱼饺子傲于外乡人，争言当地的鲅鱼水饺最为地道。

焦面。将大麦或小麦炒焦，磨成粉，用热水加糖或蜜拌食，是乡间夏季的点心，叫焦面饭。焦面，各地叫法不一，龙口叫“糗”，是一种极古的食法，古称“麦饭”“屑麦”，多作军中“糇粮”。有的人把和好的焦面握成团，带到田间，劳动间歇时食用，叫做“焦面起馏”。用煮熟的软地瓜和焦面拌成团，则又香甜又充饥。最正宗的焦面是用大麦做，有人现在专门种植大麦，就为了重新尝尝过去的那口纯正的焦面味儿。民间也常食一种炒面，是用小麦面粉，加少许油，在锅里炒熟，开水冲来喝则是另一种味道。

菜渣。即古代所谓“半菽”，胶东各地都有，名称不一，也叫“小豆腐”“豆沫子”，牟平、海阳、栖霞一带叫“渣”，做渣叫“馇渣”。最常见的是用黄豆和菜制成，泡黄豆上粕磨推成豆粕，加上大量野菜，或是萝卜叶子、芋头叶子切碎一起煮成，既有豆子的香味又有野菜的鲜味，令吃过的人久久回味，是胶东农家常见的美食，如今已成为大酒店餐桌上的佳肴。青岛即墨一带还有海蛎子小豆腐。将豆粕煮沸，放入切细的菜和新鲜的海蛎肉，菜香、豆香加海鲜，有一种形容不出的鲜美。

其他风味小吃还有宁海脑饭、烟台焖子、开花馒头、盘丝饼、黄县肉盒、即墨丰城婿糕等。

（2）特色海味

胶东濒临美丽的黄海、渤海，盛产海产品是胶东一大特色。外地人到了胶东，盛情的胶东人必会请他吃海鲜，胶东人自己更是离不开海鲜。

生呛梭子蟹。莱州湾盛产“三疣梭子蟹”，汛期一年两次。春汛在小麦将熟时，名为“麦黄蟹”，也叫“春蟹”；秋汛在大豆结荚饱满时，名为“豆黄蟹”，也叫“秋蟹”。食蟹最讲活鲜，同时又分季节，讲方法。流行的谚语是“夏吃尖脐秋吃圆”。初夏的麦黄蟹，美在鲜嫩，这种鲜味集中体现在尖脐的公蟹身上，此时尖脐蟹为上品，圆脐的母蟹次之。中秋的豆黄蟹，美在香浓，这香浓之味来自圆脐母蟹，所谓“八月的蟹子顶盖肥”，指的是肥满母蟹的一壳儿蟹黄，此时自然母蟹为上品，公蟹次之。母蟹产卵后，空卵成一朵仍附在身上，渔民称此为“戴花”，这“花”，鲜食无滋味，但取下晒干，敲碎做汤，却又滋味重返。莱州有生吃蟹子的方法，当地人称作“生呛梭子蟹”。制作的季节多在菊花开放的秋日，至时，加盐加佐料煮腌蟹汤水，冷却后，装进坛子里，取鲜活蟹子放入汤中，令其饱饮一腔，香味内浸。然后，封紧坛口，20天后便可食用。不过，渔民们多爱把这种美味放到大雪纷飞的时日，到那时开坛取蟹，鲜香之气，溢满一室，大碗量酒，吮生蟹当肴，个中人觉得神仙不换。①

海米。加工海米用鹰爪虾，分春、秋两季，秋米质量不如春米。经过炸虾（煮虾）、晒虾、踩虾米、去皮、涮虾米等工序之后，再分出等级，大而全的称为“大海米”，小而碎的称为“小海米”或“虾尾巴”，很碎的，因其中有黑黑的虾眼，就称为“虾眼”。乳山秦家庄地方出产的海米称“秦米”，曾为贡品。这里的海米加盐少，直接入口来吃最为诱人。家里来了客人，锅里倒上一碗水，抓上一把发好的海米，切上几刀葱花，打上两个鸡蛋出锅，就是一道鲜美的汤菜。

牛毛菜冻。牛毛菜也叫石花菜，乳山地方俗称“冻菜”。石花菜是生长在海底礁石上的植物，采摘石花菜很艰辛，须潜到海底方能采摘。在冬天人们用晒干的石花菜来“打冻”，也叫“熬冻”，过年的时候，别的地方人们做猪皮冻、猪蹄冻，海边人则要做一锅冻菜熬的冻。先将冻菜根部的小石头或贝壳去掉，以前是到碾子上碾，没有碾子也要用锤子砸碎，洗净，放到锅里熬煮，熟烂后石花菜即化掉了，将渣滓去掉，不加任何其他物质，舀到盆里冷却，即成晶莹剔透的冻，是如今市面上任何凉粉所不能比拟的，爽滑、透明，回味悠长。②

海肠子。学名单环刺螠，是一种长圆筒形软体动物，浑身无毛刺，浅黄色，人称“裸体海参”。海肠不光长得像裸体海参，其营养价值比起海参也不逊色。但是多年来，人们都把它当作“鱼饵”使用，真正把它用来制作菜肴不过几十年的历

---

① 山曼：《齐鲁之邦的民俗与旅游》，旅游教育出版社1995年版，第225～226页。

② 兰玲：《山东居家饮食民俗》，济南出版社2012年版，第127～129页。

史。用海肠子配头刀韭菜制作的“韭菜海肠”是胶东名菜，此外“氽海肠汤”“肉末海肠”等都是很有地方特色的菜肴。鲜海肠子还可调制水饺馅、包子馅等。海肠粉被称为“古代味精”，清末民初时北京八大楼里鲁菜因何有名，据说那些来自烟台的大师傅，每年春节探家的时候，都要采集若干海肠子，在瓦片上焙干，研成细粉，带回北京后，做菜时捏进一小撮，比现在的味精都提味，被当时人认为是神秘配方。

天鹅蛋。学名紫石房蛤，属海洋双壳贝类。主要分布在牟平后海小象岛与养马岛之间的一条狭长水域内，面积约 100 亩。天鹅蛋个头大，有的长达 115 毫米以上，体重超过半公斤，并且蛤肉肥满，味道鲜美，营养价值较高。用天鹅蛋肉质最嫩的斧足部分凉拌制成菜肴，鲜嫩脆爽可口，用来爆、炒、溜、氽汤也极为鲜美。烟台的名菜“油爆大蛤”即用天鹅蛋配以应时蔬菜炒、溜烹制而成，“生炝原壳天鹅蛋”也是独具特色的名肴。

琵琶虾。又叫“虾爬子”或“爬虾”，乳山地方有一种很形象的叫法叫“数钱虾”。煮着吃最是原汁原味，其中母虾的籽最为好吃，海边的人在爬虾生时熟时都可分辨出雌雄。琵琶虾有硬壳有刺，像穿着一身盔甲，让外乡人不知从何处下嘴，教外乡人吃爬虾是胶东人很得意的一件事情。用爬虾肉作馅来包饺子也为胶东沿海地方所独有。

其他特色海鲜还有桃花虾、西施舌（又称“车蛤”“沙蛤”）、蛏子、牡蛎、八带蛸（学名章鱼）、海怪等，或直接蒸煮，或做成多种菜品，都是百吃不厌的特色海味。

第二节　胶东社会生活民俗

作为社会的主体，人的活动离不开社会，人的一生都处在各种社会关系之中。每个人从生到死，在生命历程中的关键时刻或时段都有一些特定的仪式活动，其主要目的是标记或帮助人们成功或顺利地度过这些关键时刻，完成人生角色的转换。而传统的岁时节日，给人们提供了个人与家庭、其他社会关系相聚沟通交流的良机，这些都能强化和整理家族或宗族之间的关系和秩序，并期待得到社会的认可。因而，社会生活民俗中最见人情世故，体现了社会关系的方方面面。

一、胶东仪礼民俗

人的一生可以分为许多不同的阶段，也是身份、地位和角色不断变换的过程。

在一些重要或特殊的阶段，需要借助一些仪礼来完成这种转换。从生到死，人生中的重大仪礼包括出生、成年、成婚和死亡等，其他如满月、百岁、周岁、生日、升学、职位升迁、毕业典礼等也都属于人生仪礼的范畴。

1. 相沿成习的生育民俗

生老病死，是人生的几大阶段，这其中最让人高兴的便是“生”了。看着一个鲜活的小生命诞生，这不仅是让祖父母、父母欢悦，也是令街坊四邻高兴的事情，毕竟人类社会就是通过这样的形式得以生生不息。所以人们普遍重视孕育生养礼俗，讲究也很多。

祈孕、得喜。在举行婚礼的时候就有祝愿新婚夫妇早生贵子、多子多福的习俗，进行铺房、撒帐等仪式并唱的喜歌里都蕴含着祈孕的内容。如果结婚一年以上或更长时间不孕，长辈和新婚的夫妇就会着急起来，千方百计地想早点怀孕。于是会采取各种各样的祈孕行动，包括拜求观音菩萨、送子娘娘甚至狐仙等专职或兼职的生育神。胶东地方俗称怀孕为“得喜”，又叫“有喜了”“有身子了”“有身孕了”“怀孩子了”“怀春喜了”“身子重了”，最常说的是“有了”。称怀孕初期的妊娠反应为“害喜病”“害孩子”“害口”，最常说的是“害着了”。

添喜。婴儿诞生俗称“添喜”“落草”“落地儿”“添孩子”“生孩子”“拾孩子”，简称“添了”“生了”“拾了”。临产前几日，娘家人带礼物来看视，俗谓之催生。分娩时，产房内不能有闲杂人，男性、儿童、寡妇、未出嫁的姑娘都不能在场，丈夫也只能在产房外等候信息。旧时乡间没有妇产医院，助产靠每村的接生婆，又称“老宁婆”，妇女的居室就是产房。遇到家中有婚事或丧事，也可以临时借一个地方作产房。多数地方忌讳在娘家生孩子，俗传在娘家生下的孩子长不成人。孩子的胎衣，俗叫“衣胞”或“胎盘”，不能随便处理，要找个好地方埋掉。

报喜。婴儿降生以后要在产房和临街大门上挑红。生男孩叫“小厮”，招远地方生男孩用红布做旗，上面附有弓箭、铜钱、大蒜、红枣、栗子等物；生女孩，俗称“闺女”，只用桃枝系一个红布条。莱阳地方用红线把枣、栗、葱、钱系在桃枝上，寓意明朗。有交情礼仪来往的乡邻看见挑红自会前来道贺。有的地方称第一个见孩子的外人叫“踩生的”，俗信孩子将来的性格会像这个人。

向产妇娘家报喜，是生育礼俗的重要部分。一般是丈夫的兄弟当报喜的人，也有的是丈夫本人去报喜。报喜的时间各地不同，招远地方是当天报喜，去时带二升麦子，带回来娘家送的红鸡蛋、大油饼，路上碰到的第一个人要送以红鸡蛋，俗称“人人喜”。第三天，给本家和邻居分送疙瘩汤。蓬莱生男孩带公鸡去报喜，生女孩带母鸡去报喜。龙口地方是娘家闻报后，由产妇兄弟带鸡蛋、小褥子、小被、小裤子、小袄前往贺喜，名为“对道”。莱阳在三日报喜，娘家回赠面饼、鸡蛋等，称为“送米”。莱西是由其父或祖父携雌、雄鸡各一只，向其外祖父报喜。生男，在雄鸡腿上或翅膀上系红布；生女，在雌鸡腿上系红布。其外祖父则烙饼一张，将煮熟的鸡蛋染成红皮，装于预做的儿童枕头套里，让报喜人带回。分而食之，预示全家人亲孩子。威海地方奶奶家要煮鸡蛋，煮熟的鸡蛋要染成红颜色，叫“喜蛋”，煮鸡蛋的数量要根据孩子姥姥家的亲戚多少而定，也根据自家的生活条件而定，一份的数量可多可少，但一定要双数。同时奶奶还要赶紧烙一定数量的油饼，油饼也是按照姥姥家的亲戚多少烙的，若姥姥有十二家亲戚，那么奶奶就要烙十二张油饼。姥姥这边的回礼也是煮鸡蛋和油饼，油饼和喜蛋的数量也要根据男方家的亲戚多少而定。在青岛，到产妇娘家报喜时，要带去1斤重的大饽饽20个，娘家必须全留下，否则小孩不好养。青岛地方，生男孩，蒸面老虎，寓意孩子虎头虎脑、虎虎生威；生女孩，蒸面燕子，寓意孩子活泼可爱、美丽灵巧；蒸“顶柱”，外形多以葫芦为主，寓意产妇产后身体健康；还蒸锁花，寓意孩子长命百岁、一生平安。

洗三、出行。产妇分娩后，三天之内不下炕，一个月之内一般不随意出屋门，尤其不能受风，俗称“坐月子”。月子里有许多禁忌，主要是忌生人进入，穿重孝、害眼病的人更不准进产房。长岛等地方还讲究进产房探望的人不能带钥匙。坐月子的饮食多有禁忌，一般以小米稀饭和煮鸡蛋为主。伺候产妇，叫“伺候月子”。许多地方孩子三日这天要谢送生神，这天要给婴儿洗澡，叫“洗三”。洗三，是人生的第一个洗礼日。三日之后婴儿要择日“出行”，招远地方，三日后选个好日子，产妇抱婴儿到院中走动即为“出行”。长岛等地，父亲抱着婴儿“出行”，在街上遇到的第一个人要认为干亲。栖霞艾山一带有温泉，“出行”时，男孩由祖父、女孩由祖母抱着，在襁褓中放上桃枝、红布，绕村一周后，到温泉边做象征性的祖孙同浴。牟平地方给新生儿剪头还要蒸花饽饽。孩子来到世上，第一次剪头很隆重，一般选在双月的上半月剪头，届时奶奶做一对鸡，姥姥做一对鸭，谣谚唱“奶奶送对鸡，姥姥还对鸭，小孩活到九十八”。

旧时山东各地民间有给新生儿做“汤饼会”的习俗，至今仍有沿承，汤饼即面条。胶东地区农家尤重此俗，煮大量的卤面，用大海碗盛装，分送四邻好友，叫“喝喜面”，邻家接喜面后，要在碗内回压鸡蛋数枚或硬币之类，以为答谢。到孩子十二日，主家设盛宴广请亲朋好友，这天也吃面条，对未来赴宴的邻家，仍用大碗盛“喜面”相馈，以表谢意，当地人叫“过十二日”或“喝喜汤”。

送粥米。孩子出生后，近邻一般很快就会上门道贺，亲戚朋友，特别是产妇的娘家也要来祝贺添喜，主家要选定一个日子，届时大家同来，邻里亲朋道贺时所带贺礼各地叫法不一，称“送粥米”“看欢喜”“送米”“送汤米”等。送粥米的时间各地不同，龙口地方是过“三日”或“五日”，摆酒席宴贺客，来客多携鸡蛋为礼。主家将煮熟的鸡蛋染为红色遍赠来客，名为“红皮鸡蛋”，俗以吃这种鸡蛋吉利。莱州则过“七日”，全家吃一顿面条。“过七日”与婴儿易得“七日风”有关，过去旧法接生，婴儿容易感染脐带风，这种病多在七日内发作，如果第七天孩子安然无恙，自然要庆贺一番。有的地方也流行在第八天招待亲朋，威海地方习惯在孩子第十二天的时候，设宴招待前来庆贺的亲友，叫过“十二日”。亲友带的礼物多是鸡蛋及给孩子买的小毯子、衣服等。龙口地方在过十二日时，主家还要用木磕子制火烧，烙熟，点上红点，分赠客人。胶州等地，得喜讯后，娘家即派人送去20个花卷，有牛蹄卷、莲花卷等，还有数量不等的鸡蛋、小米、尿布、衣物等。“送米”习俗原为邻里之间互相帮助。送米以鸡蛋、小米为主，意在帮助产妇补养身体。现在，“送米”习俗仍相沿不衰，但随着人民生活水平的提高，送粥米的礼物也随时代而变化，20世纪八九十年代送衣服、帽子、玩具、毛线、孩子床上用品、营养品等，现在则是高级儿童用品，更多的是送红包，数额根据各自的条件而定，花样越来越多，礼品越来越贵重，早已经不再送米面之类了，送粥米的原本意义已经弱化。

初生婴儿的衣服，一般是用红色的士林布手工做成的和尚服。这种衣服比较宽松，容易穿脱。用红色一是表示喜庆，二是说有辟邪的功能。婴儿的枕头一般用麦麸填装，取有“福气”之意。最主要的还是，用麸子楦枕头，孩子的头不容易随便动，能躺个好头，否则容易后脑勺躺不平，俗称“躺偏了头”。莱西地方则让其枕书本睡，预祝长大了读书好学；让其穿毛边布衫，称“给送生娘娘戴孝”。

起名。新生儿的乳名，一般由祖父母、父母等长辈来决定。男孩的乳名有的依干支属相起名，如小虎、小龙、小丑等，但通常不以猴和鼠为名，并且也不能说孩子像猴儿，俗传这样说，孩子就不长了。有的照出生的时令起名叫春来、小秋等。有的根据祖父的年龄叫六十、七十，希望孩子长寿。有的希望孩子健康，就叫铁蛋、石头。有的为了孩子好养，叫栓柱、锁柱、留柱、狗剩等。更多的是起一些吉祥的名字，如男孩叫富贵、大宝、来喜、来顺等。或者一些表现阳刚之气的名字，如刚、军、强等。女孩多用花草与珍宝为名，如小芹、小花、小玉、小珍等。如果连生女孩，希望下胎是个小子，就给女孩起名叫带弟、唤弟、招弟、转儿等。

满月。婴儿降生一个月，称为“满月”。一般人家这天要“做满月”或称“过满月”，祝贺母子平安，谓之“弥月之喜”，产妇也就在这一天“出月子”了。娘家人不但要来祝贺，还要把产妇母子接回娘家住上一段时间，俗称“搬满月”“叫满月”。婴儿的第一次理发也在满月这天举行，俗称“铰头”。栖霞、海阳等地满月去姥姥家，奶奶家要给婴儿“蒸粔粔”，说“拘住了好养”。蒸一对“粔粔”，长约30厘米，宽10厘米，两端为圆头，稍带弯曲，将花生米炒熟碾碎加上糖，夹在中间，俗称这样孩子将来会有心眼，蒸好后在中间系红线，放到孩子怀里象征性地抱一抱，叫“抱（方言读作 běng）粔粔”。回到姥姥家，将粔粔切分给姥家和舅家等，等婴儿回奶奶家的时候，吃了“粔粔”的人家要蒸粔粔回送。

搬满月的一般是孩子的舅舅，过去搬满月很讲究，因为刚出月子，产妇身体还是虚弱，经常是用小推车来搬，一边坐产妇，一边用偏篓放孩子，盛放孩子的偏篓边上要插上桃枝，桃枝上挂一串用红线串起来的染了红色的花生，和一对用红线捆着的点着红饽饽点的小面葫芦，还要在桃枝上挂几棵大葱。花生有长生果之称，寓意孩子长寿，葫芦与“福禄”谐音，与桃枝都有避邪含义，大葱则寓意一世葱（聪）明。孩子进了姥姥家，大人们会把花生和葫芦取下来，挂在孩子睡觉那间屋的门框上，那几棵大葱则要栽到姥姥家的菜园子里，寓意聪明生根发芽，生活充实。

百岁。婴儿降生一百天，古称“百晬”，民间以长命百岁为吉利，于是普遍在这一天庆贺，名为“过百岁”“做百日”。这一天，姥姥、姑、姨等亲朋好友都来庆贺。烟、威一带贺百岁要做长穗，是一种形似线穗的面食，穗谐“岁”音，取长命百岁之意。“长穗”有大、小两种，产妇的婆家、娘家都要做。娘家送小的，多为 100 个，取长命百岁之意。大个的长穗，长约 40 厘米，用木梳在上面压上点纹，或画上各色吉祥图案。婆家蒸的，主要用来回赠亲友，分别于过百岁的第二天，将大个长穗用刀斜切成段，分送邻里亲友，以示共贺。其余小件面食有手塑的，也有模子搕的。蒸熟之后用红色点染，作为过百岁的礼物。莱阳等地蒸 100 个插枣小饽饽，其意与“岁”相同。牟平地方则做 99 样面食，有鸡、鸭、凤凰、长穗、葫芦、蝙蝠、刺猬等，有谣唱：“鸡随蛤蟆走，小孩活到九十九。”莱州地方最热闹，这天做许多面食，小巧可爱，蒸熟以后，个个都要彩塑，品种多是花鸟虫鱼，其中鱼是必不可少的。将一大堆这样的面食装在一个柳编的斗里，上面用红纸封口，请一个会念喜歌的人，抱着柳斗，到大街的十字路口上，大声呼喊：“某某家的小孩过百岁啦!”众人闻声赶到，这人打开斗上的红纸，大把抓了斗中的面食，向空中扬撒，众人即上前争拾。即使不认识的过路人，也可以赶热闹来抢拾。莱西地方婴儿降生第九十九天（一般是女孩）或一百零三天（一般是男孩）要过“百岁”。这天，其外祖父家及亲友要带衣裤、帽子、鞋袜及长命锁等前来祝贺。俗有“姑姑的裤子姨姨的袄，舅母的花鞋满街跑；舅舅送把长命锁，老爷的帽子戴到老”之说。外祖父家还要带面做的“长穗”和“圈”（意为圈住）。生男必做“老虎”，意为男孩长得虎势；生女必做“燕子”，意为女孩心灵手巧。也有地方这天中午吃面条，谓之“长命汤”。

过百岁还有一个习俗就是照“百岁照”，照片上多写“百岁留念”字样。而孩子的成长也伴随着许多民俗活动。有谚语说："小孩一天比一天硬气，老人一天比一天奶气。""孩子在人家手里就长得快。"意思是几天不见就一个样子。百岁之日，烟台、长岛等地，要将小孩放在墙角处，倚着墙立一会儿，俗信这样小孩来日腿会有劲。到了百岁时，孩子就开始会翻身了，有谚语道"三翻六坐八爬碴"。过百岁最有特色的礼物是百家锁和百家衣。百家锁，也叫长命锁，多数是银子打制的锁形饰件，上面有"长命百岁""长命富贵"等字样，拴银链挂在小孩的脖子上，垂在胸前。这种百家锁常常是亲朋多家共同集资请银匠打造的，莱阳有一种百家锁，用各家敛来的铜制钱穿制而成。另外还有手镯、脚镯等。百家衣状如僧人的百衲衣，集各种颜色的碎布块做成，布块虽然不一定来自一百家，但敛布的人家越多越好。穿百家衣也是为了长寿，有的孩子一直穿到周岁。现在没有百家衣了，但有的人家还是习惯除了亲戚朋友送的衣服外，一般不花钱给小孩置办新衣服，而是向小孩已长大的人家讨要穿小了的衣服，有俗语说："会打扮，打扮十七八，不会打扮，打扮屎疙瘩。"因为小孩子长得很快，衣服很少能穿坏，花钱买新衣不值得，这种习俗很值得现代的年轻人体味一番。

周岁。婴儿出生满一年，古称"周晬"，俗称"一生日"。这一天亲友都来庆贺，事前也要给孩子蒸长穗、元宝、圣鸡、鹅、葫芦等形状的饽饽，牟平地方有谣："鹅儿飞，蛤蟆走，小孩活到九十九。"莱西地方，婴儿满周岁日，外祖父家要来"赶生日"，除携带面做的"长穗""圈"和一个圆饼外，还要带一只花笼、一个箸笼、一个小堪（陶罐），内放一束面条，均取"圈住""看住""拦住""拢住"之意。第一个生日最为隆重，亲戚们也要来相贺，叫"赶生日"，给孩子买各种礼物等。过周岁一个重要的仪式是抓周，将各种物品摆放在婴儿面前，任其抓取，俗信先抓到什么，将来就会在哪方面突出，以此来预卜孩子未来的志趣和前程。

过去抓周的物品比较固定，一般有书、笔、秤、尺、算盘、玩具、饽饽、针线包、泥块等。现在的抓周物品也都鸟枪换炮，具有现代气息，如计算器、词典、信用卡、印泥、包装食品、玩具手枪、听诊器、饭勺、工具盒、小皮球、酒杯等。周岁的孩子，对世界充满了好奇，面对摆在面前的新奇物品，抓什么都是偶然，但大人们一厢情愿地臆想占卜着孩子将来的职业、个性、兴趣和爱好，做得很是认真，不外乎是寄托着望子成龙、望女成凤的希冀，是表达一种希望孩子有出息的美好愿望。随着时代的发展，人们的思想观念也发生了质的改变，"抓周"仍然盛行，但简化了许多，往日那种预卜信仰已经变成了一种取乐逗趣的游戏，增添祝贺孩子周岁的欢乐气氛。

2. 尊老爱幼的寿诞礼俗

"寿"为五福之一，希求长寿是世人的共同心理，所以人们很重视过生日，过去多是数代人同居的大家庭，寿庆活动一般侧重于父祖辈和婴幼儿。所谓寿诞，一般是指60岁以上的老年人，庆贺其诞生日称为“做寿”，而不满60岁的人也有在生日举行一些庆祝或纪念性活动，叫做“过生日”。现在，所有家人的生日都有庆贺活动，不同年龄的人庆贺的内容不同，名称也不同。乳山地方戏称青少年的诞日为“长尾巴”“扎尾巴根”。

（1）过生日

人生不易，能平安健康地度过岁月实在值得庆贺，胶东的地方风俗，家人生日都有庆贺活动。生日这天早晨多吃面条，叫“吃长寿面”。要吃煮鸡蛋，还要吃点鱼，说吃了鱼会“醒醒”。中午讲究要“蒸一蒸”，就是给过生日的人蒸一锅饽饽，取蒸蒸日上、发达之意。蒸的饽饽一般都做成寿桃状，取“长寿”之意，还有的做成鸡状，叫“圣鸡”，取“富贵”之意。这一天，人们对过生日的人都格外关心，儿童过生日忌喝“米汤”“黏粥”，俗传如果生日喝了“米汤”与“黏粥”，将要“一年糊涂”。孩子做错了什么一般也不训斥，更不能打骂，说是受打受骂“一年不长”。每一顿饭还强调要吃饱，说否则老了会颤颤头。如今，由于大多数是独生子女，所以人们对孩子的生日更加重视，尤其重视小孩子的头三个生日。第一个生日最为隆重，亲戚们也要来相贺，叫“赶生日”，给孩子买各种礼物等。主家要大摆酒席，有的家庭甚至到酒店去过生日。三岁之后，不再大操大办，但也会象征性地过生日。人们最关心的是孩子能否平安健康地长大成人，尤其是童年和少年时代，疾病及意外最易发生，集中体现在12岁前，因而传统节日中为孩子祈福也是重要的内容之一。

中年人上有老下有小，往往忽略了自己。但从20世纪90年代开始，胶东一带兴起过四十一岁生日的习俗，并忌讳说“四十一岁”，在这一年说到自己年岁的时候，要多说一岁或少说一岁，当地俗信四十一岁是中年人的“门槛儿”，说这一年是人生的一道关口，要穿红色的内衣，亲人要来给过生日，并送红颜色的衣服，红内衣、红袜子、红腰带等，意在消灾避难，生日办得越隆重越好。过去，人的寿命普遍较短，有道是“人过七十古来稀”，所以，认为人一过四十岁就开始走下坡路，所谓“四十四五，半截入土”，认为到这个年龄，人生已经过半，肩负着家庭的使命，值得庆贺，因而，胶东有过四十五岁生日的习俗。有的地方还讲究过本命年的生日。

（2）庆寿辰

进入老年，诞日名为“寿辰”，庆祝活动叫做“庆寿”“做寿”。过生日的老人叫“寿星”。开始庆寿的年龄各地不尽相同，一般从五六十岁起，称为“五十整寿”“六十大寿”。长岛地方，从六十岁开始庆寿，此后，“逢五排十”要大庆。胶东不少地方，不论年龄论辈分，添了孙子、孙女之后就开始做寿。近几年，做寿时间有向前提的趋势，只要儿子或闺女结婚成家了，往往就开始给父母做寿了。给老人祝寿忌间隔，第一年做寿之后，必须要年年做寿，不可间断，否则再次庆寿时就成为“断头生”。因而做寿一直持续到老人寿终，若有遗忘，子女谓之“不孝”，亲友谓之“失交”，如因故缺席要提前告知。

各地重点庆贺的寿辰不尽相同，一般都看重六十大寿和此后的七十大寿、八十大寿，俗称为“整寿”。人们很重视老人66岁的生日，这天女儿一般要买块猪肉作为礼品，表示祝颂老人健康长寿，故有“六十六吃闺女夬肉”“六十六，吃刀肉”的说法。

给老人的寿礼各种各样，常见的有食品类：鱼、肉、鸡蛋、酒、寿桃、寿糕、饽饽等。莱州地方，遇父母寿辰，出嫁的女儿一定要回娘家庆贺，贺礼中一定要有花饽饽，饽饽上塑花、鸟、虫、鱼等各种吉祥物，也有塑“福、禄、寿、禧”字样和“八仙献寿”故事的。最讲究的是做“鹤鹿同春”面塑大件一个。寿桃上嵌有老寿星和五女拜寿故事，寿盘上塑仙鹤起舞与青松金鹿，都寓意长寿。祝寿的花饽饽有定数，蒸六个，五个一摞为亲人祝寿，另一个敬寿星老儿。除此之外，还有的送寿联、寿帐、寿画等。现在，儿女在老人做寿的时候还给老人买新衣裳以表孝心。无论送什么，还都要加上一个西式的奶油生日蛋糕。

（3）过冥寿

寿礼中还有一种叫“冥寿”，也叫“冥庆”或“阴寿”，即给故去的父母过生日。过去是每逢整十寿辰都要操办“冥寿”，儿女、亲近的亲戚都要来，到坟前摆祭，洒酒水、化纸钱，祭拜一番。主家中午要宴请来宾。一般与“三周年”相对应，只给逝者过三个生日，以寄托生者的哀思。

3. 特色浓郁的婚嫁民俗

（1）传统婚礼

①男大当婚女大当嫁

结婚，俗称“成家”，或称“办喜事”，男方为“将媳妇”，女方为“发送闺女”或“闺女出门子”。青年人到了男大当婚女大当嫁的年龄，就有人来撮合婚姻了，旧称“提亲”“提媒”，中间撮合者为“媒人”“大媒”，新中国成立后称为“介绍对象”，媒人称“介绍人”。

《礼记·昏义》：“婚姻者，合二姓之好，上以事宗庙，下以继后世也。”婚姻为人生之大事，自古便形成了一套复杂繁琐的婚嫁礼仪制度，即“六礼”，分别为：纳采、问名、纳吉、纳征（又称纳币）、请期、亲迎。民间主要重视以下几个环节。

议婚。就是媒人来往于双方家长之间商量缔结婚姻关系的过程，叫“做媒”。

媒人首先口头探询双方的意图，如果双方认为可以轧亲，由男方出面托媒人正式商量订婚事宜。俗谚“一家女，百家求”，也经常有男方看好了谁家的闺女，托一个合适的人“保媒”，从中加以说合的情况，这种情况往往不一定要请职业媒婆，而要看这个人能不能说得上话。招远一带，媒婆只起先期联络的作用，女方应允结亲之后，再请亲友二至四人作正式的媒人，叫“大媒人”“大媒”。这些人择日到女方家议婚，女家设酒席招待，俗称“吃喜面”。现在专职的媒婆已经消失，年轻人大多是自由恋爱，也有经媒人牵线搭桥而结成美满婚姻的夫妻，但媒人往往都是亲戚朋友或同事邻居中的热心人，纯属成人之美，没有了功利性质，被人们认为是在做积德的好事。当然，为了促成婚事，常有意无意把双方的优点夸大一些，虽是好心，有时也会造成不良后果。

订婚。即定亲，民间称为“传启”，其中又有“传小启”和“传大启”的分别。传小启也叫作“换柬”“换帖”“下通书”“过小帖”“吃小面”等，是双方初步落实婚姻关系的书面形式。男方家请人写帖，帖上写男方的生辰八字，并“敬求金诺”等语。女方家接到帖子后，请人写允帖，帖上写女方的生辰八字，及“谨遵台命”等语。双方的柬帖都以家长的名义落款，并不出现男女双方的名字。传小启之日，男方送女方一点衣物，俗称为“红定”。交换双方的生辰八字主要是看双方是否相配。在岁数上，一般习惯男比女大，但也有“女大三，抱金砖”之说。在属相上，有“鸡狗不到头”“家鸡外狗”“龙虎斗”等说法。传小启之后，男方一般不可再悔婚，女方却可以进一步考察，如不中意，允许悔婚，俗称为“羞男不羞女”。

传大启，也称作“传柬”“过大帖”“换大帖”“吃大面”“下媒启”“酒八字”，是旧时正式签订婚约的一种形式。大启印有龙凤图案，因此又叫“龙凤帖”。帖长一尺，宽约五寸，分龙帖和凤帖两种，龙帖供男方家使用，凤帖供女方家使用。传大启比较隆重，莱阳、牟平等地，男家择日设筵会亲族，书全帖，备首饰、果酒等礼送女家。女家纳礼，也会亲族，书全帖、备冠履笔墨作答，谓之“定亲”。男方率女婿到女家赴筵，谓之“会亲酒”。传大启之后，婚约达成，可以互通庆吊，互送节礼。如招远等地的“送端午”“送巧”等。即在端午、七夕等节，男方要给女方送礼，或衣服或酒及应节食品，女方也以礼相还。

后来又增加了相亲这一环节，俗称“过目”“看家”“盼家”“认亲”。栖霞等地方叫“看场儿”“上门儿”，或者更通俗叫“媳妇来第一趟儿”。包含两方面的内容，一是看人，一是看家。相亲实际上就是女方到男方家去见家里人，同时最主要也是去看男方家的经济情况，包括房子、男方及其家里人待人接物等许多方面，也就是实地考察，依此来判断未来婆家的一切是否合自己的心意，因为“看家”而吹了亲事的也并不少见。女方第一次上门儿，男方一般还要给“见面礼”。

订了婚，男方要给女方送聘礼，俗称“下彩礼”。彩礼的多少没有定数，随时而定，一般以时尚标准为基数，上下略有浮动。同时也要视家庭的社会地位和经济条件而定，遇上女方不要彩礼，真是“祖辈烧高香了”。在农村，老家儿要给儿子准备新房子，这是最基本的结婚条件，老百姓说“总不能睡在露天地里”。除了礼金，还要准备相应的家具和东西，过去，结婚时的家具主要是大板柜、橱桌，彩礼也就是几件新衣服、几块新衣料。20 世纪六七十年代，流行的标准是“三转一响”，即自行车、手表、缝纫机和收音机。礼金要 1000 元，叫“千金小姐”。80 年代后，彩礼的档次大大提高，流行“三金一木”，即金耳环、金项链、金戒指，一辆“木兰”牌摩托车，电视机要彩色的，家具要组合的，衣物要毛料的。90 年代后，就又是新的“三大件”了，即彩电、冰箱、洗衣机，礼金也到了 10001 元，称之为“万里挑一”。而 21 世纪的今天，汽车也纳入到了彩礼的行列。男女双方一旦订婚，婚姻关系就得到了社会和双方家庭的承认，如果再有什么变化，会被人认为是不道德的行为。如果是女方提出退婚，除了遭到众人的谴责外，还要把彩礼如数退还；如果是男方反悔，彩礼则一律不能再要。

送日子。又称“看日子”。就是男方选定举行婚礼的日期，和女方协商，达成共识。一般是男方先向女方要“庚帖”，然后根据女方的年命查适于举行婚礼的日期，叫“择日子”。择日子包括择年、择月、择日、择时四项内容，择日的方式常用四种，一是翻阅历书，二是阴阳五行，三是打卦算命，四是占卜，总之要找一个“黄道吉日”。然后把择日的结果写成“要帖”，送到女方家。婚期一旦选定，就不能改动，否则不吉利。结婚的日子多选在秋冬季节，尤其到了年关辞灶后，据说是诸神上天，百无禁忌，称为“乱岁日”，民间贫困家庭多在此时嫁娶，谓之“赶乱岁”。古代又称大寒后十日为阳宅乱岁，嫁娶无禁。最后三天，更是称为“年娶日”，现在农村也多在年底结婚。

如今，人们观念更新，往往不找人看日子，两家一商定就可以定下日子，经常在“五一”“十一”等公假时间，或赶在双休日，几乎每个双休日各大酒店都有举办婚宴的新人。

②忙碌的婚前准备

办嫁妆。送日子后，确定了结婚日期，就开始操办结婚了，男方忙着置办家具、收拾新房，女方也开始准备嫁妆（办嫁妆）。实际上，旧时在闺女十几岁时就开始准备了，一是父母主动操持备办，二是女孩自己有意识积攒。准备嫁妆的总原则是陪嫁不能少于彩礼，嫁妆的多少决定了姑娘出嫁后在婆家的地位，所以父母尽量多给女儿陪嫁，把嫁妆办得丰厚体面。民间的嫁妆以“抬”为单位，四六抬居多，二抬的较少，富户也有十余抬的，所以有“闺女是赔钱货”的说法。烟台地方的陪嫁一般没有定规，随各家的经济条件而定，可多可少。女方家一般不做家具，只带两个箱子、两把杌子。大件家具由男方承担，作为彩礼的一部分。胶东地方，儿女结婚，双方都要缝制被褥，叫“几铺几盖”，一般“两铺两盖”居多。过去的嫁妆还包括新娘结婚时和婚后用的衣物，包括各种棉衣、夹衣、单衣几件到十几件，各色的棉、单绣花鞋；给新郎做的衣服、鞋子；给公婆及新郎的婶子、大娘、叔叔、大爷等做的鞋子；一对“二人枕”、各色棉、绸被面褥面、床单、衣料等。林林总总，都要绣花描云，全用手工缝制，费时费力，但姑娘们做得很甜蜜。除了这些，还有座钟、脸盆、茶具、镜子等日用小物件。无论贫富，一对“长明灯”必不可少。如今办嫁妆就省事多了，商场里要什么有什么，把女性从繁重的女红中解放出来。现在，多为独生子女，女方多带陪嫁已蔚然成风，总价值同男方相当，如此才显示出平等。

搬箱。结婚前一天，男家会找近亲的壮劳力来女家“搬箱”，莱州地方叫“抬柜桌”。一般在上午搬，并尽量赶早。女方的嫁妆里一定会有两只箱子，里边装着被褥衣服，箱子的四个角要放钱，富有的人家也可放金银，叫压箱。装完后锁好，外面用大红彩绸系成花儿。大镜子等所有结婚的物件也都要系上花儿。现在一般不再搬箱，许多陪嫁从商场里直接就送到了男方家里，一些小物件随新娘过门的时候一起带过去即可。

铺房。又称铺床，胶东地方主要的卧具是炕，又叫铺炕。迎亲前一天，男家开始铺设新房卧具，这是布置新房的最后一项工作。铺床时通常要请两位命相符合要求且儿女双全的婶子或嫂子来做。边铺边唱喜歌。铺好后还要让一对童男童女到床上蹦跳，叫“滚床”。俗信新房铺好的床不能空着，这天晚上还要请人压床，各地风俗不同，多是一个小男孩。

绞面、上头。绞面又叫绞脸、开脸，是给新娘修面的习俗。开脸、上头的时间不尽相同，多是在临上轿前，一般开脸和上头同时进行。请父母健在、儿女双全的妇女（称“全和人”）用两根红线互相绞合，把脸上的汗毛绞掉，修齐眉毛和鬓角，是梳妆待嫁的重要环节，一生只举行一次。上头是将做姑娘时的发辫拆开，绾成一个纂，成椭圆形，俗称“鸭蛋纂”，纂上加网，最后用银簪固定住。绞面上头仪式，其实是一种同婚礼相结合的女子成年礼，标志着该女子从此结束了少女时代。

结婚本是喜事，但我国自古就有哭嫁的习俗，民间有“新娘哭，两家福”的说法。女子哭嫁有其存在的独特意义。旧时婚姻的缔结，主要靠“父母之命，媒妁之言”，女子同未来的丈夫素不相识，对夫家的情形更是一无所知，所以女子出嫁后的前途未卜，心中的恐慌和无助可想而知。哭嫁习俗为女子们提供了一个宣泄不满和心中愁苦担忧的机会，这也是哭嫁习俗久传不衰的根本原因。现在，妇女地位得到了极大改善，婚姻自主，结婚成为名副其实的人生一大喜事，哭嫁习俗已不多见，新娘子离家时落泪，多是出于对父母的不舍之情。毕竟由女儿而变为人妇，身份的转变还是让人有些不适应。无论怎样，结婚都是男方家里喜气洋洋、热热闹闹，而女方家里则冷冷清清，多少有些凄凉和空落。

③欢欢喜喜娶媳妇

迎娶。迎娶的礼仪称为“办喜事”“娶媳妇”“将媳妇”等。这一天，男方家的门楼上要系挂红彩绸，沿途要在桥上、墙上、树上贴红喜字，叫“贴喜帖”，从村外一直贴到新房，指示迎亲的路线。迎娶的方式主要有三种：亲迎、等亲和送亲。

亲迎就是新郎亲自去女家接新娘。等亲是指新郎不亲自去，而是派其兄弟或叔侄到女家接新娘。送亲是男家不派人去女家，而由女家把新娘送来。胶东地方主要是亲迎和送亲相结合。送亲的人一般是娘家叔叔或堂哥等，可以一人也可以两人。新娘上轿下轿脚不能沾地，起轿赶早不赶晚，如果一个村里有好几家成亲的，新人们都赶早，谚语说“来得早，过得好”。娶亲的队伍在路上不能落轿，路上碰到出殡的队伍认为吉利。遇到成亲的，两个新娘要交换礼物来破解。到了男家，接轿的姑娘拿着麦麸（福）撒向新娘，如今已演变为撒彩纸。栖霞等地，在新娘进入洞房之前，有一个挂门帘的仪式，由管家、轿夫或木匠，在门上钉钉子挂门帘，边挂边唱喜歌：“上八仙，下八仙，请下八仙挂门帘。上挂门帘生贵子，下挂门帘出状元。两手一齐挂，一个状元一个探花。”

坐帐。新媳妇进家门之后，要踩着一块方糕上炕，朝着喜神所在方位坐下，叫坐帐，也叫“坐福”“坐富贵”。这时，有人端来一种宽面，让新郎新娘吃，叫“哺面”或“开口面”，并将红枣、栗子、花生等撒在新郎新娘的身上，叫“撒帐”，边撒边念诵一些祈子求福一类的祝辞，如“一把栗子一把枣儿，明年生个大胖小儿”等。新娘“坐帐”时，亲戚朋友和街坊四邻都来看媳妇，让新娘点烟，向新娘要喜糖、点心吃，有的还要闹腾一番。

合卺、闹房。新人的午饭和晚饭是送来在新房里吃的。晚上喝合卺酒，俗称“交杯酒”“交心酒”等，用红绳拴两只酒杯，新人同举共饮。这时，亲友邻里都会来哄笑取闹，气氛相当活跃，有“结婚三天不分大小”的说法。喝酒之后，楦头枕也在唱喜歌与笑闹声中进行，由一个“全和人”将枕芯楦进枕套中，同时也要在两个枕头里面放上钱。这天晚上的种种取闹，俗谓之“闹洞房”“闹房”，虽难免有些粗俗之举，喜主却乐意如此，因为俗传“人不闹鬼闹”。闹房的人散尽之后，新人闭门就寝后，比较亲近的小姑、小叔等伏在窗前听室内的言语动静。称“听话”，又称“听房”。

请媳妇。牟平、海阳、栖霞等地方，从第二天晚上起，与男家有礼节来往的邻家会“请媳妇”，或称“搬二日”。依次邀新娘到家里，设酒食款待，为新娘梳洗，一般由婆婆陪同，叫“梳头”或“躲瞌睡”。

开箱。结婚第三天，新娘的娘家人备面食果品来到男家，谓之“开箱”，也给新娘送鞋子，新娘穿上，换下结婚时穿的鞋子。婆婆、嫂子等人也过来开箱，新娘拿出事前给婆家一家人及主要亲戚做好的鞋子馈赠。给丈夫的不只鞋子，还有帽子、袜子、文房四宝等。婆家及亲戚也各有花簪、礼钱等回赠。现在还有“进鞋”这一习俗，但已不是手工制作，而是买来的成品鞋了。乳山等地这一程序大多合并到了结婚当天进行，娘家多跟几个人过去，一并开箱，称之为“跟腚红”。

回门。即婚后新娘第一次带新郎回娘家见岳父岳母。新人回门的时间各地不一，平度为第二日，新郎、新娘同到女家认亲，第三日回男家，第六日由新娘的父兄或弟侄到男家探亲，第九日男方搬新娘回家，名曰“叫二、还三、住九”。栖霞、牟平在第三天，叫“搬三”，并有“七不出，八不走”的说法，如初六这天结婚，则要到初九回门；崂山、即墨则是次日女家送食盒看闺女，四日新郎偕新娘与弟往女家拜岳父母，当日返回，叫做“望四日”；莱阳在第四天，新婚夫妇同回女家，当日戴着日头回来，也就是天不黑就要再回来，谓之“回门”或“回四”。到第九天，夫妇再同到女家，新郎当日先归，新娘留在娘家，住四到六天，叫“站九”。至此，整个婚礼才算全部结束，新婚夫妇就开始在一起住家过日子了。

（2）新式婚礼

以上习俗大多是古代婚礼习俗的延续，只是简化了一些。现在的婚礼多为新式婚礼，很大程度地结合了西方的习俗，传统的习俗往往流于形式。农村里的年轻人也亦步亦趋，城乡婚礼的形式大同小异。

青年人多自由恋爱，婚礼前拍价格不菲的婚纱照。举行新婚仪式这一天，新娘清早起来找专业化妆师化妆，早晨新郎带伴郎和迎亲的车队来到女家迎候。旧时，新娘的嫁衣从头到脚一身红，现在盛行穿洁白的婚纱。吃完饭，新娘由伴娘伴随，一般是由新郎抱到车上，到邻近的风景秀丽之处拍录像、拍照片留念。一圈下来，在上午十一时左右到达事前预定好的酒店，此时，亲朋好友已等候多时，在酒店门口放鞭炮、礼花，奏婚礼进行曲，新人在亲人们的簇拥之下步入宴会厅。结婚仪式开始。拜天地的仪式由跪拜改成了行鞠躬礼，其中一拜天地变成了拜所有的来宾，司仪成了主持人。这期间，由证婚人讲话，双方父母讲话，新人介绍恋爱经过，主持人出一点节目难为一下新人，比如咬糖、咬苹果等，增加喜庆气氛。但很快新人们就开始了向来宾敬酒的仪式。整个过程文明礼貌，但场面耗资巨大，动辄几十桌酒宴。期间新娘一般要换三套衣服。脱下婚纱换上旗袍或晚礼服或西式套裙，光彩照人，成为婚礼上的焦点。晚上回到新房，大多数来宾已离开，只剩下亲朋和挚友。晚宴后大家喧闹说笑一番，算作闹了洞房后即散去。还有许多年轻人喜欢旅行结婚，夫妻旅行归来宣布已经结婚，不再举行仪式，只宴请亲朋而已，节省又时尚。更有集体婚礼，既热闹经济又有纪念意义，也为许多年轻人所青睐。

年轻人觉得传统婚礼繁缛复杂，而对于新式婚礼，也有些人不以为然，尤其是新娘穿白色的婚纱，这跟中国传统的喜服颜色相背反，因此有的家长不愿意女儿在婚礼上穿白衣，于是西式婚礼上又增添了中式传统元素，大多数新娘子婚礼间一定要换一身中式的旗袍，还有的新人穿着婚纱蒙着盖头，加上了掀盖头这个环节。

（3）婚礼食俗

婚礼要遍请亲朋好友，相伴着一系列食俗。胶东地方主要是做喜饼与花饽饽等。

威海地方有婚前数日做喜饼的习俗，女方要烙制精美喜饼，作为压箱底的食品，放在陪嫁的箱子中。烙饼是功夫活也是力气活，常需请邻里相助方能完成。女方亲戚中的近亲如姑姑、姨妈、舅妈等也要做媳妇饼。来参加婚礼的客人临走时主家要用媳妇饼做回礼。一般是留一半，然后添上回礼。结婚当天还要带一些“媳妇饼”到男方家，开箱启柜时取出散发给亲友。除了“媳妇饼”，乳山地方还做“囤底”，“囤底”又厚又大，寓意团圆美满和将来的日子富足。除了这些，还炸制用面做成的花饱子、翻背果（也叫“翻花”）、龙、凤、百足虫、金鱼等各种造型，总称“翻艺儿”，并搕莲子果子，蒸包子，与喜烟、喜糖一起作为给来宾的回礼。还做抓果豆儿或叫小抓果、小果，同乞巧节的小果同样做法，便于结婚当天来看媳妇的人尝食，面里不加鸡蛋、油的则可油炸。

与威海不同的是，烟台、青岛地方则做大“花饽饽”，包括鸳鸯一对、鲤鱼一对、肥猪一对、寿桃一对、如意一对、老虎一对、大桃一对等。其中最漂亮的是牟平、栖霞、招远等地的铜盆饽饽，直径 50～60 厘米，底座是莲花瓣，上面多彩塑龙凤及花鸟图案，如葫芦、金鱼、鸳鸯等，组件可达 20 多个，造型生动，情趣悦人，五彩缤纷，喜气洋洋。送亲队伍到了新郎村里，专门有两个人迎上来接铜盆饽饽，拿回家中，放在显眼处，展示给亲朋好友看，大家盛赞之余，新娘心里美滋滋的极有面子，铜盆饽饽一般要摆上一段时间才舍得食用。

吃上轿饺子。胶东民间，女儿临行前，要吃由母亲亲手包制的水饺，多为素馅，叫“上轿饺子”，而且所吃的饺子必须是偶数，寓意出嫁后万事顺利。青岛地方新郎迎亲在新娘家吃饺子时，碗内也要留下双数。水饺胶东话叫“箍扎”，吃水饺就是把嘴“箍”住，饺子的形状酷似元宝，吃饺子也是把金银财宝箍在嘴里。进男方家门时，喜娘会端来一个小箩，里面盛着两个用红线绑在一起的莲子饽饽，让新人咬，谓之吃“子孙饽饽”，而下花轿拜堂后吃的“随身饭”里的面条，意思是新娘要在婆家过一辈子，吃面条则是把腿“揽”住，以求长长远远、顺顺畅畅。

新人的午饭和晚饭是送来在新房里吃的。在威海，饮过交杯酒后，新娘要吃一碗海蛎子、一碗老板鱼，意思是“立子”和“相伴到老”。忙累了一天，就寝时，新娘往往会拿出从娘家带来的点心与新郎共享，如媳妇饼、炸花果等，称之为“体己干粮”。

回门，即婚后新娘第一次带新郎回娘家见岳父岳母。回娘家的日子同样要大摆筵席。莱州地方新婚第二天女儿回门是新娘家最忙碌的一天，请客、安排酒席、借桌椅板凳器具都有专人负责，如今条件好了，男女都一样，新娘家请客也不比男方家人少，也是从中午十二点吃到晚上六点。新娘回婆家带“上炕礼”（花生、点心、鸡蛋、包子等）赠送公婆、姑嫂、伯叔。

荣成地方回门，岳母要烙小饼作为体己干粮，以防女婿夜晚饥饿，增加营养。烙小饼是崖头以南的习俗；崖头以北，则烙小型发面饼，俗称茶饼，有的岳母也为女婿烙一些小果。荣成地方做莲子花与耳朵儿，莲子花为木模磕制的小型馒头；耳朵儿为小发面包子，两角交叠捏在一起，如耳状，蒸时两只粘在一起。返回婆家时除散针线（鞋子、衣帽等礼物）外，还要给亲戚朋友“分包袱”，即用红花包袱包着礼物分送。分包袱不论远近，都要送到，只是礼物多少有所差异。礼物称“件儿”，如四个小饼，两只耳朵儿，称为“六件”；四个小饼，两只耳朵儿，一个大饼，一个莲子花，称为“八件”。收礼的人家收下礼物后，或挖麦子，或放上鸡蛋，或放两角钱在包袱里，总之不能让包袱空着，叫“回包袱”。只有一人除外，那就是写喜联的人，除分一份包袱外，再加 40 或 60 个小饼以示酬劳。

二、胶东岁时节日民俗

传统的岁时节日，主要指与天时、物候的周期性转换相适应，在人们的社会生活中约定俗成的、具有某种风俗活动内容的特定时日。人们用这些节日以应节时，也调节自己的生活节奏，更多地去观照自我与自然的关系，显示出自然规律对人们生活的制约及人们对自然的顺应与把握。

1. 胶东岁时节日的形成及分类

影响节日形成的因素有很多，从传统节日的形成原因方面，大致可以分为宗教性节日、生产性节日、时令性节日和娱乐性节日等类型，胶东的传统节日也不例外。

（1）宗教性节日

胶东地方佛教和道教盛行，尤其是道教，从崂山到昆嵛山，从大基山到槎山，都有道教与佛教的遗迹。节日里，清明节、十月朝主要与道教相关，而上元节和中元节则与道教、佛教都有一定的关系。

正月为元月，古人称夜为“宵”，而正月十五日又是一年中第一个月圆之夜，所以称为元宵节。道教称正月十五为上元，是天官的生日，也叫上元节。佛教把火光比做佛的威神，所谓“无量火”照“无极”，灯便成了佛前的供具之一。另一方面，佛教中的燃灯佛，是授记释迦牟尼的老师，释迦牟尼前世为菩萨时，他就预言释迦牟尼会成佛。因此，佛教中视灯为光明，而释迦牟尼示现神变时，恰恰是东土正月十五日。为纪念佛祖神变，此日举行燃灯法会，燃灯风俗随之而来。东汉明帝永平年间始流行于全国，从此，元宵节又称灯节。在胶东，元宵节的送灯、散灯更多的是受道教影响，但今天的观灯多与佛、道无关，只是成为节日的娱乐活动之一了。

七月十五又称“七月半”，是道教的中元节，也是一个佛教节日。佛教传说，释迦弟子目连的母亲坠入饿鬼道中，受倒悬之苦，食物入口化为烈火。目连向佛求救，佛为他念《盂兰盆经》，盂兰盆是“救济倒悬”的意思，佛教教义认为七月十五“赐佛及僧”可救先人在阴间的倒悬之苦。因此让目连在每年的七月十五备好百味供养僧众，积善成德，使他的母亲摆脱厄难。这一教义很适合中国提倡孝道的道德观念，因此为民间所接受。后来逐渐演变为放河灯，祭祀无主孤魂和意外死亡者。沿海地区，由道士乘小船在海中放灯，并奏丝竹乐。胶东民间的七月十五则佛道兼采，既摆供祭祖，也放河灯放海灯。

（2）生产性节日

生产性节日，一般是指在农、林、牧、副、渔各业的生产中，伴随岁时变换和生产习俗所传承的群众性活动。胶东百业兴盛，也有很多生产性的节日，这些节日首先是基本有固定的时间；其次，生产性节日是在生产实践基础上产生的，表达人们的美好愿望；其三，生产性节日同样带有祭祀、纪念等意义。

中国人历来崇尚以农为本，因而，传统节日也体现出农耕文明的特征，我国的传统节日几乎都与农事相关。脱胎于二十四节气的“四时八节”都是典型的农业节，它是自然环境、气候、地理、天象等变化的节点，制定这些节日，其原始目的就是为农业生产服务。

立春，历史上就备受重视，从朝廷到地方，从天子到百姓，自上而下地举行“迎春”“报春”的祭祀活动，鞭打春牛，祭祀句芒神（传统中统管农事的地神），以督春耕，祈求丰年，人们还以这一天的阴晴来预卜来年的丰歉。

我国最大的传统节日春节，也与农事相关。春节俗称“过年”，“年”字在甲骨文中的写法，上半部从“禾”，下半部从“人”，像是人拿着麦穗的样子。《说文》释“年”：“谷熟也。”《尔雅》曰：“夏曰岁，商曰祀，周曰年，唐虞曰载。年者，取禾一熟也。”就是说，年的本来意义是禾谷一年一熟的意思，庄稼一年一熟，人们用祭祀的方式，庆贺丰年并祈祷来年丰收，这是“年”的原始意义。这种意义，就是在今天，民间也还在遵循着，“风调雨顺、五谷丰登”“六畜兴旺、吉庆有余”几乎成了春节习俗的主题，表达出人们对新的一年的祈望。民间从正月初一算起，有“头鸡、二犬、三猪、四羊、五牛、六马、七人、八谷、九籽、十成”之说。到了那一天看天象是晴是阴，以此断定来年人及家禽家畜的吉凶。更有学者考证，胶东古称东莱，莱是野生麦，即所谓燕麦、雀麦。而麦是莱的优良品种，有青稞、大麦、小麦等。①

胶东历来有在正月十五做灯、送灯的习俗。在乡村，用豆面“捏灯”“蒸灯”。用萝卜、胡萝卜制灯，俗称“割灯”，做生肖灯，寓意在于消灾除病，人丁兴旺。做代表12个月的月灯，用于祈祷各月收获的农作物、水果和蔬菜取得丰收。做狗灯摆在门口，做牛灯、马灯送到牛棚、马棚，做鸡灯放在鸡窝上，寓意六畜兴旺。②

以荣成为例，捏完灯之后的主要活动是“散灯”，即“送灯”，在散灯习俗中就有预卜来年收成的内容。其中月灯每月做一个，共十二个，闰年月加做一个。灯碗的边缘按月份捏上褶痕，一个月一个褶痕，第十二个月要在灯碗边缘捏上十二个褶痕。遇到收获的月份，月灯下面另外加捏囤底，囤底上面捏圣虫（蟠龙）盘绕在月灯上。

二更时分，合家团聚，一家人围在一起，先用莒草秆捻上棉花插进灯碗，充当灯捻儿，再将豆油或花生油等舀进每个灯碗点着。据说从灯芯燃烧后的形状可以得到各种“信息”。如六月灯的灯芯烧成米粒状，就预示小麦将获得丰收。月灯点着以后，按月份散开来，如六月收麦，就把六月灯放进麦囤；七月收苞米，就把七月灯放进苞米囤。其余，狗灯放在大门口，鸡灯则由人端着照墙角、炕旮旯，免得毒虫、蝎子伤人。鱼灯放在水瓢里置于水缸中，然后将瓢旋转，等瓢稳定后，鱼头朝哪儿，则预示着那个方向渔产丰收。马灯、猪灯，分别放在牲口棚、猪圈盖上。蛤蟆灯放在锅台后和门槛底下，吃苍蝇、蚊子和虫儿。这就叫“散灯”。月灯燃尽后，看哪个月灯残灰多，则预示着那个月风调雨顺。

这种捏灯、散灯习俗胶东地方大致相同，只是做的灯的形状有别而已。乳山地方还做一盏“看场佬”灯，形为一肩扛各种农具的老人，节日晚上由家中男孩点燃

① 宋武：《莱西与古莱夷文化初探》，载《山东档案》2013年第6期。

② 山曼等：《山东民俗》，山东友谊书社1988年版，第15页。

送到打谷场园中间，燃尽之后由家中长者据燃烧情况预卜当年各种作物的丰歉。

农历二月二日，俗谓龙抬头，被称为青龙节或春龙节、龙头节。胶东一带多称为二月二。据说这个节日起源于伏羲时期。伏羲氏重视农业生产，每年农历二月初二，要亲自耕种，为天下的老百姓做榜样。后来黄帝、尧、舜等相继效法。到周武王时，不仅沿袭了这一传统做法，而且还作为一项重要的国策来实行。在二月初二这天，举行盛大仪式，文武百官都要亲耕一亩三分地。过去人们一般把二月二作为年节系列的终止，从此停止各种娱乐活动，开始恢复常业。一般农家开始试犁。海阳等地习俗，扶犁人先拜犁具，并唱喜歌："犁破新春土，牛踩丰收亩，春种一粒粟，秋收万颗籽。"然后牵牛到田间象征性地耕一耕。民间还有传说二月二日是土地神的生日，有些地方这天要祭土地神，也与春季生产即日开始有关。二月二习俗中的"打灰囤"，是农家早起掏出锅底的灰，在门口用草灰画成各种粮囤的形状，在囤的外面还要画上梯子的形状，意思粮囤又高又满，需要踩着梯子才能取粮，口里还念着："二月二，龙抬头，大囤满，小囤流。"以祈愿当年有个好收成。并根据天气来预卜收成，当日天晴无风叫"收囤"。莱州地方在"打囤"前不开鸡窝，在"囤"中间放一点玉米等粮食，用瓦片扣一扣，等太阳升起来后，再将鸡、鸭等家禽放出来，看家禽争食的情况来预卜丰歉。乳山、海阳等地还用白面或豆面做成小龙，谓神虫，放在粮囤和面缸里，祝愿粮面用之不尽。叫"神虫"，意味着民间对龙的敬畏和崇拜，"神虫"在百姓口中叫来叫去就成了"剩虫"（或圣虫），与其所表达的希望粮食总有剩余的美好祈盼更显契合。一年之计在于春，不管何种习俗形式，都表示了百姓对土地的希望，希望在一年农时之初，借"龙"这一古老的中华图腾形式为自己带来风调雨顺与五谷丰登。

清明节一般在春分后15日左右，正好是农历三月的上旬，是中国的传统节日中唯一一个同节气合一的节日。"清明"一词的含义是天清气明。此时气温升高，雨量增多，是开始春耕春种的时候了，所以，清明节最初是个农耕节。胶东有"清明耕一半，谷雨种一半"的农谚。与之相关的习俗有长岛、蓬莱一带说这天是"驴生日"，过去，这一天一定要吃高粱米稠粥。饭熟后先盛一碗喂驴，并有俗语说"打一千骂一万，忘不了清明吃干饭"。其他地方的农村，这天也都用小米饭、豆饼或干饭喂马、骡、牛、驴等大牲畜，这天所有的牲畜都不使役，也不准打骂。驴等大牲畜在过去的农业生产和家务劳动中起着重要作用，如运输、下地、拉磨、压碾等，为人们出了不少力，主人因此把它们当作是哑巴朋友，对其爱护有加。

古时农历六月六日为晒衣节，宋代始称为"天贶节"，这一天北方流行晒衣服、人沐浴、看谷秀、请姑姑的习俗。有的地方六月六又叫姑姑节，盖因"谷"与"姑"音同之故。这天还是民间祭祀山神和给麦王过生日的日子。北方的谷子刚刚开花，有“六月六，看谷秀”的谚语。有的农村，这一天要祭拜祖坟或土地神。所以，六月六当为生产性节日，或说农祭日。

牟平传说六月六是“兔生日”。《诗经·丰年》中说：“丰年多黍多稌。”黍、稌二字统指黍、稻、谷、穇、穄等禾本科作物。这些作物多在六月间结成胞粒，所以有“稌生日”之说，民间就讹为“兔生日”了。当地人也认为这个时节野兔多，会对庄稼造成伤害；而蟾蜍是能吃害虫、保护庄稼的动物，所以乳山、牟平、栖霞都有在六月六用百合花蕊和面蒸黄面兔儿、蒸黄面疥疤儿的习俗，可谓两者兼顾。这一天，海阳、莱阳等地，家家蒸新麦馒头在庭院中摆供，谓之“献新”。莱阳有的地方还吃水饺，有“六月六，看谷秀，不吃箍扎光臭头”的说法。蓬莱、长岛、牟平等地则吃包子，当地民谣说：“六月六，看谷秀，碗大的包子一包肉。”莱西一带这一天也吃包子，采摘臭椿树的果穗，俗称“鼓谷”，挂在墙壁上、锅灶上方，或扎成球形给孩子佩戴，以祈谷物丰收。不管吃什么，都是一种“吃新”“尝新”的反映，这个时节胶东一带新麦子刚上磨，人们心中对新粮入囤充满了喜悦，为了庆贺丰收，没有别的形式，就用了这种最简单的做一顿面食吃的方式来表达，其中当包含了对土地、粮食的一种感恩。

秋季是收获的季节，古代人无论春种还是秋收，往往都要祈祷、答酬神灵，前者为“春祈”“春社”，后者称“秋报”“秋社”，胶东人重视这些节日，在春社和秋社（民间称社日）的时候都要祭祀土地神和五谷神，社日这天本家的村民要聚集到一起，一大早，由族长召集，先祭祀土地神和谷神，然后祭先祖，吃社饭，唱社戏。围绕秋社，有一系列酬神祭鬼、铺排社戏、驱灾厌疾等仪式和活动，后来民间也就多将这些活动与中秋节合而为之，形成一个大节，既拜月赏月，又祭神报赛、祈福禳灾。所以，中秋也与农事相关，八月正值秋收之中，胶东一带的庄稼、水果或收仓或丰收在望，人们往往借中秋之时一并庆贺。

胶东海岸线绵长，胶东沿海捕鱼的生产方式古老而悠久，与农业生产同样重要的还有渔业生产，烟台蓬莱、福山、长岛一带沿海在正月十三过渔灯节。山曼先生在《新时期节俗改革探微》中说过，渔灯节是从元宵节中分化出来的一个专属渔民的节日。① 古时称正月十四日为麦社，说是麦子的生日，烟台蓬莱、开发区、福山区一带也有在十四送麦灯的习俗，不同的是这些地方的沿海渔民这一天还加送渔灯，渔民把用萝卜割成的“灯”送到船头，祭船、祭海、祭龙王，祈求“海神龙王”保佑，祈求一帆风顺鱼虾满舱。

胶东与渔灯节同样类型的渔业生产节日还有荣成的谷雨节、即墨周戈庄的上网

① 山曼：《新时期节俗改革探微》，载《民俗研究》1988 年第 4 期。

节、青岛城阳的郎神节等。

（3）时令性节日

传统节日几乎每个月都有，而这些节日的内涵大多又与祈福求祥有关，将平安健康、富贵吉祥的美好祈愿寓含其中。

农历二月二日，正值惊蛰节气前后，春回大地，万物复苏，各种蛰伏了一个冬天的昆虫也开始活动，传说中的龙也从沉睡中醒来，所以叫“龙抬头”。龙在中国民间传说中掌管治水大事，水与农事密切相关，因而逐渐演变成以驱虫害和祈丰收风俗为主的节日。胶东一带有引龙、打囤、煎饼、熏虫、击梁辟鼠、炒豆报捷等风俗活动。与驱虫害有关的主要是熏虫习俗，一般是在过年的时候就把二月二要用的香和鞭炮准备好，早早起来，用燃着的香在墙缝等犄角旮旯容易滋生虫鼠的地方逐一晃照一遍，以求一年不受侵扰。

农历五月初五为端午节，端午节的起源，说法不一，一般说来，源于古代的避“恶日”，传说这一日恶疠病疫多泛滥，古代人有“躲午”（躲五）的习俗，在这一天祛邪除祟、祈福求安。端午是夏季的一个民俗节日，此时阳气最为旺盛，蚊虫渐多，容易滋生传播疾病。所以，这个节日的许多民俗活动都与祛病辟邪有关，习俗丰富多彩。胶东民间端午节的一切习俗都与驱虫避邪、祈福消灾有关。

端午节之日，胶东地方普遍在门口插艾蒿。除了插艾之外，有的地方还加插桃枝和“瞌睡草”（铃铛草），为的是避邪与不瞌睡，有的地方还要在门上挂黄布做成的布猴儿（大多是孙悟空的造型），也是取齐天大圣能降妖除魔的功能。长岛当地插挂的艾棵，还必于节前一日黄昏后黑暗中至山野拔取，俗名“摸艾子”。

乳山地方的端午，一直有用月季、蔷薇、藁木等带香气的花草及艾蒿心、桃树心、柳条皮、蜡条皮等泡水洗脸的习俗，据说可一夏天防蚊虫叮咬。早在周代，人们就“五月五日，蓄兰为沐”，屈原的《楚辞》中也有“浴兰汤兮沐芳”的诗句，即说端午时候人们会用兰等花草泡水洗浴。因而这一习俗可谓古风犹存，其本意还是与驱五毒有关，且有一定的科学道理，所用原料大都有药用价值，体现了乡野百姓对自然的尊重与认识。胶东许多地方端午清晨拉露水的习俗也与这种古俗有关联。这天，家家户户要起大早。早晨日出前，男女老少都到野外采露水，即将青苗或草木上的露珠沾到手巾上，用它擦脸、擦眼，说这样擦脸清爽，擦眼明目，不得眼病。有些人还把沾湿的手巾带回家中，给不能出门的老人擦脸、擦胳臂和脖子，说是擦了不生疮疖。大人则牵着牲口，到沟边夼旁，一边拉露水洗脸，一边看牲口啃嫩草，据说牲口吃了端午带露的嫩草，不得杂病。拉露水的同时采摘小白菜和青蒜。据说，吃了端午的菜，可以去百病。如果能在端午的早晨捉到蛤蟆会很高兴，据说此时的蟾酥最是仙丹妙药，包治百病。

烟台有的地方从五月初一就开始过节，五月初一，蓬莱、龙口、长岛等地称之为“小端午”，在大门门槛上贴一对用黄纸剪的牛。五月初五，称“大端午”，门窗上还要贴剪五毒图剪纸或贴艾虎、葫芦、黄牛、桃、狮、鸡等剪纸，剪无毒剪纸，取义“剪五毒”，意为剪除这些害虫，使之不至危害人类。剪其他图案也都取驱灾避邪之意，如贴葫芦要与七星宝剑相配，剪纸葫芦，民间称之为“收毒葫芦”或“消灾葫芦”，宝剑有辟邪驱魔之用，有的也用宝剑代表菖蒲，菖蒲有香气，也有辟秽之效，用意十分明显。端午剪纸一般以黄色为主色，也取辟邪之意。端午的门很要紧，跟过年节时贴门神是一样的道理。当地人说，凡是住房有孔通外面的地方都要贴。贴这些剪纸与插艾等含义相同，只不过由实物转为了象征符号。

胶东的端午饮食除了吃粽子，还吃鸡、鸭、鹅蛋，也是为了增加营养，提高身体抵御疾病的能力。过去人们还有在端午喝雄黄酒的习俗，作为药酒的一种，人们认为可以祛病辟邪；小孩不能喝，大人们就会用手指蘸着酒在小孩额头眉间点画一个“王”字以示象征。

像许多民俗节日一样，为孩子祈求平安富贵都是重要的内容。端午这一天，小孩要带“五毒兜”，上有绣织的五毒图。祖母或母亲会在小孩的手腕和脚腕上拴系五色的丝线，叫“葛（方言读作 gǎ）五丝”，称之为“禄寿线”，等到入夏的第一场雨后摘下让它们随河水流走，俗信如此则能保佑孩子一年无灾无病；用五彩丝线扎制成非常小的笤帚、炊帚，挂在小女孩衣服的扣眼里，精致可爱，堪称艺术品，用意皆祈福求平安，扫除病灾，并让女孩子将来活计好。

农历九月九日，是传统的重阳节。《易经》中“以阳爻为九”，把“九”定为阳数，九月九日，两九相重，即两阳相重，故而叫重阳，也叫重九。就像端午节，两五相重，又叫“端阳”“重五”一样。汉代已有饮菊酒、吃花糕、插茱萸的习俗，历代相沿，也称为“茱萸节”“菊花节”。古代庆祝重阳节的活动多彩浪漫，一般有登高、吃重阳糕、赏菊、饮菊花酒、插茱萸等，其意在辟邪去恶，益寿延年。登高所到之处，没有划一的规定，一般是登山、登塔。秋高气爽，正是出游赏景、锻炼身体的好时节，所以重阳节又叫登高节。

胶东民间重阳节的习俗活动还有吃花糕。花糕用面蒸做，双层中间夹以枣栗之类的果品，单层的将枣栗插在面上。“糕”和“高”谐音，含有吉祥的意义，祝愿家人百事俱高，是古人九月作糕的本意。过去，讲究的重阳糕要做成九层，像座宝塔，上面还做两只小羊，以符合重阳（羊）之意，有的还在重阳糕上插一小红纸旗，谓“花糕旗”，并点蜡烛，大概是用“点灯”“吃糕”代替“登高”的意思。

其余时令性的节日还有三月三、六月六、七月七的乞巧节、八月十五的中秋节、冬至、腊八等。

2. 形式多样的节日习俗传承

不同的节日有不同的习俗，各地虽有变异，但胶东地方各个节日的习俗内容大致相同，千百年来，这些习俗就这样生生不息，一代代流传了下来，表现了民间习俗的稳固性。

（1）祭祀

在天命思想和万物有灵观念的影响下，祭祀是传统节日习俗中极为重要的内容。节日祭祀主要包括祭祖和祭神。

首先是祭祖。人们不忘先人的功德，在长辈去世后仍记挂在心，有的人家初一十五都要摆供，以示思念感恩。对于先祖的祭祀更主要体现在岁时节日。

最明显的是体现在春节中，除夕下午到坟上请去世的先祖回来过年，摆上供桌，请家谱，又叫“请影”、请神主。每餐上供，到初二或初三送走。元宵节到坟上送灯，以示不忘先祖，希望先祖庇佑子孙，并维系家族团结。清明与七月十五、十月一日总称“三冥节”，是中国重要的祭祀节日，是祭祖和扫墓的日子，民间又称之为“鬼节”“冥节”，清明成为祭祀节日与寒食节有关，民间传说寒食是为了纪念春秋时的介之推，至今仍有许多地方是在寒食扫墓。清明扫墓，又叫墓祭、祭扫、上坟。清明扫墓时，人们要携带酒食果品、纸钱等到墓地，将食物供祭在亲人墓前，在坟头压纸，意为天气暖和了，为逝去的人换单衣，再为坟墓培上新土，据说，这是给祖先修屋，以防夏天雨大漏水，实则是经过一个漫长的冬天，坟上的土确实会剥蚀许多，加上野生动物的破坏，有些坟墓的确会出现塌陷，随着雨季的到来，需要整修加固。

农历七月十五为中元节，道教谓七月十五为地官赦罪之时，所以又称“鬼节”，届时给死去的亲人烧纸，荐奠祖考。

农历十月初一为鬼开门节，俗称“十月朝”。民间传说在阴曹地府被禁锢的鬼魂到了这一天都暂时放了出来，到第二年清明再重新收押。民间在这一天家家户户都上坟添土祭祖。因天气渐冷，亲人担心死者挨冻，便在这天烧纸钱、旧衣服或纸制衣服，与清明的换单衣相对应，意为给死者送棉衣，所以又称“送寒衣”“寒衣节”。

古代对冬至节十分重视，有“冬至大如年”之说，所以旧时又称冬至为“亚岁”“小年”，同春节差不多。官府庆贺如同春节，读书人也相互赠送贺片，拜见老师。农家晚间有祭祖的习俗，在家里祭奠先人，礼同中元节。

其次是祭神。民间俗信的神灵很多，平日也敬奉，节日期间更是尊崇有加，希望这些神灵能带给人们安康幸福。旧俗春节从初一零点开始，胶东各地一般由家长首先起来“发纸”，男人在家长的带领下祭拜天地神灵。另外还要祭门神、财神、井神等，各路神仙都在祭祀之列。

七夕拜织女，胶东过去地区在乞巧之前有请七姐姐的活动，姑娘们白天到田地里去“偷”一些青秫秸，一路上不回头，不说话，回家后扎一个佛龛，或在土台上搭一个小棚，内供织女图。入夜后，姑娘们再手持秫秸围着井台转一圈，请七姐姐位归佛龛，然后坐在织女像前，对拍巴掌向织女乞巧。边拍边唱：“一巴掌一月一，姐姐教我纳鞋底。二巴掌二月二，姐姐教我绣花裙……”一直唱到十二月。

中秋之夜拜月、赏月的习俗十分流行。月亮升起时，人们在庭院中对月设香案，挂上月亮神像，上面印制着一个类似嫦娥奔月的人物，称作太阴星君，下面还有一只小兔；然后摆上供品，供品有月饼、西瓜及其他一些水果，还要特别供上一捆青豆，是喂兔儿爷的。布置完后，烧香礼拜。因为月属阴，所以拜月的多是妇女，向来有“男不拜月，女不祭灶”的说法。拜月之后，全家人一边吃月饼一边赏月。

腊月二十三为祀灶日，俗称“过小年”，主要活动是辞灶，即祭祀灶神。灶神原由人们对火的信仰崇拜而来，因而也称其为“司命”，说他主管饮食之事。胶东地方辞灶多在二十三日晚间进行，由一家之主来做，摆上糖瓜、果品和一碗面汤，然后烧香叩头，把旧灶马揭下来烧掉，这就送灶王爷上天了。烧时要加一些谷草和杂粮，给灶王爷喂马。旧灶马烧了后，有的把新灶马当时贴上，有的到除夕再贴。

（2）团圆

中国人的家族家庭意识浓厚，平日各自东西，为生计忙碌，岁时节日之时就成了人们团圆欢聚的时刻，因而，团圆主题历来是节日的重要内容。

春节是我国最大的传统节日，无论离家多远的人都会在除夕之前赶回家中，因而，除夕之夜又叫团圆夜，年夜饭也即团圆饭。除夕夜主要的内容有放鞭炮、吃水饺、合家守岁等。一家人围坐在一起包饺子，取更岁交子之意。守岁是重要的年俗活动之一，就是在旧年的最后一天夜里不睡觉，熬夜迎接新一年的到来，俗名“熬年”，俗传可使父母高寿。其实，守岁一是为家人团圆、热闹，同时也是为了同天地、鬼、神、列祖列宗一同过节。人们点起蜡烛或油灯，里外通亮，象征着把一切邪瘟病疫驱走。吃酒笑乐，通宵守夜，期待着新的一年吉祥如意。

拜年是春节的重头戏，拜年的习俗由来已久，至今不衰。大年初一，人们早早地起来，穿上最漂亮的衣服，打扮得整整齐齐，走亲访友，恭祝来年大吉大利。首先进行家拜，一家人中，晚辈给长辈拜年，平辈之间互相拜年；而后进行近拜，就是给五服之内的本家拜年；最后是远拜，给出了五服的长辈和亲朋好友拜年。拜年的方式多种多样，有的是族长带领若干人挨家挨户地拜年，有的是同事相邀几个人去拜年，也有的大家聚在一起相互祝贺，称为团拜。从初二开始，亲朋好友间互相走动拜年，增进感情，即“出正月门儿”。一般是初二看姥姥、舅舅，初三看丈人，但近几年没有定制，多根据亲疏关系，先看近亲，再看远亲。牟平有“七拜姑，八拜姨，三六九，拜丈人”的俗语。

除了春节，中秋节也是民间最为看重的团圆的节日。住娘家的妇女必须回婆家过节，所以又称团圆节。团圆之意取自月亮的自然特性，月有阴晴盈亏，好像人的分聚离合。由于季节和气候的关系，八月十五晚上的月亮比其他满月时的月亮更圆更亮，因而，人们更希望在这个节日里人月同圆。

其他的节日虽不像春节、中秋这般有强烈的思归感，但人们也尽可能与家人团聚，尽享天伦之乐，所谓“每逢佳节倍思亲”。传统节日成为人们维系家庭、亲族及各种社会关系的特殊空间，从人们节前奔忙着走亲访友送节礼中，从节日期间亲友欢聚中，都可见传统节日所产生的强大凝聚力。

（3）娱乐

与家人团聚，加之多彩的节日习俗和众多的美食，节日总能给人们带来平日不曾有的欢乐，这就使得节日成为娱乐休整的好机会。在节日里，人们放松心情，暂时忘却生活工作的紧张和艰难，让自己的情绪精神得到调整，从亲情中得到生活的希望和动力，所以，许多岁时节日中充满了娱乐的因子。

春节是中国民间最隆重、最热闹的一个传统节日。冬月腊月农闲时节，一些民间戏曲和秧歌等乐舞就开始了排练，他们自编自演，不亦乐乎，为的就是正月里的演出。这些民间团体的演出一般从初一拜完年之后就开始在本村演出，初二之后到周边的村庄演出，给春节增添了更加欢乐的气氛。

正月十五为元宵节。正月十五是一年中第一个月圆之夜，也是一元复始、大地回春的夜晚，所以又称“元夜”。传统的春节到正月十五才算过完，因此，民间对元宵节格外重视，有“元宵大似年”的说法。元宵之夜，城区的大街小巷张灯结彩，人们点起万盏花灯，携亲伴友，出门赏月亮、观花灯、放烟火，载歌载舞欢度元宵佳节。其中有一项习俗就是“猜灯谜”。“猜灯谜”又叫“打灯谜”，人们将谜语写在纸条上，贴在五光十色的彩灯上供人猜。灯谜其实是花灯的一种副产品，斗智助兴，用来增加节日气氛，属于一种风雅的益智娱乐，生动活泼，饶有风趣。除了观花灯、猜灯谜之外，不少地方还有舞龙、耍狮子、踩高跷、划旱船、扭秧歌、打太平鼓、唱大戏等娱乐活动，将春节期间的各种节庆活动推向高潮。

清明节又叫踏青节，踏青，又叫春游，古时叫探春、寻春等。三月清明，春回大地，自然界到处呈现一派生机勃勃的景象，正是郊游的大好时光。我国民间长期保持着清明踏青的习惯。踏青实际上是“上巳节”习俗的流传，“上巳节”是古人的“修禊节”，也叫“禊祭”，每年的三月初三这天到水边洗濯来祓除灾祸，实际上就是今天的踏青野餐，尽情享受大自然。除了踏青，人们还开展一系列的体育活动，如荡秋千、插柳、放风筝，春寒料峭，防止寒食冷餐伤了身子，所以让人们参加一些体育活动以锻炼身体，也愉悦了心情。

乞巧节是最具浪漫色彩的一个传统节日，也是过去女子们难得欢聚嬉戏的节日之一，姑嫂妯娌们会凑在一起，做各种乞巧的游戏，希望织女能赋予她们聪慧的心灵和灵巧的双手，让自己的女红技法娴熟高超。更有无数的痴情女子在这个夜晚对着星空祈祷自己的婚姻美满，希望能找到忠贞不渝的爱情。

中秋节赏月观灯是自古就有的习俗，中秋是我国三大灯节之一，过节要玩灯，主要在家庭、儿童之间进行。莱州地方的孩童拿了自家做的“月光”和“月鼓”上街比“月”、唱“月”，美食加游戏，给孩子们带来无尽的乐趣；也有孩童玩“蒿子灯”，手持一棵点燃的艾蒿在空中绕圈，火星如轮，艾香芬芳。[①]

节日娱乐源于古代的娱神，古代祭祀的时候会载歌载舞，进行巫祝等祈祷活动，这种仪式性歌舞到后来发展为各种既娱神又娱人的节日民俗，现在人们不再迷信神灵，因而，娱神的功能消失，只为娱己，使传统节日的功能发生了改变。

3. 蓬勃发展的新兴节日

民俗是活态的，随着历史的发展，一定会发生变异或消长，因而，在传统节日之余，又出现了许多新兴的节日。新兴节日突出本地特色，既丰富了现代人的文化生活，也使人们感受了传统的民俗文化，同时也为政府提供了进行招商活动、发展经济的良好契机，所谓以文化搭台，唱经济大戏。其中的民俗活动更多地成为了旅游文化的一部分。

青岛国际啤酒节，青岛啤酒声名远扬，有百年的啤酒文化。青岛国际啤酒节始创于1991年，每年8月第二个周末开幕，为期16天。经过20多年，青岛国际啤酒节已成为美丽青岛的一张亮丽名片，吸引着国内外的人们。

烟台国际葡萄酒节。自1992年9月开始举办，这一年是张裕酿酒公司建厂100周年、孙中山先生为张裕公司题词“品重醴泉”80周年，也是烟台被国际葡萄酒局命名“国际葡萄酒城”5周年。从此，每届的烟台国际葡萄酒节成为世界葡萄酒界的盛会。

栖霞牟氏庄园的民俗文化节。4月28日至5月8日，在北方最大的地主庄园牟氏庄园举办，节日期间有许多民俗活动，如抬花轿、秧歌表演、棒槌花边编织、栖霞面塑、剪纸、唱大戏、杂技、斗鸡表演等，具有浓郁的胶东民俗风味。

长岛扇贝节。扇贝养殖是长岛的支柱产业，从1992年开始，每年的9月6日为长岛扇贝节。节日期间，还举办书画展览、奇石展览、美食展览、海产品展销等

① 山曼：《齐鲁之邦的民俗与旅游》，旅游教育出版社1995年版，第224页。

活动。

长岛海洋旅游节。崆峒岛和长岛每年从“五一”开始到七月份，举办海洋旅游节。人们可以到岛上观光、赶海、垂钓、游泳、休闲，并参加一系列的渔家乐活动。其中还有7月11日的长岛航海旅游节等。

昆嵛山踏青节。每年的4月16—30日在昆嵛山国家森林公园举办。期间野生迎春花、映山红及杏花、桃花、苹果花相继开放，人们纷纷前来踏青赏花，到大自然找寻春天。

莱阳梨花节。莱阳素有“梨乡”之称，每年谷雨前后，梨花遍山开放，如云似雪。自1991年起，当地政府于每年的4月20日举办梨花节，“千树梨花千树雪，一溪杨柳一溪烟”。美丽的农家田园风光吸引着如织的游人来赏梨花。

莱州月季花节。月季有“花中皇后”的美誉，是莱州市的市花，莱州月季以品种多、花期长、花色艳丽、花香袭人而闻名。自1990年起，每年的5月25日举办月季花节，当地政府以花为媒，广招四海宾朋。

栖霞苹果艺术节。栖霞是著名的苹果之乡，每年10月，当地政府举办苹果艺术节，节日期间请各地非物质文化遗产项目表演团体进行非物质文化遗产展演活动，以苹果为媒，传扬传统文化。

平度大泽山葡萄节。平度市北部的大泽山一带素有“葡萄之乡”的美誉，这里出产的葡萄穗大粒饱，甘甜多汁，是传统的地方名品。1987年，当地政府将农历七月二十二日的“财神节”改为“大泽山葡萄节”，1991年，平度市委、市政府将名称定为“平度大泽山葡萄节”，时间定在9月1—3日。

也有的新兴节日是在传统庙会的基础上加以发扬光大，重新焕发了生机与活力。

青岛萝卜会。也叫清溪庵庙会，清溪庵俗称下村庙，位于现今的青岛台东道口路，始建于元代，属道教庙宇，原称玉皇庙。庙内供奉玉皇大帝、太上老君、关帝圣君神像。建庙时，因庙前有清清的河水流过而得名。过去，这里出产的萝卜又脆又大，民间有“正月初九吃萝卜不牙疼，可防百病”的说法，又有旧俗立春吃萝卜，称咬春，因而萝卜就成了庙会上的主要商品。逢庙会日，人们来这里卖萝卜、买萝卜、吃萝卜，久而久之，清溪庵庙会就被人们称为“萝卜会”。

海云庵糖球会。青岛四方区原有大土庵，祭祀观音大士，也叫老母庙，后称海云庵，正月十六有庙会，每逢庙会，香火更盛，同时庙前庙后多有唱戏、跑驴、踩高跷、跑旱船等娱乐活动，饮食、玩具摊贩也纷纷聚来，其中卖糖球的特别多，叫卖竞争，各呈特色。久之，人们便称海云庵庙会为糖球会。据说因是年后第一个大潮日，渔民过完年这一天开始出海，以红色糖球为吉祥物，故而卖、买糖球的人很多。1986年庙会恢复，1990年举办了首届糖球会和糖球艺术大赛，以后每年举办，糖球会成为远近闻名的大型民俗庙会，赶会的摊贩许多来自外地甚至外省。赶完糖球会，青岛人的“年”才算过完。

近年来，各地又兴起了各种采摘节，如樱桃节、板栗节、蓝莓节、草莓节等，不一而足。

我国的传统节日内涵呈现出明显的多维性，一个传统节日往往承载了多种民俗功能，几乎每一个传统节日的习俗都体现了多角度的民俗需求，如春节是除旧布新的日子，是祭祀祈丰的日子，是合家团圆、敦亲祀祖的日子，也是娱乐狂欢的日子。这样的节日还有元宵节、青龙节、清明节等，因而，我们不能单一地去审视一个节日，而应全面展现中华传统节日内涵。新兴节日同样具有传统节日的文化内涵，同时又将传统与现代结合，迎合了现代人的生活需求，是对传统节日民俗的发展，也起到了拉动地方经济的作用。

传统岁时节日承载着丰富深厚的文化内涵，这也是这些节日千百年来传承至今的内在动力。其中最主要的就是浓缩了传统的吉祥文化。祈福求祥，驱灾辟邪，是所有传统节日的内涵，概莫能外。具体表现为希望人寿年丰，平安健康，表达了人们朴素的民俗心理。我们应该透过民俗事象去关注背后的传统文化，如此，才能将传统节日更好地传承下去。

第三节　胶东精神生活民俗

在满足物质生活需求之外，人们还需要有精神上的寄托与情感上的抒发。精神民俗包括人们世代相承、口口相传的语言民俗，也包括各种寄予了想象力与发挥性的民间工艺和民间游艺民俗，还包括了宗教信仰与民间俗信，是一种具有较强娱乐性、群众性、参与性的模式化活动与传承行为，内容涵盖口承文学、民间音乐、舞蹈、游戏、民间竞技及民间工艺美术等方面，是一个综合性强、内容丰富、功能多样的民间文化资源体系。胶东精神民俗多样，本节只选取胶东各地入选国家级、省级和市级非物质文化遗产名录的项目作一综述。

一、胶东口承语言民俗

1. 绚丽多彩的民间故事

胶东民间文学资源丰富，民间故事种类繁多，其形成与题材有鲜明的胶东地域特色。成系列的就有八仙传说、徐福东渡、秦始皇东巡、麻姑传说、秃尾巴老李传说、唐王东征传说和大量山川风物传说。

（1）历史传说

胶东历史悠久，也流传着许多与历史人物和事件有关的民间故事，秦始皇东巡、汉武帝东巡、田横五百壮士传说、唐王东征传说、戚继光抗倭传说、许世友抗日传说等，这些传说反映了民众对历史事件或人物的认识，表现了人心的向背。

如在胶东广为流传的唐王东征传说。历史上，唐朝曾三次东征高丽，分别是贞观十八年（644），派“张亮为平壤道行军大总管，李世勣、马周为辽东道行军大总管，率十六总管兵以伐高丽”①。贞观二十一年（647），“三月戊子，左武卫大将军牛进达为青丘道行军大总管，李世勣为辽东道行军大总管，率三总管兵以伐高丽”②。贞观二十二年（648），“丙午，左武卫大将军薛万彻为青丘道行军大总管，以伐高丽”③。每次的水路都是从胶东半岛北部的港口出发。其中只第一次，唐太宗御驾亲征，但唐太宗走的是陆路，他并未到过胶东，可是唐王东征的传说却遍及青岛、福山、栖霞、招远、蓬莱、长岛等地。无疑，这个使中国历史出现过贞观之治的李世民在民众心里是一代明君，他在征高丽时曾下诏曰：“朕所过，营顿勿饬，食勿丰怪，水可涉者勿作桥梁，行在非近州县不得令学生、耆老迎谒。朕昔提戈拨乱，无盈月储，犹所向风靡。今幸家给人足，只恐劳于转饷，故驱牛羊以饲军。”④足见其亲民，因而，胶东人又亲切地称其为“唐二主”，在民间传说中，人们将这个没有到过胶东的唐王演绎得神气活现，神勇无比。在这些传说中，有很多地名来历的传说，都与行军路线有关，栖霞的统计是30个，蓬莱不完全统计是92个，至于停驾沟、护驾崖的，几乎各个县都有。⑤

传说是民众口传的历史，能够真实地表达民众的朴素评价，历史上唐太宗李世民并未到过胶东，但人们用众多的传说真实地表露和抒发了自己的情感和评价。与唐王东征传说的褒扬色彩不同，对作为暴君的秦始皇，民众则在传说中对其进行了贬斥。民间关于秦始皇东巡成山头的这些传说，在诠释当地山水风物的由来和宣扬皇帝到此巡游的荣耀之余，更多地反映的是封建专制统治下普通民众对封建皇权的敬畏，对专制暴政的揭露和对至高无上的封建专制帝王卑行劣迹的嘲讽。

---

① 〔北宋〕欧阳修等：《新唐书》，中华书局1975年版，第43页。

② 〔北宋〕欧阳修等：《新唐书》，中华书局1975年版，第46页。

③ 〔北宋〕欧阳修等：《新唐书》，中华书局1975年版，第47页。

④ 〔北宋〕欧阳修等：《新唐书》，中华书局1975年版，第6189页。

⑤ 安家正：《胶东通史演义》，山东人民出版社2011年版，第272页。

（2）仙道传说

胶东仙道文化盛行，《山海经·海内东经》："蓬莱山在海中。"① 《史记·封禅书第六》："自威、宣、燕昭使人入海求蓬莱、方丈、瀛洲。此三神山者，其传在勃海中，去人不远；患且至，则船风引而去。盖尝有至者，诸仙人及不死之药皆在焉。其物禽兽尽白，而黄金银为宫阙。未至，望之如云；及到，三神山反居水下。临之，风辄引去，终莫能至云。"② 海上三仙山蓬莱、方丈、瀛洲也成为人们向往的仙境所在。故而使得秦皇不辞辛苦，几次东巡。"始皇遂东游海上，行礼祠名山大川及八神，求仙人羡门之属。八神将自古而有之，或曰太公以来作之。齐所以为齐，以天齐也。其祀绝，莫知起时。八神：一曰天主，祠天齐。……二曰地主，祠泰山梁父。……三曰兵主，祠蚩尤。……四曰阴主，祠三山。五曰阳主，祠之罘。六曰月主，祠之莱山。……七曰日主，祠成山。……八曰四时主，祠琅邪。"③ 八主中有五主在胶东，所以胶东成为人们心目中的神仙之地。

与这些仙道文化相关的就有了大量的仙道传说，如八仙传说、三神山传说、徐福东渡、麻姑传说、丘处机传说、崂山道士传说等，加之移民色彩浓厚的秃尾巴老李传说、南方流布而来的妈祖传说等，这些故事的特点都是自成系列，而且每个故事都不孤立，每个故事下都有一个故事集群，如八仙传说，与八仙有关的传说不可胜数，既有八位仙人的合体传说，也有每位仙家的单体传说。再如秦皇东巡求仙，从琅邪到之罘岛，从之莱山到成山头，都有不同的传说流传。"饮马池的传说""召石山的传说""秦鞭石的传说""秦桥遗址的传说""成山矮松的传说""棘子改刺的传说""怒贬屎壳郎的传说""夫人山的传说""射蛟台的传说""始皇庙的传说""赶山填海"等，都与秦始皇东巡有关。

其他如玉皇大帝、西王母、二郎神、三圣母、龙王及虾兵蟹将等，与道教相关的神话形象在胶东民间传说中也非常普遍，在有关乳山、银滩等山水风物传说中都有出现。

（3）地方风物传说

人们热爱自己的家乡，也热爱家乡的山山水水，几乎每一座山每一道岭每一条河，人们都赋予了它们美丽的传说。各地的山水传说、与福山菜相关的传说、招远黄金传说、与东北移民文化相关的人参传说，等等。

另有许多的动植物传说和生活故事等。这些传说故事表达的都是对勤奋、勇

---

① 方韬译注：《山海经》，中华书局 2009 年版，第 224 页。

② 〔西汉〕司马迁：《史记》，中华书局 1959 年版，第 1369 ~ 1370 页。

③ 〔西汉〕司马迁：《史记》，中华书局 1959 年版，第 1367 页。

敢、机智、公正、廉明、忠诚等优秀品质和良好行为的肯定、倡导，以及对懒惰、怯懦、蠢笨、贪婪、霸道、始乱终弃等不良行为的否定和禁止。

2. 趣味隽永的民间歌谣

胶东的民间歌谣，有劳动歌、仪式歌、时政歌、生活歌、情歌、儿歌、谜歌等，体裁具全，内容多样。民间歌谣内容丰富，种类繁多，且各有用途：

（1）劳动歌

鲁迅先生认为："诗歌起于劳动和宗教。其一，因劳动时，一面工作，一面唱歌，可以忘却劳苦，所以从单纯的呼叫发展开去，直到发挥自己的心意和感情，并偕有自然的韵调；其二，是因为原始民族对于神明，渐因畏惧而生敬仰，于是歌颂其威灵，赞叹其功烈，也就成了诗歌的起源。"① 号子就是民众为指挥、配合、协助体力劳动而唱的歌，多用于体力负荷很重或者动作重复单调的劳动，且多为集体劳动。常见的有建筑的打夯号子、采石号子，搬运的装卸号子，水上劳动的行船号子、拉纤号子、拉网号子等。

胶东沿海最有特色的号子是海上作业的渔家号子，以长岛和荣成等地最为多见。在风帆时代，海上作业全靠众人齐心协力，而用以指挥和鼓舞渔民合力协调动作，以战胜艰难险阻、完成各项繁重劳动任务的办法，就是"喊号"，或曰"唱号"。渔民号子多是由一人领唱、众人和唱。领唱也叫"领号"，领号者称"号头儿"，众人和唱，则称为"接号儿"。号子有几种"大号"，由"大号"派生的称"小号"。大号有抬锚号、张篷号、摇橹号、追鱼号、上网号、装舱号、廷鲅号、抬船号、拉船号、装网号、拉绳号；小号则有溜网号、捞鱼号、封网号、记浮号、爬爬号等。渔民号子的号词简单、语调粗犷、情绪豪放、领和严谨，和者句头紧咬领者句尾。号子也随劳动的紧张程度或紧张，或舒缓，或抒情，成为人们减轻劳动强度和娱乐的形式。渔民号子是渔民劳动的产物，也是时代的产物。随着海上渔业生产工具的不断进步，机械工具逐渐代替了繁重的体力劳动，传唱了千百年的渔民号子也渐趋消亡。

（2）生活歌

生活歌取材于生活的方方面面，从这些歌谣中可以得知某一地域在某一方面人们的生存状态。如这首《叭狗巴》就体现了胶东地方的婚姻生活习俗，从说媒直唱到成婚。

叭狗巴，你看家，我上南园撮红花。

二亩红花没撮了，听见叭狗汪汪咬。

① 鲁迅：《中国小说史略》，人民文学出版社1973年版，第270页。

咬什么？咬梅香，梅香来干么？
来给大闺女说婆家，说到哪？赵家庄。
驴来驮，马来将，花缎子鞋十八双。
公一双，婆一双，两个小姑两半双。
留一双给老大伯，老大伯不成材，
挑着筐卖花鞋，卖两个钱好看牌。

（3）仪式歌

仪式是在某些特殊情形下举行的具有法术、通神、转折、过渡等功能的程序化的隆重活动。在仪式中有一些特定象征或文化功能的程序化行为，此时念诵或演唱的套语、歌谣就是具有特定功能的仪式歌，如祈福禳灾、过节贺喜、祭神送葬、迎宾做客等仪式活动中都有相应的歌谣，主要有节令歌、礼俗歌等。

上古时期的节令歌大都在祭祀仪式上唱诵，是巫术于宗教活动的组成部分，即法术歌的一种，后来法术色彩渐淡，演变成为一般民俗行为或游艺活动。如胶东女子在七夕节拜织女仪式上唱的《一领席》：

一领席

一领席，两领席，满天星斗七月七。
一块砖，两块砖，俺请姐姐站云端。
一领箔，两领箔，俺请姐姐过天河。
一片瓦，两片瓦，俺请姐姐下地耍。
俺请姐姐吃地瓜，姐姐教俺抠蓬花。
大的抠在门帘上，小的抵在鞋尖上，
不大不小抠在枕头上……

人们对婚丧嫁娶这些人生仪礼格外重视，民间在婚礼、祝寿、送葬等场合伴随不同的仪式时都有歌谣，即礼俗歌。如婚礼中的撒帐歌，建房中的上梁歌等，上梁歌有一人唱的，也有木匠头、瓦匠头两个唱的，有传统唱词，也有现代唱词，也有现场即兴发挥、现编现唱的，往往具有时代特点。如蓬莱地方的上梁歌之一：

脚踏地基朝上望，此处真正好盖房；
前面望着万寿山，后边靠着卧龙岗。
西边敢比龙凤沟，东边好比珠宝藏；
感谢恩人毛泽东，翻身不忘共产党。
一上梯子开始唱，踏着梯子向上望：
上梁本是香材木，下梁本是木材香。
一手拉起红缨绳，摇头摆尾赛青龙；

青龙腰上挂彩绸，亲戚朋友来挂红。
今日上梁有周公，周公摘得紫微星；
今日上梁万事顺，八仙过海显神通。
……
一对柳斗方又方，巧手木匠来安装；
内盛饽饽和喜糖，亲戚朋友来品尝。
南国桑条北国柳，能工巧匠编个斗；
里面吃的样样全，看看谁能抢到手。
东家盖房真吉祥，亲朋好友来帮忙；
大家团结共致富，明天更比今天强。
社会主义是天堂，幸福全靠共产党；
今年家家发大财，来年户户盖楼房。
……

（4）童谣

童谣即儿歌，包括游戏歌、教诲歌、摇篮曲等。最常见的是游戏歌，是儿童做游戏时所唱，内容配合游戏过程的儿歌。一边游戏一边唱，可以协调行动、增加趣味。如下面这两首儿歌都是拉着儿童的胳膊玩耍的时候唱的：

（一）

哧锯，割锯，割倒姥宁门前槐树。
姥宁不给饭吃，打窗窝偷鸭蛋儿吃，
鸭蛋儿没有清儿，上南园去刨小葱儿，
小葱儿没有白儿，夹吧夹吧两眼泪儿。

（二）

拉大锯，扯大锯，
姥姥家唱大戏。
接闺女，叫女婿，
小外甥儿也要去。

其他还有丢手绢、玩泥巴、跳房子、跳皮筋、拍手歌等令儿童喜闻乐见的游戏歌。

3. 生动鲜活的民间俗语

民间文学中最能体现民众思想光华的当属俗语，它们以高度概括凝练的语言，传达了底层人民的生活经验与生存智慧。学界对俗语的概念一直说法不一，我们认为，俗语是指包括口语性成语、谚语、格言、歇后语、惯用语、俚语等品类在内的，定型化或趋于定型化的简炼习用语汇和短语。[①] 包括我们常说的俗语、谚语、歇后语。

民俗生活是俗语产生的源泉。有的俗语概括了某种习俗，与民俗建立起一对一的对应联系，即一条俗语指称一种习俗。如“有钱去赶会，没钱去受罪”与过去赶山会、庙会的习俗相关。赶庙会、山会就像过节一样，人山人海，人们除了拜神之外还会进行商贸活动，因此，有钱的人会满载而归，而没钱的人又挤又累却空手而归。有的俗语在字面上似与民俗无关，但间接表现了某种民俗。如“好汉没好妻，赖汉配花枝”“一朵鲜花插在牛粪上”以其比喻义，是为一个好女子嫁给一个不般配的男子而感到惋惜，这种惋惜之情派生于民间“郎才女貌”的择偶观念，因此，这句俗语的实际意义与嫁娶习俗大有关系。

俗语在民俗的基础上产生，但俗语一旦产生，便具有相对独立性，有时候俗语比形成它们的民俗更有生命力。这些仍然保留在口语中或书面语中的俗语，又可以为考证已经消亡了的习俗提供线索，成为民俗的活化石。

我们选取以下反映胶东生活民俗事象的俗语为例，感受民间语言的魅力：

（1）反映服饰习俗的俗语

“人是衣裳马是鞍。”“穿衣戴帽，各人所好。”这是最常用的与服饰有关的俗语。“会打扮，打扮十七八；不会打扮，打扮屎疙瘩。”是说小孩子有衣服穿即可，不必浪费钱给小孩子买新衣服。在胶东农村一直盛行小的孩子穿大孩子穿剩下的衣服的习惯，所谓“新三年，旧三年，缝缝补补又三年”。还有的人用制成衣剩下的布料拼凑起来做成衣服给孩子穿，据说这样，孩子就会好养活，所谓“吃百家饭，穿百家衣”。这虽然与过去的生活条件有关，但其中也不无道理。因为小孩子长得很快，衣服很快就会小的，过去孩子又多，这也是勤俭节约的好习惯。“前人兴，后人跟”说的是服饰方面赶潮流，追求时尚。而“穷人刚赶上了，富人又换样了”告诉人们，追求时尚也要看自己的经济条件，不要盲目跟风。“海南家的老婆真失教，改来改去老古调。”胶东半岛东面、北面濒临黄海、渤海，从山东“闯关东”过去的东北人就称山东老家为海南家。这句俗语很有趣味，衣服穿来穿去又恢复了老式样，是说山东妇女土气。其实今天的许多服装都有复古的元素，反而又成了时尚。“里三层外三层”是说穿衣服多，而且又搭配不当。“十层单赶不上一层棉”常被老年人用来教育年轻人，说服年轻人冬天要穿棉衣。“光脚的不怕穿鞋的”体现出贫富差异。“常穿袍子总能遇着亲家”中有待客习俗。“长袍短褂”指里面的衣服长外面的衣服短，其实，长袍马褂的穿着习俗衍生了这一俗语。“男要俏，一

① 曲彦斌主编：《中国民俗语言学》，上海文艺出版社1996年版，第149页。

身皂，女要俏，一身孝”表现了人们的审美习俗。“乍穿新鞋高抬脚”中有习惯因素和惜物心理。“没有那么大的脚，就别穿那么大的鞋”用比喻的说法，意思是要量力而行。还有“穿小鞋”和“能受人气，不受脚气”的说法，也都是由穿鞋引出的俗语，是说鞋子小了不舒服的感觉，真实而真切。‘歪戴帽子斜穿衣”中则能看出人品质的好坏，因为正常的习俗是要正儿八经地穿戴整齐。

（2）反映饮食习俗的俗语

“民以食为天”，吃是头等大事，历来流传下来的风俗是过日子讲究细水长流，这尤其被许多农村百姓奉为神明，因为他们知道粮食的得来不易。因此，许多与吃有关的俗语中都留下了一些历史的痕迹。如“吃着七谷想八谷”“吃了不痛糟蹋痛”“吃到肚里就是东西”“吃饭拣大碗，干活白瞪眼”“吃着碗里，看着锅里”“肚子饱了眼不饱”“过个门槛儿吃一碗儿”“拿着饽饽不当干粮”“量着肚子做饭”“口里挪，肚里攒”“支着一口锅儿，花钱没有窝儿”“有米不愁下不到锅里”“有了连毛揣，没了把嘴束”“有一粒米不喝稀的”“会攒攒囤子尖儿，不会攒攒囤子底儿”“灶口似窑门，喉咙似海深”“争着不够吃，让着吃不了”“一个锅里搅勺子”“只管肚子里饱囔囔，哪管身上纸来挡”“有酒想着没酒时”“美味不可多用”等。这些俗语或是说日子的艰苦，或是说要节约粮食，或是批评不会过日子的行为，都可作生活的见证，是生活习俗的真实写照。

过去日子艰难，但过年的时候总要准备点好饭、好菜，人们很盼望过年能改善一下生活，尤其是老人和孩子，因而有“老婆儿老婆儿你别馋，过了腊八就是年”之谚。从前，过了腊八节，人们就开始忙年了。好日子总是过得快，因而说“难过的日子好过的年”。过年有一个固定的习俗就是人们之间要互相走动，叫“出正月门”，胶东一般是从初二到初六、初七，因而说“正月酒，家家有”。可如果来的客人太多，则准备的年货就会吃完，于是说“出门出到初八九，没有饽饽也没有酒”。由待人接物又引出许多胶东一带酒席桌上的礼仪民俗，如沿海一带有“浅茶满酒”“冷饭好吃，冷脸难看”“看人下菜碟”“狗肉不上桌”“敬酒不吃吃罚酒”“烟酒不分家”等俗语。吃鱼有“鸡打头，鱼扫尾”的讲究，寓意大吉大利，连年有余。“头朝北，肚朝客”指鱼的摆放方式。“八盘子八碗”泛指菜肴多，其中也有民俗，乳山等地喝酒的菜称之为碟或盘，就饭的菜叫碗菜，各事各码，不能混淆。

（3）反映居住习俗的俗语

过去的胶东大户人家有大门、二门，“大门不出，二门不入”中就包含着交际习俗和建筑特点，其中标明了女子的交际区域，即要深居简出，不与外人交往。“隔着锅台上了炕”意思是说做事情不按程序。胶东民居的特点之一是有火炕，既烧了饭又暖了屋子。过去，胶东有的民居的灶间与火炕（卧室）之间只有一个半壁子，因而衍生出这样一句俗语。“让一让，上了炕”是指太实在，不客气，有得寸进尺的意思。“锅台后的汉子”是说男人没有本事。“炕头挪到炕腚上”形容距离短。“席上掉在炕上”形容两者相差无几。“是炕三分热，是亲三分向”，道出了亲情的温暖。另外还有“炕上没有席，脸上没有皮”“炕烙皮，睡不住；皮烙炕，睡到亮”等俗语。炕不只是卧具，也是胶东人主要的坐具，来了客人要请人到炕上坐。一般到人家里去，或站着说话，或在杌子上坐，或在炕沿上坐，最隆重的礼节就是脱了鞋到炕里边坐。因此“站客难打发”就是说如果你成心让他到炕上坐，而对方坚决不坐，那就有可能此人是因为什么事要来说理或是来要账的。“迈出门槛就不认账”意思是说不信守诺言。从前，胶东农村的平房，不管是房门还是院门都有门槛，现在许多农村新居都去掉了门槛，以利于农用车开进开出。

（4）反映时令节俗的俗语

“大雁不过九月九，小燕不过三月三。”这是指这两种候鸟的习性，也是胶东一带秋去春来的标志。“清明断雪不断雪，谷雨断霜不断霜”“冷到寒食热到秋”是指胶东一带到寒食、清明天气才会转暖，胶东一带过去有到了清明才让小孩儿脱棉裤的习俗，说否则会寒了腿，其中有一定的道理和经验。“过了寒食，还冷十日”“打了春，别欢气，还有四十天的冷天气”的说法则更为准确，也都说的是此时乍暖还寒。过去胶东一带四季分明，平常年份常常到农历五月，天气才真正暖和起来。莱州还有俗语说“二月清明花在前，三月清明花在后”，是说清明在农历的二月份，杏花、桃花等就会在清明之前开放，如果清明在农历三月，花就会开放得晚。胶东一带虽然有“立了秋，把扇儿丢，谁拿扇儿不害羞”的谚语，但真正凉快还要到秋分以后，即“热到秋”。一般到农历的八月末有“秋老虎”之称。但“十月里还有个小阳春”又说农历十月里胶东半岛的天气还会有很暖和的时候。胶东一带往往立秋一过，蟋蟀等秋虫就开始鸣叫了，因而有“秋凉儿叫一声，懒老婆吃一惊”的俗谚。乳山一带叫蟋蟀是“秋凉儿”，颇具形象性。意思是天气凉了，要为一家老小准备棉衣、棉被了。这对女主人来说是一个浩大的工程，因为过去家口大，人们都是穿手工缝制的棉袄、棉裤，一针一线都从手里出。东汉崔寔《四民月令》中有“蜻蛉鸣，衣裘成。蟋蟀鸣，懒妇惊”的俚语①。追探起来，这句俗语至少自汉代就有，乳山一带的说法只不过加入了方言词，并将其口语化罢了。

“懒老婆巴四十，老牛巴谷雨”说懒惰的女人盼望到四十岁。过去农村妇女到了四十岁就有些老态了，因而许多活计就可以不做了，而且有的人已经使上了媳妇，日

① 〔东汉〕崔寔撰，石声汉校注：《四月民令校注》，中华书局2013年版，第112页。

子就会更舒服一些；而牛盼望谷雨，是因为春耕春播即将结束，有“清明耕一半，谷雨种一半”的俗语，而且大量肥嫩丰美的青草已经长出来，正好大饱口福。

“人怕麦收树怕秋。”麦收时间短，又要和老天爷抢好天气，加上落后的农具（用手拔或一镰镰地割），因此，过去麦收是最繁忙劳累的农时，人真是要蜕层皮的。如今联合收割机的全面普及，人们再也不像从前那样害怕麦收了；“树怕秋”则体现出一种自然现象，秋天树木要落叶，然后就是凛冽的严冬了。“中伏萝卜末伏菜”指在中伏种萝卜、末伏种白菜。“白露早，寒露迟，秋分种麦正合适”是指胶东种麦子的农时把握。由此可见，胶东一带的农谚与节气关系密切，表现出人们观察自然的敏锐与聪明，利用自然来帮助自己的生产和生活，具体而实用。“过了夏至，一天短八指”“立了冬，一天长一葱”又是对夏至过后白天逐渐变短和冬至之后白天逐渐变长的非常形象的描述。“早晨放雾露，晌午晒葫芦”是说如果早晨有雾，晌午的阳光就会很强烈。蔬菜水果有它们的自然季节，“六月韭，臭煞狗”“黄瓜茄子两头鲜”这样的俗语就把饮食与季节结合了起来。“不怕月一下大雨，就怕初二没好天”“八月十五下大雨，正月十五雪打灯”“月亮带风圈，一连刮三天”等俗语也都显示出人们对知识和经验的积累。①

这些俗语生动活泼，情趣盎然，是人们对知识和经验的总结，又成为指导生产生活的经验之谈，体现出鲜明的地域性，是民众智慧的结晶。

二、胶东行为传承民俗

1. 巧手匠心的民间工艺民俗

胶东人杰地灵，灵秀的山水赋予了胶东人格外的灵巧．胶东的民间工艺众多，这些民间工艺不仅有闻名中外、令人叹为观止的民间传统工艺，并且融生计、美感、信仰、地域特点于一体，是人们审美情趣与求吉心理的物化形式。

（1）民间美术

①面塑

胶东的面塑制作由来已久。平时自家吃的饽饽，讲究的人家也不只是简单地用刀切成卷子，而是一个个用手揉出来，叫蒸“桃”，还要捏出个“桃嘴儿”来。出锅晾晾皮后，习惯用木刻的花章（俗称饽饽点儿）点红，花章上一般刻有喜、寿等字样或梅花、双喜等图案，喜庆吉祥。没有花章也要用细麦秸管蘸着“家水红”，点上几个红点儿，逢节日或礼仪场合更为重视，称之为“做花饽饽”。

胶东面塑以“件”为单位，在内容上分人物、花卉、鸟兽虫鱼等。在体积和重

① 兰玲：《从汉语俗语透视胶东民俗现象》，载《烟台师范学院学报》2006年第2期。

量上，分大件、小件、综合件三大类。大件有金鱼、鲤鱼、狮、虎、龙、凤、寿桃等；小件有燕、雀、杏、瓜、石榴及各种小动物；综合件是以花篮、大寿桃、团圆饼为主体，然后在它们上面、侧面或里面嵌上各种小件面塑，称为附件，拼集装点在一起，做成如“鹤鹿同春”“龙凤呈祥”“孔雀开屏”“吹箫引凤”“五女拜寿”“八仙过海”“喜鹊登梅”“武松打虎”“刘海戏蟾”“天河配”“小放牛”等样式。主件粗犷庄重，附件精致玲珑，搭配和谐，相得益彰。其中都贯穿以“福禄寿喜财”的祈愿主题。

胶东面塑的制作题材有婚嫁、满月百岁、祝寿、上梁大吉等，多种多样，尤以岁时节令为多。

过年的面塑种类最多，除了各地规格不一的枣饽饽，一般还做一对盘坐的圣虫、一对爬行的圣虫，另外有放在水缸上的鱼、蟾，放在窗台上的猩猩、宝葫芦，放在面缸里的小圣虫、刺猬等。鱼表示年年有余，猩猩保佑家里的大人、孩子身体健康有精神，宝葫芦表示招财进宝，小圣虫、刺猬表示家里的粮食怎么吃也吃不完。其余各种造型也都同样寄托某种希望或寓意，如甜瓜（甜蜜幸福）、圣鸡（鸡鸣富贵）、猪头（肥猪拱门）等，其中不能少了石榴、元宝和佛手（“三多”，多子多财多福），也都插上红枣，蒸好后红白相衬，喜庆美观。

龙口、莱阳一带，大年初一中午，家家户户都吃团圆饼。团圆饼直径一尺多，内层很像中秋节的多层月饼，但制作、花饰不同。每层饼内一般要夹上红糖、白糖、芝麻、青红丝或枣泥馅，以示来年日子过得有甜头，生活节节高。几层大小不同的饼叠好后，便在饼上嵌上些捏制的小玩意儿，如蝙蝠、梅花鹿、牡丹、荷花、刺猬、粮囤、圣虫、元宝之类。“蝠、鹿”代表福禄双至；牡丹、荷花代表富贵、纯洁；刺猬、粮囤、圣虫代表五谷丰登、家有余粮；元宝代表财源滚滚。吃的时候用刀切分，每人一份，但不能全吃完，要留一些给正月初三回娘家的女儿吃。可以说，春节面塑中包含了人们所有对“福禄寿喜财”的祈愿元素。

农历三月三日，胶东一带盛行做三月三面塑为新婚妇女送节时用，烟台、威海许多地方都有蒸面燕子的习俗。当地百姓说，小孩吃了不害眼病。而孟元老《东京梦华录》中即载有北宋时蒸面燕子的习俗。一是清明正是北方燕子归来之时，此时做面燕子是与节令相应；二是含有祈孕的寓意。燕子，古称“元鸟”“玄鸟”，是殷商部族的祖先神。传说殷商部族的始祖契是母亲简狄吞元鸟卵而生，因此，燕子是古老的图腾崇拜，也是生育的象征。胶东民间称燕子为“喜”，在“福禄寿喜财”中，“喜”也包含了“生儿育女”意思。莱州地方干脆就叫三月三是“小媳妇节”，小媳妇指当年结婚还未生育的新媳妇。民间俗传小媳妇过不好这一个节日不利于生育。因而小媳妇们过节前回娘家做许许多多的面燕，三月三带回婆家分送给邻居亲友，故有“三月三，大燕小燕做一千”的民谣。栖霞、海阳的面燕，古朴自然。莱州的面燕五色斑斓，口中还衔着一块鲜艳的红布条。面燕做成各种姿态，有的静立观望，有的展翅欲飞；有大燕、有小燕；还有大燕背小燕，又叫“子母燕”。面燕精巧美观，常被人们放置在案头床前，用来观赏。

七月七日乞巧节，或做小面食，油炸，称为“花儿”，故有“七月七，炸花吃”的民谣。或烙“巧果子”，莱州也称“巧饽饽儿”。威海地方主要是做“巧果”，叫“剥小果”，先用油、鸡蛋、糖或蜂蜜把面粉和好，再用果模子制成各种花样，最后放在特制的锅铁上烙熟。果模子有大有小，大的多为吉祥图案，如莲子、鱼、花篮等，有一种花篮，称为“小篓”，篓上有梁，梁上有孔，最是传神。小的多是活泼有趣的图案，有一种小的模子，一个模子上有十几个图案一字排开，有叶子、蝉、小鱼、小狮子、宝扇等，各种图案也各有吉祥寓意。

中秋节，突出幸福团圆主题，除了吃各色月饼之外，莱州地方还做“月光”，用一种特制的月光磕子制作；做大月糕，两层或三层，通体圆形，下一层常做十二个月瓣，瓣上插枣，上一层做“玉兔”，又装饰许多染色花果面塑，两层之间，也夹红枣；做月鼓，里面夹红糖或枣，孩子们擎着“月鼓”上街玩耍比月；做兔子和猴捣臼形状的面食，极具地方特色。

胶东面塑在制作程序中，都是揉、切、压、叠、搓、捏等方法并用，但在地域上呈现出自东向西工艺逐步复杂、颜色逐步艳丽的特点。威海地方的面塑多是用本色面做成各式图案，不崇尚色彩的明艳，保持面塑的原色调，以单件作品为主，食用价值明显。向西往烟台方向，面塑则重视组件的制作。颜色上，自栖霞、蓬莱、莱阳、招远、龙口到莱州，越往西色彩越浓。栖霞还是多在本色面上再用染色面作装饰加点缀，而到了莱州，着色勾线，则常常喜用工笔重彩，有的几乎见不着面的原色，有很浓重的乡土情调，审美价值更加明显。而向西南往青岛方向，乳山、海阳、即墨、崂山等地在色彩上基本还是保留原色调，只靠近莱州的莱西、平度等地色彩也较浓烈。但无论怎样，其中无不彰显着鲜明的民俗祈愿心理，“福禄寿喜财”的五福主题饱满而热烈。①

②剪纸

胶东民间剪纸与内地粗犷豪放的特点不同，胶东沿海的剪纸线面结合，极为精致，但各地又有自己的风格特点。胶东民间剪纸极为普及，遍及各乡村，每个村子都能找出几个剪纸能手。胶东民间剪纸有各种名称，如“窗花”“窗染花”“花儿”

---

① 兰玲：《胶东面塑中的祈愿心理与表现形式》，载《中华吉祥文化与和谐社会建设学术研讨会暨山东省民俗学会2007年学术年会论文集》。

“抠花”等。剪纸用途广泛，分别有炕墙花、天棚花、纸斗花、门花、灯花、窗花、帽花、衣花、鞋花、兜肚花等几十种。剪纸的稿样世代相传，其中有的取材于年画、插图、国画、木刻等，有的就是人们就生活中的形象构思自行剪出来的。

随着剪纸艺术的不断创新，胶东剪纸逐渐形成鲜明的地方风格。以烟台为例，蓬莱、长岛一带的民间剪纸，采用大片虚实对比的表现手法，造型美观，秀丽多姿，线条流畅，所剪人物感情充沛，花鸟鱼虫生机勃勃。莱州一带的民间剪纸线条纤细，结构完整，以小巧玲珑见长，能贴在百格窗上。栖霞民间剪纸东西各异，县以东以线条纤细、玲珑精巧见长；县以西以构图奔放、线条粗犷著称。剪纸作品除单幅之外，常成套成系列，剪成多幅一套，如十二生肖、金陵十二钗、梅兰竹菊等。

胶州剪纸有自己独特的地域特色，大体可分为单色剪纸、活动剪纸、彩色剪纸和贴彩剪纸等。单色剪纸多用过年对联用的大红纸剪制，其典型特征是镂空大，线条细，有“毛毛刺儿”，贴到窗户上，格外明快。活动剪纸是把纸贴在一张较硬纸上，按大的活动关节分开剪出外廓，最后再根据活动关节用线连接在一起，另用丝线或马尾吊在窗半空，通过气眼与窗外的布条接通，经风一吹即翩然起舞，有的还和带哨风筝一样能嗡鸣作响。彩色剪纸分刻线上色和墨线上色两种，刻线上色剪纸是先用白纸像单色剪纸一样，大致把纹样剪好以后，再用鲜艳透明的品色渲染而成。这种剪纸色彩效果艳丽鲜明，是胶州彩色剪纸的传统表现方法。

剪纸大多为红色，充满喜庆色彩，因而出现在各种人生仪礼和节庆活动上。

旧习俗以多子为福，婚后多年不生育或没有生男孩，人们就会有求子的举动，在年轻夫妇的居室里贴求子的剪纸成为一种求子的方法。福山有一种剪纸图案是“五子登科（柯）”，剪五个小孩攀登一株大树，表示不但多子，而且个个都能考取功名，光宗耀祖。或剪许多各种姿态的小孩，象征多子，叫“百子图”。或剪老鼠爬在葡萄枝上，在十二生肖中，老鼠称“子鼠”，老鼠生子多，而葡萄也多子。或剪“麒麟送子”，麒麟本身就代表祥瑞。而石榴也常被人们拿来做求子剪纸的素材，也因其多子。胶州南部山区，过去每当家里生了男孩，三日后“洗三”都要剪一幅名叫《龙生虎奶》的窗花，表达希望孩子能得到神灵神兽的护佑以及为人父母望子成龙的普遍愿望。

婚礼剪纸，也叫喜花、礼花，有的也叫喜字花、嫁妆花，大红纸剪出的图案，画面喜气洋洋，出现在婚礼的各个过程中。流行最广的是剪双喜字，或喜字周围饰以龙凤图案，分别贴在新房窗户上、陪嫁箱子上、柜子上或覆盖在陪嫁的器物上。其中喜窗花的花样最为繁多，多是鸳鸯戏水、喜鹊登梅、鲤鱼穿牡丹、龙凤戏珠、如意、佛手等，并且将红双喜字加在图案之中。在莱州、龙口一带，新娘上轿前上头时，将姑娘时的发辫拆开，绾成一个椭圆形的纂，俗称“鸭蛋纂”，纂上加网，最后用银簪固定住。在插簪之前，先放一幅小小的剪纸，把光亮的新纂装饰得喜庆又俏皮。在福山，新郎迎娶新娘的时候，所带的礼品中，有八个饽饽和一只鸡，当地民谣唱道：“八个饽饽一只鸡，磕头作揖去娶妻。”白条公鸡的颈上要拴一个红绸子条带，八个饽饽上都要放置剪纸，叫“喜饽饽花”。此外，礼品中还有一块猪肉，猪肉上贴一幅扇形的喜花，剪的是鸳鸯与荷花，叫“鸳鸯肉花”。所有的陪嫁品，几乎全要用剪纸来作装饰，过去有“铜盆子（脸盆）花”“箱子花”“茶壶茶碗花”“柜面花”“胰子（香皂）盒花”“镜子花”“帽筒花”等。胶州娶新娘时的剪纸最讲究，寓意最深、最有趣的是新娘陪嫁的镜子上的“全花”、喜盒上的剪纸和屋顶的顶棚花。“全花”要求在整个图案上有多种吉祥如意的物品：斧头、莲花、鱼、如意、金钱、笙、挂角、笔、牡丹、桂花、石榴等二十几样。样式随着镜子的形状为圆形、方形、椭圆等。

春节剪纸。春节的剪纸处处可见，以喜庆吉祥为主调，兼有辟邪镇灾的内容，主要的形式是窗花和门笺。

窗花。窗花的形式因窗户形状不同而出现了不同的品种。过去胶东地方的民居窗户有大棂子窗、小棂子窗、大格子窗、小格子窗等类型。单幅剪纸称“棵”，如“一棵花”“两棵花”。一个窗户上的花有一番总体设计，称为“一窗”。大棂子窗与格子窗一般一窗为八棵，上、下各四棵。题材多花鸟鱼虫、小动物、戏曲故事、传说故事等，吉祥组画，如“五子登科”“福禄寿喜”“连年有余”等。小棂子窗，多是小幅窗花按统一布局贴在窗的中心位置，组成一幅大画或一组连续画，四角再装饰“窗角”，看上去最是古色古香。常见的大幅组画有“长条四季花”“四页金鱼缸”（取“金玉满堂”意）。常见的连续画是“老鼠嫁女”，一个个拟人化了的单幅剪纸“小老鼠”，按统一布局贴成一个曲曲回回的娶亲队伍。玻璃窗户普及后，出现了一种彩色亮光纸剪的窗花，主要题材是各种金鱼，贴在明净的玻璃窗上，确有些鱼游水中的样儿。

与窗花相配合的还有几种剪纸，在青岛的黄岛、莱州北乡、招远、栖霞等地，剪一横排花纹纸，贴在窗顶横木上，名叫“窗裙”，窗户两旁剪竖长条花，叫“窗飘带”。① 将窗顶和窗旁做了装饰，加上窗心、窗棂、窗格上的窗花，就是一个漂亮的花窗子。

门笺。又称“挂钱”“过门笺”。是年节间贴在门楣上用作装饰的民间刻纸，用各色纸刻成，一个门楣贴五幅，颜色相间，极尽绚丽斑斓之能事。门笺的图案花

---

① 山曼、柳红伟：《山东剪纸民俗》，济南出版社2002年版，第51页。

纹和色彩多以谐音、象征、寓意的手法表现美好与吉庆，如“蝴蝶戏牡丹”“双喜临门”“连年有余”“四季平安”等。

二月二剪纸。农历二月二，妇女们剪龙或小龙（蛇），称为“钱龙”，贴在窗上、门上、猪栏上、鸡窝上，传说这样可避病灾。荣成地方除了剪钱龙之外，还剪蟾蜍，贴在锅台的墙上，让其吃害虫；又称其为老财神，剪一个蟾蜍后面拖一串元宝贴炕墙上，名为“老财神拉元宝”。

端午剪纸。端午节长岛盛行贴剪纸，以长岛县砣矶、大钦、小钦、南隍城、北隍城诸岛最为普遍。五月初一称小端午，在大门门槛上贴一对用黄纸剪的牛。剪牛时，还在牛身上写诀语：“我是天上老贡牛，不吃人间五谷杂粮，单吃人间百病鬼牛头。”有的在牛身上贴“天下太平”四字，有的在牛身上写：“我是天上老黄牛，到人间不吃草，专吃五鬼和忧愁。”五月初五，称大端午，门扇上贴剪五毒图剪纸或贴艾虎、葫芦、黄牛、桃、狮、鸡等剪纸，都取辟邪祛灾之意。葫芦要与七星宝剑相配，剪纸葫芦，民间称之为“收毒葫芦”或“消灾葫芦”，宝剑则代表菖蒲，用意十分明显。端午剪纸一般以黄色为主色，也取辟邪之意。

民间剪纸各处可见，另有日用器具剪纸，包括仰棚花、炕围子花、纸斗花、笸箩花等。

因为剪纸，民间也出现了许多剪纸的花样儿。那时，乡间妇女几乎每人都有一个夹花样的册子。常用的花样有鞋花、鞋垫花、枕头顶花、兜子花、手巾花、门帘子花等。取样的方法多用烟熏，称为“熏样”。后来用复写纸印，俗称“隔印纸”，描印起来就省事清晰多了。用剪纸做绣花图样，在从前是很普遍的现象。有些刺绣、布玩具的底样，同样是一幅独立的剪纸艺术品，常见的有枕花样、鞋花样、针扎样、兜肚花样等。

胶东的剪纸题材除了表达美好愿望、祈愿安康幸福的传统元素外，也有牛羊肥壮、勤劳致富、计划生育等现代题材。果农们还把剪纸用在苹果生产上，在苹果长大还没有挂色的时候，剪成各种图案或福禄寿喜等字样，贴在果子上，等果子下树时，揭下剪纸，红通通的果子上就有了明显的图案，浑如天然，令人称奇，爱不释手。剪纸巧手用剪纸表现新的生活、新的时代，使剪纸艺术增添了新的活力。烟台剪纸、胶州剪纸已经进入非物质文化遗产名录，相信这种民间手工技艺会成为民间文化的一部分，永远不会失去魅力。

③年画

年画在民间极为流行，年节期间，用年画点缀居室，是装饰品也是欣赏品，从古至今，“有钱没钱，买画过年”，风习相沿。胶东地方有两处年画产地，均已被确定为非物质文化遗产名录。

平度宗家庄木版年画脱胎于潍坊的杨家埠年画。已有150多年的历史，因色彩鲜艳、构图完整、造型夸张和装饰性强等特点，广受老百姓的喜爱。主要样式包括“三裁”“窗顶”“窗旁”“财神”“门神”“灶码”“围桌”“美人条”“站童子”等。按用途又可分为神供和装饰两大类。神供类年画的主角是民间信仰中的神灵，如灶神有二座、三座，财神、菩萨有正座、偏座等。此外，还有附属性的神供类年画“围桌”。装饰类年画从“门童”到炕头画、窗顶画、窗框画等，可谓异彩纷呈。墙壁装饰有新年吉庆的年画，以鱼为图案的有《富贵有余》《连年有余》《金玉满堂》等；有表现神话故事、鸟兽、花卉的装饰年画，如《麒麟送子》《天河配》等；有表现戏曲故事的年画，如《回荆州》《空城计》等；还有表现民间笑话、寓言和神话故事的年画，如《猪八戒娶媳妇》《猴抢草帽》等。

莱州平里店镇的吕村年画，有近200年的历史，主要品类就是家谱、文财神、武财神等。融版画、传统国画和民间壁画为一体，形成了勾里填色、水墨色彩相交融的民间工笔年画风格，极具地方特色。

（2）民间编织

胶东的民间编织种类多样，按编织材料的不同分为条编、草编、麻编、线编、竹编、藤编等。

①条编

用树条编制各种生产、生活用器物，俗称“编筐编篓”。胶东的条编材料主要是柳条、腊条等，编成品出卖叫“条货”。树条不经去皮就用于编织，叫“黑条”，制品有大车上用的“粪帘子”、小车上用的“偏篓”、抬重物用的“抬筐”、装粪土用的“粪筐”、装柴草用的“黑条篓子”、用作牲畜驮具的“驮筐”、场上用的“装篓”等。树条去皮以后用来编织的称为“白条”，制品有用来装果品的“二篓子”，用来赶集、走亲戚、盛饭用的“元宝篓子”，也称“白条篓子”“饭篓子”“出门篓子”，家常用来盛饭食的小筐、笊篱，做儿童玩具的“小篓”等。还有一种用去了皮的柳条（俗称“红皮柳”或“莱阳柳”）为原料的编织业，俗称“编笸箩簸箕”，工艺为麻扎条编，产品有大小笸箩、大小簸箕、升、斗、水斗、“疤瘩篓子”“柳条箱”等。

②草编

胶东境内有充足的山草、麦草、玉米皮资源，人们就地取材，用麦草编草帽、蒲扇、草墩子，用玉米皮拧编“蒲垫子”、蒲团等，自家使用，方便省钱，后来发展成为一项重要的以出口为主的副业。产品主要有三大类：一类为各种草地毯，通称为“地毯”；一类为各种花色的草提篮，通称为“提篮”；一类为茶垫、坐垫、草席、果盒等日常用品，通称为“杂品”。其中以莱州和平度的草编最负盛名，海阳、乳山、招远、龙口等地也是胶东草编生产的传统地区。

③编席

以前，胶东的炕上都要铺席，俗话说："炕上没有席，脸上没有皮。"特别是过年，人们都习惯换领新席，因而，席的需求量很大。青岛市黄岛区、莱西编席业发达，黄岛区泊里镇的红席编织远近闻名。红席，俗称秫秸席，是用高粱秸劈成篾子，有红白两种颜色，交叉编织出各种不同花纹的图案。一领红席的编织要经过将近30道工序。

此外，还有即墨市七级镇大欧村的大欧鸟笼；即墨官庄的竹编，以编筛子为主；境内还有用稻草搓绳，然后编结网包、葛漏等器具以搬运庄稼及盛草之用。

④刺绣类编织。

刺绣，俗称"钩花""绣花""做花边"等。早在公元六世纪，胶东的民间刺绣就已经达到了很高的水平。清朝时的绣花被面、枕头、衣裙、轿衣、坐垫等刺绣品上，各式针法已达20多种，主要种类有手绣、机绣、绒绣、棒槌花边、钩针等。到民国初年，抽纱花边的生产已遍及胶东各地，烟台及其附近一带成为中国花边工业的中心。刺绣产品的设计、收购由绣花厂经营，制作散在各村镇。绣花厂下乡定做，名为"撒花"，乡间集中的作坊则称为"绣花房子"。其中手绣、手编是刺绣和花边工艺中的精华。有芝罘的绒绣，威海的雕绣，牟平、乳山的平绣，莱阳的彩绣，蓬莱梭子花边，栖霞棒槌花边，招远网扣花边，龙口、海阳、乳山的钩针花边等。

过去，女人们非常重视女红，胶东的女孩子，从小就跟大人们学钩花、编织，胶东的绣花业的鼎盛时期是在20世纪70年代，其时，各县都有工艺品厂或绣花厂，绣花成为农村重要的家庭副业和农村妇女从事的主要工作。这些刺绣类的编织给家庭妇女带来了额外的收入，她们巧手钩织出的工艺品也美化了生活。

（3）民间其他工艺制作

①玩具

民间玩具的制作材料有竹、木、草、铁、骨、石、布、泥、纸等。

木制玩具。木制玩具的原料很丰富，凡是木头，男孩子们都能用来自制出心仪的玩具，如陀螺、弹弓、小手枪等。到了春天，乡村的孩子们还会做柳哨玩。柳哨有两种，一种是柳枝哨，一种是柳叶哨。

石制玩具。莱州产滑石，手工艺人把滑石雕刻成各种形态的"滑石猴儿"。有的在鼻孔处穿一个小孔，穿上线可拴在腰间。小孩把这种玩具拿在手上把玩，做游戏时，就用它在地上划线，当做宝贝一样看待。蓬莱、长岛等地的海边有许多鹅卵石。有人在卵石上作画，制成玩具，光洁可爱。石头上的图画有山水、花卉、人物等，蓬莱的石玩具里最有特点的是成套的八仙人物图。

纸制玩具。纸制玩具品类最多，是孩子们最常见的玩具，既开发了智力，又锻炼了动手能力。如用纸折飞机、折船、折手枪、折鸟、折打“宝”游戏时用的“宝”等。有一种纸折的青蛙，放在面前，用嘴吹气，一吹一跳，非常有趣。

草做的玩具如山区的“松柴老婆”，平原农村的“苞米娃娃”“狗尾巴草小猫”“苇叶小船”“苇叶荷包”，而用麦秆和玉米皮编制的玩具，如燕子、蜻蜓等，更是花样众多。

布玩具最有代表性的是端午节期间的香荷包、“老虎串”与布猴儿等。骨和皮做的玩具，如渔村人用加吉鱼骨做的“加吉孩”“鱼骨羊”，用刀鱼骨做的“仙鹤”。海边孩子常用各种贝壳充当锅碗瓢盆玩“过家家”；也有人用各种贝壳粘塑成玩具，有螺号、宝塔及小狗、公鸡、刺猬等小动物造型；人们把剥下的廷鲅鱼（河豚）皮，蒙在一个小铁筒、小木筒或木圈儿上，用钉子钉紧，晒干了就是一面小廷鲅鼓；鱼汛来时，打上的老板鱼很多，往往做成鱼干保存。一些小的，海边人不屑于吃，有时会用线在鱼头的下方一勒，挂在房檐下晒着，不久就会变成“老板猴”，尖嘴猴鳃，加上一条长尾巴，惟妙惟肖。

在物质匮乏的年代，孩子们的玩具几乎都是自制的，乡村的孩子们玩什么游戏就自制什么玩具，他们能用碎布头自己做布娃娃、缝制沙包，也能在劳动的间隙随时就地取材，制作出趣味横生的玩具。摘“松葫笼”时，他们就会制作出“松柴老婆”玩具。收葱时就制作葱炮玩具，大葱的干叶，发黄还没有发焦的时候，向里吹气，使之鼓起，用线系住，放在掌心中，用另一只手猛拍，突然爆裂，声音干脆，像放小鞭，因此得名。还用葱叶包粽子，找宽的葱叶子，剖开，仿照生活中包粽子的样子，包成粽子的形状，边玩边吃。捡麦穗时，女孩子会用麦秸编戒指戴。剥玉米皮时，用玉米皮编各种动物，再染上色，挂在空中，为生活增添了许多趣味。还做高粱秸玩具，将秸瓤与秸皮（俗称席篾）结合使用，可以插制成小鸟、小狗、眼镜、小风车等形状。男孩子们还会将高粱秸或玉米秸放在胯下当马骑。在挖完野菜回家的路上，孩子们会随手拔起路旁的鸡毛草，一边走路一边编成小猫、小狗、小兔子的形状。将槐树的叶子撸去，用剩下的叶梗编成小笊篱。

②饽饽搕子

饽饽搕子，是胶东地方做花样面塑的“面模子”，多用木头雕刻而成，凹槽内刻有大小深浅的各种花纹，节庆时用以制作面食。因为制作时要将面坯放进模子里，压实，使面坯印上花纹，然后再用力敲打模子让面坯脱落，所以胶东多数地方叫搕（方言读作 kǎ）子，不同的地方名称各不同，有的叫“饼印”，有的叫“果模子”，有的叫“糕饼模子”，乳山称“果子盏儿”。果模子的花纹好看又多样，在各地有各不相同的用途。如在烟台各地，对模制的不大不小的面饼，在莱州叫做“荷叶”，在龙口一般叫做“蒸饼”，但在北马镇叫做“瑞饼”，烟台芝罘区以东叫做“莲子”。果模中以莲子、桃型和鱼型图案用得最多，结婚时是一定要有莲子的，寓意早生贵子，有祈育的意义；庆寿时桃型最常见，寓意长寿；而鱼是什么时候都用得到的，结婚时寓意美满和谐、如鱼得水，过节时寓意吉庆有余。小小的果模，无论在什么时候都寄予着人们美好的愿望。莱州有一种“饽饽搕子”很深，搕出来的面食，就是一个圆凸饽饽，图案是细巧的花瓣捧着一个喜字。办喜事时，做许多，略加点染，盛得满筐满篓，有丰盈而喜气洋洋的效果。烟台福山的一种搕子很浅，也有专门用途。这里从前走亲访友，一般都要携带叫做“油果子”的油炸面食，制作油果子就用这种浅搕子制饼，若用普通的搕子制饼，炸出来色泽与味道就差得远了。至于七月七做巧果用的搕子，更是花样繁多，尤其是那些一溜长条上，排满了七八个、十几个各种不同图案的模子，最能引人入胜，图案有鱼、狮子、蝉、猴、花篮、葫芦、荔枝等，寓意丰富。另有一种火烧板，圆形厚板，两侧有柄，做火烧（烧饼）时，用以压面坯。青岛地方农家定亲时，会搕大约半米长的鲤鱼饽饽，将其放入食盒中送给亲家，含阖（合）盒（和）有鱼（余）之意。

饽饽搕子的制作和使用盛行于整个胶东。即墨市留村镇王家葛村的面模被称为“葛村搕子”。做饽饽搕子一般要经过以下几道工序：选料、下料、蒸煮、造型、雕刻。其原材料很有讲究，必须是质地细硬、不易变形、不能裂缝的优质梨木、苹果木、山楂木等果木。果模子最常见的是木刻而成，但人们也就地取材，莱州地方出产滑石，当地便也有用滑石材质制作的果模子，而莱西则多是泥做陶搕子。

民间的能工巧匠很多，胶东的民间工艺还有许多，如威海锡镶技术，望岛刀剪制作，莱州玉雕、毛笔制作，长岛砣矶砚制作，即墨段村乡杨头村打制的杨头斧，还有制陶及各地的葫芦雕刻和葫芦烙画、核雕等。

2. 精彩纷呈的民间游艺民俗

流行于胶东各地的打花鼓、渔鼓、渔民号子、传统的地方戏曲、民间乐舞等，至今还活跃在传统节日和新兴节日的大舞台上，成为人们喜闻乐见的民间艺术节目，也成为各地入选非物质文化遗产名录的项目。

（1）民间乐舞

民间乐舞常常在节日、仪礼上使用，是一种综合了音乐、舞蹈、体育甚至竞技活动的综合艺术，需要有乐器、乐调、乐队来集体统一完成。乐舞形式多样，包含很广，主要有传统的舞蹈、秧歌、高跷、抬阁、雷鼓、舞狮、舞龙等。

①秧歌

秧歌是汉族具有代表性的一种民间舞蹈形式，一般是舞者扮成各种人物，手持扇子、手帕、彩绸等道具而舞。年节期间，到各村演出，能耍一正月，民间俗称“耍会”，极受人们欢迎，成为农村主要的娱乐方式，有“没有秧歌不成年”的说法。秧歌的流传年代久远，胶东地方以海阳大秧歌和胶州大秧歌最负盛名，成为胶东民间乐舞中的双璧，与鼓子秧歌并称为山东三大秧歌。

海阳秧歌流行于胶东半岛的海阳、莱阳、乳山等市，以海阳市最盛，几乎村村都有秧歌队。海阳秧歌最初是以民间杂耍形式面世，角色多为渔、樵、商、匠和村姑等下层平民，后来又将武术功架吸收其中，舞蹈及演唱形式豪放、热烈、粗犷、幽默，有自身独特的风格。

海阳秧歌角色众多，整个舞队由单人舞、双人舞、多人舞组成。领头的是“药大夫”，他身穿长袍，口戴黑须，右手持马尾拂子，左手握平顶圆伞。这是整个秧歌队的总指挥兼领舞，他的即兴表演往往令人绝倒。其他角色有“霸王鞭”“花鼓”“彩扇”“渔夫”“樵夫”“货郎”“翠花”“相公”“闺秀”“锢炉”“王大娘”“丑婆”“顽童”“牧童”“村姑”“大头和尚”“柳翠”等。

海阳秧歌的演出有串街、进村、耍大场、跑阵势、演场、收场六段六种形式。跑阵势有单队穿插、龙盘尾、四门斗、扣心斗、黄牛瘪、竹篮挎花、六门斗、八卦斗、宝葫芦、葫芦带结子、卷爆仗、双队穿插、剪子股、二龙吐珠、勾心斗、大推磨、双八字、三龙纹柱、彩云遮月、牡丹开花、四瓣花、竹篮开花、遍地开花等变化队形。

胶州秧歌相传起源于胶州城北部的东小屯村。其角色只有十个，是传说中两个家庭中的全部成员：一对“鼓”扮为男性壮年；一对“翠花”是“鼓”的妻子；一对青年扮演“棒”，是“鼓”的儿子；一对“扇花”是“棒”的妻子；一对“小嫚”，是“鼓”的小女儿。十个演员跑满场，又舞蹈，又演戏，引得千万人“听见锣鼓点儿，搁下筷子搁下碗；听见秧歌唱，手中活儿放一放；看见秧歌扭，拼上老命瞅一瞅”。演戏之前先跑场，这便是打开场子吸引观众的舞蹈，其中有“大摆队”“十字梅”“绳子头”“挖心”“两扇门”等阵法。

戏剧演出以传统节目最具地方风格，俗称“本戏”，有“大离别”“小离别”“拉磨”“说媒”“三怕”“四劝”“裂裹脚”等剧目。胶州秧歌是“地秧歌”的一种，民间称“扭断腰”“三道弯”，它是歌舞，更是戏剧。它有剧本，有道具，有曲牌，演员有行当，是一种形式活泼的歌舞剧。

胶东其他的秧歌大致都是这两种秧歌的演化和变形。秧歌多在正月里表演，人们尽情地欢舞在秧歌的海洋里。以下几种乐舞形式常常也随秧歌一起演出，共同打造节日气氛。

高跷。通常也被称为“秧歌”或“高跷秧歌”，俗称“踩高跷”。舞者扮成各种人物，组成“戏出”，手持道具，双脚踩跷而舞。“高跷”用两根木棍，中间钉

“耳”，“耳”上装踏板制成，有的还在“耳”中凿空，横置铁柱，串数枚制钱，使踏跷者步行有节。踏跷人将脚放在踏板上，用绳将跷杆紧绑在腿上即可行走舞蹈。跷有一尺左右的，也有三四尺高的。高跷的舞姿也多种多样，技艺高的能带着跷翻滚跌打，做出种种高难度动作。

与高跷队配合的还有“扛阁”与“抬阁”。“扛阁”，一人在下，肩上扛柱，另一人在上，缚依高柱，着戏装，二人配合，踏乐舞蹈。“抬阁”，是数人抬一个高木架，架上成一方小“舞台”，有人扮“戏出”。舞蹈时，抬“阁”的与“阁”上的人配合。高跷队与徒步舞混合时，称徒步舞为“地绷子”。

划旱船。旱船，也叫“跑旱船”“采莲船”，是一种舞蹈形式。旱船多用竹、木或高粱秸扎框，外面用绸布装饰，套系在女舞者的腰间如坐船状，更有的在船面上做上假腿，与舞者身子相配合，演员如盘腿坐在船上。另一人手持船桨，作划桨状，两人合舞，模拟船行水面的种种动作，边歌边舞，多表现劳动和爱情情节。

跑黑驴，与划旱船有相似之处，用竹子或高粱秸扎成架子，周围用纸装饰成驴的形状，“驴”分前、后两部分，演员在中间，表演种种骑驴的姿态，生活气息极浓。另有一个扮脚夫的演员，和一个拐着粪篓拾粪的老汉。“跑驴”中一般演小媳妇骑驴走娘家的故事，演“骑驴上山”“骑驴下坡”“骑驴过河”“失蹄卧水”“毛驴抖水”等舞姿，生动有趣，极受群众欢迎。“旱船”与“跑驴”多作为秧歌队中的一部分出现，但“旱船”有时也四只、八只为队，独立作集体舞。

蛤精舞，是沿海地区独特的舞蹈形式，蛤精的大贝壳多用竹片、藤批扎成，外饰绸布并绘年轮，壳边饰绿绸呈波纹状。扮演蛤精的多挑俏丽的女孩，身着粉红绸衣，将自己藏在大蚌壳里，自然地开合，若隐若现，让人还不等看仔细，又忽闪着合了起来，表现女子的娇羞与美丽。蛤精舞可独舞，也可集体舞。

其余还有舞龙、舞狮，常与秧歌相配演出。这些秧歌类的游艺活动，且歌且舞，欢快无比。但文登的“串黄河”别具特色，更多地体现一种竞技性。

“串黄河”在文登民间又叫“跑黄河”，是产生于黄河流域的古老的民间大型游艺活动。明清之际流传文登，流行于境内的高村、葛家、泽头、文登营等乡镇，其中坤龙邢家、林村、文登营、葛家集等村庄是这一活动最负盛名的传统举办地，演出活动有数百年的历史。“串黄河”是以所布阵形为载体的游艺活动，源自古代军事训练中的阵法演练，其名取自《封神演义》中三仙姑所摆的九曲黄河阵，是一种参与人数众多且明显带有各表演队之间争强斗胜的竞技性的游艺活动。

②鼓舞

胶东的鼓舞多铿锵有力，大气磅礴，给人一种震撼力。

福山雷鼓是流传于烟台福山区的一种古老的民间舞蹈艺术，当地人叫“打大鼓”“开路鼓”“先锋鼓”。雷鼓配合庙会和逢年过节时的各类群众游艺活动，是排列在最前面的开道开场节目。鼓手身前背着一面直径二尺的大鼓，大鼓可有12面、24面或36面，排成两行舞蹈队列，队前有一老者指挥，称为“鼓头”。一声鼓令，击鼓者手挥木制鼓槌儿红绸飞舞，俗称为“闪”，鼓手有节奏地击打鼓面，发出隆隆响声，是为“雷”，“雷鼓”因此而得名。

石岛渔家大鼓起源于石岛镇大鱼岛村，流行于荣成南部沿海渔村。锣鼓队器乐组成主要有大堂鼓、七钹、大钹、大锣、小锣、小镲和旋锣等。大型演奏活动中，常见有8堂大鼓、8副锣和钹等组成的庞大锣鼓队。渔家大鼓过去每年春季谷雨期间，渔民出海前举行祭海、祭神活动时演奏。

民间鼓舞样式繁多，栖霞还有八卦鼓舞和抬鼓舞等。

③灯舞

灯舞流光溢彩，深受民众喜爱，由于有灯火效果，所以尤能烘托节日气氛。以龙灯最为典型，民间称之为“耍龙灯”“跑龙灯”。“龙灯”相传始于明代，代代相传，成为乡村传统的娱乐项目。“龙”必成对，每“龙”十三节，“龙”用竹、木分节扎架，外面糊纸或糊布，每节内燃一支蜡烛，26人同舞，舞时另由一个人持彩珠戏龙，二龙盘旋交错起舞。有“行进式”“龙摆尾”“龙钻尾”“串树行”“龙窜桌”“龙上蟠”“二龙戏珠”等舞法。从前乡间有大旱求雨时耍龙灯的，也有在二月二龙抬头日耍龙灯的，现在多在年节期间表演，有作秧歌队一部分的，也有单独表演的，特别是在正月十五日夜间作为主要娱乐节目。

除此之外，胶东还有两种较为特殊的灯舞。

跳花灯流传于栖霞北部山区，相传始于明代。舞者各手持一个木制贴彩的四方“花盆”，“花盆”朝外的一面，大书“喜”字或“福”字，“盆”中偏后，栽插“四季花”，中心点燃红烛。舞者持“盆”，边舞边唱“对十二月花”。队形则有“剪子股”“四门斗”“八字图”等名目。跳花灯舞多在元宵节夜间表演，盆花烛光相映，光彩闪烁，歌声丝竹相发，歌舞并佳，节日气氛很浓。

威海卫有篮子灯舞，也叫花灯舞，道具与栖霞的跳花灯相似，但舞蹈表演形式有两种：一种是舞者每人手持一盏花灯起舞，叫做“端篮子灯”；一种是每人用一条长约三四尺、宽约一寸的竹板扁担挑两盏花灯表演，叫“挑篮子灯”。无论哪种表演形式，都很讲究步伐和队形的变化，故人们又称之为“踏篮子灯”。其舞蹈队形的变化叫“走阵”，主要的阵式变换有“长蛇”“四转”“串黄河”“走麦穗”“追月”“十字梅花”和“剪子股”等。①

① 刘玉党主编：《威海文化通览》，山东人民出版社2012年版，第454页。

(2) 民间戏曲

①胶东大鼓

因系盲艺人始创，俗名“瞎汉腔”“盲人调”，是流行于胶东半岛的一种鼓曲艺术形式。根据流行地域又称为“蓬莱大鼓”“荣成大鼓”等。在当地渔号、山歌及民歌的基础上发展而成，后来广泛吸收了关外的“靠山调”“二人转”和京韵大鼓、西河大鼓、京戏、梆子、“落子”等戏曲乐调，发展成一种有说有唱、有主曲有插曲的曲艺品种。

1949 年，艺人梁光前进入青岛演唱，始定名为“胶东大鼓”。其流派按胶东半岛三海区分为北、东、南三路。“北路”影响最大，流行于蓬莱、龙口、牟平、福山、烟台等地。“东路”流行于胶东东部沿海的文登、荣成、威海、乳山地区，以彭润芝为代表，曲调质朴，说唱性强。“南路”流行于胶东南部沿海的莱阳、海阳、即墨地区，早期名艺人为莱阳的徐尚厚。“南路”大量吸收茂腔、弹词、东路大鼓及民间小调，形成鲜明特色，传统曲目有 100 多部。

②吕剧

吕剧是山东的代表性地方戏剧种，迄今有 80 多年历史。胶东半岛称作“蹦蹦戏”，又名“庄户耍”。吕剧的渊源是山东琴书，不论是音乐腔调，还是演出剧目，都与琴书有着极密切的血缘关系。1930 年以后发展迅速，1950 年在传统蹦蹦戏的基础上创新发展为吕剧。吕剧的曲调虽少，但富于变化，唱词通俗易懂，唱腔朴实无华，优美流丽，娓娓动听，有浓郁的抒情色彩，在民间有着深厚的群众基础。吕剧传统剧目以生活小戏为主体，总计有 80 多出，多取材于民间传说故事，反映下层人民普通的日常生活。内容表现家庭伦理、风土人情、恋爱婚姻、儿女情长。代表剧目有《王小赶脚》《小姑贤》《爱女嫌媳》《双换妻》《王汉喜借年》《王定宝借当》《双玉蝉》等。经过历代艺人的千锤百炼，大部分戏故事性强，情节细致生动，群众语汇丰富，表演朴实自然，没有严格的程式规范，比较生活化，为广大群众所喜闻乐见。许多村里都有自己的吕剧团，在冬闲时候排演剧目，春节期间演出。

③蓝关戏

蓝关戏又名“南官戏”，流行于莱州、招远部分地区。蓝关戏是在渔鼓（道情）调的基础上，受当地语言及其他艺术形式的影响演变而成的。演出剧目以八仙故事为主，以韩湘子为主要人物，通称为《东游记》。包括《湘子出家》《湘子回家》《棋盘山》《独立桥》《终南山》《八仙过海》《烧海》《韩愈进宝》《贬潮》《打潮阳》《烧潮阳》等。另外称为《西游记》剧目的有《万子山》《高老庄》《罗网洞》《火焰山》《流沙河》《太虎山》《打人参军》《闹天宫》《神仙洞》等。主要唱腔锣鼓点分为“引腔点”“腔间点”“锁腔点”等，开始全靠打击乐伴奏，人称“满台子响”，后加弦索伴奏。

1957年、1960年，莱州、招远都分别整理、挖掘和创新蓝关戏，在蓝关戏唱腔上演现代戏《燕子迷路》等剧目。莱州的东季村和招远的小河头村一带的蓝关戏最负盛名，两地也都有俚语表达，一是“东季的蓝关开了台，邻村的老婆跑掉鞋”，一是“小河头蓝关开了台，大河头老少跑掉了鞋”，可见蓝关戏在当地的受欢迎程度。现在，在胶东一带的节日里，仍然有蓝关戏的演出。2006年，蓝关戏成为首批国家级非物质文化遗产名录项目。

④京剧

国粹京剧为各地人们所喜爱。烟台素有“京剧之乡”的美誉。清代咸丰元年（1851），莱阳照旺庄便出现了专门的戏剧班子。同治末年，海阳也有了京剧班子。1861年，烟台开埠后，商业进一步发达，经济渐趋繁荣，烟台除了受到行船及经商者的青睐外，也日渐成为艺术家献艺之所，取水路由京津南下或由闽、浙、沪、宁北上的著名演员常在此演出，其中就有麒麟童周信芳，自1907年（12岁）起，周信芳便频频来烟台献艺。因此，有心人把烟台第一座剧场德桂茶园更名为丹桂舞台，与上海的丹桂南北呼应。1927年周信芳第五次到烟台时，发起组织烟台梨园公会，自任会长。梨园公会的创建，为繁荣烟台京剧作出了历史性的贡献。由于各地名角纷纷来烟台献艺，从而培养了烟台人的京剧爱好，涌现出大批京剧爱好者和迷恋京剧的票友，促进了烟台京剧事业的发展。民间有自行成立的剧社，京剧票友的“同乐会”“同乐处”特别活跃，公园、街头经常可闻檀板弦歌。

⑤柳腔和茂腔

柳腔和茂腔是流布于青岛地区的地方戏曲。

柳腔形成于清代中期即墨、平度交界的大沽河流域，流行于胶东地区，距今已有200余年的历史。《中国地方戏曲集成》中记载：“柳腔与茂腔本来出于一个源流，其前身为‘本肘鼓’。”青岛地区民间的说法是：“茂柳不分家，两剧姊妹花。”这两个剧种的传统剧目完全相同，看家戏都是“四大京”和“八大记”。

其早期演唱只敲手锣和鼓，没有丝弦乐器伴奏。清光绪年间，即墨的肘鼓子艺人受到莱阳“四弦小调”的影响，在演出时采用了四根弦胡琴伴奏，并配以唢呐帮腔。初用四胡伴奏，没有定式曲谱，拉的和唱的就互相配合着往上“溜”，因而被称为“溜腔”，后因溜字不雅，改为“柳腔”。柳腔在即墨、平度很有影响，即墨有“柳腔之乡”的美称，平度的一些乡镇则被称为“柳腔窝子”。

柳腔声调委婉悠扬、柔和细腻。曲调中有花调、悲调之分。花调欢快舒展，适宜于演喜剧；悲调低沉缠绵，多用于唱悲哀之戏。特别是在“四弦胡琴儿”悠扬悦耳曲调的伴奏下，加上柳腔特有的向上翻高8度或6度的尾音“勾勾腔”，听来余音袅袅，令人痴迷。

茂腔从前叫肘鼓子，胶州有首民谣：“肘鼓子一唱，饼子贴在锅台上，锄头锄到庄稼上，花针扎在指头上。”肘鼓子后来定名为茂腔。约在19世纪五六十年代，在民间小唱“肘鼓子”的基础上，吸收了柳琴戏的音乐曲调和伴奏乐器而形成。传唱于胶州、高密、诸城一带的“肘鼓子”被称为“本肘鼓”，意思为本地传唱的肘鼓子戏。开始是城乡民间流传的口语化、唱腔简单的剧种，因在演唱中肘悬小鼓，一边击节拍一边演唱，故亦得名“肘子鼓”。其最初的表演形式是“唱门子”，即以说唱的形式挨门挨户地乞讨。为了赢得施主的同情，乞讨艺人多用凄婉、悲柔的腔调演唱，这便奠定了茂腔的行腔基调。后来由单人的“唱门子”逐渐发展为多人合作的表演形式。

茂腔的传统戏目中多是反映伦理道德等的情感戏，生活气息极为浓厚，颇受农村妇女的喜爱。尤其是茂腔中的女腔最为传情，给人以悲凉哀怨之感，往往能引起妇女们的共鸣，故茂腔俗称为“拴老婆橛子戏”。有童谣唱道：“肘鼓子戏儿，娘儿们的事儿，姑娘喜欢听，老婆抹上蜜儿。”

⑥八角鼓

胶州八角鼓是一种以说唱为主的曲艺。说唱者立在一张八仙桌前，用左手执鼓，其拇指、食指、中指在鼓内，中指勾住鼓柱，无名指和小指在鼓壁外，拖住鼓面，中指和无名指夹住鼓壁，边打边说边唱，另有竹板、单钹为道具，以三弦、坠琴、二胡等乐器伴奏，听者围坐在四周，所以也称八角鼓为“桌戏”“鼓子”。后来，表演不再用桌子，演员也由一个表演发展为几个表演，由一人独唱一个段子改为齐唱、伴唱、分角色唱。

其他民间戏曲形式还有蓬莱小戏、渔鼓戏等。

（3）民间游戏

①放风筝

风筝，古名“纸鸢”，又名“鹞子”。扎风筝，画风筝，糊风筝，放风筝，都要掌握一定的方法，都有很高的技巧，因此“扎、绘、糊、放”被称为“风筝四艺”。一般人只是买了来放，放风筝的工具有线、绕线工具和供游戏的各种附加物。

风筝的种类数不胜数，艺人们和民间风筝爱好者们扎成各种风筝，为它们起了各种具有民俗特征的名字。如九头蜈蚣、龙凤呈祥、大狮子、二龙戏珠、梁山一百单八将、花篮、宫灯、花瓶、鸟笼、鲤鱼跳龙门、大雕、猫头鹰、九头鹰、双凤擎喜、百鸟朝凤、凤凰、孔雀、蝴蝶、八仙过海、鸳鸯戏莲、许仙游湖、王小赶脚、昭君出塞、蝉、金鱼、鹤、八卦、牛郎织女、唐僧取经、寿星、寿桃、蝙蝠、沙燕、蜻蜓、螳螂、虾、仙鹤童子、脸谱、县官、包公、佛光普照、嫦娥奔月、鹦鹉、山鸡、山鹊、熊猫、乌龟等，或有生活气息，或有象征性含义。

②棋牌类

棋牌类是民间喜闻乐见的游艺活动，下棋又叫“走棋”，有许多种，主要有象棋和“下五程”“五福”“鸡毛蒜皮”“憋死牛”等。儿童也用象棋像玩扑克一样来出牌，叫“棋乐”；过去老太太玩“纸牌”，扑克牌主要有“憋七”“抓老鳖”“看对和”“争上游”等传统玩法。

③儿童游戏

玩最是孩子的天性，因而属于孩子们的游戏很多，这些游戏或益智，或锻炼身体，同时又给孩子们带来了无限的欢乐。打秋千、老鹰捉小鸡、踢毽子、跳房子、打陀螺、打蛋儿、摔哇哇响、拍燕儿窝、玩鸡虫虎棒、打宝、识招、跳绳、“拾磨个”等，都是孩子们乐此不疲的游戏。拉巴条和劈三棱草是孩子们爱玩的斗草游戏。此外，乡间孩子的游戏还有“抬花轿”“过家家”（俗称“办弄饭儿”）、“挤油”（又称“塞油”）、“抓特务”“骑马打仗”“跳十步”“打瓦”（又称“打丧门神”）、“夹棍”（俗称打尖）、“摸黑乎”（又称“摸瞎大乎”“打瞎驴”）、“打冰趋溜”“趴猫”（即捉迷藏）、“挑急急令”（又名“跑急急令”）、“数蜻蜓判”“马虎（狼）咬羊”“遛鞋底”（即“丢手巾”）、“跳龙门”“指星勾月”、弹杏核等。

三、胶东民俗信仰

1. 深厚的道教文化积淀

道教作为本土宗教，对于中国人的传统思想影响至深。在胶东，道教历史可谓悠久。金元之际，在北方兴起了道教的一个新生教派——全真教，它发端于陕西的关中，却创立发展于山东的胶东三州。王重阳到胶东半岛传教不到三年，就培养出发扬光大道教思想的七位高徒，全真七子都是胶东人，传教足迹遍及整个胶东。后来他们都一一出省传教，而王玉阳作为“七真”之一则独留省内，为扩大道教在胶东的影响作出了巨大贡献。[①] 据记载，金太定二十七年（1187）王玉阳到乳山境内的圣水庵结茅修炼，并于此地创立了全真教嵛山派，广招门徒，度道士“独逾万数”，“门人居天下者三分之二”，徒众中有建树者甚多。他居圣水岩26年余，五次受皇帝召见，多次修缮道观，其影响力之大可见一斑。[②] 道教信仰在胶东极为普及，体现在密布的道观及民间信仰里众多的道教神明。

---

① 牟钟鉴等：《全真七子与齐鲁文化》，齐鲁书社2005年版，第22页。

② 牟钟鉴等：《全真七子与齐鲁文化》，齐鲁书社2005年版，第166～199页。

位于胶东半岛东部的昆嵛山，古称姑余山，主峰泰礴顶海拔 923 米，横跨牟平、文登两地，山峦叠翠，谷深林密，时常有雾岚升腾，烟波汹涌，昆嵛诸峰在云海间闪现，可谓虚无缥缈。北魏史学家崔鸿在《十六国春秋》中，称其为“海上诸山之祖”。昆嵛山以全真教的发轫地闻名于世，被誉为“仙山鼻祖”。山间道教遗迹众多，烟霞洞被认为是全真教的发祥地，神清观为全真教的祖庭，另有岳姑殿、朝阳洞、东华宫等遗迹。

崂山主峰崂顶海拔 1132.7 米，是与武当山、青城山齐名的道教名山，有着海上“第一名山”之称。崂山道教的历史可以确定的是至晚到宋代，道教已在崂山地区有了较高程度的发展。《崂山志》载：“迨至宋初，蜀人有刘若拙者隐居山中。太祖闻其有道，特敕建太平兴国院以居之，而道教始盛。”① 太清宫、上清宫亦作为华盖真人别馆于此时兴建。金元时期，崂山道教归宗于全真派，发展达到了鼎盛，太清宫三皇殿廊檐石壁间镌刻的元太祖成吉思汗的圣谕彰显出当时崂山道教地位的显赫，崂山宫观更是达到“九宫八观七十二庵”的规模，并得“道教全真天下第二丛林”之美称。金章宗明昌六年（1195），丘处机等来崂山传道，崂山很快成为当时规模最大的北全真丛林基地。到清朝中期，崂山的道教庙宇发展到百余座。道教遗迹主要有太清宫、上清宫、太平宫、明霞洞、明道观等。

其余，位于荣成南端的槎山，主峰清凉顶海拔 539 米，山上奇石嶙峋，植被茂密，由于临黄海之滨，虽海拔不高，却似拔地而起，因水汽丰沛，常有云雾缭绕，在山下仰视其山色如黛，峰连九顶，如漂浮在云海中的大船，故又称九顶铁槎山，自古被誉为“大东胜境”。七真之一王玉阳曾在此修炼，有云光洞、千真洞等遗迹。莱州大基山的道士谷，丘处机、刘处玄都在此修炼过，今有昊天观、先天观等遗迹；北武官庄东北有灵虚观，柞村镇大台头村北的寒同山有神仙洞。栖霞宾都宫为丘处机故里，金章宗御赐“太虚宫”匾额，为东方道林之冠。招远罗山南麓有班仙洞，威海桥头堡东南有圣水观，乳山冯家东北有玉虚观（圣水宫）、玉阳洞等。这些地方香火旺盛，成为庇护胶东百姓的信仰载体。

2. 多神崇拜的民间俗信

民间的信仰，就是一种崇拜。中国传统的对宗教信仰的主要态度就是“信则真，诚则灵”。民间百姓求神护佑的具体内容很多，主要有两方面，一是祈求获得利益和成功，二是祈求消除困难和灾祸，即祈福禳灾。虽然没有专一的宗教信仰，但民间认为神灵无处不在，所谓“举头三尺有神明”，即由原始的天命观影响演化而来的多神信仰，因而，民间有山神庙、雷神庙、雹神庙等，而且，往往会看到，

① 周至元：《崂山志》，齐鲁书社 1993 年版，第 3 页。

在同一个庙宇中，有道教神也有佛教神，还有其他民间俗信的神灵，如支气管炎、哮喘病很常见也很折磨人，所以人们敬齁神；由于天花病传染性极强，所以又有痘神，如此种种，不一而足。人们可以将所有的神灵齐聚一堂，求什么都能找到对应的神灵。民众信仰众神灵，是为了祈求能安康幸福、风调雨顺、五谷丰登，这是民众最朴素的民俗愿望。

胶东一带的民间信仰主要有神祇信仰、灵魂信仰和灵物信仰等。

（1）神祇信仰

民间信仰的神祇，范围十分广泛，既有原始神话中的自然神，也有宗教神，还有社会异人得道成仙的神。人们甚至根据需要，可以随意改造旧神，创造新神。因此，这些神祇的面貌模糊，职司混淆，也没有一个较为规范的礼仪形式。① 胶东地方与道教信仰相关的神明主要有玉皇大帝、龙王、八仙、碧霞元君、麻姑等。

①天地神及天体天象崇拜

天地神源于原始的自然崇拜，自然崇拜通常是指中国民众自古以来直到现在对那些由感观直接感觉到的自然力、自然现象与自然物的崇拜。②

民间自然崇拜的范围十分广泛，包括神灵化的天、地、日、月、星辰、雷、雨、风、云、山、石、水、火等。在人力所不能及或不能征服的自然面前，民众怀着既崇敬又畏惧的心情来崇拜自然神，希望能够得到神灵的庇佑。这种观念自古有之，民间俗信，天神是最公平的，他能明断人间是非，若谁做了愧对良心的事情，就要遭到天谴，要遭报应，天打五雷轰；反之，也会奖赏那些好人。老天爷是自然神中的最高神，他统率一批下属神，如日神、月神、星神、雷神、雹神、风神、雨神、山神、水神、火神等，共同成为民间的信仰对象。

对天体自然的祭祀主要体现在岁时节日中，其中以春节最为典型，可以说春节是各类祭祀的大集会。要祭祀天地神。“天为神，地为祇”。大年三十夜半时分，家家发纸祭祀的就是天地神，而且一祭就是三天。胶东东部沿海谷雨节要祭北斗星辰和海神。七月七日妇女祭牛郎星和织女星，向天乞巧。八月十五拜月，俗话说：“八月十五月正圆，月饼瓜果敬老天。”

②灶神、财神、土地神、山神等

灶神因主管着一家老小的吃穿用度，尤其是能否果腹，这是生存的头等大事，于是便有了祭灶的习俗。民间的财神很多，胶东各地敬的财神大多是关羽。过去各地都有关帝庙，即使没有单纯的庙宇，其他庙里也会有关帝的塑像。“天地君亲

① 张久深、范惠宇：《东莱风情录》，青岛海洋大学出版社1995年版，第215～216页。

② 乌丙安：《中国民间信仰》，上海人民出版社1996年版，第15页。

师”，人们认为在诸神当中，关公即师。关公为了刘备，忍辱负重，不贪官，不贪色，不贪财，重义气，为做人之楷模，他的忠义事迹被历代统治阶级所渲染，加以神化尊为神，关公就成了百姓心目中无所不能的神。

土地滋生万物，养育了人类，所以人们待土地神也最亲近，人们亲切地称他为“土地佬儿”或“土地佬爷”。土地庙比较简陋，多用碎石砌成，而且大都建在村子的下水方。俗传土地庙建在水尾处，有利于村子的繁荣昌盛。土地原由社神演化而来，专司土地和农作物生长，祭祀他的日子，大多定在农历二月二，希望他忠于职守，把土地看好，不要让牲畜、野兔、病虫、蚂蚱等来危害庄稼，确保粮食瓜果丰收。后来，他又兼任城隍手下的地方官，负责阴差。于是，旧时人死后，丧家首先到土地庙报到，叫“报庙”。还要每日三次送汤水，给土地神供香烧纸，请他手下留情，不要难为死者。

山神庙也是用石头砌成。山神是山区民间旧时供奉的管山的神，职责与土地神差不多，他不管人的鬼魂，只管山里的一切。旧时，山中狼多，人们在山里干活，大多害怕遭到狼的伤害，供奉山神有防狼害的意思。供奉他一般也在二月二这天。胶东地方过去几乎每山必有山神庙，因而，现在胶东的许多地方春季多山会、庙会，人们统称为“赶山”。

③女神信仰

胶东各地同别的地方一样，也有很深的女神信仰意识，除了妈祖，还有麻姑和碧霞元君信仰。麻姑是传说中的女寿仙，昆嵛山古称姑余山，顶峰俗称麻姑顶，传为麻姑得道处，岳姑殿原为麻姑殿，传说为麻姑修炼的地方。在昆嵛山一代，流传了许多关于麻姑的传说。碧霞元君，俗称泰山老奶奶，传说是泰山之神东岳大帝的女儿，是北方民俗信仰中最尊崇的女神，胶东各地都有以她为主神的庙宇。

除了这些级别较高的女神之外，胶东民间还崇拜一些民间仙姑。胶东沿海的渔民中，至今还流传着一些与海洋航行、渔业生产密切相关的仙姑的传说，这些仙姑的传说中，有部分情节与天后的事迹相仿。当地渔民把这些仙姑也当作海神来信奉，有的地方还立庙定期举行祭祀活动。威海市环翠区望岛村的西面，有一座被当地群众称为“仙姑顶”的山峰，山顶有一座仙姑庙，里面供奉着一位民间仙姑。仙姑庙始建于宋代，庙内奉祀的仙姑，在残存的宋碑中称其为郭仙姑，也有人认为仙姑就是麻姑。孙仙姑则是田横镇周戈庄祭海时祭祀的五个神灵之一。威海市刘公岛刘公、刘母的传说也属于这类仙姑传说。

（2）灵魂崇拜

灵魂崇拜来自于万物有灵观念及宗教思想，认为灵魂不灭，且具有超人的力量，能护佑或伤害活着的人，于是人们便崇拜它，祭祀它，以求祈福消灾。胶东民间的灵魂崇拜，主要表现为祖先崇拜、鬼魂崇拜和生魂崇拜。

以祖先崇拜为例，人亡故后的烧七及周年祭都有固定的祭祀仪式，有的人家甚至每月初一、十五都会有浇奠，而这种祭祀在逢年过节时体现得尤为明显，几乎每个节日都有祭祖的内容，一般从父亲向上追溯至五代。五代中祭祀神主，五代以上奉祀家谱。在胶东，年除夕傍晚，有的地方是中午，家家户户提着灯笼端着供盘到祖茔祭祀，谓之“请老爷爷、老奶奶”回家过年。回家后将灯笼别在供桌的右侧，将家谱展开，启开神主套。此后，一天三时焚香叩拜，烛火长明，直到初三清晨送神，有的地方也在初二晚上送先祖。民间普遍认为，祭祀祖先，既是活着的人对死者的照料和悼念，也是祈求先祖对后世子孙的庇护，对维护家族团结和巩固族权起着重要作用。

民间的一系列鬼节也体现出对某些神灵和祖先的崇拜。正月十六日邀紫姑、清明节、七月十五中元节及十月初一鬼开门节，民间都会有相应的祭拜仪式。

（3）灵物崇拜

灵物，就是人们日常信仰崇拜的一些动物、植物以及其他的自然物和人工物，这些灵物在人们心目中都具有超自然的属性和奇异功能，是迷信思想的一种物化形式。严格意义上说，灵物崇拜也属于自然崇拜，但由于这些崇拜非常具象化，因而专门作一论述。

①动物崇拜

民间对动物的崇拜主要体现在对“五大家”的崇拜上，这种崇拜同样源于万物有灵的思想。五大家也叫“五大仙”，包括狐仙（狐狸）、黄仙（黄鼠狼）、白仙（刺猬）、柳仙（蛇）、灰仙（老鼠），民间俗称“狐黄白柳灰”（或称“灰黄狐白柳”）。民间普遍认为五大家是与人类长期伴生的，属于亦妖亦仙的灵异，如果侵犯了它们，使它们受到损害，它们就能以妖术对人类进行报复，使人类受到不同程度灾难的惩罚；倘若人们敬奉它们，则会得到福佑。五大家中首推狐狸，一向被民间视为仙家来敬奉。民间对狐狸一般忌讳直呼其名，通常称为“胡仙”“老胡家”，俗称“貔子”，据说狐狸有灵性，能给人以祸福，年深日久还会得道成仙，变幻人形。

胶东人思想观念中普遍存在着对狐仙的民间信仰。崂山人对狐的崇拜历史也非常久远，有学者认为这是史前人类狐图腾崇拜在崂山地区居民中的世代相传，最早的文字记载见于金代元好问《遗山集》中的《胡公神道碑》文，并且崂山民间有着许多这方面的传说。崂山有多处为狐仙专门设的祭祀场所，主要有华严寺、黄山口、张家河、鳌山、马山等。太清宫附近居民一般会去位于黄山口村西山的“狐仙洞”向狐仙进行祈福。此处供奉“胡三太爷”，香火旺盛，特别是春节时候，善男信女络绎不绝，擦肩接踵，这种情况从除夕夜一直持续到正月初八。当地人对狐仙由衷地信奉，无论是身患痼疾，还是遇到重大事情，都会向狐仙祈福保佑。更为奇特的是，这里以“胡”为姓的人特别多，但这些人并非真的姓胡，是孩子的父母长辈为了小孩能够平安顺利地长大，一般会给起一个“胡”（或为“狐”）姓的小名，如“胡建”“胡松”“胡平”等，代表其是狐仙家的孩子，期望孩子少病免灾。①

刺猬、蛇和蟾蜍在民间被看作神虫，或称“圣虫”，胶东农村认为，草垛和粮囤底下有刺猬，草就会烧不完，粮就会吃不尽。认为有蛇的房子吉祥，屋梁上有蛇是钱龙，主家运兴旺。过年面塑里就有刺猬、蛇，蛇或爬或盘，口中含一枚制钱或红枣，称为“圣虫”，也可理解为“剩虫”，大的放在供桌上，小的放在米缸、粮囤里，寄寓取之不尽、用之不竭之意。蟾蜍被人们当作财神，刘海戏金蟾的画面在民间美术中非常常见，二月二，荣成地方剪纸里也有蟾蜍形象，后面缀一串元宝，所谓“老财神拉元宝”。民间认为象征富贵有余的动物还有鱼，除了用它来表达爱情甜美和鱼龙变化之外，还被寄托了富余之意，与荷花组在一起便为“连年有余”。

喜鹊、喜蛛被人们看作是喜庆的动物。“喜鹊登梅”的图案被普遍用于婚礼中，或刺绣或剪纸或绘画，喜鹊的形象成为喜事的象征。喜鹊在门前的树上叫喳喳，喜蛛从空中顺丝网缀下来都被认为是报喜，胶东一带历来有“朝报喜，夜报财，不晌不夜有客来”的说法。七夕节，喜蛛还被用来乞巧，七夕的晚上把它放到盘里，如果天明织成网，则谓之“得巧”。蝙蝠和燕子也被人们看作灵物，“蝠”与“福”谐音，燕子在胶东还被当作生育神崇拜。

龙、凤、麒麟、龟是古代的四种灵物，前三种灵物现实生活中并不存在，但一直为人们所崇拜。龙、凤除了被神话之外，还被看作夫妻和谐的象征，龙凤呈祥的意象经常被运用到婚礼喜庆等民俗事象中。麒麟被当作仁兽、祥瑞之兽，民间把它和太平盛世、求子得喜联系起来，麒麟送子图普遍受到人们的欢迎。

陆地上人们把龟类当作长寿的象征，有“千年的王八万年的龟，一百年的老刺猬”的说法。长岛渔民崇拜海龟，海里作业不准捕捞，一旦上网，要立即虔诚地放回海里。荣成的渔民在海里作业时最崇敬海鳖。凡见到海鳖，不仅要烧香烧纸，还要磕头祷告。海上作业的人都忌讳说鳖，叫它“老人家”“老帅”“老爷子”。有些习惯也由它而来，如渔船下锚时，首先要高叫一声：“给——锚——了！”喊过之后，稍停片刻再将锚掀进海里，据说就是怕伤着海鳖，叫它避一避。

渔民们还把鲸鱼当作海神来祭祀。沿海渔民称鲸鱼为“赶鱼郎”，有的地区还

① 林先建：《青岛崂山道教民间信仰状况探析——以太清宫周边地区为例》，载《青岛职业技术学院学报》2009 年第 2 期。

称其为“老赵”“老人家”。称鲸鱼为“老赵”，是因为鲸鱼能给渔民带来收获，类似于遇到了财神。胶东民间信仰的财神中有一位是赵公明，“老赵”的称呼便由此而来。称鲸鱼为“老人家”则是一种比较亲近的称呼。把鲸鱼叫做“赶鱼郎”非常形象，因为鲸鱼在海中追食鱼群，渔民随其后撒网，一定会获得丰收。长岛渔民中流行着这样的歌谣：“赶鱼郎，黑又光，帮助我们找渔场。”“赶鱼郎，四面窜，当央撒网鱼满船。”按照荣成渔民的说法，把见到鲸鱼称为“龙兵过”或“过龙兵”。过龙兵时，走在最前面的是押解粮草的先锋官——对虾，它所押解的是成群的黄花鱼和鲩鱼；先锋官后面充当仪仗的是对子鱼，仪仗队后面是夜叉，龙王坐着由十四海马拉着的珊瑚车，鳖丞相在车左边，车两边就是各四条大鲸鱼，俗称炮手，由它鸣炮前进。渔民在海里捕捞作业时，遇到龙兵过，都要停止作业，举行祭祀仪式。①

②植物崇拜

古树是人们崇拜的主要对象，一说是古树年深日久，自有灵性。二说树老干枯，常有精灵居住其间。许多古树，尤其是庙宇里的古树，经常有人去烧香求拜，在树上系挂红布条祈求平安等。古树是不能砍伐的，长岛、海阳等地都有伐古树而树流血的传说。古树如果被雷击或被电火烧，人们便说里面藏有该遭天谴的精灵、仙家，或者说古树本身犯了清规。古树自然枯死也被人们认为是不祥之兆。

竹子因为其叶片特点和四季常青的自然属性，被人们寄予竹兆三多、竹报平安的寓意；梅花因其花开五瓣和凌寒傲雪的特点，人们寓其意为梅开五福，所以竹子和梅花常见于民居的房前屋后。桃枝、桑枝被看作辟邪的灵物，但庭院里一般不能胡乱栽种。胶东地方在五月端午和生小孩时，门上插桃枝。桑枝主要用于丧事。槐树和石榴树都是多籽的，人们把它们看作象征生育的灵物，多喜种植。槐树（也叫“家槐”“国槐”）多籽，人们认为多子多福多财都是密切相连的，因而成为财富的象征，人们说：“门前一棵槐，不是招宝就是进财。”在许多乡村，现在能看到的最古老的、数量最多的就是国槐，几百年甚至上千年的老树见证了沧海桑田之变，成为村子的地标。因此，也才有了“哧锯，割锯，姥姥门口大槐树……”的歌谣和那么多山西洪洞大槐树的移民传说。

葫芦出现在多种民俗事象中，尤其作为祈孕、求吉或辟邪符号在民间剪纸、年画和面塑中经常出现，运用于婚礼、生育、建房、节日等民俗事象中。人们将多种民俗意义寄托在葫芦上，可以说葫芦是汇集民俗功能最多的植物之一。婚礼中的合

---

① 叶涛：《海神、海神信仰与祭祀仪式——山东沿海渔民的海神信仰与祭祀仪式调查》，载《民俗研究》2002年第3期。

卺礼，即把一只卺切为两半，而以线连柄，新郎新娘同饮一卺，剖开的葫芦相合象征婚姻将两人连为一体，葫芦的多籽也赋予了新婚祈孕的涵义。葫芦可辟邪，无论是铁拐李的葫芦还是神话中能降妖收魔的法器，人们都认为其有一定的神力，所以人们会在端午剪葫芦剪纸来收“五毒”，会在建筑的砖雕、石雕、木雕上高频率地使用葫芦图案，也会在孩子生日的时候蒸葫芦面塑，希望孩子能避开邪祟，健康成长，由此也衍生出了葫芦保平安的意义。人们认为葫芦还能聚宝纳财，称之为“宝葫芦”，过年蒸葫芦，放在窗台上，有谣曰“亚腰葫芦放窗台，金银财宝滚进来”。葫芦还与“福禄”谐音，人们常在门旁、墙边种一棵葫芦，于是就蔓生开去，所谓瓜瓞绵绵，而多子与多财多福历来相连，是民间传统追求的理想生活目标之一。

③其他灵物崇拜

对其他一些特殊的自然物和人工物，民间也有信仰和崇拜，如雨水被称为是“无根水”，许多病必须用它来煎药才有效。立春那天储存的水称为“神水”，用来造酒可久藏不坏。栖霞、长岛等地的人们五月端午日出前到山上“拉露水”，认为能使自己眼清目明。莱阳、海阳、牟平等地认为六月六这一天蓄水做醋、酱、腌制咸菜等，能一年不坏。有些地方的山泉水，更是被当地人当作灵丹妙药而趋之若鹜。

民间对石头的崇拜也很普遍，正月初十为“石头生日”，而石头同样具有辟邪镇妖功能，常被人们当作镇宅灵物。如在农村的巷口、墙边经常可见刻有“泰山石敢当”“吉星高照”“太公在此”字样的石碑、石像等。

其他作为人们崇信的灵物，还有朱砂、红布、红纸、镜子、铜钱以及核桃、桃核雕刻的各种饰物等。

3. 海陆相通又有别的信仰系统

（1）龙王信仰

我国是农耕文明的国家，在靠天吃饭的年代，降雨对于万物生长来说至关重要，雨少则旱，雨多则涝，都会直接影响到农业生产，甚至给人类带来极大的灾难。民间认为，龙王掌管行云布雨，所以向龙王爷祈雨最为普遍。胶东还有的地方将秃尾巴老李作为龙王来祭祀，荣成和文登地方称之为“李龙爷”，最为突出的就是青岛地方的龙牌求雨习俗。

没尾巴老李是青岛当地对秃尾巴老李的称呼，“老李”在青岛被多个庙宇供奉。其中，即墨小龙山龙王庙名气最大，这里不仅被传为老李的家乡，而且庙中的龙牌更是全国比较独有的求雨文物。当地人认为“龙牌是没尾巴老李留下来的，老李爷忙，留下这个牌，就是天旱了叫他回来的”。

小龙山，位于青岛即墨市东约 6 公里处。因山顶有一天然形成的深井，相传井中栖龙，俗称“小龙山”，又名“天井山”。当地人把“天井”叫作“龙池”，认为这个龙池是秃尾巴老李用龙爪抓出来的，而秃尾巴老李的家就在山脚下的大村。天井边有一座龙王庙，据当地人口传始建于南宋，殿内供奉着黑龙王的神像。每年六月十三有盛大庙会，据说这一天是小龙的生日。从明清以来，龙王庙就盛行“取龙牌”祈雨的习俗。

龙牌是专门用于求雨的金属制长方牌，平时多沉在龙池的水中，求雨时方从水中取出。旧时各地到小龙山取龙牌求雨仪式声势浩大，由预约准备、迎请龙牌、取龙牌、请回龙牌、送牌谢雨等环节构成。龙牌求雨从明嘉靖二十四年（1545）到清光绪三年（1877）三百余年的演变过程，折射出降雨对农耕文明的重要性。① 秃尾巴老李在求雨习俗中成为可爱的亲民的龙王形象。

山区把龙王当作雨神，沿海居民则把他当作海神来祭祀。胶东的乡村，尤其是沿海的港湾村落，村村都修有龙王庙。胶东的龙王庙和土地庙一样，都用石头搭成，但沿海的龙王庙比土地庙要高大一些，石头都是经过加工的料石，内塑龙王像。沿海各地祭祀龙王的时间不同，蓬莱、烟台、乳山、海阳等地在正月十三日，其他沿海地方祭龙王，有的在二月二，有的在谷雨节前后，也有的在五月十三日雨节中。

有代表性的是蓬莱、烟台地方的渔灯节，乳山、海阳等地的“管海”、给海过生日，荣成等地的谷雨节，青岛周戈庄等地的上网节。在时间上，前两者都在正月十三，与春节、元宵节习俗相连；而荣成的谷雨节和周戈庄的上网节则与春季开始出海作业有关。在形式上大致相同，多是扎松门，扎戏台，供饽饽、猪头或整猪、大鱼等，庙祭或海祭，秧歌戏曲等娱乐表演。现在这四地的祭海祀龙王的习俗都已进入当地非物质文化遗产名录，并成为当地著名的旅游项目，成为新型的节日经济组成部分。

四地祭祀的对象都是海龙王，胶东渔民祭祀的一般是东海龙王敖广，祈求他能使渔船平安，鱼虾满仓。龙在民间信仰里神通广大，是最重要的神灵之一，其最初的神性就是职司水旱丰歉，能行云布雨，也能翻江倒海，是海洋的主宰，人们对龙王的感情是既畏且敬，故而希望其能护佑平安丰收，体现了朴素而又根深蒂固的龙王信仰。

四地的祭祀活动也明显表现出海陆不同的信仰模式，如烟台渔灯节流行地域狭窄，规模最大的仅限于套子湾沿岸的初旺、芦洋等六个村，相隔几里地的邻村则不知渔灯节为何事，离初旺村七八华里的大赵家村、穆家村却只送麦灯和山灯，渔捕

① 孙德汉主编：《青岛文化通览》，山东人民出版社2012年版，第572～574页。

文化与农耕文化在很小的区域中表现甚是鲜明。而与乳山同隶属于威海的文登、荣成的许多渔村，也只重视谷雨节，即使是与乳山毗邻的文登小观镇的人也不知正月十三的“管海”习俗。

（2）妈祖信仰

妈祖是渔民的保护神，是我国南部沿海渔民最为崇拜的神祇。她经常出海救人，她手中的那盏红灯给多少处于危难之中的出海人带来了希望和光明，人们为了纪念她，各地都建庙祭祀她。胶东有绵长的海岸线和大小岛屿，成为海上漕运的中转站，因而南方的妈祖信仰在胶东也很昌达，与南方称妈祖不同，胶东沿海则更亲切地称其为“娘娘”。

自宋代以来，妈祖成为历朝历代国家祭祀的对象，历代帝王都对其进行赐封，历代皇帝的尊崇和褒封，使妈祖由民间神提升为官方的航海保护神，而且神格越来越高，传播的面越来越广。胶东沿海凡主要航海码头、重要渔港，甚至较大的渔村都建有天后宫。像长山群岛就有天后宫六座，没有天后宫的岛上，就在村子路边用三块石板搭个小庙，俗称“三块庙”，以代替天后宫，小庙搭成后人们奉若神明，没人敢去毁坏它。现在胶东地方仍保存比较完好的著名天后宫有长岛县庙岛的天后宫、蓬莱市蓬莱阁西侧的天后宫、荣成市石岛天后宫、即墨市金口天后宫、青岛市天后宫、烟台市福建会馆（天后行宫）等。后来历代统治者封其为“夫人”“天妃”“天后”等，并且创造了许多相应的神话，妈祖在民间更加受到广泛的崇信。在民间信仰中，民众不仅向天后祈求保护航海的安全，而且把天后视为主宰风调雨顺、生儿育女、战争胜负、去病求吉的万能之神。

胶东沿海渔民对天后的信仰十分虔诚。渔民中广泛流传着许多有关天后显灵救遇险渔民于危难中的传说，其中以娘娘送灯的传说最为典型。这些传说的传播者，或说是其亲身经历，或者确指其时间、地点、船只、人员，言之凿凿，传达出他们对于天后神异能力的崇信心理。①

此外，荣成地方将三次东巡的秦始皇、清代道光年间率部剿灭海贼的藤将军、甲午海战中壮烈殉国的邓世昌邓将军也当作海神来崇拜。青岛城阳的韩家村则建有郎君庙，据传，东夷部落首领郎君氏在胶州湾北部教人们结网造船、出海捕鱼，被后人尊为“渔祖”。早在明代嘉靖十年（1531），红岛先民就开始在清明节前举行盛大的祭祀仪式，以表达对这位渔业祖神的崇敬，感恩大海赐予的福祉，至今已有480多年的历史。

---

① 叶涛：《海神、海神信仰与祭祀仪式——山东沿海渔民的海神信仰与祭祀仪式调查》，载《民俗研究》2002年第3期。

4. 琐细繁杂的禁忌避讳

（1）饮食禁忌

人们在日常生活的衣食住行及言语行为等方面，有许多禁忌和避讳。吃饭时忌敲饭碗，敲饭碗意味着没饭吃，忌攥着饭碗，说这样是端着讨饭的碗，会受一辈子穷，有俗语说“敲筷子打碗一辈子穷”。也忌把筷子横担在碗上，说是供奉死人的放法。据说明代之前有把筷子担在碗上的习俗，后来被明太祖斥为“恶模样”，因而流风渐被禁忌。盛饭时忌勺子往外翻，说这是犯人牢食的舀法，有人则说是避免财水外流。忌吃窗口递过来的食物，说吃这种东西会得噎食病。别人吃饭不能催，所谓“催工不催食”。有人没吃完饭忌收拾碗筷，这多是出于礼貌上的原因。给别人倒茶忌壶嘴对着人，说这样会令人不顺心。客人进门的第一顿饭忌吃水饺，认为水饺是送行的食品，意味着客人不受欢迎，俗称“滚蛋箍扎”。要吃面条，表示热情，说“缠住腿脚多住几天”。送客不吃面条，认为缠腿旅行会不顺利，要吃饺子，象征出门发财赚元宝。结了婚还没有孩子的人忌喝瓶子底的残酒，说喝瓶子底生闺女。家中亲属忌两人合吃一个蒜瓣，说是吃了可能离散．饭桌上忌说蒜和醋，因为蒜的方言与“散”同音，吃醋有嫉妒的意思，有的地方则干脆称醋为“忌讳”，称蒜为“义和菜”。小孩忌食“没见天的东西”，如没有孵出的小鸡。没蜕奶牙的小孩不能吃生葫芦籽，否则蜕牙后要生龅牙。小孩蜕掉的奶牙忌乱扔，上牙要放在门枕上，下牙要扔到房顶上，否则新牙长不出来。禁止小孩吃不成熟的枣，说吃了会生疖子，但把尖掐掉后再吃即可无妨。女孩忌吃鱼头和鸡翅，俗信吃了这两样出嫁那天会下雨刮风。可以吃鸡头，说吃了会梳头。另外，抓中药时药方不能反叠，否则药与病反，没有功效。抓来的药不准放在锅台、窗台、炕台上。生麻疹和天花忌生人入门，犯了忌则痘痧出不来。打场忌估堆。打井忌已婚妇女去看，说老婆是“老破”，怕井破出危险，等等。

（2）服饰禁忌

多在妇女中间流行，衣服的下摆忌毛边，因为那是丧服的形式。衣服的扣子喜单忌双，非五即七，俗说“四六不成材”。衣服破了或者是掉了扣子，忌穿在身上缝补，如果必须在身上缝，被缝者口中要咬根草棍儿。蓬莱地方忌八月缝被，说“七月不缝被，八月没什么睡”。实则是督促主妇们抓紧浆洗缝制被褥。男人忌从晾晒的女人衣裤下走过，说这样是女高男低，妨碍男人的运气；女人的衣裤尤其是内衣，不能晾在院中过夜，一说是被月亮照了不吉利，大概因为月亮是阴性的缘故；一说是怕被夜里出来的精灵戏了或被不洁之物玷污了。

（3）居住禁忌

五月忌盖屋，有“五月盖屋，令人头秃”的谚语。据说五月是恶月，不仅不能盖屋，也不能晒席，否则家中要死人的。住房忌面对小胡同，因小胡同又名“箭道”，会射伤住家的。住房忌布局失调，除寺庙外，住房忌正南正北的子午向。住宅忌出门碰别人的山墙，忌自家的住房低于同排两侧的房子，矮则必在山墙上刻“吉星高照”字样。新房高于邻舍，习称“欺邻”。也忌前面的房子比后面的房子高，说这样家运被压低，要在自家山墙正中垒个吉星楼，驱走压运星。忌住“喇叭形”胡同。大门最忌西向，忌大门冲大路，忌大门对窗。大门建在南墙之中又正对堂屋门，则被认为是“水火相克”，街门或南屋门正对堂屋窗谓之“门对窗，人遭殃；窗对门，必伤人”。忌对面山墙正对大门，也忌对面房子的后窗正对住家大门上的门鼻，以上情况须挂铜镜才能破解，但镜子不能照到别人门上，否则容易引起纠纷。厕所忌东建，多在西南角。小孩忌捅屋里的燕子窝，说捅了要瞎眼的。鸡窝垒在正屋的屋檐下，谓之“双落泪”，不吉利。院内不植槐树、桑树、松柏和杨树，与对“鬼神”和死亡的禁忌有关。

（4）旅行禁忌

忌黑道日出门，每月的初五、十五、二十五都不能出远门，更不能在外住宿。旧时启程必先择吉日，有的地方是忌双日出门，谚语“三六九，往外走”。通常认为二、五、八的日子不宜离家宜归家，故又有谚语：“二五八，好回家。”忌大清早晨与人吵闹，说这样一天都不顺心。忌下午去看望病人，下午属阴，看过后病会加重的。夜晚走路听见有人叫喊不能轻易应声，说如果找不到人，必然是妖怪呼叫。

（5）人生礼仪禁忌

在人生礼仪中，以生育、婚嫁和丧葬的禁忌最多。

生育习俗中，孕妇不能吃兔子肉，俗信吃兔子肉会生豁唇孩子；不能吃姜，俗信吃姜会生六指孩子；不能吃葡萄，不能在葡萄架下睡觉，害怕会生葡萄胎；不能吃螃蟹，说吃了螃蟹，生出的孩子不安分。还有不可吃驴肉、狗肉，不可吃并蒂瓜果，不可在室外睡觉等。孕妇又被称为“双身人”，在一些礼仪场合也受到很多限制。孕妇一般不参加婚礼和丧礼，即使亲生父母去世，也不准靠近尸体向遗体告别。这种习俗是防止孕妇大喜大悲，对孕妇的身体和腹中的胎儿是有好处的。对孕妇的行为也有不少限制，禁止下水、迈沟，禁止提沉东西、探身取东西，禁止走独木桥等。这些禁忌也都是为了保胎，怕出意外。

婚嫁习俗中，订婚要合属相，看男女双方属相是否相克，有许多流行的说法，“白马犯青牛，鸡狗不到头”“龙虎相斗，狗兔不合”等，一般要避开这些忌讳。甚至还要看双方的生辰八字，根据阴阳五行相生相克之理，来推测两人的命相是相生还是相克。人们送礼忌单喜双，忌白喜红，忌送钟、梨等物，因为其谐音不吉利。婚礼上也不能说不吉利的话，如“散伙”“好不到头”“断子绝孙”等。

丧葬习俗中，亲人亡故，忌说“死了”，而要称为“老了”“去世了”“过世了”“故去了”，文雅一点的称“仙逝”“逝世”“作古”等。忌说棺材，而要称作“寿器”等。子女在服孝期间忌穿红、绿、黄等色彩鲜艳的服装，只能穿白、灰、蓝、黑等素色服装。诸如此类，不胜枚举。

（6）渔民禁忌

渔民生活方式独特，要求严格，禁忌多多。渔民家家供奉海神娘娘的塑像。俗传渔民海上遇险，全凭海神娘娘保佑，因此奉若神明，毕恭毕敬。出海前，把海神娘娘请上船，焚香叩拜，祈保一帆风顺。行船中遇险风恶浪，燃纸焚香，磕头跪拜，收船后请下船，供奉家中。每到大年三十，白天上船将各处打扫干净，舱门上张贴起大红对联，入夜，鸣锣上船请“（海神）娘娘”回家过年。初一，五更起来第一件事就是鸣锣登船拜祭，然后才回家给亲人拜年。

渔船桅杆上多写对联“大将军八面威风，二将军引路先行”，船尾写“海不生波”，以震慑海邪，鼓舞斗志，求风平浪静。行船不得吹口哨，说会招惹风浪。不准将手背在身后，说防止“打背网”。水上作业忌说“住”，因为航行中最怕船只停住，凡与“住”同音的字都不准说。古代吃饭用箸，至今盛筷子的器物还称“箸笼”，船家因犯忌而称箸为筷子，意思是船不仅不住，而且还要快开。吃完饭筷子不许搁在碗上，盛饭时勺子不能扣放在盆里，碗也不能扣放，认为会导致船只触礁搁浅，甚至扣翻。渔民还忌讳说“翻、停、破、漏、完”之类的字眼，“帆”称作“篷”，“翻过来”称作“划过来”。渔船卸完了，要说“满”了。忌坐在船帮上将脚伸到水里，认为是脚踩海神，会因不尊重而激怒海神，实际是脚心发亮光，会招惹鲨鱼，或者两船相撞会挤断腿骨。在船上走动脚步要轻，忌跑跳。不许坐在船头玩耍，叫“压船头”，不吉利。船归称“收后”，“收后”不许妇女登船或跨渔网，尤其是怀孕的妇女，认为会带来晦气，如果犯了忌讳，则在妇女踏过的地方点燃谷秸熏烤。

旧时沿海渔民在长期的海上劳作中，形成了一套海规，每年都要以丰盛之供品大礼供奉海神，曰“祭海”，祈求海神保佑人口平安、鱼虾丰收。新船下坞要举行“祭船”仪式，放鞭炮，烧纸钱，以求人船太平。网具第一次下海，要酹酒祭典，以求张网渔丰。春季第一次出海作业，要敲锣打鼓，设祭庆祝，以求年内一帆风顺。第一次收获，要选最好的鱼虾敬奉海神。

（7）特殊禁忌

特殊的场所、特殊的时间和特殊的对象，尤其在岁时节令、人生礼仪和职业习俗中禁忌更多。许多地方忌甲子年，认为年逢甲子有灾祸。有人说甲子年是寡妇年，忌结婚，结婚要死丈夫。一年两个立春日，也忌结婚，据说“一年两个春，死了丈夫断了根”。过年的忌讳尤其多，如大年三十忌骂人，民间又有“冬不推，腊不轧，三十黑夜不说话”的说法，即冬至这天不推磨，腊八这天不轧碾子，大年三十忌说不吉利的话。忌把药渣之类留在家里过年。祖先名字中有福字的，斗方不能贴“福”字，要贴“禄”字。出了嫁的闺女不能在娘家过年。除夕晚间忌叫小孩的乳名，一是怕重了祖先的讳，二是怕死者把小孩叫去。正月初一也不准说脏话、气话和不吉利的话，忌说“死、断、坏”之类的字眼，俗话说：“大年五更死了驴——不好也得说好。”“破了”称为“挣了”，“完了”称为“好了”。忌讳正月初一打破家什。初一的饺子要故意下破几个，好回答“挣了没有”的提问，以讨吉利。正月初一忌死人，如果这天病故，要谎称是初二死的，正月初五忌出门，初五前不动针线不动刀尺，也不准将生米生面和生菜下锅，初八为谷日，初十为石头生日，这两天不准搬动石头、碾、磨、石臼等，恐怕因此害了当年的庄稼。一般店铺扫地忌向外扫，谓之财水外流。忌坐门槛、坐钱柜，忌摔算盘、摔账簿。忌“散”字，因有“散伙”义。跑生意的忌早晨出门碰见兔子，说见了兔子则全天将一事无成。可以看出，这些禁忌常常表现在语言上，如有的老人忌讳“七十三岁”和“八十四岁”，说这两年叫“吊险年”，俗语说：“七十三，八十四，阎王不叫自己去。”在这两个岁数，有人问及，都要少说一岁，因此就没有七十三和八十四岁的寿辰。另外，民间忌讳说百岁，认为百岁是人寿命的极限，到了一百岁也就是活到头了。龙口、栖霞等地方说“活过百岁就是驴”，因而到一百岁时也依旧说“九十九”，等等。

禁忌是建立在神灵崇拜和巫术信仰基础上的一种民间信仰，无论属于信仰层面还是属于感情、道德方面，对人都有不同程度的约束力，人们一般严格遵守，犯忌常有法破解。也有一些禁忌是生活中爱憎情感和道德观念的反映，迷信成分极少，常诉诸避讳，如果犯了忌也没有信仰上的恐惧，只有道德上的内疚。也有一些并不科学，因此需有所辩证。

结　语

“一方水土养一方人”，每一个地方的民间习俗都连接着它的昨天、今天和明天。就像山曼先生说的那样，“斗移星转一百年，不断传承着又变异着的民俗文化，变了面目，变了色彩。但是你若细心地往深里看，今天与昨天，就像一条河流过去的水一样，是挥刀斩不断的一条长带”。民俗文化原本就是一方地域文化的根基所在，胶东的习俗无一不带着山情海韵。胶东的生产贸易民俗、岁时节令民俗、衣食住行习俗、人生仪礼习俗、信仰禁忌民俗、游艺竞技民俗都呈现出与其他地方不同的独特的地域特征，尤其是生育、婚嫁、庆寿、上梁、饮酒、祭海等习俗，展现了胶东人民生活的历史与现状，丰富而厚重，是最可宝贵的民俗资源。

参考文献

一、古籍类

影印文渊阁本《四库全书》，上海古籍出版社 1987 年版。

《十三经注疏》整理委员会整理：《十三经注疏》，北京大学出版社 1999 年版。

简体本《二十四史》，中华书局 2000 年版。

《道藏》，上海书店出版社 1988 年版。

〔北宋〕乐史：《太平寰宇记》，中华书局 2007 年版。

〔北宋〕司马光编纂：《资治通鉴》，线装书局 2007 年版。

〔明〕郑汝璧：《由庚堂集》，明万历刻本。

〔明〕嘉靖《山东通志》，明嘉靖十二年（1533）刻本。

〔明〕万历《莱州府志》，民国二十八年（1939）铅印本。

〔清〕乾隆《莱州府志》，清乾隆五年（1740）刻本。

〔清〕光绪《增修登州府志》，清光绪七年（1881）刻本。

〔清〕康熙《蓬莱县志》，清康熙十二年（1673）刻本。

〔清〕道光《重修蓬莱县志》，清道光十九年（1839）刻本。

〔清〕光绪《蓬莱县续志》，清光绪八年（1882）刻本。

〔清〕乾隆《黄县志》，清乾隆二十一年（1756）刻本。

〔清〕同治《黄县志》，清同治十年（1871）刻本。

〔清〕道光《招远县志》，清道光二十六年（1846）刻本。

〔清〕乾隆《掖县志》，清乾隆二十三年（1758）刻本。

〔清〕光绪《掖县全志》，清光绪十九年（1893）刻本。

〔清〕康熙《平度州志》，清康熙五年（1666）刻本。

〔清〕道光《重修平度州志》，清道光二十九年（1849）刻本。

〔清〕乾隆《即墨县志》，清乾隆二十九年（1764）刻本。

〔清〕同治《即墨县志》，清同治十二年（1873）刻本。

〔清〕毛贽：《勺亭识小录》，民国十三年（1924）掖县王桂堂曝经草堂钞本。

〔清〕侯登岸：《掖乘》，清道光七年（1827）稿本。

《民国山东通志》编辑委员会：《民国山东通志》，台湾山东文献杂志社 2002 年版。

二、专著类

李白凤：《东夷杂考》，齐鲁书社 1981 年版。

王献唐：《山东古国考》，齐鲁书社 1983 年版。

袁珂：《山海经校注》，上海古籍出版社 1980 年版。

蒋维锬、郑丽航辑纂：《妈祖文献史料汇编》，中国档案出版社 2007 年版。

方辉：《岳石文化》，山东文艺出版社 2004 年版。

严文明主编，北京大学考古学系、烟台市博物馆编著：《胶东考古》，文物出版社 2000 年版。

烟台市文物管理委员会、烟台市博物馆编：《胶东考古研究文集》，齐鲁书社 2004 年版。

林仙庭主编，烟台市博物馆编：《考古烟台》，齐鲁书社 2006 年版。

安作璋、王志民主编：《齐鲁文化通史·明清卷》，中华书局 2004 年版。

范庆梅主编：《烟台文化通览》，山东人民出版社 2012 年版。

孙德汉主编：《青岛文化通览》，山东人民出版社 2012 年版。

刘玉党主编：《威海文化通览》，山东人民出版社 2012 年版。

山东省文物研究所等编：《蓬莱古船》，文物出版社 2006 年版。

司马云杰：《文化社会学》，山东人民出版社 1987 年版。

裴文中、张森水：《中国猿人石器研究》，科学技术出版社 1985 年版。

高星、侯亚梅主编：《20 世纪旧石器时代考古学研究》，文物出版社 2002 年出版。

钟敬文：《钟敬文学术论著自选集》，首都师范大学出版社 1994 年版。

严文明：《史前考古论集》，科学出版社 1998 年版。

李泽厚：《李泽厚十年集》，安徽文艺出版社 1994 年版。

张光直：《考古学专题六讲》，中国文物出版社 1986 年版。

陈垣编纂，陈智超、曾庆瑛校补：《道家金石略》，文物出版社 1988 年版。

〔金〕王重阳著，白如祥辑校：《王重阳集》，齐鲁书社 2005 年版。

牟钟鉴等著：《全真七子与齐鲁文化》，齐鲁书社 2005 年版。

〔金〕马钰著，赵卫东辑校：《马钰集》，齐鲁书社 2005 年版。

〔金〕丘处机著，赵卫东辑校：《丘处机集》，齐鲁书社2005年版。

〔金〕谭处端等著，白如祥辑校：《谭处端 刘处玄 王处一 郝大通 孙不二集》，齐鲁书社2005年版。

卿希泰主编：《中国道教史》(修订本)，四川人民出版社1996年版。

钱穆：《国史大纲》，商务印书馆1996年版。

李国祥等主编：《明实录类纂·涉外史料卷》，武汉出版社1991年版。

吴晗：《朝鲜李朝实录中的中国史料》，中华书局1980年版。

齐涛：《丝绸之路探源》，齐鲁书社1992年版。

张玉法：《中国现代化的区域研究：山东省（1860—1916)》，台湾“中央研究院”近代史研究所1982年版。

孙毓棠：《中国近代工业史资料》第一辑，科学出版社1957年版。

李平生：《山东老字号》，山东文艺出版社2004年版。

廉立之、王守中：《山东教案史料》，齐鲁书社1980年版。

中共烟台市委组织部、中共烟台市委宣传部等编：《红色记忆》，黄海数字出版社2013年版。

黄澍霖、谭天主编：《战争年代的胶东公学》，山东教育出版社1993年版。

抗大一分校校史研究会烟台联络组、中共烟台市委党史资料征集研究委员会编：《胶东抗大》，烟台师范学院1993年印。

王文正：《胶东解放区见闻录》，烟台师范学院2000年印。

中共山东省委党史资料征集研究委员会、中共平度市委党史办公室编：《胶东保卫战》，山东济南人民出版社1991年版。

山曼：《齐鲁之邦的民俗与旅游》，旅游教育出版社1995年版。

于清泉等主编：《光辉的业绩——胶东革命文化论文集》，青岛海洋大学出版社1995年版。

耿昇、刘凤鸣、张守禄主编：《登州与海上丝绸之路——登州与海上丝绸之路国际学术研讨会论文集》，人民出版社2009年版。

刘凤鸣：《山东半岛与东方海上丝绸之路》，人民出版社2007年版。

刘凤鸣：《山东半岛与古代中韩关系》，中华书局2010年版。

刘焕阳、刘晓东：《落帆山东第一州——明代朝鲜使臣笔下的登州》，人民出版社2012年版。

刘晓东、马述明、祁山：《明代朝鲜使臣笔下的庙岛群岛》，人民出版社2014年版。

［德］黑格尔著，王造时译：《历史哲学》，上海书店出版社1999年版。

［德］马克思、恩格斯：《马克思恩格斯全集》，人民出版社1985年版。

［德］马克思、恩格斯：《马克思恩格斯选集》，人民出版社1972年版。

［法］费尔南·布罗代尔著，唐家龙、曾培耿等译：《菲利普二世时代的地中海和地中海世界》，商务印书馆1996年版。

［美］弗朗兹·博厄斯著，金辉译，刘乃元校：《原始艺术》，上海文艺出版社1989年版。

［美］罗伯特·F. 墨菲著，王卓君译：《文化与社会人类学引论》，商务印书馆2009年版。

［英］爱德华·泰勒著，连树声译：《原始文化——神话、哲学、宗教、语言、艺术和习俗发展之研究》，上海文艺出版社1992年版。

［英］汤因比著，曹未风等译：《历史研究》，上海人民出版社1997年版。

［英］马林诺斯基著，黄剑波等译：《科学的文化理论》，中央民族大学出版社1999年版。

［英］莱顿著，蒙养山人译：《他者的眼光：人类学理论入门》，华夏出版社2005年版。

［英］A·R. 拉德克利夫·布朗著，潘蛟等译：《原始社会的结构与功能》，中央民族大学出版社1999年版。

［澳］刘莉：《中国新石器时代——迈向早期国家之路》，文物出版社2007年版。

［韩］林基中主编：《燕行录全集》，韩国东国大学校出版部2001年版。

［韩］林基中主编：《燕行录续集》，韩国尚书院2008年版。

［日］壹岐一郎：《徐福集团东渡与古代日本》，天津人民出版社1996年版。

三、论文类

苏秉琦：《略谈我国东南沿海地区的新石器时代考古——在长江下游新石器时代文化考古学术讨论会上的一次发言提纲》，载《文物》1978年第3期。

严文明：《东夷文化的探索》，载《文物》1989年第9期。

严文明、张江凯：《山东长岛北庄遗址发掘简报》，载《考古》1987年第5期。

严文明：《龙山文化和龙山时代》，载《文物》1981年第6期。

王锡平：《胶东半岛石器时代考古工作的回顾与展望》，载《北方文物》1990年第4期。

王锡平、吴洪涛：《山东烟台白石村新石器时代遗址发掘简报》，载《考古》1992年第7期。

何德亮：《试析早期铜器在文明进程中的地位》，载《南方文物》2007年第4期。

刘延长：《珍珠门文化初探》，载《华夏考古》2001年第4期。

吴汝祚：《大汶口文化的墓葬》，载《考古学报》1990年第1期。

杨式挺：《略论我国古代的拔牙风俗》，载《广西民族研究》2005年第3期。

韩康信、中桥孝博：《中国和日本古代仪式拔牙的比较研究》，载《考古学报》1998年第3期。

逄振镐：《史前东夷头骨人工变形拔齿、含球习俗》，载《民俗研究》1993年第1期。

黄尊严、徐志民：《清末山东留日学生考释》，载《东岳论丛》2004年第2期。

马少波：《鼓角连营十二秋（上）——记胶东文化协会》，载《新文化史料》2000年1期。

毛泽东：《在延安文艺座谈会上的讲话》，见《解放日报》1943年10月19日。

梁平：《胶东的抗战文化》，载《新文化史料》1998年3期。

山曼：《新时期节俗改革探微》，载《民俗研究》1988年第4期。

后　记

自白石村文化伊起，胶东文化即以灵动的文化形象亘立于渤海之滨，其历史之悠久，意蕴之丰赡，影响之深远，在国内其他各地方文化序列中与之并肩者并不多见，择其要者如胶东文化史上著名的“东方海上丝绸之路”“仙道文化”等，在国际上更是声名远播。但基于各种原因，到目前为止，尚没有一部系统的有关胶东文化的学术通论性著作，此种缺憾既与胶东文化历史地位相悖，也与建设文化强国的时代要求不符。

习近平总书记指出：“要很好地传承和弘扬传统文化。要讲清楚中华优秀传统文化的历史渊源、发展脉络、基本走向，讲清楚中华文化的独特创造、价值理念、鲜明特色，增强文化自信和价值观自信。”加强胶东文化研究的目的也正是“很好地传承和弘扬传统文化”，“增强文化自信和价值观自信”。鲁东大学胶东文化研究院作为胶东地区最重要的学术研究机构之一，责无旁贷地承担着彰显优秀区域文化、弘扬地方优秀学术传统的重任。为了弥补胶东文化研究中一些学术空白，胶东文化研究院成立了“胶东文化通论”研究项目组，该项目首次以“通论”的形式，对于先秦之前即已具备独特文化品质且源远流长的胶东文化进行多维度、多层面的理性审视，以图彰显地域文化的独特亮点，恢复胶东文化的历史记忆，廓清有关胶东文化的认识迷雾，系统地构建起胶东文化独特的学术谱系。

“胶东文化通论”研究项目组组长由刘焕阳教授担任，主要负责“胶东文化通论”项目的整体设计、框架组织、路线规划、书稿审定、绪论撰写等相关工作；项目组成立了学术研究小组，由在各专业领域有较高学术造诣或有一定研究基础的教授、副教授、博士等组成，采取集体撰写、分工负责的工作模式。具体分工如下：第一章由陈爱强博士撰写；第二章由焦文教授、周霞馆员撰写；第三章由王海鹏博士、焦文教授撰写；第四章由侯风云博士撰写；第五章由张清芳教授撰写；第六章由兰玲副教授撰写。本书是集体合作的产物，在统稿过程中，除明显的错讹、疏漏予以更正外，为尊重撰写者的不同学术风格、不同知识背景，未对每章节的文风、征引文献版本等作统一处理。

学术研究始终站在前人的肩膀上。在本书撰写过程中，我们参考了大量相关研究文献，有的已经在注释中标出，但也有大量的没有注明，在此特向相关学者表示感谢。另外特别需要指出的是，本项目的研究得到了山东省齐鲁文化研究院院长、博士生导师王志民先生的热情支持。鲁东大学一直以来高度重视胶东文化研究，学校党委常委会专门讨论通过加快胶东文化研究的一些具体措施。本书在付梓过程中，承蒙齐鲁书社陈修亮、刘玉林、孔帅等先生的垂青，他们特别执着的精品意识和专业态度为本书增色不少。本书的出版也是各级领导和各位专家鼎力支持的结果，在此一并表示衷心的感谢。

胶东文化博大精深，《胶东文化通论》的出版也只是为胶东文化的建设增砖添瓦，专著中难免出现挂一漏万的情况，恳请各位专家批评指正。我们也相信，经过一段时间的学术积淀，胶东文化的相关学术研究会“百尺竿头，更进一步”。

著者于胶东文化研究院

图书在版编目(CIP)数据

胶东文化通论/刘焕阳，陈爱强著.—济南：齐鲁书社，2015.10

ISBN 978-7-5333-3414-7

Ⅰ.①胶… Ⅱ.①刘…②陈… Ⅲ.①文化史-研究-山东省 Ⅳ.①K295.2

中国版本图书馆CIP数据核字(2015)第245418号

胶东文化通论

刘焕阳 陈爱强 著

主管单位 山东出版传媒股份有限公司
出版发行 齊魯書社
社　　址 济南市英雄山路189号
邮　　编 250002
网　　址 www.qlss.com.cn
电子邮箱 qilupress@126.com
营销中心 (0531)82098521 82098519
印　　刷 山东德州新华印务有限责任公司
开　　本 787mm×1092mm 1/16
印　　张 31.25
插　　页 3
字　　数 670千
版　　次 2015年10月第1版
印　　次 2015年10月第1次印刷
标准书号 ISBN 978-7-5333-3414-7
定　　价 **96.00元**